# 플라톤
PLATON

★ 이 책은 〈대우학술총서 582〉로 발간된 『플라톤―서양철학의 기원과 토대』를 보급판으로 다시 펴낸 책입니다.

# 플라톤
## PLATON

**서양철학의 기원과 토대**

남경희 지음

**아카넷**

플라톤은 자신의 삶에서 소크라테스와의 만남이 행운이었다고 고백한 바 있다. 필자 역시 나의 철학적 삶을 플라톤과 함께 한 것은 큰 배움이자 기쁨이었다. 그가 위대한 철학자이기에 그러한 것만이 아니라, 그를 통해서 서양철학 전체의 기본틀을 조망할 수 있었기에 더욱 그러하다. 필자는 다른 철학자들을 연구하면서도 항상 그와의 비교를 통해 그들의 철학적 위치를 정위하곤 했다. 그는 필자가 철학함에서 향도이었다.

플라톤은 종합적인 사상가이다. 이 책은 윤리학, 정신론, 인식론, 존재론, 정치철학, 우주론 등 플라톤 철학의 다양한 면모를 다룬다. 대체적으로 주제적으로 접근하되 개별적 대화편들을 기초로 했다. 또한 플라톤 철학 고유의 내용을 이해할 뿐 아니라, 그의 철학이 서양철학사에 대해 지닌 기초적 의미도 새겨보려 했다. 전체적인 조망을 위해 플라톤과 서양철학사 간의 관계에 대한 종합적 논의를 서문으로 첨부했다.

아마도 고교 입시가 끝난 중학교 3년 말, 부친이 사다 주신 자유교

양문고 간행의 플라톤 저서를 처음 읽고서, 대화체에다 일상적인 어휘들을 사용하는 것이 철학책으로서는 특이하다고 느꼈던 기억이 있다. 그것이 내 정신적 인연의 실마리가 되었던 모양이다. 플라톤에 대한 오랫동안의 연구결과를 세상에 내놓으려니 감회가 새롭기도 하며, 아쉬움이 남고 미흡함을 느끼나, 더 이상 미룰 수 없어 이 책을 출간한다. 무엇보다 상당 분량의 메모들을 반영하지 못해 아쉬우나 다음 기회로 미룬다. 이 책을 내며 필자는 그 동안의 연구를 일단 정리하고 다음 단계로 나아가기 위한 발판으로 삼고자 한다. 나아가 한국 사회가 서양철학이나 정신을 이해하는 데에 이 책이 조금이나마 기여할 수 있다면 큰 보람일 것이다.

필자가 철학적 사유에서 오랫동안 사숙한 또 다른 철학자는 비트겐슈타인이다. 그는 사태의 본질에 다가서려는 철저한 문제의식, 깊이 파고드는 사고, 폭넓고 근원적인 주제의식 등에서 플라톤과 닮아 있으며, 그 역시 필자와 같이 2500년 서양철학사의 기본 사유틀이 플라톤적이라고 간주한다. 이러한 관점에서 그는 후기 철학에서 서양철학사의 전통을 전면적으로 재검토하고 있다. 그의 비판적 철학과 함의에 관한 필자의 저서는 『비트겐슈타인과 현대철학의 언어적 전회』라는 제목으로 최근에 출간되었다. 원래는 이 책의 원고가 비트겐슈타인에 관한 원고보다 일찍 탈고되었으나, 몇 가지 사정으로 뒤늦게 출간하게 되었다.

플라톤과 비트겐슈타인에 관한 필자의 두 저서는 서양철학의 기본틀, 사유범주, 나아가 그 문제점에 대한 필자의 이해를 담고 있다. 이 두 탁월한 철학자들에 대한 연구를 통해 필자는 서양철학사의 기본 구조와 사유범주를 이해하며 큰 그림을 그려보고자 했다.

많은 철학자들이 지적하듯이, 서양철학사는 플라톤주의의 역사이다. 비트겐슈타인에 의해 주도되어 20세기 후반에 이루어지고 있는 언어적 전회는 이제 새로운 유형의 사유법이 필요함을 알려주고 있다. 플라톤 철학은 오랫동안의 정신사적 역할을 충분히 수행하였거나, 아니면 그의 철학은 여전히 유효하되, 그의 철학과 병행하여 새로운 철학법이 등장해야 할 것으로 보인다. 플라톤 철학 또는 더 넓게는 서양철학과 다른 사유틀로 인간과 세계를 보며 미래를 설계하는 철학이 있을 수 있다고 생각되며, 이 저서의 출간과 함께 필자는 앞으로 새로운 사유법을 모색해 보고자 한다. 그것은 '언어의 연기'를 주제로 할 것이다.

인간의 역사는 어떤 알 수 없는 흐름을 타고 그 어디엔가로 나아가는 항해 과정이며, 인간의 정신적 활동은 그 항해를 위해 복잡하고 거대한 뗏목을 엮어가는 한편, 그 흐름의 실체를 밝히며 그 뗏목 위에서 인간의 공간을 구축해 가는 작업이다. 인간은 역사의 과정을 거치면서 알 수 없는 흐름의 유속, 방향, 예측 불허의 소용돌이, 태풍 등의 장애, 흐름 위 아래의 생물상 등을 만나면서 이들의 모습을 그려보며 거친 바다를 항해해 간다. 우리는 무수한 시행착오를 거치면서 흐름을 이용하며 그에 적응하고 이리저리 장애를 피하며 방향을 바꾸어가면서 나아간다. 철학은 항해선의 기초와 기둥을 세우는 한편으로, 그 알 수 없는 흐름을 더듬어 항해지도를 만들고, 거대하고 막막한 수평선 저 너머에 있는 미지의 세계에 대한 추정적인 그림을 그려 항해를 위한 방향을 잡아주는 역할을 한다. 모든 개인들의 삶이나 정신적 활동은 선대의 사상가들이 엮어놓은 뗏목 위에서 그들이 그려놓은 미지의 세계에 관한 그림을 기초로 하여 이루어진다.

학문적 연구와 저술은 주로 연구실에서 홀로 이루어지지만, 본질적으로 수많은 지적 모험가들이 이미 엮어놓은 뗏목을 타지 않으면 전혀 이루어질 수가 없다. 나아가 한두 가닥의 나뭇가지나 목재를 더하여 뗏목을 엮고 지도를 그리는 데에 동참하고 일조하고자 해도, 동시대의 다른 이가 동반하고 돕지 않으면 불가능하다.

2500년 이상 철학적 전통을 이어오며 사유를 전개해 온 많은 이들에게 새삼 경의를 표한다. 좀더 가까이 동시대에 필자의 연구에 동반하고 격려해 준 여러분들에게 감사한다. 이 책을 출간하면서 플라톤의 중요성을 강조하시던 서울대학교의 고 박홍규 교수님의 열의와 통찰을 기억하게 된다. 여러 어려움을 무릅쓰고 서양고대철학이나 고전학을 함께 하는 한국의 여러 선후배, 그리고 동료 학자들이 있다는 사실이 필자에게 큰 위안이었다. 미국 텍사스 대학교의 우드러프(Paul Woodruff) 교수와 모를라토스(Alexander Mourelatos) 교수는 탁월한 고대철학 프로그램으로 많은 자극을 주며, 항상 친절하게 지도해 주시곤 했다. 그곳 대학원 고대철학 협동과정에서 함께 연구하던 미국의 친우들, 특히 오스틴(Scott Austin), 그래험(Daniel Graham)과의 우정은 따스한 추억으로 남아 있다. 이 책의 출간을 가능하게 해준 대우재단과 한국학술협의회, 그리고 여러 조언을 해준 심사위원, 출판사 아카넷에 심심한 사의를 표한다. 이화여대 철학과에서는 자유로운 분위기에서 다양한 강의를 할 수 있었다. 그리고 항상 그러하지만 나의 부모님과 가족에게 고마움을 전한다.

2006년 줄기찬 장마가 끝나가는 여름

이매촌 서실에서

南京熙

# 차례 ● ● ● ●

【세부차례】

# 플라톤과 서양철학의 사유범주

　그리스 신화에는 신들에게 도전하는 거인들이 다수 등장한다. 이들은 지혜, 권능 등에서 신들과 겨루며 새로운 세계를 창조하고자 한다. 플라톤은 진정으로 철학적 거인이다. 그는 거의 모든 것을 새로이 창조한 서양철학, 나아가 서양정신의 창조자라 할 수 있다. 서양철학사 전체를 조망하면서 플라톤 철학의 위치를 자리매김하고자 한다면, 그가 놀라울 정도로 방대한 주제에 관해 사색했으며 그 사색의 내용은 풍부하고 심오하다는 것을 알 수 있다. 서양철학사가 어느 정도 진행된 연후에 그와 같은 철학자가 등장하였다 해도 그는 위대한 철학자로서 평가받기에 부족함이 없을 것이다. 그가 등장한 시기는 서양철학사가 시작된 지 얼마 안 되는 시점이라는 사실을 우리는 유념할 필요가 있다. 전승된 철학의 유산이 많지 않은 상황에서 플라톤은 언덕 수준의 높이에서 시작하여 거의 홀로 높고 거대한 철학의 봉우리를 쌓아올려 줄기차고 장대한 서양철학사의 산맥이 뻗어가게 했다. 플라톤은 서양철학사의 산맥이 시작하는 시점에서 올연히 솟아오른 고봉과 같은 존재이다.

플라톤 이전에 소크라테스나 일련의 자연철학자들이 우주, 자연, 사회, 인간에 관해 사색했으며, 이들의 철학은 플라톤에 적지 않은 영향을 끼친 것으로 평가되기도 한다. 디오게네스 라에르티오스 (Diogenes Laertius)의 철학사에 따르면, 자연철학자들의 일부는 많은 글을 썼으나, 이들 저술은 단편들만 남아 있어 그 전모를 알 수 없다. 그러나 단편으로 추정하건대 아직도 신화적·종교적인 요소들과 구술문화적 사유의 흔적들을 상당히 지니고 있으며, 근현대의 사유법과는 물론 플라톤의 철학적 개념들이나 사유법과도 상당한 거리를, 거의 단층적인 차이를 보인다. 그들의 사색은 주로 우주와 자연에 관한 것으로 인간과 사회에 관한 사색은 소피스트와 소크라테스의 등장을 기다려야 했다. 플라톤은 소크라테스의 정신을 계승하고 있기는 하나, 후자의 사상 내용은 플라톤이나 알키비아데스(Alcibiades) 등의 저술을 통해 추정하건대, 주로 비판적인 작업, 그리고 인간의 문제에 국한되어 있었던 것으로 보인다.

서양철학사의 주요 문제들, 기본적인 사유범주, 다양한 개념들과 구분들, 실로 서양철학의 기본 골격은 플라톤에 의해 창출되어 서양철학사, 나아가 서양정신의 위대한 유산으로 전승되었다. 서양철학사는 기본적으로 그의 사유틀 안에서 움직인다. 이런 점에서 이 책의 목적은 플라톤 철학의 이해에 그치지 않고, 그를 서양철학의 토대를 정초한 철학자로 자리매김함으로써 서양철학의 기원과 토대를 밝히고자 하는 것이다.

근현대 서양철학서를 다소라도 읽어본 사람들이라면 플라톤의 대화편들에서 전개되는 철학적 논의를 매우 친숙하게 여기며, 자연스럽게 그의 철학적 사유 속으로 빠져 들어갈 수 있다. 통상 우리는 그런 자연스러움은 철학이 시·공을 넘어서고자 하며, 플라톤의 정신이 보편성의 지평에 올라섰기 때문이라고 생각한다. 그러나 그런 익숙함은 철학이 보편적인 사유 때문이라기보다는 근현대를 포함한 서양철학의 문제들, 사유틀과 기본 범주들이 그에 의해 창출된 것이기 때문이다. 2400년이 지난 현대에도 그의 철학을 익숙하게 느끼는 이유는 우리가 여전히 플라톤이 정초한 사유틀 속에서 그가 확립한 개념들로 철학하고 있기 때문이다.

보편자, 추상체, 심적인 것, 로고스, 영혼, 논리적 분석, 세계론, 이상국가론 등 서양철학적 사유에서 주축적인 사유 기준이나 원리의 역할을 해온 수많은 개념이나 원리들은 거의 모두 플라톤으로부터 기원한다. 그래서 『테아이테토스』 같은 대화편은 현대 인식론의 교재로 사용해도 손색이 없을 정도로 주제나 개념, 논의의 방식 등이 현대적이다, 또는 현대는 플라톤적이다. 철학을 하는 한, 서구의 현대인은 물론 동양에 사는 한국인도 플라톤의 후예이기 때문이다. 그는 철학의 전통 자체를 창출했다.

플라톤이 철학을 하던 시간과 공간은 현대의 우리와는 2400~2500년의 시간적 거리로 떨어져 있으며 전혀 다른 삶의 조건들을 지니고 있었다. 인간이 등장하면서부터 정신적인 존재인 것도 아니며, 태어나면서부터 사유를 위한 사유틀과 범주들을 생득하는 것도 아니다. 인간은 역사적으로 형성된 사유틀을 가지고 구체적인 역사적·사회적 현실을 바탕으로 사고를 전개해 나간다. 특히 인간의 사유는 그를 통해 사유가 이루어지는 언어구조의 영향을 많이 받는다. 철학적 문제와 해답은 존재나 진리 그 자체를 접하고서 던져지고 얻어질 수 있는 것이 아니다. 인간의 다른 모든 신체적·정신적 활동들과 같이 철학적 사유 역시 전승된 믿음들을 배경으로 전개된다. 그러므로 현대를 사는 우리가 플라톤 철학을 접할 때 이질감을 느껴야 하는 것이 오히려 당연한 일일 것이다. 그러하니 현대의 우리가 철학을 접하면서 자연스럽게 그와 함께 사색할 수 있다는 사실이 오히려 놀라운 일이다.

진정으로 서양철학의 토대가 플라톤에 의해 마련되었다고 한다면, 그 이유는 무엇인가? 왜 그 이전의 자연철학자들이 아니라 플라톤에 의해 비로소 서양철학의 토대가 마련되었다고 말할 수 있는가? 대체 플라톤이 이루어 후세에 전한 것은 무엇인가? 우리의 정신은, 적어도 서양의 정신은 어떤 점에서 플라톤적인가? 몇 가지만 지적해 보자.


## 1. 이성적 사유에 의한 진리 탐구

플라톤의 가장 중요한 기여는 아마도 인간이 이성적 사유의 능력을 지닌 존재라고 파악함으로써, 인식 주체로 간주한 일이다. 이런 평가와 함께 삶의 가치와 세계의 진리가 모든 아테네 시민이 탐구할 수 있는 것이 되었다. 그에 의해 비로소 철학이, 더 일반적으로 학문이 정초된 것이다. 그리스 고전기는 서양의 정신이 구술시대에서 문자시대로 이행해 가는 정신사적 전환기였으며, 플라톤은 그 시기의 철학자이다. 그리스에서 문자가 사용되기 시작한 것은 기원전 800년 경부터였으나, 문자에 기초한 사고가 정착되기 시작한 것은 대략 고전시대(기원전 480-323년)라는 것이 여러 고대 지성사가들의 평가이다. 흔히 철학을 시작했다고 평가되는 자연철학자들은 근본적으로 구술문화적 사상가들이며, 플라톤의 시인추방론은 구술문화에서 문자문화에로 이행 과정의 갈등을 표현한 것으로 해석될 수 있다.

사유하고 인식할 수 있는 주체로서의 인간 개념은 정신사적으로 여러 면에서 혁명적이다. 소크라테스와 플라톤 이전 시기 대중들은 삶의 지혜나 존재의 진상에 관해서는 수동적이고 소극적인 존재였다. 진리를 발견하고 전하는 것은 소수의 현자들 몫이었다. 자연철학자들도 비의적이고 폐쇄적인 소수 현자들에 속했다. 지혜 또는 지식에 관한 비의주의나 엘리트주의를 파괴하고, 삶의 진리를 만인에게 개방한 것은 소크라테스였다. 소크라테스의 사상을 전하고 있는 플라톤의 초기 대화록을 보면, 전자는 진리를 선언하는 자이기보다는 항상 물음을 던지는 자로 역할하며 스스로를 무지한 자로 자기규정하고 있다. 그러면서 그는 동료시민과 제자들을 진리에 대한 탐구에로 초대한다.

소크라테스는 탐구의 과정에서 짧은 문답을 주고받으면서 제시된 의견을 논리적으로 검토하고 논증하면서 상대방의 동의를 얻고, 이를 통해 진위, 시비에 관해 객관적 합의가 가능함을 보여준다. 소크라테스에게 진리는 계시되거나 전승되는 것이 아니라 인간 모두가 지닌 지적 능력에 의해 탐구되는 것이며, 그런 탐구는 상호적이고 대등한 관계에서 이루어지는 공동의 작업이었다. 이제 지적 탐구는 모든 사람이 수행할 수 있는, 인간 삶의 중심적인 실천행위가 될 수 있었고, 인간은 그런 활동으로 인해 우주에서 특권적 지위를 누릴 수 있는 것이다. 대중이 이성의 능력을 지니고 있다는 사실은 이제까지 진리를 독점적으로 접근하고 전수하던 소수의 현자들이 대중들의 검증을 받아야 함을 의미했다. 소크라테스에 의해 비로소 대중들은 대화의 상대로, 그리하여 탐구의 동반자로, 나아가 전통의 수용자가 아니라 비판자로 등장하게 되었다.

소크라테스의 정신은 플라톤에 의해 계승되었다. 그는 인간의 정신적 능력을 명확히 규정하고, 나아가 그 능력의 인식 대상으로서 추상적이고 보편적이며 정신적인 것 등 철학적인 존재자들을 상정했다. 게다가 그런 것들의 성격을 규정함으로써 학문으로서의 철학을 확립했다. 그는 철학을 발견하고 확고한 토대 위의 정초한 사상가이다. 플라톤은 한걸음 더 나아가 탐구 대상을 삶의 가치나 규범에서 쾌락, 존재, 인식, 언어, 우주의 구조, 국가의 이상적 구조, 영혼의 본성 등 모든 것으로 확대했다. 심지어 허무까지도 학적 탐구의 대상으로 삼아 그에 관한 나름의 해답까지 제시하여 독자들로 하여금 논리적으로 검토하게끔 도전했다. 그는 이 모든 것들에 관한 진리가 하나의 동일한 능력에 의해 탐구될 수 있다고 논함으로써, 기초학이자 종합학으로서의 철학을 정립한 것이다.

그는 스승의 정신을 이어받는 한편 이전의 자연철학자들이나 소피스트들과는 달리 이성적 사유를 통해 대화의 방법을 전개하면서, 객관성의 지평을 넓히려 했다. 대화편이라는 저술 형태는 철학이 이성을 지닌 모든 시민에 의해 공동적으로 이루어질 수 있는 민주적 작업임을 시사한다. 그는 그런 과정에서 철학의 방법으로서 개념 분석, 변증법, 분석과 종합 등 다양한 방법들을 제안하기도 했다.


## 2. 형이상학적 세계의 전개: 자체적인 추상체

인간의 이성적 사유와 인식 능력이 감각이나 일상적 경험과 다르다고 한다면, 그 대상도 역시 다를 것이다. 플라톤은 이런 논리에 따라 이성적 사유의 대상으로서 진리, 진상, 실재, 의미체, 보편자, 추상체 등을 상정하고, 이들의 거주지로서 형이상학적 세계를 상정했다. 비로소 철학적 사유를 통해서 접근할 수 있는 고유의 대상들이 등장하고 철학적인 세계가 전개되기 시작한 것이다. 플라톤은 근원적인 존재자 또는 실체를 추구했다는 점에서 자연철학자들의 전통을 이어받고 있다. 하지만 플라톤은 이들과는 달리 사유, 대화, 언어 등 인간의 정신에 의해 이루어지는 세계에서 실재자의 존재를 확인하고서 이를 이데아라 명명했다. 이런 탐구의 루트를 택함으로써 그는 실재하는 것을 보편자, 추상체, 사유의 눈에 의해 접근할 수 있는 것, 경험적인 것들에 반복적으로 등장하면서도, 경험적인 것이 지니고 있는 속성들의 원형이 될 수 있는 완전한 전형으로 규정했다. 그리고 이런 것들만이 진정한 철학적 인식의 대상이 된다.

동일한 것들과 동일함 자체, 둥근 것들, 가령 둥근 사과와 둥긂 자체는 다르다. 구체적 경험의 대상인 전자와 달리 후자의 추상적인 것은 사유의 대상이다. 둥근 사과는 달고, 시고, 겉과 속이 다를 것이나, 도형이나 기하학적인 것이라고 말할 수는 없다. 이에 비해 둥긂은 도형이고, 기하학적이며, 곡선으로 구성되어 있으나, 다른 한편으로 달거나 시거나, 겉과 속이 다른 색인 그런 것은 아니다. 둥긂은 모든 이들에 의해 인지되고 이해되는 한에서 그들의 주관적이고 감각적인 경험을 넘어서, 그리고 특수적인 둥근 것들을 넘어서 어떤 객관적 실재의 공간에 존재한다.

실재자의 공간은 이성적 사유에 의해서만 접근할 수 있는 곳이다. 그런 점에서 그 공간은 구체적이라기보다는 추상적이다. 그리고 이것은 구체적이고 경험적인 다수의 특수자들, 즉 둥근 것들에 반복적으로 등장하면서도 동일성을 유지한다는 점에서 시공을 넘어 존재하는 보편적이고 일자적인 것이다. 그것은 사유에 의해 접근할 수 있는 것이기는 하나, 주관의 심적인 차원에 머물러서는 안 되고, 주관을 넘어선 객관적 공간에 존재해야 한다. 그래야 실재성의 조건을 갖출 수 있다. 철학의 능력이자 방법이라 할 이성적 사유의 대상은 경험적 대상들을 넘어선 초월적이고, 그들로부터 독립해 있는(chorismos) 자체적인(kath' auto) 존재자들이다. 이들이야말로 실재자이며, 철학은 이들을 시민으로 하는 세계를 대상으로 한다.

형이상학적 세계가 등장함에 따라, 그런 세계의 존재자들이 지니고 있는 특별한 성격, 가령 감각 독립성, 보편성, 시공초월성, 선험성, 논리적 추론가능성 등은 이들에 접근해 가는 고유의 철학적 방법과 논리학을 정초하게 했다. 철학적 실재자는 계시나 경험의 대상이 아니라, 이성적 사유, 개념적 분석, 변증론, 논리적 추론의 대상이다. 철학적 사유를 통해 접근할 수 있는 존재, 그 존재에로 접근해 가는 고유의 방법 등을 확립하여 플라톤은 인류에게 철학을 선사했다.

이런 모든 철학의 이념이 집약되어 있는 것이 플라톤의 이데아 개념이다. 이후 서양철학자들은 다양하게 실재자나 실체를 규정했지만 기본적으로는 이데아의 이념에 담긴 원리나 기준의 틀을 크게 벗어나지 않는다. 서양철학의 주요한 원리, 개념, 분류, 이분법 등이 모두 이 개념이나 이에 대한 규정에서 연유한다. 그래서 서양철학사, 특히 존재론의 역사는 플라톤 철학의 변주라고 규정할 수 있다.

우리는 플라톤의 실재 개념에 기초를 두고 있는 서양철학사의 주요 원리, 기준, 개념들을 다음과 같이 열거해 볼 수 있을 것이다. 자체성, 단순성, 일의성, 확실성, 불변성, 존재독립성, 모습, 반영으로서의 인식, 기술적 언어관, 존재 그 자체. 이와 함께 주요 이분법들, 보이는 것과 보이지 않는 것, 현상과 실재, 진리와 허위, 인식과 믿음, 그리고 합리적 설명의 이념, 감각질의 문제, 감각적 인식과 이성적 인식 간의 구분, 환원주의와 비환원주의, 원자론적 사유, 체계적 우주생성론이나 제작론, 도덕적 가치와 규범의 개념, 실체, 본질, 정당화, 철학적 방법론, 정신적 해방의 이념, 자율적 영역을 지닌 영혼, 인식 주체와 행위 주체로서의 정신, 개인과 국가, 유토피아의 이념, 존재와 정치, 세계정신과 개인의 정신, 보편자, 추상체, 의미의 존재, 우연과 필연, 분석, 연역, 귀납, 직관지, 감각지, 논증적 지식, 개연적 지식 등의 수많은 주요 철학적 개념과 구분들을 플라톤 대화편에서 발견할 수 있다.

이상의 개념들은 발견되기보다는 형성되고 창안되는 것이다. 물론 인간의 정신이나 사유구조와 개념들은 허공에서 창조되는 것이라기보다는 역사적 산물로서, 정신사의 과정을 거치면서 삶의 여건, 역사적 전승, 사회적 조건, 언어구조, 의사소통의 방식 등에 영향을 받는다. 이런 여러 외적인 여건들이 정신의 형성과 개념화를 위한 기초적인 분위기를 조성하지만, 인간 정신이 새로운 단계로 비약하는 데에는 철학자, 사상가, 종교가들의 주도적이고 창조적인 노력이 필요하다. 우리는 바로 이런 이유에서 플라톤이 서양철학의 형성자 또는 토대자라고 평가할 수 있는 것이다.

## 3. 철학적 최상급

플라톤은 실재적인 것이 자체적으로 존재하는 것으로서 추상성이나 보편성을 지닌다고 보았다. 그것은 우리 일상 경험세계의 대상들과 중요한 차이점을 갖는데, 후자가 존재론적, 인식론적, 윤리적으로 불완전하고 상대적이며 2차적인 것, 또는 현상적인 것과는 달리, 그런 것 저 너머에 있는 자체적인 것은 어떤 종류의 완전성이나 전형성을 지니고 있다고 보았다. 플라톤적 실재의 이런 특성에 주목하여 우리는 이데아를 비트겐슈타인의 용어를 빌려 '철학적 최상급'이라 이름할 수 있다. 좋음의 이데아는 최상급들 중에서도 최상급적인 존재자이다. 경험계 또는 현상계의 것들은 말하자면 존재론적, 인식론적, 윤리적으로 비교급적 존재인 반면 형이상학적 세계, 철학 고유의 세계에 거주하는 것으로 여겨지는 존재자들은 더 이상이 없는(non plus ultra) 최상의 것이다. 경험적 존재자들에 의해 둘러싸여 있는 우리 일상의 삶은 비교급적이다. 상대적이며, 관계적이고, 주관적이며, 회의의 대상이다. 철학적 삶은 최상급을 추구한다. 철학적 사유 대상으로서의 자체적인 것, 추상체, 보편자, 의미체 등은 실재성, 진리성, 가치, 의미 등에서 다른 것들과의 비교를 허용하지 않는 완전태, 전범, 또는 절대적 존재이다. 최상급의 인식은 모든 상대성, 관계의존성, 관점의존성, 회의와 불확실성을 종결시킨다.

형상은 존재론적 최상급으로 진정한 존재, 모든 경험적 속성들의 전형이다. 여기에서 현상과 실재의 구분이 이루어진다. 이성적 사유의 대상이니만치, 형상들은 인식론적 최상급이다. 이들은 보편타당하며 객관적인 진리나 진상으로서 확실하고 무류(無謬)의 인식을 가능하게 한다. 플라톤이 선분의 비유를 통해 명확히 했듯이, 여기에서 믿음과 인식의 구분이 이루어진다. 정의 자체, 용기 자체 등과 같은 것들은 우리 실천과 삶의 목표요 이상의 역할을 하며, 우리나 타인의 행위를 평가하기 위한 잣대, 일종의 미터 원기(原器)와 같은 것이라는 점에서 형상들은 윤리적 최상급이기도 하다. 형상의 인식은 영혼을 정화하며, 그것은 인간 정신에 내재한 에로스적 상승 의지의 지향처이다. 우리는 형상을 준거로 삼아 감각적 쾌락을 넘어서며 현실세계를 극복하고 삶의 이상과 이상국을 실현하려 한다. 좋음의 이데아는 모든 것의 근거이자 지향처이다. 뿐만 아니라 형상계는 원장인(原匠人)이 세계를 구축하기 위한 설계도가 된다는 점에서, 우주론적 최상급이기도 하다.

이데아는 이상이다. 이데아는 명징한 사고의 대상, 인식의 확실성과 객관성을 보장하는 투명한 형상, 인간 삶과 실천에서의 이상이자, 행위의 시비 선악을 판별하는 전범이 되는 존재자들, 시대와 문화를 넘어서는 것으로 여겨지는 범주적 개념들의 의미 근거이다. 플라톤이 이런 개념을 설정한 이후 서양철학자들의 모든 학적 노력은 철학적 최상급의 모색이라고 규정할 수 있다. 이데아는 존재론적, 인식론적, 윤리적, 정치철학적, 심지어 우주론적 탐구에서의 기준과 지향점으로 역할하며 서양철학의 전개 방향을 결정했다.

중세의 보편자, 보편 교회, 데카르트의 명석 판명성이나 절대 확실성, 칸트의 선의지나 정언 명령, 나아가 현대 철학의 논리적 원자, 심지어 경험주의의 감각여료, 전기 비트겐슈타인의 대상에 이르기까지, 이런 것들은 플라톤이 설정한 철학적 이념에 의해 선도되어 제안된 존재자들이다. 서양철학사 2500년 동안에 철학자들이 존재, 인식, 실천의 근거나 토대 또는 이상을 추구하면서, 이런 것들을 실체, 본질, 실재, 궁극적인 것, 원자, 불가환원자, 토대나 근거 등이라 했는데, 이들은 기본적으로 플라톤의 이데아에 담겨 있는 이념들이다.

## 4. 공유 지평의 발견: 보편자 또는 의미체

이데아는 이성적 대상이고 가치기준일뿐 아니라 객관적 존재이다. 플라톤이 형이상학적 세계를 전개한 또 다른 중요한 이유는 시공을 넘어선 절대 객관적인 세계를 확보하기 위해서였다. 정신사적으로 그리스인들의 탁월한 업적 중 하나는 아고라(agora), 즉 정치적인 공유영역의 형성이었다. 플라톤은 아고라의 개념을 철학적으로 심화시켰다. 주지하다시피 그의 저술 형식은 대화편이다. 아테네 시민들에게 아고라는 정치적 권리, 이해관계, 전리품의 분배 등에 관한 이견을 해소하고 합의하기 위한 정치적 공간이었다. 그러나 플라톤은 인간이 아고라에서 대화하며 공동의 삶을 영위하는 한에서, 정치적인 것 이상의 좀더 높은 차원의 세계를 공유하고 있다고 보았다. 그런 세계가 있기에 인간은 학문적 진리를 추구할 수 있으며, 객관적 가치와 규범을 통해 우리 삶과 실천의 목표를 설정하고 윤리적 평가를 할 수 있는 것이다. 더 일반적으로 언어적이고 정신적인 삶이 가능한 것은 그런 공유의 세계에 대한 믿음 때문이라고 보았다. 대화, 언어활동이란 이해관계를 조정하기 위한 수단에 그치는 것이 아니라 새로운 세계로 나아가기 위한 통로이다. 그는 정치적인 공간에 상응하는 철학적 아고라, 또는 정신적으로 공적인 공간이 존재한다고 보았다.

대화 또는 의사소통 공간은 플라톤 철학의 출발점이자 문제적 상황이었다. 경험적으로 확인할 수 있는 한에서, 대화의 현장에서 우리가 주고받는 것은 소리와 끄적임이다. 그러나 이런 것들만 교환해서는 의사소통이 이루어지지 않고, 의미가 전달, 교환되어야 한다. 다른 한편으로 우리는 언어를 사용하면서 다수의 사물들에 하나의 개념을 적용하며, 상황의 변화에도 일관된 규칙을 준수하면서 우리 삶과 실천에 질서를 부여해 간다.

언어의 가능근거, 일과 다의 문제, 규칙 준수 가능성 문제들에 대한 플라톤의 답은 소리와 흔적, 다적이고 상황적인 것들을 넘어서 또는 그 배후에 주관과 경험계를 넘어서는 객관세계가 있어야 한다는 것이다. 그러나 경험계의 모습은 결국 주관의 감각기관에 의존하므로, 경험계는 객관세계의 후보가 될 수 없다는 것이 플라톤의 판단이었다. 그러므로 우리의 의사소통과 학적 인식과 윤리적 행위에 근거를 제공할 객관세계는 주관이나 감각적 경험의 세계와는 차원이 달라야 한다고 보았다. 그 세계는 주관과 감각적 경험계를 초월한 또는 그로부터 독립적인(chorismos) 세계이다. 공적인 공간, 객관적 공간은 정확히 말해서 언어의 공간이라기보다는 언어를 통해서 도달할 수 있으며, 그것의 기반이 되는 추상성과 보편성과 의미의 공간이다. 정치적 아고라가 개인 간의 경계에 합의하여 공존을 가능하게 하는 다적인 차별성의 공간임에 비해, 철학적 아고라는 모두가 정신적 존재이게 하며 서로를 이해할 수 있게 하는 일자적인 동질성의 공간이다.

객관을 정초하는 방식은 철학사적으로 여러 방식으로 나타났다. 플라톤의 경우 초월이나 자체성을 통해, 중세에는 신의 세계에 의존하며, 내재성이나 생득성은 데카르트의 방식이고, 홉스는 완전 양도와 사회계약, 로크는 다수결에 의해 객관성을 확보하려 했다. 공민상태는 루소의 방식, 선험적 범주의 개념은 칸트적 방식이다. 이렇게 객관의 근거를 초월, 신성, 내재성, 선험성 등 우리의 일상적 주관이나 경험을 떠난 차원에서 마련하는 경우, 그곳에 어떻게 이르느냐는 문제가 제기된다. 여기에서 서구의 이성 또는 사유중심주의가 자리잡게 되는 것이다. 인간은 감각만을 소유한 다른 동물들과 달리 사유나 이성적 능력을 소유하고 있다. 인간은 사유능력을 사용하여 초월, 신성, 내재, 선험의 세계에 이를 수 있다는 것이다. 감각은 인간을 이 지상에 구속하는 데에 반해, 인간의 사유능력은 우리를 새로운 차원의 세계, 객관의 질서, 나아가 가치와 이념과 신의 질서에 이르게 할 수 있으며, 그럼으로써 인간의 고유성을 확보해 줄 수 있다고 보았다.

## 5. 토대주의

전통적으로 서양철학의 가장 중요한 원리는 토대주의이다. 플라톤의 대화편들은 이데아에 대한 인식을 토대로 하여 우리의 인식과 실천, 나아가 인간의 삶 전체를 확실한 기반 위에 정초할 수 있다는 믿음에 의해 추동되면서 전개된다. 우리는 그의 철학에서 토대주의의 기원을 찾아볼 수 있다. 중세의 신학, 데카르트의 방법적 회의, 칸트의 선험적 종합판단, 영국 경험론의 감각과 인상, 현대의 논리적 원자론이나 논리실증주의 등은 모두 토대주의적 사고에 의해 전개된 것이다. 플라톤은 대화라는 일상의 사실에서 철학적 단초와 토대를 찾았다. 단 그는 언어 자체라기보다는 그 배후의 의미세계에서 또는 그를 근거짓는 인식론적 대상에서 존재론적·인식론적·윤리적 토대를 찾은 것이다.

화이트헤드는 "서양철학사를 요약하면, 플라톤 철학의 주석사이다"라는 평을 한 바 있다. 비단 그의 논평이 아니어도 최근의 포스트모더니즘, 반(反)플라토니즘, 언어적 전회 등, 서양철학에 대한 반성적 비판의 흐름 등은 역설적으로 서양철학사가 플라톤 철학에 의해 지배되어 왔음을 증거해 주고 있다.

서양철학의 사유틀과 사유범주를 제공했다고 필자가 주장한 바 위의 특색들은 인간 사고의 일반적인 특성이라고 할 수 있지 않을까? 우리는 위의 2절에서 열거한 서양철학의 주요 개념들이 동아시아의 전통에는 거의 없다는 사실을 유념할 필요가 있다. 그렇다고 동아시아의 전통에서 사유 활동이 빈약했으며, 객관성의 지평이 전개되지 않았다고 말할 수는 없다.

플라톤에 대한 필자의 연구는 서양철학을 이해하려는 시도의 일환이다. 철학을 포함한 모든 인문적 사고의 역사성을 감안할 때, 서양철학은 시원에서부터 이해해야 올바로 이해될 수 있다고 본다. 다른 한편으로, 서양 고대는 공간적으로는 물론 시간적으로도 현대의 우리와 먼거리에 있는 사람들의 정신적 활동이기에, 고전에 대한 이해는 현대철학과의 대조를 통해서 좀더 분명한 윤곽을 가지고 다가올 수 있다고 생각한다. 필자는 서양 고전에 대한 연구를 현대철학에 대한 연구와 함께 병행해 왔는데, 이 같은 비교 연구는 서양철학사에서 플라톤의 위치를 더욱 분명하게 해주었으며, 그 위치가 이전에 생각했던 것보다 더 근원적이고 폭넓다는 사실을 깨닫게 해주었다.

서양철학 전반에 대해 갖게 된 이런 인상은, 근자에 필자가 동양철학서들을 열람하면서, 더욱 분명한 모습으로 부각되어 다가온다. 산맥의 모습은 산 속에서가 아니라 산의 맞은 편에서 그 윤곽을 잘 볼 수 있는 것이다. 심지어 서구 내부에서 제기되고 있는 반플라톤주의적 사유법까지도 플라톤적 관점이나 틀 안에서 문제를 제기하고 있는 것으로 보여지며, 플라톤적 개념들을 사용하고 있는 것으로 사료된다.

## 6. 사유에서 언어에로

이성적으로 사유하는 인간의 개념은 그리스적 인간관의 중심을 차지했다. 근대의 인간관도 기본적으로 이런 전통에서 벗어나지 않는다. 서구인들에게서 인간의 개념 사용, 규칙의 준수, 윤리적 규범의 의식과 그 준수는 모두 감성에 대조되는 사유능력의 사용, 즉 이성의 사용에 의한 것이었다. 그런 인간 고유의 능력에 의해 인간은 주관과 감성적 경험계를 넘어 법칙과 의미와 본질의 세계, 보편자, 학적 진리, 윤리적 규범, 심지어 미적 가치에 접근할 수 있다고 보았던 것이다. 인간 삶의 특징은 규칙의 준수에 있다. 그리고 서구 전통에 따르면, 규칙의 준수는 사유에 의한 것이다. 이미 논한 바와 같이 사유 대상을 설정함으로써 사유활동을 확고히 인간에게 고유하고 가장 중요한 활동으로 확립한 철학자는 플라톤이다. 그가 사유를 중시한 이유는 사유를 통해서 접근·인식할 수 있는 것으로 여겨지는 자체적인 존재가 객관성, 실재성, 항구성, 불변성, 보편성 등의 조건을 만족시킨다고 보았기 때문이다.

플라톤 이래의 서양철학자들은 그의 테제를 전제로 하여 철학적 활동을 수행했다. 우리가 이성적 사유를 할 수 있다는 것은 철학함의 기본 전제이자 가능 근거이다. 우리가 철학할 수 있는 이유는 이성적 사유를 행할 수 있고, 이를 통해서 추상체, 보편자, 논리적 대상들을 인식할 수 있다고 믿었기 때문이다. 그러나 이성이나 사유능력의 고유 대상이 존재하는 것도 아니며, 그런 능력이 공유의 지평에로 오를 수 있게 하는 사다리가 되기보다는 오히려 사밀성의 밀실에 우리를 가두어버릴 가능성이 있다고 한다면, 우리는 객관성을 확보할 수 있는 다른 방도를 찾아야 할 것이다. 사유나 정신의 공간이 언어가 빚어낸 신기루나 언어 활동의 귀결에 불과하다면, 우리는 이제 인간이 본질적으로 '생각하는 갈대'라는 규정을 재검토해야 할 것이다.

비트겐슈타인은 후기 저서에서 규칙 준수의 가능 근거, 어휘 사용의 근거, 심적 공간, 심적 속성, 전칭판단, 보편자, 의미, 추상체, 감각여료 등을 다양한 각도에서 깊이 있고 철저하게 검토한다. 서양철학자들은 전통적으로 확고한 인식과 실천의 토대나 객관성을 확보하기 위해 초월적이거나 선험적 또는 직접적으로 주어진 존재자들을 상정했으나, 이들은 그들의 의도를 배반할 수 있다는 것이다. 그런 것들은 존재하지도 않거니와 존재한다 해도 의도된 역할을 행할 수 없다고 비판하며, 객관성은 새로운 방향에서 확보되어야 한다고 시사한다.

플라톤이 제시한 객관성의 이념은 여전히 유효하며, 철학 고유의 영역 역시 존재한다고 믿어진다. 그러나 이제 그 영역은 철학적 최상급의 세계가 아니며, 객관성이란 그런 것을 상정함으로써만 확보될 수 있는 것이 아닐지도 모른다. 우리는 초월, 선험, 신성, 직접성 등에서 객관성의 기반 모색을 중지하고, 내적 사유나 감각적 직관과는 다른 통로를 통해 객관적 지평을 마련해야 할 것으로 보인다. 우리는 언어가 객관적 규정력을 발휘하며, 언어의 규정력은 사회적 합의의 소산이라는 점에 유념할 필요가 있다. 동아시아적 전통에서 사유나 논리 등과 관련된 어휘들이 희소하다는 사실에, 그리고 문자나 텍스트를 통해 객관성의 지평을 구축하려 했다는 사실에 우리는 주목할 필요가 있다. 다른 한편으로 플라톤 철학의 출발점이나 논거가 대화의 현장이었다는 점을 상기할 때, 언어의 규정력에서 객관성의 근거를 찾으려는 시도는 여전히 플라톤의 정신에 동조적인 것으로 생각할 수도 있다. 플라톤은 비트겐슈타인 등의 현대철학자들, 그리고 동아시아의 전통 만큼 언어를 중시했다는 점에서 그의 통찰은 기본적인 노선에서 아직도 적실성을 발휘한다고 여겨진다.

# 제1부

## 플라톤의 생애와 철학의 개관

# PLATON

# 제1장

● ● ● ● ●

# 플라톤의 시대와 그의 저술

## 1. 그의 시대와 생애

### 플라톤과 그 시대

고대 그리스는 위대한 시기였다. 이 시기는 서구 정신사에서 가장 탁월한 인물 셋을 거의 동시에 배출했다. 이들 세 사람은 우연히 동시대적 인물이 된 것이 아니라 깊은 정신적 관계 속에서 등장했으므로 고대 그리스의 문화가 우리에게 주는 의의는 더욱 크다고 하겠다.

소크라테스(Socrates)는 플라톤(Platon)의 스승이었고, 아리스토텔레스(Aristoteles)는 플라톤이 개설한 서양 최초의 대학 아카데미아[1]에서 가장 우수한 학생이었다. 이들 간의 사제관계는 통상의 수준을 훨씬 넘어서는 것이었다. 플라톤은 소크라테스와의 만남이 자신의 삶 중에 가장 큰 행복이었다고 고백하며, 소크라테스와의 만남을 통해 삶의 전환점을 마련할 수 있었다고 회고한 바 있다. 아리스토텔레스는

---

1) 플라톤이 세운 이 학교는 기원전 385년경에 설립되어 기원후 529년까지 지속되었다.

정신적인 수용력이 가장 왕성한 18세 청년시절에 아카데미아에 입교한 이후 20년간이나 플라톤 문하에서 수학했다. 이들 세 철학 거인의 사제관계는 깊은 전인적인 유대 속에서 맺어진 것이었다.

오랫동안의 사제관계 속에서 제자는 스승의 광휘를 벗어나기 어렵고, 그런 점에서 우리는 이들 세 철학자의 사상이 매우 유사하리라 생각하기 쉽다. 이런 예상과는 달리 이 세 철인들은 각각 고유한 철학의 경지를 넓고 깊게 형성했다. 소크라테스의 삶은 철학 그 자체였으며, 플라톤은 인간의 삶과 사회와 우주의 구석구석을 뒤지면서 철학적 문제들을 제기하고 이의 해결을 위한 단서를 모색하고 제시했다. 형이상학과 분과과학과의 관계를 정립하여 학문의 체계화와 조직화를 위한 기초를 마련한 사람은 아리스토텔레스였다.

플라톤은 전쟁의 와중에 태어나, 그 전쟁에서 결국 패망하게 되는 도시국가에서 성장했다. 그는 기원전 429년에 태어났다. 그의 탄생 2년 전인 431년에 펠로폰네소스 전쟁이 발발했고, 이 전쟁은 그가 25살에 이르기까지 지속되었으나, 결국 아테네의 굴욕적인 패배로 종료되었다. 고대 그리스의 위대한 시대를 전개한 페리클레스(Perikles)는 전쟁 초기인 기원전 429년, 즉 플라톤이 태어나던 해에 전염병으로 죽었다.

전쟁의 패배와 함께 아테네로 하여금 제국의 위세를 떨치게 했던 델로스동맹이 해체되고, 이와 함께 아테네는 몰락의 길을 걷는다. 전쟁 초기에는 페리클레스 사후 급진적인 민주주의 세력이 권력을 잡아 아테네가 제국의 위세를 잠시 동안 유지하기도 했으나, 전쟁은 결국 수년간 교착 상태를 지속하다가 기원전 421년에 일단락된다. 이후 아테네는 팽창정책의 일환으로 시라큐스로 대원정을 떠났으나 엄청난 실패를 겪어야 했고 군사력은 만회가 불가능할 정도로 상실되었다.

시실리에서의 참패는 기원전 411년에 과두파들이 혁명을 통해 득세할 수 있는 기회를 제공했다. 이들은 400인 평의원회(Council of Four Hundred)를 구성했고, 이는 1년 후 5,000명의 정부(the Government of the Five Thousand)로 이어진다. 이 정부는 다수를 점유한 온건파들의 승인을 얻는 데 성공했다. 그러나 능동적인 시민권은 아테네 성인 남자들의 4분의 1 내지 3분의 1에 불과한, 스스로 무장할 수 있는 9,000명 정도의 시민들에게만 제한해서 부여했다. 이 같은 시민권 제한 정책은 빈곤층 시민들의 반발을 샀고, 이 정부는 1년 후 민주적 정치체제에 의해 대체되었다. 새로 정권을 잡은 민주파는 과두파에 가혹한 보복을 가한다. 이후 민주정의 테러(democratic terror)가 6년간 지속된다. 이 무렵 플라톤의 나이는 스무 살 정도였다.

기원전 404년, 전쟁에서 승리한 스파르타의 지원 하에 과두파가 혁명을 일으켜 30인 위원회를 발족시킨다. 이들 30인 위원회 중 일부는 플라톤의 친구였는데, 이들은 플라톤에게 정치참여를 권하기도 했다고 전한다. 이 위원회는 개혁의 제스처를 보이기는 했으나 동시에 가혹한 폭정을 저질러, 8개월 만에 축출 또는 처형당하면서 다시 민주정이 들어선다. 복귀된 민주정은 그 동안 극단적인 정책에 염증을 느낀 시민들의 기대에 부응하여 온건하고 합리적인 정치를 행했으며, 이때까지만 해도 플라톤은 정치에 입문하고자 하는 열망을 지니고 있었다고 전한다. 그러나 이들은 플라톤이 용서할 수 없는 중대 사건을 저지른다. 즉 민주정은 불경죄와 청소년을 타락시켰다는 죄목으로 소크라테스를 사형에 처한 것이다. 이 사건은 당연히 플라톤으로 하여금 아테네의 현실 정치에 대해 환멸을 갖도록 하기에 충분했다.

이상의 정치·사회적 배경을 개관해 볼 때, 플라톤은 그의 전 생애를 펠로폰네소스 전쟁의 혼돈 속에서 보냈다. 이 과정에서 그는 자신의 조국 아테네의 쇠망과 일시적인 흥기, 그리고 스파르타의 흥망을 지켜보게 되었고, 그가 죽음을 맞을 즈음에는 알렉산더의 마케도니아가 서서히 제국의 꿈을 키우기 시작했다.

펠로폰네소스 전쟁이 아니어도, 아테네 등 당시 도시국가들은 전투가 삶의 일부라 할 정도로 군사적인 사회였다. 기록에 따르면, 당시 소년들이 시민의 자격을 갖게 되는 18세 나이에 이르면 그들 아버지의 절반가량이 전사했을 정도로 전쟁은 일상적이었다고 한다.[2] 이런 상황에서 당시의 시민들은 도시를 방어하는 무사일 수밖에 없었고, 철학자들도 예외는 아니었다. 뿐만 아니라, 그 당시의 철학자나 현자들은 그들이 속한 사회의 지도층이었던 만큼 정치나 전쟁 등의 현안에 깊이 연루되어 있었다. 따라서 현대의 학자들보다 훨씬 현실 정치에 깊고 구체적인 관심을 갖지 않을 수 없었다. 플라톤이 자신의 저서에서 논하고 있는 정의, 용기, 절제, 지혜 등의 주제는 안락한 소파에 앉아 이론적 호기심에서 제기된 문제들이 아니다. 그것들은 생과 사를 넘나드는 전쟁의 치열한 현장에서 시민과 군인들에게 절박하게 요구되는 규범적 덕목들이었다.

전쟁의 와중에서 서양철학의 토대가 확립되었다는 것은 놀라운 일이다. 플라톤 정신의 탁월성이나 위대함이 분명 중요한 역할을 했을 것이나, 위대한 정신이라도 허공에서 사유할 수 있는 것은 아니다. 전쟁의 상황과 같이 치열하고 객관적 기준을 확보하기가 지난한 삶의 여건은 절박한 문제의식을 느끼게 한다. 제국의 몰락은 그 제국 성원 모두에게, 특히 플라톤과 같은 철학자에게는 국가와 개인의 삶에 대한 반성적 사고를 필연적으로 갖게 만들었다. 행복한 시절이란 문제없는 상황이니만큼 문제가 제기되지 않는다. 헤라클레이토

---

2) Powell, B. B., *Classical Myth*, 3rd. ed. Prentie-Hall, 2001, p. 30.

스(Herakleitos)가 통찰했듯이 '전쟁은 모든 것의 아버지'로서, 전쟁의 상황은 다양하고 다기한 문제들을 제기하게 만들며 정신의 깊이를 심화시킬 수 있는 여건이 되기도 한다. 하지만 전쟁의 혼란 속에서 예기치 않게 등장, 돌출하는 여러 가지 요소는 문제에 대한 답을 쉽게 찾을 수 없게 만든다.

### 플라톤의 생애

위와 같은 시대적 배경을 염두에 두고 플라톤의 생애를 개략적으로 살펴보기로 하자. 플라톤은 아테네 귀족 가문의 일원으로 태어났다. 당시 아테네를 통치하던 30인 참주 가운데 한 사람인 크리티아스(Critias)는 그의 외삼촌이다. 이런 인연에 더하여 정치에 대한 열정을 갖고 있던 플라톤은 정치계에 입문하려는 생각을 진지하게 고려했다. 그는 한때 희곡을 쓰기도 한 문학 지망생이었다. 플라톤이 갖고 있던 정치나 현실의 개선에 대한 관심은 상당히 강렬하고 지속적이었다. 그는 정치적 열망을 접은 이후에도 몇 차례 현실 정치계에 참여하여 사회개혁을 시도했는데, 이러한 플라톤의 정치적 관심은 그의 저작 도처에서 찾아볼 수 있다. 문학에 대한 그의 관심은 양가적(兩價的)이었는데, 플라톤은 자신이 구상한 이상국으로부터 시인을 추방해야 한다고[3] 주저 『국가』를 통해 선언했다. 그럼에도 불구하고 그의 저작들은 매우 문학적인 색채를 보이고 있어, 우리는 그의 문학적 재능을 대화편 곳곳에서 확인할 수 있다. 그의 몇몇 작품, 예컨대 『향연』과 같은 것은 철학적 고전으로뿐 아니라 문학적 명저로도 널리 읽히고 있다.

---

3) 플라톤의 시인 추방론은 음성문화시대를 지배하던 사고방식을 타파하고 문자적 사유 방식의 도래를 알리는 사고의 혁신을 의미한다. 이런 해석에 대해서는 Havelock, Eric, *Preface to Plato*, Harvard Univ. Press, 1982(초판 1963) 참조.

플라톤은 20세 되던 해에 소크라테스와 운명적인 만남을 갖게 된다. 그를 만난 이후 정치나 문학의 경력을 추구하는 대신, 플라톤은 자신의 일생을 철학에 바치기로 결심한다. 기원전 399년 소크라테스는 아테네 주위 사람들의 무고와 중우정치의 횡포로 철학적 순교를 당한다. 그러자 플라톤은 아테네의 정치 · 문화에 환멸을 느끼고 10여 년간 지중해 구석구석을 비롯해 이집트, 소아시아 반도 등지로 여행하면서 그곳의 철학적 · 종교적 사상들을 접하고 인간과 사회에 대한 주의 깊은 관찰을 했다. 이러한 철학적 방랑의 흔적을 그의 대화편 도처에서 찾아볼 수 있다. 플라톤의 대화편들은 인간 본성의 다양하고 깊은 모습에 대한 예리하고 풍부한 통찰력을 보여준다. 그는 인간의 삶과 사고의 다양성, 그리고 풍부함을 모두 자신의 철학적 사고의 소재로 삼았다. 플라톤은 자신의 주저 『국가』에서 서로 상이한 철학적 사고와 종교적 사상들을 날줄과 씨줄로 엮어, 웅장한 철학적 교향악을 연주해 내고 있다.

10여 년간의[4] 철학적 여행을 마치고 아테네로 돌아온 플라톤은 아테네 근교 '아카데미아'라는 곳에 조그마한 일종의 대학을 설립한다(기원전 385년). 이것은 최초의 대학이라 일컬어진다. 학술이나 학문을 의미하는 영어의 'academy'의 어휘는 그가 대학을 세운 곳의 지명, 또는 그 지역이 헌정된 반신(半神)적인 영웅 이름 '아카데무스(Academus)'에서 연유한다. 이곳은 고대 아테네의 중심인 아고라에서 도보로 30분 정도 거리에 있는데, 지금은 현대 그리스의 학술원이 들어서 있다. 플라톤은 바로 이곳에서 그리스세계의 우수한 젊은이들을 모아 철학을 가르쳤다. 아리스토텔레스도 이 학교의 명성을

---

4) Strabo에 따르면, 이 철학적 방랑은 13년간에 걸친 것이었다.(Strabo, xvii, 1. 29 : 니체, 「플라톤의 대화연구 입문」 85쪽, 『니체 전집』 1권, 책세상, 1999, 김기선 역)

듣고 찾아와 플라톤에게 배운 학생 중 한 사람이다. 아리스토텔레스를 포함한 많은 그리스의 젊은이들이 이곳으로 유학하여 플라톤으로부터 철학을 배우고, 또는 그와 대화하며 탐구하는 생활을 했다. 이곳의 졸업생들은 그리스세계 각지로 흩어져 철학자·수학자·정치 보좌관 등으로 활약했다.

플라톤은 그리스의 영재들을 가르치는 한편, 그의 저서 여러 곳에서 개진한 정치 이상을 실현하고자 시도했다. 그는 지금의 시실리섬에 있었던 시라큐스라는 도시국가에 정치 자문역으로 초청되어 그곳의 사회개혁에 참여한다.[5] 그러나 자신의 이상을 실현하기 위한 플라톤의 노력은 거듭 실패로 돌아갔을 뿐 아니라, 한때는 생명의 위협을 받기도 했다. 가령 정치적 음모의 결과로 플라톤은 노예로 팔려가기까지 했으나, 그의 친구가 노예 상태에 있던 플라톤의 몸값을 지불해 주어 자유인이 된 적도 있다고 한다.[6] 자유인이 된 플라톤은 다시 아테네로 돌아와 돈을 모은 후 자신의 몸값을 갚으려 했지만 친구가 사양했다고 전한다. 플라톤은 바로 그 돈으로 아카데미아의 땅을 샀다는 전설이 있는데, 이 전설이 사실이라면 최초의 대학은 철인의 몸값으로 세워진 것이니 시사하는 바가 자못 흥미롭다.

정치개혁의 시도가 좌절된 이후 플라톤의 철학은 좀더 이론적인 경향을 보였으며, 그는 주로 학생교육과 연구·저술에 전념하다가 기원전 347년 80세를 일기로 세상을 떠났다. 우주론을 논하고 있는 난해한 저서 『티마이오스』가 70세경에 저술되었으며, 플라톤은 마지막 순간까지도 현실과 사회개혁에 대한 관심을 놓지 않았다. 플라

---

5) 그의 서간문에 따르면, 그는 이곳을 세 번 방문했다. 기원전 387년에 1차 방문, 367년에 2차, 그리고 362년에 마지막 세번째로 시실리를 방문했다.

6) 플라톤을 해방시킨 사람은 부유한 옛 친구이자 퀴레네학파의 일원인 안니케리스이며, 그가 지불한 플라톤의 몸값은 은 20미나였다고 전한다(은 1미나는 436.6g)고 하나, 이는 역사적 사실이라기보다는 전설이다.

톤의 저술 중 가장 방대한 양의 정치철학서 『법률』은 그가 남긴 최후의 것으로 알려져 있다.

## 플라톤 철학의 정신적 배경

앞서 언급했듯이 플라톤이 살던 시대는 전쟁의 와중이었다. 이 같은 상황적 조건에 더하여, 그 당시는 신화에서 철학으로의 이행, 구술문화에서 문자문화로의 진전 등 정신적 변혁이 진행되는 과정에 놓여 있었다. 이 과정에서 자연철학자들과 소크라테스가 등장했고 소피스트 운동이 전개되면서 지적 변혁의 한 단계를 만들어가고 있었다. 이들은 새롭고 풍부하며 탁월한 지적 전통을 형성하면서, 플라톤과 아리스토텔레스의 활동을 준비한다. 이 같은 분위기를 배경으로 등장한 플라톤의 탁월한 사고력은 위에서 열거한 여러 가지 요소와 전통을 발판으로 그리스인들로 하여금 정신사적인 도약을 하게 했다. 플라톤 이전에 정신사적 진전을 이룬 사상가들은 신화의 작가와 전수자들, 자연철학자, 소피스트와 소크라테스 등 3군으로 나눌 수 있다. 그리고 다시 이들을 기준으로 그리스 정신사의 시기를 대략 5기로 나눌 수 있다. 즉 ① 철학 이전의 시기, ② 탈레스(Thales) 또는 아낙시만드로스(Anaximandros)로부터 시작되는 자연철학자들의 시기, ③ 소피스트와 소크라테스의 인문주의적 시기, ④ 플라톤과 아리스토텔레스에 의해 성취된 고전철학의 절정기, ⑤ 스토아·에피쿠로스학파가 주도한 헬레니즘 시기로 구분할 수 있다.

철학 이전은 신화와 종교의 시기로서, 초자연적인 요소들에 의해 지배되는 경향이 강했다. 하지만 흔히 말하듯이 종교와 철학이 단층적으로 갈라지거나, 뮈토스(muthos)적인 것과 로고스(logos)적인 것을 분명하게 구분할 수 있는 것은 아니었다. 종교나 신화도 나름의 합리성이 있다. 신화의 시대에 신화는 신화가 아니다. 당시에는 신화가 나름의 철학이자 역사이며, 심지어 과학이었다고 말할 수 있다. 신화란 그 시대 사람들 나름대로 인간과 부족의 기원, 세계와 자연의 현상을 설명해 보려는 노력의 산물이었기 때문이다. 역으로 철학과 과학의 시대에도 신화시대에 형성된 개념들이 전승되어 이를 기반으로 철학적이거나 과학적인 사고가 전개되는 것이다. 그 어떤 사고도, 자연이나 세계와의 직접적인 관계 하에서 형성될 수는 없다. 자연이나 세계와의, 또는 존재와의 직접적인 관계라는 것은 사후 추상에 불과하다. 그래서 가령 신화시대의 모이라(Moira) 개념이나 다신적 체계를 토대로 하여 후대의 플라톤의 이데아론, 서양법 개념, 심지어 인과 개념 등이 형성된다. 하지만 대체적으로 이 시기는 감성적이고 정서적인 충전이 지배적인 시기이며, 모이라나 다신적 신의 체계 등이 세계 설명에서 주축적이다.

정신과 사유세계라는 것이 연속적인 흐름과 같은 것이라 할 때, 플라톤이 이전부터 전승되어 오던 신화적 사고의 영향에서 완전히 벗어났다고 보기에는 무리가 있다. 그러나 플라톤은 전반적으로 신화적 사고와 논증적 사고를 명확히 구분했으며, 이성적이고 논리적인 철학자들의 사고가 신화시대와 구술시대의 지도적 지식인이던 시인들의 역할을 대체해야 한다고 논하면서, 새로운 사고의 고원으로 비상하고자 시도했다. 추상적이고 논리적인 논변, 보편성에 대한 의식, 탐구 대상으로서의 진리 개념, 대화라는 문체나 변증론에 대한 논의 등에서 볼 수 있는 바와 같이, 플라톤에 이르러 이성과 논리의 방법이 확립된다.

자연철학자들의 시대에 이르러 철학자들은 경험적이거나 합리적인 요소들을 통해 인간과 세계를 설명하려 한다. 심지어 파르메니데스(Parmenides)의 일자(一者) 논리나 제논(Zenon)의 역설 등에서 보는 바와 같이, 그들은 정치한 논증을 사용하여 자신의 입장을 지원하려는 노력을 경주하기도 했다. 피타고라스(Pythagoras)에 이르러서는 수학적 논리에 기초한 세계관과 철학체계가, 엠페도클레스(Empedokles)나 데모크리토스(Demokritos) 등으로부터는 현대 물리학이 개진하는 것의 원형을 이룬다고 할 수 있는 원자론적 사고가 등장한다. 주어진 현상이나 경험계를 분석하여 소수의 단순자나 불가분자들에로 환원하려는 사고법, 즉 서구철학의 특징을 이루는 논리적·분석적인 사유의 틀이 바로 이 시기에 자리잡는다. 나아가 환원주의자들에 반대하여 성질들은 불가환원적이라는 대립적 주장도 등장, 서양철학사의 긴 논쟁이 시작되기에 이른다. 환원론 대 불가환원론의 대립은 서양철학사의 오랜 과정을 거치면서 아직도 해결되지 않은 채 치열한 공방을 계속하고 있다. 가령 현대 심리철학에서 "마음이 물리적인 것으로 환원될 수 있느냐 없느냐"는 물리주의 논쟁은 현대철학의 가장 중요한 과제 가운데 하나이다.

자연철학자의 시대는 이전의 신화와 종교의 시대로부터 자신을 차별화할 수 있는 분명한 철학적 특징을 지니고 있다. 이런 이유 때문에 플라톤은 다수의 자연철학자들에 대해 호의적이었으며 그들의 영향을 받기도 했다. 이미 지적한 바와 같이 플라톤은 소크라테스 사후 지중해의 여러 지역을 10여 년 동안 여행한 바 있는데, 이 과정에서 자연철학 학파 사람들을 접촉했을 가능성이 있다. 이런 여행이 아니었어도, 당시 아테네는 지중해의 중심이었기에 이들의 사상이 여러 경로로 유입되었을 것이다. 플라톤은 피타고라스와 엠페도클레스로부터 영혼의 특성, 영혼 윤회, 영혼과 육체 간의 관계, 수학의 중요성 등에서 영향을 받았을 것이다. 이런 영향력의 흔적을 『파이돈』, 『파이드로스』, 『고르기아스』, 『국가』 등에서 확인할 수 있다.

경험계의 불가확정성, 유동성, 감각의 상대주의적 성질 등에 관한 그의 교설을 통해 우리는 헤라클레이토스가 플라톤에게 적잖은 영향을 미쳤음을 짐작할 수 있다. 특히 『테아이테토스』편에서 플라톤은 감각과, 감각이 지각하는 경험계의 유동성과 순간성에 대한 논의를 통해 헤라클레이토스의 입장을 상당히 긍정적으로 수용하는 듯한 인상을 주기도 한다. 자연철학자들 중 플라톤에게 가장 지대한 영향력을 행사했으며, 플라톤 스스로도 존경을 표한 철학자는 파르메니데스이다. 플라톤은 파르메니데스의 이름으로 대화편을 저술하여 파르메니데스의 입장을 본격적으로 검토했다. 그의 검토는 매우 적극적인 성격을 갖는데, 파르메니데스의 극복이 자신 철학의 중요한 과제 중 하나라는 듯한 인상을 줄 정도이다. 정신의 특성, 존재의 기본 특성에 대한 견해, 논리의 중요성 등에 관해 플라톤은 대체로 파르메니데스에 동조하는 입장이었던 것으로 보인다.

서양철학사를 파악하는 기준이 여러 가지 있겠지만, 무엇보다 중요한 기준은 실재계를 가변적이고 역동적인 것으로 보는가, 또는 불변하며 정태적인 것으로 보느냐이다. 이에 따라 서양철학사에 등장하는 존재론들은 감각이 보여주는 바를 믿는가, 또는 이성과 논리가 증거하는 바를 취하는가의 두 가지 입장으로 나뉜다. 헤라클레이토스와 파르메니데스는 이런 존재론적 구분의 비조로 자리매김할 수 있으며, 플라톤은 이들 두 대립적 관점을 융합하여 하나의 통합적인 존재관을 제시했으되, 사고와 논리를 통해 접할 수 있는 불변의 세계에 우위를 두는 입장이었다고 평가할 수 있다.

자연철학자들은 서양철학사의 중요한 흐름의 연원을 형성했지만, 본격적인 철학의 단계에 이르지는 못했다. 학문으로서의 철학적 사고가 전개되었다고 평가받기 위해서는 학적 탐구의 이념, 진리의 가치, 인식의 개념, 이성의 능력과 공유성, 객관적 검증의 기준 등이 형성되어 있어야 한다. 자연철학자들에게서는 이런 이념들이 분명하게 보이지 않는다. 그들은 철학적 진리를 잠언이나 경구의 형태로 제시했다. 그들에게 진리란 만인에 의해 탐구되는 것이 아니라 진리의 여신이 현자에게 계시하거나(파르메니데스), 지적인 통찰에 의해 직관되는 것(헤라클레이토스), 종교적인 계시처럼 내려지는 것이었다. 심지어 진리는 소수의 폐쇄적인 학단 내에서만 공유될 수 있는 비의적 교리였고(피타고라스), 진리가 만인의 것으로 대중들에게 전달되는 경우일지라도 진리를 접견할 수 있는 권리는 소수의 현자들만이 누릴 수 있는 특권적인 것이었다. 진리의 발견 활동에서 대중들은 제외되어 있었다. 대중들은 소수의 현자들이 제시한 진리를 단지 따르기만 하면 되는 것이었다. 이런 점에서 자연철학의 시대는, 시인, 현자, 제사장 등 이른바 진리의 마스터들에 의해 진리가 대중들에게 전해진다고 믿어지던 신화와 종교의 시대와 별반 다름이 없는 때였다. 그들에게 철학적 진리는 만인들이 이성을 통해서 탐구할 수 있는 그런 것이 아니었다.

자연철학자들에 이어 그리스 정신사를 새로운 단계로 이행시킨 이들은 소피스트들이다. 조지 커퍼드(G. Kerferd)가 말하는 이른바 '소피스트 운동'이 전개되는 시기는 대략 기원전 450년에서 400년에 이르는 기간이다.[7] 소피스트들은 플라톤의 폄하 때문에 일반적으로 부정적으로 평가되곤 했으나, 이들은 그리스의 새로운 정신적·문화적 분위기에 부응하여 활약한 지적 집단으로, 소피스트 운동을 통해 아테네를 새로운 정신적 단계로 진전시키는 데에 적극 기여했다고 말

---

7) Kerferd, G. B., *The Sophistic Movement*, Cambridge Univ. Press, 1981 (김남두 역, 『소피스트운동』, 2003), p. 1, (인용은 영문판).

할 수 있다. 실제로 플라톤은 일부 소피스트들, 즉 프로타고라스(Protagoras), 히피아스(Hippias), 고르기아스(Gorgias) 등에 대해서는 적절한 예의를 갖추어 대했으며, 트라쉬마코스(Thrasymachos)나 칼리클레스(Kallikles)와 같은 소피스트들의 이론을 비판하는 경우에도 상당히 진지하고 신중하게 임한다는 인상을 준다.

소피스트들이 활동하던 때는 대략 페리클레스에 의해 확립된 민주정시대이다. 페리클레스는 소피스트들과 상당히 밀접한 관계를 맺고 있었으며, 그는 자신이 시도하는 아테네의 개혁에 소피스트들의 지원을 얻고자 했다고 한다.[8] 소피스트 중 한 사람이자 당대에 가장 현명한 사람으로 간주되기도 했던 다몬(Damon)은 페리클레스에게 정치를 가르치고 훈련시켰다고 하며, 아낙사고라스나 프로타고라스는 그가 존경하던 소피스트 가운데 한 사람이었고, 그는 제논의 강의를 듣기도 했다고 한다.[9]

페리클레스 시대는 도시국가의 경제에서 제국의 경제로 확대되던 아테네의 전성기였다. 시민들은 경제적 풍요를 누릴 수 있었고, 개인들의 지위가 상당한 정도로 존중되었다. 소피스트들의 등장과 활동은 이런 정치적·경제적 분위기의 변화와 그에 따른 요구에 호응한 것이었다. 그들은 대체로 전통적인 권위에 도전적이었고, 자연철학자들의 학적 지식이나 기존의 도덕적 규범에 회의적인 시각을 갖고 있었다. 고대 그리스에서 6~13세 사이의 소년들은 소년훈련자(paidagogos)로부터 읽기, 쓰기, 호메로스의 시 암기하는 법 등의 기초교육을 받는데, 소피스트들은 대략 그 이후의 교육에 관여했다. 플라톤이 비판적으로 지적했듯이, 소피스트들은 돈을 받고서 자신

---

8) Kerferd, 위의 책, pp. 21–22.
9) Kerferd, 위의 책, pp. 17–18.

들의 기예를 전수했는데, 문법, 시가, 산술, 체육 등 다양한 내용을 가르쳤다. 그들의 이런 교육은 출세 지향적이었으며, 그런 고로 대중들 앞에서, 그리고 법정이나 정치연설장에서 설득력 있게 말하는 기술이 교육 내용의 핵심을 이루었다. 구체적으로 문답법, 수사학, 법정이나 의회에서 토론하는 방법, 논변을 강하게 하는 방법 등을 가르친 것이다.

프로타고라스는 소크라테스가 즐겨 사용한, 짧은 문답에 의한 논변방법을 최초로 발전시킨 소피스트이며, 소크라테스 자신이 소피스트 운동의 일원이었다.[10] 소피스트들은 플라톤이 가한 가혹한 비판의 영향으로 지금까지 별로 연구되지도 않았거니와, 그들의 저서가 온전히 남아 있는 것이 별로 없어서 그들의 관심사나 사상 내용을 정확히 알 수 없는 상황이다. 하지만 남아 있는 단편들이나, 플라톤과 다른 철학자들의 저서에서의 논의 등을 통해 추측건대, 그들은 그리스 정신사를 자연철학자들의 단계에서 한 단계 전진시켰다고 평가할 수 있다. 소피스트들은 문법 이론, 수사학, 언어이론, 도덕적 이론이나 사회구성에 관한 논의 등을 주제화했으며, 현대적인 시각에서 볼 때 사회과학적인 사고를 지닌 사상가로 평가할 수 있다.

커퍼드는 소피스트들에 대한 본격적인 연구를 통해 이들을 적극적이고 긍정적으로 재평가했다. 그에 따르면, "플라톤 사상의 모든 논점은 소피스트들에 의해 제기된 문제들에 관한 그의 반성에 그 출발점을 가지고" 있기까지 하다는 것이다. 이런 평가가 적절한지 여부는 앞으로 더 논의되어야 할 것이지만, 여하간 소피스트들이 이전과 다른 대접을 받아야 하는 것은 분명해 보인다. 플라톤도 자신의 저서에서 여러 명의 소피스트들을 논의한다는 점을 고려할 때, 그

---

10) Kerferd, 위의 책, p. 33.

논의가 수용적인 것이든 비판적·배제적인 것이든 간에 플라톤의 철학이 소피스트운동과 무관하지 않음은 물론, 상당히 많은 관심사를 공유했다고 말할 수 있다.

이런 긍정적인 측면에도 불구하고 소피스트들이 인간, 사회, 세계 등에 관해 이론과 사상을 전개한 적극적 의미의 철학자 또는 사상가라고 할 수 있는가에 대해서는 회의적이다. 그들은 대체로 단지 현실적인 삶의 지혜나 기술을 가르치는 교사에 머물러 있었다고 생각되며, 시장 논리에 따라 수요에 호응해 지적인 서비스를 제공했다고 자리매김할 수 있다.

법정이나 정치연설장에서 승리하고 대중을 설득하기 위해 사회과학적이고 윤리·정치적인 사태를 논하며 이 과정에서 이론을 전개하는 것과, 이들을 주제화하고 이들에 관해 진리를 탐구하는 것은, 소크라테스가 지적하듯이 전혀 다른 문제이다. 전자의 경우 우리 사고의 지평은 도시와 사회에 머무르며 그 기준은 실용성, 승산, 현실적 이익에 의해 제약될 수밖에 없다. 철학적이거나 학문적인 사고는 이런 제약을 극복하고 정신과 사고의 보편타당한 차원으로 비상하고자 할 때 비로소 시작될 수 있다. 그런 점에서 설사 소피스트들이 관습, 언어, 문법, 윤리와 정치규범 등을 본격적으로 주제화하고 이들에 대한 논의를 전개했다 하더라도,[11] 이들의 활동은 진실을 찾기 위한 지적 탐구의 소산이라기보다는 시민들의 실리적 요구에 부응하기 위한 서비스의 일환이었다고 볼 수 있다. 이런 상황에서 인간과 사회에 관해 철학적 사고를 본격적으로 전개하고, 기본적인 사유틀과 개념들을 확립했으며, 나아가 소피스트들이 논의한 주제들을 철학적 주제로 아젠다화한 것은 역시 소크라테스와 플라톤이다. 당시 소피스트들의 주요

---

11) Kerferd, 위의 책, pp. 173-174.

관심사는 현실 생활에서의 실용성과 이익에 머물러 있었다.

소피스트 운동의 영향으로 뒷전으로 물러나 있던 객관적 진리와 윤리적 가치의 이념은 소크라테스에 의하여 다시 복귀된다. 한 걸음 더 나아가, 진리란 전해지거나 계시되는 것이 아니라, 모든 사람에 의해 탐구·발견되는 것이며, 대중들은 그것을 탐구할 수 있는 능력이 있다는 믿음, 진정 그 당시의 지성사적인 단계에서 볼 때, 혁명적이라 할 수 있는 그런 믿음이 선언된 것은 소크라테스에 이르러서이다.

소크라테스는 진리와의 관계에서 자신을 두 가지 방식으로 규정했다. 첫째로 그는 자신이 진리에 대해 무지한 자라고 고백한다. 자연철학자들이 자신들을 현인이라 자처했음에 반해, 그는 한 번도 자신을 현자라 주장한 적이 없을 뿐 아니라 단지 자신의 무지(無知)를 자각하고 있는 자라고 고백한 사실에 주목할 필요가 있다. 그는 인생의 답을 제시하는 자가 아니라 질문을 던지는 자였다. 델피의 신탁이 소크라테스를 그리스 최고의 현자라 계시했음에도 불구하고, 오히려 소크라테스는 그 신탁의 타당성을 회의하고 아테네를 돌아다니면서 신탁의 진실성을 검토하려 했다. 그리고 자신이 현자라 할 수 있는 바가 있다면, 그것은 다른 사람들이 자신의 무지에 대해 무지한 반면, 자신은 스스로의 무지에 대해 자각하고 있다는 점이라고 설파했다. 무지의 무지와 무지의 지의 차이는, 전자는 자만심 때문에 진리를 탐구하려 들지 않게 함에 반해, 후자는 진리에 대한 갈증을 느끼며 진리 탐구의 열정을 갖게 한다는 점이다.

소크라테스는 진리에 대한 열정으로 진리 탐구를 할 때에도 스스로를 보조자로 자리매김했다. 이것이 진리와 관련한 두번째 자기 규정이다. 소크라테스는 스스로 진리를 낳거나 발견하는 자라기보다는 진리의 산파자 또는 진리 탐구의 동반자임을 자처했다. 진리 탐구에서 주도적인 역할을 하는 것은 젊은이들이나 동료 시민들이라는 것이다. 진리는 더 이상, 호메로스와 같이 비상한 기억력의 소유자에 의해 기억 전승되는 것, 진리의 여신이 파르메니데스 등의 자연철학자들에게 계시하는 것, 신관에게 신탁의 형태로 주어지는 것이 아니다. 그것은 만인에게 개방되어 있으며, 모두에 의해 탐구될 수 있는 것이다. 인생의 가치와 덕목 등에 관한 진리는 전승되거나 계시되거나 선언되는 것이 아니라, 그것을 필요로 하는 자들에 의해 탐구, 발견되는 것이다. 이런 점에서 소크라테스는 학문의 이념을 확립했고, 그 최초의 학문은 윤리학이었다.

만인이 진리를 탐구할 수 있기 위해서는 단지 진리에 대한 열정만으로는 부족하다. 실제로 진리가 발견될 수 있기 위해서는 진리를 탐구하고 발견할 수 있는 능력이 있어야 한다. 소크라테스는 진리에로 나아갈 수 있는 능력으로서의 이성을 일반 시민들에게 부여하여, 그들을 진리의 탐구자로 대우한 최초의 사상가이다. 그에 의해 비로소 아테네 시민들은 이성적인 존재가 되었으며, 현인들이나 시인들, 제사장들이 진리라고 주장한 바를 검토하고 비판할 수 있는 지위에 오르게 되었다. 이런 점에서 소크라테스의 사상은 근본적으로 전복적이다.

소피스트들이 단지 삶의 기술을 가르친다고 선전한 것과는 달리, 소크라테스는 인간에게 필요한 것은 단지 기술이나 처세법이 아니라, 삶에 관한 진리라고 역설했다. 나아가 그 진리가 소수의 사람들만 향유할 수 있는 독점물이 아니라, 자신의 삶과 진리에 관심을 지닌 모든 사람들에 의해 탐구될 수 있음을 선언했다. 아테네의 민중들은 정치적 민주정을 확립하여 후세에 전했으나, 소크라테스는 이들 민중에게, 그리고 후세 인류에게 정신적·인식적 민주정을 선사했다.

소크라테스가 선언한 학적 탐구의 이념을 실천적 규범과 덕목의 분야에서 인식의 전 영역으로 적용될 수 있는 것으로 발전시킨 사람은 플라톤이다. 그는 진리의 개념과 이성의 능력에 대한 생각을 서구인의 정신에 깊이 심어주면서, 진상과 현상, 속견과 인식의 구분, 일(一)과 다(多), 보편과 특수의 구분, 보편자의 개념, 추상적 세계, 등 서구 존재론과 인식론의 기본틀을 확립했다. 또한 플라톤에 의해 탐구의 영역이 윤리학에서 모든 분야, 즉 정치철학, 영혼의 구조, 인식, 존재, 우주, 언어, 수학, 경험적 세계 등으로 확대되었다. 나아가 그는 대화의 방법이나 변증법에 대한 논의를 통해 진리탐구에서 객관적 합의의 중요성을 강조하면서, 탐구의 방법을 모색하려 했다. 이런 과정에서 서양철학사의 기본적인 사유틀, 그리고 서구 철학의 사유 범주가 되어온 여러 구분들, 개념들, 문제들을 확립했다. 실로 그는 서양철학의 토대를 확고히 다진 위대한 철학자이다.

단지 삶의 문제뿐 아니라 수의 세계, 감각적 경험계, 존재, 인식, 언어, 그리고 정치적 공간의 모든 분야에서 진리 또는 실재가 탐구되어야 한다. 플라톤은 진리나 실재란 우리의 삶과 무관하게 학적·지적 호기심의 대상으로만 존재하는 것이 아니라, 우리를 움직이고, 삶의 공간을 개선하기 위한 잣대 역할을 한다는 믿음을 대화의 과정에서 확인하곤 했다. 그리고 그는 자신의 스승인 소크라테스에 이어 이들 진리나 실재가 소수의 현자만이 아니라 모든 시민이 그들이 지닌 이성을 사용하여 탐구하고 발견할 수 있는 대상임을 확립함으로써 서구 철학과 학문의 기초를 다져놓았다.

플라톤은 정치적으로 민주주의 체제에 대해 비판적이었으며, 지식의 세계에서도 엘리트주의자라는 인상을 강하게 준다. 하지만 진리나 실재는 모든 이에게 개방되어 있는 것이어서, 사람의 생득적 능력이 적절히 자극 발휘되기만 한다면, 심지어 노예일지라도 그 진리를 발견할 수 있다고 그는 입증하려 했다. 이 점에서 플라톤은 정신적 민주주의자이다. 그의 대화편 『메논』은 노예 사동이라도 적절한 인도가 이루어지면 기하학적 진리를 발견할 수 있음을 명확하게 보여 주고 있다.

인간 정신사에서 철학의 기여는 바로 여기에 있다. 소크라테스와 플라톤의 철학은 인간의 정신을 소수의 지적 독재자로부터 해방시켜 자유롭게 했으며, 독립적인 탐구의 주체가 될 수 있음을 확인시켜 주었다. 그들의 철학을 통해 그리스 시민들은 정치적인 자유인의 단계에서 정신적이고 지적인 자유인의 단계로 뛰어오를 수 있게 된 것이다.

진리가 인간의 이성에 의해 발견될 수 있다는 생각은 이제는 너무도 당연하고 진부한 것으로 여겨진다. 하지만 진리가 항상 이성의 발견 대상이었던 것은 아니다. 모든 사람이 진리에 접근할 수 있다는 인식론적 민주주의는 오직 2500년 전 소크라테스와 플라톤에 의해 형성, 확립될 수 있었다. 바로 이들의 혁명적인 사유력과 그 이후 여러 철학자들의 줄기찬 노력이 있었기에 이런 믿음이 서구 전통의 일부, 그리고 20세기 이후에는 모든 이들에게 자명한 공준이 될 수 있었던 것이다. 동양권에서는 19세기 말까지도 진리가 선현들에 의해 유증되는 것이었다는 사실을 우리는 유념할 필요가 있다. 후대인들은 단지 선현의 언행을 진리로 수용하여 이를 학습하고 이에 따라 성정과 언행을 조탁해갈 뿐이었다. 수기학(修己學)이 동양학문의 이념이었으므로 동양에서는 진리나 탐구의 이념이 존재할 수 없었다. 이런 점들을 감안해 볼 때, 소크라테스와 플라톤의 작업은 진정 혁명적인 것이었다.

플라톤 대화편의 철학적 탐구 장소는 법정, 감옥, 아고라(Agora), 잔치 집, 시냇가, 시민들의 거실 등 일상의 삶이 영위되는 곳들이었다. 그리고 플라톤 대화에 참여한 사람들은 아테네의 일반 시민들이었다. 대화편의 이런 특징은 대화의 현장인 일상 생활이나 매일의 언어생활이 바로 철학적 탐구의 단초이며, 철학적 문제의 상황임을 알려준다. 이런 장소들과 사람들은 플라톤의 스승 소크라테스가 실제로 대화와 논박을 행한 장소이며, 함께 대화를 나눈 상대방이다. 우리는 이런 요소들을 시인들의 서사시나 자연철학자들의 단편에서 보이는 신전과 신탁, 시인의 기억력, 비의적인 학단, 진리의 여신이 이끄는 마차 등의 요소와 비교해 볼 수 있다. 플라톤은 일상의 언어생활이 철학적 문제를 제기하며, 그 문제들에 대한 답을 찾아나갈 수 있는 단초를 제공한다는 사실을, 대화편이라는 저술 양식을 통해 알려주었다. 플라톤이 다룬 문제나 그가 검토하고 있는 시도적 해답들을 일견해 보면, 그것이 2400년 전에 논의된 것임에도 바로 현대를 사는 우리의 주제요 대안적 이론으로 삼을 수 있는 것들이다.

## 2. 저술

플라톤의 저술은 상당히 많이 남아 있다. 거의 전부가 대화편의 형태로 쓰여졌는데, 26편 정도가 전해지며 약간의 서간문도 있다. 그의 대화편 자체는 현재의 기준으로 400쪽 분량의 책 5~6권 정도이다. 남아 있는 것만 이 정도이니 글쓰기가 용이한 현대의 기준으로 보더라도 상당한 저술 양이다. 그가 살았던 시기는 지금으로부터 2400년 전인 기원전 4-5세기경이다. 그 이전의 철학자 가운데 단행본 한 권 분량의 저술이 남아 있는 사상가가 없으니[12] 그는 행운아라 할 수 있다. 아니 행운을 안은 것은 오히려 후대 철학자들이나 인류 전체이다. 플라톤은 단지 한 사람의 위대한 철학자에 머무는 것이 아니라 실로 서양철학사의 기초자라는 점에서 더욱 그러하다. 서양철학은 플라톤의 대화편이라는 저수지로부터 여러 가지 사상·철학의 갈래를 풍부하게 제공받았다. 따라서 우리는 플라톤의 저술을 통해 서양철학의 형성과정을 모두 살펴볼 수 있다.

플라톤의 저작은 전기, 중기, 후기로 나눌 수 있는데, 이 같은 연대기적 구분에 따라 내용적으로도 상이한 내용을 담고 있다. 전기 저술은 소크라테스 영향을 받아 저술된 것으로, 소크라테스의 생애와 사상 또는 이에 영향을 받은 플라톤의 철학이 담겨 있다. 흔히 말하는 소크라테스 3부작(『에우티프론』, 『변론』, 『크리톤』)이 전기 저술에 속한다. 플라톤철학의 중심 이론인 이데아론 이전 시기로, 주로 윤리적 주제들이 논의된다.

중기에 들어서면 플라톤의 독자적인 사상인 이데아론이 형성 전개되면서, 윤리적·정치철학적 주제가 논의의 중심을 이룬다. 다른 한편으로 그의 철학적 관심은 인식론적인 주제와 존재론적인 문제로 점차 확대된다.

후기 저술에서는 좀더 이론적인 대화들이 전개되는데, 존재론·인식론·우주론적 관심이 주축을 이루고 있으나, 정치적 관심도 유지된다. 플라톤의 최후 저술로 여겨지는 『법률』은 이 시기의 마지막에 저술되었다.

워낙 오래전의 저술들이라 각 대화편의 저술 시기에 대해서는 논란이 많다. 하지만 철학적 내용, 스타일, 외적인 증거 등에 대한 오랜 연구를 통해 저술들의 대체적인 순서가 학자들 사이에서 합의되어 있는 편이다.[13] 전기 저술에 속하는 것은 다음의 9편이다.

---

12) 더 이전의 문학가들로 호메로스, 헤시오도스 등이, 그리고 동시대인으로서는 비극작가들이 단행본 분량의 저술을 남겼다.
13) 예외적인 것이 *Timaeus*의 저술 연대이다. 오웬(G. E. L. Owen)은 블라스토스(G.

『변론』(*Apology* : *Apol.*)[14]

『크리톤』(*Criton* : *Crito*)

『에우티프론』(*Euthyphron* : *Euthyph.*)

『라케스』(*Laches* : *Lach.*)

『리시스』(*Lysis* : *Lysis*)

『카르미데스』(*Charmides* : *Charm.*)

『대 히피아스』(*Hippias Major* : *Hipp. Mj.*)

『소 히피아스』(*Hippias Minor* : *Hipp. Mi.*)

『이온』(*Ion* : *Ion*)

다음의 9편은 중기에 속하는 대화편들이다.

『프로타고라스』(*Protagoras* : *Prot.*)

『메논』(*Menon* : *Meno.*)

『에우티데무스』(*Euthydemus* : *Euthyd.*)

『고르기아스』(*Gorgias* : *Gorg.*)

『메넥세노스』(*Menexenus* : *Menex.*)

『파이돈』(*Phaedon* : *Phd.*)

---

Vlastos)와 함께 영미권에서 가장 영향력 있는 고전학자였다. 그는 이 대화편이 후기
에 속한다는 전통의 입장을 반박하면서, 이것이 중기 『국가』 다음에 저술되었다고 주
장해 치열한 논쟁을 불러일으킨 바 있다. 이에 관해서는 다음 참조. Owen, G. E. L.,
"The Place of the *Timaeus* in Plato's Dialogues", *Classical Quarterly*, (1953), pp.
79-95. 전통적 입장을 대변하는 논문은 다음 참조 : Cherniss, H. F., "The Relation of
the *Timaeus* to Plato's Later Dialogues", *American Journal of Philology* 78 (1957),
pp. 225-266. 이 논쟁에 대해 영국의 학자 브랜우드(L. Brandwood)는 플라톤의 문장
스타일에 대한 컴퓨터 통계에 기초한 연구를 통해 자신의 견해를 개진하고 있다. *The
Chronology of Plato's Dialogues*, Cambridge Univ. Press, 1990, p.186 이하 참조.

14) 영어 제목 다음은 통상적인 약어이다. 이 저서에서도 이 약어를 사용하겠다.

『심포지엄』(*Symposium : Symp.*)

『파이드로스』(*Phaedrus : Phaedr.*)

『국가』(*Republic : Rep.*)

후기에 속하는 8편의 저술은 다음과 같다.

『파르메니데스』(*Parmenides : Parm.*)

『테아이테토스』(*Theaetetus : Theaet.*)

『소피스트』(*Sophist : Soph.*)

『정치가』(*Politicus : Pol.*)

『티마이오스』(*Timaeus : Tim.*)

『크리티아스』(*Critias : Critias*)

『필레보스』(*Philebus : Phil.*)

『법률』(*Laws : Laws*)

기타 플라톤의 이름으로 남아 있는 저술들이 몇 편 더 있으나 위작이라는 견해가 지배적이다.


## 3. 저술의 특색 – 대화의 방법

주지하다시피, 그의 저술들은 대화의 양식으로 씌어졌다. 그래서 우리는 그의 저작을 '대화편'이라 부른다. 이런 형식은 단지 글쓰기의 취향이나 수사학적인 고려 때문에 선택된 것이 아니라, 철학에 대한 플라톤 자신의 견해를 반영한다. 플라톤의 대화편은 희곡의 주요 형식을 갖추고 있는데, 가장 주목할 만한 두 가지 특색은 다음과 같다.

첫째, 구체적인 인물들이 구체적인 시간과 장소를 배경으로 하여 등장한다. 둘째, 플라톤은 일반적인 철학적 저술들과는 달리 실재했던 역사적 인물들을 등장시켜 철학적 대화를 전개한다. 저술의 제목들을 살펴보면, 거의 대부분이 역사적으로 실재했던 인물의 이름임을 알 수 있다. 그 인물들이 대화편 안에서 주요 대화자 역할을 하는 경우가 많으며, 그렇지 않은 경우라도 등장인물들의 성격을 구체적으로 묘사함으로써, 대화편을 읽는 우리들로 하여금 마치 인물들을 생생하게 접하는 듯한 기분을 갖게 만든다. 이런 특색들은 어떤 함의를 지니고 있을까?

### 철학의 현장성

첫번째 특색은 철학의 현장성이다. 플라톤은 철학이 구체적이고 현실에 기반해야 함을 말하고자 한다. 철학적인 문제들은 우리가 살고 있는 삶의 현장에서 제기되는 것이며, 철학적 이론들의 궁극적인 목표는 사람들이 좀더 잘 살도록 만드는 데 있다. 흔히들 플라톤의 주저 『국가』의 주제를 이상 국가론 또는 정의론으로 이해, 규정하곤 한다. 플라톤에게 이상 국가란 개인들이 보다 나은 삶을 향유할 수 있도록 해주는 삶의 주거 환경이다. 『국가』에서 대화의 주제가 되는 정의란 현대인들이 이해하듯이 대사회적(對社會的)인 덕목에 그치는 것이 아니라, 기본적으로는 내면적인 덕목으로서 개인들의 영혼의 기능이 탁월하게 발휘되는 상태를 의미한다.[15] 영혼이 정의의 상태에 이를 때에서야 비로소 우리 삶의 질이 향상되었다고 말할 수 있

---

15) 플라톤이 정의를 내면적 덕목으로 규정했다는 사실은 정신사에서 획기적인 일이다. 이는 플라톤에 이르러서야 영혼의 개념이 확립되었음을 알리는 것이기 때문이다. 이에 관해서는 12장에서 논의하겠다.

다. 정의란 현대에서와 같이 개인 사이의 권리관계를 조정하여 자유와 평등을 실현하는 원리가 아니라, 어떻게 하면 인간답게 잘 사는가에 대한 처방이라 할 수 있다.

플라톤은 철학의 현장성을 강조하기 위해 희곡의 극적인 장치들을 적극적으로 사용하는 것에 머무르지 않는다. 그는 자신의 저술 도처에 시장, 법정, 사냥, 항해, 정치 연설장 등에서 사용되던 구체적이고 일상적인 어휘들을 다양하게 구사하여 철학적 사유를 전개한다. 이런 구체성과 현장성의 정신은 소크라테스의 철학적 태도를 이어받은 것으로, 이런 점에서 플라톤은 제자인 아리스토텔레스나 후대 철학자들과 좋은 대조를 이루고 있다. 소크라테스가 철학을 한 곳은 아테네의 아고라로 이곳은 시장과 광장의 기능을 겸한 곳이었다. 즉 삶의 현장이라 할 수 있는 공간이었다. 이곳은 2500년이 지난 지금도 시장과 광장의 역할을 하고 있는데, 삶의 지속성이란 실로 놀라운 것임을 알 수 있다. 시장은 몸을 위한 재화를 구하는 곳이고, 광장은 마음을 위한 믿음과 가치들을 교환하는 장소이다.

플라톤의 철학적 문제들은 구체적인 삶의 현장에서 제기되는 관심사라고 앞서 지적한 바 있다. 가령, 그의 초기 대화편 『에우티프론』은 소크라테스와 에우티프론의 대화를 기록한 저술이다. 이 대화는, 노예를 죽였다는 이유로 자신의 아버지를 법정에 고소하려는 에우티프론과 소크라테스의 만남으로 시작된다. 에우트프론은 자신의 고소가 경건한 행위라고 굳게 확신했다. 이에 소크라테스는 '경건함이 무엇이냐?'는 질문을 던진다.

마침 소크라테스는 그리스 청년들을 타락시키고 이방 신을 섬기는 불경죄를 범했다는 혐의로 고소되어 법정에 출두하려던 터였다. 소크라테스는 불경하다 하여 고소된 입장이고, 에우티프론은 경건함에 대한 확신을 지니고 있는 인물이기에 이 질문은 매우 구체적이고 절실함이 담겨 있는, 지극히 현실적인 물음이라고 볼 수 있다. 이처럼 플라톤의 대화편에서 논의되는 주제와 물음들은 구체적인 삶의 절실함과 현장성을 담아내고 있다. 소크라테스는 에우티프론과 함께 이 질문에 대한 해답을 추구해 나가면서 상대방이 확신하고 있던 독단을 깨고 점차 그를 철학적 탐구의 세계로 들어서게 만든다. 소크라테스의 대화법은 대략 두 단계로 구성되는데, 첫번째 단계인 논박(elenchus) 과정은 상대방의 독단을 뒤흔들어 난문(aporia)의 상태에 이르게 한다. 두번째 단계에서는 산파술을 사용하여 상대방을 진리탐구의 길로 들어서게 만든다. 소크라테스와 대화를 거치면서 에우티프론의 영혼이 지적으로나 윤리적으로 변하게 되는 것이다.

논리적인 대화의 활동은 단지 지적이고 학적인 작업에 머무는 것이 아니라, 영혼을 정화하고 고양시키는 윤리적 · 존재론적 행위이다. 그런 다른 예를 우리는 『파이돈』에서 찾을 수 있다. 이 대화편의 주제는 영혼 불멸에 관한 논증이지만, 사실은 더 중요한 내적 목표를 지향하고 있다. 영혼의 불멸 논증이 성공적인지의 여부와 상관없이, 소크라테스는 영혼의 불멸을 논증하는 과정을 거치면서 자신과 제자들의 영혼을 정화하려 한다. 이 같은 정화를 통해 소크라테스는 영혼의 감옥인 신체에서 해방되어 영혼의 자기동일성과 정체성을 회복함으로써 영적인 불멸성을 성취하는 것이다. 해가 저물어서야 논증이 끝나고, 이제 소크라테스는 독약을 마시고 죽음을 맞아야 한다. 그러나 그럴 즈음에 이미 그의 영혼은 신체로부터의 해방을 이루어 진정한 생명을 획득했다고 말할 수 있다. 독약을 마신 소크라테스의 신체는 죽어갔지만 정신은 불멸성을 획득한 것이다. 영혼 불멸 논증을 위한 대화 과정은 이미 시작에서부터 영혼의 귀향 활동이다.

현실적인 문제들에 대해 철학자들이 추구하는 해답은 객관적이고 보편적이며 항구적인 것이다. 따라서 현실적인 차원에 머물러서는 그 답을 얻을 수 없다. 플라톤 대화편의 묘미는 바로 현실의 구체적인 문제들과 이론적 탐구 간의 연관 관계를 잘 보여주는 데 있다. 그 대표적인 예가 『국가』와 『소피스테스』이다. 전자에서는 어떻게 하면 잘 사느냐의 문제가 영혼의 구조, 교육, 이상적인 국가 형태, 사회 계층의 분류와 이의 기능, 영혼 불멸설, 지도자론, 존재와 무에 관한 형이상학적 이론, 지식과 믿음에 관한 인식론적 이론 등등 다양한 문제들과 긴밀한 관계 하에서 논의된다. 후자에서는 플라톤이 소피스트의 정체를 밝히기 위해 존재와 무, 유물론과 유심론, 거짓 믿음의 가능성, 언어의 근거 등의 문제가 함께 유기적으로 논의된다.

### 대화로서의 철학

플라톤 대화편의 두번째 특징은 이미 언급한 바와 같이 대화(dialogue) 또는 토론을 통해 전개된다는 점이다. 이 같은 특징이 시사하는 철학의 성격을 구명하려면 우선 대화라는 언어 행위를 분석해야 하는데, 대화는 다음과 같이 네 가지 특성을 지닌다. (1) 대화란 일정한 문제가 존재해야 진행되며, (2) 대화란 문제에 대한 해답의 제시 행위가 아니라 이 문제에 대한 해답의 추구 과정이다. (3) 대화는 둘 이상의 사람들이 참여해야 진행된다. (4) 대화는 문제에 대한 답을 찾아가는 항해의 과정이라 할 수 있는데, 이 항해에서 방향을 잡는 조타수 역할을 하는 것은 대화자들 모두가 가지고 있는 능력, 즉 이성이다.

첫째, 대화편에서 논의되는 철학적 문제들은 대화의 현장인 현실 세계에서 제기되는 것들이다. 플라톤은 구체적이고 현실적인 삶의 현장과 이 현장에서 살아가는 인물들에 대해 기술함으로써 대화편을 시작한다. 일상적으로 우리가 '대화'라고 부르는 활동은 대개 진정한 의미에서의 대화, 공동의 문제들에 대한 해답을 협동적으로 모색하는 과정이라기보다는 이미 얻어진 각자의 견해를 피력하는 행위에 불과한 경우가 많다. 이러한 '대화'는 각자의 입장을 일방적으로 전달하거나 강요하기 위한 폐쇄적인 언어의 공간이라 할 수 있는 것으로, 진정한 대화의 이념에 위배된다.

플라톤의 저서들은 진정한 대화의 모습을 보여주고 있다. 그의 대화편에는 확정된 결론이 존재하지 않으며, 모든 질문과 견해가 독자들의 의문과 비판에 열려 있다. 이런 현장은 진리에 대한 열정이 있는 자라면 누구라도 참여할 수 있는 개방적인 공간이다. 물론 저자인 플라톤 자신이 이 대화에 참여하고 있을뿐 아니라, 그는 독자들의 적극적인 참여를 촉구한다. 진리를 위한 이 공간에서 진리를 알고 있는 자와 모르는 자, 스승과 제자의 구분이 없이, 모두가 진리를 추구하는 동반자로서 열린 마음을 가지고 참여하도록 초청받고 있다. 진리에 대한 사랑, 이것이 플라톤 대화편의 정신이다.

둘째, 대화에는 문제만 주어져 있을 뿐 문제에 대한 결론적 해답은 제시되지 않는다. 따라서 플라톤의 대화는 여전히 현재진행형의 과정에 놓여 있다. 이 같은 특징은 플라톤의 저서들이 후대의 철학적 저술들과 달리 평가되는 차별적 요소이기도 하다. 후대의 저술들은 시론이나 논저, 교과서, 강론 등의 형식으로 씌어졌다. 플라톤의 대화편이 현재진행적이라 한다면, 후대 저술들은 저자가 발견한 진리를 독자들에게 설득하려는 현재완료적 형태를 갖는다.

대화의 과정에서 필수적인 것은 철학적 문제의식과 문제들의 해답에 대한 사랑, 즉 지혜에 대한 사랑이다. 이 사랑을 플라톤은 철학적 사랑, '에로스'라 불렀는데, 이는 모든 진정한 지적 작업의 동인이 된다. 인간 정신의 특징은 무엇인가를 향해 전진하려는 열정이다. 그리움, 희망, 동경, 열망, 기대, 관심, 호기심, 배려, 사랑, 부성애, 모성애, 우정 등 타자에 대한 관심이나 관계성들이 인간 정신의 본질이다. 현대철학자들은 이를 '지향성(intentionality)'이라고 칭하나, 플라톤은 좀더 구체적인 어휘를 사용해 이를 '에로스'라고 불렀다. 플라톤은 『향연』에서 인간 정신이란 에로스를 추동력으로 하는 활동성이라고 규정한다. 에로스에 의해 전개되는 대화는 지혜에 대한 사랑의 행위(philosophia), 즉 철학하는 행위이다. 철학을 의미하는 영어 'philosophy'는 그리스어의 'philos-sophia'에서 연유하는데, 이를 직역하면 '사랑-지혜', 즉 지혜에의 사랑을 의미한다.

셋째, 대화는 적어도 두 사람의 참여로 진행된다. 이는 철학이 상아탑에서 홀로 명상을 통해 이루어지는 활동이 아닌 타인들과의 의사소통을 기초로 이루어지는 공동작업임을 의미한다. 공동적인 작업과정에서 대화의 제 단계는 참여자들에 의해 그 정당성이나 진리성이 승인되어야 한다. 철학의 결과는 객관성과 보편성을 취득해야 하는데, 이를 위한 최소 요건은 두 사람 이상에 의해 동의되어야 한다는 것이다. 플라톤의 대화편을 주의 깊게 읽어보면, 대화의 화자가 상대방에게 자신이 개진하거나 소개하는 견해가 옳은지의 여부를 확인하려 하고, 상대방은 이에 대해 '예' 또는 '아니오'라는 승인 또는 부인의 응답을 하는 광경을 자주 볼 수 있다. 상대방이 승인할 때 대화는 앞으로 진전되며, 승인하지 않을 때 그 화자는 또 다른 의견을 제시하거나 설득을 위한 또 다른 논변을 제기한다.

이런 점에서 철학은 독백(monologue)이나 기도와 다르며, 진리를 계시받아 전달하는 종교적 활동과도 다르다. 철학자가 자신이 확신하고 있는 주장을 일정한 논거들을 동원하여 일방적으로 설득하는 작업도 아니다. 플라톤 이후의 철학적 저술들은 대개 논저의 형식을 갖추고 있다. 이런 논저는 어떤 문제에 대한 나름의 해답을 획득한 선각자가 독자들을 그 해답에 대해 무지한 자로 간주하고 이들에게 전달하거나 설득하는 저술 활동이다. 이는 기본적으로 플라톤이 생각하는 철학적 정신과는 크게 어긋난다. 플라톤에게 철학함이란 철인이나 대중, 또는 선생이나 제자들 모두가 진리의 관점에서는 무지한 자라는, 그리고 서로가 진리에로의 여행 동반자라는 의식 하에 함께 지혜를 추구하는 과정이다.

대화에 담긴 철학적 정신을 철저히 구현한 대표적인 인물이 소크라테스이다. 그는 그리스세계 최고의 현자로 존경받고 있었음에도, 한사코 자신이 인생의 중요한 문제들에 대한 해답을 가지고 있지 않다고 주장하곤 했다. 진리에 대해 항상 겸허한 자세를 가지고 자신과 같이 지혜에 대한 열정적인 에로스를 품고서 진리를 추구할 자세를 지니고 있는 자라면 누구라도, 그들이 연로한 자이건 청년이건, 아테네인이건 이방인이건, 지식인이건 평민이건, 누구든 간에, 언제나 동반자로 대하면서 함께 대화해 나아갔다. 소크라테스와 플라톤은 진리가 탐구활동에 의해 발견되는 것이라고 주장하며, 아테네 시민들을 진리탐구의 동반자로 간주한 서구 최초의, 아마도 인류 역사상 최초의 사상가들로 평가할 수 있다. 그들 이전에는 진리라는 것이 시인의 기억, 예언자의 예언이나 신탁 등에 의해 전수되는 것이었다.[16]

대화의 네번째 특색은 그것이 이성적 작업이라는 점이다. 이미 말한 바와 같이 대화란 일정한 문제들에 대한 해답을 추구하기 위한 협동의 작업이다. 이 과정은 진리라는 공동의 목적지에 이르기 위한 길고 험한 여정이다. 이런 여행이 가능하기 위해서는 추진력이 있어야 하는 바, 그 추진력이 바로 에로스이다. 그런데 에로스에 의한 움직

---

16) 다음 참조 : Detienne, Marcel, *The Masters of Truth in Archaic Greece*, Zone Books, 1996(불어본 1967).

임이 퇴행적인 것이 아니라 전진적이기 위해서는 대화를 통해 이르게 되는 제 단계들이 진리에 접근하고 있는지의 여부를 판정할 수 있는 일정한 기준이 있어야 한다. 이 기준은 대화자 쌍방 모두에 의해 합의되어야 하며, 철학적 작업의 객관성과 보편성, 그리고 진리성을 평가해 줄 수 있는 것이어야 한다. 이처럼 객관적이고 보편적인 기준 역할을 하는 것이 바로 인간의 이성(logos, reason)이다.

이성에 의해 대화의 쌍방, 더 나아가 대화의 독자들은 합의에 이르고 합의에 이름으로써 우리는 철학적 난제(aporia)에 대한 해결에 접근할 수 있다. 역사의 현 단계에서 인간이 인식에의 노력을 할 수 있고 사색을 할 수 있는 이성적인 동물이라는 믿음은 이제 진부할 정도이다. 그러나 이런 믿음은 선험적으로 주어지는 것이 아니라, 인간사의 긴 과정을 거친 후, 고대 그리스에 이르러서야 형성될 수 있었다. 그 이전에는 인간이 정신적 존재라는 생각조차 형성되어 있지 않았다. 모든 인간이 진리를 탐구할 수 있는 능력으로서의 이성을 지녔다는 사고는 지성사적으로 볼 때 혁명적인 것이었다. 이를 통해 비로소 인간 정신사에서 철학과 학문이 탄생했다고 평가할 수 있다. 진리를 탐구의 대상으로 보았다는 점에서 철학을 발견한 사람은 소크라테스이며, 이를 확고히 정초한 인물이 플라톤이다. 당시 자연철학자들은 진리가 탐구의 대상이라기보다 계시되는 것이라는 생각에 머물러 있었다.

대화의 작업, 즉 철학의 작업은 인간의 삶을 구원한다는 점에서 종교와 그 목표를 같이 하지만, 철학은 철저히 이성적인 작업이라는 점에서 신앙을 원리로 하는 종교와 큰 차이를 갖는다. 대화의 측면과 관련하여 흥미 있는 언어적 사실은 그리스어로 '로고스(logos)'는 이성과 대화 모두를 의미한다는 점이다. 그리스인들에게 대화란 바로 이성적 작업이었다.

## 4. 플라톤철학과 관련된 문제들

### 저술과 관련된 문제들

플라톤의 저술이나 철학과 관련해서는 다양한 문제들이 있다. 서양철학사의 기초자에 머무는 것이 아니라 그 이후 어느 누구보다 영향력이 큰 철학자라는 점 때문에 더욱 다양한 각도에서 다기한 문제들이 제기되는 것이다. 간략하게 그 문제들을 언급하기로 한다. 우선 플라톤의 저술과 관련해서는 다음의 문제들이 있다.

(1) 대화편들의 연대기 문제 : 2500년 전에 씌어진 저술들이니 그 저술 시기를 구분하고 결정하는 일이 쉽지 않다. 그러나 대화편의 등장인물들, 언급된 사건들, 저술의 스타일, 시기에 따라 특유하게 사용된 어귀나 어조사들에 대한 치밀한 연구를 통해 대체적인 연대기가 확정되어 있는 편이다. 단지 아직 해결되지 않은 논쟁거리는 『티마이오스』가 전통적인 해석대로 플라톤의 말기 작품인지, 아니면 오웬(Owen)의 주장처럼 『국가』 다음에 씌어진 중기의 것이냐는 문제이다.[17]

(2) 플라톤철학의 통일성 : 대화편들의 저술 시기 구분과도 긴밀하게 연관되어 있는 것으로서, 플라톤철학 전체에 걸친 사상적 내용의 변화에 관한 문제이다. 이는 대체로 둘로 갈리는데, 하나는 플라톤의 주요 이론, 가령 형상론 등이 초기 대화편에서부터 이미 형성되어 전 저술에 걸쳐 일관되게 견지되고 있다는 통일론의 입장이다. 동일한 내용의 이론이 단지 저술의 계제 등에 따라 다소 다른 모습으로

---

17) Owen, G. E. L., 위의 논문.

개진되어 있다는 것이다. 이의 대표자는 P. Shorey[18]와 H. F. Cherniss[19]이다. 이와는 달리 플라톤이 중기 이후, 대체적으로 『파르메니데스』편 이후부터 특히 형상론과 관련해 여러 가지 비판적인 문제를 제기하면서, 후기에 가서는 이를 일부 수정하게 되었다는 발전론적 입장이 있다. 근간의 여러 학자들은 이런 해석을 취한다. F. M. Cornford[20], I. M. Crombie[21], G. Vlastos[22], G. E. L. Owen[23], M. Burnyeat[24], J. M. E. Moravcsik[25], T. K. Seung(승계호)[26] 등이 그들이다.

(3) 진작(眞作)과 위작 구분의 문제 : 고대에는 비록 자신의 이름은 잊혀지더라도 자신의 사상은 길이 전해지기를 희구했던 저술가들이 있었던 것으로 보인다. 이들은 자신의 책을 저작하여 자신의 이름으로 전하기보다는 플라톤의 이름을 저자로 내세워 세상에 내놓았다. 플라톤의 권위를 빌려 후대 철학자들로 하여금 자신의 사상을 연구하게끔 하려는 계책이었다. 그래서 플라톤 학자들은 이들을 플라톤

---

18) Shorey, P., *The Unity of Plato's Thought*, Chicago, 1903; *What Plato Said*, Chicago, 1933.

19) Cherniss, H. F., "The Relation of the *Timaeus* to Plato's Later Dialogues", *American Journal of Philology*, 78(1957).

20) Cornford, F. M., *Plato's Parmenides*, London, 1939 ; *Plato's Theory of Knowledge*, London, 1935.

21) Crombie, I. M., *An Examination of Plato's Doctrines*, 2 Vols., London, 1962 & 1963.

22) Vlastos, G., *Platonic Studies*, Princeton, 1973.

23) Owen, G. E. L., *Logic, Science, and Dialectic*, ed. by M. Nussbaum, Ithaca, 1986.

24) Burnyeat, M., *The Theaetetus of Plato*, (tr. by M. J. Levett), Hackett Pub. co., 1990.

25) Moravcsik, J. M. E., "Being and Meaning in the *Sophist*", *Acta Philosophica Fennica*, 14(1962).

26) Seung, T. K., *Plato Rediscovered*, Rowman & Littlefield, 1995.

이 저술한 진작으로부터 가려내는 어려운 과제를 안게 되었지만, 내용이나 스타일 등에 대한 연구를 통해 대략 진작 위작 여부가 합의되어 있는 상황이다. 여하간 위작 저술가들은 자신의 저술을 연구대상으로 만들었으니, 소기의 목적을 일부 성취한 셈이라고 해야 할지도 모른다.

(4) 저술 스타일의 문제 : 이미 지적한 바와 같이 플라톤은 그의 이전이나 이후 철학자들과는 달리 독특하게 대화체로 저술했다. 왜 이런 형식을 택했는가에 대한 여러 논란이 있다. 이에 대해서는 이미 앞에서 논의한 바 있다.

### 해석의 노선들

플라톤 저술에 담긴 사상 내용과 관련하여 여러 독법과 해석 노선들이 있다. 저술된 지 2400년이나 되었으며, 서양철학의 기초를 제공한 사상이니 만큼 오랜 시간에 걸쳐 다양한 해석들이 존재한다. 헬레니즘 시기에는 플로티누스 등의 신플라톤학파가 주도적인 영향력을 발휘했다. 그리고 중세에 들어 아우구스티누스의 플라톤 해석은 기독교의 교리체계에 지대한 영향을 준다. 또한 플라톤의 이데아 개념에 의해 촉발된 중세의 보편자 논쟁은 철학적·신학적 논쟁의 중심을 차지한다. 그리고 영국 케임브리지 대학을 중심으로 하는 플라톤학파 등이 영국 철학에 새로운 색채를 가미한다. 심지어 20세기 초반에는 하이젠베르크를 위시한 물리학자에 영향을 끼치기도 했으며, 20세기 철학의 고봉이라 할 비트겐슈타인은 자신의 전기 철학에서 실체로 상정한 바는 플라톤의 형상과 같은 것이었다고 고백한다. 여기서는 20세기 이후 주요 해석의 노선만 간단하게 서술하겠다.

(1) 영미 고전철학계의 분석적 노선 : 플라톤은 그 어느 철학자보다 논리적인 사람이었다. 그는 자신이 설립한 아카데미아의 정문에 "수학을 모르는 자는 들어오지 마라"는 현판을 걸었다고 한다. 대화편의 도처에서 다양한 주제에 관한 논리적 논변들이 개진되어 있으며, 대화라는 저술의 형식을 십분 활용하여 논변의 제 단계를 하나하나 검토하며 자신의 입장을 개진해 나아가고 있다. 가령 『파르메니데스』에서는 존재, 무, 일자, 다, 운동, 정지, 분유, 속성, 등 매우 추상적인 개념들 간의 논리적 관계를 분석하면서 현학적이고 궤변적이라 여겨질 정도로 복잡하고 정치한 논변들을 전개해 나간다.

플라톤철학의 이런 측면을 중시하여 제3인간, 존재 개념, 인식의 조건 등에 관한 여러 논리적 논변을 분석 검토하는 해석의 노선이 있는데, 영국의 오웬과 미국의 블라스토스 등이 대표적인 학자이다. 블라스토스는 분석철학의 논리 분석적 방법과 성과를 원용하여 플라톤철학을 새로이 해석함으로써 현대 플라톤 연구의 한 범형을 제시했다. 역시 현대철학의 개념틀을 생산적으로 원용한 오웬의 연구 논문들은 플라톤과 아리스토텔레스에 대한 깊이 있는 통찰력을 보여주면서, 20세기 후반 고전 연구의 한 주요 흐름을 형성했다. 플라톤과 아리스토텔레스의 텍스트에 대한 번역과 현대적 주석을 담은 Oxford Clarendon Series는 이들의 연구방식이 영향을 준 결과라 할 수 있다. 이 시리즈의 번역이나 주석들은 현대분석철학과의 대화를 다양한 주제에 걸쳐 시도함으로써 고전철학을 살아 있는 철학으로 해석해 되살려낸 성공적인 프로젝트이다.

(2) 해석학적 또는 총체적 접근의 노선 : 플라톤의 철학적 저술은 다채로운 요소들을 담고 있다. 대화편이니 만큼, 등장인물과 이들의 성격 묘사, 대화의 장소 기술, 시간적 상황의 언급, 논리적 논변뿐

아니라 신화, 연설, 농담, 우화, 비유 등 다양한 장치들이 동원된다. 유럽 대륙 계열의 학자들은 이런 요소를 플라톤철학에서 주변적이거나 도구적인 것으로 경시하는 것이 아니라, 철학의 색채, 방향, 해석 등을 위한 주요 단서로 간주해 해석한다. 마치 시, 소설 등의 문학작품을 해석하듯 플라톤의 대화편을 해석하는 것이다. 하이데거(Heidegger)와 가다머(Gadamer), 그리고 내용에서 다소 차이가 있으나 데리다(J. Derrida) 등이 이런 노선을 취하며, 근간 영미권에서도 분석적 해석에 반기를 들고 이런 해석 방식을 취하는 학자들이 있다. 버나데트(S. Bernadete),[27] 로젠(S. Rosen),[28] 블룸(A. Bloom)[29] 등이 그들이다.

(3) 씌어지지 않은 철학의 노선 : 플라톤은 복잡한 철학자이다. 그는 탁월한 문필가로서 『향연』이나 『파이드로스』는 문학성이 높이 평가되는 고전이다. 그럼에도 그는 『국가』에서 시인을 이상국에서는 추방해야 한다고 주장했으며, 『파이드로스』나 『제7서간』에서는 말과 글을 비교하면서, 글이란 기억을 위한 보조적 장치에 불과하다며 글이나 책을 폄하했다. 심지어 그는 자신의 진짜 사상은 글로 쓰지 않았다 하여[30] 독자들을 당황하게 하기도 한다. 이런 언급들을 진지하게 수용하여 플라톤철학을 전통과 달리 해석하려는 학파가 있다. 이들은 주로 위의 저술들, 그리고 아리스토텔레스의 저술에서의 플라톤철학에 대한 논의, 남겨진 플라톤 저술의 행간

---

27) Bloom, A. & Benardete, S., *Plato's Symposium*, tr. with commentary, Chicago, 1993.

28) Rosen, S., *Plato's Symposium*, Yale Univ. Press, 1968.

29) Bloom, A., *The Republic of Plato*, tr. with notes and interpretive essays, Basic Books, 1968.

30) 플라톤, 『제7서간』, 341 c 이하.

들을 읽어 플라톤철학의 '진면목'을 드러내고자 시도한다. 그 대
표자는 독일의 크레머(Krämer)[31]와 미국의 핀들레이(Findlay)[32]이
다.[33]

　(4) 스트라우스(Leo Strauss)의 비의론적(秘義論的) 해석[34] : 스트라우
스는 독일 태생이지만 미국에서 활동했는데, 플라톤이나 아리스토
텔레스와 같은 고전철학자들의 지혜를 회복해야만 '서구의 위기'를
극복할 수 있다고 논했다. 그는 고전을 이리 중시 여김에도, 고전에
대해 전통적인 것과는 다른 해석을 제시하여 논란을 불러 일으켰다.
그의 해석은 위의 세번째, 쓰여지지 않은 철학의 노선과 다소 유사
하다. 그에 따르면, 위대한 철학적 저술들은 대중을 위한 공개적이
고 현교적(顯敎的, exoteric)인 가르침과, 소수의 엘리트를 위한 사적
이고 비교적(秘敎的, esoteric)인 내용을 지니고 있다는 것이다. 진정
한 내용은 소수를 위한 후자의 사상이므로, 플라톤의 경우도 후자를
드러내어야 한다는 것이다. 스트라우스는 플라톤이 자신의 사상을
전하기 위해서라기보다는 감추기 위해서 대화편들을 저술했다는 도
발적인 해석을 제안하여 전통론자들을 당황하게 만들었다. 플라톤
의 진정한 대변인은 소크라테스가 아니라 『국가』에서 힘이 정의라는
마키아벨리적 입장을 개진하는 트라쉬마코스이며, 플라톤은 정의가
권력의 함수라 믿었다는 주장이다.

---

31) Krämer, H. J., *Arete bei Platon und Aristoteles : zum Wesen und Geschichte der Platonischen Ontologie*, Abh. Heidelberger Akad., ph-hist. KL., 1959.
32) Findlay, J. N., *Plato : The Written and Unwritten Philosophy*, London, 1974.
33) 니체에 따르면, 더 이전에 슐라이어마허가 이런 해석을 제시했다고 한다. 니체, 「플라톤의 대화연구 입문」 38쪽, 『니체 전집』 1권, 책세상, 1999(김기선 역).
34) Strauss, Leo, *The City and Man*, Chicago, 1964 ; *Persecution and the Art of Writing*, Chicago, 1952.

스트라우스는 정치철학자로서 미국의 자유주의를 비판하는 한편, 이미 언급한 바와 같이 고전적 가치들의 회복을 통해 서구의 위기를 극복해야 한다고 주장한다. 나아가 플라톤에 대한 비의적 해석을 통해, 고전적 가치는 강력한 권력의 행사를 통해서 성취할 수 있다고 논한다.[35] 《뉴욕타임스》는 현재 미국 부시정권이 취하고 있는 신보수주의의 정치철학적 배경과 연원을 분석 추적한 바 있는데, 그 기사에서 신보수주의의 철학적 기반을 스트라우스의 정치철학 또는 그가 지지하는 고전적 가치들이라고 지적한 바 있다. 이 분석 기사가 맞는다면 플라톤의 정치철학이 레오 스트라우스를 거쳐 현재 미국의 국제정치 정책에 이론적 기반을 제공했다는 것이니, 매우 흥미로운 일이다.

(5) 승계호의 정치철학적 해석 : 전통의 해석에 따르면, 플라톤철학의 핵심은 이데아론이었다. 이 이론은 존재론 또는 인식론적 이론으로서, 플라톤철학은 현상계와 형상계의 존재를 엄격히 구분하는 2개의 세계론을 견지하면서 형상계의 우위를 주장한다. 이런 점에서 구체적인 실천보다는 다소 이상적이고 이론적인 완결성을 목표로 하는 이론으로 해석되어 왔다. 이런 해석에 따르면, 『법률』은 플라톤 최후의 저작이고 가장 방대한 분량의 저술임에도 별로 중요하게 평가되지 않았다. 이 저술은 형상에 대한 논의가 거의 없으며 이론적 성격이 미약하다고 여겨져왔기 때문이다.

미국에서 활동하는 한국인 철학자 승계호는 이런 해석을 수정하려 한다.[36] 승교수는 플라톤철학을 본격적으로 재해석함으로써 자신

---

35) 미국 정치와 플라톤의 관계에 관해서는 그의 제자인 다음 저자의 저서 참조 : Bloom, A., *The Closing of the American Mind*, Simon & Schuster, 1987.

36) 승계호의 플라톤 해석은 다음 두 저서 참조 : *Kant's Platonic Revolution in Moral*

의 규범철학 기초론을 완성하고 정당화하려 하고 있다. 승계호 해석의 핵심은 플라톤철학의 중심이 처음부터 끝까지 정치철학이라는 시각이다. 이는 플라톤의 철학을 존재론이나 인식론의 관점에서 해석하는 전통의 입장과는 대조적이다. 승교수의 평가에 따르면, 플라톤은 정치철학의 위대한 창시자라 할 수 있다.

승교수의 정치철학적 해석에 따르면, 플라톤철학의 두 축은 『국가』와 『법률』이다. 플라톤에서 정치철학의 창시와 전개는 두 단계를 거쳐 진행된다. 첫번째 단계는 『고르기아스』에서 시작하여 『국가』에 이르는 단계이고, 두번째 단계는 『파르메니데스』, 『테아이테토스』 등에서의 『국가』에 대한 비판에서 시작하여 『법률』에서 자신의 입장에 대한 최종적인 수정에 이르게 된다는 것이다. 그러므로 전통적 해석과 연구에서는 거의 소외되어 있던 『법률』이 플라톤철학의 정점이자 완성을 이룬다는 것이다.

플라톤철학에 대해 이처럼 다양한 해석과 노선이 있다는 것은 그의 철학이 지닌 다면성과 심오함, 그리고 풍요함을 증거하는 것이다. 역사에 하나의 모습이 없듯이, 철학사가 명확히 규정할 수 있는 체계들의 연쇄인 것은 아니며, 그 역사를 구성하는 철학자들이나 그들의 철학에도 단일한 사상체계나 하나의 모습이 있을 수 없을 것이다.

철학적 사유는 그 자체가 인간과 세계에 하나의 모습을 부여하려 노력한 결과라는 점에서 철학자들의 사상에 대한 해석은 어느 정도 제약적일 것이다. 그러나 인간의 역사나 정신사는 미지의 세계에로의 탐험이며, 삶의 세계를 구성하는 과정이다. 특히 철학은 연구의

*and Political Philosophy*, The Johns Hopkins Univ. Press, 1994 ; *Plato Rediscovered : Human Value and Social Order*, Rowman and Littlefield, 1996. 후자에 대한 좀더 자세한 논의는 필자의 다음 참조 : 《철학과 현실》 2000년 가을호, 필자의 서평.

대상마저 분명하지 않다. 그것은 단지 저편 멀리 어딘가에 인간의 물음들을 종료시킬 수 있는 무엇이 있으리라는 전망 하에서 이루어지는 바, 본질적으로 탐구요 모색이며, 항상 후대인들에 의해 계속되어야 할 진행형의 작업으로 후대에 전해진다. 그런 점에서 항상 그들의 어휘와 문장들은 후대의 사유에 의해 지속되고 재해석되어야 할 미완의 것, 미규정의 것, 모호한 것으로서, 새로운 규정에 당위적으로 열려 있으며 그런 것에 의해 보완·계승되어야 한다. 선대 철학자들에 대한 후대 철학자들의 수용과 이해, 그리고 해석은, 즉 철학사에 대한 연구는 그 자체가 하나의 철학적 활동으로서 선대의 철학을 계승하고 지속한다. 철학사에서 철학함의 활동은 골인 지점이 분명치 않은 조만간 끝나기 힘든 릴레이이다.

동양적 사유의 전통에 있는 우리가 플라톤이나 칸트 등의 서양철학자들을 이해하려 노력한다는 것은 우리도 그런 철학적 릴레이에 동참한다는 의미가 있다. 동서양의 철학적 사유의 흐름이 마치, 동강(東江)과 서강(西江)이 합수(合水)됨으로써 그간의 물줄기가 바뀌듯이, 그 궤도가 수정될 수 있을 것이며, 새로운 단계의 릴레이가 시작될 수도 있을 것이다.

# 제2장

# 동굴의 비유

플라톤의 사상은 다양하고 복잡하며 무한히 심오하다. 풍요하고 깊은 그의 사상을 총체적으로 보여주는 그의 저서 일부분이 있는데, 다름 아닌 『국가』 7권 514a–517c에 나오는 동굴의 비유이다. 이는 철학사에서 찾아볼 수 있는 것 가운데 가장 풍요한 함축을 담고 있는 비유인데, 이를 통해 우리는 플라톤의 인식론적, 존재론적, 윤리학적 견해를 종합적으로 엿볼 수 있다.

## 1. 비유의 내용

비유의 내용은 다음과 같다. 커다란 동굴이 하나 있고 그 안쪽에 한 무리의 사람들이 살고 있다. 이들은 태어날 때부터 다리와 목이 사슬에 묶여 있어 항상 같은 곳에 머물러야 하며, 동굴 안쪽 벽만을 바라볼 수 있도록 구속되어 있다. 동굴 안벽과 입구 중간에 나지막한 담이 있고 이 담벽 바로 뒤에 횃불이 켜져 있는데, 담과 횃불 사이를 일군의 사람들이 인형들을 들고 오가면서 인형극 놀이를 하듯 움직이고 있다. 조금 더 나아가면 동굴 입구가 있고 동굴 밖은 태양이 비치는 빛의 세계이다.

이 동굴 안의 사람들은 말하자면 동굴의 수인(囚人)들이라 말할 수 있다. 이들 수인은 평생 동굴 안 벽에 비친 그림자만 보아왔다. 따라서 이들은 그림자들이 실재 존재자라고 생각하며, 그림자들의 움직임을 예리하게 관찰하여 그 움직임을 예견하는 자를 지혜로운 자라 생각할 것이다. 또한 동굴 속에서의 생활을 척도로 하여 선과 악, 시와 비를 가리려 할 것이다.

이런 어두움 속에서 생활하던 중 이들 수인 중 누군가가 갑자기 사슬에서 풀려나 고개를 돌려 동굴 입구 쪽으로 시선을 향한다고 가정해 보자. 그러면 그는 불빛에 눈이 부시어 고통을 겪어야 할 것이고 누군가가 '지금껏 수인들이 보아오던 그림자는 실물이 아니라고 주장하면 크게 당황할 것이다. 나아가 사슬에서 풀린 사람들을 동굴 밖으로 끌고 나가 진짜 실물들을 보게 하려 한다면, 이 해방된 수인들은 불빛에 고통스러워하며 발버둥치면서, 이전의 그림자 세계로 도망치려 할 것이다. 이들에게는 불빛에 대한 두려움이 있지만, 다른 한편으로 그것은 새로운 것이기에 그들 마음에 강한 호기심을 불러일으킨다. 그래서 일부는 불빛이 주는 고통에도 불구하고 호기심에 이끌려 동굴 밖으로 조금씩 나아간다. 물론 동굴 입구 쪽으로 다가갈수록 불빛이 주는 고통은 더욱 심해질 것이나, 그와 함께 호기심의 자력도 상대적으로 강력해질 것이다.

두려움과 호기심 사이를 오가는 이런 과정을 거쳐 해방된 수인들의 일부가 점차 동굴의 입구 쪽으로 나아감에 따라 그들은 불빛에 익숙해지면서 이들은 동굴 중간에 일단의 사람들이 들고 있는 인형들과 횃불을 보게 될 것이다. 그 결과 자신들이 이전까지 보아왔던 것들이 그림자라는 것을 깨닫게 된다. 이런 깨달음에 의해 추동된 일부의 수인들은 드디어 동굴 밖에 나오게 된다. 그러나 나오자마자 동굴 밖의 실물들을 바로 볼 수 있는 것은 아니다. 동굴 밖의 빛은 너무나 강렬하기에 일정한 적응 단계를 거치고서야 시야가 개명될 것이다. 처음에는 그림자, 그리고 물 위에 비친 실물들의 영상들, 그 다음엔 실물들, 마지막으로 태양을 보게 될 것이다. 이들은 태양을 봄으로써 태양이 가시계의 모든 것을 주재하며 동굴 속에 있는 것들의 원인까지도 된다는 것을 깨닫게 된다.

동굴 밖의 세계가 진정 실재의 세계임을 깨달아 정신적으로도 해방된 수인들은 그러나 이 세계에 안주하지 않는다. 해방된 수인들은 동굴 안에 거주하고 있는 동료들에 대해 연민의 정을 느끼면서 아직도 수인 상태에 머물러 있는 동료들을 해방시키기 위해 동굴 속으로 되돌아간다. 해방된 자들이 보기엔 동굴 속 수인들의 삶이란 "재산도 없는 자에게 머슴살이하는 고통보다 더한 고통의 삶"을 살고 있기 때문이다.

그러나 다시 동굴 속에 들어가는 일은 쉬운 일이 아니다. 어느덧 빛에 익숙해진 해방된 자들의 눈은 시력장애를 일으켜 동굴 속의 어두움을 더듬어가는 어려움을 겪어야 하며, 동굴 속 생활에 서투를 뿐 아니라 무관심할 수밖에 없을 것이다. 이들이 동굴 안으로 들어가면서 더듬고 부딪쳐 넘어지는 등의 모습을 보이면 수인들의 조롱거리가 되기 십상일 것이다. 빛의 세계를 보고 온 자들이 수인들에게 동굴 속의 세계는 그림자의 세계이며 따라서 동굴 밖으로 나아가야 한다고 역설하고, 나아가 이들의 사슬을 풀어 억지로 빛 쪽으로 눈을 향하게 한다면, 수인들은 거칠게 저항하며 이들을 박해하고, 나아가 죽이기까지 할 것이다.

## 2. 비유의 함축

### 동굴 안과 밖의 세계–현상계와 실재계

플라톤은 동굴의 비유를 통해서 무엇을 말하고자 했을까? 이 비유는 상당히 많은 것들을 함축하고 있으나 중요한 것만 추려보면 대략 다음과 같은 철학적 견해를 담고 있다. 우선 가장 포괄적인 것으로, 플라톤은 동굴 안의 세계와 동굴 밖의 세계를 대조시킴으로써 현상(現象, appearance)의 세계와 실재(實在, reality)의 세계를 구분하고 있다. 이는 서양철학사에서 가장 중요하고 주축적인 이분법을 이룬다. 이런 대조적 구분을 통해 플라톤은 인간들의 일상적 삶은 바로 동굴 안의 현상세계에서의 삶이며, 상식적 세계에서 살아가는 인간들은 동굴의 수인들임을 시사하고 있다. 플라톤의 견해로는 감각적 경험에 기초하여 확립되는 상식적 세계란 인식론적으로나 존재론적으로나 가치론적으로 그림자의 세계에 불과하다.

실재 세계는 상식적 경험의 세계와는 별개로 존재한다는 것이 플라톤의 견해이다. 실재의 세계를 플라톤은 형상계(形相界)라 부르는데, 이 세계에는 그가 '형상(eidos, idea)'이라고 부르는 실재자들이 거주한다. 플라톤에 따르면 형상들이야말로 진정한 존재자요, 학문적·이성적인 인식의 대상이며, 윤리적 가치의 전형적 규범들이고, 우리 언어활동의 궁극적인 근거이다. 그는 이를 '자체적인 것(to kath' auto)'들, 가령 원 자체, 삼각형 자체, 아름다움 자체, 정의 자체라 불렀으며, 이들은 우리가 경험적으로 접하는 원들, 삼각형들, 아름다운 것들, 정의로운 것들을 각각 원, 삼각형, 아름다움, 정의이게 하는 바의 것이라 규정했다.

이 자체적인 것들 또는 형상을 어떻게 이해할 수 있는가? 형상은 플라톤의 존재론에서 진정한 실재자 또는 실체에 해당하는 것이다.

그는 이 형상들이 경험계와 떨어진 세계에 있다고 주장하는데, 이런 주장에 비추어 그의 존재론은 두 세계론(two-worlds theory)이라 불리었다. 이런 존재론은 우리가 삶을 영위하는 현실의 경험계에서 만나는 존재자들을 불완전한 그림자에 불과하다고 평가하고, 이 경험계를 넘어선 초월적인 존재자들을 실체로 상정한다는 점에서 형이상학적이라는 비판을 들어왔다.

우리는 그의 형상론을 좀더 긍정적이고 적극적으로 이해할 수 있다. 우리의 구체적 삶을 되돌아보면 추상적인 가치들이나 개념들이 중요한 역할을 하는 경우가 많다. 행복, 인간 본성, 자아의 실현, 자유, 정의, 평등, 평화, 이상, 민주, 아름다움, 경건, 사랑, 봉사, 진리, 보람, 의미, 구원, 영원, 절대, 등등의 가치를 표현하는 수많은 개념들이 우리의 삶을 인도하고 규제하는 역할을 한다. 우리는 행복, 자유, 평등, 정의 등의 구체적인 내용을 정확히 모르지만, 그럼에도 우리의 삶이 보다 행복하고 풍요로우며, 자유롭고, 타인들과 평등한 관계 속에서 살기를 원한다. 나아가 학문적 진리를 추구하고 미적 가치를 실현하며 살고자 한다. 우리는 사회가 정의롭고 민주적이기 원하며, 성실하고 정직한 삶을 영위하고자 노력한다. 이런 바람의 지향처가 되는 행복, 자유, 평등, 성실 등의 개념이나 가치들은 우리의 삶을 인도하고 있다고 말할 수 있다.

우리가 이런 가치들을 갈망하는 이유는 현실의 삶에서 이들 가치가 완벽하게 실현되어 있지 않기 때문이다. 또한 우리의 삶이 불완전하고 우리 사회가 불의하다고 평가하는 이유는 우리가 완전성과 정의에 대한 이념을 품고 있기 때문이다. 우리는 완전한 정의의 이념을 잣대로 하여 현실의 완전성 또는 불완전성의 여부를 평가하는 것이다. 우리를 구속하는 것들이 도처에 잠복해 있기에 우리는 자유를 갈망하는 것이리라. 이처럼 다양한 가치들의 완전한 실현태는 현실세계에 존재하지 않는다. 그럼에도, 아니 그렇기 때문에 더욱 그런 개념들은 우리의 삶에서 중요한 역할을 수행하고 힘을 발휘한다.

신체적 관점에서 볼 때, 우리가 살고 있는 현상계는 적어도 하루의 반은 태양이 주재하는 빛의 세계이다. 그렇다면 어떤 의미에서 우리가 사는 세계가 동굴 안 어두움의 세계일 수 있다는 말인가? 우리는 신체적이기도 하지만 정신적인 존재이기도 하다. 우리는 두 개의 세계에 거하고 있다. 신체가 거하는 물리적·자연적인 세계, 그리고 우리의 정신이 거하는 세계. 그런데 정신의 세계는 신체가 거하는 세계와는 달리 무명(無明)의 세계이다. 우리 마음의 세계는 캄캄한 어둠의 세계이지만 그 암흑 속에서도 희미하지만 반짝이는 불빛이 존재한다.

밤하늘의 별빛은 지극히 신비하다. 그 빛은 밝기로 말하면 나의 어두운 방을 밝히는 30촉의 전등보다 훨씬 희미하다. 내 방의 전등은 신비감을 불러일으키지 않으나, 어두컴컴한 밤하늘에 꺼질듯이 애처롭게 반짝이는 별빛들은 오히려 신비감을 자극하고 상상력을 유발한다. 별빛은 희미하기에 오히려 밤하늘 어두움의 깊이를, 그리고 우리가 미지와 무지의 어두움에 감싸여 있음을 알린다. 별들의 깜박이는 불빛은 자신이 아득히 멀리 있음을 알리면서, 어두웁고 깊은 밤하늘 저편에 있을 법한 미지의 세계로 우리를 유혹한다. 그것은 우리가 많을 것에 대해 무지함을 자각케 하며, 마음속 깊은 곳에 숨어 있던 그 미지의 세계에 대한 동경과 그리움을 불러일으킨다. 이것이 신비감의 정체이다. 고대인들은 밤하늘을 바라보며 언젠가는 별들의 세계에 도달할 수 있으리라 믿었기에 종교와 신화의 세계를 전개했다.

이제 우리 자신에게로 돌아와 마음속을 들여다보자. 우리의 마음속은 혼돈과 무명의 세계이다. 인간의 의식은 어두움과 혼란 속에서 어디론가 가기 위해 끊임없이 움직이지만, 길은 보이지 않고 안내하는 그 어떤 이정표도 없다. 암중모색하면서 방황하는 우리의 정신과 마음은 잠시도 가만히 있지 못하고 몸보다 더 바쁘게, 그리고 더 멀리 행동반경을 넓혀가며 낮이고 밤이고 길을 찾아가고 있다. 희망, 동경, 그리움, 지향, 의도, 고민, 고뇌, 욕구, 열망, 사랑, 우정, 혁명에의 열정, 죄의식, 연애, 호기심, 신비감, 탐구, 방황, 등등의 정신적 상태는, 어디에론가 지향하고자 하는 우리의 정신이 분주하게 때로는 격렬하게 몸짓을 취하고 있음을 알리는 표현들일 것이다.

인간의 마음과 몸짓이 지향하는 것은 도대체 무엇인가? 그것의 정체는 정확히 알 수 없으나, 사람들은 그것들을 이름하여, 자유, 민주, 평등, 진리, 아름다움, 선과 옳음, 삶의 이상, 의미와 가치, 평등, 정의, 민주, 완전성, 영원 등이라 한다. 한마디로 그것들은 가치라고 묶어 말할 수 있는 것이다. 그런데 이들 가치의 정체는 과연 무엇인가? 대체 자유와 평등과 정의의 본질은 무엇인가? 그러한 것들이 과연 존재하기나 하는가, 존재한다면 어디에 있는가? 이런 질문들에 대한 해답은 쉽게 얻어지지 않는다. 그래서 우리는 회의주의, 불가지론, 상대주의, 주관주의 등에 빠지곤 한다.

우리는 그 표현들의 의미나 그것이 지시하는 사태나 물상들의 진정한 모습을 전혀 알지 못한 채, 단지 그 표현만을 사용하고 있는 것으로 보인다. 그럼에도 놀라운 것은 그 표현들이 우리에게 막강한 위력을 발휘하고, 해왔다는 사실이다. 인간의 역사를 이끌어온 개혁과 혁명, 변화를 위한 몸부림과 운동들, 예컨대 영국의 명예혁명, 프랑스 대혁명, 러시아의 사회주의 혁명, 일제 식민통치를 벗어나려는 독립운동, 3·1운동, 동학 농민항쟁, 4·19학생 의거, 1980년대의 민주화운동, 이 모든 혁명과 개혁 의지 및 운동을 가능하게 한 것은 바로 그 가치들의, 아니 그 표현들의 대중들에 대한 설득력이었다.

비단 역사적이고 정치적인 차원에서만이 아니라 개인적 삶의 공간에서도 일상의 구체적이고 명확한 것보다는 불확실하며 추상적인 것, 그리고 미래적인 것이 우리의 삶을 이끌어가는 견인자의 역할을 한다.

우리를 움직이는 가치와 개념들은 어두운 마음의 밤하늘에서 가물거리는 별빛과 같다. 그것의 정체는 밤의 어둠에 묻혀 있다. 그것이 존재하는 곳이 어디인지, 그 빛이 어디에서 오는지 전혀 알 수 없다. 가치와 개념들은 마치 별빛과 같이 가물거리고 희미하며 먼 빛이지만, 그럼에도, 아니 오히려 그래서인가 우리의 마음을 매우 강력하게 잡아 이끈다. 우리에게 알려져 있는 것은 단지 그 가치들의 이름뿐이지만, 마치 사랑에 빠진 자가 연인의 이름에 감응하듯이, 그리고 사람의 호기심이 밤하늘의 별빛에 감응하듯이, 우리의 마음은 그들에 민감하게 감응한다. 일상의 작은 것들은 소수의 관심만을 이끌지만, 그 빛은 우리 모두의 정신을 휘어잡는다.

현실세계 속의 인간들은 마음속에서 희미한 빛을 발하는 그런 이념들이나 가치들이 보내오는 빛에 이끌려 자유와 정의를 위한 투쟁, 행복을 성취하기 위한 노력 등을 경주하는 것이다. 공자, 석가모니, 플라톤, 칸트, 모차르트, 고갱, 가우스, 바슐라르, 원효, 퇴계 등은 무명한 마음의 세계에서 길을 열어줄 빛을 찾으려 한 사람들이다.

우리는 이들 개념의 구체적 내용이나 개념이 실현된 상태의 모습이 어떨지에 관해 몽매한 상태에 있으며, 과연 정의, 자유, 행복 등의 이상이 존재할지에 대해 낙관할 수 없다. 그럼에도 가치와 개념들이 아주 강한 힘으로 우리의 삶을 규제하고 인도하는 한, 우리는 그것들이 실재한다고 확신하는 것이다. 플라톤이 말한 형상계는 현실에서 존재하지 않으나 언젠가는 실현될 수 있으리라 우리가 믿는 완전한 실현태를 의미한다. 철학이나 학문의 목표, 나아가 윤리적 실천의 목표는 이런 실재자들에로 나아가는 것이며, 실재계로 나아가지 못하는 한, 인간은 영원히 수인의 상태에 머무를 수밖에 없다. 상식적인 틀 속에서 무반성적으로 사는 삶이란 그림자의 세계에 안주하는 삶인 반면, 철학적인 삶이란 빛 속에서의 삶 또는 빛 속으로 나아가고자 노력하는 삶이다.

### 동굴의 수인

인간을 동굴의 수인이라 한다면, 우리를 수인으로 묶어 매는 사슬에 해당하는 것은 무엇인가? 동굴의 비유가 내포하는 두번째 함의는 이에 대한 해답을 제공한다. 이 비유에서 사슬은 우리로 하여금 진리의 빛을 볼 수 없게 하는 모든 방해물과 구속들을 의미한다. 이는 우리의 신체, 신체의 일부로서 존재하는 감각적 인식기관, 또는 이를 통해 얻어진 믿음의 내용을 포함할 수 있다. 플라톤은 이런 요소들을 포괄적으로 '속견(俗見, doxa)'이라 불렀다. 'doxa'란 그리스어 원의(原意)를 밝혀 번역하면, '…인 것처럼 보이거나 믿어지는 것', 즉 '진리, 옳은 것, 아름다운 것으로 보이나 실제로는 그렇치 않은 것'을 의미한다. 구체적으로 상식적인 세계관, 인습적인 가치관, 인생관, 문화적 편견, 그리고 관습과 전통까지 이에 포함된다. 이 모든 것은 진실된 것, 옳은 것, 아름다운 것이라고 세인들이 말하는 바를 담고 있으나 실제는 그렇지 않거나, 적어도 그런 것으로 입증되지 않은 것들이다.

소크라테스가 논박(論駁, elenchus)술을 통해 아테네에서 타파하려 했던 것이 바로 속견이다. 소크라테스는 이 속견의 질곡에서 벗어나지 못하는 사람들은 무지(無知)의 무지 상태, 자신이 진정으로 진실된 것, 선한 것, 아름다운 것이 무엇인지 모른다는 사실조차 자각하지 못한 인식적 수인의 상태에 머물러 있을 수밖에 없다고 보았다.

무지에 대한 무지가 사람을 사로잡고 있는 한, 인간은 지혜에 대한 탐구를 행할 수 없다. 즉 철학적 삶을 영위할 수 없다. 소크라테스는 논박을 통해 잘못된 확신들을 깨부수어 아테네인들을 지적 혼란 (aporia)상태에 밀어넣음으로써 무지의 지, 즉 무지에 대한 자각의 상태에 이르게 한다. 이런 자각은 아테네인들이 스스로 동굴 밖으로 나가 해방을 성취할 수 있도록 하기 위한 것이었다.

### 영혼의 전향

사슬로부터의 해방과 함께 수인이 그림자로부터 눈을 돌린다는 묘사는 세번째 함의를 제공한다. 이 세번째 함의는 교육의 본질에 관한 것으로 플라톤에 따르면, 교육이란 단순히 지식을 전달하거나 주입하는 일이 아니라 영혼을 전향케 하는 기술이다. 시선을 어둠의 세계에서 빛의 세계로 향하기 위해서는 몸 전체를 돌리지 않으면 안 된다. 마찬가지로 영혼의 지적(知的) 눈을 속견의 세계로부터 진리의 세계로, 가상의 세계에서 진상의 세계로 돌릴 수 있기 위해서는 영혼을 180도 전향해야 한다는 것이 플라톤의 시각이다. 이런 전향을 가능하게 하는 것이 소크라테스적 논박술이다. 일단 영혼의 전향이 이루어진 다음에 영혼을 서서히 빛에 적응시키면서 동굴 밖으로 이끌어가는 작업은 대화술(dialogue)이다. 논박과 대화는 철학적 교육의 두 핵심 단계로서, 이 교육에서 교사의 역할은 단지 피교육자를 무지의 무지 상태로부터 일깨운 다음, 진리 추구의 동반자 역할을 해주는 것이다. 플라톤적 교육관에 따르면, 적극적이고 능동적인 역할을 하는 것은 교육자라기보다는 학습자이다. 플라톤적 교육에서 진정한 교육은 자기 학습이므로 교육과정에서 피교육자의 주체적인 노력은 절대적이다.

## 영혼의 역설적 구조

동굴의 비유가 내포하는 네번째 함의는 인간 영혼의 역설적인 구조에 관한 것이다. 플라톤에 따르면, 인간 영혼의 원래 고향은 동굴 밖 형상들이 존재하는 빛의 세계였다. 여하한 이유로 하여 인간의 영혼은 천상으로부터 추락해 이 동굴 속, 즉 현상세계에 유배되어 육체라는 감옥에 갇히게 되었다. 인간의 영혼은 비록 경험세계에 거주하고 있다 하더라도 원래의 고향으로 돌아가려 하는 귀소본능 같은 것을 품고 있다. 향수는 인간 영혼의 본성적 일부이다. 고향에 대한 이런 그리움을 플라톤은 그의 저서 『향연』에서 '에로스(eros)'라고 표현했다.

플라톤의 전언에 따르면, 에로스는 원래 신의 이름이다. 그런데 그리스의 신들은 매우 인간적이어서 희로애락의 정서를 품기도 하고, 서로 미워하며 싸움을 일삼기도 한다. 그들에게는 부모가 있기도 한데, 에로스의 부모는 포로스(Poros)라는 남신과 페니아(Penia)라는 여신이다. 페니아는 인간사에서 가난, 결핍 등을 주재하는 신이며, 포로스는 그와는 반대로 풍요, 재주 등 긍정적인 측면을 관장하는 신이다. 페니아는 자신이 그런 역할을 맡아 신이나 인간들로부터 환영받지 못함은 물론, 항상 기피의 대상으로서 외롭고 쓸쓸하게, 그리고 빈곤하게 지내는 것을 한탄하며 지내왔다. 자신에게 그런 역할을 맡긴 주신(主神)을 원망하며 그와 같은 곤핍한 상태를 벗어나고자 기회를 엿보곤 했다.

어느 날 신들의 마을을 지나가던 페니아는 신들의 잔치가 벌어지고 있음을 목도했다. 그는 기피 인물로서 그 잔치에 초대받지 못했던 것이다. 잔치에는 마침 포로스신도 참여하고 있었다. 잔치가 무르익어 모두들 음식과 술을 마시며 여흥을 즐기는 사이, 밤은 깊어가고 신들은 술에 취해 곯아떨어져 깊은 잠에 빠져들었다. 페니아가 평소 부러워하고 사모하던 포로스도 주홍을 못이겨 잠들어 있었다. 페니아는 자신이 가난을 관장하는 신이기 때문에 그 상태에서 벗어날 수 없으나, 자식을 통해 지위 상승을 도모할 수 있으리라고 계산했다. 이 순간을 기회로 포착한 페니아는 포로스의 옆에 누워 그와 하룻밤 동침했다는 것이다.

이 하룻밤의 동침으로 페니아 여신은 수태하여 자식을 낳았는데, 그가 바로 에로스라는 것이 플라톤이 전해주는 그의 출생 비밀이다. 에로스는 페니아와 포로스의 자식이다. 따라서 두 신의 특성을 모두 지녔을 것이다. 한편으로는 가난하고 외로우며 기피 인물이고, 다른 한편으로는 풍요하고 재주가 많아 사람들의 사랑을 받을 수 있는 모습을 지니고 있다. 어떻게 이처럼 서로 상반된 두 측면을 동시에 지닐 수 있는가? 플라톤의 절묘한 해석은 그 신에게 미래성을 부여하는 것이었다. 비록 지금은 춥고 배고픈 존재이지만, 미래에는 부와 인기와 명망을 한 손에 쥘 수 있는 존재가 에로스이다. 오늘은 가난하지만 내일에는 부유할 수 있는 존재, 이것이 에로스의 본성이라는 것이다.

에로스신은 인간 정신의 본성이다. 인간 정신은 과거의 기억이 누적되어 형성되며, 현재는 물론 아직 존재하지 않는 미래를 사유할 수 있는 시간성을 지니고 있다. 현재의 인간은 가난하고 결여적인 존재, 악에 유혹을 받고, 무지하며, 추하고 세속적인 존재이지만, 정신적 활동을 통해 미래를 지향할 수 있으며, 이를 통해 선하고, 지혜로우며, 아름답고, 나아가 성스러움을 실현할 수 있는 양면성을 지니고 있다. 인간 외의 동물들은 현재에 구속되어 있다. 그들에게는 과거에 대한 기억이나 미래에 대한 지향이 없음은 물론, 아예 시간의식이 결여되어 있다. 인간 역시 신체적 존재로서 동물성을 벗어날 수 없으나, 정신을 통해 미래적 시간을 전개하면서 영원성, 절대성,

보편성 등 신적인 차원을 지향할 수 있다는 점에서 동물과 본질적인 차이를 지닌다. 인간의 현재는 페니아적이지만, 미래는 포로스적이다. 에로스는 인간으로 하여금 철학적인 지(知)를 사랑하게 하고, 학적 탐구를 통해 진리를 추구하게 하며, 예술적 창작을 통해 미를 조형하게 하는가 하면, 윤리적 실천을 통해 고귀한 가치들을 실현케 하는 추진력이다. 일상의 삶에서 에로스는 그리움, 희망, 열망, 동경, 기대, 내일을 위한 노력 등으로 나타나 우리의 삶을 고양시킨다.[1]

인간 영혼에 에로스만 내재한다면 모두가 지혜를 사랑하는 철학적인 삶을 영위할 것이다. 그러나 인간 영혼에는 에로스와 상반되는 요소가 존재한다. 플라톤은 『파이드로스』에서 인간의 영혼을 검은 말과 흰 말의 두 마리 말이 끄는 이륜마차에 비유하고 있다. 흰 말은 상승에의 의지를 담은 에로스를 상징하며, 검은 말은 동굴세계 속에 안주하려는 성향을 의미한다. 이러한 후자의 성향 때문에 동굴의 수인은 진리의 빛에 고통스러워하며 이에 눈감으려 한다.

인간 영혼에는 진리에 대한 동경과 함께 진리에 대한 두려움이 함께 내재하고 있다. 전자는 철학, 학문, 예술적 작업의 동인(動因)이며, 인간으로 하여금 자신의 삶을 반성하여 현존 상태에 불만을 느끼고 이를 개선하고 사회를 개혁하게 하는 열정과 추진력, 그리고 미지(未知)의 세계에 대한 호기심을 품게 하는 힘이다. 후자는 스스로를 사슬에 얽매어 동굴의 수인 상태에 안주케 하는 요인, 즉 관습, 편견, 선입견, 상식, 습관 형성을 주도하며 현실세계에 만족하게 하는 타성이다. 전자는 우리를 일깨우고, 움직이며, 살아 있게 하는 역동적 삶의 원리이고, 후자는 우리를 잠과 정지와 죽음의 편안함에 깊이 빠져들게 하는 정체적 삶 또는 죽음의 원리이다.

---

1) 에로스에 대한 좀더 자세한 논의는 5장 참조.

인간의 영혼은 이 두 가지 대립적 성향 때문에 갈등과 고민에 빠진다. 또 회의하고, 주저하며, 방황하고 고통스러워한다. 인간 영혼이 흰 말이나 검은 말 한 마리에 의해서만 이끌린다면 영혼이라는 마차가 나아가는 방향은 일정할 것이요, 갈등의 고통은 없을 것이다. 완전한 존재인 신은 이런 갈등을 겪지 않으며, 역으로 완전성에의 이념을 품을 수 없는 야수들도 단순하게 살며 자연적 생존을 영위할 것이다. 우리의 영혼이 이 두 상반된 요소에 의해 구성되어 있는 한, 인간의 삶은 구조적으로 대결, 갈등, 방황, 고뇌의 모습일 것이다. 이런 고뇌는 인간의 특권이므로 기피할 것이 아니라 오히려 향유되어야 한다. 갈등과 방황, 그리고 고뇌 속에서 점차 빛의 세계를 향해 나아가는 삶, 이것이 플라톤이 생각하는 인간 삶의 전형이다.

### 인식의 단계

비유를 통해 플라톤이 말하고자 하는 다섯번째는 인식의 단계에 관한 것이다. 이 함의는 플라톤의 또 다른 철학적 비유인 '선분(線分)의 비유'에서 좀더 자세하게 논의된다. 플라톤은 어느 세계를 인식의 대상으로 하느냐에 따라 인간의 인식 단계를 크게 둘로 나누었다. 즉 가지계(可知界)를 인식 대상으로 하는 상급의 단계를 인식(epistemē), 그리고 가시계(可視界)를 인식 대상으로 하는 하급의 단계를 속견이라 부른다. 전자는 다시 둘로 나뉘어 좀더 높은 단계인 지적(知的) 직관(noēsis)에 의한 철학적 인식, 그리고 낮은 단계인 논증적 이성(dianoia)을 발휘해 얻어지는 수학적 인식으로 구성된다. 속견 역시 두 단계로 나뉘는데, 상급의 단계는 감각적 경험을 통한 개연적 일반화(pistis)에 머물며, 이 아래에 가장 낮은 수준의 인식으로서 상상적 추측(eikasia)에 의해 얻어지는 억측적 믿음이 자리해 있다.

동굴의 비유에서 동굴 안에서의 앎을 속견의 상태, 빛이 가득한 동굴 밖의 세계에서의 앎을 인식이라 할 수 있는데, 전자에서 동굴 안 벽의 그림자를 보는 상태, 인형을 발견하는 단계, 그리고 후자에서 실물의 그림자를 보는 것, 실물의 직시가 각각 위의 네 단계에 대응하는 인식 수준들일 것이다.

## 선각자의 사명

동굴의 비유가 담고 있는 마지막 함의는 철학자의 사명과 현실세계에서의 위치에 관한 것이다. 철인은 철학적 지혜를 얻어 해방을 이룬 자이다. 그는 선각자로서의 의무를 지고 있는 바, 자신이 어두움 속에서 헤매고 있다는 사실조차 깨닫지 못하고 있는 이전 동료 시민들에 대한 연민과 동정(同情)을 느끼고 이들을 동굴 밖으로 인도해야 한다는 것이 플라톤의 믿음이다. 인류에 대한 연대성을 느끼고, 박애를 베푸는 일은 선각자들에게 주어진 사명이다. 이 당위를 실천하려는 자의 모습을 그린 것이 바로 플라톤의 철인왕(哲人王, Philosopher-king)의 이념이다.

당위를 따르는 철인의 이런 실천이 항상 환영받는 것은 아니다. 철인이 현실세계로 하강하여 무지한 대중을 깨우치려 할 때, 그들은 동굴 안의 일에 무관심하고 서투르기까지 한 철인에게, 그가 동굴 밖에 나갔다 오더니 눈이 멀었다며 오히려 철인을 조롱하고 박해할 것이다. 대중의 추종이나 인기는 진리와 상관없으며, 설혹 대중들이 철인들의 입장에 즉각 호의를 보인다면, 이는 오히려 그 입장이 진리를 담고 있지 않음을 알리는 반증일 수도 있다. 앞서 가는 자, 먼저 깨우친 자는 많은 경우 현실 사회로부터 버림받고, 박해받으며, 순교까지 당한다는 것은 역사에서 거듭 반복되어온 사실이다. 플라톤의 스승 소크라테스는 이 같은 불행한 역사의 첫번째 희생자였다.

## 3. 형상론

### 형상론의 철학적 역할들

이제 플라톤철학의 핵심이라 할 형상론을 살펴보기로 하자. 동굴의 비유가 지닌 함축을 새기면서 언급한 바와 같이, 플라톤은 우리에게 주어진 경험적 세계를 넘어선 초월적 세계, 즉 형상계의 존재를 상정하면서 이 후자의 세계가 전자보다 더 실재적(實在的)이라고 주장한다. 플라톤에 따르면, 우리들이 늘 사용하는, 인공물의 이름을 제외한 보통명사와 형용사에 대응하여 형상들이 존재한다. 그는 이들 형상을 가리키기 위해 '자체적인 것(auto kath' auto)'이라는 표현을 사용했다. 그에 따르면, 우리가 주위에서 만나고 경험할 수 있는 정의로운 사람, 정의로운 사회, 정의로운 분배 등에 상응하여 정의 자체라는 것이 존재한다는 것이다. 우리 주변에서 경험할 수 있는 전자의 정의로운 것들은 불완전한 것들임에 비해, 후자는 전자의 모델이나 근거가 되는 일종의 정의의 원형, 또는 완전한 정의이다. 같은 논리로, 좋음 자체, 용기 자체, 아름다움 자체, 나아가 사람 자체, 삼각형 자체, 사각형 자체 등과 같은 것들이 형상계에 존재한다는 것이 플라톤의 주장이다.

이들 형상은 플라톤 철학체계 안에서 다양한 역할을 수행하는 바, 이들은 대략 존재론적, 인식론적, 윤리학적, 의미론적 기능 등 네 가지로 요약할 수 있다. 우선 형상들, 예컨대 아름다움의 형상은 현실의 경험계에서 우리가 만나는 아름다운 여인, 또는 아름다운 그림이나 음악 등이 지니고 있는 아름다움보다 더 완전하고 실재적이며, 나아가 이런 경험적 아름다움들의 모델이나 존재 근거가 된다. 화가가 무엇을 그리건, 그것이 정물이건 인물이건 도형이건 간에, 그림을 통해 구현하고자 하는 바는 눈에 보이는 정물, 인물, 도형 등이라기보다는 아름다움의 이상이다. 샤갈의 그림, 모차르트의 음악, 양귀비의 얼굴, 설악산이 모두 아름답다고 말해지는 이유는, 플라톤에 따르면, 이들이 그 자체로서 아름다움의 성질을 지니고 있어서라기보다는 형상계에 존재하는 아름다움 자체와 일정한 관계를 맺고 있기 때문이다. 이런 관계를 '참여(parousia)' 또는는 '분유(分有, metechein)'라 한다.

형상들은 인간의 지적 인식 대상이며, 따라서 이들의 존재는 모든 지적 체계, 곧 학문의 성립 근거가 된다. 가령 "삼각형의 내각의 합은 180도이다"라는 기하학의 한 명제를 보자. 이런 명제를 학문적 진리라 할 때, 이 명제를 운위하면서 우리가 염두에 두고 있는 사태나 대상은 종이 위에 그려진, 즉 경험적 세계에 존재하는 삼각형과 그 내각들의 합이 아니다. 우리가 그 명제에 대응하여 인식의 대상으로 삼는 것은 기하학적 사유를 통해 접근할 수 있는 추상적인 삼각형과 각도들이다. 종이 위에 선과 도형을 그려가며 위의 명제의 정당성을 증명하면서도 우리가 진정으로 대상으로 삼는 것은 머릿속에 또는 기하학적인 공간 어디엔가 존재하는 삼각형이다.

플라톤은 학문적 사유의 대상을 삼각형 자체, 내각 자체라 불렀다. 시각적으로 볼 수 있는 종이 위의 삼각형은 아무리 정확히 그려도 엄밀한 의미의 삼각형이 아니며, 그런 도형의 내각들은 아무리 더해도 정확히 180도가 될 수 없다. 우리는 삼각형 내각의 합에 관한 증명을 하면서 종이 위에 그려진 도형을 보고는 있으나, 그 가시적 도형은 단지 보조적인 장치일 뿐이다. 우리 마음의 눈으로는 다른 것을 보는데 그것이 바로 삼각형 자체이다. 이처럼 추상적이고 비가시적인 삼각형 자체가 존재하므로 기하학이라는 학문이 성립할 수 있다는 것이 플라톤의 논리이다. 그런 것이 존재하지 않는다면, 기하학이란 허구적 상상력의 산물이거나 사회적 약속체계에 불과할 것이다.

형상들은 실천적 역할도 수행한다. 도덕적 덕목을 기술하는 어휘들에 대응하여 정의 자체, 용기 자체, 정직 자체 등의 형상이 존재하며, 이 형상들을 분유함으로써만 우리 주위의 정의로운 행위, 정의로운 인격, 정의로운 국가 등등은 정의로움의 덕목을 갖출 수 있게 된다는 것이 플라톤의 믿음이다. 우리가 정의로운 행위를 행하고자 할 때 우리 마음속에 정의 이념이나 원형 또는 완전한 정의의 모습을 염두에 두고 있다. 이런 것들을 우리는 정의의 정의(定義), 정의의 원리, 완전한 정의, 정의의 이상, 정의의 본질 등으로 부르는데, 플라톤은 이를 정의의 '형상'이라 칭한 것이다.

정의로운 국가를 건설하고자 할 때 역시 어떤 정의의 이상을 염두에 두고서 국가 계획을 수립하며 그를 실현하기 위한 노력을 기울인다. 정의를 실현한다 함은 우리가 정의의 원형이나 완전한 정의와 같은 것을 모델로 삼고서 우리의 행위나 인격, 또는 국가상태를 그에 가까운 것으로 만들고자 함을 의미한다. 형상들은 우리의 행위를 인도 · 규제하는 원리나 규범 역할을 하며, 나아가 한 행위가 정의로운지의 여부를 판정하는 기준 역할을 한다. 이런 입장이 타당할 때 우리는 규범과 가치를 위한 객관적이고 보편적이며 절대적인 존재 근거를 마련할 수 있게 된다. 이런 객관성 확립과 함께 당시에 유행하던 소피스트들의 상대주의는 설 자리를 잃게 된다.

형상들의 가장 중요하고도 기본적인 네번째 기능은 의미론적인 것이다. 이 기능은 위의 세 기능을 모두 포섭한다. 우리는 일상생활에서 끊임없이 언어를 사용한다. 인간은 언어로 둘러싸여 있으며, 언어는 마치 공기와 같은 것이다. 언어, 즉 말과 글은 일차적으로 들리는 소리이며 보이는 끄적임이지만, 그런 것은 언어의 실체라 할 수 없다. 소리와 글자의 배후에 보이지는 않으나 우리의 마음으로 파악할 수 있는 의미가 있어야 언어생활이 가능하다. 언어의 사용 근거인 의미의 존재론적 기초, 즉 의미체(意味體)에 해당하는 것이 형상들이다.

인간이 언어활동을 하며 의사를 전달하고 이해할 수 있는 이유는 형상들이 존재하기 때문이다. 우리는 타인의 말을 들으면서 그의 음성과 함께 그 음성에 실려 있는 의미를 직시하며, 글을 읽으면서는 종이 위의 끄적임보다는 그 배후의 의미체를 관조함으로써 화자나 필자와 의사소통을 할 수 있다. 말을 하고 듣거나 글을 쓰고 읽으면서, 우리는 단지 귀와 눈만을 움직여 소리와 끄적임을 듣고 보는 데에 그치는 것이 아니라 어떤 사고활동을 한다. 언어활동에 수반하는 이 사고활동의 대상이 되는 것은 소리와 끄적임이 아니라 의미라 할 수 있는데, 플라톤은 이런 의미체에 해당하는 것들을 형상이라고 불렀다.

의미체는 화자나 청자의 머릿속 또는 주관 속에 존재하는 것이 아니라, 초월적 세계에 객관적이고 보편적인 존재로서, 그리고 항구 불변하는 것으로서 존재한다. 현대를 사는 우리가 고대의 플라톤과 그리고 멀리 수천 킬로미터나 떨어진 사람들과도 바벨의 혼란을 겪지 않으면서 대화할 수 있다는 놀라운 사실은, 이렇게 보편적이고 객관적인 형상들이 매개하기에 가능하다는 것이 플라톤의 추론이었다.

앞에서 의미론적 기능이 다른 세 기능을 포섭한다고 했는데, 그 이유는 무엇인가? 플라톤에 따르면, 경험세계는 그 자체가 끊임없이 변화하며, 따라서 무엇 무엇이라고 규정할 수 없는 세계이다. 그런 것들은 무어라 규정하자마자 다른 것들로 변화하는 헤라클레이토스적인 유전(流轉)의 세계이다. 이러한 경험세계가 어떻게 일정한 모습을, 적어도 일정 기간 동안 유지되는 모습을 지닐 수 있는가? 플라톤은 형상론을 통해 이런 모습 또는 규정성의 근거 물음에 대해 답하려 했다.

경험세계가 어떻게 모습을 가질 수 있느냐는 질문은 경험세계에 대한 기술, 가령 "샤갈의 그림은 아름답다"는 문장이 어떻게 의미를 가지느냐는 질문과 동일하다. 경험계의 물상들이 어떻게 아름다움 등 일정한 속성을 지닐 수 있느냐의 문제는 그 물상에 대한 기술문의 의미 근거, 나아가 진리 기준에 대한 물음을 전제로 한다. 그리고 "삼각형의 내각의 합은 180도이다"와 같은 학적인 명제가 학적 진리로서 성립할 수 있느냐 또는 진리탐구로서의 학문이 성립할 수 있느냐의 물음은 학적 진리를 표방하는 문장들이 정당하고 객관적인 의미 근거를 갖는가의 여부에 그 답이 달려 있다.

형상의 윤리적 역할 역시 의미론적 기능에 포섭된다. 우리의 행위를 규제하고, 수행된 행동이 윤리적 가치를 소지하느냐의 여부에 대한 판정을 가능케 할 가치 기준의 존재에 관한 물음은 우리의 윤리적 언명이 의미 있느냐의 물음과 같은 종류의 해답을 요구한다. 그런 객관적인 가치 기준이 없다면 타인의 행위에 대한 우리의 평가 판단은 자의적이 될 것이며, 우리는 자신의 행위를 위한 목표를 설정할 수 없을 것이다. 일상생활에서 이루어지는 인간의 의도적인 행동들은 항상 목표를 지니는데, 행위의 목표로 삼는 것들은 진, 선, 미, 정의, 자유, 행복 등의 가치이다. 실로 이런 가치들이 없다면 인간의 행동들은 맹목적이고, 객관적 지향처를 상실한 허우적거림에 불과하다.

### 플라톤의 문제—언어의 가능 근거

플라톤이 왜 형상들의 존재를 상정했는지를 좀더 상세히 주로 형상의 의미론적 기능에 주목하여 검토해 보기로 하겠다. 언어는 일상생활을 영위하는 데 필수적인 도구이다. 인간은 언어를 사용해서 타인과 의사소통하며 모든 종류의 사회생활을 영위해 나간다. 언어는 문학, 예술, 종교, 학문 등 제반 문화적 활동을 위해서도 절대 필요조건이다. 언어는 우리의 사고가 외화(外化)된 것이고, 우리의 사고는 인간의 정신적 활동의 핵심적 요소이며, 문화란 우리의 정신적 활동의 결과이다. 언어는 인간의 삶 전반에 기초적이고 포괄적인 역할을 한다.

(1) 언어활동은 어떻게 가능한가? 우리는 어떤 근거에서 말을 하고 글을 쓸 수 있을까? 언어활동을 분석할 필요가 있다. 우선 말과 글의 특성부터 밝혀보자. 내가 지금 원고지에 만들어내고 있는 펜 자국을 단순히 펜 자국이라 하지 않고 글이라 칭하며, 내가 강의실에서 나의 입과 혀와 목을 사용해 만들어내는 소리를 단순히 소리라 하지 않고 말이라 하는 이유는 그것들이 의미를 갖고 있기 때문이다. 말과 글의 정신이자 본질은 의미이다.

(2) 말과 글에 의미가 존재하기만 하면 그것만으로 언어활동이 이루어질 수 있는가? 내가 독자와 말을 한다는 것은 내가 나의 목소리에 일정한 의미를 부여하여 독자들에게 전달하고 독자들은 그 의미를 파악하여 이해함을 의미한다. 언어활동이란 화자가 의미를 말과 글에 담아 전달하고 청자는 이를 파악하는 활동이다. 언어활동이란 본질적으로 대화인데, 대화하는 쌍방이 어휘에 부여하는 의미가 서로 다르다면 의사소통이 불가능하다.

(3) 더 나아가 필자가 지금 쓰고 있는 이 글은 몇 달 후 독자에게 동일한 내용으로 이해되어야 하므로, 글에 담긴 의미는 시간적인 동일성을 유지해야 한다. 나아가 공간적인 거리를 넘어서도 불변해야 한다. 요약하건대, 의미는 대화 쌍방 간에 공유되어야 함은 물론이고 시간적·공간적 동일성을 유지해야 한다. 2500여 년 전 고대 그리스에서 정립된 유클리드의 기하학을 오늘날의 우리가 배워 이해하고 그 진리성에 동의할 수 있다는 놀라운 사실의 근거는 기하학의 주요 어

휘들의 의미가 시공적 동일성을 유지하며, 기하적 명제들에 대응하는 객관적 존재가 있기 때문이라 생각해 볼 수 있다.

(4) 대화 가능성의 세번째 조건과 긴밀히 연결되어 있는 네번째 조건은 의미의 명확성이다. 일상 언어생활에서 우리는 간혹 어휘를 애매모호하게 사용한 결과 종종 오해가 발생하여 의사전달이 정확히 이루어지지 않는 경우가 있다. 이런 예외적인 실패에도 불구하고 전반적으로는 문장들의 의미가 명료하며 이 의미가 정확하게 전달된다는 가정 하에서만 대화가 가능하다. 그렇지 않으면 의사소통에 혼란이 오고 하나의 통합적인 언어 공동체나 문화 공동체는 구성될 수 없다. 우리의 대화가 가능하기 위해서는 주고받는 의미가 명확하다는 가정이 상당한 정도의 타당성을 지니고 있어야 한다.

(5), (6) 대화 가능성의 다섯번째와 여섯번째 조건은 의미의 객관성과 지속성이다. 이 조건은 세번째 조건의 전제라고 말할 수 있다. 의미가 대화 쌍방 간에 공유될 수 있고 시간과 장소의 차이에도 동일할 수 있기 위한 조건은 무엇인가? 그것은 의미가 객관적으로 존재해야 한다는 것이다. 만약 의미라는 것이 말하는 개개인의 주관에 따라 마음대로 형성되는 것이며, 상황에 따라 달라진다면 어떻게 될까? 대화 쌍방의 주관이나 서로간에 처한 상황은 서로 다를 수밖에 없으므로, 의미가 언어주체의 주관과 상황의 소산이라 한다면, 대화 상호간의 의미 동일성은 확보될 수 없다. 그리고 의미가 장소에 따라 다를 수 있다면, 즉 문장들과 어휘들의 의미가 사회적 약속 (convention)의 결과라고 한다면, 의미의 장소적 동일성도 확보할 수 없다. '동그라미', '圓', 'circle', 또는 '같음', '동일성', 'equality' 등의 표현은 언어적·문화적 차이에도 불구하고 그 의미가 동일하다. 달리 표현하면, 의미는 시간의 흐름에도 불구하고 불변하는 것으로 지속돼야 한다.

(7) 객관성 및 지속성과 관련 있는 또 하나의 중요한 조건은, 의미란 우리가 사용하기 이전에 이미 실재해야 한다는 것이다. 의미가 인간이 언어를 사용하게 된 이후에 생긴다고 한다면, 그것이 언어의 가능 근거 역할을 하기보다는 오히려 언어가 의미의 생성 기반이 될 것이다. 의미 없는 말과 글은 소음과 끄적임에 불과할 것이므로, 의미의 선재성은 언어의 필요 조건이라 말할 수 있다.

방금 지적한 종류의 범주적 어휘들은 서로 다른 여러 언어체계에 의해 공유되고 있는 것으로 보이며, 이 사실은 의미의 선재성이나 선험성을 지지하는 것으로 보인다. 하나의 의미나 개념이 다양한 표현들에 의해 전달된다. '圓', '동그라미', 'circle' 등은 글자가 서로 달라도 동일한 의미를 담고 있다. 중국인, 한국인, 미국인들은 서로 다른 언어적 표현을 사용하지만 그럼에도 이들의 머릿속에는 동일한 의미 내용이 존재한다. 표현은 상이하나 표현들의 의미 내용은 동일하다.

어느 경우 표현의 차이는 의미의 차이를 수반하는 경우가 있기는 하다. 예컨대 한국어의 '사랑'과 영어의 'love', 한국어의 '그립다'와 통상 그립다는 뜻으로 이해되는 영어의 'miss'는 그 의미 내용이 상당히 다를 것이다. 하지만 우리가 일상적으로 사용하는 기본적이고 기초적인 어휘들의 상당히 많은 수는 언어권의 차이를 넘어서 동일한 의미 내용을 담고 있는 것으로 보인다. 예를 들어 존재, 무, 인과성, 다수성, 단일성 등과 같은 범주적 개념들과, 하나, 둘, 원, 삼각형 등과 같은 수학적 개념들, 그리고 좋다, 나쁘다, 아름답다, 추하다와 같은 윤리·미학적 개념들에 대한 한국어, 중국어, 영어 어휘 표현들은 서로 전혀 다르지만 그 의미 내용은 거의 동일하다. 이런 동일성 때문에 존재론, 논리학, 기하학, 수학, 물리학, 윤리학 등 학문적 지식의 보편성을 운위할 수 있는 것이다. 이런 사실들은 언어

체계의 차이에도 불구하고 중국인, 한국인, 미국인 모두가 기본적 어휘들에 대응해 동일한 의미 내용을 숙지하고 있음을 시사한다. 그들은 자국의 언어를 배운 후에, 그를 통해 비로소 이 의미들을 인식하게 된 것이 아니다. 오히려 이런 의미들은 개별적 언어에 앞서 존재하고 이를 표현하기 위해 각 언어권은 각자의 언어적 표현체계를 고안해 내었다고 생각할 수 있다.

이상에서 우리는 언어사용의 가능성이나 대화의 가능성을 위한 조건들을 대략 일곱 가지로 정리해 보았다. 이 조건들은 의미의 존재, 의미의 시공적 동일성, 명료성, 객관성, 지속성, 그리고 선재성 또는 선험성이다. 이러한 의미들, 또는 의미체들은 어디에 어떤 형태로 존재하는가? 주관적 관념의 형태로나 사회적 약속의 양태로 존재할 수 없음은 이미 논했다. 의미는 경험적 세계에 존재하는가? 조금 전의 일곱번째 조건과 관련하여 우리는 한국인, 중국인, 미국인이 사용하는 언어적 표현의 차이에도 불구하고 그들 모두가 동일한 원의 개념 또는 의미를 숙지하고 있음을 지적한 바 있다. 대체 그들은 어디에서 그런 원의 개념을 형성하거나 확보한 것일까?

생활 주변에서 시각적으로 접할 수 있는 다양한 원형의 물체들을 보고서인가? 문제는 경험적 세계에는 어디에도 정확한 의미의 원이 존재하지 않는다는 점이다. '太陽', '해', 'sun'의 경우에는 그 의미의 동일성을 쉽게 설명할 수 있다. 위의 서로 다른 표현의 사용자들은 모두 경험적으로 동일한 존재자를 염두에 두고 있으며, 그 존재자는 경험적 세계에 객관적으로 존재한다. 그러나 원의 개념을 표현하는 여러 언어권의 어휘들 '동그라미', '圓', 'circle', 또는 '아름다움', '美', 'beauty' 등에 대응하는 대상, 즉 정확히 동그란 것이나 아름다움의 원형은 경험계 어디에도 없다. 그렇다면 해답은 하나, 진정한 원, 삼각형, 아름다움, 정의 등은 경험계를 넘어선 초월적 세계 어딘가 존재해야 한다는 것이 플라톤의 추론이다.

바로 이런 논리의 귀결이 플라톤의 형상론이다. 경험의 세계를 넘어선 또 다른 세계에 영원불변하며, 명료하고, 항상 자기동일성을 유지하고 있으며, 그 누구의 주관, 심지어 신의 주관에도 의존하지 않으며, 객관적으로 영속하는 존재자들이 우리가 사용하는 어휘들의 의미체이다. 우리는 사고하고 대화하면서 부분적으로 형상세계와 관여한다. 플라톤철학의 목표는 이성적 사유를 통해 형상의 세계를 관조하는 일이다.


## 4. 상기설과 참여론

의미의 근거, 인식의 대상, 윤리적 규범, 경험세계 규정성의 원인으로 형상들이 초월적 세계에 존재한다면, 이들은 자신들로부터 동떨어져 있는 경험세계에 어떻게 영향을 미칠 수 있을까? 경험세계에 거주하고 있는 우리의 영혼은 어떻게 초월적 형상들을 인식하며, 경험적 사물들은 어떻게 형상들의 규정성을 부여받을 수 있는가? 이들 문제에 대한 플라톤의 해답이 '상기(想起, anamnēsis)'설과 '참여(parousia, participation)'론이다.

### 참여론
우선 참여론을 검토하자. 플라톤은 경험세계가 자체로서는 끊임없이 유동하는 세계(flux)라고 보았다. 만약 경험세계가 이런 흐름으로만 존재한다면 이 세계에 대한 우리의 모든 언명은 허구라 할 수 있다. 언명이란 무엇을 무엇으로 규정하는 활동인데, 흐름으로서의 경험세계는 그 자체가 무규정적(apeiron)이기 때문이다. 어떤 규정이

가능하기 위해서는 경험세계가 일시적이라도 어떤 모습을 지닌 채 정지해 있어야 한다. 플라톤은 경험세계에 대한 우리의 언명은 완전한 허구이거나 오류인 것은 아니며, 그런 점에서 경험계의 사물들은 여하히 규정성을 소유하고 있다고 보았다. 그런데 이들은 어떻게 하여 규정성 또는 모습을 지닐 수 있게 되었을까? 경험세계의 개체들이 규정성을 가질 수 있는 이유는 이들이 규정성의 전형이며 실재적 존재인 형상과 어떤 관계를 맺었기 때문이다. 이 관계를 플라톤은 참여(parousia), 모방(mimēsis), 또는 분유(分有, metaschesis)라는 용어로 칭했다.[2] 형상들이 경험세계의 개체들에 참여하거나, 후자들이 전자를 모방 또는 분유함으로써 일정한 성질을 지닌 존재가 되며, 이런 관계를 중단할 때 다시 무규정적인 것으로 흘러간다.

　여인의 얼굴이 아름다운 것은 오똑한 코나 크고 맑은 눈, 고운 피부를 지녔거나 또는 이들 요소가 적절히 조화를 이루고 있기 때문만은 아니다. 그녀가 이런 코와 눈과 피부를 가졌으므로 아름답다라는 주장은 전혀 논리적으로 불충분하다는 것이 플라톤의 비판이다. 만약 이런 요소들이 아름다움의 원인이라면, 모차르트의 음악이 아름다운 것 역시 이런 요소에 의해서여야 할 것이나, 이런 설명이 명백한 오류임은 두말 할 나위가 없다. 음악이 코나 피부를 갖고 있을 리 없고, 그렇다고 작곡가나 연주자의 오똑한 코와 고운 피부가 음악을 아름답게 하는 것도 아닐 것이다. 서로 다른 여러 경험적 개체나 사태들을 아름답게 만드는 근원적 원인은 동일한 것이어야 한다. 모든 아름다운 것들의 논리적인, 그리고 나아가 존재론적인 원인은 하나이어야 하는데, 그 하나의 원인은 아름다움 자체 또는 아름다움의 형상이다. 여인의 얼굴, 모차르트의 음악, 샤갈의 그림이 아름다운

---

2) 『파이돈』 참조.

이유는, 아름답다고 불리울 수 있는 한에서, 이들이 아름다움의 형상에 참여하고 있기 때문이다. 이런 식의 답은 일견 동어 반복적이어서 공허한 것으로 보이기는 하나 가장 논리적인 답이라는 것이 플라톤의 입장이다.

### 상기설

경험세계에 거주하는 우리는 어떻게 초월적 세계와 교신할 수 있을까? 플라톤에 따르면, 우리의 영혼은 원래 형상계에 거주했던 천상적 존재였다고 한다. 그런데 어떤 불행한 이유로 천상에서 추방당해 현상세계의 인간 몸으로 유배를 떠나는 신세에 처하게 되었는데, 우리의 영혼은 현상계로 귀양 오는 도중 레테(lēthē) 강이라는 곳에 이르러 강물을 마시게 되었다고 한다. 'lēthē'라는 그리스어는 망각을 의미한다. 이 강물을 마신 후 우리의 영혼은 이미 갖고 있었던 형상들에 대한 인식의 대부분을 망각한 채 이 세상에 태어난다. 형상들에 대한 우리의 인식은 이들에 대한 희미한 기억을 실마리로 해서 이루어진다.

상기에 관한 이 신화의 두 주요한 함축은 다음과 같다. 첫째, 학문적 인식이란 우리에게 전혀 없었던 것을 새로이 얻게 되는 것이 아니라, 잊혀진 기억을 회복하는 일이다. 교육 역시 마찬가지로 전달된 새로운 지식을 습득하는 일이 아니다. 교육자는 학습자로 하여금 잊혀진 과거의 인식을 상기하도록 돕는 데에 그 역할이 있다. 플라톤은 그의 저서 『메논』에서 학습과정이란 상기임을 실례를 들어 보여주고 있다. 여기에서 그는 기하학에 대해 전혀 지식이 없는 소년을 소크라테스의 대화자로 등장시킨다. 소크라테스는 기하학적 명제의 내용에 관해 그 소년에게 아무 것도 알려주지 않고 단지 그에게 적절한 질문만 던짐으로써 그 명제의 인식에 이르게 한다. 소크라테스가 기하학적 명제를 알려주지 않았음에도 그 소년이 그 명제를 스스로 인식할 수 있게 된 것은, 소년의 영혼 내부에 그 명제가 배태되어 있기 때문이라고 설명할 수 있다. 이 대화에서 소크라테스의 문답법은 말 그대로 진리를 출산하게 하는 산파 역할을 할 수 있음을 동시에 보여주고 있다.

상기설의 두번째 함축은, 우리의 언어 사용, 논리적 사고, 학문적 인식에는 선험적 요소가 있다는 점이다. 언어 능력이나 논리적 사고는 우리가 주위 세계에 적응하는 과정에서 후천적으로 습득한 능력이며, 우리의 학문적 지식들은 대개 경험을 통해 얻어진다는 것이 일반적인 믿음이다. 플라톤은 이를 비판하는 입장을 취하여, 인간의 영혼이 형상들과 선험적인 관계를 갖고 있기 때문에 언어를 사용할 수 있으며, 논리적인 사고를 할 수 있고, 학문적인 인식을 할 수 있다고 본다. 이런 입장을 설득력 있게 뒷받침해 주는 논거들이 위에서 지적한 바, 경험세계에서는 그 지시체를 찾을 수 없는 범주적이거나 수학적인 개념들의 존재와 이런 개념들의 시공적 편재성이다. 우리는 '동일성'이나 '삼각형'이란 어휘에 대한 정확한 대응물을 경험세계에서 찾을 수 없다. 그럼에도 불구하고, 이에 대응하는 수학적 개념은 시간적 · 공간적 · 문화적 차이를 넘어서 모든 언어권에 존재한다. 나아가 다양한 기하학적 명제들은 학적 보편성과 객관성을 지닌 것으로 시공을 초월해 수락되고 있다. 비단 수학적 · 논리적 용어들뿐 아니라 좋음, 옳음, 아름다움 등의 윤리학적 · 미학적 평가 어휘들 역시 어느 정도는 편재적이다.

인간의 인식에 선험적 요소가 있음을 본격적인 논의를 통해 제시한 사상가는 아마도 플라톤이 최초일 것이다. 선험성의 개념은 단지 인식만이 아니라 인간 정신의 기원과도 관련하여 핵심적이다. 플라톤 이후 선험성에 대한 탐구는 서양철학사의 한 중요한 특징을 이룬다. 우리의 학적 인식은 보편성과 객관성을 지니는데, 그 이유는, 플라톤에 따르면, 학문적 인식의 이런 선험적 기초 때문이다. 플라톤은 학문적 사유활동의 선험성을 통찰함으로써 학문적 인식이 객관적이고 보편적일 수 있는 근거를 마련했다. 학문적 인식의 선험성이 정당하다면, 소피스트들의 회의주의, 상대주의, 주관주의, 관습주의는 극복될 수 있는 가능성이 있다.

플라톤의 선험주의는 데카르트의 본유(本有) 관념론, 칸트의 범주론, 그리고 최근의 사례로 촘스키의 변형생성문법론, 수학적 실재론에 이르기까지 연면하게 지속되고 있다. 아마도 모든 보통명사나 형용사가 선험적 개념이라는 것은 과도한 주장일 것이다. 그러나 적어도 일정한 선험적 요소가 우리의 정신에 존재한다는 견해는 상당한 설득력을 발휘하며, 학문 일반, 나아가 인식론이나 윤리학, 그리고 존재론에 매우 확고한 객관적 기반을 마련해 준다는 점에서 호소력 있는 주장이다.

# 제2부

## 윤리적 삶에서 인식과 이익

# PLATON

제3장

● ● ● ● ●

# 윤리적 실천에서 인식

## 1. 플라톤 윤리설의 두 주축

### 윤리적 문제의식

윤리학의 단초는 매우 구체적이다. 모든 삶의 방식이 정당하지는 않다. 옳은 삶의 이념이 모든 윤리적 탐구의 원리이다. 소크라테스, 플라톤, 예수, 공자, 석가, 스피노자, 원효, 퇴계 등, 이들의 사상도 중요하지만 더 중요하고 구체적인 것은 그들의 삶 그 자체이다. 일상인들의 것과는 다른 이들의 삶의 방식이 우리에게 윤리적인 물음을 제기하게 한다.

플라톤 윤리학의 단초는 소크라테스이다. 그는 서간문을 통해 자신의 생애에서 세 가지 행복한 사건이 있었는데, 이 셋 중 소크라테스와의 만남은 그의 생애 최고의 행복이었다고 술회한 바 있다. 그 정도로 소크라테스는 플라톤에게 결정적인 영향을 미쳤다. 20대에 소크라테스를 만난 플라톤은 이후 10년 정도 스승을 따라다니며 철학적 삶의 길을 걸으려 했다. 하지만 20대 후반에 중대한 기로에 봉착한다. 다름 아닌 자신의 스승 소크라테스가 아테네 시민들의 판결에 따라 독배를 마시고 철학적 순교를 하게 된 것이다.

그 사건 이후 플라톤은 아테네를 떠나 10여 년의 철학적 방랑을 한다. 하지만 그는 아테네를 완전히 떠날 수 없었기 때문에 다시 돌아와 소크라테스의 삶을 옹호하는 것을 넘어서 그 당위성, 나아가 필연성을 아테네인들에게 설득한다. 이를 통해 아테네를 개혁하는 것, 이것이 플라톤의 철학적 교향곡의 주요 악상(leitmotif)이라고 말할 수 있다.

### 인식과 이익

소크라테스는 다른 윤리적 사상가들과 중요한 차이점을 지니고 있다. 공자, 석가, 예수 등은 자신들이 진리의 길이나 올바른 삶의 길을 제시할 수 있다고 주장했고, 나아가 범상치 않은 행적을 통해 후세 사람들에게 감동을 주었다. 한편 소크라테스의 삶 역시 특별하다 할 수 있기는 하나, 상대적으로 이적(異蹟)이나 고행, 수도, 제자들과의 주유천하 등 특별한 행적을 보인 바가 없다. 더 중요하게 그는 다른 주요 사상가들과는 달리 자신이 진리의 길을 보여준다고 주장하지도 않았을 뿐 아니라, 오히려 자신은 아무 것도 모른다고 고백했다. '무지의 지'는 소크라테스 사상의 핵심을 이룬다고 할 수 있을 정도이다.[1] 그의 언행이 담긴 주요 문헌인 플라톤의 초기 대화편을 보면, 소크라테스는 한결같이 질문자의 역할을 수행하며, 대화 과정에서 재판정의 변론과 논고에 유사할 정도로 매우 논리적이고 핵심을 찌르는 물음과 답변을 교환한다. 그리고 이 대화는 대개 철학적 난문(aporia)으로 종료된다. 그래서 플라톤의 초기 대화편은 '난

---

1) 『변론』 21a-22e 참조.

문 제기적 대화편(aporetic dialogues)'이라 불린다.

플라톤은 소크라테스 윤리사상의 핵심을 이어받았다. 이들 윤리 사상의 특징은 인식, 인식의 힘, 로고스(logos)의 중요성 등에 대한 주지주의(主知主義)적 통찰 등이다. 로고스를 통한 구원과 해방, 이 것이 플라톤의 『변론』, 『크리톤』, 『프로타고라스』, 『고르기아스』, 『파이돈』, 『국가』의 주된 주제이다. 『변론』에서 소크라테스는 자신 의 혐의에 대해 변명하는데, 이는 단지 무고한 혐의를 벗어나려는 노력을 넘어서 자신의 삶의 방식과 지를 사랑하는 철학적 삶의 방식 을 옹호하고, 더 나아가 그런 삶의 당위성을 설파하려는 데에 목적 이 있다. 이 저술에서 소크라테스의 변명은 두 가지 삶의 길이 있음 을 알리는 것으로 끝을 맺는다.

이제 판결이 내려져 나는 죽으러 가고 아테네 시민 당신들은 살러 갑니 다. 그러나 어떤 길이 더 좋은 길인지는 오직 신만이 알 것입니다.

이 선언은 자신이 택한 죽음의 길이 실은 삶의 길일 수도 있음을 은 연중에 암시한 것이다.

소크라테스의 최후를 다룬 대화편 『파이돈』에는 이 같은 반전을 암시하는 데에 그치지 않고 이성을 통해 철학적 삶의 당위성을 입증 하려 한다. 이성과 논리는 죽음을 삶으로 변환시킬 수 있으며, 영혼 을 해방시킬 수 있다는 것이다. 로고스는 해방적인 힘을 발휘한다. 죽음의 날이 다가와 플라톤을 포함한 많은 제자들과 친우들이 그의 마지막을 지켜보기 위해 소크라테스의 감방에 모였다. 이 자리에서 소크라테스는 우인이나 제자들과 마지막 정담을 나누는 것이 아니 라, 영혼의 불멸가능성에 대한 논증을 행한다. 소크라테스는 논리적 논증을 통해 죽음을 극복하고, 나아가 죽음이 삶의 종식이 아님을 설파하면서 그것을 오히려 새로운 철학적 삶의 계기로 전환시키려는 극적인 반전을 시도한다.

소크라테스의 정신을 이어받은 플라톤의 윤리설 역시 대체로 주지주의적이다. 우리는 그의 이성적 입장을 위에 언급한 대화들의 특색에서, 그리고 저술들에서 언급 또는 지지되는 다음의 주요 논제들에서 살펴볼 수 있다. 인식이 힘을 발휘한다. 알고서는 나쁜 일을 행하지 않는다(*Gorg.* 467c-468e). 나쁜 일은 나쁜 일을 하는 자에게 나쁘다(*Crit.* 49b). 대중들은 사람들을 현명하게도 우둔하게도 만들 수 없으므로 그들은 다른 사람들에게 이익은 물론 해도 주지 않는다(*Crit.* 45d). 좋음이 무엇인지 안다면, 사람들은 악행을 하기보다는 악행을 당할 것이다(*Gorg.* 469a-474b), 등의 논제는 윤리적 실천에서 인식의 결정적 중요성을 전제한다.

인식과 함께 플라톤 윤리학의 또 다른 키워드는 정의 또는 도덕적 행위와 이익과의 관계이다. 양자 간의 긴밀한 관계에 관한 플라톤의 입장을 간략히 정리하면 다음과 같다. 정의, 선행, 도덕적 덕목의 실체를 알면, 누구라도 그를 행하고 불의를 기피할 것이다. 왜냐하면 그것들은 우리에게 이익이 되기 때문이다. 도덕적 행위들은 근대 윤리학이 상정하는 것과는 달리, 구태여 추천, 당위, 처방, 명령, 권고해야 할 대상이 아니다. 그것들은 우리에게 이익이 되는 것이기에, 누구라도 그것의 본질을 알면, 당연히 택하고 수행할 행위들이다. 우리는 그것의 수행을 위해서 의지와 같은 별도의 행위력을 필요로 하지 않는다. 따라서 윤리적 논의에서 중요한 것은 그런 윤리적인 것의 실체나 본질을 밝히는 것, 그리고 그에 대한 인식을 소유하는 것이다.

정의와 이익 간의 본질적 관계에 대한 논의는 여러 곳에서, 여러 형태로 이루어져 있다. 본 장에서는 『프로타고라스』(주로 353c 이하)의 검토를 통해 윤리적 실천에서의 지식의 역할을 살펴본 후, 플라톤이 인식을 중시한 일반적인 이유를 검토하도록 하겠다. 다음 4장에서는 도덕적 행위가 주는 이익에 대해 논의하겠다. 플라톤 윤리학의 또 하나 중요한 개념은 좋음의 이데아인데, 이는 정신의 지향성과도 관련되므로 제3부 7장에서 이 좋음의 이데아에 관한 해석을 시도할 것이다.

## 2. 윤리적 실천에서 쾌락과 인식

### 덕들의 단일성

『프로타고라스』(Protagoras)에서 전개되는 윤리적 논의는 덕들의 단일성에 대한 문제로부터 시작한다. 플라톤은 이 문제를 329c에서 제기하여 논의를 지속하다가, 시모니데스(Simonides)[2]에 관한 일화로 잠시 일탈한 후(339a-347a) 349b에서 다시 논의를 재개한다. 이 문제는 플라톤 윤리학의 주요 과제들 중 하나이다.

〔지혜, 절제, 용기, 정의, 경건 등의 덕들은〕이름은 다르지만 하나의 사태(pragma)와 결부되어 있는가, 아니면 이들 이름 각각의 기저에 하나의 고유한 실재나 사물(tis idios ousia kai pragma)이 있으며, 이들 각각은 각자의 기능(dunamin)을 지니고 있어 서로 다른 것들인가?(349b-c)[3]

---

2) Simonides of Ceos(기원전 557 또는 556년 출생). 돈을 받고 시를 씀으로써 시쓰기를 직업으로 간주한 최초의 시인이다. 이는 단지 그의 이재(理財)를 보이는 것에 그치는 것이 아니라, 시의 사회적 역할 변화를 알리는 것이다. 시는 이제 더 이상 진리의 전달자가 아니라 오히려 Apate(속임수, 위장, 수사)의 기술이 된다. 그는 "그림은 침묵하는 시이며, 시는 말하는 그림이다"고 말했다 한다. Detienne, M., *The Masters of Truth in Archaic Greece*, Zone Books, 1996(불어본 1967), p. 107 이하.

3) Poteron tauta, pente onta onomata, epi heni pragmati estin, ē hekasto tōn onomatōn toutōn hypokeitai tis idios ousia kai pragma exon heautou dunamin hekaston, ouk on hoion to heteron autōn to heteron.

이 인용문에서 제기된 문제는 통상 덕들의 단일성(The Unity of Virtues)이라는 주제로 알려져 있다. 부분들의 전체에 대한 관계는 다음의 두 가지 방식이 있을 수 있다. 황금덩이의 부분들은 서로와 유사하고 전체와도 유사하나, 이와는 달리 얼굴의 부분들은 각각 고유의 능력(dunamin)을 지니고 있어 서로와 다르고, 전체 얼굴과도 다르다. 덕들은 황금의 부분과 같은 것인가, 아니면 얼굴의 부분과 같은 것인가? 소크라테스의 입장은 대략 전자에 가깝다. 다양한 덕들은 한 사태의 여러 국면이거나 다른 이름일 뿐이다.[4] 그 이유는, 이들 모두 지혜를 필요로 하며, 나아가 지혜만으로 이들 덕이 갖추어질 수 있기 때문이다(351b 이하).

덕은 본질적으로 지에 의해 획득된다. 왜 그런가? 덕은 영혼 안에 어떤 질서와 평형성이 실현됨으로써 획득되는데, 이런 평형성은 이성이 관여 요인들을 적절히 가늠하여 기하학적 비례[5]를 갖춤으로써 얻어진다. 덕들의 단일성 논제에 대해 프로타고라스는 위의 덕들 중 넷은 상당히 유사하나, 용기는 나머지와 다르다면서 이론을 제기한다. 예컨대 용기는 좋은 영혼을 타고나고 이를 잘 훈련해야 한다는 것이다(351a3-b2). 이에 대한 소크라테스의 반론은 윤리적 행위에서 인식의 역할에 대한 논의에로 인도한다.

논의에 들어가기 전에 소크라테스는 우선 선택과 행위의 동기에 관한 이론을 개진하면서, 좋음과 즐거움에 관한 몇 가지 상황을 확인시킨다. 그것들은 다음과 같다.

① 끝까지 즐겁게 산 사람을 잘 산 사람이라 할 수 있다(351b). ② 즐겁게 사는 것이 좋은 것(agathon)이며, 즐겁지 못한 삶은 나쁜 것

---

4) 덕들 간의 동일성 또는 상호 함축성에 관해서는 *Lach.* 199d e, *Prot.* 330c ff, *Men.* 88c 참조.
5) 기하학적 평형의 개념에 관해서는 다음 장과 『고르기아스』 참조.

(kakon)이다. ③ 대중들은 어떤 즐거움들은 좋은 것이나, 다른 어떤 즐거움들은 나쁜 것이라고 생각한다. ④ 그러나 그들이 상황적으로 야기할 어떤 부수 결과를 논외로 한다면, 어떤 것들은 그것이 즐거움을 주는 한에서(kath' ho hēdea estin) 좋은 것이고, 다른 한편으로 고통을 주는 것은 고통을 주는 한에서(kath' hoson aniara) 나쁜 것이라고 할 수 있다(351c). 즉 즐거움 그 자체는(tēn hēdonēn autēn, 351e) 좋은 것이다. 곧 보게 되겠지만, 즐거움과 좋음 간의 본질적 관계는 지행합일론에서 중요한 역할을 한다.

### 앎에 대한 두 가지 입장

바로 이어 소크라테스는 '덕의 단일성' 문제에 대한 긴 논의를 전개하면서 용기와 지혜의 동일함을 입증하려 하는데, 우리의 행위에서 앎(epistēmē)이 어떤 역할을 하는지의 문제가 논의되는 것은 이를 입증하는 과정에서이다. 그는 우선 이 문제에 관한 다중(多衆, hoi polloi)의 입장을 자신의 입장과 대조시킨다. 다중과 소크라테스의 입장은 다음과 같다.

다중 : 앎에 관해 많은 사람들은 다음과 같이, 즉 앎은 강하지도 않고 통치적이거나 선도적인 힘도 없다고[6] 생각하고 있습니다. 그들은 사람들이 무엇이 최선인지를 알고 있음에도, 자주 이 앎에 의해 인도되는 것이 아니라 다른 어떤 것, 때로는 격정(thumos)이, 때로는 쾌락(hēdonē)이, 때로는 고통(lupē)이, 어떤 때는 욕정(erōs)이, 그리고 종종 두려움(phobos)이 그 사람을 지배한다고 생각하며, 앎이란 마치 다른 모든 것에 의해 끌려다니는 그야말로 노예와도 같은 것으로 생각하고 있습니다(352b3-c2).

---

6) peri epistēmes, oux ischuron oud' hēgemonikon oud' archikon einal, 352b3.

소크라테스 : 앎은 훌륭한 것(kalon)으로서 사람을 지배할 수 있는 것이며, 누구라도 좋은 것들(ta agatha)과 훌륭한 것들을 알기만 한다면, 그는 어떤 것에 대해서도 굴하지 않고(kratēthēnai), 그래서 그는 앎이 지시하는 것과는 다른 것들을 행하지 않을 것이며, 지혜(phronēsis)는 그 사람을 돕기에 충분한 것…(352c3-7).

소크라테스는 좋은 것들에 대한 앎을 지니고 있으면, 그 어떤 내적 충동이나 정서도 이를 이길 수 없고, 그것만으로 좋은 것들을 행하기에 충분하다는 입장을 강력히 피력하고 있다. 이어서 그는 프로타고라스의 견해를 묻는다(352c).

프로타고라스여, 당신은 대중들의 이런 견해에 동조하는가, 아니면 지식이 좋은 것으로서 사람들을 선도할 수 있는 것이며(hoion archein tou anthropou), 사람들이 좋은 것과 나쁜 것을 구분할 수 있다면, 다른 무엇에 의해서도 지배되지 않아 지식(epistēmē)이 명령, 권유하는 일 외에는 다른 것을 하는 일이 없을 것이며, 지식만이 인간에게 충분한 원조자가 될 수 있을 것이라고 생각하는가?[7]

프로타고라스도 '지혜(sophia)와 앎(epistēmē)이 모든 인간사 가운데 가장 강한 것'임을 인정하면서 소크라테스의 입장에 동의한다.[8]

---

7) kalon te einai hē epistēmē kai hoion archein tou anthrōpou, kai eanper gignōskē tis tagatha kai ta kaka, mē an kratēthēnai hypo mēdenos, hōste alla' atta prattein hē han hē epistēmē keleuē, all' hikanēn einai tēn phronēsin boēthein tō anthrōpō.

8) 프로타고라스의 직업은 지식을 전수하는 것이기 때문에, 그가 앎을 가장 강력한 것이라고 말하는 것은 자연스럽다. 그러나 이 주장이 우리가 좋은 것과 나쁜 것에 대한 앎을 지니면, 언제나 이 앎에 따라 행한다는 소크라테스의 입장을 지지하는 것으로 간주될 수 있는지는 확실하지 않다. 역사적 프로타고라스가 소크라테스의 주장을 수용했다

그러나 다중들은 최선의 것들을 알고 있으면서도, 그것들이 아니라 다른 것들을 행하려 하는데(352d 6-7), 그 이유(aitia)가 무엇인지 물으면, 이들은 사람들이 쾌락이나 고통, 그리고 다른 감정들에 졌기 때문에 그렇게 행동한다고 설명한다(352d-e). 최선에 대한 지식이 쾌락에 굴복한다는 다중의 주장은 수락할 수 없다고 소크라테스는 고집하면서, 다중이 '쾌락들에 진 것이라 말하는 그 상태(pathos)'의 실체가 무엇인지를 제대로 밝혀서 사람들을 설득하고 가르쳐야 한다고 논한다(352e-353a).

논의의 이런 문맥을 통해 알 수 있듯이, 소크라테스가 지행합일론을 주장한다고 해서, 그가 일반적으로 '아크라시아(akrasia)'라 불리우는 상태가 있음을 부정하는 것은 아니다.[9] 그와 다중 간의 견해 차이는 아크라시아의 원인을 '쾌락에 진 것'으로 보지 않고 '무지(amathia)'로 파악하고 있다는 점이다.[10]

우리는 아크라시아 개념의 의미를 명확히 할 필요가 있다. 흔히 'akrasia'를 '의지 박약'으로 번역하는데, 이는 오도적이다. 근현대적 사고에 따르면 개인들은 행위 주체이며, 그런 존재로서 인식 능력,

---

는 어떤 증거도 없다. Taylor, C. C. W., *Plato : Protagoras*, Clarendon Press, 1976, pp. 172-173 참조.

9) Gosling은 소크라테스의 주장이 명백한 사실에 위배된다는 학자들의 견해에 반대하면서, 소크라테스는 우리가 쾌락이나 두려움 등에 지는 것으로서 기술하는 상황이 일어나는 것을 부정한 것이 아니라, 이런 사태가 무엇인가를 문제 삼고 있는 것임을 지적하고 있다. Gosling, J., *Weakness of the Will*, London and New York, 1990, pp. 18-19 참조.

10) 소크라테스는 다중이 "프로타고라스와 소크라테스여, 그러한 상태(pathēma)가 쾌락에 진 것이 아니라면, 그것은 도대체 무엇입니까? 당신들은 그것을 무엇으로 말하는지 우리에게 말씀해 주십시오"(353a)라는 물음을 제기할 것임을 지적하고 있는데, 그는 357c-d에서 이 pathēma를 최종적으로 무지로 규정한다. 352e 7에서는 pathos란 표현이 쓰여지고 있지만, 353a 5에서는 같은 것을 지시하기 위해 pathos 대신 pathēma란 표현을 쓰고 있는데서 알 수 있듯이, 두 표현은 교체적으로 사용되고 있다.

자유 의지, 욕망 등을 구성요소로 한다. 그래서 근대적 인간은 행위 주체로서 의지력을 발휘하며, 그 의지력은 개인에 따라 강할 수도 약할 수도 있다. 이런 인간관을 전제하여 소크라테스의 철학을 해석하는 근대의 철학자로 그로트(Grote)를 들 수 있는다. 그는 소크라테스의 지행합일론적 견해가 "인간 행위의 지적인 조건들만을 오로지 강조하고, 감정적이고 의지적인 조건들에는 적절한 주의를 기울이지 못한 오류를 범했다"고 비판한 바 있다.[11]

그로트의 비판은 일종의 역투사적인 오류를 범하고 있다. 왜 그런가? 근대 서구인들에게는 의지를 구성요소로 하는 개인의 개념이 당연하게 여겨지지만, 플라톤 시대에는 아직 근현대적 행위 주체 개념이 형성되어 있었다고 보기 힘들다. 행위 주체란 스스로의 자유 의지에 따라 결단하는 존재라는 것인데, 의지 개념은 개인의 개념이 확립되어야 의미 있다. 그런데 자유와 권리를 누릴 수 있고 책임질 수 있는 도덕적 지위를 지닌 존재로서의 개인 개념은 근대 이후에 형성되었으며, 따라서 의지 개념도 근대 이후의 소산이라고 보는 것이 정확하다. 고대 그리스인들이 행위 주체로서의 인간 개념을 확고히 지니고 있었는지, 그렇다고 해도 의지를 지닌 존재로 생각했는지는 확실하지 않다. 이런 점을 고려할 때, 아크라시아는 '실천력 결여' 또는 '통제력 결여'로 이해, 번역하는 것이 좀더 원의(原義)에 부합할 것이다. 더 중요한 것은 이렇게 이해해야 소크라테스의 문제를 정확히 파악할 수 있다는 점이다. 그의 관심사는 의지가 강한가 약한가의 문제가 아니라, 믿음이나 인식이 힘을 발휘할 수 있느냐 없느냐의 문제이다. 필자의 해석에 따르면 의지 강약의 문제는 소크라

---

11) Nehamas, A., "Socratic Intellectualism", *Socrates : Critical Assessments*, ed. by Prior, W. J., Routeledge, 1996, Vol. III, p.180에서 재인용.

테스나 플라톤에게 제기될 수조차 없다.

### 아크라시아의 분석-현재적 쾌락과 미래적 쾌락

대중들이 지식에 대한 그들의 믿음을 교정할 수 있기 위해서는 아크라시아 현상을 정확히 분석해야 한다. 이를 위해서 우선 그들이 '즐거움에 의해 압도된다'고 말하는 현상이[12] 무엇인지 설명되어야 한다. 사람들은 술이나 음식 또는 성적 욕구에 대한 탐닉이 나쁘다는 것을 알면서도, 이들이 주는 쾌락에 이끌려 어쩔 수 없이 행동하곤 한다고 종종 고백한다. 그런데 이들이 자신들의 행동을 나쁘다고 평가하는 이유는 무엇인가? 음주, 탐식 등을 나쁘다고 생각하는 이유는, 그런 것들을 추구하는 그 순간에는 그것들이 사람에게 쾌락을 줄지 모르나, 나중에는 이들이 질병과 가난 등과 같이 나쁜 것들을 초래하기 때문일 것이다. 실제와는 달리, 만약 이들이 고통을 결과하지 않고 쾌락만을 제공한다면, 사람들은 이들을 나쁜 것이라 여기지 않을 것이다. 즉 음주나 섹스 등은 순간적으로 제공하는 쾌락 때문이 아니라, 나중에 결과하게 될 질병 등의 고통 때문에 나쁜 것이라 비판하는 것이다. 그렇다면 이들을 나쁘다고 평가하는 이유는 이들이 쾌락을 주어서가 아니라 궁극적으로 이들이 고통을 결과하고 쾌락을 앗아가기 때문이다.

이제 반대의 사례를 들어보자. 신체적 단련, 군 복무, 수술에 의한 치료 등은 좋은 것이기는 하나 고통을 준다고 한다. 그럼에도 사람들이 이들을 좋은 것이라고 하는 이유는, 이들이 그 순간에 고통을 주기 때문인가, 아니면 건강, 국가의 안전, 부 등을 가져다 주기 때

---

12) to pathos, ho phasin hypo tōn hēdonēn hēttasthai kai ou prattein dia tauta ta beltista, epei gignōskein ge auta, 353a.

문인가? 분명 후자일 것이다. 즉 이들이 좋은 것이라 불리는 이유는 이들이 궁극적으로 쾌락을 생산하고 고통을 제거하여 주기 때문이라는 것이다. 쾌락을 추구함은 그것이 좋아서이고, 고통을 피하는 것은 그것이 나빠서이다.

무엇을 즐기면서 그것이 나쁘다고 평가하는 이유는, 그것이 현재 주는 쾌락보다 더 큰 쾌락을 나중에 빼앗거나, 또는 현재 주는 쾌락보다 나중에 끼칠 고통이 크기 때문이다(354c). 역으로 무엇을 고통스럽게 여기면서도 그를 좋다고 선택하는 이유는, 그것이 현재 겪는 고통보다 더 큰 고통을 제거하거나, 그 고통보다 큰 쾌락을 나중에 줄 것으로 기대되기 때문이다. 고통을 겪으면서 이를 좋다고 말하는 이유는 이상의 것 외의 다른 것이 아니다(354d). 결국 우리는 좋음과 쾌락은 동일한 것이라 해야 한다. 즐겁게 평생을 살 수 있다면 더 이상 바랄 것이 없다(355a).[13]

좋음과 쾌락에 대한 이상의 논의에 비추어볼 때 대중들의 믿음은 부조리한 것이다. 그들은 그들이 겪는 사태의 구조를 정확히 인식하지 못하고 있다.

(A) 사람들은 어떤 행동이 나쁜 것을 알면서도, 쾌락에 못 이겨 그 일을 행한다.
(B) 어떤 것이 좋음을 알면서도 고통스러워 그 일을 행하지 못한다.
(A′) 사람들은 어떤 행동이 나쁜 것임을 알면서도, 좋음(=쾌락)에 못 이겨 그 일을 행한다.

다중들은 위의 (A) 또는 (B)를 주장하는데, 위에서 논의한 것처럼 좋

---

13) 이와 같은 입장은 이미 351a3-b2에서 개진된 바 있다.

음과 쾌락이 동일하다면, (A)가 그리는 사태는 (A´)에 의해 표현되는 바라고 말해야 할 것이나, 이런 사태는 논리적으로 있을 수 없는 부조리한 것이다. 그러면 (A)의 정확한 실제 모습은 무엇인가? 시간적인 계기를 감안할 필요가 있다. 우리는 행위를 선택하기에 앞서 그것이 현재 산출할 쾌락과 미래에 가져다 줄 쾌락을 비교한다. 한 행동이 좋다고 믿어짐에도 그를 기피하는 이유는, 그것이 선택된 나쁜 행동만큼의 가치(axion, 355d)가 없다고 판단하기 때문이다. 이를 달리 말하면,

(A″) 행해진 나쁜 행동이 현재 주는 쾌락과 기피된 좋은 행동이 미래에 줄 쾌락을 비교하여, 전자가 더 크다고 믿기 때문에 전자의 행위를 행하는 것이다.

행위 수행에서 기준이 되는 것은 이들이 결과할 쾌락과 고통의 크기이다. 사람들은 멀리 있음과 가까이 있음, 현재성과 미래성을 감안하면서 한 행위가 가져다 주는 쾌락과 고통의 양을 저울질하여 그 행위를 행할지 말지를 결정한다(356b). 이런 저울질의 결과 쾌락을 주는 행위를 수행하고, 고통을 좀더 많이 주는 행동은 회피한다.

### 현상의 힘과 측정의 기술

이런 논의는 자연스레 인식의 역할에로 대화를 이끌어간다. 두 행위 간의 결정에서 고려해야 할 것은 현재의 쾌락과 미래의 쾌락이다. 이를 판단하는 데에 관여하는 것이 두 대조적인 힘인 바, 현상의 힘과 측정의 기술이다. 현상적으로는 같은 크기의 사물이라도 가까이 있으면 커 보이고, 멀리 있으면 작아 보인다. 같은 논리로 현재의 쾌락이 미래의 쾌락보다 더 좋고 큰 것으로 생각될 수 있다. 이런 믿

음을 산출하는 것을 현상의 힘(hē tou phainomenou dunamis, 356d)이라 부를 수 있다. 이 현상의 힘에 압도될 때 우리의 삶은 혼란스러워지고, 행동이 갈피를 못잡게 되며, 어떤 선택에서 착오를 겪게 된다. 이런 현상의 미혹적인 힘과 대조적으로 측정의 기술(hē metrētikē technē, 356d)은 현상을 무력하게 하는 한편, 우리에게 진리를 보여주며 진리와 함께 거할 수 있도록 해준다. 그래서 우리의 삶을 구원하는(sōzein, 356e) 것은 현상의 힘이 아니라, 측정의 기술이다.

인간 삶의 구원이 쾌락과 고통에 관한 올바른 선택에 있다고 한다면, 그것을 가능하게 하는 것은 측정의 기술이고, 그 기술은 일종의 지식, 즉 측정의 지식이라고 말할 수 있다(357a). 이상과 같이 측정의 역할을 감안할 때, 지식이 종종 쾌락에 의해 압도된 사태로 보이는 현상의 진상은 무지이다. 즉 쾌락에 의해 압도된 것으로 보이는 사람은 실은 무지해서, 쾌락과 고통을 잘못 계산하여 현재의 쾌락에 이끌린·것뿐이다(357d-e). 결론적으로 아크라시아라 불리는 현상의 원인은 무지이다.


## 3. 쾌락주의의 이해

### 쾌락 또는 즐거움과 좋음의 관계

우선 개념적인 정리가 필요하다. 서구 윤리학의 문맥에서는 쾌락, 쾌적함, 즐거움, 행복, 우리가 좋아하는 것, 나아가 이익은 상호 교환적인 의미로 사용된다. 이런 개념들 중에서 쾌락은 부정적으로 이해되는 경향이 있으나, 한문의 어의를 따져보면 '쾌적하고 즐겁다'라는 의미로서 크게 문제시 될 것이 없다. 좋은 것과 우리가 좋아하는 것, 또는 좋은 것(agathon)과 우리가 원하는 것 간에는 논리적 관계가 있다.[14] 좋은 것은 우리가 원하는 것이거나 좋아하는 것이다. 우리가 좋아하는 것이 바로 좋은 것이 될 수는 없으나, 양자 간에 어떤 본질적인 관계가 있다. 전자를 주관적 선, 후자를 객관적 선이라고 한다면 주관적 선이 바로 객관적 선이 될 수는 없을 것이다. 이 주관적 선이 사회적 관계 속에서 타자의 (주관적) 선들과 갈등을 일으킬 때, 그것은 객관적인 선은 물론이거니와 주관적인 선의 수준에도 머물 수 없다. 타인도 역시 좋아할 수 있는 것까지는 아니어도 타인이 인정하고 동의하는 주관적 선, 즉 존재론적으로나, 적어도 인식론적으로 객관성을 보장받은 것만이 실질적인 주관적 선이 될 수 있다. 우리가 욕망하는 대상은, 좋은 것이라고 규정되는 한에서, 동물들의 욕구대상과는 달리, 좋음의 개념에 의해 매개되어 있으며[15] 그런 점에서 내재적으로 객관성을 지향하고 있다.

윤리적 선으로서의 쾌락 이념은 헬레니즘 시대의 에피쿠로스학파, 공리주의, 근대의 국가론, 윤리적 이기주의, 현대의 사회정의론 등의 기초를 이룬다. 쾌락이나 행복을 윤리적 가치의 영역에서 철저히 배제했던 유일한 철학자는 아마도 칸트일 것이다. 그는 윤리적 차원과 윤리 외적인 차원을 엄격히 구분했다. 그러나 칸트 역시 최상선(最上善)의 개념을 통해 선과 행복 또는 쾌락이 조화할 수 있는 차원을 상정함으로써 쾌락 또는 행복을 윤리적 가치의 영역으로 수용하고 있다.

플라톤이『프로타고라스』에서 쾌락과 좋음 간의 내적 관계를 거듭 강조한다는 점에서, 그가 쾌락주의를 지지하는 것으로 이해될 수 있다. 그러나 플라톤의 진정한 의도는 쾌락주의를 주장하거나 지지하

---

14) 한국어에서는 양자 간의 논리적 관계가 자명하나, 서구어에서는 그렇지 않다.
15) 이에 대한 추가적인 논의는 선의 이데아에 관한 7장 참조.

려는 것이기보다는, 쾌락에 대해 개념 규정을 하려는 것이며, 더 중요하게는 쾌락의 추구에서도 지식이 중요함을 논하려는 것이다. 쾌락이나 즐거움은 논리적으로 우리가 좋아하는 것, 좋다고 여기는 것이다. 그리고 우리가 객관적으로 좋은 것을 분간하여 진정한 쾌락을 얻기 위해서는, 우리에게 계산적 지식이 필요하고, 이를 통해 우리의 쾌락을 추구하는 성향이 적절히 통제되어야 함을 논하고자 하는 것이다.

『프로타고라스』에서 플라톤은 쾌락에 대해 적극적·긍정적으로 논의하고 있으나, 연대적으로도 후속작이라고 여겨지는 『고르기아스』에서는 소크라테스의 논쟁 상대자인 칼리클레스로 하여금 쾌락주의를 개진하게 한 후, 이를 비판한다.[16] 그러나 후자에서도 쾌락 일반을 전적으로 부정하기보다는 좋은 쾌락과 나쁜 쾌락을 구분하여 쾌락을 윤리적 가치로서 수용하고 있으며, 『프로타고라스』에서 측정술의 중요성을 강조했듯이, 『고르기아스』에서도 쾌락의 질을 구분해야 한다고 주장함으로써 지식과 분별력의 중요성을 재확인하고 있다.

### 인식의 근원성

우리의 삶을 구원하는 것(Prot. 356e)은 지식이다. 우리가 진상에 거하며, 진리에 따라 살 때, 우리의 삶은 쾌적하고 행복한 것이 되고, 고통과 불행에서 구원된다. 플라톤은 현상의 힘과 측정술을 구분하고 있으나, 실은 현상이 힘을 발휘하는 것도 측정술과 같은 원리에 의해서, 즉 일종의 지식에 의해서이다. 현상이 힘을 발휘하는

---

16) 이 두 대화편의 입장은 외면적으로 상이한 것으로 보여지며, 이런 일견상의 비일관성은 주석가들을 당황하게 만들었다. 그러나 쾌락에 대한 플라톤의 유보적이고 제한적인 입장을 이해한다면 이런 비일관성은 사라질 것이다.

이유는 그 자체가 힘을 지니고 있어서라기보다는 그것이 존재를 위장하고 있어 우리가 그를 진상이라 믿기에, 그 믿음이 우리에게 힘을 발휘하기 때문이다. 우리는 이렇게 말할 수 있다 : 우리는 우리가 믿는 바의 것, 진리라고 믿는 바의 것, 지식이라고 생각하는 바의 것에 의해 움직여진다. 이것이 인간 행위의 고유한 구조이다.

이상에서 살펴보았듯이 플라톤의 지행합일론은 어떤 주장을 하는 것이라기보다는 인간 행위의 구조를 규명하려는 것이다. 인간은 다른 존재와는 달리, 생각하고 믿음을 형성하며 지식을 추구하는 존재이다. 다중들이 믿는 바대로 인간들은 격정, 공포, 분노 등의 정서에 따라 움직이기는 하나, 이들 정서의 형성에는 어떤 믿음과 지식이 매개되어 있다. 인간 행위의 원인은 지식 또는 지식으로 간주되는 바의 믿음이다. 인간의 정서란 인간 밖의 외계와의 관계에서 품게 되는 것인데, 이는 외계에 대한 어떤 지식이나 믿음이 있어야 하기 때문이다.

윤리적 실천에서 지의 중요성과 관련하여, 인간 행위의 일반적인 구조에 대한 약간의 언급이 필요하다. 인간과 동물 간의 중요한 차이는 행동방식일 것이다. 동물은 본능과 감각적인 지각의 인도에 따라 행동한다. 그래서 동물의 행동은 어느 정도는 정확하다. 적어도 인간보다 목표하는 과녁을 정확히 맞춘다. 그런 정확성의 기제가 작동하지 않는 종이 있다면, 그런 종은 도태되어 자연계에 존재하지 않을 것이다. 인간은 진화의 과정에서 언어와 사유의 능력을 취득하여 자연상태로부터 자유로워지는 대가로, 동물들이 누리는 자연적 확실성을 상실한 것으로 보인다. 인간의 행동을 매개·인도하는 것은, 본능의 확실성이 아니라 언어적 기술이나 지식이다. 인간은 주어진 본능에 따라 사는 것이 아니라, 지식과 믿음의 인도를 받아 사는 것이다.

자연적·감각적 확실성이 지배적인 동물의 세계에는 인지한 바와 행이 거의 일치한다. 이렇게 보면 생명체 일반에서는 지와 행의 일치가 자연스러운 일이다. 인간 역시 자연계의 일개 생명체로 머문다면, 인간의 지와 행이 괴리되는 것이 이상한 현상일 것이다. 설명되고 정당화되어야 할 것은 지와 행의 일치된다는 주장이라기보다는, 양자의 괴리라고 여겨지는 현상이다.

올바른 행위를 수행하고, 진정으로 좋은 것을 얻기 위해서는 정확한 지식을 얻어 무지에서 벗어나야 한다. 여기서 윤리적 실천에서의 지식은 단지 사실에 대한 지식이라기보다는 측정의 형태를 취하고 있다는 점을 유념할 필요가 있다. 실제로 구체적인 행위 상황에서의 측정은, 관련된 여러 요소들을 고려하여 비례적 평형을 취하는 작업이다. 이런 측정으로서의 지식 개념이 『고르기아스』에서는 우주적 관점으로 확대되어 하늘과 땅, 그리고 인간과 다른 유기체 간의 공동체성과 우정을 가능하게 하는 기하학적 평형의 개념으로 재규정된다.


## 4. 지행합일론에 대한 이해

### 플라톤의 지성사적 혁신

인식이 실천적 힘이 있다고 믿는 점에서 플라톤의 윤리적 사고는 현대적 사유와 상당히 다르지만, 그 당시로서는 매우 혁신적인 것이었다. 소크라테스와 플라톤 윤리사상의 혁신성을 이해하기 위해서는 지성사적인 관점을 취할 필요가 있다. 그들 윤리사상의 중심적인 메시지는, 첫째, 윤리적 삶의 길이 탐구를 통해 이루어진다는 것, 둘째, 그런 탐구는 소수의 사상가나 현인들에 의해서만 이루어지는 것이 아니라, 모든 정신적 능력을 지닌 대중들에 의해서도 이루어질 수 있다는 점이다. 이런 메시지는 오늘날의 관점에서 보면 당연한 것이지만 그 당시로서는 혁명적인 것이었다. 이런 사고법은 동서양을 통틀어 처음 등장한 사고라고 할 수 있다는 점에서 그리스 정신의 탁월성을 인정해야 한다.

동양의 역사에서 이런 사고법이 등장한 것은 현대에 이르러 서구의 사상이 유입되면서부터라는 점을 유념할 필요가 있다. 서양 지성사에서도 소크라테스 이전의 호메로스나 헤시오도스(Hesiodos) 시대는 물론, 본격적으로 철학적 사유가 진전되었다고 평가되는 자연철학자들의 시대에 이르러서도, 삶의 길이란 시인의 기억을 통해 전승된 것, 예언자들에 의해 예언된 것, 권력자들에 의해 지시된 것들이었다.[17] 진리의 길,[18] 삶의 길은 탐구되는 것이 아니라, 전승 · 예언 · 계시되는 것이었다. 대중들은 시인, 예언자, 정치가와 같은 현자들이 제시하는 삶의 길을 일방적으로 수용하는 존재였다.

인식이라는 활동과 그 결과가 삶에서 새로운 중요성을 지닌 국면으로 등장한 시기는 소피스트와 소크라테스 시대를 이어 플라톤에 이르러서이다. 흔히 탈레스 등의 자연철학자들에 의해 철학적 탐구가 시작되었다고 하지만, 그들은 과거의 전통적 사고에서 완전히 벗어나지는 못했다. 그들에게서도 진리나 삶의 길은 현자에 의해 발견되거나 계시되는 것이었지, 인간 모두가 지닌 이성이나 정신적 능력에 의해 탐구되는 것이 아니었다. 고도의 추상적 · 논리적 사고를 전개했던 파르메니데스의 경우에도 진리의 장소는 억견의 길을 가는 일상 세속인들이 도달하지 못하는 곳으로, 진리로의 여행은 여신의

---

17) Detienne, M., 위의 저서. 소크라테스 이전에 진리의 주재자들은 시인, 예언자, 정치적 현인들이었다.

18) 진리의 길은 뮤즈 등의 신에 의해 계시된 것이라는 생각은 파르메니데스에 이르기까지도 지속된 것으로 보인다.

인도에 따라 이루어진다. 이런 점에서 파르메니데스도 호메로스와 헤시오도스의 전통을 이어받고 있다.[19]

소크라테스와 플라톤에 이르러 시인이 기억한 전승, 예언자의 신탁, 정치가나 연설가의 웅변, 현자들의 통찰이 삶의 길을 선도하는 지침이라는 통념이 비판 대상이 되면서부터 이성이나 인식된 진리가 인간의 삶의 길을 인도한다는 믿음이 서서히 형성되었다. 소크라테스나 플라톤은 이전의 철학자나 사상가들의 노선과는 결별하며, 새로운 삶의 길을 안내하는 안내자로 이성과 인식을 제시했다. 지식이나 진리를 탐구할 수 있는 능력은 모든 대중이 지닌 것이기에, 진리의 길 역시 소수의 현자들만이 아니라 모든 인간이 따라갈 수 있는 것이 되었다. 소크라테스는 그리스 대중들의 정신을 자극하는 데 머문 것이 아니라, 대중들이 진리 탐구의 주체가 될 수 있음을 선언한 것이었다.

### 윤리적 인식의 성격-정의(定義)의 인식과 존재의 인식

우리는 위에서 플라톤의 지행합일론, 인식의 실천적 힘, 또는 측정술에 대한 그의 사고를 『프로타고라스』에 개진된 쾌락론을 살펴보았다. 그렇다면 이제 쾌락의 계산이 관여하지 않는 다른 덕목들의 수행에서도 지식이 힘을 발휘하는지 살펴볼 차례이다. 윤리적 실천에서 지식의 역할에 대한 플라톤의 입장은 대체적으로 다음과 같이 정형화할 수 있다. 즉 누구라도 좋은 것이 무엇인지를 알면 이를 행할 것이다. 인식은, 특히 좋음에 대한 인식은 우리의 행위를 유발할 수 있는 힘을 발휘한다는 것이 플라톤 인식관이나 윤리관의 기본 강

---

19) Parmenides 단편 1 : Kirk, Raven & Schofield, *The Presocratic Philosophers*, 2nd. ed., 1983, Cambridge Univ. Press, pp. 243-244.

령이다.

플라톤의 이런 지행합일론을 어떻게 이해할 수 있을 것인가? 철학 사적으로 지행합일론은 원래 소크라테스에 의해 제안된 것으로 생각되나, 이는 플라톤에 의해 수용되고 있으며, 아리스토텔레스 역시 이를 따르고 있는 것으로 보인다.[20] 더 나아가 이 명제는 단지 소크라테스뿐 아니라, 그의 대화 상대인 고르기아스도 그 타당성을 인정하고 있다(*Prot.* 357a). 이는 고대 그리스에서는 상당히 많은 사람들이 지와 행이 일치하는 것으로 믿고 있었음을 시사한다. 그런데 플라톤은 존재론을 전개하는 과정에서 그의 스승보다 한발 더 나아간 것으로 보인다. 인식 내용의 근거가 존재라 한다면, 지행합일론은 존재가 우리에게 힘을 발휘한다는 계정리(系定理)를 함의한다. 존재는 우리와 무관한 것, 단지 인식의 대상으로서만 존재하는 것이 아니라, 우리의 행위와 삶을 변화시킬 수 있다.

하지만 소크라테스와 플라톤의 지행합일론은 현대적 입장에서 볼 때 일반인뿐 아니라 많은 윤리학자들에게도 당혹감을 안겨준다. 현대인들은 지와 행의 괴리를 오히려 당연하게 생각하기 때문이다. 실제로도 주변의 일상을 둘러보면 알고서도 행하지 못하는 경우가 비일비재하다. 일상의 삶에서 우리의 윤리적 지식은 유감스럽게도 대부분 우리를 윤리적으로 만들어주지 않는 것이 분명해 보인다. 그런데 어떤 이유에서 소크라테스나 플라톤은 지와 행이 일치한다고 주장하는 것일까? 혹시 그들은 인간의 도덕성과 윤리적 인식의 힘을 과대평가한 것은 아닌가?

이들 물음에 답하기 위해서는 우선 그리스에서 덕에 관한 인식이 어떻게 표현되는가를 검토할 필요가 있다. 근현대적 관점에서 인식의

---

20) 『니코마코스 윤리학』의 첫 문장 참조.

전형은 명제이다. 그래서 도덕적 덕목을 안다는 것은 그 덕목, 예컨대 정의나 경건 또는 용기의 정의가 무엇인지 앎을 의미한다. 고대 그리스인들은 오늘날의 우리와 다른 인식관을 지녔을 가능성이 있다. "S는 경건이 무엇인지를 안다(S knows what piety is)"라는 문장은 두 가지로 해석될 수 있다.

(A) 경건이 무엇인지 정의할 수 있다, 또는 경건의 개념을 정의할 수 있다.
(B) 경건인 바의 것을 안다.

(A)와 같이 해석될 때, 인식의 내용은 명제적이거나 언어적인 것이다. 이에 비해 (B)의 방식으로 해석하면 인식의 내용은 존재적인 것이다. 배움의 대상을 명제적인 것으로 보느냐 또는 존재적인 것으로 보느냐, 즉 배움과 인식의 내용이 경건의 개념에 관한 명제이냐 또는 경건이라는 상태나 사실 자체냐에 따라 지와 행의 일치 관계에 대해 다른 입장을 취하게 된다.

지와 행의 일치를 주장하면서 소크라테스가 염두에 두고 있는 인식, 특히 윤리적 덕목의 인식을, 가령 '경건의 인식'을 (B)와 같은 종류의 인식으로 해석할 때, 지행합일의 논제는 보다 수긍하기 쉬운 것이 된다. 경건에 대한 인식을 취득함은 단지 '경건'에 대한 정의를 아는 것에 그치는 것이 아니라, 경건의 덕목이나 경건할 수 있는 능력을 정신이 획득함을 의미한다. 인식이란 정신이나 영혼의 변화이다. 무엇에 대한 인식을 취득하게 되면, 그만큼 그의 정신이 변화한다. 그는 경건을 정의할 수 있게 되어 다른 이에게 가르칠 수 있거나, 그의 정신이 경건하게 되고 경건한 행위를 보여 타인에게 모범이 될 수 있어야 할 것이다. 그러나 윤리적 덕에 대한 인식을 명제적 인식과 같은 종류의 것으로 간주하여 (A)와 같이 해석할 때, 인식의 내용은 사유 공간에 머무는 명제나 언어적 내용에 그칠 것이며, 이런 경우 "그것이 어떻게 영혼이나 정신을 경건한 것이게 할 수 있는가?"라는 물음이 생긴다. 따라서 지와 행의 괴리가 자연스럽다는 생각을 하게 한다.

(A)와 (B) 가운데 어느 것이 더 적합한 해석인가? 우선 지적할 것은 플라톤 시대에는 아직 어휘, 개념, 사물 간의 관계, 특히 개념과 사물 간의 관계가 오늘날처럼 명확히 이루어져 있었는지 회의적이라는 점이다. 헤브럭(E. Havelock)이 지적한 대로,[21] 자연철학자들이 아직도 구술문화적 단계에 머물러 있었다고 한다면, 그런 회의는 타당성이 있다. 플라톤은 자연철학자들의 시대에서 그리 멀지 않다. 우리는 그가 글보다는 말을 높이 평가한 것을 주목할 필요가 있다.[22]

이와 긴밀하게 연관되어 있는 것이 "What is x?"라는 소크라테스의 질문에 대한 해석이다. 플라톤의 초기 대화편들은 소크라테스의 사상을 담고 있거나, 그의 영향력 하에 있는 것으로 여겨진다. 그런데 초기 대화편들에서 대화를 주도하는 주제는 소크라테스의 전형적인 물음인 "What is x?"라는 질문이며, 이 질문의 대상은 우정, 경건, 절제, 정의와 같은 도덕적 덕목들이다. 이 물음은 흔히 정의(definition) 물음이라고 해석되는데,[23] 이런 해석은 시정될 필요가 있다. 소크라테스는 "What is x?" 물음을 제기함으로써 단지 언어적 차원에서 x라는 덕목에 대한 개념적 정의를 알고자 했다기보다는 존재론적 차원에서 그 덕목 자체의 본질을 알고자 한 것으로 볼 수 있다. 즉 그들은 의미론적인 물음이 아니라 존재론적인 물음을 던지고 있다. 나아가 그들에게 존재론은 윤리적 삶과 무관할 수 없다는 점

---

21) Havelock, E., *Preface to Plato*, Harvard Univ. Press, x.
22) *Phaedros*, 『제7서간문』 참조.
23) Robinson, R., *Plato's Earlier Dialectics*, Oxford, 1953 참조.

에서, 윤리적인 문제제기를 했던 것이다.

위의 질문에 대한 존재론적인 이해는 어떤 의미를 지니는가? 우선, 우리는 이 물음을 특수자들의 저편에서, 이들을 포섭하는 상위의 존재자로서 보편자의 존재나, 또는 그들 모두가 공유하는 어떤 본질에 대한 관심으로 해석할 필요가 있다. 소크라테스나 플라톤이 "경건이란 무엇이냐, 정의란 무엇이냐?"라는 질문을 제기했을 때, 그는 새로운 차원의 존재자들, 즉 보편자에 대한 관심을 표현했던 것이다. 이렇게 해석할 때, "What is x?"의 물음은 플라톤의 이데아론에로 가는 길을 열어주는 것으로 볼 수 있으며, 이와 함께 소크라테스와 플라톤은 그리스철학의 사유 수준을 한 단계를 높였다고 평가할 수 있다.

## 윤리적 인식과 존재론적 상승

근대 이후의 인식관에 따르면, 인식(epistēmē)과 믿음(doxa) 간의 차이는 정당화(justification : logos)의 조건이 충족되었느냐의 여부에 있다. 플라톤에서는 그러나 인식이 믿음과 좀더 근원적인 차이를 갖는다. 인식이란 존재와의 직접적인 관계이다. 이에 반해 믿음이란 존재에 이르지 못한 정신의 상태이다. 실재자는 실재계의 일원일 것이므로 인식은 실재계의 차원에 이르렀을 때 가능하다. 무엇을 인식했다는 것은 우리의 정신이 믿음의 상태에서와는 존재론적으로 다른 차원으로 이행했음을 의미한다.[24] 그래서 만약 우리가 정의를 인식하게 되면, 정의의 본질 또는 정의의 이데아를 분유하게 되며 (metchein), 이런 분유의 상태는 우리의 영혼을 정의롭게 한다.

삼각형에 대한 인식을 가지고 있다면, 우리의 영혼은 기하학적으로 좀더 명료한 의식 상태에 이르게 됨을 인정할 수 있을 것이다. 기

---

24) 『국가』에서 선분의 비유를 참조.

하학적으로 명징한 의식의 상태는 우리가 기학적 도형의 질서를 분유했기에 가능한 것이다. 하지만 이런 분유가 우리 삶과 행위를 도형적이게 만들지는 않는다. 도덕적 덕목이나 가치에 대한 인식 역시 우리의 의식 상태를 명료히 하지만 여기에 그치지 않고 더 나아가 우리의 삶과 행위를 변화시킨다는 점에서 기하학적 인식과 차이가 있다. 이렇게 차이가 생기는 이유는 윤리적 인식의 대상들이 기하학적인 도형과는 달리 우리의 삶과 행위와 유관한, 아니 그런 것과 관여해서만이 의미 있는 항목이기 때문이다. 그러므로 덕의 인식은 덕의 분유를, 즉 유덕해짐을 수반한다.

정의에 대한 인식과 달리, 정의에 관한 잘못된 믿음은 단지 우리를 진정으로 정의롭게 만들 가능성이 없음에 그치는 것이 아니라, 우리가 정의롭게 되는 데에 저해 요인이 된다. 따라서 정의롭게 되기 위해서는 이처럼 그릇된 믿음을 우선 제거해야 한다. 우리의 정신에서 속견(doxa)을 제거하는 작업은 소크라테스 논박(elenchus)의 과정을 거쳐 이루어진다. 논박을 통해 우리의 정신은 정화되며, 윤리적인 지식과 덕을 수용할 수 있는 상태에 이르게 된다. 그것은 논리적이고 인식론적인 작업일 뿐 아니라 윤리적이고 존재론적인 작업이다.

윤리적 덕목을 포함하여 실재에 대한 인식은 쉽게 얻어지지 않는다. 플라톤이 생각하는 인식이란 오랜 동안의 대화나 상기 또는 변증의 과정을 거치면서 점진적으로 도달하게 되는 정신의 상태이다. 인식의 대상은 개별적인 항(item)으로서 존재하는 것이 아니며, 인식의 상태란 일종의 비약을 통해 올라서는 영혼의 총체적 변화를 수반한다. 우리가 그의 저작들에서 근현대적 의미의 윤리학을 발견하기 어려운 이유는 여기에 있다. 현대의 윤리학자들과 달리, 심지어 아리스토텔레스와도 달리, 플라톤의 대화편 어디에서도 정형화된 윤리적 규범이나 삶의 원리를 찾아볼 수 없다. 그는 대화편의 많은 곳에서 윤리적 덕목들과 정의, 우정, 용기, 경건, 등을 대화의 주제로 삼고 있기는 하나, 이들 덕목을 한 문장으로 정의하고 대화를 끝내는 경우는 거의 없다.

다른 저술들에서와는 달리 『국가』에서는 정의를 규정함에 이르기는 하지만, 이런 규정 직후 플라톤은 그 정의가 이미 처음부터 주어져 있었다고 지적함으로써 독자를 당혹하게 한다(Rep. 432d-e). 이같은 플라톤의 지적은 그가 애초부터 정의 발견에는 별로 뜻이 없었음을 시사한다. 그는 정의를 규정하는 일 자체보다는 그런 규정에 이르는 과정에 의미를 부여했던 것으로 보인다. 이 과정은 인식의 과정이기도 하지만 더 중요하게는 인식을 통한 윤리적 정화와 수련의 과정이라 볼 수 있다.

플라톤은 진정한 존재인 이데아만이 인식의 대상이 될 수 있고, 현상계의 대상들은 단지 믿음의 대상에 그치는 것으로 구분했다. 그렇다면 진정한 존재는 우리의 삶과 어떤 관계에 있는가? 진정한 실재는 우리 삶의 기반이고 지침이다. 우리가 인식하고자 하는 이유는 실재의 모습을 확인하고 이에 따라 살고자 하기 때문이다. 광화문에서 강남으로 최단시간 내에 가려는 자는 지름길을 찾을 것이며, 그에 대한 인식을 지침으로 하여 길을 찾아갈 것이다. 존재는 우리 삶과 무관한 인식의 대상으로만 존재하는 것이 아니라, 우리의 삶과 행동을 위한 기반이 되며 힘을 발휘한다.

플라톤은, 존재나 이에 대한 인식은 우리를 움직일 수 있는 힘을 발휘한다고 보았다. 힘이 없는 실재는 공허한 허상이며, 우리의 실천이나 삶과 무관한 인식이란 실은 실재로부터 벗어나 있는 믿음에 불과한 것이다. 무엇이 진정으로 앎인지 믿음에 불과한지를 나눌 수 있는 기준은 그것이 우리의 삶을 올바로 인도할 수 있는 힘을 지니고 있는가의 여부에 있다. 인식이란 확실성의 상태이고 믿음이란 아직은 불확실성에 머물러 있다. 진정한 인식은 우리의 행위를 규제·인도한다.

소크라테스의 지행합일론은 앎에 대한 통상의 견해를 수정하라고 요구한다. 인식이란 무엇인가? 통상적으로 전형적인 인식은 명제적 인식인데, 이러한 인식은 진리, 믿음, 정당화 등 세 요소를 갖추어야 하는 것으로 정의된다.[25] 플라톤에 따르면, 인식이란 우리 영혼이 단지 정당화된 옳은 명제를 소유하는 것에 머무는 것이 아니다. 인식은 우리 영혼에 변화를 가져와야 한다. 우리의 정신은 자신 안에 새로운 무엇이 들어오면 그것을 단지 저장할 뿐 여하한 변화도 겪지 않는 설합 같은 것들과는 달리, 자신에게 유입된 것에 의해 자신을 구성하고 스스로 변모하는 존재이다. 무엇에 대한 인식을 소유하고 있다면, 우리의 영혼은 이미 그 무엇에 의해 변화되어 어떤 새로운 상태에 들어섰음을 의미한다. 우리의 정신은 총체적·통합적인 것이어서, 새로운 요소가 유입되면 전체적으로 변화하게 된다. 정신이 윤리적 지식을 취득하게 될 때, 우리가 소유하게 된 윤리적 규범들이나 가치는 우리의 행위 방식과 삶의 방식을 전면적으로 변화시킬 수 있다. 그렇지 않은 것은 진정한 의미의 윤리적 인식이라고 할 수 없다.

### 기술이나 능력으로서의 지식

플라톤이 목표했던 바가 도덕적 덕목들에 대한 명제적 정의라기보다는 존재적 지식, 즉 보편자나 본질에 대한 인식이라 한다면, 이 인식은 어떤 식으로 표현되는가? 명제적 지식은 아직 인식 주체와 명제가 기술하는 존재 간에 거리가 있음을 함의하지만 존재적 지식이란 것이 획득되었다면, 그 거리가 해소되었다고 보아야 할 것이다. 그렇

---

25) 다음 참조 : Chisholm, R., *Theory of Knowledge*, Prentice-Hall, 1977.

다면 도덕적 덕목에 대한 존재적 지식은 그 덕목에 맞게 행위할 수 있는 능력을 얻게 되었음을 의미한다. 그 지식은 이제 하나의 간명한 문장에 의해 주어지는 것이 아니라, 대화와 논박의 전 과정, 나아가 구체적 상황에서 어떻게 경건하고 정의로울 수 있는지에 관한 올바른 지식과 처신할 수 있는 능력을 통해 표출된다고 말할 수 있다.

근현대적 관점에서 지식의 종류를 분류하면, 명제적 지식(know that)과 인지적 지식(know something), 그리고 기술적 지식(know how) 세 종류가 있다. 플라톤이 추구한 덕에 대한 존재적 인식은 명제적 지식이라기보다는 기술적 지식으로 해석할 수 있다. 그리스적 사고에서 인식을 의미하는 어휘인 'epistēmē'의 동사형 'epistēmai'의 한 의미는 '무엇을 할 줄 안다'이다. 그리고 통상 '덕(德)'으로 번역되는 그리스어 '아레테(aretē)'는 순전히 도덕적 의미만을 지닌다기보다는 일종의 '기능적 탁월성'의 의미까지 포함하는 개념이다. 인간뿐 아니라 의자, 침대 등의 무생물까지도 아레테를 소유한다고 논하는 구절들을 우리는 플라톤 저서의 여러 곳에서 발견할 수 있다. 심지어 플라톤이나 아리스토텔레스는 인간이 아레테를 지니고 있다고 볼 수 있는 논거를 의자나 침대 등과의 유비에서 찾기도 한다. 의자가 아레테를 지니고 있듯이, 인간도 인간 고유의 아레테를 지니고 있을 것이라 생각한 것이다.

아레테는 '기능'이나 '역할'이라 번역할 수 있는 그리스어 '에르곤(ergon)'과 본질적으로 연관되어 있는 개념이다. 모든 사물은 저마다 에르곤을 지니는데, 에르곤을 잘 수행하기 위해서는 아레테를 갖추어야 한다. 이런 점에 대한 고려 없이 '아레테'를 '덕'으로 번역하는 것은 편의상 허용될 수는 있으나, 고대 그리스의 윤리적 사유를 상당히 오도하는 것이다. 이런 이유에서 근자의 평자들은 '아레테'를 '덕'이라기보다는 '인간적 탁월성'으로 번역할 것을 제안하기도 한다. 아레테를 탁월성으로 이해할 때, 우리는 왜 그것이 우리 삶에 이익과 행복을 주는지, 나아가 윤리적 실천에서 왜 지식이 결정적인 중요성을 지니는지를 쉽게 이해할 수 있다. 아레테와 에르곤은 사실성과 가치성을 통합한 그리스적 사고를 잘 보여주는 개념이다.

기술적 해석을 지지하는 또 하나의 논거는 플라톤이 덕에 대한 지식을 전문가의 지식에 비유한다는 점이다. 이 역시 '아레테'를 탁월성으로 이해해야 하는 근거이기도 하다. 인간의 유덕함은 장인의 경지에 이른 것과 비유할 수 있다. 의사, 항해사, 기술자 등의 장인은 의술, 항해술, 제조술 등의 기술을 통해, 질병을 치유하여 건강을 회복시켜 주며, 배를 안전하게 목적지에로 인도하고, 다양한 이기들을 만들어 생활을 편리하게 한다. 같은 식으로 유덕한 자는 도덕적 덕목 또는 인간적 탁월성에 의해 그나 타인의 삶을 좀더 좋고 행복하게 만들 수 있다.

도덕적 덕목에 대한 인식은 기술적 지식과 유사하다. 운전을 할 줄 안다는 것은 운전교본을 암기하고 있음을 의미하는 것이 아니라, 실제로 능숙하게 운전할 줄 안다는 의미다. 수영을 할 줄 안다는 것 역시 수영교본을 숙지하는 것이 아니다. 수영을 하면서 수영교본을 기억해내어야 하는 수준이라면 사실상 그는 아직 수영할 줄 모르는 것이다. 그가 교본의 수영법을 기억해내어 이를 자신의 몸과 물에 적용하는 동안 그는 이미 물에 빠져버릴 것이다. 운전이나 수영을 할 줄 안다고 말할 수 있으려면, 운전법이나 수영법을 오랜 연습을 통해 이미 습관화함으로써 체득하고 있어야 한다. 운전법과 수영법이 몸의 일부가 되는 것이다. 같은 논리로 도덕적 덕목, 가령 용기를 안다는 것은 단지 용기라는 개념이 무엇을 의미하는지 안다는 것에 그치는 것이 아니라, 다양하고 구체적인 위험 상황에서 실제로 용기있는 행위를 수행할 수 있다는 것을 의미한다. 덕이란, 또는 그리스적 개념으로 아레테란 행복하고 훌륭한 삶을 위한 기술이다.

이와 같은 삶의 기술은 어떻게 획득되는가? 항해술이나 의술처럼 전문성을 요하는 실용적 기술은 지식을 기반으로 하여 훈련과 반복에 의해 획득되고, 단순한 기술의 경우는 모방과 반복적 훈련에 의해 취득할 수도 있다. 그러나 도덕적 덕목은 최고급의 삶의 기술이기에, 내면적인 덕성이 동반되어야 하므로 단순한 훈련이나 모방만으로는 얻어질 수 없다. 유덕함이란 단지 유덕하게, 가령 용기 있게 보이는 행위를 무작정 따라 하고, 습관적으로 반복함으로써 얻어지지는 않는다. 그것은 훈련과 습관을 필요로 하기는 하되, 그 훈련은 사유와 인식의 매개에 의한 것이어야 한다. 윤리적 지식이란, 덕목의 본질에 대한 정의와 같은 일반 명제를 잣대로 하여 다양하고 구체적인 특수 상황을 판단·평가하여 덕행을 실천할 수 있는 능력, 그리고 앞에서 검토한 바와 같이 행위가 산출하는 쾌락이나 고통 등을 계산할 수 있는 측정술과 같은 것일 터이다. 이런 능력을 플라톤은 『고르기아스』에서 기하학적 평형을 찾을 수 있는 능력으로 표현한다.

플라톤은 선악에 대한 객관적 기준이 존재함에 대해 확신했으며(47a), 나아가 전문가의 비유가 시사하듯이 삶의 실용적 분야에 대해 전문가가 있을 수 있다면, 삶 전체에 대해서는 더욱 더 전문가가 있을 것이라고 믿었다(47b). 소수의 지혜로운 자나 인문학자들이 그런 전문가들이다. 플라톤은 이런 주장을 통해 삶의 길에 대한 탐구 활동을 하나의 학으로서, 즉 윤리학으로 확립하게 되는 것이다. 소크라테스가 탐구적 대화를 통해 윤리학의 이념을 제시했다면, 플라톤은 형상의 이론을 개진하여 그것의 학문적 기초를 정초했다.

### 덕목들의 논리적 구조─목적 내재적 실천

덕목 기술론과 관련하여 또 하나 유념할 것은 다음이다. 기술은 도구, 수단, 무엇을 향해 가는 길이다. 유덕함도 그런 도구나 방법적인 측면이 있기는 하다. 그것은 우리 삶의 완성을 위한, 잘 삶 (eudaimonia)을 위한 방법이요 절차이기도 하나, 다른 한편으로 그 자체로서 가치 있는 일이라 할 수 있으며, 이점에서 통상적 의미의 실용적 기술과 차별적이다. 플라톤은 『국가』에서 좋음의 세 종류를 구분한 바 있는데, 그것은 다음과 같다. 첫째, 결과가 아니라 그 자체 때문에 추구하는 좋음, 가령 무해한 쾌락의 향유가 한 예이다. 둘째, 결과뿐 아니라 그 자체 때문에 추구하는 좋음으로, 사려, 건강, 시력 등을 예로 들 수 있다. 세번째 그 자체가 아니라 그것이 주는 이익 때문에 추구하는 좋음이 그것인데, 가령 육체적 단련, 의술, 돈 버는 기술 등이 그 예들이다. 플라톤은 정의(正義)를 포함해 유덕함들이 두번째 부류에 속한다고 본다.

　우리는 유덕함의 논리적 구조를 아리스토텔레스의 구분을 통해 좀더 명료히 할 수 있다. 그는 인간의 활동을 제작술(poiēsis)과 실천 (praxis)으로 구분했다. 이 둘 사이의 가장 중요한 차이는, 활동의 목적이 어디에 있느냐에 있다. 전자는 무엇을 만들기 위한 활동이라는 점에서 그 무엇을 위한 수단적 활동이라 할 수 있는 반면, 후자는 그 활동 자체가 의미 있는, 그런 점에서 그 활동의 내부에 활동의 목적이 있는 활동을 뜻한다. 전자는 목적 외재적 활동이라 한다면, 후자는 목적 내재적인 활동이다. 달리 표현하면, 후자는 자기 목적적인 행위이다.[26) 대체적으로 'poiēsis'는 '제작술' 또는 '노동'이라고, 'praxis'는 '실천'이라고 번역할 수 있다.

　아리스토텔레스에 따르면, 후자만이 진정으로 인간적인, 그리고

---

26) 맥킨타이어는 이 구분을 원용하여 새로운 윤리설을 제안한다. MacIntyre, A., *After Virtue*, Notredame Univ. Press, 1981 참조.

인간에게만 가능한 활동으로서 전자와 전혀 다른 논리와 구조를 지니고 있다고 보았다. 일상의 실용적인 기술들이 전자의 제작술이나 노동에 속한다면, 윤리적 덕목은 후자의 실천에 속한다. 기술은 무엇을 산출하는 방법으로서, 의술은 건강을 회복시키기 위한 기술이며, 항해술은 안전한 항해를 위한 기술이다. 이런 것들은 목적이 달성되면 더 이상 필요 없다. 그러나 산책, 게임, 스포츠 경기, 등산 등과 나아가 학문적 진리탐구, 예술적 창작, 정치활동,[27] 그리고 대표적으로 윤리적 실천 등은 이를 수행하는 과정에서 즐거움과 기쁨, 그리고 가치를 창출할 수 있는 활동이다. 그런 것은 자체 내에 목적을 지닌 자체 목적적인 것으로 그 자체가 즐겁고 의미 있는 활동이다. 플라톤, 아리스토텔레스 등이 인간 삶의 궁극 목적으로 규정하는 '에우다이모니아(eudaimonia)'는 그런 자체 목적성을 지닌 활동이다. 그리스어의 이 명사는 고대 그리스 윤리사상의 중심을 차지하는 개념이다. 이들은 통상 'happiness'나 '행복'으로 번역되는데, 이런 번역은 이 개념의 의미와 그리스 윤리사상의 핵심을 오해하게 만든다. 이 어휘는 그리스어 동사 'eu prattein'의 명사형인데, 이 동사는 '잘 지낸다'는 다소 수동적인 의미를 지니기도 하나 플라톤은 여러 곳에서 '바르게 행동한다'는 능동적 의미로 사용하고 있다.[28] 에우다이모니아는 수동적인 의미이건 능동적인 의미이건 간에 만족이나 충족, 쾌적함 등의 정서를 느끼는 상태가 아니라 역동적이고 진행적인 활동성을 나타낸다.

---

27) 플라톤과 아리스토텔레스, 더 일반적으로 그리스적 사고는 학예와 함께 정치적 활동, polis 내에서의 활동을 인간에 고유한 활동으로 본다.

28) *Charm.* 172a ; *Euthyd.* 281c ; *Rep.* 353e. 이 동사는 플라톤의 주저 『국가』의 마지막 어휘이기도 하다.

# 제4장

● ● ● ● ●

# 정의의 이익

　3장에서는 플라톤 윤리학의 두 축을 이루는 것들이 인식과 이익이라고 지적하면서, 『프로타고라스』의 분석을 통해 도덕적 행위와 인식 간의 관계를 검토했다. 4장에서는 도덕적 행위, 예를 들면 정의와 이익 간의 관계가 무엇인지 살펴보겠다. 이는 『고르기아스』의 분석을 통해 이루어질 것이다. 정의와 이익 간의 관계는 지행합일론과 밀접하게 연관되어 있다. 이미 앞에서 지적한 것처럼 플라톤에 따르면, 덕목, 정의나 선행 등의 도덕적 행위는 우리에게 이익이나 행복을 제공해 준다. 따라서 이런 사실만 정확히 인식한다면, 누구라도 정의나 선행을 행할 것이라는 게 그의 생각이다. 그러므로 플라톤으로서는 인식의 힘이나 지행합일론을 견지하기 위해서 정의가 이익을 준다는 논제를 입증해야 한다. 그에게 정의나 선행은 좋은 것이고, 불의나 악행은 나쁜 것이라는 주장은 "좋은 것은 좋은 것이고 나쁜 것은 나쁜 것이다"라는 명제와 같이 거의 자명한 동어반복적인 명제였다.

　정의가 이익을 준다는 입장은 초중기 대화록에서 다양한 형태로 표현되어 있다. 이런 입장을 개진하고 있는 대표적인 대화록들 중 하나가 『크리톤』인데, 여기서는 다음과 같은 의견들이 피력되어 있다.

나쁜 일은 나쁜 일을 하는 자에게 나쁘다(*Cri.* 49b). 그래서 악을 악으로 복수하는 것은 나쁘다. 대중들은 사람들을 현명하게도 우둔하게도 만들 수 없으므로, 그들은 다른 사람들에게 이익은 물론 해도 주지 않는다. 즉 지와 이익 간에는 논리적 연관성이 있으며, 우리는 대중들의 행위에 의해 해를 입지 않는다. 그들은 그럴 수 있는 위치에 있지 않다. 정의는 이익을 가져다 준다(onīnēsin, *Cri.* 47e). 정의로운 삶이 살 가치가 있는 삶이다. 정의를 아는 자는 지식이 있는 자이다. 지식을 갖춘 자는 소수이다. 대다수의 대중은 무지하다. 남에게 입은 피해를 악으로 갚는 것도 나쁘다. 여하간에 나쁜 일을 하는 것은 나쁘다(*Cri.* 49b) 등.

또 하나 중요한 대화록은 『국가』 1권과 『고르기아스』이다. 『국가』의 입장은 본서의 여러 곳에서 논의되었으므로 본 장에서는 『고르기아스』의 논의를[1] 살펴보기로 한다. 이 대화록에서의 논의는 자연적 정의와 관습적 정의의 구분, 윤리적 차원에 대한 주장, 철학적 삶의 당위, 쾌락에 대한 새로운 입장, 인식의 중요성 등과 연관되어 있다.


## 1. 관습적 정의와 자연적 정의

### 철학적 삶에 대한 칼리클레스(Callicles)의 비판

소크라테스는 『고르기아스』에서 "불의를 행함이 불의를 당함보다 부끄럽다(aischron)"는 논제를 논증하려 한다. 그의 논쟁자인 칼리클

---

1) *Gorgias* 461b–481b 참조.

레스는 이를 반박하기 위한 전 단계로, 관습적 정의(kata nomon)와 자연적 정의(kata phusin)를, 즉 관습에 따른 정의와 자연에 따른 정의를 구분한다(*Gorg.* 483a). 자연이나 본성[2]에 비추어서는 불의를 당함이 더 부끄러운 일이며, 소크라테스가 주장하는 바대로, 불의를 행함이 더 부끄럽다고 여겨지는 것은 단지 관습상의 기준에 의해서라는 것이다(483a). 불의를 당하고도 이를 견디는 것은 사람의 자연적 본성에 따르는 일이 아니다. 불의나 모욕을 당하고도 이를 견디는 것은, 살아 있기보다는 죽는 것이 나은 노예나, 스스로를 방어할 수 없는 사람에게나 적합한 일이라는 것이다.

법과 관습은 우리로 하여금 불의를 당하고도 '이를 참으라, 정의로 대하라'고 하나, 법과 관습을 만든 사람들은 약자들로서, 이들이 약자임에도 법과 관습을 제정할 수 있었던 것은 단지 이들의 수가 더 많아서일 뿐이다. 이들은 수의 힘을 빌려 법을 제정하고 자신의 이익을 위주로 칭찬과 비난의 기준을 설정하여 강자를 억압하면서, 강자가 약자를 이용하고 착취함은 불의이며 부끄러운 일이라고 억지를 부린다는 것이다. 하지만 인간의 자연스러운 본성의 관점에서 보면, 유능한 자가 무능한 자를, 강자가 약자를 통치하고 그들보다 많이 갖는 것이(archein kai pleon echein, 483d) 올바른(dikaion) 일이며, 그것이 자연의 법이다(kata nomon ton tēs phuseōs, 483e).

다수의 약자들은 우리들 중에 가장 강하고 탁월한 자들을 어린 사자처럼 길들인다.[3] 약자들은 어릴 적부터 주술과 마법을 사용하여

---

2) 그리스어 'phusis'나 영어의 'nature'는 모두 '자연' 또는 '본성'으로 번역될 수 있다. 아마도 '자연적 본성'이라고 번역하는 것이 가장 적합할 것이다.

3) 여기에서 개진된 칼리클레스의 입장은 니체에게 영향을 준 것으로 보인다. 니체의 『도덕의 계보』 제1시론 11절 ; 『차라투스트라는 이렇게 말했다』, iii, 12.1, iv 11, iv 20. 및 Dodds, E. R. ed., *Plato : Gorgias*, a Revised Text with Introduction and Commentary, Oxford : Clarendon Press, 1959, Appendix 참조.

그들에게 약한 사람들과 똑같은 몫을 갖는 것이 좋고 옳은 것이라는 억지를 주입하면서 그들을 철저히 노예화한다. 그러나 때가 되어 강자들이 충분한 힘을 기르게 되면, 모든 사슬을 깨부수고, 자연에 반하는 주술과 법들을 짓밟으며, 자신들이 주인임을 선언할 것이다. 그런 때가 되면 자연의 정의(to tēs phuseōs dikaion, 484b, c)가 지배할 날을 위한 서광이 비추일 것이다. 약하고 열등한 자의 소유물들이 강하고 탁월한 자에게 귀속됨이 자연의 정의이기 때문이라는 것이다(484c).

칼리클레스는 자연의 정의가 진정한 정의임을 설파한 후에, 이어서 철학을 비판한다(484c-486d). 유년이나 청년기에 철학을 공부하는 것은 좋은 일이다. 철학은 그들을 교육시키고 자유로운 정신을 품게 한다. 그러나 성인이 되어서도 철학에 몰두하여 이를 벗어나지 못한다면, 그는 세상 사는 법, 계약하는 법, 인간사의 즐거움 등에 무지한 결과 남의 조롱거리를 면치 못할 것이니, 그런 사람은 채찍을 맞아 당연하다. 그런 자는 도시의 중심에 서지 못하고 변두리를 배회하며 몇몇 젊은 친구들과 시간을 허비하며 살아갈 것이다. 그러다 어느 누가 그를 무고하여 법정에 서게 되면, 그는 당황하여 아무 말도 못할 것이다. 그래서 그를 무고한 자가 설령 악당들일지라도 무고의 결과 사형이 언도되더라도 그는 억울한 죽음을 맞을 수밖에 없다는 것이다. 따라서 철학이라는 장난감은 이제 어린이들에게 물려주고 도시에서 명예와 부를 쌓을 수 있는 재주를 익히도록 하라며 칼리클레스는 소크라테스에게 충고한다.

철학적 삶을 이처럼 도발적으로 조롱함에도 소크라테스는 주눅이 들기는커녕, 자신이 진정으로 황금과 같은 영혼을 가졌는지를 시험해 볼 좋은 시금석을 만났다면서 기꺼이 지적 도전에 응한다(486d-508c).

철학자에 대한 기술에서 우리는 플라톤이 누구를 염두에 두고 있는지를 금시 알아 챌 수 있다. 그는 칼리클레스를 통해 스승의 삶을 검토하면서 그의 삶을 옹호하고, 나아가 당위성을 설파하려는 것이다. 플라톤에게 윤리적 문제는 매우 구체적이고 절실한 문제였다. 소크라테스는 그의 윤리적 사유의 출발점이다. 하지만 소크라테스의 죽음은 플라톤을 딜레마적인 상황에 처하게 했다. 플라톤은 자신이 태어나서 누릴 수 있었던 가장 중요한 행복으로 아테네에서 태어난 것, 그리고 소크라테스를 만난 일이라고 고백했음을 지적한 바 있다. 그런데 그 아테네가 소크라테스의 순교를 원한 것이다. 과연 아테네가 바른 결정을 내린 것이었는가? 아니면 소크라테스가 옳은 길을 간 것이었는가? 후자라면 그 이유는 무엇인가? 과연 올바른 삶의 길은 무엇인가? 등이 플라톤의 윤리적 문제였다.

그는 이 문제에 대해 두 가지 방식으로 답했다. 첫번째 방식은 소크라테스가 아테네의 법정에서 행한 말을 『변론』에 기록함으로써, 소크라테스 스스로 자신의 삶을 변호하게 하는 것이었다. 두번째 방식은 『고르기아스』에서의 논의를 통한 것인데, 칼리클레스로 하여금 소크라테스와는 반대되는 입장을 강력하게 개진하게 한 후, 소크라테스를 되살려 이를 논박하게 함으로써 스승의 삶을 변호한다. 칼리클레스가 아테네의 다중들보다 더 정연하고 체계적으로 논지를 전개해 나가는 이론가임을 고려한다면, 그의 강한 반론을 논파하고 소크라테스의 입장을 방어할 수 있을 때, 후자의 입장은 더욱 설득력을 지니게 된다.

### 자연적 정의의 규명

칼리클레스가 주장하는 자연적 정의란 무엇인가? 즉 "강자가 약자를 이용하고 그들보다 많이 갖는 것이 옳은 것이다"라는 주장의 내용은 무엇인가? 우선 칼리클레스의 입장을 정확히 규정할 필요가 있다(486d-491c). 그의 주장은 좀더 강한 자가 약한 자의 재산을 강탈해야 한다거나, 좀더 좋은 자가 보다 나쁜 자를 지배하는 것, 또는 좀더 탁월한 자가 열등한 자보다 유리한 위치에 있어야 한다는 등의 내용으로 해석될 수 있다(488b). 이에 대해 소크라테스는 '보다 좋음(beltious, ameinous)', '보다 탁월함(kreittous)', '보다 강함(ischuroterous)'이 동일한 것을 의미하는지의 여부를 칼리클레스에게 확인하자, 그는 이들이 동일하다고 응답한다. 그렇다면 다음과 같은 삼단논법이 성립한다.

집단 또는 다수는 자연적 관점에서(kata phusin) 개인보다 더 강하므로, 다수의 법이 개인의 의지보다 강하다.
보다 좋음은 좀더 강함을 의미한다.
그렇다면, 다수의 법은 좀더 좋은 것이다.

그런데 다수의 법에 따르면, 모두가 동일한 몫을 갖는 것(to ison echein)이 정의이며, 그리고 악을 범하는 것이 악을 당하는 것보다 나쁘다. 다수의 법은 자연의 법이기도 하고, 관습의 법이기도 하다. 그렇다면 악을 행함이나 남보다 많이 가짐은 관습의 관점에서뿐 아니라 자연적 관점에서도 나쁘다. 따라서 관습과 자연은 상반되는 것이 아니다.

소크라테스의 이런 논박에 대해 칼리클레스는 논거를 바꾸면서, '탁월함(kreittous)'은 '신체적으로 강함'을 의미하는 것이 아니라 '보다 나음(beltious)'을 의미한다고 주장한다. 그렇다면 그것은 '보다 지적임(tous phronimoterous)'을 의미하는 것이며, 이런 지적 우월성을 지닌 자를 우리는 전문가라고 말한다. 그런데 전문가들은 일정 분야에서 권위 있는 자들이지, 더욱 많이 갖고 있는 자들은 아니라며 소크라테스는 새로운 반론을 개진한다.


## 2. 쾌락주의의 검토

### 돌의 삶과 마도요새의 삶

다시 칼리클레스는 '보다 탁월한 자들'을 재규정하는데, 그런 자들이란 제화공, 요리사, 의사 등과 같은 거친 기술자들이 아니라, 국가의 일을 어떻게 운영할지에 관해 지혜를 지니고 있을 뿐 아니라, 영혼의 유약함으로 머뭇거림 없이 남자답게 자신들의 의사를 강력히 관철시킬 수 있는 사람들을 의미한다고 항변한다(491a–b). 이에 소크라테스는 우선 이 탁월한 자들이 자신을 지배할 수 있는 자, 즉 그들의 격정을 통제할 수 있는 자인지를 묻자, 칼리클레스는 용기와 지성의 올바른 사용법은 쾌락에 대한 욕망을 억누르는 것이 아니라, 그를 최대한 충족시키는 것이라고 응수한다. 이런 응수는 쾌락주의에 대한 검토로 논의를 이끌어간다.

방종(akolasia)을 비난하는 사람들은 단지 자신의 격정을 분출시킬 수 있는 수단이나 용기가 없어서이다. 그럴 수 있는 힘과 수단을 상속받았거나 소유한 자는 '정의'나 '자기 절제' 따위의, 약자의 덕을 표현하는 어휘에 속지 않고, 자신의 욕망을 마음껏 채우면서 즐거운 것들을 최대한 향유하는 삶을 누릴 것이다. 절제와 정의의 덕을 노래하는 자들은, 스스로 욕망을 충족시킬 수 없는 자신들의 무능과 비겁함을 감추기 위해서 그러할 뿐이다. 자유, 방종, 풍요 그것이 진정한 탁월함(aretē, 492c5)이며, 진정한 행복은 거기에 있다(491a–492c)고 칼리클레스는 주장한다. 이런 입장에 따르면, 욕망을 억누르지 말고 오히려 최대한 키우고, 충족시켜야 하며, 이와 반대의 삶을 살며 욕망을 억누르는 자는 돌과 시체의 삶을 사는 것이다(492e).

이런 쾌락론에 대해 소크라테스는 반대 의견을 개진하며 나름대로 신랄하게 응수한다(492d-493d). 현자들에 따르면, 영혼에는 입문한 영혼과 입문하지 못한 영혼이 있다. 욕망은 입문하지 못한 영혼을 서식지로 삼는데, 이런 영혼은 끊임없이 술을 부어넣어도 채워지지 않는 구멍 뚫린 포도주통과 같은 존재로서, 이런 영혼을 소유한 자들은 하데스에서 바보들의 삶을 영위한다. 이들은 신념도 없고 망각증도 심하여 무엇도 지니지 못한다. 이들의 영혼은 새는 포도주통과 같아서 욕망이 충족될 수 없다. 따라서 항상 불만스러워하며 가장 비참한 자의 삶을 영위할 수밖에 없다는 것이다. 절제력이 강한 사람은 주어진 것에 만족하고 더 이상 욕심을 부리지 않는 데에 반해, 무절제하고 탐닉적인 사람은 끊임없이 새로운 욕망을 추구하면서 갈증과 고통을 느낀다.

이들 중 과연 어떤 삶의 방식이 더 나은가? 이런 추궁에 칼리클레스는 전자의 절제적인 사람은 누릴 수 있는 쾌락이 별로 없으므로, 그런 자의 삶은 살아 있는 자의 삶이 아니라, 아무 것도 느낄 수 없는 돌이나 시체의 삶과 같은 것임을 다시 강조하며 맞선다. 오히려 욕망 충족의 과정이 고통스럽더라도, 끊임없이 쾌락을 갈구하면서, 이를 추구하는 자의 삶이 더 좋은 삶이라는 것이다.

소크라테스는 철학적 삶이 돌의 삶이라는 비판에 대해, 칼리클레스가 옹호하는 그런 자의 삶은 끊임없이 탐식하는 마도요새의 삶과 같다고 다시 맞받아친다. 후자의 삶이 좋은 것이라면, 가령 온 몸에서 끊임없이 가려움을 느끼는 사람은 가려움을 긁어 시원함을 느낄 기회가 무한하니 행복한 삶을 산다고 할 수 있어야 할 것이다. 이런 귀결은 부조리하다. 이런 삶의 부조리함을 인정한다면, '쾌락=좋음'의 등식을 주장하는 칼리클레스의 입장은 새로 검토되어야 한다 (494a-495b). 이를 위해서는 좋은 것으로 간주될 수 있는 쾌락의 종류가 어떤 것인지를 따져보아야 한다고 소크라테스는 제안하나, 칼리클레스는 이를 귀담아 들으려 하지 않는다.

### 쾌락의 질적 구분

이상에서의 소크라테스 논변을 비유에 의한 논박이라 할 수 있다. 이런 논박에도 칼리클레스가 주장을 굽히지 않자 소크라테스는 다른 방향에서 새로운 논의를 전개한다. 논리적 논변이 그의 새로운 전략이었다. 그는 칼리클레스를 논리적으로 논파함으로써 원래의 쾌락주의를 수정하게끔 몰아세우려 하는 것이다. 그 두 논리적 논변은 다음과 같다.

**제1논변**(495e-497d)

좋음과 나쁨은 동시에 동일한 사람에 속하지 않는다.

그러나 동일한 사람이 쾌락과 고통을 동시에 느낄 수 있다.

따라서 쾌락과 고통은 반대가 아니다.

하지만 좋음과 나쁨은 반대의 것이다.

그러므로 쾌락은 좋음과 다르다.

**제2논변**(497d-499b)

좋은 사람은 남자답고(andreios) 지혜롭다(phronimos).

비겁하거나(deilos) 어리석은(aphrōn) 사람은 남자답거나 지혜로운 사람
　보다 나쁜 사람이다.

그러나 비겁하거나 어리석은 사람은, 남자답거나 지혜로운 사람 만큼, 또
　는 그들보다 좀더 쾌락과 고통을 누리고 겪는다(498b7).

칼리클레스의 견해에 따르면, 사람을 좋게 만드는 것은 쾌락의 존재와 고통의 결여이다(498e2).

그러므로 칼리클레스의 견해에 따르면, 보다 나쁜 사람이 보다 좋은 사람만큼 좋기도 하고 나쁘기도 하며, 아마 그보다 더 좋은 사람일 수도 있다.

역시 비유보다는 논리가 설득력이 있어, 칼리클레스는 드디어 소크라테스의 논변에 승복하고 쾌락주의를 일부 수정한다. 그의 새로운 입장은 모든 쾌락이 아니라 일부의 어떤 쾌락은 다른 것보다 좋은 것이라는 제한적 입장이다. 이는 쾌락에 질적인 구분이 있다는 점을 인정하는 것이다. 그러자 소크라테스는 또다시 다음의 세번째 논변을 전개한다.

### 제3논변(499b-503d)

좋은 쾌락이란 좋음을 산출하는 쾌락이다.

모든 행동은 좋음을 목표로 해야 하므로, 쾌락을 추구하는 경우에도 쾌락 자체를 위해서가 아니라 좋은 것을 얻기 위해서 추구해야 한다.

그런데 좋은 쾌락과 나쁜 쾌락을 구분하는 것은 전문가(technitēs)의 일이다.

결국 쾌락주의에 대한 논의는 쾌락의 질적 구분이 필요하며, 이를 위해서는 일정한 종류의 지식이나 기술이 필요하다는 결론에 도달한 것이다. 진정으로 좋은 것이 무엇인지, 그리고 진정으로 이익이 되는 것이 무엇인지를 알기 위해서는 일종의 지식이나 기술이 필요하다. 그러면 진정한 전문 기술이란 무엇인가? 이에 플라톤은 우선 진정한 기술(technai)과 경험적 기술(empeiriai)을 구분해야 한다는 단서를 단다.

## 탁월성의 지배─윤리적 차원의 존재

지식에 대한 플라톤의 견해를 검토하기 전에, 우선 이상의 논의를 정리하고 그 함의를 생각해 보자. 칼리클레스는 정의를 관습적 정의와 자연적 정의의 두 종류로 구분하며 후자가 진정한 정의라 주장하고 있다. 우선 그가 지지하는 자연적 정의의 정확한 내용을 확정할 필요가 있다. 자연적 정의론에는 각 개인들로 하여금 가능한 모든 수단을 동원하여 최대한 욕구를 충족시키도록 허용해야 한다는 욕망충족론의 입장과, 엘리트가 지배해야 한다는 엘리트주의적 입장 두 가지가 혼재되어 있다.

욕망충족론의 입장을 부각시키고 추구할 때, 인간은 본성적으로 이기적이고 욕망충족적이라는 자연주의적 입장에 기초한 다양한 윤리설이 나올 수 있다. 이런 입장은 비단 칼리클레스만 표명한 것이 아니라, 서양 윤리학사에서 여러 형태로 등장한 바 있다. 『프로타고라스』편에서 논의된 쾌락주의, 에피쿠로스의 절제적 쾌락주의, 공리주의, 근대의 복지국가론, 현대의 자유주의 윤리설 등이 그러한 것들이다. 특히 공리주의는 개인들이 본성적으로 쾌락을 최대화하고 고통을 최소화하려 한다는 인간 본성론을 기반으로 하고 있다. 근대의 국가론은 개인들이 무한 욕구를 지니거나 자신의 권익을 쟁취하려 하는 이기적인 존재라는 논제를 국가 구성원리로 삼으며, 롤즈나 노직 등 현대 자유주의적 윤리설 역시 개인들이 이기적인 존재로서 사회의 1차적 재화를 가능한 한 많이 갖기를 원한다는 전제에서 출발한다.

플라톤은 인간의 이런 측면을 부정하지는 않으나, 다른 동물과는 차별적인 존재로서 좀더 고차원적인 측면을 지니고 있으며, 이것이 인간의 고유한 본성에 속한다는 입장이다. 인간 역시 동물이기에 자연적인 생존을 도모해야 하지만, 윤리성이나 도덕성의 측면이 인간 본성의 주축을 이룬다는 것이다.

칼리클레스의 입장을 엘리트주의로 이해할 때, 그의 사상은 니체가 초인의 사상에서 말하는 황금갈기의 사자론에서 극적인 모습을 띄게 된다.[4] 이는 개인들 또는 근대적 다중들의 이기심과 탐욕에 대한 비판적 입장을 내포하며, 이런 비판은 민주주의 비판으로 확장될 수 있다. 나아가 새로운 형태의 귀족주의나 엘리트주의에로까지 발전할 수 있다. 그런데 역설적인 사실은 엘리트가 갖추어야 할 것을 무엇으로 보느냐에 따라 칼리클레스의 엘리트주의적 입장은 플라톤이 지향하는 입장과 동일해질 수도 있다는 것이다. 플라톤 역시 다중에 의한 지배보다는 탁월한 사람에 의한 통치가 훌륭한 정치를 가능하게 하여 다중들의 영혼을 고양시킬 수 있다고 본다. 하지만 그는 통치자의 탁월성을 도덕적 탁월성, 즉 정의와 절제에 대한 의식에 두었다는 점에서 칼리클레스의 엘리트주의와 다른 모습을 보인다.

사자의 탁월성을 운위한다는 점에서, 칼리클레스의 입장은 두번째 것처럼 보이나, 점차 그의 입장은 욕망충족론이나 쾌락주의적 입장으로 변모한다. 하지만 플라톤은 욕망과 쾌락에 대한 논의를 통해 다시 지식과 절제의 중요성을 부각시킨 후, 이어 쾌락의 경우만이 아니라 삶 전체에서 지식과 절제의 중요성을 지적한다. 최종적으로 그는 올바른 통치의 길과 정치술을 논의하면서 개인적 삶에서만이 아니라 정치에서도 절제, 질서, 그러므로 지식의 중요함을 강조한다.

『고르기아스』에서 플라톤의 논의는 외형적으로 볼 때 칼리클레스

---

4) 『도덕의 계보』 참조. 니체의 이 저서에 나오는 황금갈기 사자에 대한 논의는 플라톤의 『고르기아스』편 칼리클레스의 논변에서 온 것으로 보인다. 이에 관해서는 Dodds, E. R., 위의 저서, pp. 387-391 참조.

의 입장을 논박하는 것처럼 보인다. 하지만 논의를 주의 깊게 따라가 보면, 후자의 입장을 전적으로 부정하기보다는, 변증법적으로 발전시키고 재해석하는 것으로 이해할 수 있다. 칼리클레스의 자연적 정의론은 소크라테스적 정의의 길로 귀결될 가능성을 내포하고 있는 것이다. 강자 또는 탁월한 자가 더욱 많이 가져야 하기는 하나, 소유되어야 할 것이 재화가 아닌 통치력이라면, 탁월한 자가 지배해야 한다는 데에 플라톤은 동의할 수 있다. 그러나 진정한 의미의 탁월성이란 물리적 힘이나 군사적 탁월성이라기보다는 지적·윤리적 탁월성 또는 철학적 탁월성을 의미한다. 그런 탁월성을 지닌 강자나 탁월한 자는 자신의 영혼을 통어하여 절제와 정의를 갖출 수 있는 사람이며, 나아가 타인들과, 심지어 하늘과 땅, 신들과도 연대성 및 친애적 관계를 맺을 수 있는 자이다. 강자가 좀더 많이 가져야 한다는 자연 정의론을 이렇게 이해할 때, 이는 철인왕의 이념과도 일맥상통할 수 있다.

## 3. 좋은 삶과 기하학적 평형

### 좋은 정치술과 기하학적 평형

다시 플라톤의 논의를 따라가보자. 플라톤은 쾌락에 대한 논의에서 지식의 중요성을 인지시킨 후 논쟁을 새로운 단계로 진입시킨다. 우리의 문제는 삶 전체의 문제, 과연 어떻게 살아야 하는가(hontina chrē tropon zēn, 500c 3)이다. 이에 답하기 위해서는 이미 논의한 바대로, 좋음과 쾌락을 엄격히 구분해야 한다는 점에 칼리클레스가 동의한다.

삶의 문제와 관련하여 정치술의 성격을 규정할 필요가 있다. 아리스토텔레스가 설파했듯이 인간은 정치적 동물이다. 고대 그리스에서의 정치적 삶은 개인의 삶에 직접적이고 내적인 영향력을 끼치는 것이었다. 음악이나 연극들은 단지 관객들을 즐겁게 할 것만을 목적으로 한다. 플루트 연주, 주신제의 합창곡, 비극 등이 그러한 것으로, 이들은 아부술(阿附術, kolakeia, 502c)이라 분류할 수 있다. 특히 비극은 언어라는 매체를 사용하여 대중들의 비위를 맞추려 하는 대중적 수사학(rhētorikē dēmēgoria, 502d)의 일종이다.[5] 같은 논리로서 정치적 연설 역시 일종의 아부술이라 할 수 있다고 소크라테스가 폄하하자, 이에 대해 칼리클레스는 이론을 제기한다. 모든 정치 연설이 그런 것이 아니라, 어떤 연설가들은 동료 시민들의 선(善)을 목표로 한다. 그런 연설가들의 구체적 예로, 그는 테미스토클레스(Themistokles), 키몬(Cimon), 밀티아데스(Miltiades), 페리클레스(Pericles) 등을 든다. 주지하다시피 이들은 투키디데스(Thucydides)와 대부분의 아테네인들에 의해 존경받을 만한 연설가이자[6] 정치가들로 평가되는 인물들이다.

플라톤은 이들에 대해 비판적이다. 이들은 시민들에게 전함과 성벽을 선사하고 더욱 부유하게 했을지는 모르나, 시민들의 영혼을 보다 탁월하게 하지는 않았다는 점에서 올바른 정치 연설가들이 아니다. 그러면 훌륭하고 전문성이 있는(agathos kai technikos) 정치 연설가는 무엇을 해야 하는가? 우리는 도덕적 또는 정신적 건강을 신체적 건강에 비유해 볼 수 있다. 올바른 기술자는 자신이 생산하고자

---

5) 당시 비극은 민중(demos)의 신인 디오니서스(Dionysus)를 위한 축제의 일환으로 상연되었다고 한다. Powell, P. P., *Classical Myth*, 3rd. ed. pp. 277-282, Prentice Hall, 2001 ; Hornblower, S. & Spawforth, A. eds., *The Oxford Classsical Dictionary*, 'tragedy'항 참조.

6) 고대 그리스사회는 소규모 도시국가였다. 당시에는 대중매체라는 것이 없어, 시민들을 직접 설득해야 했으므로, 정치가에게 연설 능력은 대단히 중요했다.

하는 것에 대한 설계도를 지니고 있어야 하며, 그래서 그가 작업하는 대상에 일정한 모습 또는 형상(eidos, 503e4)[7]이나 질서(taxin, 503e7)를 부여해야 한다. 의사가 환자의 건강을 회복시키기 위해서 환자의 몸에 질서를 부여하듯이, 정치가들도 시민들이 정의와 절제를 갖게 하기 위해서 그들의 정신에 질서를 부여해야 한다는 것이다.

이런 주장이 개진되자, 칼리클레스는 토론에 참여하기를 거부한다. 이에 소크라테스는 주위의 동의를 얻어 혼자서 논변을 펼친다. 이 논변은 인간의 좋음과 행복은 절제에 달려 있음을 입증하려는 것으로 다음과 같다(506c5-507a3).

모든 탁월성(aretē)은, 그것의 소유자가 도구이건, 유기체이건, 또는 정신이건 간에 질서나 조화(taxis, kosmos)에 의존한다.
인간 정신에서 이런 질서나 조화는 절제(sophrōn)이다.
그러므로 인간적 탁월성(aretē)이나 좋음(agathos)은 절제에 달려 있다.

이어 소크라테스는 절제적 인간이 행복함을 논변한다(507a 4-c 7).

또한 절제적 인간은 경건하고 정의로우며 용감하다. 그는 모든 점에서 좋고 훌륭하다.
좋고 훌륭한 사람은 잘 산다(eu prattei).
잘 사는 사람(ho eu prattōn)은 행복한(makarion kai eudaimona) 사람이다.
좋은 사람은 행복하다.
그러므로 절제적인 사람은 행복하다.

---

7) 플라톤철학의 중심 이론은 형상(形相)론, 에이도스(eidos)론이다. 그리스어 'eidos'는 사물들의 모습 또는 형상을 의미한다. 플라톤이 말하는 형상은 눈으로 보는 모습이 아니라 정신의 눈, 사유의 눈으로 보는 사물의 모습을 의미한다.

도덕적 덕목을 갖춘 사람이 잘 살고 행복하다는 것이다. 즉 도덕적 덕목이나 행위는 그 자체로도 좋은 것이지만, 우리에게 구체적이고 실질적인 이익과 행복을 준다. 간단히 말하면 옳게 사는 사람이 잘 사는 사람이다.

이와 반대로 절제력이 없이 욕구를 무한히 충족시키고자 하는 사람의 삶은 어떠한가(507c8-508c3)? 정의나 절제가 없는 사람들, 그래서 자신의 욕망을 억제하지 못하고 이를 무한히 충족시키려는 사람은 도둑의 삶을 사는 것이며, 신이나 인간의 공동체에서 설 자리가 없다. 누구도 그와 함께 살려 하지(koinonia) 않을 것이며, 그와 우정(philia)을 나누려는 사람도 없을 것이다. 하늘과 대지, 신들과 인간은 연대감과 우정(koinonian, philian)에 의해, 그리고 질서(kosmiotēta)와 절제(sōphrosunēn)와 정의(dikaiotēta)에 의해 통합되어 있으며, 이런 원리로 통합되어 있기에 우주 전체가 질서 있는 것(kosmos)이라 불린다.

칼리클레스의 문제점은 무엇인가? 그는 기하학에 소홀했기에, 즉 기하학적 형평성(hē isotēs hē geōmetrikē, 508a)의 힘이 신들과 인간들 사이에서 위대한 일을 해낼 수 있다는 사실을 깨닫지 못했기에, 과욕(pleonexia)을 충족시켜야 한다고 주장했다. 절제와 정의와 질서는 기하학적 형평성에 의해 실현된다. 결론적으로 행복한 사람이 행복한 것은 정의와 절제 때문이며, 악한 자가 비참한 삶을 살게 되는 것은 무절제와 악 때문이다. 그렇다면 올바른 연설가나 정치가라면 불의와 악을 당하는 것보다 그를 범하는 것이 더 나쁘다는 논제를 인정해야 할 것이다(508c).

### 퓌시스와 노모스의 연속성
플라톤은 윤리적 삶에서 타자와의 관계가 중요함을 강조하며, 천

지와 신, 그리고 인간 간의 올바른 관계를 위해 연대성과 우정이 갖추어져야 함을 역설한다. 인간이 공동체적인 존재라는 사실, 정치·사회적 공동체만이 아니라 우주적 공동체의 일부라는 사실은 누구나 인정할 것이다. 우리는 이 공동체의 다른 존재들과 무관하게 살 수는 없다. 공동체의 일원이라는 말은 단지 같은 공간에 거주한다는 것 이상으로, 그 공간 내의 다른 구성원들과 교호작용을 하면서 산다는 것을 의미한다. 정치적 공동체뿐 아니라 우주 속에서 자신의 위치를 파악하고, 그 속의 다른 존재들과 적절한 관계를 유지하는 것이 올바른 삶의 길이다. 도덕성이란 자신의 존재방식을 정확히 인지하여 그에 따라 삶의 길을 조절하는 것이라 할 때, 도덕성을 지니지 않으면, 그런 공동체의 일부가 될 수 없을 뿐만 아니라, 인간으로서의 존재성이나 정체성을 확보할 수도 없다.

이런 공동체적 윤리와 관련하여 우리는 다음의 몇 가지를 지적할 수 있다. 우선 고대사회에는 전반적으로 근대적 의미의 개인이라는 개념이 없거나 희박했다는 점이다. 적어도 도덕적 주체로서의 개인 개념은 정신의 발전사가 더 지속되어 근대에 이르러서야 확고하게 개념화된 것으로 볼 수 있다. 그럼에도 쾌락주의를 논란의 대상으로 삼고 인간의 공동체성을 새삼 강조하는 것은 그리스사회의 특이성 때문이다. 고대사회 일반과는 달리 그리스사회는 사유재산권,[8] 정치적 권리[9] 등과 관련하여 일찍 정치적 주체로서의 개인의 개념이 형성되었다고 여겨진다. 『고르기아스』에 나오는 칼리클레스의 강자 지

---

8) Fustel de Coulanges, *The Ancient City : A Study on the Religion, Laws, and Institutions of Greece and Rome*, Doubleday Ancor Books, 1873(불어판 : 1864).

9) 그리스의 민주주의를 생각해 보라. 그리스의 democracy는 demos-kratia로, demos의 정치 참여를 의미하는 것이다. demos는 어느 정도 개인성의 개념을 담고 있으나, 이 어휘의 주된 의미는 계층적인 것으로 보는 것이 정확할 것이다.

배론이나, 『국가』에서의 트라쉬마코스 등 강자 정의론은 이런 징후를 시사한다. 플라톤은 개인의 정치성이나 사회성을, 나아가 인간이 우주 공동체의 구성원임을 강조함으로써 그런 경향에 제동을 걸려 했던 것으로 이해할 수 있다.

인간 삶의 공동체성에 대한 믿음은 피타고라스학파나 엠페도클레스의 영향으로 볼 수도 있을 것이다. 우주의 구성원들을 연결해 통합성을 확보하는 원리로 제시된 연대성 또는 공동체성(koinonia)은 피타고라스적인 개념이며, 친애(philia)라는 개념에서 우리는 엠페도클레스의 영향을 읽어낼 수도 있다.[10] 그러나 인간이 정치공동체의 일원이며, 나아가 자연과 공감적 존재라는 믿음은 고대에 상당히 오랫동안 견지되며 전승되어 왔다. 고대 주술사회에서부터 인간과 자연은 존재 원리를 공유함은 물론, 이들 내부에는 내적인 기운이나 움직임을 공감할 수 있게 하는 어떤 매질 같은 것이 흐르고 있다는 자연관이 형성되어 있었다. '자연(nature)'을 의미하는 그리스어 '퓌시스(phusis)'는 근대인들이 생각하는 'nature'와는 전혀 다른 의미를 지니고 있었다. 그것은 비생명적인 물질의 총체라기보다는 일종의 생기나 성장하는 힘이 흐르는 세계로서, 이런 기운이나 힘이 인간과 자연 모두에 관류하여 매질의 역할을 하고 있기에 인간과 자연 간의 공감성이 가능하다는 것이 고대들의 오래된 믿음이었다. 영혼과 신은 퓌시스가 분화하여 형성된 것이었다.[11]

칼리클레스는 자연에 따른 정의와 관습에 따른 정의를 구분하고서, 후자의 정의를 따라야 한다고 주장한 바 있다. 칼리클레스에 따르면, 후자가 약자의 정의에 불과하다면, 전자는 강자의 정의라는 것

---

10) Dodds, E. R., 위의 책, p. 337.

11) Cornford, F. M., *From Religion to Philosophy*, Harper & Row, 1957. (남경희 역 : 이화여대 출판부), 제3장.

이다. 그의 구분은 자연의 질서와 관습적 규범이 다름을 전제한다. 그러나 인간이 친애에 의해 자연이나 우주와 통합된 우주적 공동체의 일원이라 한다면, 자연적 정의와 관습적 정의는 일관적이고 한 종류의 것이어야 한다. 자연계를 주재하는 정의 원리와 인간 사회를 주재하는 정의 원리는 동일하다. 이런 믿음 하에서는 당연히 자연(phusis)과 관습(nomos)이 구분될 수 없다. 관습과 법은 자연에 기반해야 하나, 자연의 질서(phusis)는 관습적 질서(nomos)가 우주에 투영되어 형성된 것이었다. 질서 잡힌 우주를 의미하는 코스모스(kosmos)는 원래 도시의 행정구역 구분을 의미하는 정치적 개념이었다.[12]

도덕은 우주적 성격을 지니며, 우주는 도덕적 성격을 지닐 수밖에 없다. 인간과 우주 자연을 지배하는 질서는 동일한 것이다. 고대의 전(前)철학적 사유에서는 '필연＝운명＝정의'의 등식 관계가 성립한다.[13] 철학적 사유의 단계로 이행함에 따라 그리스적 사유는 좀더 자연주의적이고 논리적인 모습을 갖추어 나가지만 이런 등식의 기본 골격은 유지되었던 것으로 보인다. 단 좀더 정련된 형태를 취하고 이성적인 언어의 옷을 입게 되었을 뿐이다. 우리는 이런 전승의 흔적을 플라톤의 진정한 원인(aitia)과 보조적 원인(sunaitia)의 구분과 선의 이데아라는 개념, 그리고 아리스토텔레스의 목적론적인 세계관[14] 등에서 발견할 수 있다.

칼리클레스의 주장을 다음과 같이 이해할 수도 있을 것이다. 현재의 사회는 약자의 도덕을 택함으로써 자연의 정의에 반하는 원리를 따른 것이다. 자연적 정의는 강자 지배를 처방하며, 강자의 정의 원리

---

12) Cornford, 위의 책, p. 53.
13) Cornford, 위의 책, 제1장.
14) 플라톤의 경우 『파이돈』, 『티마이오스』, 『국가』, 아리스토텔레스의 경우 『니코마코스 윤리학』, 『형이상학』 참조.

를 택함으로써 자연계와 인간 사회를 하나의 일관된 정의 원리가 주재하는 통합체로 만들 수 있을 것이라는 것이 그의 의도일 수 있다.

플라톤 역시 두 세계가 하나의 통합된 정의 원리에 의해 주재되어야 함에 대해 반대하지 않을 것이다. 그러나 그는 다음과 같이 다른 논리를 펼쳐 반론할 수 있다. 현재의 사회는 자연스러운 것, 자연의 순리에 따라 형성된 것으로, 기본적으로 자연 정의의 원리에 따라 구성되었다. 그러므로 우주를 주재하는 정의 원리와 사회를 구성하는 정의 원리는 일관된 것이다. 단 자연계에서와 달리 인간 세계에서는 정의가 실현되기 위해 절제와 지혜가 필요하다. 인간이란 다른 존재들과는 달리 과욕을 부릴 수 있는 존재이기 때문이다. 칼리클레스가 운위하는 강자란 남보다 많은 몫을 요구함으로써 실은 자연 정의의 원리에 반하는 삶을 영위하는 자이다. 과욕은 악이다. 과욕은 자연스럽지 못하다. 과욕은 우주적 평형을 깨기 때문이다. 우주와의 자연스러운 조화나 통합성을 위해 인간에게 필요한 것은, 그런 과욕이 요구하는 바대로 욕심을 충족시키는 것이 아니라, 오히려 이를 적절히 절제하면서 타인들과 정의와 평형 관계를 이루는 것이다.

정의와 평형성은 어디에서 오는가? 이는 일종의 평등에서 온다. 그런데 적절한 평등이란 무조건적인 산술적 평등이 아니라 관여 요소를 감안한 기하학적 평등이다. 기하학적 평등은 비례적 평등을 의미하는 것으로, 산술적 평등과 대비된다. 산술적 평등이 모두에게 동일한 몫을 배분하는 것인 반면, 기하학적 평등은 각자에게 적합한 것을(to prosekon hekastois, *Laws* 757b-c) 배분함을 의미한다. 기원전 4세기에 이르러 기하학적 평등의 개념이 중요해지면서, 그리스사회에서는 이것이 분배적 정의의 원리로 간주된다. 이런 평등성의 개념은 피타고라스학파에 의해 처음 형성된 것으로 알려져 있고, 플라톤 이전에 이소크라테스(Isocrates)에 의해 언급된 바 있다.

플라톤은 산술적 평등 원리를 채택하는 민주주의를 같은 자나 다른 자에게 모두 동일하게 배분하는 무정부적 뒤범벅이라고 혹평한다(*Rep*. 558c). 기하학적 평등을 실현하기 위해서는 각자에게 적절한 몫이 무엇인지, 그 합리적인 몫을 산출하기 위해 관여되고 고려해야할 요인들이 무엇인지를 가려내야 한다. 이런 계산과 판단을 위해서는 지식이, 자세히 말하면 관여 요인들을 반영하여 각자의 몫을 계산할 수 있는 측정술이 필요하다. 이 같은 『고르기아스』의 결론은 『프로타고라스』의 결론, 즉 쾌락에서 측정술이 중요하다는 결론을 재확인해 주고 있다.

### 좋은 삶의 길과 옳은 정치술-칼리클레스 최후의 반박

대화의 끝머리로(508c4-509c5) 가면서 소크라테스는 원래의 주제가 불의를 당하는 것이 불의를 행하는 것보다 과연 나쁜가의 문제임을 상기시키며, 불의를 행함은 불의를 당하는 피해자뿐 아니라 자신에게도 나쁜 것임을 다시 한번 확인한다. 그리고 진정 사람다운 사람의 삶에 대한 자신의 견해를 밝히면서, 그런 삶이 언젠가는 높이 평가받을 것임을 신화를 통해 희망하며 대화를 끝맺는다.

불의에 관한 소크라테스의 입장을 다시 들어보자.(511a4-513c3). 불의를 행함보다는 불의를 당함이 더 나으나, 후자도 전자와 같이 나쁜 것임에는 틀림이 없다. 그러므로 이 양자로부터 벗어날 수 있다면 더 없이 좋을 것이다. 불의를 행하지도 않고, 자신을 방어하여 불의를 당하지 않으려면, 힘이나 기술(dunamin tina kai technēn, 510a)이 있어야 할 것이다. 그 힘은 어떤 종류의 것인가? 그 힘은 불의를 행하는 자의 힘과 같은 그런 종류의 것이 아니다. 폭군의 불의로부터 자신을 방어하거나, 그에 보복하기 위해 그와 같은 종류의 힘을 구사한다면, 결국 폭군과 다름없는 존재가 되고, 그런 힘은 그 힘을 소유하고 행사하는 자 자신의 영혼을 오히려 사악하게 만들 뿐이다 (511a).

나아가 그런 식의 길을 택한다면, 그것은 삶의 목표를 되도록 오래 사는 것, 그리고 위험으로부터 생명을 보전하는 것이라 보는 것인데 (511c), 인간다운 삶의 목표는 그런 것이 아니다. 인간의 삶은 동물의 삶과는 달리, 단지 많은 것을 소유하고 오래 사는 것과는 차원이 다른 목표를 지니고 있다. 우리가 원하는 힘은 그런 삶의 목표를 이루게 할 수 있는 어떤 종류의 지식, 즉 삶의 올바른 길에 대한 지식이다.

삶의 보존과 생존을 위해 도움을 주는 기술들은 많고 다양하다. 의술, 조타술, 제조기술 등. 그러나 이들이 우리 삶에 도움을 주는 것은 분명하지만 인간의 삶을 인간답게 하는 데에는 본질적인 기여를 하지 않는다. 건강이나 수명은 대체로 운명의 소관사이고, 물질적 풍요는 통상 기술에 의해 이룰 수 있는 것들이다. 실용적인 기술을 지닌 자들은 훌륭한 정치가만큼 중요하고 우월한 기술을 지닌 자로 평가받지 않는다. 만약 정치의 기술이 단지 우리 재산을 보호하고 생명을 보호하는 데에 목적을 둔다면 그것은 기술자나 조타수의 일과 다를 게 없으므로 정치의 기술이 조타술이나 의술보다 우월한 것이 될 수 없다.

윤리학이나 정치술 역시 일종의 지식이고 기술임에 분명하다. 하지만 그것은 다른 기술과 달리 특별한 평가를 받는데, 이들이 이런 특별한 평가를 받는 이유는 무엇인가? 윤리학이나 정치학은 우리의 삶을 보다 아름답고 훌륭하게, 그리고 좀더 인간답게 만들 수 있어야 한다. 고귀하고 훌륭한 것(to gennaion kai to agathon)은 목숨을 구하고 구해지는 것과는 다른 차원의 것이다(512d). 진정 사람다운 사람(ton hōs alethōs andra)은 오래 사는 데에 관심을 두지 않고, 자신에게 주어진 삶을 최대한 훌륭하게 사는 방법[15]을 숙고하며, 그 목표를 실현하기 위해 특별한 노력을 기울인다. 윤리학과 정치학은 바로 이런 인간 고유의 가치를 실현하려 노력한다는 점에서 다른 종류의 기술들과 다르다.

이들 지식이나 기술의 역할을 고려할 때, 진정 훌륭한 정치가로 평가받고자 한다면, 우리 삶을 물질적으로 풍요하게 만드는 것에 그치는 것이 아니라, 정신적으로 발전하도록 노력해야 한다. 세인들에 의해 탁월한 정치가라고 평가받는 이들은 단지 시민들에게 부와 권력만을 증대시켜 주었을 뿐, 그들 삶의 질을 개선하지 않았다. 단지 오래 살거나 타인들의 호감을 얻기 위해 동료 시민들의 정신 상태에 자신을 동화시키고 여론이나 권력자에 아부하는 것은 너무 비싼 대가를 치르는 것이다.

시민들의 교육과 영혼의 개선, 또한 영혼에 질서를 부여하여 폴리스 내의 조화 및 우주와의 조화를 이루게 하는 것, 그것이 진정 훌륭한 정치가의 역할이다. 몸에 탈이 났을 때 조리사보다 의사가 중요하듯이, 정치가는 정신의 삶에서 의사 역할을 해야 한다는 것이다. 진정한 정치가 역할은 시민들을 즐겁게 해주며 아부하기(kolakeia)보다는, 그들이 훌륭하게 되도록(hopōs hōs beltiston estai, 513e) 배려하는 것이다. 이런 훌륭함이 없이는 정치가가 시민들에게 부와 권력을 안겨주더라도 그들의 삶에 아무 도움이 되지 않는다(513e).

이런 기준에 비추어 이제 칼리클레스가 언급한 네 명의 정치가를 다시 평가해 보자(515d). 그들은 과연 아테네의 시민들을 교육시켜 좀더 훌륭하게 만들었는가? 플라톤은 이 물음에 대해 회의적이다. 그들은 시민들의 질병을 치유하는 의사라기보다는, 주인의 몸과 욕망에 진정으로 좋은 것이 무엇인지 전혀 알지도 못한 채 단지 그의

---

15) tin' an tropon touton hon melloi chronon biōnai hōs arista biōe, 512e.

환심을 사기 위해 급급한 시종이나 종복과 같은 존재였다(518c). 그들은 시민들에게 전함들, 성벽들, 조선소 등을 마련해 주었다는 점에서는 이후의 다른 정치가들보다 나은 종복(diakonoi, 517b)이었다고 인정할 수 있다. 그러나 시민들의 욕망을 다른 방향으로 이끌어 그들이 좀더 훌륭한 삶을 살게 했는지에 관해서는 후대의 정치가들과 별로 다를 바가 없다(517b). 그들을 훌륭한 정치가라고 칭찬한다면, 이는 마치 요리사를 의사로 간주하는 것과 같다. 요리사는 몸의 욕망을 고치기보다는 입을 즐겁게 해주는 것을 목표로 하며, 이들은 몸의 욕망을 분별없이 충족시켜 병들게 하고 결국 환자가 갖고 있던 정상 체중마저 잃게 만든다(518c). 플라톤은 이들 네 정치가가 시민들을 교육하여 개선시키지는 않고 정의와 절제에 대한 고려 없이 항구와 병기창과 성벽 등 무의미하고 어리석은 짓거리(phluaria, 519a) 등으로 도시를 가득 채웠을 뿐이라고, 신랄하게 혹평한다.

정치가들은 자신들이 베푼 봉사와 이룬 업적에도 불구하고, 시민들이 등을 돌리고 그들을 비난하면, 자신들이 오랜 동안 베푼 소중한 봉사를 잊고 은덕을 모른다고 불만을 털어놓는다. 그러나 정치가들이 자신들이 통치한 국가의 국민들에 의해 부당하게 비난받거나 명예가 실추되는 경우는 전혀 없다. 시민들로부터 비판을 받게 된다면, 그것은 그들 자신의 업보일 뿐이다. 그들이 정치가의 본무를 수행하여 국민들을 훌륭하게 만들었다면 시민들이 등을 돌릴 리 없을 것이기 때문이다(519c). 그들은 마치 학생들에게 궤변을 가르쳐 결국 그 학생들의 궤변에 사기당하는 소피스트들과 같다.

이런 통렬한 비판에 대해 칼리클레스는 소크라테스가 위험(시민들의 분노)을 자초하고 있다고 경고하자, 소크라테스는 그런 조짐을 예기하고 있으며 죽음도 각오하고 있다고 선언한다. 이어 플라톤은 소크라테스가 진정한 정치술을 시도한 거의 유일한 사람이었음을 시사한다(521d). 소크라테스는 시민들에게 즐거움보다는 좋은 것을 제공하고자 했으며, 그래서 그의 처지는 조리사에게 고소당하여 어린이들로 구성된 배심원들에 의해 심리받고 있는 피고와 비슷하다고 비유한다. 조리사는 의사를 고소하며 비난하길, 후자가 어린이들의 질병 치료를 위해 그들을 자르고, 태우고, 쓴 약을 먹이고, 굶기기까지 했다고 중상한다. 이때 의사가 할 수 있는 말은, 그것은 그들의 건강을 위해서라는 말 뿐일 것이라는 것이다.

앞에서 지적한 바와 같이, 플라톤은 『고르기아스』에서 소크라테스의 행적을 더욱 적극적으로 변호한다. 소크라테스는 옳고 좋은 삶의 길을 아테네 시민들에게 전하고자 했으며, 그런 점에서 페리클레스 등보다 훌륭한 정치가, 실로 진정한 정치의 기술을 베푼 유일한 정치가라는 평가를 내린다.

### 최후의 심판

플라톤은 대화록을 끝맺음하기 전에 하나의 신화를 전한다. 올바르고 훌륭한 삶을 영위한 자는 죽은 후 복자의 섬에 자리잡고 행복하게 살며, 불의를 범하며 산 자들은 타타로스(Tartarus)[16]의 토굴로 기어들어가 업보를 갚으며 참회의 삶을 살아야 하는 게 신들의 법이다. 그런데 이전에는 죽을 자들이, 살아 있는 마지막 날에, 그리고 산 자들에 의해 심판받게 했는데, 이런 재판방식은 부당하고 불공정한 평결을 결과했다.

제우스는 부적절한 심판방식을 교정했다. 이런 방식이 유지되는 한, 불의한 영혼을 지닌 자들은 멋있는 몸매와 출신 배경, 그리고 재

---

16) 그리스적 연옥이나 지옥. 그리스의 지옥은 복수적이라기보다는 교정적이고 억제적이다. Dodds, E. R., 위의 책 참조.

물로 자신들의 불의를 위장하여 심판에 출두하는 증인들을 속이거나 영향을 준다는 것이다. 더 중요한 문제는 심판자들 자신이 눈과 귀 등의 감각 기관에 의하여 몽매해진 영혼으로 평결을 내린다는 점이다(523c-d). 이에 제우스는 우선 심판받을 자들이 자신이 언제 죽을지 모르도록 해야 하며, 두번째로 그들은 물론 재판관들도 벌거벗은 영혼으로 서서 심판을 받도록 조치했다. 그리고 심판이 이루어지는 장소는 이제까지 걸어왔던 삶의 길이 죽음의 두 길로 갈라지는 곳, 즉 복자(福者)의 섬으로 떠나는 길과 악인들의 토굴로 떨어지는 길로 갈라지는 초원에서 이루어지도록 했다. 그렇게 함으로써 제우스는 인간 삶에 대한 공정한 심판이 이루어지도록 했다고 전한다.

# 제3부

## 정신의 지향성

P L A T O N

● ● ● ● ● ●

# 제5장

# 에로스와 아름다움의 이데아

## 1. 『향연』과 『파이돈』

인간 삶의 본래 모습은 어떤 것이며, 어떻게 살아야 좋은 삶이 이루어지는가? 인간 삶에 대한 관심은 플라톤이 자신의 모든 대화편에 걸쳐서 견지하고 있는 것이기는 하나, 특히 초 · 중기의 실천적인 대화편들에서 그는 이에 대한 해답들을 적극적으로 찾고자 시도하고 있다. 본 장에서는 『향연』의 입장을 검토해 보고자 한다. 이 대화록은 표면적으로 에로스, 즉 사랑을 논의의 주제로 삼고 있으나, 플라톤은 이를 통해 인간 정신의 기본적인 성향을 규명함으로써 삶에 대한 물음에 답하고자 했다. 이 저서는 철학적으로 깊은 통찰을 보여주고 있지만, 문학적으로도 아름답고 풍부한 내용을 담고 있어 철학 분야뿐 아니라 문학의 영역에서도 고전적 위치를 점한다. 이 저서의 원 제목인 'Symposium'은 현대어로 '학술토론회', '학술발표회' 등을 의미하지만 그리스어의 의미로는 '함께(sym, sum) 마신다(posium)'는 뜻을 지니고 있다. 그래서 이 저서는 흔히 『향연』 또는 『잔치』라고 번역되곤 한다. 하지만 고대 그리스에서 향연은 단지 음주가무를 위한 여흥의 자리에 그치는 것이 아니라, 담론과 토론의 장이기도 했다.

　내용상으로 이 저서의 배경이 되는 때와 장소는 잔치판이다. 이 대화편의 한 등장인물인 아가톤(Agathon)이 문학 경연대회에서 승자가 되었는데, 그를 축하하기 위해 친구들이 잔치를 벌이면서 대화를 전개해 나간다. 그리스인들은 이런 축하연에서 음주가무를 즐기는 것에 머물지 않고, 지적인 대화의 잔치를 벌인다. 고대 그리스의 관습에 따르면, 이런 자리에서는 좌장이 있어 두 가지를 정한다. 하나는 술의 강도이고, 다음은 대화의 주제이다. 『향연』에서는 담론 주제가 에로스로 결정되었고, 잔치의 참석자들은 돌아가면서 에로스에 관한 각자의 견해를 개진한다. 그런데 각자의 이야기는 서로 무관하거나 단속적인 것이어서는 안 되고, 다음의 화자는 이전의 이야기를 비판 또는 보완하여 계기적으로 연결되도록 함으로써, 주제에 관한 참여자들의 논설이 전체로서 하나의 통합적인 담론이 되도록 해야 한다.

　이런 철학적 향연의 과정을 거치면서 각자의 지혜는 계곡물처럼 높은 곳에서 낮은 곳으로 흘러 풍부해지면서 가득해지고, 모두가 공유할 수 있는 것이 된다. 심포지엄에 참여한 사람들의 몸은 술에 취해 잠에 빠져드나, 그들의 영혼은 지적인 담론에 도취하여 비상하게 된다. 그러므로 'sum-'의 의미는 공간적으로 함께 있음을 넘어서서, 계기적으로 전개되는 각 에로스론의 지류들이 흘러들어 넓고 수량이 풍부한 하나의 강물을 형성함을, 또한 그 속에서 그들의 정신이 하나가 됨을 의미하기도 한다. 이를 가능하게 하는 에로스는 말하자면 잔치에 참여하고 있는 모든 사람의 정신을 관류하면서 하나의 집단의식으로 엮어내고 있는 공감적 연속체이다.[1]

　『향연』과 이 저서 직후에 저술된 대화편 『파이돈』은 삶과 죽음에 관한 완벽한 2부작을 이룬다. 이 양자는 시간, 장소, 분위기, 스타일, 등장인물, 나아가 주제와 제시되는 삶의 방식 등에서 대조를 이룬다. 『파이돈』은 소크라테스의 생애 마지막 날과 죽음이 배경이 되는데, 이런 점에서 소크라테스의 생애과 연관된 『유티프론』(소크라테스의 법정 출두), 『변론』(재판정에서의 자기 변호), 『크리톤』(유죄 판결과 감옥생활에 대한 그의 소회)과 4부작을 이루는 것으로 평가되어왔다. 그러나 내용적으로는 오히려 『향연』과 긴밀한 연관성을 맺고 있으며, 저술의 시기로 보아서도 서로 가깝다.[2]

『향연』은 아가톤의 수상 축하연으로 저녁에서 새벽까지 대화가 이루어지고, 떠들석하고 즐거우며 코믹하고 에로틱한 향연의 자리이다. 문학적인 스타일을 지니고 있으며, 등장인물들도 아가톤, 아리스토파네스 등 문학가들이거나 아폴로도로스, 알키비아데스 등의 젊은이들이다. 공식적인 주제는 삶과 영혼의 원리로서의 에로스로서, 에로스를 삶의 원리로 하여 삶의 이상이 실현될 수 있다는 논제가 설파된다. 대화는 주제에 걸맞게 다양한 화자들이 등장하여 역동적으로 전개되는데, 이를 통해 플라톤은 자신의 문학적인 능력을 충분히 과시하고 있다. 삶의 이상은 에로스를 추동력으로 하여 단계적으로 상승해 가면서 미의 이데아를 인식하는 것이다. 『파이돈』에서 삶의 이상이 인식적이고 도덕적이었음에 비해, 이곳에서는 예술을 포함하여 삶의 다양한 활동들에 의미를 부여하는 방향에서 삶의 목표가 설정된다. 대화는 깊은 밤까지 진행된 후 드디어 모두가 향연

---

1) 공감적 연속체의 개념에 관해서는 Cornford, F. M., *From Religion to Philosophy*, Harper & Row, 1957, 제3장 참조.

2) Guthrie, W. K. C., *A History of Greek Philosophy, Vol. 4 : Plato : The Man and His Dialogues—Earlier Period*, p. 365, Cambridge Univ. Press, 1962–1982 : Ross, W.D., *Plato's Theory of Ideas*, Oxford, 1951.

을 마치고 잠에 골아떨어졌다. 이어 새벽이 되면서 새날을 맞게 되고 소크라테스는 신들에게 기도를 드리러 가면서 대화편은 끝을 맺는다.

『파이돈』은 우선 시간과 공간에서 대조적이다. 이 대화편의 시공은 소크라테스가 독배를 마시는 날 새벽부터 저녁까지, 그가 갇혀 있는 감옥이다. 철학자가 삶의 최후, 죽음을 마주하는 자리로서, 슬프고 엄숙하며 비극적일 수 있는 분위기이다. 대화의 장소도 흥겨운 주연의 자리와 상반되는 어두침침한 감옥이다. 소크라테스는 이런 자리에서 논리적이고 이성적인 논변으로 미지의 죽음을 해명하려 한다. 대화 참여자들은 피타고라스학파의 철학자들이며, 플라톤도 참석한 것으로 기술되고 있다. 삶의 중심이자 주체라 할 수 있는 영혼이 불멸성을 통해 죽음을 넘어설 수 있는지의 여부가 대화의 주제이다. 생명의 약동을 느끼게 하는 에로스와 대조적으로, 이성에 의해 형상들을 정관함(phronēsis)이 삶의 이상으로 제시된다. 인간의 영혼은 인간이 살아 있는 동안 신체라는 감옥에 갇혀 있는 바, 영혼의 이상은 그런 감옥에서 벗어나는 것이며, 그런 점에서 영혼의 수양을 목표로 하는 철학활동은 죽음에의 연습이라고 소크라테스는 설파한다. 인간은 이성과 논리를 통해 죽음을 극복해야 한다는 것이다. 영혼 불멸을 입증하려는 네 갈래의 논변을 개진한 후, 드디어 저녁시간이 되어 소크라테스는 독배를 마시고 죽음이라는 깊은 잠 속으로 빠져들어가면서 대화록은 끝을 맺는다.

우리는 두 대화록을 다음과 같이 대조할 수 있다: 『향연』이 삶, 삶과 정신의 원리, 젊음, 역동성, 불완전성, 감성과 아름다움, 생동적인 에로스와 밝은 낮의 윤리학이라면, 『파이돈』은 죽음, 죽음과 이성의 의미, 정태성, 완전성, 논리성과 이성, 정관적인 프로네시스(phronēsis)와 차분한 밤의 윤리학이다. 전자는 신체와 정신의 조화,

후자는 신체로부터의 정신의 해방을 역설하고 있다.


## 2. 에릭시마코스의 에로스론-사랑은 우주적 원리

『향연』은 플라톤의 통상적인 저술 형태인 대화체라기보다는 향연의 참여자들이 각각 자신의 에로스론을 전개하는 형태로 이루어져 있다. 에로스론을 전개하는 참여자들은 파이드로스(Phaedrus : 178a-180b), 파우사니아스(Pausanias : 180c-185c), 에릭시마코스(Eryxima-chus : 185e-188c), 아리스토파네스(Aristophanes : 189a-193d), 아가톤(Agathon : 194e-197e), 소크라테스(Socrates : 201d-212c), 알키비아데스(Alcibiades : 215a-222b) 등이다. 여기서는 이들 가운데 주요 세 화자인 에릭시마코스, 아리스토파네스, 소크라테스의 사랑론을 검토해 보도록 하겠다.

첫번째 논자는 파이드로스이다. 그는 우선 에로스가 신들 중에서 가장 나이가 많으며 존경받는 신으로, 인간의 삶에서 최선의 것들을 산출하게 하는 신임을 주장한다. 그리고 오직 사랑하는 사람들만이 타인을 위해 자신을 희생한다며 사랑예찬론을 펼친다. 뒤이어 파우사니아스는 모든 에로스가 좋은 것이 아니라, 에로스에는 좋은 에로스와 나쁜 에로스가 있다고 구분함으로써 파이드로스의 에로스론을 수정 비판한다.

### 퓌시스와 에로스

다음 세번째 차례는 아리스토파네스이나, 그가 딸국질을 하는 바람에 에릭시마코스가 대신하는데, 그는 사랑론을 통해서 아리스토파네스의 딸국질을 고쳐주겠다고 나선다(185e-188c). 사랑은 물론이거니와 사랑에 대한 로고스(logos)까지도 정신과 신체의 질병에 대한 치유력이 있다는 시사이다. 그는 사랑에 두 종류가 있음을 인정하는 한편, 사랑론을 우주적 차원으로 확대, 발전시킨다. 에로스는 단지 인간에게 국한된 힘이 아니라, 모든 생명체의, 나아가 우주적 차원의 원리라는 것이다. 그것은 인간뿐 아니라 만유(萬有)를 주재하는 힘이다. 의학은 신체 안의 상반되는 요소들, 따스함과 차가움, 쓴 것과 단 것, 습한 것과 마른 것들을 조화롭게 하는 에로스에 관한 기술이며, 음악은 고저, 장단, 완급의 리듬을 조절하는 에로스를 이해하는 데에 그 전문성이 있다. 신체 조련이나 농사 짓는 일 역시 마찬가지이다. 좋은 에로스가 세상을 주재하면 만물 속의 다양한 요소들이 절제적이 되어서 건강을 제공해 주며, 나아가 절제, 정의, 행복이 사회에 가득할 것이나, 방종한 에로스가 지배하게 되면 재난과 질병, 그리고 불의가 결과한다는 것이다.

고대 그리스인들은 우주 자연이 역동적이고 활성적인 생기로 가득한 살아 있는 존재라고 믿었다. 그리스어에서 자연을 의미하는 퓌시스라는 개념은 자라나는 것, 살아 있는 것이라는 의미가 함의되어 있다. 이는 만유를 움직여가는 힘 또는 이런 힘에 의해 움직여지는 자연 전체를 칭했다.[3] 이 퓌시스의 작동에 의해 만물들이 생성하고 계절의 변화에 따라 꽃이 피며, 신록이 눈부시게 우거지고, 나무는 열매를 맺으며, 동물들은 짝짓기를 통해 번식한다. 고대에는 생물과 무생물의 구분이 없었고, 모두 이 퓌시스의 힘에 의해 움직인다고 생각했다.

고대인들에게 가장 기초적인 구분은 토테미즘적인 것으로서 어느 토템을 모시는가에 따라 세계가 구분, 분류되는데, 동일한 토템 공

---

3) Cornford, F. M., 위의 책, 제3장 참조.

간에서는 인간과 동물들, 나아가 우주나 자연의 부분들까지도 연속되어 있었다.[4] 그러다 기계적인 운동과 생물적인 운동이 구분되는데, 원소의 개념이 등장하는 것은 그때이다. 아마도 자연철학자들의 기여는 바로 이런 기계적 운동의 개념을 형성하고, 이를 생명적인 힘으로부터 구분한 일일 것이다. 플라톤은 생명의 세계를 움직이는 힘을 푸쉬케(psuchē) 또는 에로스라 불렀다.

퓌시스는 푸쉬케와 연관되어 있는 개념이다. 통상 영혼을 의미하는 푸쉬케 역시 정신적인 것이라기보다는 인간을 포함한 모든 생명체를 움직이는 생기의 원리로서 일종의 미세한 물질과 같은 것이라 믿어졌다. 호메로스 시대 그리스인들의 믿음에 따르면, 사람들을 포함한 생명체들이 탄생할 때에 자연 속에 있는 생기가 신체 속에 들어오며, 죽음이란 그 생기적 푸쉬케가 신체에서 빠져나와 자연으로 되돌아가는 현상이었다. 그런 점에서 고대 그리스에서 퓌시스와 푸쉬케는 동일한 종류의 것이었다.[5] 호메로스 시대에는 아예 영혼이라는 개념이 없었으며,[6] 자연철학자들의 시대에도 이 개념은 형성과정에 머물러 있었다. 사유와 행동의 주체로서의 영혼 개념이 확립된 것은 소크라테스 시대에 이르러서이다.[7]

에릭시마코스의 에로스론은 우주 자연이 생기로 가득한 세계라는 고대 그리스의 전승된 믿음을, 에로스 개념을 빌려 표현하고 발전시

---

4) 토테미즘에 관해서는, Levi-Strauss, C., *The Savage Mind*, The Univ. of Chicago Press, 1966 (불어판 1962) ; Levi-Strauss, C., *Totemism*, Beacon Press, 1963 (불어판 1963) ; 프로이트, 『토템과 타부』 등 참조.

5) Cornford, F.M., 위의 책, 제3장.

6) Snell, B., *Die Entdeckung des Geistes*, Goettingen, 1955.

7) Havelock, Eric, 위의 책 ; Vernant, J. P., *Myth and Thought among Greeks*, Routledge and Kegan Paul, 1983 ; Nussbaum, M. C., "Psyche in Heraclitus, 1" in Irwin, T., ed. *Philosophy Before Socrates*, A Garland Series, 1995.

킨 것으로 볼 수 있다. 그런데 에릭시마코스는 에로스를 역동적 생성과 변화의 원리일 뿐 아니라, 조화와 선(善)의 원리라고 본 점에서 기존의 퓌시스 개념보다 진일보한 견해를 제시하고 있다. 이 같은 발전은 엠페도클레스의 영향을 엿보게 한다. 엠페도클레스는 우주가 두 운동 원리, 즉 사랑과 미움에 의해 주재된다고 보았는데, 후자는 분리와 갈등과 부조화를 야기함에 비해 사랑은 원소들을 결합시켜 만유를 탄생케 하고 우주만물 간의 원리를 이루게 한다는 것이다. 에릭시마코스가 말하는 좋은 에로스와 방종한 에로스는 각각 엠페도클레스의 사랑과 미움에 대응하는 것으로 이해할 수 있다.

## 우주적 에로스

에릭시마코스의 에로스론과 관련하여 우리는 세 가지 사항을 주목할 필요가 있다. 첫째, 인간을 지배하는 원리와 자연세계를 지배하는 원리가 동일하다. 둘째, 우주에 선과 미에로 지향하는 성향이 있음을 지적함으로써 우주를 목적론적으로 파악하고 있다. 자연의 변화는 기계적인 것이 아니라 목적과 가치를 지향하는 변화이며, 따라서 그 변화는 인간의 지성으로 이해할 수 있는, 인간의 관점에서 긍정적인 변화이다. 셋째, 그는 학문과 기술을 에로스론과 연관하여 정의하는데, 그에 따르면, 만유에 편재하는 사랑의 힘을 연구하는 것이 각각의 학문과 기술의 목표라는 것이다. 각 학문의 성격은 방법의 차이나 어떤 분야를 연구하느냐에 따라 결정되기는 하나, 이들 학문의 목적은 단지 우주의 질서를 아는 것에 그치지 않고, 그 질서를 산출하는 좋은 에로스를 알아 우주의 조화와 정의를 실현하는 데에 있다.

의학은 몸을 주재하는 사랑의 원리를, 음악은 소리의 조화를 산출하는 에로스의 원리를 연구하여 실현하려 한다. 이런 학문관은 근현대의 정태적 학문관과 대조를 이룬다. 근현대적 학문관은 자연에 불변의 원소나 법칙이 있다고 보고 자연운행의 기초를 이루는 정태적인 법칙을 탐구하여 인식하는 것이다. 또 기술은 이를 발견하여 원용하는 2차적 위치에 있다. 에릭시마코스의 학문관이 동태적이고 실천적임에 비해 근대의 학문은 정태적이고 인식 지향적이다.


## 3. 아리스토파네스의 에로스론-잃어버린 반쪽을 찾아서

### 원(原)인간의 신화

과연 에릭시마코스의 로고스는 치유력을 발휘하여 아리스토파네스의 딸꾹질을 멈추게 했고, 이에 그가 사랑론의 바통을 이어받는다 (189a-193d). 말은, 특히 사랑에 관한 좋은 말은 정신뿐 아니라 신체의 병까지도 치유할 수 있다. 그는 우선 사랑의 힘을, 그리고 인간이 그 힘에 얼마나 많은 빚을 지고 있는지를 알고자 한다면, 인간의 본성과 역사를 알아야 한다고 설파한다. 태초에는 세 종류의 인간, 즉 남성, 여성, 자웅동체가 있었다. 이들의 신체는 모두 둥근 모습을 하고 있었는데, 머리는 하나이나, 네 팔과 네 다리를 휘저으며 다니되, 야누스와 같이 앞뒤로 두 얼굴, 네 개의 귀와 네 개의 눈들, 나아가 두 개의 생식기를 지니고 있었다. 통상적으로는 서서 다녔으나 빨리 달릴 경우에는 여덟 개의 사지를 이용하여 수레가 구르듯이 내달려 나갔다는 것이다. 남성은 태양에서, 여성은 대지에서, 그리고 자웅동체는 달에서 나왔기에 둥근 모습을 하고 있었다.

이들은 자신들의 힘을 과신하여 신에게 도전하게 되었고, 이에 격노한 제우스는 이들을 파멸시키려 하다가 생각을 바꾸었다. 그는 자신들에게 희생물을 바칠 수 있는 숭배자들을 제거하기보다는 이들의 힘을 약화시키기로 한 것이다. 이들을 반으로 잘라서 하나의 얼굴, 두 팔과 두 다리만 지닌 반쪽의 존재로 전락시킨 것이 제우스가 내린 징벌이었다. 그리고 그들의 얼굴을 자른 쪽으로 돌려 붙이고 피부를 늘려 잘린 단면을 덮어 지금의 배꼽 있는 곳에서 봉합을 했다는 것이다.

이렇게 하여 반쪽의 생을 살 수밖에 없게 된 이들은 다시 결합하고 싶은 열망에서 자신의 반쪽을 찾아다니고, 그를 만나면 생존의 노력도 포기한 채 그 반쪽을 껴안고 떨어지지 않아 굶어죽을 지경이 되었다. 이를 가엽게 여긴 제우스는 그들의 생식기관을 앞으로 옮겨 이성, 즉 남녀끼리는 접합하여 생식을 할 수 있게 했고, 동성끼리는 적어도 결합의 충만감을 느낄 수 있게 해주었다. 제우스의 자비로운 수술 이전에 그들은 메뚜기처럼 땅에다 사정하고 배란하여 생식을 했다. 자웅동체였던 원(原)인간이 잘려 생긴 반쪽들은 이성간의 사랑을 하고, 남성이었던 원인간이 잘려 생긴 반쪽들은 남성 동성애자(gay)가, 여성 원인간의 반쪽들은 여성 동성애자(lesbian)가 되었다는 것이다.

아리스토파네스의 사랑론에 따르면, 에로스란 이렇게 잃어버린 자신의 반쪽을 찾아서 이전의 온전한 존재로 되돌아가려는 열망이다. 그래서 한쪽이 자신의 반쪽을 찾게 되면, 그 애정이 너무도 간절하고 지극하여 결코 떨어지려 하지 않으며 평생을 함께 있으려 한다는 것이다.

### 인간적 에로스

아리스토파네스 사랑론의 함의는 무엇인가? 에릭시마코스의 사랑론이 우주적 관점을 취하는 것과는 대조적으로 그는 인간적 관점에서 에로스를 논의하고 있다. 에로스는 원래의 상태로 회복하고자 하는 것, 단지 원래 인간 자신의 모습을 찾고자 하는 열망에 머무를 뿐 그 이상도 이하도 아니다.

　그러나 에로스를 통하더라도 원래의 상태로 완전히 회복될 수 있는 것은 아니다. 인간은 에로스에 의해 이전의 반쪽 자아와 결합할 수는 있으나, 그런 결합이 이전의 원형적 인간 상태로의 복귀를 실현시켜 주지는 않는다. 에로스의 힘에 의해 성적으로 결합할 수 있기는 하나, 그것은 단지 일시적인 것에 머무를 뿐이다. 에로스에 의한 인간들의 결합체는 원형이 아니라 원형을 회복하고자 하는 반쪽들의 안타까운 몸짓일 뿐이다. 하지만 완전한 인간이 되지 못하는 대신, 그들은 자손을 낳아 어느 정도 영속성을 성취함으로써 결합의 미흡함을 메울 수는 있다. 에로스는 인간으로 하여금 신적이고 우주적 지위에 이르게 하지는 못하나, 일시적이나마 신체적인 결합을 이루고, 자손을 낳아 시간적으로 어느 정도 지속적인 삶을 누릴 수 있게 한다.

　에릭시마코스에 따르면, 에로스는 우리로 하여금 신적이고 우주적 질서에 이르게 할 수 있는 힘이었다. 이와 대조적으로 아리스토파네스의 에로스는 우리로 하여금 그렇게 높은 차원에로 비상할 수 있게 하는 원리는 아니다. 하지만 인간은 대지에 묶여 있음에도 사랑의 힘으로 가사성이나 유한성에서 어느 정도는 벗어날 수 있다. 인간은 원래 원만구족한 원형적이고 우주적인 존재이었기에 그에 대한 기억을 지니고 있다. 나아가 불완전하고 일시적이기는 하나 신의 덕분으로 자신의 다른 반쪽과 결합하여 자손을 낳고 어느 정도는 시간적으로 연장된 삶을 지속할 수 있다. 그러나 그 대가로 신에게 경배와 희생을 제공해야 한다. 신이 인간에게 자비를 베푼 것은 인간에 대한 연민에서라기보다는 자신에게 돌아올 경배와 희생물 때문이었다.

　아리스토파네스의 에로스론은 희극적이면서 비극적이기도 하다. 원형적 인간이 굴러가는 모습, 그를 갈라서 두 인간을 만드는 신들의 징벌 방식, 결합한 채 굶어서 죽는다든지, 그를 보고서 신들이 연민하여 뒤에 있던 성기를 앞으로 옮겨주어, 인간들이 성교를 하고, 잠시의 오르가즘으로 행복해 한다는 등의 묘사는 우스꽝스럽다. 성적인 결합에서 쾌락을 느끼고, 이를 통해 자손을 번식하면서 행복해 하는 것은 일상적 삶의 진지한 모습이기는 하나 제3자의 관점에서 바라다보면 희극적일 수 있다.

다른 한편으로, 신의 연민 덕으로 반쪽의 인간들은 서로 결합하여 자손을 번식하게는 되었으나, 이런 상태에 이르렀다고 해서 그들이 원래의 신적이거나 우주적인 지위를 회복한 것은 아니다. 사랑은 반쪽의 인간들로 하여금 원래의 온전한 모습을 회복한 듯한 착각을 하게 하나, 그런 착각은 오히려 인간 자신의 불완전할 수밖에 없는 반쪽 존재의 운명을 절감하게 한다. 사랑은 반쪽들로 하여금 충족감을 느끼고 완전성을 실현하게 하는 것이 아니라, 이제는 다시 돌아갈 수 없는 원래의 모습을 상기하게 한다. 이런 상기는 인간에게 자신의 안타까운 운명을 절감하며 좌절감을 느끼게 하므로 오히려 비극적이다. 인간이 바랄 수 있는 최선은, 에로스에 의해 일시적으로 결합하거나 자손을 번식하는 것이다. 차라리 에로스가 없었으면, 자신의 원형성, 즉 완전한 모습을 그리워하지 않을 터인데, 에로스는 완전에 대한 갈증만을 더하게 할 뿐이다.

원래의 원형적 모습을 빼앗긴 채 영원히 자신의 반쪽을 찾아 헤매는 인간들, 신들에게 경배와 희생을 바쳐서 신의 자비를 얻어야 일시적인 결합을 이루어 자손을 생산할 수 있는 인간의 운명은 연민을 불러일으킨다. 아리스토파네스의 에로스론은 비극적이다 못해 체념적이다. 그는 희극시인으로 알려져 있지만, 그가 그린 인간은 비극시인들의 주인공보다 더 비극적이다. 하기야 원래 비극보다는 희극이 더 비극적인 것이다. 비극은 인간의 불완전성을 좀처럼 포기하지 않은 채 신에 도전하는 영웅적 인간을 그리는 데 반해, 희극은 인간의 불완전성, 무지함, 유혹에 잘 빠져드는 인간 등을 당연한 것으로 간주하고서 시작하기 때문이다. 희극에서 신에게 도전하는 등의 무모한 행동은 있을 수 없다.

에로스적 활동은 본래적 인간에 대한 불완전한 상기, 간접적 체험이다. 인간의 원형은, 이데아와 같이, 에로스에 의해서 일시적으로 모방하거나 상기할 수 있는 대상으로만 남아 있다. 그곳은 우리가 갈 수 없는 곳이다. 라리사에로의 길은[8] 영원히 우리에게 차단되어 있다.

## 4. 소크라테스의 에로스론–정신의 지향성

### 에로스의 구조적 특성

이어 아가톤이 바통을 이어받아 에로스론을 전개한다(194e–197e). 아가톤에 따르면, 에로스는 모든 신들 중에서 가장 젊은 신인데, 모든 덕을 소유한 신으로서 생명체를 창조하며, 다른 신들이 각자의 기술을 발견하는 것은 에로스의 가이드에 의한 것이므로, 그는 미와 선의 원인이라는 등, 아가톤은 시인답게 최상의 수사와 찬사를 늘어놓는다. 이 단계에 이르러 소크라테스가 개입하면서 에로스의 구조적 특성을 드러내며 그 자신의 본격적인 에로스론을 준비한다. 소크라테스는 현란한 수사를 펼치기보다는 진리를 밝혀내어야 한다면서 몇 가지 질문을 아가톤에게 던짐으로써 아가톤의 주장을 수정 보완한다(198b–201c). 그 내용은 다음과 같다.

---

8) 『메논』 참조.

첫째, 사랑은 관계적으로만 존재하는 바, 아버지는 누구의 아버지이듯이, 사랑 역시 항상 누구에 대한 사랑이다. 사랑의 이런 관계적 성격은 아리스토파네스의 사랑론에 간접적으로 함의되어 있던 바이다. 아리스토파네스에 따르면, 사랑은 잃어버린 자아에 대한 그리움, 완전한 통합의 상태에 대한 그리움이었다. 소크라테스는 이처럼 불분명하게 인지되어 있는 사랑의 관계적 성격이나 지향적 특성을 분명하게 드러낸다. 사랑의 관계성은 그가 곧 개진할 사랑론의 핵심을 이루는 것으로서, 이는 왜 인간이 다양한 활동을 통해 문화와 가치를 창출하며, 나아가 상향적 운동을 하는지를 설명할 수 있게 한다. 인간의 정신은 에로스를 본성으로 하는 바, 이는 우리로 하여금 자기 밖의 어떤 다른 것과 관계하게 하며, 미지의 것을 지향하게 한다는 것이다. 그런 관계 지향성이나 타자 지향성은 인간으로 하여금 문화, 제도, 법, 도시국가, 학문 등을 산출하게 한다.

에로스의 관계성과 관련하여 주의할 것이 있다. 아버지가 누구의 아버지이듯이 에로스는 무엇에 대한 에로스라는 비유는, 에로스가 관계하려는 대상이 구체적으로 주어져 있는, 이미 존재하는 것이라는 인상을 줄 수 있다. 우리는 이런 인상에 오도되어서는 안 된다. 아버지가 이미 존재하는 구체적인 어떤 사람의 아버지인 것과는 달리, 에로스가 관계하려는 대상은 추상적이며 불확정적이고 미지의 것이다. 에로스의 대상은 이렇게 추상적이고 아직 주어져 있지 않은 막연한 것이지만, 우리는 그것을 개념적으로 규정할 수 있다. 그것은 대략 '좋은 것', '아름다운 것'이라고 부를 수 있다는 것이 플라톤의 견해이다. 인간 삶에서 구체적이고 확정적인 다양한 것들은 우리가 에로스에 추동되어 그 미지의 아름답고 좋은 것을 찾아가는 모색 과정에서 창출된 것들이다.

둘째, 사랑하고 욕망하는 자는 무엇을 결여하고 있기에 그런 것이다. 에로스가 미와 덕을 욕망한다면, 이는 그가 이것을 결여하고 있기 때문이다. 미와 덕을 결여하기에, 아름답거나 유덕한 존재라고 할 수는 없으나, 그렇다고 해서 에로스가 추하거나 부덕한 것은 아니다. 여기서 주목할 것은 에로스가 미와 덕을 결여한 자신의 상태를 불완전한 것으로 평가하고 이를 메우고자 욕구한다는 것이다. 에로스의 진정한 중간자적 성격이나 중요성은 바로 이런 자기의식, 자신에 대한 반성의 의식과 이런 의식을 동기로 하는 상향에의 의지에 있다. 어떤 존재가 무엇을 결여하여 불완전한 상태에 있으되 이에 대한 의식조차 없다면, 우리는 그를 진정한 의미에서 결여적이고 불완전한 존재라 할 수 없다. 즉 스스로를 결여적이라고 의식하는 존재만이 실질적 의미에서 결여적 존재이다.

결여태를 벗어나 완전성에 이르고자 하는 의지나 가능성이 없는 존재는 완전하지도 않지만, 불완전하지도 않다. 나무와 돌, 바람과 비는 결여하고 있는 것들이 많으나 우리는 이들을 불완전하다고 평가하지 않는다. 그들에게 그런 '결여태'는 그것의 본질이고 실재이니, 그 상태가 바로 충만이고 완전성이다. 오직 스스로가 불완전하다는 반성적인 의식을 지닌 존재만이 완전에의 의지와 가능성을 지니고 있으며, 완전에의 의식이 있는 존재만이 불완전하다 규정될 수 있는 것이다.

셋째, 에로스는, 또는 에로스를 생존 원리로 하는 존재자는 자신의 결여태와 불완전성을 의식하고 있으므로, 그리고 그런 반성 하에 불완전성을 극복하려 의지하기에, 결여적 존재임에도 아름다운 것이다. 사랑은 불완전하다(201c). 그리고 불완전하므로 아름답다.[9] 완

---

9) 다음의 신화 참조 : 「푸쉬케와 에로스」의 신화. 푸쉬케는 아프로디테보다 덜 아름답고 불완전함에도 불구하고 만인들이 사랑한다. 나아가 에로스마저도 그녀에게 빠져든다. 왜 그런가? 그녀의 아름다움은 불완전성에 있다. 그리스 신화에 따르면, 에로스는 완

전한 것은 더 이상(以上, beyond)을 사념할 수 없게 하므로, 인간의 상상력을 자극하지 않는다. 그런 것은 찬탄의 대상이 되거나, 우리에게 수동적 숭배를 요구할지는 모르나, 우리가 적극적·능동적으로 무엇을 할 수 있게 할 여지를 남겨두지 않는다. 진정으로 아름답고 좋은 것이란, 완전한 것이라기보다는 우리로 하여금 완전한 것에 대해 사념케 할 수 있는 것, 우리 상상력의 공간에 완전성의 이미지를 형성하게 하며 꿈을 꾸게 하는 것이다.

넷째, 에로스는 문화적 산물들의 원인이다. 아폴로, 뮤즈들, 헤파이스토스, 아테네, 심지어 제우스마저 에로스의 학생들이었다(197a). 사랑 이전에는 필연이 지배하면서 모든 경이로운 것을 만들어내었으나, 에로스가 등장하면서 이것이 좋은 것들의 원인이 되었다(197b)고 논하면서 플라톤은 필연과 사랑을 대비시키고 있다. 여기서 플라톤 사상의 핵심을 이루는 중요한 한 가지 사유축이 제시된다. 그것은 세계를 주재하는 두 힘에 대한 통찰로서, 세계의 운행에는 필연의 힘과 사랑의 힘이 관여하는데, 이 둘은 대조적이다. 이 두 힘은 『파이돈』에서는 존재 원인(aitia)과 보조 원인(sunaitia)으로, 나중에 『티마이오스』에서 지성과 필연, 이성과 방황하는 원인이라는 새로운 이름으로 불리면서 다시 논의된다.[10]

---

전미를 상징하는 아프로디테가 아니라 푸쉬케를 사랑한다. 그런데 푸쉬케 역시 아름답기는 하나 아프로디테와는 달리 의심 많고, 다른 사람들의 유혹에 쉽게 빠지며, 호기심이 많아 불행을 자초하는 불완전한 존재이다. 푸쉬케의 아름다움, 에로스가 사랑할 수밖에 없도록 만든 장점은 다름 아닌 그의 단점, 즉 그녀의 불완전성에 있는 것이다. 그녀의 불완전성, 무지, 무능, 연민스러움, 호기심, 의심 등은 오히려 그의 가능성이다. 인간에게 의미 있는 아름다움은 완전성에 있는 것이 아니라, 불완전성과 가능성에 있다. 완전성은 찬탄과 모방의 대상은 될지언정 사랑과 동경의 대상은 아니다. 아프로디테는 경배의 대상이기는 하나 사랑과 동경의 대상이 되지 못한다. 사랑할 수 없는 존재는 아름답다고 말할 수 없다.

10) 이에 대해서는 본서의 14장 '우주론과 원인론' 참조.

에로스는 어떤 근거에서 필연과 구분·대조되는가? 그리스적 사고는, 특히 플라톤은 필연을 우연과 같은 것으로 보았다. 이 양자가 동의(同義)적이거나 또는 적어도 동연(同延)적으로 사용될 수 있는 이유는, 그들이 이 양자를 의도성, 가치 지향성, 목적성, 당위성 등 정신이나 인간 행동의 특색과 대조하여 이해하기 때문이다. 필연이나 우연 모두 맹목적 힘으로서, 지성이나 의도성과 무관하다는 점에서 동일하다. 무엇(x)에 어떤 사건(e)이 필연적으로 일어났다 함은, x 스스로의 선택이나 본질에 의해서가 아니라 외적 강제에 의해 그 사건 e가 일어났다 함을 의미한다. 즉 x의 관점에서 보면, (x가 의지적 존재인 경우) e는 x 자신이 선택한 것이 아니라는 점에서, 또는 (x가 비의지적인 존재인 경우) x의 본성에 비추어 e가 일어나야 할 이유가 없다는 점에서, x에 대해서 우연적이다.[11]

필연과 에로스를 구분케 하는 또 다른 이유는 다음이다. 모든 좋은 것에는 원인이 있는데, 그 원인은 에로스이다(197d). 즉 에로스는 좋은 것을 지향 대상으로 하는 가치지향적이고 목적적인 힘인 반면, 필연은 맹목적이고 기계적인 힘이다. 근대 이후의 사유는 원인과 목적, 그리고 이유를 구분한다. 전자는 기계적인 것이고, 후자는 의도적인 것이다. 그리스적 사고는 전자가 사유 대상이나 설명 대상이 될 수 없다는 점에서 진정한 의미에서 원인이라기보다는 보조적 원인에 그친다고 본다. 진정한 원인은 인간 정신에 의해 이해될 수 있는 후자라는 것이다. 자연 속의 질서, 조화, 법칙성과 같은 것 역시 좋은 것들이라 평가할 수 있는데, 그런 한에서 이들은 후자에 속하는 원인들이 이룬 결과라는 것이 그리스적 믿음이다.

---

11) 이에 대한 자세한 논의는 본서의 15장 '지성과 우연적 필연' 참조.

### 에로스의 신화

이상과 같이 소크라테스는 사랑의 네 구조적 측면을 지적하여 자신의 논설을 예비한 다음 본격적인 에로스론을 개진한다(201d-212c). 소크라테스는 이 논설이 자기 자신의 이야기라기보다는 만티네아(Mantinea)의 현명한 여인인 디오티마(Diotima)가 가르쳐 준 바라고 주장하면서, 에로스에 관한 이야기를 전한다. 우선 그녀는 에로스가 아름답고 훌륭하다는 기존의 입장을 논박하면서, 그렇다고 그녀가 추한 것도 아니라고 토를 단다. 에로스는 아름답지도 추하지도 않다. 무지와 지식의 중간에 로고스를 동반하지는 않았으나 옳은 믿음[12]이 있듯이, 에로스 역시 그런 중간적인 존재라는 것이다.

중간자로서 에로스의 역할과 위치는 무엇인가? 에로스의 중간적인 성격을 고려할 때 그가 신일 수 없는 것은 당연하다. 에로스는 좋은 것과 아름다운 것을 원하기는 하나, 바로 그런 사실은 그가 그런 것을 지니고 있지 않음을 함의하므로, 그는 신적인 존재가 아니다. 그렇다고 해서 인간과 같이 가사적인 존재인 것도 아니다. 그는 중간계에 속하는 다이몬적인[13] 존재로서(202e), 이들은 그들의 위치에 걸맞게 신들과 인간들의 중간에서 신들의 말을 해석하고 통신하는 역할을 한다. 에로스가 없다면 신과 인간들 사이의 교류는 없을 것이며, 그 결과 신들의 세계와 인간의 세계는 상호 동떨어진 세계가 될 것이라는 것이다. 중간자 에로스를 통해 신들은 자신을 경배하는 자를 갖게 되었고, 인간은 신적인 세계를 상상하며, 그런 세계에 이를 수 있으리라는 희망을 품을 수 있게 된 것이다.

에로스의 중간자적 성격은 그의 출생과 연관되어 있다. 그의 출생

---

12) 이 구절은 『메논』에서의 라리사로 가는 길에 대한 옳은 믿음과 지식의 구분, 나아가 『테아이테토스』편에서의 논의를 연상시킨다.
13) 다이몬들은 신성과 가사성의 중간에 있는 존재이다.

신화는 제2장에서 언급되었으나 다시 간략히 요약한다. 에로스는 페니아와 포로스 사이에서 태어난 존재이다. 페니아는 빈곤의 여신이다. 그녀는 그리스의 많은 신들과 같이 인간사의 한 영역을 주재하는 신인데, 그가 맡은 일은 도처에 빈곤을 뿌리는 일이었다. 당연히 그는 사람들에게 기피의 대상으로 인기가 없으며, 빈곤의 주재자이므로 그녀 자신도 빈곤의 전형이라 할 수 있다. 페니아는 그런 자신의 신세를 한탄하며 구걸하며 돌아다니다가, 신분 상승할 수 있는 기회를 얻게 되었다. 한 마을을 지나던 도중 신들이 미의 여신 아프로디테의 생일을 위한 축하연을 베풀고 있는 것을 목도하고 이 자리가 그 기회라고 헤아렸다. 마침 축하연에 참석했던 재주와 풍요의 남신 포로스가 넥타르에 만취하여 잠에 골아떨어져 있었다. 이 틈을 호기라 생각한 페니아는 그의 옆에 누워 하룻밤을 동숙하여 수태한 후 에로스를 출산하게 되었다.

에로스의 출생 상황은 그의 본성을 시사해 준다. 그는 가난의 여신이 재주와 풍요의 남신과 동침해서 낳은 사생아이다. 그는 미의 여신 아프로디테의 생일날에 수태되었기에 그의 시종이자 미를 사랑하는 자이다. 나아가 에로스는 가난하기도 하지만 재주가 있기도 한 이중적인 존재이다. 그는 페니아의 자식이므로 항상 가난하고 거칠고 맨발이며 주거가 없는 노숙자로서 무엇인가를 구걸하면서 거리를 헤맨다. 다른 한편으로 그는 포로스의 특성을 유전받아서 재주가 많아 좋은 것과 아름다운 것을 얻을 수 있으며, 용기가 있고, 훌륭한 사냥꾼이다. 게다가 다양한 솜씨를 발휘하고, 아버지의 혈통 덕으로 죽었다가도 되살아날 수 있는 재주가 있고, 나아가 지혜와 무지의 중간에 있는 자로서 항상 지를 갈구하는 자, 즉 애지자, 철학자(philos-sophos)이다. 에로스는 철학자의 본성이다.

가난하면서도 부유하고, 투박하면서도 재주가 있고, 구걸해 먹고 살면서도 탁월한 사냥꾼인 에로스는 지와 무지의 중간에 위치해 있어, 지혜롭지도 않으며 그렇다고 무지하지도 않다. 그는 자신이 무지하다고 자각하고서 지혜를 갖기 원하는 자이다. 에로스와 철학자에게는 바로 이점, 즉 자신의 무지를 자각하고 있다는 점이 핵심적인 중요성을 지닌다.[14] 신은 지혜를 구애하지 않는다. 이미 지혜를 소유하고 있기 때문이다. 다른 한편으로 전적으로 무지한 자, 이해를 지니고 있지 않은 자 역시 지혜를 구하지 않는다. 자신이 무지하며 추하다는 사실조차 자각하지 못하는 자는 그 상태가 만족스러운 상태라 믿으며, 지혜나 미를 추구하지 않을 것이기 때문이다(204a). 이것이 완전한 무지의 문제, 또는 소크라테스가 말하는 바 무지(無知)의 무지(無知)의 결정적 문제점이다. 이들 무지의 무지자와는 달리 에로스를 지닌 철학자는 최소한 자신의 무지를 자각하고 지혜를 구하려 한다. 철학자는 다이몬적인 존재, 지자와 무지자의 중간적인 존재로서, 이런 중간적 성격은 철학자의 정신에 깃든 에로스의 출생 신분에서 연유한다(204b).

이 같은 사랑론을 배경으로 소크라테스는 아가톤의 사랑론이 안고 있는 논리적 약점을 지적한다(204c). 아가톤이 찬미한 것은 사랑의 신이 아니라 사랑의 신이 사랑하는 바의 것이다. 사랑의 본질은 사랑받는 수동적 상태가 아니라 사랑하는 능동적 활동이다. 사랑받는 것으로서의 사랑은 아가톤의 모든 찬사를 받을 수 있는 존재일 것이나, 사랑하는 존재로서의 사랑은 그와 정반대로 결여적 존재, 나아가 그런 결여 때문에 욕구하고 갈구하고 고뇌하는 존재이다.

---

14) 여기서 소크라테스가 설파하는 무지의 지의 중요성이 시사된다.

## 출산 욕구로서의 에로스

이어 소크라테스는 중요한 질문, 즉 이런 에로스가 인간에게 어떤 변화를 줄 수 있는가라는 물음에 답한다(204d 이하). 근대 이후의 윤리학이나 미학에서는 선이나 정의 또는 미들이 그 자체로서 추구할 가치가 있다고 논하는 논자들이 있다. 아름다움 자체에 대한 유미주의(唯美主義)적 열정이나, 사랑은 그 자체로서 가치가 있다는 절대 사랑론, 정의 등의 도덕적 의무가 그 자체 정당하고 가치가 있다는 의무주의적 입장은 근대 이후에는 낯설지 않은 신조들이다. 미 지상주의, 의무주의, 자체적 선의 개념, 등은 칸트 이후에 우리에게 익숙해진 개념들로서, 이런 식의 사고는 고대에서는 찾아보기 힘들다. 플라톤을 포함한 그리스적 사고에 따르면, 미, 정의, 사랑 등은 우리에게 어떤 이익을 주거나 변화를 일으키기에 추구될 만한 가치가 있는 것이다.

정의 자체, 미 자체 등의 개념은 플라톤의 탁월한 통찰력의 결과로서, 서구 철학을 한 단계 올라서게 하는 데에 크게 기여했다. 그는 자체성의 개념을 확립한 철학자이다. 이런 사실로부터 혹자는 그가 내재적 가치나 자체적 가치라는 것을 인정했으리라고 해석하려 할 수도 있을 것이다. 『국가』 2권에서 행한 선의 분류에서 이와 유사한 개념이 나오기도 하며,[15] 이에 근거하여 그가 윤리적 의무주의의 입장을 고려했다는 식으로 해석하는 학자들도 있다.[16] 플라톤의 자체성 개념은 인식론적이고 존재론적인 것으로 이해되어야 한다. 그에게 그것이 줄 수 있는 이익과 무관하게 그 자체가 좋은 것이라는 칸트적 개념은 생소한 것이다. 자체성이란 개념은 이성과 사유의 대상

---

15) 이 구분은 7장 참조.

16) 이에 대한 논의는 Annas, J., *An Introduction to Plato's Republic*, Clarendon Press, 1981 참조.

을 경험적 대상으로부터 분리하기 위한 인식론적 의도에서 형성된 것이다. 플라톤에게 인식과 존재의 중심은 자체적인 존재자들, 진리나 실재들이지만, 이들 실재자들, 윤리적 형상을 포함하여 모든 형상은 단지 정관적 인식의 대상으로서만 존재하는 것이 아니라, 삶에 영향을 주는 것이기에 실재한다고 말할 수 있는 것이다. 고대 그리스인들의 사고는 구체적이고 실질적이다. 윤리적 사고에서 행위의 목표는 우리 자신의 변화이다.

위의 질문, 에로스가 사람에게 어떤 변화를 줄 수 있는가하는 물음에 답하기 위해 디오티마는 사랑과 좋음의 관계에 관해 몇 가지를 지적한다. 우선 단지 무엇을 원하는 것에 그치는 것이 아니라, 원하는 바가 좋은 것일 때, 우리는 그를 사랑하는 자라 할 수 있다. 나아가 아리스토파네스는 사랑이란 자신의 반쪽을 갈구하는 활동이라 했는데, 누구도 자신의 것을 그 자체로서, 그것이 자신의 것이라는 이유에서 사랑하지는 않는다. 그것이 좋은 것이기에, 또는 좋은 것인 경우에만 사랑한다는 사랑의 구조를 밝히면서, 그는 사랑의 대상이란 항상 좋은 것임을 확인시킨다. 오직 좋은 것만이 사랑의 대상이다(205d-e). 그러므로 사랑이란 항상 좋은 것이 영원히 자신의 것이 되기를 원하는 활동이다(206a). 사랑은 좋음과 본질적으로 연관되어 있다.

사랑은 대체 우리에게 무엇을 주는가? 우선 확인할 것은, 방금 지적한 바와 같이, 사랑이란 단지 좋은 것을 사랑함에 그치는 것이 아니라, 그것을 영원히 자신의 것으로 하고자 하는 욕망이라는 점이다. 사랑은 우리에게 불사에의 욕망을 품게 하는데, 이 욕망은 아름다운 것이나 좋은 것을 출산함으로써 충족된다. 출산의 욕구는 불사성에 대한 열망이기에 너무도 격렬하여, 역설적이지만 생명체들은 죽음을 대가로 치르고서라도 출산하고자 한다(207b). 불완전하고 가사적인 존재가 불사성에 이를 수 있는 방법은 사랑을 통해서이다. 사랑의 이런 측면을 반영하여 우리는 사랑을 추가적으로 규정할 수 있다. 사랑은 좋은 것에 더하여 불사적인 것에 대한 사랑이다(207b).

좋은 것이나 불사적인 것을 단지 원한다고 해서 가사적인 존재가 항상 그런 것을 출산할 수 있는 것은 아니다. 좋고 불사적인 것을 낳을 수 있기 위해서는, 가사적이고 불완전한 인간의 내부에 불사적이고 완전한 것에의 가능성이 내재해 있어야 하는데, 과연 인간은 그런 가능성을 지니고 있는가? 모든 생명체는 공통적으로 출산의 욕구를 갖고 있다. 인간 역시 생명체로서 생식활동을 하며 항상 무엇인가를 임신하고 있어, 그를 출산하려 한다는 것이 플라톤의 통찰이다(206c). 그러나 인간은 다른 동물들과는 달리 생명체로서만이 아니라 더 중요하게는 정신적 존재로서 출산의 욕구를 지니고 있다. 정신의 출산 욕구는 존재론적인 의미를 지니는 것으로서, 인간은 이를 통해 자신의 가사성을 극복하고 완전성과 영원성을 성취하려 한다. 산파술에 대한 철학적이고 인간 존재론적인 근거는 바로 인간 정신에 내재되어 있는 출산 욕구이다.

### 불사에의 가능성

한 존재가 영속할 수 있는 법은, 그것이 영원히 자기동일성을 유지하는 것이다. 하지만 이 같은 방식은 불사의 신적인 존재에게나 가능한 방식이지 가사적인 존재에게는 본질적으로 허락되어 있지 않다. 사람들은 삶의 노력을 통해 그 자신이고자 하나(207d), 가사적 존재란 자기동일성을 영원히 유지할 수는 없다. 그것은 끊임없이 자신의 생명력에 의해 자신을 성장시키고 동일성을 유지하려 하나, 다른 한편으로는 항상 자신을 잃어버리며, 어느 순간도 동일한 사람으로 머물러 있지 않는다(207d). 이런 상실의 과정은 신체뿐 아니라 영혼 속에서도 진행된다. 습관, 성격, 믿음, 욕구, 쾌, 고, 등 이들 중 그 어느 것도 동일하게 남아 있지 않는다. 이런 것들은 인간이 자신의 존재를 유지하는 기제이며 나아가 인간이 일시적이나마 누릴 수 있는 자아동일성의 근거이기도 하다. 하지만 이들은 우리가 삶의 과정을 겪어가면서 타자와 접촉하고 외계를 접촉하며 체험하고 인식하는 한, 변화할 수밖에 없다. 우리의 체험, 믿음, 성격 등은 시간이 흐름에 따라 그 내용이 달라지며, 그에 따라 우리의 자아도 변한다. 특히 이상한 것은 학습과 지식의 경우도 그러하다는 것이다. 학습을 통해 취득하는 지식이란 가변적이고 가사적인 인간들에게 불변성과 영원성을 접하여 그런 측면을 지닐 수 있게 해주는 인간 특유의 측면으로 여겨짐에도, 이들 역시 변화의 대상이라는 것이다.

플라톤의 이런 논의에서 두 가지를 주목할 필요가 있다. 첫째, 가사적 존재는 자신의 낡은 요소를 새로운 것으로 교체하고, 새로운 것을 만들어냄으로써 자신을 보존한다. 플라톤은 생명체의 생식능력이나 인간 정신이 새로운 것을 창출할 수 있는 상상의 능력을 불사와 영원에의 가능성과 연관시킨다. 둘째, 수학·논리학의 법칙들과 명제들, 나아가 물리적 세계에 관한 법칙들은 불변적이고 영원히 타당한 것이라 여겨지므로, 그런 지식을 학습하여 보유하는 한에서 우리의 영혼은 자기동일성과 영원성을 분유하는 것으로 생각된다. 그럼에도 플라톤은 이런 영역에서도 우리는 가변성을 면할 수 없다는 것이다. 학습이란 떠나는 지식을 새로운 지식으로 보충하여 동일한 것이 남아 있다는 인상을 줄(208a) 뿐이라는 것이다.[17]

그런데 왜 우리는 인식을 통해서도 불변성을 취득할 수 없는 것일까? 한 가능한 해답은 우리의 신체구속성 때문이라 할 것이다. 우리

---

17) 『메논』에서 학습론, 『테아이테토스』편에서 믿음에 관한 논의 참조.

의 영혼이나 지성은, 적어도 현생에서는 두뇌라는 신체적 기반에 얹혀서 기능하는 한, 학습과 망각, 그리고 다시 상기의 과정을 거칠 수밖에 없다. 두뇌 속의 우리 영혼은 말하자면 새는 포도주통과 같은 것(492d-493d)일지도 모른다. 그러하기에 평생 학습이 필요한 것이고, 신체로부터 해방되기 위한 죽음의 연습이 필요한 것인지도 모른다.[18] 플라톤은 우리의 영혼에서 불사에의 가능성을 보았지만, 다른 한편으로는 그것이 지니고 있는 근원적인 제약을 간파하고 있었다. 인간적 인식의 가변성은 인식 대상 자체보다는 인식 주체의 조건에 있다는 것이다.

그러면 대체 이런 유한성을 극복하고 인간은 어떻게 불사에 대한 열망(208c)을 실현시킬 수 있는가? 우선 신체적인 측면에서 볼 때, 출산하려는 자는 아름다운 것이나 아름다운 자를 만나고자 하며, 그런 자를 만나 성애를 느끼고 아이를 출산함으로써 불사성, 기억, 기쁨을 얻게 되며, 그래서 미래를 준비할 수 있다.

이미 지적한 바와 같이, 인간은 다른 생명체들과는 달리 정신적으로도 출산의 욕구를 지니고 있다. 인간 영혼 역시 임신할 수 있는 능력이 있다. 정신의 임신이란 무엇이며, 임신된 바는 어떻게 출산되는가? 정신이 수태하여 임신하고 있는 것은 사유와 그 밖의 덕들, 즉 인간 고유의 탁월성들이다. 일부 다산적인 영혼들은 사유나 덕(aretē)과 같은 것을 출산하여 영생을 도모하는데, 불사에 대한 열망은 신체적인 죽음도 감수하게 만든다. 이런 이유에서 알케스티스(Alcestis)나 아킬레스(Achilles) 등의 장군들은 죽음까지도 불사하며 유덕함이 가져다 주는 영원히 죽지 않는 기억(athanaton mnēmēn aretēs peri, 208d)과 명성을 얻으려 했다(209c-d). 시인과 장인, 장군들이 이런 부

---

18) *Phd.* 66d 참조.

류에 속하는 사람들이다.

이들이 출산하는 사유와 덕들 중 가장 훌륭하고 중요한 부분은 도시와 가정을 질서 지우는 능력으로서, 이를 우리는 사려(sōphrosunē)와 정의(dikaiosunē)라고 부른다. 젊은이들의 영혼이 이런 덕들을 품게 될 때, 그들은 무엇인가 훌륭한 행위를 하고자 하며, 아름다운 영혼을 지닌 사람들을 만나, 이들과 덕 또는 훌륭함, 그리고 교육의 과정, 훌륭한 사람이 해야 할 것, 그들이 갖추어야 할 덕들에 관해 담론을 전개하고자 한다.

말하자면, 아름다운 영혼과의 만남, 그리고 그와의 교유는 젊은이들로 하여금 그가 이제까지 임신하고 있었던 새롭고 아름다운 생명체를 출산하여, 그의 연인과 함께 양육하게 한다. 이 생명체를 낳아 양육하는 과정에서 젊은이들은 아름다운 영혼과 그 어떤 사람들과의 사이보다 더 깊은 유대감을 형성하게 된다. 호메로스, 헤시오도스 등이 그런 영혼의 소유자인데, 이들은 서사시와 같은 것을 출산, 양육하여 영원히 죽지 않은 명성과 기억을 얻었다. 또한 리쿠르고스(Lykurgos)와 솔론(Solon)은 도시를 위한 법들을 제정하여 높은 이름을 후세에 전했다. 바로 이런 것들이 사랑의 신비이며, 우리는 비의를 거쳐 사랑에 입문해야 한다고(210a) 소크라테스는 역설한다.

### 신적인 차원을 지향하는 인간

소크라테스의 에로스론은 『향연』에서 예시되는 그리스적 대화에 특징적인 전진적이며 변증법적인 구도를 잘 보여준다. 에릭시마코스의 사랑론은 에로스를 우주적이고 신적인 힘으로 묘사했다. 다음 연사인 아리스토파네스는, 인간들이 서로 다른 인간을 희구하는 현상, 이를 통해 얻는 것과 얻을 수 없는 것, 그리고 사랑의 비극성과 희극성 등을, 가장 중요하게는 인간적 유한성을 설파함으로써 에로스의 인간적 차원을 드러내었다. 이어서 플라톤은 아가톤의 입을 통해 아름다움 자체와 그에 대한 욕구를 구분한 후, 소크라테스로 하여금 이들의 입장을 종합한 에로스론을 개진하게 하고 있다. 이제 소크라테스의 에로스론이 함의하는 바를 정리해 보도록 하자.

(1) 플라톤은 에로스의 신화를 통해 인간의 중간적이고 이중적인 성격을 규정한다(201d-203a). 인간은 가난과 부유함, 무지와 지, 가사성과 불사성, 추함과 미의 중간 단계에 있다. 에로스는 인간적이면서도 신적인 힘이다. 에로스는 인간 정신의 존재 구조이며, 원리라는 점에서 인간적이라 할 수 있다면, 자신의 불완전성을 인식하고 이를 극복하여 완전성의 세계로 날아가려 한다는 점에서 신적인 원리이다. 인간은 현재로서는 우주적이지도 신적이지도 않으나, 에로스를 통해 그런 세계로 갈 수 있다는 것이다.

중간이라는 개념은 관계적 개념이다. 중간성이란 어떤 두 항의 중간에 머무는 것에 그치는 것이 아니라, 그 두 항을 의식하며 관계하는 한에서만 드러난다는 점을 유념할 필요가 있다. 중간 상태에 있으면서도 이에 대한 반성적 자각이 없다면, 실질적인 의미의 중간적 존재라고 할 수 없다. 인간이 가난, 무지, 가사성, 추, 악 등과 부, 지, 불사, 미, 선 등의 중간에 있는 존재라 함은, 오늘은 가난하고 무지하고 가사적이되, 이런 상태를 반성적으로 자각하면서 극복하고 내일에는 부유하고 지혜롭고 불사적인 존재가 되기를 꿈꾸기 때문이다. 자신의 현재 상태를 결여적인 것이라 비판적으로 평가하면서 더 나은 상태를 지향하는 것이 인간이다. 그러하기에 인간은 항상 현재에 만족하지 못하는 좌불안석의 상태에서 갈등을 겪고 방황을 지속하는 것이다. 하지만 이런 갈등과 고뇌는 인간의 멍에이자 특권이다. 중간자로서의 인간의 성격에서 절대적으로 중요한 것은 이런 자각과 지향성이며, 이것이 인간의 중간자적인 성격을 규정하는 핵심적 요소이다.

인간의 중간적 성격은 서양철학사에서 반복되는 주제로서, 기독교, 칸트, 그리고 키에르케고르, 니체 등 실존적 사상가들이 개진하는 인간관의 핵심을 이룬다. 플라톤의 에로스론은 서구 전형의 인간관을[19] 아마도 최초로 개념화한 것으로 생각된다. 그리스의 신화나 피타고라스학파에서도 중간성에 대한 인식이 엿보이기는 하나, 플라톤의 에로스론에서 만큼 명확하게 개념화되어 있지는 않다. 인간의 중간성에 대한 플라톤의 논의는 이후의 그 어느 철학자들의 저술에서 기록된 것보다 역동적이다. 현대를 사는 동양인인 우리도 인간의 중간성을 당연히 여기고 있으나, 이는 서구의 영향이라 보는 것이 정확할 것이다. 동양적, 특히 유가적 전통에서는 이런 견해가 부자연스러운 것으로, 유가적 사유는 인간을 있는 그대로 수용하는 입장, 문자 그대로 자연주의적 인간관을 견지해 왔다.

중간성에 대한 자각은 역동적이고 상승적인 의지를 수반한다. 인간의 중간성은 단지 자신이 불완전함을 자각하는 데에 그치는 것이 아니라, 이를 계기로 상향 의지를 발휘한다는 데에 있다. 인간은 다른 동물들과 같이 가사적이고 유한하지만, 자신이 유한하다는 점을 인식하고 이런 조건에서 벗어나려 하는 유일한 존재라는 점에서 인간의 특유성이 있다. 니체가 설파했듯이, 인간은 자기 인식을 바탕으로 하여 차안에서 피안으로, 가사성에서 불사성에로, 시간성에서 영원성에로 이행해 가는 존재(Über-mensch ; overman)이다.[20]

---

19) 동아시아적 인간관에는 이런 중간성에 대한 인지가 없는 것으로, 아니 아예 그런 개념이 없는 것으로 여겨진다.

20) 흔히 니체의 'Über-Mensch'를 '초인'으로 번역하는데, 원의는 정확히 말해서 '건너가는 사람', '이행적 존재'라는 의미이다. 이행에의 모험을 하려 할 의지와 용기가 있다는 점에서 '초인적'인 점은 있을 것이다. Kaufmann의 다음 번역 참조 : Nietzsche, F., *The Will to Power*, tr. by W. Kaufmann & R. Hollingdale, Vintage Books, 1967.

(2) 인간의 중간성은 인간을 사회적 존재이게 한다. 신체나 영혼의 출산에는 동침할 자가 있어야 한다. 신체적으로는 물론 정신적으로도 혼자서는 수태하거나 출산을 할 수 없다. 같은 논리로 인간이 자신의 가사성과 불완전성을 자각하고, 불사성과 완전성에 이르기 위해서는 동반자가 있어야 한다. 이런 조건은 인간의 인간성이란, 그리고 인간 삶의 이상이란 본질적으로 공동체적인 기반 위에서 실현될 수 있음을 함의한다. 인간 삶에서 공동체의 역할은 11장에서 논의될 정의론에서 좀더 상세히 규명될 것이다. 인간의 사회성을 감안할 때, 불사성과 완전성으로 가는 길은 개인으로서의 인간에게 열려 있는 길이라기보다는 유적(類的) 존재로서의 인간에게 열려 있는 길이다.

(3) 플라톤의 에로스 개념은 상당히 포괄적이다. 그는 철학적 작업만이 아니라 일상의 활동까지도 에로스에 의해 추동되는 것이며, 그런 한에서 인간의 모든 활동은 인간이 불사성과 완전성으로 획득하여 존재론적으로 새로운 차원으로 들어서려는 노력의 일환이라고 본다. 혹자는 인간활동의 최종 목표가 자연 속에서 살아남고 번성하기 위한 생존이라고 주장할 수도 있다. 플라톤에 따르면, 인간의 활동은 그 이상을 지향한다. 인간은 사유활동과 윤리적 실천을 통해 신체나 자연적 제약을 넘어서 다른 차원의 삶을 도모할 수 있다. 사유와 윤리적 덕이라는 인간의 능력은 인간에게 불사성을 가능하게 한다.

호메로스와 같은 서사시인의 시작, 파르테논 신전을 지은 페이디아스(Pheidias) 장인의 건축, 전우를 위해 죽음도 불사한 아킬레우스(Achilleus) 장군의 용기, 정치가 솔론의 개혁적 입법, 정의와 같은 윤리적 덕목 등의 인간 실천 모두가 자연적 제약을 넘어서기 위한 노력이며, 그 결과이기도 하다. 시간의 변화는 끊임없이 우리 삶의 기반과 자기동일성을 침식해 가지만, 인간은 시와 철학과 법과 제도를 통해서 어느 정도 항구성과 영원성을 실현할 수 있다. 이들은 모두 에로스를 원리로 하여, 공동체 구성원 모두의 정신에 의해 공유되며, 계속 이어지는 세대의 기억으로 전승되어간다. 이런 공유와 전승을 통해 이들은 죽지 않은 기억 속에서 영원한 삶을 도모한다. 이런 것들이 사랑의 신비이자 인간의 신비이다.

(4) 에로스는 이중적인 성격을 지니고 있다. 한편으로 가난하고 재주가 없으며 추하나, 다른 한편으로 부유하고 재주가 많으며 준수하다. 양극적이고 상반되는 이 두 성질이 어떻게 한 존재에 공존할 수 있는가? 에로스는 두 개의 얼굴을 지닌 메두사인가? 플라톤은 이처럼 이중적인 에로스가 인간 영혼의 본성, 인간의 진면목이라 논한다. 분열적이고 이중적인 인간의 본성은 시간의 차원이 전개될 수 있어야 해답될 수 있다.

인간의 본성인 에로스는, 그러므로 인간은 시간적인 존재이다. 에로스의 현재는 페니아적이다. 현재는 불우하고 가난하며, 재주가 없고, 추하다. 그러나 미래에는 부유하고, 재주가 많아질 것이며, 준수한 용모를 지녀 많은 사람들이 찬미할 것이다. 동물들은 현재만을 살지만, 인간은 미래를 위해 산다. 인간은 시간에 대한 의식이 있기에 기억을 통해 과거를 현재케 하며, 희망과 기대 속에서 미래를 전개할 수 있다. 기억이 있기에 과거의 아픔이 현재에도 우리를 사무치게 하며, 희망이 있기에 절망하는 것이지만, 그렇다고 우리가 산 모든 시간을 망각 속에 묻어버리고, 절망하기 않기 위해 희망을 품지 않는다면, 그것이 살 만한 인생이랄 수 있을 것인가?

미래적 시간의 좌표 위에서 인간은 부유해지고, 재주를 익히며, 수려해질 수 있으며, 후대의 사람들은 기억을 통해 과거 인간들의 삶을 되살려낼 수 있는 것이다. 시간적 지평은 인간을 가능성의 존재로 만든다. 인간은 자신 앞에 놓여 있는 미래적 시간에서 다양한 가능성을 펼치며, 이를 실현하기 위해 노력하면서 스스로를 만들어 가고 개선시켜 갈 수 있다. 그리고 우리가 실현시킨 가능성들은 기억 속에 축적되면서 미래에로 지속되어 간다.

수많은 강아지들은 10년, 20년이 지나도 상호간에 별 차이가 없는 개에 머물 뿐이다. 그러나 인간은 시간을 어떻게 사느냐에 따라, 전혀 다른 인격체가 된다. 어렸을 적에는 거의 모두가 비슷비슷하게 귀여운 아기들이었다. 20년, 30년이 지난 후에는 엄청나게 달라져, 어떤 이는 무수히 많은 사람들의 가슴에 못을 박는가 하면, 어떤 이는 오랜 시간에 걸쳐 많은 사람들의 영혼을 위무한다. 어떤 이는 칼과 도끼를 휘두르며 사람의 마음은 물론 몸까지도 난도질하는 흉악범으로 변해 버리지만, 어떤 이는 수만, 수억 인의 가슴을 울리는 말과 행위로 우리를 구원한다. 이 모든 것은 인간이 시간적 존재이기에, 가능성의 존재이기에 일어나는 차이이다.


## 5. 에로스의 변증법

### 아름다움으로의 비상

이어 디오티마(Diotima)가 전개하는 사랑의 변증법은(210a) 에로스가 차안에서 피안으로 이행해 가는 과정을, 그리고 점차 높은 차원의 것과 보편적인 것을 추구해 가는 힘으로 변모해 가는 과정을 그리고 있다. 그 과정은 다음과 같이 전개된다.

처음 젊은 시절의 에로스적 활동은 한 개인의 아름다운 몸을 사랑하고 그 개인과의 아름다운 대화를 갖는 데에서 시작한다. 다음 그는 한 개인의 신체미가 다른 사람의 신체미와 연관되어 있음을 인지하게 되고, 이를 통해서 여러 몸들에 있는 아름다움의 형상, 또는 아름다움의 종(種)에 대한 사랑에 이른다(to ep' eidei kalon, 210b). 즉 모든 몸에 존재하는 하나의 동일한 아름다움을 사랑하게 되는 것이다. 일단 이를 이해하면 그는 모든 아름다운 몸들에 대한 연인이 되는 것으로서, 그 결과 그는 하나의 몸에 집착하는 욕정을 경멸하게 된다.

이어 에로스는 질적인 변모를 하게 되는데, 그는 몸보다는 영혼 속에 있는 아름다움이 더 가치 있음을 깨닫게 된다. 그래서 어떤 이가 신체적인 아름다움을 결여하고 있다 해도, 영혼의 아름다움을 지니고 있으면, 그를 사랑하면서 그와 함께 젊은이를 훌륭하게 할 담론을 출산하게 된다(210c). 나아가 그는 일상의 업무들과 법, 그리고 관습들에서 아름다움을 발견하게 되는데, 이런 발견 역시 신체적 미를 경멸하게끔 인도한다.

에로스는 이제 일상적 삶에서 정신적 세계에로 이행하여 지식과 학문에 대한 아름다움을 관상하게 되는데, 이와 함께 이제는 더 이상 미소년, 한 사람, 하나의 업무 등 따로 떨어져 있는 미의 사례들의 추종자나 노예이기를 그치고, 미의 대양을 관조할 수 있는 단계에 이른다(210d). 그리고 철학함을 통해 아름답고 장엄한 담론과 생각들을 산출할 수 있게 된다. 이를 통해 강해지고 성숙하게 된 연후에, 그는 미와 연관된 하나의 지식을 명료히 바라볼 수 있다.

그리하여 미에 대한 교육을 통해 미를 올바르고 정연하고 단계적으로 이해하여 사랑학의 종국에 이르면, 그는 최종적으로 놀라울 정도로 아름다운 것(thaumaston tēn phusin kalon, 210e)을, 이전의 모든 것이 이를 위해서 감내되었던 바의 것, 즉 미의 본성을 볼 수 있게 된다는 것이다. 미는 어떤 본성을 지니고 있는가? 그것들은 다음과 같다(211a–b).

미는 영원하여 생성 소멸하지 않으며, 지고 이울지 않는다. 부분적으로 또는 일시적으로 아름다운 것, 시각에 따라서만 아름다운 것이 아니라, 전체로서 항상, 그리고 모두에게 아름다운 것이다. 사람의 얼굴, 손, 신체, 동물 등의 모습으로 존재하는 것도 아니며, 그렇다고 해서 말들, 인식, 대지, 천체 속에 존재하는 것이 아니라, 그 자체로서 영원히, 하나의 형태를 지닌 채 존재한다. 마지막으로 경험계의 모든 아름다운 것들은 이를 분유(分有)하는데, 분유한 것들은 생성 소멸하나, 미 자체는 그렇지 않다.

이상의 특성들은 미의 본성이 형상으로서 지니고 있는 속성들이다. 따라서 이들은 형상 일반의 특성이라 말할 수 있다.

### 변증법의 함축

에로스의 변증법이 담고 있는 함의는 무엇인가?

⑴ 플라톤은 사랑의 변증법이 미소년에 대한 사랑에서 시작한다고 보는데, 이를 이해하기 위해서는 그리스에서는 동성애가 일반화되어 있었으며, 『향연』에 나타나는 에로스론의 배경 역시 동성애라는 점을 유념해야 한다.[21] 흔히 정신적인 사랑의 전형으로 알려져 있는 플라토닉 러브는 정신적인 것이기는 하나, 이성 간이 아니라 동성, 즉 중년의 남성 및 미소년 간에 이루어지는 것이다. 고대 그리스의 동성애적 경향은 당시의 남성 시민들이 동시에 무사였다는 사회적 배경, 여성의 지위를 낮게 보아 여성을 대등한 정서적 대상으로 보지 않은 여성관, 낭만적 사랑의 개념이 형성되어 있지 않았다는 정신사적 사실 등 다양한 요소들이 연관되어 있다. 플라톤 역시 여성에 대해 차별적인 견해를 갖고 있었기에 여성을 사랑의 대상으로 여기지 않은 듯하나, 정치적 권리에 관한 한, 『국가』와 『법률』편에서 여성들에게도 대

---

21) 다음 참조 : Grube, G. M. A., *Plato's Thought*, London, 1980(Reprint of 1935 ed.). 주의 깊게 읽어보면, 『향연』 안에서 남성들 간의 신체적 자극과 흥분을 묘사 또는 시사하는 여러 구절을 발견할 수 있다.

등한 기회를 부여하여 그들도 국가지도자가 될 수 있다고 주장한 사실에 주목할 필요가 있다. 그는 특이하게도, 여성을 사랑의 파트너로는 여기지 않으면서도 정치의 파트너가 될 수 있다고 생각한 것이다.

미소년에 대한 사랑을 단초로 하여 이를 올바른 방향으로 인도해 다양한 종류의 미들을 거쳐, 드디어 미 자체를 정관하게 되면 사랑의 궁극적인 목적을 성취한 것이다. 하나에서 둘로, 둘에서 모든 신체로, 아름다운 신체에서 아름다운 행위들로, 다시 배움과 지식으로, 그리고 드디어 미 자체에 대한 인식으로 미의 사다리를 타고 올라가야 한다. 인간으로서 가치가 있는 삶이란 바로 이런 미의 정관에 있다(211d). 미의 정관은 우리에게 덕들의 이미지가 아니라 진실된 덕을 산출하게 한다(212a). 그러므로 유덕한 삶은 오로지 사랑의 힘에 의해서만 가능한 것이다. 사랑이야말로 가사적인 인간을 그런 아름다움의 경지로, 그리고 불사로 인도할 수 있는 유일의 안내자이며 길이다. 이런 것이 사랑의 힘이다(212b).

사랑의 변증법은 우리를 특수적인 것에서 보편적인 것으로, 신체적인 것에서 정신적인 것으로, 현상적인 것에서 형상적인 것으로 이행케 한다. 이런 발전 과정은 자동적으로 이루어지는 것은 아니라 할지라도 그런 가능성은 인간 내부에 있다고 보아야 할 것이다. 에로스는 단지 인간의 생명력이나 인간적 활동의 추동력에 머물지 않고 인간을 새로운 차원으로 이행케 하는 초월적 부상력을 지니고 있다. 에로스의 부상력에 힘입어 인간은 경험적 현상계에서 초월적 형상계로 비상할 수 있다. 인간의 다양한 구체적 활동들은 모두 이런 이행과 상승 과정에서의 활동이다.

(2) 플라톤이 디오티마의 연설을 통해 전하는 두번째 메시지는 우리 주위에 아름다움이 많다는 것이다. 법, 제도, 지혜, 정의, 신체, 신체들이 공유하고 있는 조형적 미, 정신, 인간 삶의 모든 것들에 아

름다움이 깃들어 있다. 이들은 모두 인간이 에로스에 의해 추동되어 미를 추구하는 과정에서 이루어진 것이거나 그 결과이다. 법과 제도, 도덕적 덕목들은 어떤 조화와 평형성이 있어야 하는 것이며, 그런 한에서 미적인 것을 형식으로 지니고 있다고 말할 수 있다. 미는 일종의 규제적 이념이다.

질료에 형식이 부여되면서 구체적 사물들이 생겨난다는 것이 고대 그리스철학자들의 주요한 통찰이다. 피타고라스의 수(數) 존재론, 형상론과 분유론을 핵심으로 하는 플라톤의 존재론, 아리스토텔레스의 형상과 질료론 등은 이런 통찰을 바탕으로 한다. 비단 이들의 철학적 이론을 떠나서도 구체적 사물들이 질료와 형식 두 측면을 지니고 있음에 우리는 대체로 동의할 수 있을 것이다. 음악, 미술 등 예술은 물론이거니와 우리의 정신세계, 우리가 타인과 주고받는 말들, 내가 쓰는 글, 일상의 행동들, 열중하는 일들, 법과 제도, 관습, 나아가 사소한 생활용품, 주방기구, 전자제품, 차, 아파트에 이르기까지 이들은 질료에 어떤 형식이 부여되어야 만들어질 수 있다. 그런데 그 형식에는 아름답고 균제적이며, 조화롭고, 절제적이며, 효율적인 형식과 그 반대의 형식이 있다.

물상들이 지닌 미적 형식을 현대적으로 말하면 디자인이라고 할 수 있다. 미적 형식이 주위 모든 사물에 입혀질 때, 이들 각자는 미적인 요소를 갖추게 되며, 이들 상호간에도 질서와 조화가 마련될 수 있을 것이다. 디자인은 흔히 생각하듯이, 내용과 무관한 형식이 아니라, 내용에도 영향을 주거나, 나아가 내용을 구성하는 것이다. 왜냐하면 한 사물을 구성하는 여러 요소들이 상호 균형과 조화를 이룰 때 생겨나는 것이 진정 아름다운 디자인이기 때문이다. 형식과 내용은 분리되지 않는다.

⑶ 일상성의 미들은 역동적인 과정에 의해 연결되면서 더 높은 단

계로 발전해 나아간다. 이를 우리는 미의 변증법이라 부를 수 있다. 인간 삶의 모든 양상은 그런 과정에서의 산물이다. 여기서 우리는 에로스의 변증법이 어떻게 전개되는지 이해할 필요가 있다.

우리의 삶은 무엇인가? 우리는 삶의 과정에서 다양한 활동을 하며, 그를 위해 애쓰고 땀흘리며 노력하는데, 그 이유는 무엇일까? 인간은 자연적 진화의 산물인 한 자연종에 불과할 수도 있는데, 다른 생명체들과는 달리 왜 그런 다양한 활동을 하면서 노력하고 애를 쓰는 것일까? 우리는 무수히 많은 사물들에 의해 둘러싸여 있으며, 그들과의 상관적이고 상호적인 관계 속에서 우리의 삶과 행동이 영위 수행된다. 그런데 실제 우리를 움직이는 것은 그들 자체라기보다는 그들에 대한 어떤 생각들, 믿음들, 욕구들, 그리고 좋고 나쁨의 태도들이다. 미래를 위한 계획, 주변 사태와 사람들에 대한 판단, 가치평가, 타인들과 사물들에 대한 다양한 감정, 정서들. 우리의 삶을 움직이는 것들은 무수히 많은 생각들, 느낌들, 감정들이다. 순간적인 충동이나 즉발적으로 일어나는 것으로 보이는, 이른바 본능과 같은 계기들의 경우에도 어떤 믿음들이 매개되어 있다. 우리 행동의 원인이 되는 것은, 반사적인 신체 동작을 제외하고는 대체로 어떤 생각이나 믿음들이라 총칭할 수 있는 것들이고, 이들은 규정적 내용을 지닌 한, 언어에 의존되어 있다.

그런데 우리의 삶과 행동에 모습을 부여하고 내용을 형성하는 이런 무수히 많은 믿음과 생각들은 산발적이고 단편적인 것일까? 그렇지 않다. 이들은 어떤 식으로건 상호 연관되어 있으며, 나아가 이들은 어떤 위계를 이루고 있다. 이런 위계의 정점에는 최상위의 개념들이 자리잡고 있다고 추정할 수 있다. 플라톤은, 칸트가 잘 지적했듯이,[22] 우리 삶의 다양한 활동들이 어떤 이념에 의해 규제되고 있으며, 다시 이 여러 이념들은 하나의 최상위 이념에 의해 통제된다고 믿은 것으로 보인다. 『향연』에서는 이런 최상위의 이념을 미의 이데아로, 『국가』에 가서는 이를 선의 이데아로 본 것으로 이해된다. 에로스는 미 이데아를 지향하는 과정에서 우리 삶을 추진하는 원리로 기능하는 것이다.

우리 삶을 통어하는 최고 원리가 미나 선의 이데아라는 플라톤의 주장에 동의할 수 없다고 하더라도, 우리의 삶에서 중추적인 역할을 하는 개념이 있음은 인정할 수 있을 것이다. 우리가 의도적인 행동을 하며 통합적인 삶을 영위하고자 하는 한, 우리는 어떤 단일한 개념을 삶의 아젠다 최상위에 설정하면서 그 개념에 의해 우리 삶 전체와 행위 전체를 유기적으로 묶어 유기성과 통합성을 이루려 한다.

일상적으로 그런 개념으로 상정되는 것들은 진리, 좋음, 성실성, 정직, 행복, 보람, 이상, 지상선, 정의 왕국, 완벽한 아름다움(피그말리온의 조각상) 등과 같은 것들이다. 이들은 저 멀리 막연한 모습으로 있으면서도 우리를 끊임없이 잡아 이끄는 파랑새나 유토피아와 같은 것이다. 그런 개념이 실현된 완전한 세계는 이제까지 존재한 적이 없을 뿐 아니라, 그런 세계는 논리적으로도 문제가 있어 그것이 이상적이라거나 완전하며 충족적인 것으로 여겨지지 않는다. 그럼에도 불구하고 우리는 그런 이념을 버릴 수 없다. 그 이유는 이런 이념 없이는 우리 삶과 행동에서의 통일성이 확보될 수 없기 때문이다.

학자나 예술가, 화가나 음악가의 창조적 작업을 생각해 보자. 학자는 학적 진리를 추구하고, 예술가는 미를 구현하려 한다. 이전에 한국의 대표적인 어떤 화가가 한 말은 시사적이다. 그 화가의 그림은 통상적인 관점에서 볼 때 전형적인 추상화였다. 그와 대담을 하던 인터뷰어가 그가 그리는 추상화의 의미가 무엇이냐고 묻자, 그는

---

22) 플라톤의 이데아 개념에 대한 칸트의 해석은 7장 '윤리설' 참조.

한사코 자신의 그림이 추상화가 아니라 사실화라고 주장하는 것이었다. 이에 상대방은 상당히 당황한 표정을 지으며, 어물쩍 지나가고 말았으나, 플라톤적인 관점에서 이해할 때, 그의 주장은 그림과 예술 일반에 관한 진실을 담고 있는 것으로 생각된다.

통상적 의미의 사실화가가 그리는 것과 추상화가가 그리는 바가 과연 다른 것일까? 전자는 사물을 있는 그대로 그리고 있음에 비해, 후자는 사물을 변형 왜곡하거나 추상적인 세계를 그리는 것일까? 양자를 모두 예술가라고 단일하게 규정할 수 있다면, 그들이 하고 있는 일은 미를 구현하려 한다는 점에서 동일하다. 정물화가나 인물화가가 그리고자 하는 것은, 그들이 예술적 활동에서 목표로 하는 것은, 있는 그대로의 정물이나 인물의 묘사가 아닐 것이다. 그런 목표는 보다 간단한 방식으로 성취할 수 있다. 사진을 찍으면 된다. 같은 논리로 '추상화가'가 그리고자 하는 것이, 우리 삶의 진실로부터 추상된 세계나 관념이라면 그런 것을 그려야 할 이유가 없을 것이다. 설사 그릴 이유가 있다고 해도, 추상적인 것을 시각화하려는 시도는 추상적인 것 자체를 심히 왜곡하는 일이 될 것이다.

정물화가나 추상화가 모두 미를 그리고자 하며 미의 이상에 다가가려 한다는 점에서 동일한 목적을 지향하는 것이다. 단지 그 방식이 다를 뿐이다. 그들의 예술적 활동을 통어하는 것은 미의 이념이며, 그들은 그런 이념을 정물이나 인물에서, 또는 색들과 도형들의 배치에서 찾거나, 이들을 통해 구현하고 있을 뿐이다. 될 수 있으면 이상적이고 완전한 미를 그리려 한다는 점에서, 그들은 미를 있는 그대로 그리려는 사실화가라고 할 수 있다. 그러나 그런 목표가 쉽게 도달될 수 없는 것이기에 그림 그리는 작업을 지속적으로 경주하는 것이다. 그들의 평생에 걸친 예술적 작업은 진정한 미를 사실적으로 구현하려는 긴 과정이다.

우리 삶의 영위도 화가나 작곡가의 작업과 구조적으로 유사하다. 우리들 각자는 어떤 이념, 학문적 진리, 사랑, 행복, 보람, 봉사, 자비 등 각자의 삶을 포괄하여 일관성을 부여하며, 지향성을 갖게 하는 각양 각색의 관념들을 지니고 있을 것이다. 각자는 자신이 설정한 삶의 이상이나 이념들을 실현하기 위해 무수히 다양한 삶의 활동들을 전개한다. 우리의 삶은 그를 향한 지향적 과정이다. 이 과정에서의 다기적인 활동들은 상호 무관한 파편들과 같이 흩어져 있다기보다는 유기적인 연관성을 맺고 있다. 그런데 우리 삶의 다양한 활동들에 일관성과 유기성과 체계성을 부여하는 그런 이념에 합의가 이루어져야 가치와 규범의 객관성이 확보될 것이다. 플라톤은 이를 『국가』에서 선의 이데아로 보았으며, 아리스토텔레스는 에우다이모니아(eudaimonia), 잘 삶 또는 행복이라 규정한 바 있다. 플라톤은 『향연』에서 미의 이데아를 그런 이념으로 설정했다. 『국가』에서와 달리 규정한 이유는 아마도 이 대화록의 주제가 에로스이기 때문일 것이다.

(4) 플라톤은 미에 대한 인식과 사랑, 교유가 인간 삶의 가치 있는 모든 것, 덕과 정의, 진리까지도 산출하게 한다고 주장한다. 어떤 이유에서 미가 이런 생산적 기능을 수행하게 되는 것일까? 우리는 이를 인간이 임신과 출산의 욕구를 지닌 존재라는 플라톤의 규정과 연관하여 이해해 볼 수 있다. 우리의 신체나 정신이 무엇을 임신하고 있는 경우, 그것은 조만간 출산되어야 한다. 임신 상태는 고통스러운 것인데, 그것은 그 상태가 홀로도 아니고 둘도 아닌 상태이기 때문이다.

어떻게 하면 출산할 수 있는가? 출산을 위해서는 우선 타자의 도움이 있어야 하는데, 그 타자는 어떤 미적 존재이다. 플라톤에 따르면, 임신한 자가 미에 접근하면 유순해지면서 출산에 대한 욕구가 강해진다고 한다. 그러나 추한 것이 가까이 있으면 주춤하고 출산을 거부한다(206c-d). 출산하지 않은 채 태아를 자궁에 보존하고 있는 것은 괴로운 일이며, 태아는 생명체로서 밖으로 나오려 하기 때문에 일정한 시기가 되면 출산을 해야 한다. 그래서 미를 만나면 그 태아를 출산하여 임신의 고통으로부터 해방될 수도 있고, 일종의 창조적 활동을 통해 자신을 연장할 수도 있는 것이다.

미는 우리가 에로스를 통해 이르고자 하는 궁극적인 목표라기보다는 그에로 가는 과정에서 다양한 가치들을 출산하게 돕고 매개하는 촉매제와 같은 것이다. "미는 출산을 관장하는 운명의 여신이다."[23] 흔히 우리는 아름다움을 사랑한다, 아름답기에 사랑한다 말하지만 아름다움은 정태적인 대상으로 존재하는 것이 아니라 어떤 힘, 즉 인간으로 하여금 신체적·정신적 임신 상태에서 벗어나 출산을 하여 영속성을 누릴 수 있게 하는 힘이자 원리이다. 미는 흔히 말하듯이 즐거움의 대상에 머무는 것이 아니다. 미는 보다 역동적인 역할을 맡고 있어, 인간을 보다 높은 영원성의 차원으로, 우주적이고, 신적인 차원으로 인도하는 역할을 한다.

(5) 에로스의 사다리를 타고 올라가면 아름다움의 대양에 이를 수 있다(210a-e). 이미 지적한 바와 같이 에로스는 특수자에서 보편적인 것으로, 작은 것에서 더 큰 존재로, 신체적인 것에서 정신적인 것에 대한 사랑으로 우리를 이끌어간다. 또한 에로스의 힘은 우리를 거대하고 망망한 대양과 같은 세계로 인도한다. 그런 세계에서 우리는 개별적이고 특수적인 자아를 잊고 거대한 세계의 일부가 되고자 한다.

---

23) Moira oun Eileithuia hē Kallonē esti tē genesei. (206d) Moira와 Eileithuia는 출산을 관할하는 여신들이다. 그리고 Kallonē는 Artemis-Hecate의 또 다른 이름으로서 '아름다움'이라는 의미를 지닌다.

모차르트, 바하 등의 음악을 들을 때 누리는 기쁨은 바로 오랜 여정을 거쳐 대양에 이르렀을 때 느끼는 기분과도 같을 것이다. 미는 승화력을 발휘한다. 아름다움은 우리를 사적이고 특수적이며 사소한 존재의 좁은 감옥에서 벗어나 장엄하며 숭고한 존재의 일부이게 한다. 해방감과 진정한 자유의 느낌.

어느 해 가을, 설악산 서북주릉을 올라 내설악의 굽이치는 겹겹의 능선들과 그 아래의 깊은 계곡들까지 흘러내리며 뒤덮은 녹색과 적색, 노랑색의 어울림, 그리고 그 위로 펼쳐진 푸른 가을 하늘에 감동한 적이 있다. 그 경치는 수백 조의 교향악단이 동시에 연주하더라도 결코 만들어내지 못할 화려함과 장엄함을 연출했다.

미가 높은 곳에서의 전망을 가능하게 한다는 점을 감안하면, 대양대신에 고원이라는 비유를 생각해 볼 수도 있다. 밤하늘의 어두움을 빛으로 수놓으며 새로운 세계의 존재를 알리는 아름다움들의 성좌들, 혼자서가 아니라 여럿이 어울려 빚어내는 성좌들의 총체적 아름다움, 그런 것은 미의 사다리를 타고 올라간 고원에서 조망할 수 있는 것이다. 아름다움의 대양 위로 비상하게 하거나 미의 고원으로 올라서게 하는 에로스는 다이달로스(Daedalus)의 날개이다.

### 희극과 비극

드디어 사랑에 대한 대화가 모두 끝나고 모두들 술과 에로스의 담론에 취해 골아떨어졌다. 남은 것은 아가톤, 아리스토파네스, 소크라테스 그리고 향연 자리의 이야기를 전한 아리스토테모스뿐이다. 소크라테스는 향연의 자리를 다음의 말로 마무리한다.

동일한 사람이 희극과 비극을 모두 저술할 수 있으며, 능숙한 비극작가는 희극도 쓸 수 있을 것이다.(223d)

이런 알 수 없는 말과 함께 그는 아폴로 신을 모시는 뤼케움으로 가 목욕을 한 후 평소와 같이 하루를 보낸다.

그가 남긴 수수께끼 같은 마지막 말의 의미는 무엇인가? 비극과 희극은 인간의 조건을 서로 다른 각도에서 파악한다. 양자 모두 인간에게 절대 선이나 절대 지의 실현이 불가능함을 극화한다는 점에서 동일하나, 그 방식이 서로 다르다. 희극은 절대성에 도전하는 인간을 조롱함에 비해, 비극은 그런 인간의 비극적인 모습에 동정과 공감을 표한다. 인간 존재의 희극성과 비극성은 동일한 것의 두 측면이다. 양자를 통합한 것이 소크라테스에 의해 대표되는 철학이다. 웃음과 울음, 이 둘을 통합하면 이성이 된다.

# 제6장

●　●　●　●　●

# 상기와 앎 – 우리는 어떻게 아는가?

## 1. 학습의 역설과 상기설

### 메논의 역설

무엇을 학습하여 지식을 축적함은 인간의 가장 중요한 특징이다. 학습과 지식의 축적은 인간의 전 생애에 걸쳐 이루어지며, 이런 활동들이 인간의 인간됨을 가능하게 하는 것이라고 할 수 있다. 인간의 삶, 인간의 문화와 문명 등은 인간이 무엇을 탐구하여 진리와 가치를 발견하고, 그것들을 지식으로 축적하여 자아를 형성하고 자신의 삶을 인도하며, 나아가 자신의 삶을 변화시켜 갈 때에 비로소 가능한 것이다. 학습, 진리의 발견, 지식의 습득과 축적은 모든 인간들에 의해 이루어지는 가장 중요한 활동이기는 하지만, 인간사의 일생에 걸쳐 지속적으로 이루어지는 일상의 범사라는 점에서 별로 중요한 문제를 제기하지 않는 것으로 보인다. "과연 우리는 어떻게 아는가?" 하는 물음은 구태여 문제로 제기해야 할 이유가 없는 당연지사처럼 생각된다. 그러나 우리는 어떻게 아는가?

과연 우리는 새로운 것을 알 수 있는가? 이들에 대한 답은 자명하게 주어지는가?

우리가 알고자 하는 바는 우리가 모르는 것이다. 앎의 목적으로 삼고 있는 바가 우리가 이미 아는 바라면 구태여 알려고 할 이유도 필요도 없을 것이다. 우리는 그 모르는 것을 학습이나 탐구, 연구의 결과 알게 된다. 그러나 내가 탐구, 학습하고 노력한 결과 그 알고자 하는 것을 발견하거나, 그것과 마주치게 되었다고 할 때, 발견한 바가 내가 알고자 한 것인 줄을 나는 어떻게 알 수 있는가? 어떻게 그것이 내가 발견하고자 한 것이었는지 확인할 수 있는가? 플라톤은 바로 이런 문제를 그의 대화편 『메논』에서 제기하고 있다.

간단히 정리하면, 학습자는 앎의 대상을 '알거나 모르거나'이다. 안다면, 구태여 이를 탐구하거나 학습하려 할 필요가 없다. 모른다면, 탐구와 학습 노력의 결과 그것을 발견하거나 취득하더라도 그것이 자신이 알고자 하는 것인 줄 알 길이 없다. 그러므로 모르는 것을 학습하는 일은 불가능하다. 플라톤이 간결한 형태로 제기한 이 문제는, 흔히 「메논의 역설」이라 알려져 있는 것으로서, 학습과 지식의 본질에 관한 문제를 담고 있다. 이 역설은 인간의 교육, 지식의 가능성, 실로 인간적 가능성에 관한 핵심적인 문제이기에 많은 철학자, 인식론자, 교육학자, 심리학자들이 이 역설을 해소하려 시도했다. 우리는 과연 우리가 모르는 세계에 관해 무엇을 알아내어 정신적 · 지적으로 고양될 수 있는가? 아니면 단지 그럴 수 있다고 믿고 있을 뿐인가?

플라톤의 입장은 무엇인가? 그는 학습의 가능성을 나름의 방식으로 설명하고 있다. 그의 답은, 우리의 학습은 상기(想起) 또는 일종의 회상에 의한다는 것이다. 인간의 영혼은 원래 신들이 사는 천상계에 거주하고 있었는데, 여하한 연고로 영혼이 죄를 짓게 되었으며, 그에 대한 벌로 천상계에서 추방되어 물질적 현상계에 유배 되었다고 한다. 유배지로 가는 길은 멀고 메마른 사막이어서 그 길을 가는 과정에서 인간의 영혼은 갈증을 느끼게 되었다. 유배의 길을 마치고 귀양지인 현상계에 도달하기 직전에 강이 놓여 흐르고 있는데, 이 강에 이르자 갈증을 느낀 영혼들이 물을 마시게 되었다는 것이다. 그 물이 어떤 물인지 모르니 자제력이 있는 영혼은 물을 조금만 마셨을 것이나, 자제력이 없는 영혼은 당연히 그 강물을 많이 마시게 되었다고 한다. 그 강은 레테, 즉 그리스어로 '망각'을 의미하는 이름을 지니고 있다. 물을 많이 마신 영혼은 그가 천상에서 알고 있었던 신적인 진리의 대부분을 망각했을 것이고, 조금 마신 영혼은 약간만 망각하게 되었다는 것이다.

이런 망각의 과정을 거쳐서 인간의 영혼은 물질적 현상계에 유배되어 신체에 갇히게 되었다고 한다. 영혼이 유배와 구속의 상태에서 벗어나는 길은 학습에 의한 것인데, 학습을 통해 영혼이 이전의 천상적이고 신적 지식들을 완전히 회복하게 되면, 다시 천상의 세계로 귀환할 수 있다는 것이다. 플라톤이 말하는 학습이란 망각된 지식을 상기하여 천상계로 되돌아가기 위한 것이므로, 이는 인식적이고 지적인 활동에 그치는 것이 아니라, 존재론적이고 윤리적인 의미를 지닌다. 인간은 교육을 통해 현재 거주하는 현상계와는 다른 차원으로, 말하자면 천상적 차원으로 비상할 수 있으며, 지상에서 영혼을 구속하고 있는 망각의 껍질을 벗어버리고 윤리적으로 자유롭고 완전해질 수 있다. 학습이란 자유와 해방을 위한 의지, 귀향을 위한 영혼의 장도(長途), 지상적 오염을 제거하고자 하는 정화(淨化) 의식(儀式), 망각에서 깨어나 진상을 회상하고자 하는 상기의 노력이다.

학습은 기억에 의해 이루어진다. 인간의 영혼이 감각 기관을 사용하여 현상계의 사물들을 지각함으로써 우리는 무엇을 알 수 있게 되었다고 생각하나, 이 감각은 인간 영혼이 진정한 인식 대상을 상기하기 위한 기억의 보조자(reminder) 역할만 할 뿐이다. 교사는 질문과 비판 등을 통해 학생을 자극하여 상기의 계기를 마련해 주어, 이전에 인식한 바 있었으나 망각에 의해 잊혀진 대상을 상기하도록 인도한다. 그래서 소크라테스는 자신의 역할이 무엇을 가르치는 것이라기보다, 질문 등을 통해 학습자를 자극하여 지식을 산출케 하는 조산원임을 자처한다.[1]

### 상기설의 논제

상기설은 두세 대화편에서 논의되고 있다. 『메논』에서 플라톤은 구체적으로 기하학적 지식의 취득이 상기에 의해 이루어질 수 있음을 보임으로써 자신의 이론을 증명하려 한다. 이 대화편에서 소크라테스는 사동과 대화하여, 사동으로 하여금 그가 이전에 전혀 몰랐던 대각선에 관한 중요한 지식을 습득하게 만든다. 이 과정에서 소크라테스가 한 역할은 그 지식을 전해주는 것이 아니라, 단지 적절한 질문을 던지는 일이었다. 이런 질문들의 도움을 받아 사동은 점차 대각선에 관한 진리에 다가가게 된다. 이런 과정은 상기가 아니면 설명할 수 없다는 것이 그의 결론이다.

상기설은 플라톤의 『파이돈』에서 다시 한번 논의되는데, 이곳에서는 『메논』에서와는 달리 예시를 넘어서 그 설의 정당성을 논증하려 한다. 이 장에서는 이 같은 논증의 과정을 검토하면서 인식에 대한 플라톤의 견해를 살펴보겠다. 이 장의 전반부에서는 분석적인 방법을 취하여 플라톤의 상기설 논증이 타당한지 여부를 평가하고, 후반

---

1) 플라톤의 초기 대화편을 보면, 소크라테스는 자신을 아테네인들을 자극하는 일 등에 또는 젊은이의 진리 출산을 돕는 조산원으로 비유하곤 한다. 그리고 자신의 철학적 방법을 산파술이라 공언하기도 한다.

부에서는 상기설이 함축하고 있는 인식론적 의미를 드러내보겠다. 논리적 분석은 플라톤철학의 주요한 특징이기도 하다. 실로 그는 파르메니데스와 제논에 의해 개념화되고 도입된 논리적이고 분석적인 사유를 본격적으로 서양철학사에 전개한 철학자라 할 수 있다. 우리는 그의 대화편 도처에서 플라톤이 그런 논리성과 분석적 방법을 통해 그의 상대 이론을 검토하고 있음을 목도할 수 있다.

『파이돈』의 중심 테마는 영혼불멸설이다. 플라톤은 영혼불멸을 논증하기 위한 논거의 일부로서 상기설을 도입한다. 상기설이 맞는다면, 이것이 영혼불멸설을 지지하는 한 논거가 될 수 있다고 그는 논한다. 소크라테스의 대화 상대방인 케베스(Kebēs)는 만일 상기설이 타당하다면, 영혼의 완전한 불멸성은 아니더라도 영혼의 생전 존재(生前 存在)는 증명할 수 있다고 부분적으로 동의한다(Phd. 73e). 그 이유는 상기설이 타당하다면, 생전에 인식한 지식이 선재(先在)한다고 보아야 하며, 그런 생전 인식이 가능하기 위해서는 인식의 주체인 영혼이 존재했어야 할 것이기 때문이다.

소크라테스는 케베스의 이와 같은 동의에 따라, 배움은 상기이다 (72e, 73b)라는 상기설의 주장, 다시 말하면,

(가) 우리의 지식은 상기에 의해서 획득된 것이다.

라는 논제에 대한 증명에 들어간다. 논증의 대상이 (가)와 같은 내용임은 논증의 서두나 말미에서 거듭 확인된다. 그런데 이 논제의 정확한 내용은 좀더 밝혀져야 한다. (가)가 주장하는 바는, 우리의 모든 지식이 상기에 의해 얻어진다는 것인가? 가령 '어떤 장미는 빨갛다' 또는 '지구는 둥글다'라는 경험적 지식까지도 상기에 의해서 얻어진다는 것인가? 아니면 경험적 지식들은 상기의 대상에서 제외되

는가? 이 질문에 어떤 대답을 하느냐에 따라 상기설의 내용, 나아가 플라톤 인식론의 성격이 달라질 것이다.

앞에서 지적한 바와 같이 『파이돈』의 상기설은 영혼의 생전 존재를 증명하기 위해 도입되었다. 영혼의 생전 존재 증명을 위해서 모든 지식이 상기에 의해 획득되는 것임을 증명해야 할 필요는 없다. 단 하나의 지식이라도 상기에 의해 획득된다고 하면, 그 지식을 인식하는 주체가 있어야 한다. 그러므로 우리가 지닌 일부의 지식이라도 그것이 상기에 의해서 획득된다는 주장을 플라톤이 증명할 수 있다면, 그것으로 우리의 영혼이 생전에 존재했음이 증명되는 것이다. 이런 이유에서 (가)의 명제가 포괄적이냐 아니면 제한적이냐 하는 문제는, 논증의 타당성 여부에 결정적 영향을 미치지는 않는다. (가)의 주장이 포괄적이건 제한적이건 정당하기만 하다면 영혼이 우리 생전에 존재했음도 타당할 것이다.

『파이돈』에서 플라톤이 논증하고 있는 것은,

(나) 일부 특정한 지식, 즉 동일함에 대한 지식은 상기에 의해 획득된다.
(다) 우리의 모든 지식은 경험적이건 논리적이건, 상기에 의해 획득된다.

위의 둘 중, (나)의 주장이며, 이 주장의 입증만으로도 충분히 영혼의 생전 존재를 증명할 수 있을 것이므로, 우리가 앞으로 검토할 논증의 대상은 (나)의 제한적 상기설이라고 당분간 간주하겠다. 그리고 논증을 분석 검토한 후에 (나)의 제한적 주장이 (다)의 보편적 주장으로 일반화될 수 있는지 살펴보도록 하자.

## 2. 상기설 논증을 위한 조건들

상기설의 논제를 더 자세히 분석하여 보면 이는 다음의 여러 주장들로 구성되어 있다. 따라서 상기설을 입증하기 위해서는 이 모두를 논증해야 한다.

(ㄱ) 현상계의 '동일한' 두 사물을 보고 동일함에 대한 생각을 하고, 이에 대한 인식을 갖는다.

(ㄴ) 동일함의 규정성이나 속성에 대한 인식이 가능한 것은, 현상계의 두 사물 사이에 동일함이 현재하고 있기 때문도, 그 두 사물이 진정으로 동일하기 때문도 아니며,

(ㄷ) 또는 동일함이 우리의 인식 능력이 구성한 허구로서 존재하기 때문도 아니다.

(ㄹ) 동일함은 그 자체 독립된 존재로서 우리 인식 능력의 밖 어디엔가 존재하나,

(ㅁ) 우리가 현상계의 '동일한' 두 사물을 지각함과 동시에 이 동일함 자체를 직각적(直覺的)으로 통찰하는 것은 아니다.

(ㅂ) 우리가 그 동일함 자체를 인식하는 것은, 현상계의 그 두 사물을 감각하기 이전부터 그에 대한 인식을 기억으로 간직하고 있기 때문이다.

(ㅅ) 동일함을 인식했던 때는 그 두 '동일한' 현상적 사물을 감각하기 이전, 나아가 우리의 모든 감각적 경험 이전이다.

(ㅇ) 그렇다고 해서 동일함의 인식 시점이 생시(生時)인 것은 아니다.

(ㅈ) 그 인식의 시점은 우리의 생전, 즉 우리의 영혼이 수육(受肉)하기 이전이다.

(ㅊ) 그런데 우리의 영혼은 생전에 인식한 바 있는 동일함 자체를 여하한 이유에선가 망각했다.

위의 열 가지 명제를 논리적으로 분류해 보면, (ㄱ)-(ㅂ)의 여섯 가지 명제는 일반적인 의미의 연상(聯想)을 위한 조건들이다. 이들이 충족되는 것만으로는 상기설이 논증되지 않는다. 인식의 선험성에 관한 명제들, 그리고 인식이란 회상임을 주장하는 명제가 이들에 더하여질 때, 상기설의 논제가 증명될 수 있다. 인식이 선험적인 것일지라도, 그 선험적 지식들이 항상 우리의 기억 속에 비치되어 있어, 우리의 인식 활동은 그것들을 끄집어내는 것에 불과하다면, 그것은 아직 상기라 할 수 없다. 우리가 회상하는 바가 우리가 인식했다가 망각했던 것들임이 보여져야 '인식=상기'의 논제가 완전히 정당화되는 것이다. (ㅅ)-(ㅈ)의 조건들은 우리 지식들의 선험성이 확보되어야 함을 요청하고 있다. 그리고 (ㅊ)의 조건은 동일함에 대한 인식이 한 번 잊었던 것을 상기의 과정을 통해 재획득하는 것임을 밝히는 명제이다. 이상의 세 부류의 조건이 합쳐질 때, 플라톤이 말하는 상기설이 성립한다.

일견 (ㅂ)-(ㅈ)의 조건들은 플라톤으로 하여금 무한후퇴의 오류에 빠지게 하는 것 같다. 왜냐하면 동일함의 인식이 항상 상기에 의거한다면, 전생(前生)에서의 동일함의 인식도 상기에 의거해야 할 것이요, 따라서 이는 전전생(前前生)에 동일함을 인식했어야 함을 요구할 것이고, 이는 다시 전전전생(前前前生)에서의 동일함에 대한 인식을 전제할 것이기 때문이다. 이러한 일견상의 인상은 타당치 않다. 플라톤은 우리 전생에서 이루어지는 동일함에 대한 인식까지 상기에 의거한다는 것이 아니라, 오직 현생(現生)에서의 학습만이 상기에 의거한다고 주장하기 때문이다. 플라톤이 상기설을 통해서 설명하고자 하는 바는, 우리의 인식활동 일반이 아니라 육신을 지닌 인간이 행하는 현생에서의 학습 또는 인식활동이다.

마지막으로 위의 조건들과 관련하여 한마디 덧붙일 것은 다음이다. 플라톤은 74c–d에서 상기(anamnēsis)의 조건들로 (ㄱ)과 (ㄴ)의 두 조건, 즉 동일한 것들을 보고 동일함을 인식함, 그리고 동일함은 동일한 것들과 달라야 함만을 지적하고 있다. 그러나 실은 그곳에서 플라톤은 자신의 전문적 의미에서의 상기가 아니라 일상적 의미에서의 회상을 언급하고 있다.

## 3. 상기설 논증의 제 단계들

플라톤 상기설 논증은 『파이돈』 74a9에서 76c4까지에 개진되어 있다. 전체의 논증은 20단계로 구성되어 있는데, 이들은 다시 네 부분으로 구분해 볼 수 있다. (1)–(6)까지의 처음 여섯 단계는 (ㄱ)에서 (ㅁ)까지의 조건들을 충족시키기 위한 시도이며, 두번째로, (7)에서 (10)까지의 단계들은 (ㅂ)을 보이기 위한 것들이고, (11)에서 (15)까지의 세번째 단계들은 (ㅅ), (ㅇ)과 (ㅈ)의 조건을 만족시키기 위한 것이다. 그리고 마지막으로 (16)에서 (19)까지의 단계들은 (ㅊ)을 입증하기 위한 단계이다. 단계 (20)은 결론이다.

필자는 플라톤의 논증을 검토하기 위해 논증을 구성하는 모든 단계들을 요약하고 전체 논증 안에서의 이들의 역할을 간단하게 언급한 후, 이들이 플라톤 논증의 (ㄱ)에서 (ㅊ)까지의 모든 조건을 충족시켰는지, 그리고 한 단계에서 다음 단계로 넘어갈 때의 추론이 정당한지 등을 살펴보겠다. 이 과정에서 플라톤의 인식론적 견해들을 검토할 것이다. 그럼 우선 논증의 제 단계들을 요약·검토해 보기로 하자.

(1) 동일함 자체가 존재한다(74a9–b1).

이 명제에서 '동일함 자체'라는 것이 무엇인지 확실치 않으나 여하간 플라톤은 이 명제를 의심의 여지가 없는 사실로 간주한다. 과연 의심의 여지가 없는지는 '동일함 자체'가 무엇을 의미하는가에 달려 있다. 우리는 동일한 색깔의 꽃들, 동일한 형체를 지닌 도형들, 동일한 면적의 대지 등 다양한 종류의 동일한 것들을 경험한다. 그런데 이 동일한 것들이 '동일한' 것이라 불릴 수 있는 이유는 이들이 여하한 방식으로건 동일함의 속성을 지니고 있기 때문이라고 생각한다. 이런 생각을 하면서, 암묵적이기는 하나 그 동일한 속성을 지닌 꽃들, 대지들, 도형들에 더하여 동일함의 속성, 동일함 자체의 존재를 상정하고 있다는 것이 플라톤의 논리이다. 과연 그런 것이 존재하는가? 그렇지 않다면 그 다양한 서로 다른 사물들이 어떻게 하나의 술어 '동일하다'는 형용사에 의해 기술될 수 있는가?

자체적인 것의 존재는 플라톤의 탁월한 발견으로서, 서양철학사는 이와 함께 시작되었으며, 이는 서양철학사의 중심축을 이룬다고 말할 수 있다.[2] 실체, 보편자, 추상체, 의미, 본질, 대상, 논리적 원자 등 서양철학사에서 이론적 주축을 이루어온 개념들이 모두 여기에 기반을 두고 있다.

(2) 우리는 동일함 자체를 인식한다(74b2–b3).

이 명제 역시 플라톤은 명백한 것으로 간주하고 있다. 이 명제의 구체적 의미가 무엇인지 역시 명확하진 않으나, 적어도 우리가 '동일함'이라는 어휘를 의미 있게 사용할 줄 안다는 사실과 깊은 연관이 있음은 확실한 것 같다. 우리가 두 대상을 '동일하다', '동일하지 않

---

2) Havelock, Eric, 위의 책, p. 256 참조.

다'고 기술할 때 기준이나 준거가 되는 것은 무엇인가? 그것은 인간이 동일함에 대한 어떤 인식을 지니고 있으며, 그 인식을 준거나 잣대로 하여 두 대상의 동일성 여부를 판단한다는 것이 플라톤의 생각이다.

    (3) 우리는 주위에 있는 동일한 사물들을 지각함으로써 '동일함에 대한 생각'에 미치게 되며, 나아가 동일함 자체에 대한 인식을 하게 된다(74b4–b6).

    논증의 출발점은 논증의 관여자들 모두가 수락하는 자명한 명제들이어야 한다. 이 명제를 포함하여 이상의 세 가지 명제가 상기설 논증의 출발점이 되는 것들이다. 명제 (3) 역시 당연한 사실로 여겨지고 있으나, 실은 (1)과 (2)에서의 동일함 자체와 동일한 것들의 구분에 기반을 두고 있다. 나아가 이 단계에서 플라톤은 '동일함 자체'와 '동일함의 개념'(또는 '동일함에 대한 생각')을 구분하고 있는 것으로 보인다. 이렇게 이해할 때, 플라톤은 세 종류의 동일한 것들(즉 동일한 사물들, 동일함의 개념, 동일함 자체)을 구분하고 있다.

    (4) 동일함은 항상 동일하게 보임에 반해서, 우리 주위의 동일한 것들은 어떤 사람에게는 동일하게 보이나, 다른 사람에게는 동일하게 보이지 않는다. 이런 점에서 동일함과 동일한 것들은 다르다(74b7–c6).

    이 단계는 경험적 관찰로부터 얻어진 추론이다. 가령, 연필 두 자루의 길이는 어느 사람에게는 동일하게 보이나 어느 사람에게는 동일하게 보이지 않을 수 있다. 반면 동일함 자체라는 것이 존재한다면, 그것은 항상 동일할 것이라는 게 플라톤의 견해이다.

동일함 자체란 무엇인가? 이를 일단 동일함의 기준으로 이해해 보자. 그러면 동일함 자체나 동일함의 기준은 우리가 두 경험적 대상을 보고서 이들이 크기, 색깔, 길이, 형태 등에서 같은지 다른지를 재기 위한 잣대와 같은 것일 것이므로, 그것 자체의 성질, 즉 동일함은 불변해야 한다. 우리 주위에 있는 1미터인 것들은 정확히는 1미터가 아닐 수도 있으나, 미터 원기(原器)는 정확히 그리고 항상 1미터이어야 할 것이다. 상황이나 사람에 따라 가변적일 수 있다면, 그 것은 기준이나 잣대의 역할을 할 수 없다.

동일함 자체는 기준이고, 동일한 것들은 그 기준을 통해서 재어지고 평가되는 것이다. 그런데 문제는, 동일함 자체가 항상 동일한 것이라는 주장, 즉 '동일함은 항상 동일하다'는 문장은 무엇을 의미하는가? 이런 식의 문장은 과연 의미 있는 정상적인 문장인가? 동일함은 관계 개념이다. 따라서 두 개 이상의 사물이 주어질 때만 이 개념을 술어로 사용할 수 있다. 그러나 기준이나 준거로서의 동일함 자체는 마치 미터 원기와 같이 분명 하나의 단일한 사물일 것으로 여겨지는데, 어떻게 '동일하다'는 개념을 술어로 가질 수 있는가?

동일함은 관계 개념이므로 이 물음에 대한 긍정적 답은 일단 유보하더라도, 플라톤은 가령, 정의 자체는 정의롭다, 아름다움은 진정으로 아름답다는 식의 주장을 한다.[3] 과연 이런 문장이 의미가 있는 것인지, 있다면 이런 자기 서술적인(self-predicative) 문장의 의미가 무엇인지 궁금한 노릇이다. 조금 전에 시사한 바와 같이, 형상을 미터 원기와 같은 것으로 해석할 수도 있을 터인데, 그런 경우 "1미터 원기는 1미터이다"라고 말할 수 있을 것인가? 미터 원기는 모든 1미터인 것들의 기준이라는 점에서 완전한 1미터이어야 할 것으로 보이

---

3) 『파이돈』, 『파르메니데스』 참조 : 이를 형상의 자기 서술성이라 한다.

나, 다른 한편으로 "1미터 원기는 1미터이다"라고 말할 수 있으려면 기준이 있어야 하는데, 과연 미터 원기를 '1미터'라고 기술할 수 있기 위한 기준은 무엇인가? 무엇을 "1미터이다" 또는 "1미터가 아니다"라고 할 수 있으려면 그것을 재어야 할 터인데, 미터 원기를 잴 수 있는 자는 무엇일까? 미터 원기는 재어보니 1미터인 것이 아니라, 단지 우리가 합의에 의해 1미터라고 한 것이 아닐까? 즉 미터 원기는 측정의 대상이 아니라, 측정을 위한 준비이거나 합의의 결과가 아닐까?[4]

> (5) 따라서 동일함에 대한 지식은 동일함과는 다른 것, 즉 동일한 것들로부터 획득된다(74c6-c10).

이 명제는 (3)과 (4)로부터 추론된 것이다. 이 추론은 상기설을 입론함에서 매우 중요한 단계이다. 동일함에 대한 지식이나 개념의 획득은 그것 자체를 직접적으로 지각하거나 인식해서가 아니라, 그것과는 다른 것들을 접촉하고 감각하여 인식함으로써 이루어진다는 것이다. 이런 매개적인 인식이 가능하기 위해서는, 한 대상 x와 x의 인식 계기를 제공하는, 또는 그것의 인식에서 매개체가 되는 것(y) 사이에는 어떤 관계가 있다고 보아야 할 것이다. 후자는 전자의 모사물이거나 불완전 모방체임으로, 전자를 인식하기 위한 매개체 역할을 할 수 있는 것으로 우리는 전자의 불완전한 모사물을 생각해 볼 수 있다.

---

4) 이에 대한 논의는 비트겐슈타인의 다음 저서 참조 : Wittgenstein, *Philosophical Investigations*, §49, tr. by G. E. M. Anscombe, Macmillan Pub.co., 1953.

(6) 하나를 보고 다른 것을 생각함을 상기(anamnēsis)라 한다(74c13–d3).

이 단계는 (5)에서 진술된 사태가 상기임을 확인하기 위한 것이다. 주의할 것은, 이 단계에서 플라톤이 사용하고 있는 '아남네시스 (anamnēsis)'라는 어휘는 다른 문맥에서는 플라톤의 인식론적 입장을 담고 있는 전문 술어이나, 여기서는 단지 일상적인 의미의 회상이나 기억을 의미한다는 점이다. 또 하나 언급할 것은, 하나를 보고 다른 것을 생각함이 곧 회상이나 상기가 아닐 수도 있다는 것이다. 왜냐하면 하나(y)를 보고서 생각하게 된 것(x)이, 전자(y)를 봄과 동시에 직관하게 된 어떤 다른 것일 수도 있을 것이며, 나아가 그 다른 것(x)이 우리의 인식 능력에 의해 구성된 허구일 수도 있기 때문이다. 즉 하나 (y)를 보고서 다른 것(x)을 인식하는 것이 상기가 아니라, 일종의 연상과 같은 것일 수도 있다. 다른 것(x)에 대한 생각이 상기이기 위해서는 그 다른 것이 기억 속에 있다가 망각된 것이며, 나아가 상기된 것 (x)과 상기케 한 것(y) 사이의 어떤 긴밀한 관계가 있어야 할 것이다.

(7) 우리 주위의 동일한 것들은 동일함 자체에 미치지 못한다(74d4–d8).

이 단계는 앞서 (4)에서 언급된 경험적 사물들의 불완전성을 '미치지 못한다'라는 표현에 의해 기술하고 있다. '완전하다', '불완전하다'는 평가는 경험적인 사물들과 별개로 완전한 것의 존재를 상정할 때만 정당화될 수 있는 것으로 보인다. 그러므로 경험계의 '동일한 것들'이 불완전하게 동일하다는, 또는 그들 간의 동일성은 불완전하다는 플라톤의 평가는 정당화될 수 없다고 단정해야 할 것인가?

플라톤은 이곳에서 우리의 일상적인 서술에 관해 중요한 통찰을 하고 있다. 우리는 일상의 언어생활에서 다양한 사물들을 여러 술어들로 기술한다. 어떤 것을 '아름답다', '추하다', 두 사물이 '같다', '다르다' 등의 서술을 한다. 서술적 기술은 언어활동의 전형이다. 그런데 이런 서술을 하면서 우리는 흥미 있는 의식을 드러내보이는데, 플라톤은 바로 이 의식을 지적하는 것이다. 우리는 어떤 이를 '정의롭다', '아름답다'고 기술하면서도 그가 완벽한 정의나 미를 구현하고 있다고 생각하지는 않는다. 그런 어휘들로 타인을 기술하는 사람에게 다시 되물으면, "정확히 말해서 그는 99%나 90% 정도만 정의롭다, 또는 어느 정도는 아름답다고 말할 수 있으나 완전히 그렇지는 않다"고 수정하여 기술할 것이다. 반대로 어떤 이를 '불의하다'거나 '추하다'고 평가하는 경우에도, 정확히 말해서 그가 100% 악하다, 추하다고 고집하지는 않는다. 이 같은 제한적 서술의 이유는 이 세상에 완벽한 정의, 악, 아름다움, 추함이 존재한다고 믿지 않기 때문이다. 동일함의 속성에 대해서는 더욱 그런 생각이 강하다. 이 세상의 그 어느 둘이라도 완전히 동일한 것은 없으며, 반대로 모든 면에서 완전히 다른 두 사물 역시 없다는 것이 우리의 믿음이다.

이런 일상의 서술 관행과 그 배후에 있는 의식에 관해 우리는 다음의 사실을 주목할 필요가 있다. 완전한 의미의 정의, 불의, 아름다움, 추함, 동일함 등이 경험계나 현상계에는 없다고 생각함에도 불구하고 우리는 그런 것들에 대한 의식이나 관념을 지니고 있을 뿐 아니라, 일상적 서술에서 그것을 일종의 잣대로 사용하고 있다는 것이다. 이는 비단 특별한 수준의 인식에 이른 사람만이 지니고 있는 의식이 아니라, 일상인 모두에게 공통적인 의식이다. 플라톤의 상기설과 형상론은 이점에 대한 통찰, 그리고 이에서 제기되는 문제를 해명하기 위한 한 가지 해법 또는 설명방식이다. 어떤 과정을 통해서 얻어진 것인지는 모르나, 우리는 여하히 해서 완전한 정의, 불의, 미, 추, 동일함 등에 대한 인식이나, 아니면 적어도 관념을 지니고 있으며, 그러하기에 '정의', '불의', '아름다움', '추함', '동일함' 등의 술어들을 사용하여 일상의 서술을 할 수 있는 것이다. 플라톤철학의 출발점은 이같이 지극히 일상적인 사태에 대한 통찰에서 시작한다.

> (8) 주위의 동일한 사물들을 보면서 이들이 동일함에 미치지 못한다고 생각함은, 필연적으로 우리가 후자의 동일함을 이전에 인식했었음을 전제한다(74d5-e5).

이 언명은 다음에 오는 단계들을 위한 예비 전제이며, 플라톤은 이 전제가 당연한 것이라고 생각한다. (7)에서 지적한 것처럼 우리는 경험계의 두 사물을 보면서 이들을 '동일하다'고 서술하기는 하나, 이들이 완전한 동일함에는 미치지 못한다고 평가할 수 있기 위한 준거로서 동일함 자체나 그에 대한 관념을 이미 지니고 있다. 동일함 자체에 대한 인식이나 관념은 어디에서 오는가? 이에 대한 플라톤의 답은 그런 서술적 평가 이전 어느 때라는 것이다.

> (9) 우리는 실제로 주변의 동일한 사물들을 보면서 그들이 동일함 자체에는 미치지 못한다고 생각한다(74e6-e8).

이 언명의 진위는 위의 (1), (2), (5) 그리고 (7)의 진위에 의존한다. 즉 동일함 자체가 경험계나 현상계의 '동일한' 사물들과 별개로 존재하고, 우리가 그 별개로 존재하는 동일함 자체에 대한 인식을 소유하며, 나아가 동일함 자체는 완전하게 동일하나, 현상적인 것들은 불완전하게 그러하다고 할 때, (9)의 타당성이 확보된다.

(10) 그러므로 우리는 '동일한' 사물들이 동일함과 같이 되기를 지향하지만, 그에 못 미친다고 평가하기 전에 동일함 자체를 인식했었음이 틀림없다(74e9-75a4).

이는 명제 (8)과 (9)로부터 추론된 결론이다. 현상계의 사물들이 완전하게 동일하지 않다고 평가하는 것은, 그런 평가 이전에 동일함의 기준 또는 완전한 동일함의 개념을 알고 있거나, '동일하다'는 형용사의 의미를 알고 있었음을 함의한다. 그러면 문제는 동일함의 개념이나 의미를 어디에서 얻었는가 하는 것이다.

(11) (적어도 경험계 안에서) 동일함 자체를 생각할 수 있음은 오로지 '동일한' 사물들을 봄으로 인해서이다(75a5-a10).

위에서 지적한 바와 같이 경험계의 그 어느 두 사물도 동일하지 않다. 그러므로 우리는 경험을 통해 동일함의 기준이나 개념 또는 의미를 취득하는 것이 아닐 것이다. 하지만 동일함 자체를 생각하게 되는 계기는 분명 '동일하다'고 기술되는 사물들에 대한 경험에 의해서이다. '동일한' 사물들에 대한 인식은 동일함 자체를 사념케 하는 계기를 마련해 준다. 이런 사물들에 대한 경험과 동일함의 개념 또는 동일함 자체에 대한 상념 사이의 인식론적인 관계는 정확히 무엇인가?

(12) 모든 감각 대상이 동일함 자체에 미치지 못한다는 믿음은 오직 그것들을 감각함에 기초해 있다(75a10-b3).

(11)과 (12)의 단계는 (7)-(10)의 단계에서 열려 있던 가능성, 즉 동일함의 인식이 동일한 것들을 인식하기 이전이긴 하나, 생후(生後)일

수도 있다는 가능성을 제거하기 위한 것들이다. 그리고 (11)과 (12)에서 '오로지' 또는 '오직'이라는 제한사로 현상계에서 이루어지는 동일함의 인식이 감각적 경험과 불가분의 관계를 맺고 있음을 강조하기는 하나, 이러한 강조를 통해 플라톤은 동일함이 동일한 것들과 동시에 현상계 어디에 존재하여 이를 지각함으로써 동일함의 인식이 얻어진 것은 아님을 시사하고자 한다.

(13) 그러므로 우리는 우리가 감각할 수 있기 이전에 동일함을 인식했었음에 틀림없다(75b4–b9).

이 명제는 (8)–(12)까지의 단계들로부터 추론된 것이다. 이 단계는 상기설의 핵심이라 할 수 있는 바, 우리가 생전에 무엇인가를 인식했었다는 명제를 입론하기 위한 것이다. 감각 이전의 시점은 영혼이 외계에 대한 경험적 지각활동을 하기 이전일 수도, 더 이전에 영혼이 수육하여 이 경험계에 태어나기 이전일 수도 있다. 전자의 경우 동일함의 개념이 선험적인 것에 그칠 수 있으나, 후자의 경우 초월적일 수도 있을 것이다.

(14) 우리는 태어나는 바로 그 순간부터 감각활동을 한다(75b10–b12).

플라톤은 이 단계를 경험적으로 확인되는 사실로 간주하며, 우리는 그의 입장에 동의할 수 있을 것이다. 그런데 지극히 당연한 이 단계는 영혼의 생전 존재 증명을 위해 필수적이다. 우리는 동일함을 우리가 태어난 후, 그러나 감각활동을 시작하기 전에 인식했을 수도 있을 것이기 때문이다. 이와 같이 동일함의 인식이 우리의 탄생 이후, 그러나 감각활동 이전의 짧은 기간 사이에 일어났다면, 동일함의 인식은 영혼의 생전 존재를 필연적으로는 수반하지 않을 것이다.

(15) 그러므로 우리는 동일함을 우리가 태어나기 이전에 인식했었음에 틀림없다(75c1–c6).

이 명제는 (13)과 (14)로부터 논리적으로 추론된 것이다. 매우 체계적이고 논리적인 과정을 거쳐 이 명제가 추론되기는 했으나, 우리는 이 명제를 수용하기가 쉽지 않다. 이 결론의 부당성을 보이기 위해서 취할 수 있는 방도는 둘이다. 추론을 위한 전제들 가운데 어느 것이 허위 명제임을 보이거나, 추론과정이 부당함을 입증하는 일이다. 단계 (13)과 관련하여 동일함의 개념이 선험적인 것일 가능성이 있다고 지적한 바 있다. 칸트 등이 주장하듯이, 동일함의 개념이 일종의 범주로서 우리 감각과 지각의 선험적 형식이나 조건으로 존재한다면, 우리는 구태여 '태어나기 이전의 인식'을 상정할 필요가 없다. 동일함의 개념은 인식의 대상이라기보다는 인식 능력의 일부일 수 있다.

(16) 만일 우리가 동일함의 지식을 망각하지 않았다면, 우리는 아직도 그것을 지니고 있을 것이다(75c7–e1).

그런데 인식은 무의식 상태에 잠재해 있을 수도, 또는 의식 상태에 있을 수도 있다.

(17) 만일 우리가 동일함의 지식을 망각했다면, 동일함을 인식하기 위해 상기에 의거해야 한다(75e2–e8).

플라톤은 (16), (17)에서 배중률(排中律)을 적용하고 있다. 즉 (16), (17) 외의 제3의 가능성을 배제하고 있다.

(18) 따라서 우리 인간 모두가 동일함의 지식을 지니고 태어났고, 생후에 도 그 지식을 계속 지니고 있거나, 아니면 상기에 의해서 그 지식을 획득한다(76a1–a8).

(19) 모든 사람이 동일함의 지식을 지니고 있는 것은 아니다(76b1–c2).

플라톤은 이 단계를 타당한 사실로서 간주하고 있으나, 우리는 이 단계의 언명이 (2)에서의 입장("우리는 동일함 자체를 인식한다", 74b2–b3)과 반대되는 것임을 주목할 필요가 있다. (2)와 (19) 간의 비일관성을 이해하기 위해서는 (2)의 '우리'와 (19)의 '모든 사람'이 어떤 부류의 사람들을 지시하는가를 밝혀야 하고, 더불어 '동일함을 인식한다'는 말, 또는 '동일함의 지식을 갖고 있다'는 언명이, '동일함'이라는 어휘를 의미 있게 사용할 줄 안다는 말인지 또는 그 이상의 주장, 예컨대 동일함의 정의나 로고스를 제시할 수 있다는 것인지를 구명해야 할 것이다. 상기설 논증을 위한 길고 논리적인 과정을 거쳐서 플라톤은 최종 결론에 도달한다.

(20) 그러므로 우리는 동일함을 상기한다(76c3–c4).

## 4. 상기설 논증의 검토

### 동일함 자체

논증의 최종 결론이 정당하게 추론되었는가를 살펴보기로 하자. 논증의 정당성은 두 가지 방향에서 검토될 수 있다. 위의 논증의 제 단계들 중 어느 것들은 논란의 여지없이 참인 명제들로 간주되어 논증의 전제(premise) 역할을 하며, 어떤 단계들은 이들 전제를 근거로 추론된 것들이다. 논증의 결론이 타당함을 평가하기 위해서는, 전제들의 진리성이 과연 의심의 여지가 없는지 구명해야 할 것이고, 다른 한편으로 이 전제들로부터 다른 단계들을 이끌어내는 추론이 논리적으로 타당한지를 따져야 한다.

앞에서 지적한 바와 같이, 플라톤은 동일함 자체의 존재함이나 이를 우리가 인식함을 논란의 여지없는 사실로 간주하고, 따라서 (3), (4), (5), (6)도 당연한 사실로 받아들이고 있다. 그러나 플라톤의 이러한 태도가 타당한가는 (1)-(5)에서 운위된 '동일함 자체'가 단지 동일함의 개념을 의미하는지 아니면 어떤 객관적인 존재, 즉 동일한 것과는 독립적으로 존재하는 동일함의 형상(形相)을 가리키는가에 달려있다. 만약 그것이 동일함의 개념을 의미한다면 (1), (2), (3), (4)의 단계들을 주저없이 받아들일 수 있을 것이나, 만일 그것이 동일함의 형상을 지시한다면 (1)-(4)의 단계들을 수락하기란 쉽지 않을 것이다.

위의 추론과정에서의 '동일함 자체'는 동일함의 개념을 지시하는가, 아니면 존재론적인 실체로서의 형상을 가리키는가? 이에 대한 대답은 다음의 사실들을 고려함으로써 얻을 수 있다. 형상들의 존재는 『파이돈』 65d-e에서 이미 제안되었다. 그곳에서 소크라테스는 정의(正義) 자체, 미(美) 자체, 선(善) 자체 등, 한마디로 모든 속성의 본질을 완벽하게 구현하는, 플라톤의 표현에 따르면, '자체적인' 존재자들이 존재함을 심미아스(Simmias)와의 대화를 통해 확인하고 있다. 이어 플라톤은 소크라테스의 입을 통해 이 자체적인 존재자들의 거처(locus)를 물으면서, 이 자체적인 존재들은 현상적 사물들 속에 구현되어 있는 것이 아님을 확인한다. 그렇다고 이들이 칸트의 선험적 범주와 같이 우리의 인식 능력 일부로서 존재하는 것도 아니며, 우리의 개념화 능력에 의해서 형성되는 것들도 아니다. 이들은 마치 시각의 대상들이 우리의 시각 능력과 별개로 외부의 시공적 세계에 존재하듯이, 우리의 지적 인식 능력과 별개로 외부의 어디엔가 존재한다고 플라톤은 논한다. 우리의 지적인 인식 능력은 그들을 관조함으로써 그들에 대한 인식을 확보할 수 있다. 이 자체적인 것들은 우리의 지적 능력이나 개념화를 위한 활동의 결과라기보다는, 역으로 그들이 인식 대상으로 선재하기에 우리의 정신이 개념적 사유를 할 수 있다는 것이 그의 논리이다. 자체적인 것들은 우리의 인식 능력과 독립적으로, 예컨대 지적이거나 심적인 공간에 존재하며, 우리의 인식 능력은 다만 그들을 관조하여 거울처럼 반영할 뿐이다.

플라톤이 '동일함 자체'라는 표현을 사용하면서 동일함의 형상을 염두에 두고 있다고 이해되는 두번째 이유는, '~인 바의 것 자체' 또는 '본질 자체(auto ho esti)'라는 표현을 75d2에서 사용하고 있다는 전거적 사실 때문이다. 이 어휘는 갤럽(Gallop)이 지적하듯이,[5] 형상을 가리키기 위해 사용하는 플라톤의 전형적인 어휘이다.

위의 논의에서 '동일함 자체'가 동일함의 형상을 가리키는 것으로 생각되는 세번째 이유는, 만약 '동일함 자체'가 개념을 가리킨다면 상기설은 영혼불멸의 논증에 기여할 수 없기 때문이다. 플라톤이 상기설을 끌어들인 의도는, 상기설을 증명하면 자동적으로 영혼의 생

---

5) Gallop, D, *Plato: Phaedo*, with tr. and notes, Oxford, 1975, p.130.

전 존재도 증명할 수 있다고 생각했기 때문이다. '동일함 자체'가 개념을 가리킨다면, 플라톤이 상기설 논증을 통해 보일 수 있는 것은 단지 현상계 사물들의 인식 이전에 동일함의 개념을 품고 있었다는 논제에 불과하다. 그런데 필요한 것은 그런 경험적 인식 이전에 어떤 존재자에 대한 인식이 선재했었다는 명제이다.

이상의 이유들로 해서 우리는 '동일함 자체'가 '동일함의 형상'을 가리킨다고 해석할 수 있다. (1)-(5)에서 언급된 '동일함 자체'가 형상이라고 한다면, 동일함이 존재한다는 (1)의 주장이나 동일함 자체를 우리가 인식한다는 (2)의 주장은, 바로 동일함의 형상이 존재하며, 우리가 일상의 언어생활에서 그것을 인식한다는 주장이다. 따라서 이를 인정하기는 쉽지 않다. 그렇게 되면 (3), (4)의 타당성도 문제가 되며, (5)도 (3), (4)로부터 논리적으로 추론된 것이기는 하나 추론의 전제들인 (3)과 (4)의 진위가 문제되므로, (5)의 타당성이 의심의 여지가 없는 것은 아니라고 하겠다. 따라서 (1)-(5)의 단계들을 통해 앞서 지적한 (ㄱ)-(ㅁ)의 조건들을 확보하려는 플라톤의 시도는 성공적이라고 인정하기 힘들다. 이들 조건을 충족시켰는지의 여부는 결국 이데아론이 타당하냐 않느냐에 달려 있다. 다음 (6)은 (1)-(5)의 명제들로부터 추론된 것이나, (ㄷ)과 (ㄹ) 그리고 (ㅁ)에서 언급된 가능성을 고려하지 않았으므로 논란의 여지가 있다.

### 경험적 인식의 불완전성

(7)-(10)의 단계들은 (ㅂ)의 조건, 즉 동일함 자체의 인식이 감각 이전의 기억에 의한 것이어야 한다는 조건을 충족시키기 위한 것이다. 우선 (7)의 언명을 살펴보자. 플라톤은 여기에서 '미치지 못한다(endei)'라는 표현을 사용함으로써 (나)에서 언급한 현상계의 동일한 것들과 동일함 자체 사이의 차이점을 확실히 규정하려 하고 있으나,

'미치지 못한다'라는 규정 자체가 비유적인 표현이므로 여러 해석을 가능하게 한다. 즉 현상적인 동일한 것들이 동일함 자체에 미치지 못한다함은, 1) 그것들이 어느 사람들에게는 동일하게 보이나 다른 사람에게는 그렇지 않음을 의미할 수도 있고, 2) 어느 때는 동일하게 보이나 다른 때는 그렇지 않음에 있을 수도 있으며, 또는 3) 어떤 것 과는 같으나 다른 것과는 같지 않다는 점에 있을 수도 있겠다. 그 어느 해석을 취하더라도 적어도 현상계의 동일한 것들이 완전한 의미의 동일함을 소유하고 있지 않음은 인정할 수 있을 것이다. 현상계의 모든 사물은 시공적으로 고유한 특수자들로서, 이들이 소유하는 특성들 역시 이들이 얹혀 존재하는 경험적 사물들의 영향을 받아 특수적인 측면이 있다. 꽃의 빨강색과 옷의 빨강색, 사과의 빨강색은 색이 얹혀 있는 담지자의 성격, 분위기, 질감 등의 영향으로 그 색조가 전혀 다를 것이다.

플라톤에 따르면, 동일함의 속성을 '소유한다', '소유하지 못한다'는 등의 표현은, 엄밀히 말해서, 이데아나 독립적 속성에 대해서만 사용할 수 있는 것이어서, 이런 표현의 사용은 이데아나 독립적 속성의 존재를 전제한다는 인상을 줄 수 있다. 이런 인상을 피하기 위해, 논증의 단계 (7)을 (7′)로 이해할 수 있다.

(7) 현상계의 동일한 것들은 동일함 자체에 미치지 못한다(74d4–d8).
(7′) 현상계의 어느 한 쌍의 두 사물도 엄밀하게는 '동일하다'는 형용사를 술어로 가질 수 없다.

로 이해해 볼 수 있다. (7)을 이런 의미로 해석할 때 우리는 (7)의 타당성을 쉽게 인정할 수 있다. 같은 논리로, 우리가 거하는 현상계의 그 어느 것들도 엄격히 말해서 완전한 아름다움, 정의로움 등을 소유하고 있는 것이 아니므로, 정확히 말해서 이들은 '아름답다', '정의롭다' 등의 형용사에 의해 기술될 수 없다. 엄격하게 말하면, 이들은 단지 '불완전하게 아름답다', '불완전하게 정의롭다'고 제한적으로만 기술될 수 있다.

이런 해석에 따르면, 결국 우리의 일상적인 기술문, 즉 우리가 주위에서 경험하는 사물들에 관한 기술문들의 거의 모두가 '불완전하게'라는 단서로 제한해서만 진리일 수 있다는 것인데, 과연 이런 주장을 우리는 수용할 수 있는가? 우리는 이런 주장에 상당한 저항감을 느낀다. 다른 한편으로 현상계의 사물들 모두가 완전한 정도로 아름답거나, 정의롭거나, 삼각형이고, 붉은 색인 것이 아님도 우리는 시인해야 할 것으로 생각된다. 플라톤이 우리로 하여금 주목케 하고자 하는 바는, 바로 이 후자의 반성적 사실이다. 그들 경험계의 사물들은 '아름답다', '정의롭다', '삼각형이다'라고 기술되고는 있으나, 우리 정신 속에 지니고 있는 아름다움, 정의로움, 삼각형의 개념이나 이념이나 이상, 또는 원형에 비추어 이들이 정확히 완전한 의미에서 그런 속성들을 지닌 것은 아니라는 것이다. 이렇게 반성해 볼 때, 플라톤이 제기했을 법한 물음은 개념, 이념, 이상, 원형 등 다양하게 해석할 수 있는 그 잣대, 기준 등이 어디에서 어떻게 인식하거나 형성하게 되었는가 하는 것이다.

경험적 동일성의 불완전성에 관한 단계 (8)은 타당한가? (8)은 다음에 오는 (9), (10)의 대전제 역할을 한다. 과연 이 대전제가 타당한가? 두 개의 경험적 사물이 어떤 때는 동일하나 어떤 때는 동일하지 않은 것이 사실이며, 이런 점에서 현상계의 두 사물 간의 동일성이 불완전함도 인정할 수 있겠다. 그러나 두 개의 경험적 사물이 동일함에 있어서 불완전하다는 우리의 평가는, 완전히 동일한 것을 우리가 이전에 인식했었기에 가능한 것이라 말할 수 있는가? 아마 현상계의 동일한 것들(a, b)이 동일한 자체(E-ness)에 비해 불완전하다는 판단이, 적어도 a와 b를 비교함으로써 내릴 수 있는 것임은 인정할 수 있을 것이다. 그리고 이러한 비교는 그 비교가 이루어지는 그 순간에 동일함 자체(E-ness)를 인식하고 있어야 가능할 것이다.

엄밀히 말해서, 불완전하다는 판단 이전부터 동일성 자체(E-ness)에 대한 인식을 지니고 있어야 할 필요는 없을 것이다. 필요한 최소한의 조건은, a와 b의 동일성이 불완전하다고 평가하는 바로 그 순간에 동일성 자체를 인식하고 있음이다. 설령 동일성 자체에 대한 인식이 이미 이전에 이루어졌다 해도, a와 b 간의 동일성을 동일성 자체와 비교할 수 있기 위해서는 그 획득된 동일성 자체의 지식을 계속 잊지 않고 보존하고 있어야 한다.

아마도 경험적 두 사물이 지니는 동일성이 불완전하다는 평가는, 이들의 동일성을 동일함 자체와 비교하지 않아도 이루어질 수 있다. 플라톤이 지적하고 있으며 우리도 인정할 수 있는 바이지만, 두 개의 경험적 사물이 불완전하게 동일하다고 말해지는 한 이유는, 그들이 어느 때는 동일하나 다른 때는 동일하지 않기 때문이다. 가령, 두 개의 사과 크기는 어느 때($t_1$)는 동일하나 다른 때($t_2$)는 동일하지 않게 보인다. $t_1$, $t_2$에서 그 사과들에 대해 우리가 내리는 판단은 어떤 것들인가? $t_1$에서 우리가 두 개의 사과 크기에 관해 갖는 판단은 '동일하다'일 것이요, $t_2$에서의 그 사과들에 대한 우리의 판단은 '동일하지 않다'는 단순 판단일 뿐이다. 그 어느 경우에라도 우리는 "두 사과가 지닌 크기에서의 동일성은 무엇에 비해서 덜 동일하다"라는 식의 제한적 판단을 내리지는 않는다. 즉 $t_1$, $t_2$에서 두 사과를 기술하면서 염두에 두고 있는 우리의 개념은 '동일하다' 또는 '동일하지 않다'는 것이지, '불완전하게 동일하다'는 식의 술어는 아닐 것이다.

그러면 우리가 두 개의 사과 크기들이 갖는 동일함의 관계가 불완전하다고 판단하게 되는 것은 어느 때인가? 그것은 $t_1$과 $t_2$에서의 두 기술문, $t_1$에서의 두 개의 사과 간 동일성과 $t_2$에서의 동일한 두 개의 사과 간 비동일성을 반성적으로 비교할 때이다. 즉 두 개의 사과가 크기에 있어 불완전하게 동일하다는 평가를 내리게 되는 것은, 이들의 동일성 또는 비동일성을 동일함 자체라는 선험적 대상과 비교해서라기보다는 이들에 대한 두 개의 경험($t_1$에서와 $t_2$에서의)을 대조함으로써이다. 경험적 두 대상 간의 관계가 관점, 상황, 기술자에 따라 달라지므로, 우리는 이들 간 관계의 성질이 불완전하다고 평가하는 것이다.

⑻의 타당성을 인정하기 힘든 이유는 두 가지이다. 첫째, 경험적 사물들이 지닌 특성이나 이들 관계의 성격이 지닌 불완전성이 인지되기 위해서는, 이들이 자체적인 어떤 것과 꼭 비교되어야 하는 것은 아니다. 둘째, 설령 이러한 비교를 필수 조건으로 한다고 해도, 자체적인 것에 대한 인식은 비교 이전이라기보다는 비교하는 바로 그 순간에 지니고 있기만 하면 된다.

### 선험성

⑾에서 ⒂까지의 단계들은 (ㅅ), (ㅇ) 그리고 (ㅈ)의 조건들을 확보하기 위한 것들이다. 이 단계들은 우리 인식의 선험성을 확보해 주고, 더불어 영혼의 생전 존재를 증명함으로써 상기설을 영혼불멸설과 긴밀히 연결시킨다는 점에서 핵심적인 역할을 한다. ⑾과 ⑿는 ⑺에서 ⑽까지의 단계들에서 열려져 있던 가능성, 즉 우리가 동일함을 생후에 인식했을 가능성을 배제한다. 나아가 ⑾은 우리의 인식 주관인 영혼이 신체에 들어와 수육화(受肉化)되어 있는 한에서, 우리가 현상계에서 동일함 자체를 상기하는 데에 감각적 경험이 필수 조건임을 천명하고 있다. 다른 한편으로 ⑿는 모든 감각 대상은

불완전하기 때문에, 감각 경험이 동일함 자체를 상기케 함에 충분조건은 되지 못함을 지적하고 있다. (11)에서 (15)까지의 플라톤의 논리는 정연하다고 생각되며, 그는 우리가 태어나는 바로 그 순간에 동일함을 인식할 수 있는 가능성까지 고려했는데, 여기서 우리는 플라톤의 논리가 섬세하다는 사실을 알 수 있다.

(16)에서 (19)까지는 마지막 조건 (ㅊ)을 확보하기 위한 것들이다. 이들 단계에서 전개된 플라톤의 추론은 논리적으로 정당하다고 생각된다. "동일함을 망각했다"는 명제를 P로, "우리는 동일함의 인식을 지니고 있다"는 명제를 K로, 그리고 "우리는 동일함을 상기했다"는 명제를 R로 약(略)하면, 다음과 같은 명제 계산을 할 수 있겠다.

$\sim$P $\rightarrow$ K, P $\rightarrow$ R $\therefore$ K $\lor$ R

K $\lor$ R, $\sim$K $\therefore$ R (논증의 결론)

### 검토의 요약

플라톤의 상기설 논증에 대한 이상과 같은 검토 결과를 요약하건대, 논증의 문제점들은 다음과 같다. 첫째, 전체의 논증이 이데아가 존재한다는 가정 위에 기반하고 있으므로, 상기설이 타당성을 확보하기 위해서는 우선 이데아론의 타당성이 확보되어야 한다. 둘째, 설혹 이데아론이 타당하다고 인정하더라도, 논증의 제 단계 중 (8)을 검토하면서 지적한 바와 같이, 경험적 사물들이 지닌 속성이나 이들이 갖는 관계의 불완전성을 인지하기 위해서 꼭 이들을 형상, 즉 완전한 것과 비교함이 필수적인 것은 아니다. 경험적 속성의 불완전성을 인식하기 위해서는 그 속성을 지닌 경험적 사물들에 대해 서로 다른 때 이루어진 경험들을 대조 비교하는 것만으로 충분할 수 있다. 셋째, 비록 경험적 사물들과 형상과의 비교가 경험적 사물들의 완전하지 못함을 인지하기 위해 필요하다고 양보하여 인정하더라도, 그 형상에 대한 인식은 비교의 행위가 있기 전이 아니라 비교하는 바로 그 순간에 지니고 있어야 한다.

## 5. 상기설의 의의

### 동일함 자체

위와 같은 문제점에 비추어볼 때, 상기설을 입증하려는 플라톤의 논증은 성공했다고 보기 어렵다. 그럼에도 불구하고 플라톤의 상기설은 심중한 철학적 의미를 지닌다. 그는 우리의 인식, 특히 우리의 개념적 인식의 가능 근거를 철학적 문제로 제기했으며, 이 문제에 대해서 나름의 선험적 답변을 제시하고자 했다. 플라톤에 의해 시작된 우리 인식의 선험적 연원에 대한 탐구는 중세의 보편자 논쟁, 데카르트의 본유 관념론, 칸트의 선험적 범주론을 거쳐 현대의 수학적 실재론이나 촘스키의 언어학에 이르기까지 활발히 진행되고 있다. 철학사적 의미와는 별개로 플라톤이 상기설의 논증을 위해 동원한 몇몇 명제들은 그의 인식론 전반(全般)과 관련하여 중요한 시사점을 제공한다. 필자는 이 장의 나머지에서 그 명제들이 시사하는 바를 이끌어내기로 하겠다.

우리는 위의 논증의 첫 단계에서 언급된 '동일함 자체'가 동일함의 형상을 지시하는 것이라고 해석했고, 따라서 상기설 논증 전체는 이데아론을 전제로 한다고 지적했다. 여러 주석가들도 같은 견해를 표명하고 있으며,[6] 위에 열거한 대로 여러 증거들이 이 해석을 지원

---

6) Hackforth, H., *Plato's Phaedo*, tr. with an introd. and commentary, Cambridge Univ.

하고 있다. 그럼에도 동일함 자체를 동일함의 형상으로 이해하는 이런 해석을 전적으로 수락하기 힘든 점이 있다. 그 이유는 논증의 벽두에서 플라톤은 '우리가' 동일함 자체가 존재함을 확신한다고 확인시키고 있다는 사실이다. 즉 논증의 첫번째 단계인 74a9–b1에서 플라톤의 어조는, 동일함 자체의 존재가 그 자신에게 뿐 아니라 일반 그리스인들에게도 의심의 여지가 없는 사실로 간주되고 있는 듯한 인상을 준다. 나아가 두번째 단계(74b2–b3)에서도 그는 '우리가' 동일함 자체를 인식하고 있음이 논란의 여지가 없다고 주장한다. 그러나 단계 (19)에서는 우리 모두가 동일함의 형상을 인식하고 있지는 않다고 하여, 단계 (2)의 주장과 어긋나는 듯한 언명을 하고 있다.

위의 비일관성의 인상을 해소하기 위해 갤럽은 다음의 제안을 한다.[7] 두번째 단계에서의 동일함의 형상이 존재함을 확언하는 '우리'나 그 형상을 인식하는 '우리'는 '우리 플라톤주의자들'을 의미함에 비해, 단계 (19)에서 동일함의 형상을 인식하지 못하는 '우리'는 '우리 일상인들(또는 일반 그리스인들)'을 의미한다는 점이다. 이런 제안은 (2)와 (19)사이의 비일관성을 해소시켜 주며, 나아가 왜 단계 (1)에서 형상의 존재를 '우리'가 확신한다고 플라톤이 확언했는가를 설명해 줄 수 있는 것으로 보인다.

갤럽의 제안은 다음의 심각한 문제에 봉착한다. 일반적으로 논증의 전략적 측면에서 볼 때, 논증의 전제로 놓이는 명제들은 논증을 통해 설득하려는 사람에게 의심의 여지없는 사실들에 관한 언명들이어야 한다. 『파이돈』의 상기설 논증은, 플라톤이 의도하기로는, 자신과 같이 이데아의 존재를 신봉하는 일부 철학자들이 아니라 일반

---

Press, 1972; Gallop, D., 위의 책, p. 130.

7) Gallop, 위의 책, p. 131.

인들을 설득하기 위한 것이다. 그리고 플라톤은 이데아의 존재가 일반인들이 쉽게 인정할 수 없는 사실임을 충분히 의식하고 있었으리라고 생각된다. 그렇다면 (1)과 (2)에서의 동일함 자체의 존재와 이의 인식을 확인하는 '우리'는 플라토니스트(Platonist)들이 아니라 일반인들로 보는 것이 자연스러울 것이며, 나아가 일반인들이 그의 존재나 인식을 확언하는 '동일함 자체'란, 형상이 아닌 다른 어떤 것이어야 할 것이다. 플라톤은 일반인들이 쉽게 납득하지 않는 사실, 즉 이데아가 존재한다는 사실을 전제로 하여 자신의 논증을 출발시키는 어리석은 전략을 택하지 않았을 것이다.

플라톤철학의 모든 체계 안에서 상기설과 이데아론은 분명 긴밀한 관계를 갖고 있으나, 그 관계란 이데아론이 상기설을 논리적으로 뒷받침하는 것이라기보다는 그 반대의 것이라 하겠다. 다시 말하면 플라톤은 이데아론을 가정할 때 생기는 문제를 해결하기 위해 상기설을 도입한 것이 아니고, 『메논』 등에서 확인하고 있는 바, 상기로 여겨지는 인간 인식의 현상에 관한 인식론적인 난문(難問, aporia)을 해결하기 위해서 이데아의 존재를 논리적으로 요청한 것이다.

그렇다면 플라톤은 '동일함 자체'라는 어휘로서 무엇을 언급하고자 했으며, 그가 플라토니스트들뿐 아니라 모든 사람에게 의심의 여지가 없다고 생각한 (1)과 (2)에서 지적된 사태들, 동일함 자체의 존재와 이의 인식은 구체적으로 어떤 것을 가리키는가? 이 문제에 답하기 위해서는 동일한 것들과 동일함 자체에 관해 (3)-(5)에서 플라톤이 진술한 바에 주목할 필요가 있다. 우선 우리는 현상계에 이른바 동일한 사물들, 또는 '동일하다'고 기술될 수 있는 사물들이 존재함에 주저없이 동의할 수 있다. 우리 주위의 현상적 사물들이 진정으로 실재하는 것이냐의 여부는 심각한 철학적 논쟁의 대상이 되겠으나, 여하간에 그들이 적어도 현상적으로 존재함은 틀림없는 사실이다. 다음으로 우리들은 어떤 두 개의 현상적 사물에 관하여 '동일하다', '동일하지 않다'는 등의 발언을 의미 있게 할 수 있음도 부인할 수 없다. 더 일반적으로 플라톤이 대화편을 통해서, 그리고 이 속에서 전개되고 있는 대화의 사실을 통해서 증거하듯이, 우리가 대화라는 언어적 활동을 할 수 있음도 논란의 여지가 없는 사실이다. 사람들이 바벨의 혼동 없이 서로간 대화를 주고받으며 의사교환을 할 수 있음은 인간에 관한 가장 기본적인, 그리고 인간에 고유한 사태이다.

이런 일상의 사실들은 중요한 철학적 문제를 제기한다. 언어적 기술과 대화의 활동이란, 우리의 발언들을 구성하는 어휘들이 판명하고 일정한 의미를 지니고 있으며, 발언자나 청취자는 그 의미를 명확하게 파악하고 있음을 전제한다. 플라톤이 '동일함 자체'라는 표현을 사용하면서 염두에 두었던 것은 바로 우리의 일상적 언어생활을 가능하게 하는 발언과 대화의 기본 어휘들, 가령 '동일하다'라는 어휘의 의미를 지시하는 것으로 이해할 수 있다. 일반적으로 그가 '자체적인 것'이라 한 것들은, 우리가 대상을 서술하고 규정하기 위해 동원하는 기술적 형용사나 동사들, 나아가 우리의 행위에 모습과 방향을 부여하기 위해 사용하는 여러 윤리적 술어들의 의미 근거로 볼 수 있다.

### 반영으로서의 인식

한 어휘가 단일한 고정적 의미를 지니는지, 그 어휘를 사용하는 다양한 언어주체들이 항상 동일한 의미를 염두에 두고서 사용하는지에 관하여 논란이 많은 것은 사실이다. 어휘들의 근거로서 항상 동일하며 고정적 내용을 지닌 의미가 존재한다고 인정하더라도, 새로운 문제가 제기된다. 우리는 그것이 초월적인 세계에 자체적으로 존재한다고 할 수 있을까? 왜 플라톤은 한 어휘의 고정적인 의미는 존재하되, 이 의미는 단지 우리 의식의 양태나 선험적 범주 또는 사회적 관습의 형태로 존재한다 하지 않고, 이데아계(界)라는, 현상계와는 전혀 차원이 다른 새로운 또 하나의 세계를 상정하여 그 의미들이 이런 세계에 존재한다고 논하여 우리를 당혹스럽게 만드는 것일까?

이러한 당혹스러움을 해소하기 위해서는 우리 인식 능력이나 인식 행위에 관한 플라톤의 대전제가 무엇인지 살펴볼 필요가 있다. 플라톤에게 인간의 인식 능력은 마치 거울과 같고, 인식 행위란 거울이 외부 대상들을 반영하는 작용과 같다.[8] 그래서 거울 앞에 놓인 대상들의 모습이 단지 유사하기만 한 것들, 가령 완전한 삼각형이 아니라 삼각형에 유사한 것, 또는 완벽한 동일함의 전형이 아니라 단지 불완전한 동일함이라면, 인식 능력이라는 거울에 비친 상도 역시 불완전한 삼각형이나 동일함에 불과할 것이다.

그런데 우리는 인식 능력이라는 거울에 비추인 이 불완전한 동일함을 완전한 동일함과 비교한다. 이제 거울 앞에 엄격한 의미에서 동일한 대상들이 놓여 있지 않음에도 불구하고 완전한 동일함의 모습이 거울 어느 구석에선가 어른거린다면, 이 영상(影像)의 존재를 설명할 수 있는 길은 오직 한 가지이다. 그것은 그 영상을 이전 어느 때엔가 우리 인식 능력이라는 거울 앞에 놓여 있었던 존재자가 남긴 잔상(殘像)으로 간주하는 것이다. 거울은 잔상을 가지지 않으므로 우리의 망막을 대신 비유로 들어도 좋을 것이다. 플라톤에게 인식 능력이란 시각(視覺)과 비슷하다. 『테아이테토스』와 『소피스트』 등의 도처에서 그는 인간의 인식 행위를 마치 지적인 목격(目擊)의 활동으로 간주한다. 플라톤은 『메논』에서 옳은 믿음(orthē doxa)을 진정한

---

8) Rorty, R., *Knowledge and the Mirror of Nature*, Princeton Univ. Press, 1979.

인식과 비교하면서, 전자의 열등함을, 간접적으로 전해들은 정보가 우리가 직접 목격해서 얻은 지식의 확실함에 미치지 못함에 비유하고 있는데,[9] 이런 비유들은 그의 반영적 인식관을 시사한다.

인식을 정신적인 시각으로 본 것은 비단 플라톤만이 아니다. 일반 그리스인들도 인식을 일종의 시각적 행위로 생각했다. '알다'라는 의미의 그리스어 'oida'는 '보다'를 의미하는 동사 'eidō'의 현재완료 형태이다. 앎이란 시각적 행위의 결과라는 것이다. 'oida'를 직역하면, '본 바 있다', '보아서 간직하고 있다'로 번역할 수 있다. 그리스어의 인식 동사 'oida'의 어원학적인 사실이 말해 주는 바는 플라톤뿐 아니라 고대 그리스인들에게 인간의 지식이란 직관, 인식 대상에 대한 직접적인 목격의 결과라는 것이다.[10]

비단 플라톤이나 그리스인들만이 그런 인식관을 지니고 있는 것은 아니다. 서양철학사 일반에서 인식은 대상의 정확한 반영이었으며, 현재 우리의 통상적 사유에서도 인식을 일종의 정신적 직관으로 생각하고 있음은 일상 어법에서 쉽게 확인할 수 있다.[11] '마음속으로 그려 본다', '묘사한다', '이상적인 관찰자', '관찰과 실험', '직관', '내관' 등의 어휘를 생각해 보면, 철학자만이 아니라 적어도 서구적 전통에서는 상식인들도 시각을 인식의 전형이자 가장 확실한 연원으로 간주하고 있음을 알 수 있다. 철학적으로 인식은 객관적이어야 한다고 믿어지는데, 객관성의 이념은 인식이 시각적인 모델에 기초하고 있기 때문에 형성된 기준이다.[12]

---

9) 다음 참조 : Bluck, R. S. ed., *Plato's Meno*, Cambridge, Univ. Press, 1961, p. 33.

10) Snell, B., *The Discovery of Mind*(영역본), Harvard Univ. Press, p. 33.

11) Gulley, N., "Plato's Theory of Recollection", in *Classical Quartery*, p. 199. n.s. IV, 1954.

12) 그러나 고대 동아시아에서는 앎을 달리 생각했던 것으로 보인다. Ames, R. and Hall, D., *Thinking through Confucious*, State Univ. of NY Press, 1987 참조.

우리가 현상계의 대상들이 지니고 있는 모습이나 속성을 다양한 어휘들, '빨갛다', '아름답다', '삼각형이다'는 등의 어휘를 사용하여 기술하되, 기술된 속성에 대해 '완전하다', '불완전하다', '단지 그런 속성에 근사(近似)할 뿐이다'라는 등의 평가를 내린다고 플라톤이 주장하는 이유는, 위에서 지적한 바와 같이, 그가 시각적 인식관을 지니고 있기 때문이다. 하지만 플라톤은 이를 통해 새로운 인식관을 제시했다기보다는 이미 암묵적으로 전제되어 있는 그리스인들의 표준적 인식 모델을 명확하게 개념화하고 정형화했다는 것이 더 정확한 평가일 것이다. 그렇기 때문에 플라톤의 인식론은 서양철학사에 지속적인 영향력을 발휘할 수 있었던 것이다.

### 속성 기술의 척도

우리는 '불완전하다', '근사하다'는 등의 평가적 판단을 내리면서, 경험적으로 인지된 속성을 무엇과 비교하고 있다. 그런데 비교의 전형적이고 기초적인 모델은 시각적으로 인지되는 두 대상이다. 더 구체적으로는 일상의 경험적 대상들이 지니는 속성을, 이 속성을 표준적인 형태로 지니고 있는 다른 어떤 것과 비교하여, 전자의 속성이 '완전하다', '불완전하다', '단지 근사할 뿐이다'라는 식으로 평가한다. 1미터 자로 대상의 길이를 재는 경우를 생각해 보자. 우리가 경험적 대상들의 속성을 기술할 때, 단지 그 속성을 인식하는 것에 그치는 것이 아니라, 실은 경험적 대상이 지닌 속성을 그 속성의 전형이 되는 바를 잣대로 삼아 대어보고 있는 것이다. 즉 속성들의 전형이나 표준에 해당하는 것을 마음속으로 내관하면서, 그에 비추어 경험적 대상의 속성을 재어 기술한다는 것이다. 경험적 대상들의 속성을 평가 기술하면서 염두에 두고 있는 그 전형이나 표준에 해당하는 것이 바로 인식 능력이라는 거울에 남겨진 잔상과 같은 것이다. 그러면 이 잔상 또는 그 자나 표준에 해당하는 것은 어떻게 취득된 것일까?

우리 마음속에서 표준이나 자의 역할을 하는 것은 대어지고 재어지는 것들 이전에 존재해야 한다. 플라톤에 따르면, 우리는 그것들을 언젠가 직접 목격한 바 있어, 그 본 바의 인식 내용이 기억의 형태로 또는 잔상의 형태로 우리 정신의 어느 곳엔가 남아 있다. 이런 기억이나 잔상이 우리에게 알려주는 가령 삼각형, 빨강, 아름다움의 원형을 기준으로 하여, 우리는 현상계의 대상이 지니는 모습이나 속성을 평가하고, 나아가 상기된 원형을 준거로 '삼각형', '빨강', '아름다움' 등의 어휘를 의미 있게 사용할 수 있다는 것이다. 이 어휘들, 명사, 형용사 등은 말하자면 그 모습이나 속성들 자체의 이름, 즉 고유명사라는 것이 플라톤의 생각이다. '삼각형'은 삼각형 자체의, '빨강'은 빨강색 자체의, '아름답다'는 아름다움이라는 형상의 이름이다.

논리적 원자론자들은 만상의 의미론적, 나아가 존재론적 원자에 해당하는 것의 이름을 논리적 고유명사라 했는데, 플라톤에게 있어서는 보통명사나 형용사가 진정한 의미의 논리적 고유명사에 해당하는 어휘들이다. 진정으로 완전한 의미에서 이런 명사나 형용사를 술어로 할 수 있는 문법적 주어들은 오직 이들 자체적인 존재이다. "삼각형은 완벽한 의미에서 삼각형이다", "빨강 자체는 정확히 빨갛다", "아름다움 자체만이 진정으로 아름답다"는 등의 자기 서술적 문장들만이 엄격한 의미에서 진리이다.[13] 반면 경험적 사물들은 이런 성질들을 단지 불완전하게 소유하고 있기에, 가령 "쟁반 위의 사

---

13) 다음의 곳 참조 : *Prot.* 330c, 331b, 330d ; *Phd.* 74b-c ; *Phd.* 100c ; *Crat.* 439d ; *Rep.* 529d ; *Lys.* 217d.

과는 빨갛다", "춘향이는 아름답다" 등의 문장은 단지 제한적으로만 진리인 문장이다.

## 플라톤의 형상과 칸트의 선험적 범주

상기설 논증의 여러 단계들, 즉 ⑷, ⑸, ⑺, 그리고 ⑻에서 플라톤은 거듭 현상적 사물들이 지니는 동일함의 속성이 동일함 자체와는 다름을 확인하고 있다. 이렇게 확인하는 이유는 우리가 사용하는 '동일하다'는 술어의 의미 또는 그 어휘를 사용하면서 떠올리는 동일함의 속성에 대한 사념이, 우리가 현상계에서 만나는 '동일한' 것들에 대한 경험에서 오는 것이 아님을 강조하기 위해서이다. 그 의미나 속성에 대한 인식은 어디엔가 있는 동일함 자체에 대한 언젠가의 인식을 근거로 한다는 것이다. 그런 과거적 인식이 없다면, 플라톤의 논리로는, 우리가 결코 '동일함'이라는 어휘를 사용할 수도 없고, 그 의미도 확연하게 이해할 수 없다.

플라톤에 따르면, 우리의 인식 주관은 순전히 수동적이다. 가장 완전한 상태의 우리 인식 능력이란 정밀도 100%의 티끌 하나 없이 깨끗한 거울과 같다. 이런 수용력의 완벽한 발휘는 진상(眞相)을 100% 정확하게 반영하는 데에 있다. 우리 인식 능력이나 인식 행위를 반영적인 것이라 할 때, 플라톤은 중요한 난문에 봉착한다. 그것은 객관적인 대응체가 없는데, 어찌해서 동일함의 개념이 윤곽이 분명한 영상과 같이 우리 인식의 거울에 비추어져 있는가 하는 것이었다. 물론 이 동일함의 개념이나 의미라는, 우리 인식에 비친 표상 또는 재현상(再現象, representation)을 단지 허상이나 환상에 불과하다고 치부할 수도 있을 것이다. 그러나 플라톤이 그 길을 택하지 않은 이유는 그런 허상론을 취한다면 분명히 존재하는 언어 현상이나 대화의 가능성은 설명할 길이 없을 것이기 때문이다.

플라톤이 처한 난문을 해소하기 위해 또 하나 제안될 수 있는 방법은 칸트식의 인식론을 취하는 것이다. 칸트에 따르면, 개념이니 의미니 하는 것들은 대응하는 실재가 없는 일종의 허상이되 인간 모두가 소유하는 허상이라는 것이다. 말하자면, 개념이나 의미들은 인간 의식의 선험적 형식으로서 주어지거나 이를 기초로 형성된 간주관적인 존재자들이다. 이런 방식 역시 우리 언어 현상이나 대화의 가능성을 잘 정초해 줄 수 있을 것이다. 개념이니 의미니 하는 것들이 인간 인식 능력의 구조 자체에 기초한다면, 모든 인간이 동일한 인식 구조 내지는 형식을 지닐 것이므로, 개념이나 의미에 대응하는 객관적 존재를 상정함이 없이도 언어나 대화의 가능성을 설명할 수 있다.

칸트는 인식 주관을 수동적인 거울이 아니라 인식 내용을 구성해 내는 능동적인 능력으로 본다. 인식 주관은 외부의 감각 소여(所與)들을 받아들이기는 하되, 이 자료들에 형식과 질서를 부여하여 법칙성과 논리성 등을 지니는 인식 체계를 산출해 낸다. 우리가 개체들 상호간에 뚜렷한 한계를 가지고 있으며 정합성을 지닌 하나의 세계를 구성하고, 개념적 인식을 소유할 수 있음은, 인식 주관이 자신의 형식을 가지고 능동적으로 그 주어진 감각 소여들을 정리했기 때문이며, 동일함의 개념이나 의미란 바로 이런 인식 주관의 한 형식이다.

칸트식의 해결을 플라톤 자신이 고려해 보았는지의 여부는 알 수 없으나, 플라톤의 관점에서 칸트식의 해법에 문제를 제기할 수는 있을 것이다. 즉 우리는 우리 인식 주관의 선험적 일부로 존재하는 형식과 개념들의 연원을 물을 수 있다. 칸트는 우리 인식 주관을 넘어서는 '예지계(noumena)'의 세계에 관해서는 불가지론의 입장을 취했다. 칸트가 『순수이성비판』에서 인식의 가능성을 탐구하면서 한 일은 우리의 개념적 사고를 가능하게 하는 인식 주관의 형식과 개념들을 밝히는 일에 그친다. 그는 이를 넘어서 이 형식과 개념들이 어떻게 가능한지, 어디에서 주어졌는지는 묻지 않았다. 물음을 제기한다고 해도, 그 답은 우리 인식의 한계 저편에 있어 인식될 수 없다는 것이 그 이유였다. 플라톤은 칸트식의 해결이 자신이 처한 난문을 종결시킨다고 생각하지 않고, 문제의 대상을 단지 뒤로 후퇴시켰을 뿐이라고 비판할 수 있다.

칸트 이후 현대철학자들 중에서 인식의 형식이나 개념들의 근원적인 연원을 탐구하면서 플라톤적인 존재론의 길을 택한 철학자들을 만날 수 있다. 우선 괴델(G. Gödel) 등의 수학적 실재론자들이 그러하며, 프레게(G. Frege)는 수의 본질을 논구하면서, 초기의 러셀(Russell)은 명제 의미의 연원을 찾으면서, 비트겐슈타인은 『논리철학논고』에서 세계의 실체로 대상 개념을 제안하면서,[14] 각각은 비록 그 상세한 내용에서 차이가 있으나 플라톤의 이데아론과 유사한 이론들을 제시하고 있다.

필자는 우리의 인식 현상을 설명하면서 플라톤의 상기설이 칸트의 구성론(構成論)에 비해 이론적으로 탁월하다거나 철저하다고 주장하려는 것은 아니다. 플라톤으로서도 왜 인간 인식 능력의 본질이 구성적 능력이 아니라 반영적(反映的) 능력이라고 생각했는지에 대한 해답을 준비해야 하기 때문이다. 그러나 플라톤은 우리의 본연의 인식 능력이 객관적 사태를 정확히 비추는 거울이라는 대전제가 정당화를 필요로 하는 것이 아니라 논란의 여지없는 당연한 명제라고 생각한 듯하다. 플라톤의 이런 전제는, 상식의 직관이나 인식관과 상통하며, 인간의 인식활동이 세계의 모습과 무관한 것이어서는 안

---

14) 비트겐슈타인은 후기 저서에서 자신의 전기 사상을 논평하면서, 자신의 전기 철학에서 대상이 플라톤의 형상과 유사한 존재였다고 지적하고 있다.

된다는 직관적 요청을 담고 있다.

플라톤이 상기설 논증의 과정에서 운위한 '자체(自體)'라는 어휘에 대한 이상의 논의를 요약하면 다음과 같다. 우선 플라톤은 '동일하다'라는, 우리가 늘 사용하는 어휘가 명석 판명한 의미를 지니고 있으며 이 의미가 대화 쌍방에 의해서 공유되므로 우리의 대화가 가능하다는 사실에 주목한다. 더 나아가 플라톤은 인식 능력의 본질은 외부의 진상을 그대로 반영하는 거울과 같은 것이므로, 의미란 인식 주관이 구성한 것이 아니라 어떤 대상에 대한 직관적 인식의 결과라고 생각한다. 그런데 이 의미들은 우리가 경험적 사물들을 지각해서는 얻어질 수 없는 것이므로, 이들의 존재는 철학적 문제 상황이라 간주했다. 플라톤은 일상의 사실들, 우리가 통상적으로 당연하다고 여기는 일상의 사실이 실제로는 그리 당연하지 않은 것이라고 판단했다. 여기에서 그의 철학적 물음과 철학적 사유가 시작되는 것이다. 형상론은 이런 철학적 물음에 대한 플라톤의 답변이다.


## 6. 상기설의 범위

이 장을 끝맺기 전에 마지막으로 다음의 두 가지 문제를 간략히 살펴보겠다. 필자는 상기설에 대한 플라톤의 논증을 검토하기 이전에 상기설의 범위에 대한 문제를 제기한 바 있다. 상기설의 주장이 일부의 지식만이 상기에 의해 획득된다는 제한적 주장인가, 아니면 우리의 경험적이거나 논리적인 모든 지식들이 상기에 의해 얻어진다는 포괄적인 주장인가? 이 물음은 형상의 범위와 같은 문제이다.[15]

---

15) 형상의 범위에 관한 논의는 8, 9장 참조.

이 문제에 대한 해답은 상세한 논의를 필요로 하나, 여기에서는 간단히 필자의 소견만을 밝히겠다. 플라톤의 주장은 경험적이건 비경험적이건 간에, 우리의 모든 지식이 상기에 의해 얻어진다는 포괄적인 주장으로 이해할 수 있다. 플라톤이 『파이돈』에서의 상기설 논증을 통해 확립하려 한 것은, 일부의 개념뿐 아니라 우리의 개념적 사고 일반이 우리가 자체적으로 존재하는 형상들을 직관한 데서 비롯한다는 주장이다.

다음으로 『파이돈』에서의 상기 대상은 『메논』에서의 대상과 다른 것으로 보인다. 전자에서 상기의 대상은 동일성 같은 범주적인 개념임에 비해, 후자에서는 명제, 즉 "한 정사각형 면적의 두 배가 되는 다른 정사각형 한 변의 길이는 전자의 대각선 길이와 같다"는 식의 기하학적 명제이다. 이런 차이로 『메논』에서의 상기는 추론의 과정을 거쳐서 이루어짐에 비해, 『파이돈』에서의 상기는 개념적인 사유가 이루어지는 순간에 일어나는 듯싶다. 『메논』에서 사동은 소크라테스와의 오랜 대화와 추론을 거쳐 비로소 정사각형에 관한 기하학적 명제에 도달했다. 이에 반해 『파이돈』에서의 논의가 주는 인상은, 우리가 현상계의 동일한 사물들을 감각하자, 이것이 일종의 기억 매개체(reminder) 역할을 하여 동일성의 개념이나 동일성 자체의 상기에 이르게 하는 듯하다.

이런 인상이 사실이라면 걸리(N. Gulley)가 지적한 바와 같이,[16] 모든 인식이 일종의 상기일 것이고, 그렇다면 오류란 불가능하다고 여겨진다. 플라톤의 논증 제 단계들을 주의해 살펴보면, 그는 인간은 감각적인 사물들을 경험함으로써 동일함 자체를 "생각하고 그리고

---

16) Gulley, N., "Plato's Theory of Recollection", *Classical Quartery*, n.s. IV, 1954, p. 199.

이에 대한 인식을 갖게 된다"고 거듭 강조한다. 이런 반복적 언명이 시사하는 바는, 그가 현상계의 동일한 사물들에 대한 감각적 경험과 동일함 자체에 대한 인식 사이에 동일함 자체를 '생각하는' 중간 과정이 필요하다고 생각한 점이다.

동일하게 보이는 사물들의 시각적 경험 → 동일함 자체를 '생각함'→ 동일함 자체의 인식.

아마도 동일함 자체를 '생각함'의 과정에서 동일함의 개념이 형성될 것이다. 나아가 논증의 마지막 단계에서 플라톤은 모든 사람이 동일함 자체를 인식하진 못한다고 주장하는데, 이는 위의 시사를 확인해 주는 것으로 보인다. 경험적 사물들의 인식은 형상들에 대한 기억을 일깨우기는 하나, 그 자체가 바로 그에 대한 인식을 가능하게 하는 것은 아니다. 중간에 사념의 과정이나 개념 형성의 과정이 매개되어야 하고, 이 과정이 올바로 진행되는가 여부에 따라 진리의 취득 또는 오류의 발생으로 갈라질 수 있는 것으로 생각된다. 플라톤은 『파이돈』에서도 상기의 과정이 순간적인 깨달음과 같은 것이 아니라 오래고 꾸준한 노력에 의한 것이라고 믿고 있으며, 이렇게 이해할 때 당연히 인식이 상기에 의한다 해도 오류의 가능성은 충분히 있다.

위의 문제와 관련하여 다음과 같은 의문이 생긴다. 상기가 오래고 어려운 과정을 통해 이루어지는 것이라면, 가령 동일함의 형상에 대한 파악은 쉽게 주어질 수 없겠고, 따라서 '동일하다'는 어휘의 의미를 확연히 파악할 수는 없을 터인데, 어찌해서 우리는 일상적으로 '동일하다'는 어휘를 공유 사용하여 의사소통을 할 수 있는가?

이 의문은 개념의 내포와 외연을 구분함으로써 해소할 수 있다. 한 어휘가 지시하는 개념의 내포들 중 일부나 그 외연만을 알더라도 우리는 그 어휘를 사용할 수 있다. 한 어휘를 사용할 수 있기 위해서 그 어휘에 대응하는 개념의 내포 전체를 파악하여 그 개념의 의미를 명석하게 이해하고, 그 개념의 객관적인 대응체인 형상을 직관해야 함이 필수적인 것은 아니다. 가령, 삼각형의 개념은 그의 필수적 내포로서, "세 각을 지닌 도형이다", "세 변으로 구성된 도형이다", 그리고 "세 내각의 합은 180 이다", "삼각형의 세 수선은 한 점에서 만난다"는 등의 다양한 내포적 규정들을 갖고 있다. 그러나 '삼각형'이란 어휘를 사용하기 위해서 우리가 위의 모든 내포를 파악하고 있을 필요는 없고 단 하나의 내포만이라도 아는 것으로 족하다. 나아가 '삼각형'의 개념이 어떤 대상들에 적용되는지, 개념의 외연을 안다 해도, 그 개념을 사용할 수 있을 것이다. 한 개념의 외연은 특수자들이므로 원리적으로 무한할 수 있다. 그러므로 외연과의 친숙성이나 경험을 통한 어휘 의미의 파악은 모호성을 벗어날 수 없으며, 이런 점에서 어휘 사용에서 오류의 가능성은 상존한다. 한 개념의 일부 내포들, 즉 의미 규정들 중 한두 가지만 알고 있을 때, 그 어휘가 담고 있는 의미나 그 어휘가 지시하는 형상에 대한 우리의 파악이 분명하지 않을 것임은 틀림없다. 이런 차이에서 개념에 대한 완전한 파악과 막연한 상념, 인식과 믿음 간의 구분이 생기는 것이다.

제7장

● ● ● ● ● ●

# 최상위 존재로서 좋음(善)의 이데아

## 1. 이데아계에서 좋음 이데아의 위상

플라톤처럼 일관되게 윤리적 의식이 현실적이고 구체적이며 확고했던 철학자도 드물다. 그는 윤리적 삶의 전형을 소크라테스의 삶에서 찾고 있다. 플라톤은 한걸음 더 나아가 어떤 윤리적 이념이 소크라테스와 같은 철인의 경우는 물론 인간 모두의 삶을, 나아가 실재계를 통어하고 있다고 믿는 듯하다. 『국가』(504d–509c)에 등장하는 좋음의 이데아라는 개념은 이런 생각을 형상화하고 있다. 플라톤은 좋음의 이데아를 최상의 형용사들을 동원하여 기술하고 있다. 좋음의 이데아는 그 명칭이 드러내고 있듯이 윤리적인 존재자이나, 이는 윤리적 삶에서만이 아니라 존재계의 위계 질서에서 최정점을 차지하고 있는 이데아이다. 좋음의 이데아란 무엇인가? 왜 그리 중요한 위치를 차지하는가?

좋음의 이데아에 관한 플라톤의 말을 우선 인용해 보자. 그는 『국가』 6권에서 철인을 소피스트들과 차별지우며 규정하길, 철인이란 형상들을 사랑하는 자로서 그의 가장 중요한 탐구 대상이 좋음의 이데아라고 논하면서, 이에 대해 다양한 기술을 한다. 이 기술에 이어 『국가』에서 가장 풍부한 함의를 지닌 주요 비유들, 즉 태양의 비유와 선분의 비유, 그리고 동굴의 비유가 제시된다. 이들 비유가 지닌 함의들은 플라톤철학의 핵심적 입장들을 담고 있다. 좋음의 이데아와 관련된 이런 문맥을 고려할 때, 이 부분은 플라톤철학의 중심을 차지한다고 평가할 수 있다.

> 좋음의 이데아(hē tou agathou idea)는 철학적 연구대상 중 가장 중요한 주제이며, 정의로운 행위나 사태들이 이익이나 도움을 주게 되는 것은 이것과 관계해서이다…. 그러나 우리는 이것에 대해 충분한 지식을 가지고 있지 않다. 하지만 그 무엇을 소유하더라도 좋음이 없이는 도움이 되지 않듯이, 이것에 대한 인식 없이는 다른 것들에 대해 아무리 안다고 해도 우리에게 아무 도움이 되지 않는다….
>   다중들은 쾌락이 좋음이라고 믿으나, 조금 더 현명한 사람들은 좋은 것은 지식이라고 생각한다(*Rep.* 505a-b).

> 나아가 정의나 아름다움에 관한 한 사람들은 그리 보이는 것으로 만족하는 경우가 있으며, 그 무엇이 실제로는 정의롭고 아름답지 않더라도 그리 보이는 것을 기초로 하여 행위하고 소유하려 하며 생각을 한다. 그러나 좋음에 관한 한 전혀 그러하지 않는다. 그들은 진정으로 좋은 것을 추구하며, 단지 그리 보이는 바의 현상적인 것을 혐오한다.
>   모든 사람의 영혼은 좋음의 이데아를 추구하고 우리의 모든 행동은 이를 위해 수행된다(*Rep.* 506d-e).

누구도 좋음에 대한 인식이 없이는 정의로운 것들과 아름다운 것들을 충분히 이해하지 못할 것이다.

좋음에 대한 인식을 지닌 지도자(phulax)가 국가(politheia)를 통치할 때 비로소 우리의 국가는 완전히 질서가 잡힐 것이다(*Rep.* 506a-b).

좋음의 이데아는 어떠한 것이기에 이처럼 중요한 역할을 행하는가? 플라톤은 그것이 매우 크고 어려운 주제라는 이유로 이에 대한 직접적인 답을 유보했다. 대신에 그는 좋음의 이데아가 낳은 자손이자 그것에 가장 유사한 것[1]에 관해 이야기하겠다고 제안하며, 좋음의 이데아를 태양에 비유한다(*Rep.* 506d).

그에 앞서 플라톤은 몇 가지를 확인시키는데, 이는 다음과 같다. 우리는 다수의 좋은 것들과 아름다운 것들이 있음을 인정하면서 이들을 다양한 말로 묘사하는 한편, 이들 다수의 경험적인 것들에 대해 하나의 좋음 자체나 아름다움 자체를 상정한다. 그런데 우리는 이 후자의 자체적인 것이 하나의 단일한 모습을 지닌 것이며 진정으로 존재하는 것이라고 부른다.[2] 양자는 구분되어야 하는데, 전자는 시각의 대상이나 후자는 사유의 대상이다. 시각의 작동을 위해서는 빛이 필요한 바, 이를 공급하는 것은 태양이다. 태양의 빛은 가시적인 것으로 하여금 보여질 수 있게 하고, 눈으로 하여금 볼 수 있게 한다.

좋음의 이데아는 비유컨대 가지계(可知界)에서 태양과 비슷한 역할을 하는 존재이다.[3] 영혼이 태양 빛을 받아 빛나는 진리와 존재자들이 거하는 지역을 바라볼 때, 영혼은 이들을 사념하게 됨으로써

---

1) hos de ekgonos te tou agathou phainetai kai homoiotatos ekeinō, 506e 3.
2) kat' idean mian hekastou hōs mias ousēs tithentes ho estin hekaston prosagoreuomen, *Rep.* 507b.
3) ho ti per auto en tō noetōi topōi pros te noun kai ta noumena, 508c.

인식에 이르고 지성이나 이성을 소유하게 되는 것으로 보인다. 그러나 어두움이 뒤섞이고 생성했다 사라져가는 세계로 고개를 돌릴 때, 그것은 단지 이리저리 흔들리는 믿음만 품을 수 있을 뿐, 이성이나 인식은 소유할 수 없다. 태양이 가시적(可視的)인 것들에 가시성(可視性)을, 그리고 눈에 시력을 부여하듯이, 알려지는 것에 진리성을, 아는 자들에게 인식 능력을 불어넣는 것은 좋음의 이데아이다. 이는 실로 진리와 인식의 원인 또는 존재 근거(aitia, 508e)[4]이다.

태양은 경험계의 사물들을 성장하게 만들지만 그 자체는 성장하지 않는다. 이와 마찬가지로 좋음의 이데아는 인식 대상들을 알려지게 하며 이들의 존재와 본질(to einai te kai ousia)의 근원이지만, 좋음의 이데아 자체는 본질(ousia)도 아니거니와 위의(威儀)와 권능에 있어서도 본질을 넘어서 있다(509b). 좋음의 이데아에 대한 플라톤의 이상의 언명을 정리하면 다음과 같다.

(1) 모든 것의 진정한 유용성이나 유익함은 좋음의 이데아를 인식해야 얻을 수 있다.
(2) 사람들은 좋음에 관해서는 그리 보이는 것에 만족하지 않고, 진정으로 좋은 것을 추구한다.
(3) 나아가 모든 인간, 그리고 인간의 행위는 좋음의 이데아를 추구한다.
(4) 다(多)에 대해 하나인 존재로서 사유의 대상이다.
(5) 진리와 인식의 존재 근거로서, 인식 대상을 알려지게 하고, 인식자를 알게 한다. 그리하여 이성과 지성을 지니게 한다.
(6) 인식 대상의 존재와 본질의 근거이다.
(7) 그 자체는 본질을 넘어서 있다.

---

4) 그리스어의 'aitia'는 현대적 의미의 '원인'보다는 '이유', '존재 근거'라는 의미에 가깝다.

좋음의 이데아는 모든 존재와 인식과 가치와 아름다움의 원인이다. 나아가 그것은 모든 이데아의 존재 근거가 되기까지 한다. 좋음의 이데아를 기술하기 위해 동원된 다양한 최상급의 수사들을 고려해 볼 때, 좋음의 이데아는 플라톤의 윤리학은 물론 존재론에서도 핵심적인 위치를 점유한다. 이러한 중요성에도 불구하고 이에 대한 설명은 그다지 많은 편이 아니다. 좋음의 이데아에 관한 논의는 『국가』편의 서너 쪽에 불과하고 다른 대화편에서는 거의 언급조차 되지 않고 있다. 게다가 좋음에 관한 플라톤의 주장은 상식적으로 이해할 때 당혹감을 제공한다. 인간의 욕구와 행동이 좋음의 이데아를 목표로 한다면, 왜 우리의 삶에 그다지도 많은 불행, 고통, 악, 범죄, 불의가 존재하는가? 과연 모든 사람이 모든 경우에 좋음을 지향하는가?

근대적 사고에 따르면, 지식과 가치는 상호 무관할 뿐 아니라, 가치 중립성은 학문적 지식의 한 중요 조건으로 간주된다. 인식자의 선행적 가치판단이 학적 인식을 왜곡시킨다는 이유에서이다. 그런데 플라톤에 따르면, 양자 간에는 상당히 깊고 근원적인 관계가 있다. 좋음의 이데아는 사물들을 인식하도록 만든다. 좋음의 이데아를 알지 못하면 사물들을 인식할 수도, 그들이 인식될 수도 없다. 사물의 인식이 왜 좋음에 의해 이루어지는가, 왜 좋음이 관여해야 사물들이 인식되는가? 자연과학적 지식이나 수학적 지식의 어느 부분에 좋음의 이데아가 관여하고 있는가?

더욱 당혹스러운 것은, 좋음이 모든 것을 존재하게 한다는 플라톤의 주장이다. 사실과 가치는 연관되어 있을 뿐 아니라 가치, 즉 좋음의 이데아가 존재의 근거로서 모든 것을 존재케 한다는 것이니, 좋음의 이데아는 사실상 창조주라는 말이다. 저기 구르는 돌, 단풍으로 물들어 가는 나뭇잎, 푸르른 하늘, 자연과학의 법칙들, 또는 수학적·논리적 명제들이 과연 좋음의 이데아에 의해 존재하게 되었다고 볼 수 있는가? 인간 행위와 삶은 물론 모든 존재자들이 좋음에 의해 근거지워져 있다고 볼 수 있는가? 이 세계는 라이프니츠가 주장한 대로 최선의 세계라는 말인가?

## 2. 좋음과 이성

### 좋음과 아이티아(aitia)

좋음의 이데아와 관련된 플라톤의 일견 당혹스러운 주장들을 어떻게 해석할 것인가? 이 이념은 다양한 논란의 대상이 되어 그에 관해 일치된, 그리고 확정적인 해석에 도달하기가 힘들며, 플라톤 자신도 이에 대하여 확실하게 알지 못한다고 고백했다. 하지만 우리는 태양의 비유를 이의 이해를 위한 단서로 삼아 추정적인 해석을 시도할 수 있다. 플라톤은 좋음의 이데아가 이데아 세계에서, 따라서 인간의 정신세계나 사유세계에서 태양의 위치를 점유한다고 비유한 바 있다. 우선 우리는 좋음의 이데아에 관한 플라톤의 언명을 다음 세 가지 명제로 좁히기로 한다. 다른 언명들은 이와 관련하여 비교적 쉽게 이해될 수 있을 것이다.

첫째, 좋음의 이데아는 인간 욕구와 행동의 지향목표이다.──(행위 목표)

둘째, 좋음의 이데아가 사물들의 인식 근거가 된다. 이는 사물들이 인식될 수 있게, 그리고 우리로 하여금 사물들을 인식할 수 있도록 해준다.──(인식 근거)

셋째, 좋음의 이데아는 모든 것의 존재 근거이다. 그것은 모든 것을 존재하게 한다.──(존재 이유)

우선 이 물음들에 답하기 위해 다른 대화편에서 인간의 행동과 좋음, 인식과 좋음, 사실이나 존재와 좋음 간의 관계에 대해 언급한 것이 있는지 살펴볼 필요가 있다. 좋음의 이데아 자체에 대한 언급은 거의 없지만, 『국가』 이전과 이후의 대화편에서 이성, 사실, 좋음 간의 관계를 적극적이고 명시적으로 표명하고 있는 여러 곳을 발견할 수 있다.

플라톤이 이성적 인식(nous)과 좋음, 나아가 존재와 좋음을 연관시키고 있는 곳은 『파이돈』이다. 그는 이곳에서 물상의 진정한 원인(aitia)과 보조 원인(sunaitia)를 구분하면서, 아낙사고라스의 지성(nous) 개념에서 진정한 원인에 대한 설명을 기대했으나 실망했다고 고백한다. 통상적으로 우리는 물상의 원인으로, 가령 소크라테스가 감옥에 앉아 있음의 원인으로, 그의 골격이나 근육 등의 구조와 같은 신체적 조건을 제시하는데, 이들은 진정한 원인이 될 수 없다고 그는 비판한다. 이들은 단지 그런 사태를 위한 보조 원인이나 필수 조건에 불과하다. 진정한 원인은 사태를 지성이나 이성의 관점에서 파악하여야 발견할 수 있는데, 소크라테스가 아테네의 감옥에 앉아 있음의 진정한 또는 지성적인 원인은 그의 이성이 좋음을 지향했기 때문이라는 것이다. 소크라테스의 최후 모습은 최선의 사태이다. 같은 논리가 다른 곳에서도 주장되고 있다: 우리 인간의 시각을 가능하게 하는 진정한 원인 역시 눈의 구조 등이라기보다는 신(神)의 선의지이다(*Tim.* 47b)[5]

플라톤의 가장 후기 저서로 알려져 있는[6] 『티마이오스』에서도 지

---

5) 또 다른 곳은 다음이다. 선과 악의 지식은 여러 덕들의 본질이다(*Lach.* 199d–e). phronēsis와 그 밖의 다른 것들을 추구하는 이유는 그들이 좋은 것이기 때문이다 (*Hipp. mj.* 297b). 절제는 선에 대한 욕구에 의해 인도된다(*Phaedr.* 237d–e).

6) 앞에서 지적한 바와 같이 오웬 등은 이 저서가 『국가』편 다음에 씌어졌다고 주장한다.

성(nous)과 좋음, 그리고 진정한 원인(aitia) 사이의 긴밀한 관계에 대한 언명들을 발견할 수 있다. 플라톤에 따르면, 세계 제작자인 신은 질서가 무질서보다 좋다고 판단하여 무질서한 생성계에 질서를 부여했다. 그런데 전 우주가 영혼을 지녀야 지성(nous)을 갖출 수 있으며, 지성이 있어야 질서가 생기고 좋은 세계가 될 수 있다는 판단 하에 신은 이 우주를 영혼과 지성을 소유한 생명체로 만들었다는 것이다(Tim. 29e-30b). 플라톤에게 이성은 학적이고 논리적인 논증의 능력임을 넘어서, 좋음을 추구하는 가치 지향적이고 윤리적인 능력이다. 플라톤은 여러 곳에서 이성과 관련해 합목적적이고 지향적인 어휘들을 사용한다. 예컨대 '원한다(Tim. 29c)', '질투한다(Tim. 29e)', '…을 향해서(Tim. 46d)', '…하기 위해서(Tim. 47b)' 등의 표현이 대표적이다. 플라톤은 원함, 바람, 목적을 지향함 등은 이성과 별개로 존재하는 인간의 어떤 성향이나 특성, 예컨대 의지나 욕구 등의 특성이 아니라 이성의 본질적인 일부를 구성하는 특성이라고 보고 있는 듯하다. 플라톤에게 좋음에의 의지는 이성의 본성을 구성하고 있다.[7] 이런 점에서 플라톤의 이성은 칸트의 실천이성과 비슷하다.

### 좋음의 개념은 삶과 실천의 주축

인간의 삶은 다른 생명체의 생존과는 달리 일관성과 통합성을 갖추고 있으며, 이런 특성을 기초로 하여 인간은 자아를 형성한다. 인간 삶의 이런 특성들은 어떤 주축적인 개념을 통해서 이루어지는데, 실천이나 인식의 영역 모두에서 이런 주축 역할을 하는 것으로 우리는 좋음의 개념을 생각해 볼 수 있다.

모든 사람은 좋음 개념을 하나의 평가 기준으로 삼아 욕구하고 이

---

7) 플라톤은 이성을 포함한 정신 일반의 특성을 가치에의 지향성으로 본다.

를 충족시키기 위한 실천적 활동을 하며, 자신의 삶을 영위한다. 그 내용이 무엇인지 잘 모르거나, 그에 관해 사람마다 견해가 다를 수는 있을 것이다. 하지만 인간의 욕망 대상이 되는 것은 적어도 주관적으로라도 좋다고 믿어지는 바이며, 인간의 실천과 삶은 좋다고 여겨지는 것을 추구하는 바, 나쁘다고 여겨지는 것은 행동의 목표로 삼지 않는다. 인식의 세계에서도 정당화될 수 없는 믿음을 앎과 구분하며, 불가해한 세계를 가급적 이성적으로 이해, 설명하려 한다. 그리고 인간은 세계 속의 물상들도 그것이 합리적이라고 이해될 수 있다고 여겨지는 한에서 자기 세계의 일부로 수락한다. 합리적인 것은 대체로 좋다고 평가할 수 있는 것으로, 존재 이유가 없는 것은 우연적(accidental)인 일종의 사고(accident)이거나 우리와 무관한 것이라는 점에서 실질적인 허무이다. 우리는 이런 우연적인 것들을 가급적 삶과 인식의 세계에서 배제하려 한다.

인간의 정신세계를 구성하는 욕망, 가치, 관심, 호기심, 기억, 감정, 정서, 관념 이 모든 것은 인간이 좋음의 이데아를 지향하기 때문에, 좋음으로 여겨지는 바의 것들을 추구하기 때문에, 그리고 그 과정에서 형성되고 생성된 것들이다. 인간 정신의 제 요소들은 일관성, 질서, 통합성 등을 기본 작동 원리로 한다. 이들은 좋음의 범주에 속하는 원리들이다. 이렇게 볼 때, 인간이 사유하는 존재인 한, 인간의 정신과 행동의 세계에서 주축이 되고 있는 것은 좋음의 관념으로 볼 수 있다. 플라톤이 말하듯이 좋음의 이데아가 모든 정신적인 요소들의 존재 원인이다. 나아가 이들 정신적 요소가 좋음의 이데아를 존재 근거로 한다면, 이들이 지향하는 대상들 역시 좋음의 이데아를 분유하고 있다고 말할 수 있다. 인간의 사유와 실천, 그리고 삶의 세계는 의식적인 한에서 좋음이라는 태양의 빛을 조사(照査)받고 있으며, 나아가 이 좋음의 관념을 자신의 존재 근거요 존재 원인으로 한다.

　인간의 욕구나 행동이 동물들의 그것과 다른 점은 후자가 대상과 직접적 관계를 맺고 있음에 비해, 전자는 좋음의 개념에 의해 매개되어 있다는 사실이다. 아리스토텔레스가 통찰했듯이, 우리는 의도적으로 행위하는 한, 사유의 매개에 의해 행위하며 좋은 것을 지향한다. 이런 연유로 인간의 실천은 나름의 합리성을 지닌다. 이들의 배후에는 믿음이나 평가 등과 같은 이성적·인지적 요소들이 자리해 있다. 사람들마다 무엇을 좋은 것이라 하는지, 각 사람들이 품는 욕망의 대상이 무엇인지는 각각 다르나, 그들 모두 자신이 좋다고 판단한 바를 추구함은 분명한 듯하다.

　무엇이 좋은 것인지는 직감적으로 지각되기보다는 숙고적인 사유에 따라 판단된다. 우리의 욕망과 행동은 동물들의 그것과 달리 즉자적이고 반사적인 것이 아니어서, 사유에 의해 매개되거나 통어되어 있으며, 이 사유가 우리의 욕망을 정위하고 행동을 인도하는 데 지침이나 기준으로 삼는 것은 좋음의 개념이다. 좋음의 개념은 숙고적 사유 및 이성과 본질적 관계에 있다. 인간의 삶은 욕망과 행동의 체계라 할 수 있는데, 욕망과 행동이 좋은 것들을 지향하고 추구한다는 점에서 우리의 삶은 좋음들의 체계라고 규정할 수 있다. 계기적으로 일어나는 인간 삶의 단편적인 동작들을 하나의 원리에 의해 통합하는 것은 이성과 좋음의 이데아이다. 누구도 알고서는 악을 행하지 않는다, 악을 행한다면 그는 무지 때문이라는 플라톤의 지행합일론적 입장은 이런 문맥에서 이해할 수 있을 것이다.

　인간의 의식적인 행동은 항상 좋은 것을 추구한다는, 아리스토텔레스 윤리학의 제1원리라 할 이 통찰은 좋음의 이데아에 대한 플라톤 견해의 영향을 받았거나, 이를 계승하고 있는 것으로 보인다. 인간의 의식적인 사유나 행위와 삶이 좋음을 목표로 한다는 말은 우리

의 삶이 좋음의 관념에 의해 통어 인도된다는 것을 의미한다. 좋음이란 우리가 좋아하는 것이다.[8]

## 좋음과 인식

좋음의 이데아가 사물들을 인식될 수 있게 하며, 우리로 하여금 사물들을 인식할 수 있게 해준다는 말의 의미는 무엇인가? 우리는 인식의 구조를 조명함으로써 이 주장을 설명할 수 있다. 무엇을 인식한다는 것은 사물의 모습을 있는 그대로 반영하는 것만을 함의하지 않는다. 우리 인간은 무엇을 알고자 하되, 주어진 것을 가상이나 현상이라 비판하면서 그 너머에 있는 진상 또는 진리를 알고자 한다. 그런데 통상 우리는 인간 인식활동의 동인이 되는 지적 호기심이나 탐구심 등이 단지 인간 본성의 일부일뿐 대상 자체와는 무관하다고 생각한다. 인간은 외부의 대상들에 대해 지적인 호기심을 품고 있으나, 존재나 진상은 진정으로 자체적인 존재인 한, 우리와 무관하게 존재한다고, 인간을 포함한 그 어떤 인식 주체가 그를 인식하지 않아도 그 자체로서 존재할 수 있다고 믿는다. 실천은 외부 대상과의 적극적이고 능동적인 관계임에 비해, 인식은 외부 대상을 그 자체로 반영하는 수동적인 활동이다. 인식의 전형은 그래서 정관(theorein)이라고 믿어져 왔다.

플라톤은 인식과 존재의 관계에 관한 근대적 믿음들과는 다른 견해를 취한 것으로 보인다. 이른바 인간의 '지적 본성'이 형성되어 있는 이유는, 존재자가 인식자에 어떤 적극적인 관여를 하기 때문이다. 우리의 지적 호기심이나 지적 욕구는 인간 본성에서 자발적으로 우러나오는 것이라기보다는 존재나 진리가 우리를 자극하기에 생성

---

8) 단순한 욕구나 욕망과는 달리 좋아함은 좋음의 개념에 의해 매개되어 있는 활동이다.

되는 것이며, 저편의 무엇이 우리를 잡아 이끄는 힘이 있기에 우리는 그곳에로 다가가는 것이라는 주장이다.

사람들이 주위 사물을 욕망하고 그를 얻기 위해 다양한 행동이나 실천을 행하는 이유는 그 대상 자체가 어떤 특성을 지니고 있으며, 우리가 그 특성을 좋다고 평가하기 때문이다. 대상이 우리와 전혀 무관하다면, 우리는 그를 욕망하고 그를 얻기 위해 노동하려 하지 않을 것이다. 같은 논리가 인식 대상인 존재자에도 적용된다고 생각해 볼 수 있다. 존재자들은 우리 인식자들과 무관하게 그 자체로서 존재하는 측면도 있으나, 그 어떤 특성으로 하여 우리를 이끄는 힘이 있기에 우리의 호기심이나 탐구욕을 자극하며, 그 결과 우리는 그를 인식하려 노력하는 것이다. 그래서 도덕적 덕목과 같은 실천적인 이데아뿐 아니라 원의 이데아, 같음의 이데아, 빨강의 이데아들과 같이 이론적이고 인식적인 이데아들도 인식 주관과 독립적인 것으로 존재하면서도 우리에게 어떤 힘을 발휘한다. 인간이 인식자인 것은 인간 본성이 그러해서라기보다는 존재가 우리를 자신에로 이끌어가기에 그런 것이다. 우리가 유념할 것은, 고대적 사유에서는 인식이 삶과 무관하다고 결코 생각하지 않았다는 점이다. 가치 중립적 인식이나 무표정한 사실성의 세계란 근대 이후의 개념이다. 인식 대상으로서 진리나 실재는 그것이 진정으로 진리이고 실재라면 우리의 삶을 변화시킨다.

어두움 속에서는 아무 것도 볼 수 없을 뿐 아니라 보고자 하는 욕구도 생기지 않는다. 그러나 태양 빛 속에서는 사물들이 판명한 모습을 지닐 뿐 아니라, 빛이 우리의 시각을 자극하여 우리로 하여금 시각적 대상으로 시선을 돌리고 그 대상의 모습을 보고 싶어하게 만든다. 전통적으로[9] 인간의 인식 능력은 진상을 반영하는 일종의 거울로 믿어져 왔는데, 거울 홀로는 대상의 반영상을 만들 수 없다. 태양 빛이 비추이고, 나아가 거울에 그 빛이 조사(照査)되어야 비로소 대상의 반영상이 생긴다.

인식이란 인식 대상인 존재자와 역동적인 관계 속에서, 그를 필요 조건으로 하여 이루어진다. 인식의 대상이 우리를 잡아 이끌기에, 우리가 존재자를 탐구하고 인식하려 하는 것이다. 존재자란 본성상 존재함에 있어 자립적이고 자기 충족적이기는 하나, 그렇다고 인식 행위와 무관하게 존재하는 것은 아니다. 존재자란 인식됨에 의해 비로소 존재하게 된다고까지는 말할 수 없으나,[10] 의미 있고 실질적인 존재자는 인식 대상으로서 존재한다. 그리고 인식 대상으로서 존재하기 위해서는 인식자와 어떤 관계를 지녀야 한다. 그것은 인식자에게 말하자면 빛을 보내어 자신에로 다가오게 해야 한다.

시각 대상의 경우를 다시 살펴보자. 우리는 그것들이 그 자체로서 자신의 모습을 가지고 존재한다고 해도, 태양이 없으면 그것의 모습이 보여질 수 없다는 사실을 유념할 필요가 있다. 그것의 모습은, 모습을 지닌 대상이 태양 빛을 받아 반사해서 우리의 시각을 자극할 때, 비로소 보여질 수 있다. 태양은 존재자들을 가시적인 것이게도 하지만 우리의 시선을 잡아 이끌어 존재자를 보게 하기도 한다.

존재자의 인식 능력과의 이런 관계를 플라톤은 좋음의 이데아로 설명하려 하는 것으로 이해할 수 있다. 형상들, 존재자들은 인식의 대상이다. 인식의 대상이 되었다 함을 존재자의 관점에서 표현하면, 그것이 우리의 인식 능력을 자신에게로 지향하게 한다는 것을, 즉 자신에게로 잡아 이끌었다는 것을 의미한다. 이렇게 인식자에 견인

---

9) 플라톤 자신도 이런 견해의 형성에 일조했다고 보여진다. 자체적 존재로서의 형상, 모습이라는 의미의 형상 개념, 관조로서의 인식 개념 등은 이런 인식관에 기여했다.

10) 플라톤에게 진정한 존재자는 자체적으로 존재한다. 이것이 kath' auto라는 그의 전형적 어귀에 담겨 있는 이념이다.

력을 발휘할 수 있기 위해서 형상들은 좋은 것들이라고 판단되어야 한다. 그리고 형상들은 그 자체로 좋은 것이기에(*Rep.* 357b) 당연히 그렇게 평가될 수 있다. 형상들이 좋은 것이라 한다면, 이들은 좋음의 이데아를 분유하고 있다고, 나아가 그에 의해 존재한다고 말할 수 있다.

### 좋음과 존재

존재와 인식은 표리 관계에 있으므로, 위에서 개진한 인식에 대한 언명을 우리는 존재자에게도 적용할 수 있다. 존재자들이나 이들 간의 질서가 이성적이라 함은, 이들의 존재성이 충분히 설명될 수 있음을 의미한다. 즉 "그것은 왜 존재하느냐?"는 물음에 대한 설명이 충족성과 완결성을 지니고 있어야 한다. 그래야 모든 '왜?'의 물음과 설명에의 욕구가 종식된다. 그런데 이성적 설명에의 욕구가 완전히 충족되었는지를 가릴 기준은, 그 설명에 의해 존재자들이 존재함이 좋다는 평가가 내려질 수 있는지의 여부이다. 어떤 존재자에 대해 그런 긍정적인 평가를 내릴 수 있을 때, 우리는 그 존재자를 이성적인 존재 이유를 지니고 있다거나 또는 이성적인 존재자라고 평결할 수 있을 것이다. 어떤 것이 존재해야 할 이유가 없다면, 그것은 존재하지 말아야 한다. 그것이 존재함은 부조리하며 비이성적이다. 역으로 어떤 존재자가 이성적이라면, 그것이 존재함이 좋다고 평가될 수 있음을 함의한다. 그리고 어떤 것이 존재함이 좋다고 평가될 수 있음은, 그것이 이성적인 한에서 좋음의 이데아를 분유하고 있다고 말할 수 있다.

이와 관련하여 우리는 『파이돈』에서의 플라톤의 주장을 다시 상기할 필요가 있다. 그에 따르면, 소크라테스가 아테네의 감옥에 앉아 있는 사태에 대한 진정한 원인은 그의 지성이 그런 사태를 최선이라 판단했기 때문이라는 것이다. 즉 소크라테스의 지성이 좋음을 지향하기 때문이다. 나아가 인간적인 사태뿐 아니라 우주의 사실들 역시 신의 선의지가 매개함으로써 존재한다. 모든 존재자들은 그것이 좋은 것이라고 여겨졌기에 존재하게 되었다는 것이다. 소크라테스가 감옥에 앉아 있는 사태에 대한 통상적인 설명, 즉 그것은 그가 골격, 근육 등의 신체적 조건을 지니고 있다는 식의 말은 충분한 설명이 되지 못한다. 그 이유는 우리가 그에 대해 다시 '왜?'라는 물음을 던질 수 있을 것이기 때문이다. 요약하자면 존재하는 모든 사태의 근거는 좋음이다. 존재는 그것이 이성적인 한, 최선을 지향한 결과 이루어진 것이다.[11] 이는 물론 인간의 의도가 개입되지 않은 사태까지 포함해서 그러하다.

무엇이 진정으로 존재자라 한다면 그것의 존재성이 이성적이어야 하며, 그것이 이성적이라 함은 그것이 '왜?'라는 물음을 종식시킬 수 있는, "왜 존재하는가?"라는 물음에 대해 완결적 답이 주어질 수 있는 것이어야 한다. 그리고 그것이 존재함이 좋다는 판단을 내릴 수 있는 그런 존재자에 대해서는 '왜?'라는 물음이 더 이상 제기되지 않을 것이기에 이성적이라 할 수 있다. 존재와 좋음의 개념은 이런 논리로 연결되어 있다.

---

11) 이를 Lovejoy는 충만의 원리(The principle of plenitude)라 한다. 그는 플라톤이 이런 원리를 『티마이오스』에서 주장했다고 해석한다. 다음 참조 : Lovejoy, A., *The Great Chain of Beings*, Harper, 1960.

# 3. 플라톤과 칸트

## 자체적인 것

플라톤이 서양철학사에 남긴 철학적 유산 중 가장 중요한 것 가운데 하나는 자체적 존재(auto kath' auto)의 개념이다. 이 개념은 서양철학사에서 존재론적·인식론적 사유의 주축을 이루어온 여러 다양한 개념들, 즉 의미, 보편자, 추상체, 성질 자체, 실재, 실체, 물 자체(物 自體), 자체적 선, 선험적 존재, 초월자, 논리적 원자 등의 선구를 이룬다. 플라톤은 경험계의 사물들이 지닌 성질이나 속성의 모델이나 원형에 해당하면서도 이들과는 분리되어 독립해 있는 것들이 존재한다고 보았다. 이것이 바로 형상인데, 형상은 그리스어로 '에이도스(eidos)', '이데아(idea)'로서, 이들은 '모습' 또는 '형상(形相)'이라는 의미를 지니고 있다. 이런 원의(原義)에서 볼 수 있는 바와 같이 이들은 인식적인 관점에서 상정된 존재이다. 하지만 이는 진정한 실재이자 인식의 대상임을 넘어서서 경험계 사물들의 원형이며, 나아가 우리 행위의 준거 역할을 한다. 더 포괄적으로 언어의 근거로서 우리의 언어활동과 사유활동의 근거가 된다. 형상들은 실천의 영역에서도 실질적인 힘을 발휘한다. 이들은 우리 행위가 지향하는 하나의 이념으로서 인과력을 발휘하며, 우리의 삶은 이들 이념의 세계를 지향한다. 자체적으로 존재하며 존재의 완전성을 지니고 있는 것, 나아가 우리에게 실천을 위한 지향 이념으로서 힘을 발휘하는 것, 그것이 이데아이다. 그 중 최고위를 차지하는 것이 선의 이데아였다.

근대에 이르러 칸트는 플라톤의 자체적 존재로서의 형상 개념을 적극 수용하고 해석하여 자기 철학의 일부로 삼았다. 그에 따르면, 플라톤은 "경험 중에서는 이념(Idee)에 일치하는 것이 전혀 발견되지 않음"(B370)을 인지하고, "이념은 최고의 이성에서 유출하여 여기서

인간의 이성에 의해 분유된다"(B370)고 보았다. 나아가,

> 우리의 이성은, 자연적으로 경험이 제시하는 그 어떤 대상과 일치할 수
> 있는 경지보다 훨씬 더 나아가서, 그러나 실재성을 가지며 다만 공상의
> 산물이 아닌 그러한 인식에까지 약진한다는 것을 잘 알고 있었던 것이
> 다.(B371)

> 만일 표현의 과장만 제거한다면, 세계 질서의 자연적인 측면의 모사적 고
> 찰에서 시작하여 이것을 목적, 즉 이념에 따르는 건축술적인 결합에까지
> 올라가는 이 철학자의 정신적 도약은 참으로 존경하고 모방할 만한 노력
> 이다.(B375)[12]

플라톤적 형상의 이념은 이론과 실천 두 영역 모두에서 칸트에게
영향을 주었다. 자체적 존재로서의 형상 개념은 '물 자체'라는 개념
의 모습으로 칸트에 의해 전승되었다. 다른 한편으로 윤리학의 영역
에서는 두 갈래를 거쳐 칸트에 영향을 준다. 하나는 형상이 지닌 자
체성의 개념이고, 다른 하나는 좋음 이데아의 이념이다. 전자에 상
응하는 것이 자체적 선과 정언 명령의 개념이며, 후자를 계승한 것
으로 보이는 것이 선의지(善意志) 개념이다.

서양 윤리학사에서 가장 중요한 개념의 하나는 자체적 선의 개념
일 것이다. 이런 개념을 윤리학의 주축으로 한 것은 칸트이다. 칸트
는 실천의 세계에 자체적인 것이 있다고 믿었는데, 선의지나 이에
의해 수행되는 행위 규범으로서의 정언 명령이 그와 같은 자체성을

---

12) 이하의 번역은 모두 전원배 역에 의함 : 칸트, 『순수이성비판』, 삼성출판사, 1990년
(전원배 역).

지닌 좋은 것, 또는 옳은 행위라고 보았다. 플라톤은 자체적인 것이 우리의 실천뿐 아니라 인식에서도 실질적 의미를 지닌다고 보지만, 칸트는 다소 상이한 입장을 취한다. 물 자체는 인식의 한계 밖에 있으므로 우리 인식의 대상이 될 수 없으나, 자체적인 가치나 행위 규범은 우리의 행위에 실질적 인과력을 발휘한다는 것이다. 정언(定言) 명령은 그 자체로서 옳은 것의 전형이다. 이 개념의 정신은 모세의 율법이나 기독교의 산상수훈에서 왔을 가능성이 있으나, 이론적 토대는 플라톤의 자체적 존재자, 즉 형상 개념에 있다. 정언 명령은 우리가 수행해야 할 행위의 형상이다. 그 자체로서 인식의 대상이 되는 형상이 있듯이, 그 자체로서 덕이고 정의이며 선이기에 추구되어야 할 그런 존재가 있다.[13] 그런 것은 타인의 평판, 신의 보상, 이익 등과 무관하게 추구되어야 하며, 그리 될 수밖에 없는 것들이다.[14]

### 형상과 정언 명령

칸트의 정언 명령은 행위 세계에서의 형상으로, 플라톤이 논하는 정의, 절제, 지혜, 용기, 경건의 형상 등에 대응하는 존재자들이다. 이 양자 간의 공통점을 좀더 자세히 살펴보자. 정언 명령은 형상이 지니는 다음의 특색을 공유한다. 첫째, 플라톤에게서 정의 등 도덕적 덕목의 형상들은 윤리적 행위 수행의 지침이자 원리가 되며, 나아가 타인의 행위가 지니는 윤리성을 판단하고 평가하기 위한 기준이 된다. 칸트의 윤리학에서 이런 보편적인 규범이나 기준의 역할을 하는 것이 정언 명령이다. 둘째, 덕목들의 형상은 일정한 특성을 지

---

13) 『국가』편 2권 Gygos의 반지 우화 참조.
14) 『국가』, 357b에서 플라톤은 좋음의 세 종류를 나누면서 정의 등의 덕목은 그 자체로도, 그리고 그것이 주는 도움으로도 추구하게 되는 좋음이라 논한다. 그리고 이런 주장의 타당성을 Gygos의 반지(359c 이하) 우화를 통해 검토한다.

니고 있으며, 이는 여하한 상황에서도 고정 불변하며 항구적이다. 정의의 형상은 항상 정의로우며, 용기의 형상은 항상 용기 있거나 또는 적어도 도덕적 가치를 지닌 것들이다. 정언 명령은 말 그대로 정언적으로, 즉 무조건적으로 수행되어야 하는 명령으로서, 그것이 지상적 권위를 지니는 이유는 자체적으로 도덕적 가치를 지니기 때문이다. 이 같은 절대적 권위는 인간의 윤리적 삶에 안정성과 객관성, 그리고 보편성을 보장해 준다. 셋째, 도덕적 덕목의 형상을 포함한 모든 형상은 인식의 대상으로서 학문의 가능성을 정초하여 준다. 그것들은 학적 탐구의 대상이다. 인식의 한계 저편에 있는 물 자체와는 달리, 윤리적 행위의 형상으로서 칸트의 정언 명령 역시 실천이성의 대상이라는 점에서 윤리적 탐구의 대상이다. 칸트적 인식의 세계에서 학의 가능성을 정초하는 것은 선험적 범주들이지만, 실천의 영역에서 윤리학의 학으로서의 가능성을 정초하는 것은 행위를 위한 도덕 법칙으로서 정언 명령의 존재이다.

형상은 정언 명령의 정언성과 명령으로서의 성격을 지니는가? 칸트는 도덕적 법칙을 정언적이라고 규정함으로써 그것의 절대적 타당성과 자체적 가치성을 명확히 했다. 정언 명령은 무조건적으로 그리고 반(反)가언적으로 수행되어야 한다. 플라톤 역시 형상들이 절대보편적이며 자체적 가치를 지닌 존재라고 보았으며, 형상의 이런 특성을 경험적 사물들의 상대성이나 관계성과 대비시켜 규정했다. 형상은 자체적인(kath' auto) 존재인 반면, 경험적 사물들은 타자와의 관계 속에서(pros ti) 존재하고 인식되는 것들이며, 그런 점에서 후자는 상대적이고 불완전하며 조건적이다.

칸트에게 도덕 법칙은 실천이성에 의해 인지되는 것이지만, 우리의 선의지에 대해 말 그대로 명령으로서 다가선다. 우리가 그를 행할지의 여부는 의지력에 달린 선택적인 것이기는 하나, 그것은 당위적인 권위를 행사한다. 도덕 법칙은 정언 명령으로서 어떤 강제력을 발휘하며, 우리가 그를 선택하여 실천하지 않을 때, 자책감을 느끼게 한다. 플라톤의 형상은 이성적 인식의 대상이기는 하나, 우리에게 정언 명령보다 더 큰 힘을 발휘한다. 플라톤에서 존재는 우리를 움직일 수 있는 결정적 인과력을 발휘한다. 우리가 정의나 절제 등의 형상이 주는 이익을 제대로 인식한다면, 그를 행함은 당위적임을 넘어서 필연적이라는 것이 플라톤 지행합일론의 주요 논거이다.

형상들은 존재성이나 정체성에서 경험계 사물들의 원형이나 모델로 존재하면서도 그들에 의해서는 어떤 영향도 받지 않는다. 그와 같이 정언 명령 역시 경험계의 그 누가 그를 행위하건 않건 영향을 받지 않는다.[15] 그것은 바라보며 감탄하는 이가 없어도 영원히 빛을 발하는 밤하늘의 별과 같은 존재이다.[16] 이들은 형상과 같이 초월적인 존재이다. 그러나 다른 한편으로 이처럼 초월적인 존재가 어떻게 우리의 행위에 실질적인 인과력을 발휘하며 영향을 줄 수 있는가? 그들이 실천의 영역에서 물 자체와 같은 것이라면, 이 역시 인식의 한계 저편에 있어 우리 인간의 삶과 무관한 것이 아닐까?

### 이념의 힘

주지하다시피, 칸트는 인식의 한계를 그어 자체적인 것은 인식될 수 없다고 선언함으로써 서양철학사에서 플라톤 이래의 고전적 인식론을 전복하려 시도한 철학자이다. 칸트가 윤리의 영역에서도 인

---

15) 플라톤과 칸트의 자체성 개념에 대한 비판은 비트겐슈타인, 『철학적 탐구』, 345절 참조. "지시들은 때때로 준수되지 않는다. 그러나 여하한 지시도 전혀 준수되지 않는다고 한다면 어떨 것인가? 그 경우 지시의 개념은 무의미해질 것이다." 전혀 우리 행위의 추구 대상이 되지 않아도 그 자체로서 가치를 지닌 그런 행위 규범이란 있을 수 없다.

16) 칸트, 『실천이성비판』, 결론 부분 참조 : "밤하늘에 빛나는 별들 그리고 나의 마음속의 정언 명령".

식론적 이념을 견지했다면, 자체적인 것은 실천의 세계에서도 무의미하고 무력할 것으로 예상된다. 하지만 칸트는 실천의 영역에서는 인식론적 원리를 고수하지 않았다. 그 이유는 인간의 윤리적 실천에 형이상학적 성격이 있으며, 이런 측면은 설명되어야 한다고 보았기 때문이다. 인간은 인식을 통해서는 아니지만, 실천을 통해서 물 자체 또는 예지계에 다가갈 수 있다. 그는 이념이나 이데아적인 것의 힘을 인정하면서, 윤리적 실천의 가능성을 설명하기 위해서는 플라톤적 이데아와 같은 존재가 불가결하다고 보았다.[17] 그의 말을 들어보자.

> 플라톤은 자신의 이념을 주로 실천적인, 다시 말해서 자유에 기초를 둔 모든 것 중에서 발견했는데, 이 자유는 제 나름대로 이성의 독특한 소산인 인식에 종속하는 것이었다(B371).

> 어느 누가 누구에게 덕의 모범으로 표상될 때에 그는 언제든지 오직 자기 자신의 머릿속에만 있는 진정한 원본을 가지고 덕의 모범이라고 표상되는 사람을 평가하는 것이다. 그런데 이것이 덕의 이념이다(B372).

> 플라톤은 비단 인간의 이성이 진정한 인과성을 나타내는, 그리고 이념이 (활동과 그 대상의) 작용적인 원인이 되는, 즉 도덕적인 영역에서뿐 아니라, 자연 자체에 관해서도 그 근원이 이념에 있다는 명료한 증명을 정당하게 보았다(B374).

> 그러므로 실천적 이념은 언제든지 매우 유효한 것이며, 현실적 활동에 관

---

17) 칸트, 『순수이성비판』(A318, 633, 802/B375, 661, 830).

하여 불가피적으로 필요한 것이다(B385).

더 나아가 칸트는 지식이 우리의 행위에 대해 실질적인 힘을 발휘한다고 본다.

그러므로 우리는 지혜에 관해서 말하자면 과소평가하는 어투로 '그것은 하나의 이념에 불과한 것이다'고 말할 수 없는 것이다. 그러나 지혜는 가능한 모든 목적의 필연적 통일의 이념이기 때문에 실천적인 모든 것에 대한 근원적인, 적어도 제한적인 조건으로 사용되지 않을 수 없는 것이다(B385).

도덕적 가치와 비가치에 대한 모든 판단은 오직 이 이념(덕의 순수한 이념)을 통해서만 가능하다(B372).

이성이나 이의 소산인 이념은 인과력이나 실천적 힘을 발휘한다. 칸트는 플라톤 통찰의 타당성을 인정할 뿐 아니라, 그의 개념을 적극적으로 해석하여 자신의 철학 일부로 승화시킨다. 플라톤의 이상국은 실천의 세계에서 소외된 채 안락의자에서 몽상이나 즐기는 좌절한 개혁자의 관념적 유희의 소산이 아니다. 우리는 그 사상을 실현 불가능하므로 무용한 것이라고 배척하기보다는, 그것의 함의를 더욱 천착하여 실질적 의미를 드러내어야 한다. 이상국의 이념을 새로이 해석할 때, 그것은 "각인의 자유가 타인의 자유와 공존할 수 있도록 하는 법에 의한 최대의 인간적 자유의 헌법 이념"(B373)으로 이해될 수 있고, 나아가 헌법을 포함한 모든 입법과 행정 제도의 기초가 된다. 현실적으로 힘을 발휘하는 실정적인 국가의 법과 제도는 어떤 이념을 중심으로 하여 제정, 시행된다. 나아가 이들은 가능한 최대의 완전성에 다가가도록 노력해야 하는 바, 이상국의 이념은 그

런 노력에서 필연적인 이념이다.[18]

### 믿음의 대상으로서 이데아

그러나 문제는 실천적 이념들이 형상적이고 자체적인 것인 한, 인식의 한계 저편에 있을 수밖에 없을 터인데, 어떻게 우리에게 인과력을 발휘할 수 있는가? 이미 지적한 바와 같이, 칸트의 생각은 플라톤과 큰 차이를 보인다. 플라톤은 형상, 즉 자체적인 존재자들이 어렵기는 해도 인식될 수 있다고 생각했다. 그러나 칸트는 플라톤과 달리, 물 자체는 물론 선의지나 윤리적 가치들이 인식의 대상이라고 보지는 않았다. 플라톤의 철학에서 인식과 믿음의 구분은 결정적 중요성을 지니며, 모든 학적 탐구의 목표는 후자를 배제하고 전자를 지향하는 것이었다. 그에 따르면, 인식은 형상계에 있는 좋음의 이데아와 같은 형상들, 즉 실재자들을 대상으로 하지만, 우리 일상의 삶을 둘러싸고 있는 경험계의 대상들에 관해서는 단지 믿음만을 형성할 수 있다.

주지하다시피, 칸트는 코페르니쿠스적 전회를 통해 전통의 고전적 인식론과는 정반대의 길을 걸었다. 인간의 인식 능력에는 한계가 있다. 존재나 진리 자체, 이른바 물 자체는 인식의 한계 저편에 있어 그를 알고자 할 때, 여러 이율배반적 사태들이 벌어진다고 칸트는 논한다. 올바른 인식론은 인식의 한계 이편에서 이루어지는 것이다. 칸트는 이런 한계를 그으면서, 인식과 믿음 간의 전통적인 관계를

---

18) 플라톤에 대한 논의는 다음들 참조 : 선험적 이념들=플라톤적 형상들(A313/B370) ; 모든 덕의 영원한 패턴으로서 덕의 이데아(A315/B371-72) ; 헌법의 이데아(A316/373) ; 모든 도덕적 법칙의 연원으로서 순수이성의 이념들(A548/B576) ; 신적 그리고 인간적 완전성의 이데아들(A313-19, 571-78/B370-75, 599-606) ; 도덕, 법, 종교 등 실천적 학문을 가능하게 하는 것으로서의 플라톤적 이데아들(A318/B375) ; 인과력을 발휘하는 이성은 단지 관념이 아니라 모든 가능한 목적들의 필연적 통합성으로서의 이념이다(A328/B385).

도치시킨다. 인식의 대상이 되는 것은 오히려 현상계의 경험적 대상들이고, 예지계에 있는 이데아적인 것들은 믿음의 대상이 될 수 있을 뿐이다. 그래서 학문적 탐구는 예지계나 실재계가 아니라 경험계를 대상으로 해야 한다.

칸트의 인식론적 입장은 플라톤적 이데아, 즉 자체적인 것을 우리의 삶에서 완전히 배제시키는 것으로 보인다. 물 자체는 인식의 한계 저편에 있어 우리와 무관한 것이므로, 더 이상 우리 삶과 행동을 인도하는 이념의 역할을 할 수 없을 것으로 생각된다. 그러나 자체적인 것을 인식의 한계 저편으로 밀어내고 단지 믿음의 대상으로 국한시킨 칸트의 전회는 오히려 윤리적으로 긍정적인 효과를 가져온다. 이데아적인 것들이 인식 능력에 의해서만 접근할 수 있다고 한다면, 그것은 인간 인식 한계 저편에 있어 인식될 수 없으므로 우리 삶에 구체적인 역할을 하기 힘들 것이다.

그러면 이들은 어떻게 우리 삶과 실천에 영향을 줄 수 있는가? 칸트는 플라톤의 체계를 뒤집었다. 이미 지적한 바와 같이, 칸트는 현상적인 것들이란 믿음의 대상이 아니라 인식의 대상이고, 역으로 자체적인 존재는 인식의 대상이 아니라 오히려 믿음의 대상이라고 논했다. 이제 이데아적인 것은 믿음의 대상이 됨으로 해서 우리의 일상적이고 구체적인 삶과 행위에 더욱 빈번하게 관여할 수 있는 것이 되며, 이런 전도를 통해 우리는 오히려 윤리적 실천의 가능성을 보다 쉽게 설명할 수 있게 된다.[19] 자체적인 것은 인식의 대상은 아니나 믿음을 통해 우리의 실천에 영향을 발휘할 수 있다는 것이다. 도덕적 법칙들은 경험계 저편에 존재하는 고로 인식의 대상은 될 수

---

19) Seung, T. K., *Kant's Platonic Revolution in Moral and Political Philosophy*, The Johns Hopkins Univ. Press, 1994, 제3장. 특히 p. 61 이하. 칸트에 대한 플라톤의 영향에 관해서는 이 저서의 도움을 많이 받았음.

없지만, 우리 이성적 존재가 행위함에서 지향 대상이거나 모델이 되는 일종의 행위의 형상들이다. 인식의 영역에서 칸트는 코페르니쿠스적 혁명을 통해 고전적인 천동설을 전복하려 했으나, 실천의 영역에서는 고전적 정신을 고수했다.

### 좋음의 이념

플라톤의 좋음 이데아는 서양철학사에서 어떤 식으로 수용되었는가? 이에 대한 생각은 좀더 제한적인 영역에서이지만, 아리스토텔레스와 칸트에 의해 수용된 것으로 보인다. 이미 언급했듯이 아리스토텔레스는 인간 삶에서 좋음 개념의 주축성을 자신의 윤리학 제1원리로 삼았다. 아리스토텔레스의 윤리학적 주저 『니코마코스 윤리학』 1장 첫 문장은 다음과 같다.

모든 기술(technē)과 모든 탐구(methodos)는, 그리고 모든 실천(praxis)과 선택(proairesis)의 활동들은 역시 어떤 좋음을 목표로 하는 것으로 보인다. 그러므로 모든 것들은 좋음을 목표로 한다는 주장은 잘 말해진 것이다.

우리는 위의 문장을 플라톤의 다음 문장과 비교해 볼 수 있다.

모든 사람의 영혼은 좋음의 이데아를 추구하고 우리의 모든 행동은 이를 위해 수행된다.[20]

의도적 행위란 반사적이거나 본능적인 행위가 아니라 사유가 매개된, 사유에 의해 행위의 방향이 선택된 행위이다. 그 행위의 방향

---

20) *Rep.* 506d–e.

을 규정하는 개념이 좋음의 개념이다. 우리의 모든 의도적 행위는 좋음을 지향하며, 좋음의 개념은 우리의 행위를 이끌어간다고 말할 수 있다.

칸트 역시 그의 대표적인 윤리적 저서 『도덕형이상학 원론』을 좋음에 대한 언명으로 시작한다.

> 세계 안에서나 세계 밖에서나 무제약적으로 선한 것으로 여겨지는 것은 오직 선의지(善意志)밖에 없다.[21]

선의지는 모든 도덕적 가치를 지닌 것들의 근거 역할을 한다. 행복이나 건강 또는 지혜 등 흔히 좋다고 여겨지는 것들의 그 어느 것도 그 자체로서는 도덕적 가치를 지니지 않는다. 그런 것들은 오직 선의지를 동반하는 경우에만 도덕적 가치를 지닌다고, 즉 도덕적 관점에서 좋은 것이라고 평가될 수 있다는 것이다. 마치 플라톤의 형상계에서 형상들이 선의 이데아를 존재 근거로 하듯이, 선의지는 도덕적 행위나 인품의 존재 근거가 된다. 선하거나 옳은 모든 것은 선의지를 동반하지 않고서는 존재할 수 없다. 그런 것들의 선함은 선의지의 동반을 필수조건으로 한다.

위의 선언을 통해 칸트는 선의지에 대해 네 가지 규정을 하고 있다. 첫째, 선의지는 세계의 안과 밖 모든 곳에서, 즉 인간에게는 물론 신에게도 좋은 것이다. 이는 선의 지상적(至上的) 성격을 기술하고 있다. 선의지가 신적인 세계에서도 선이므로, 신들까지도 이 선의지에 따르는 한에서만 도덕적 존재일 수 있다는 것이다. 이런 점

---

21) Kant, I. *Grundlegung zur Metaphysik der Sitten*, 1785, (영역 : *Foundations of the Metaphysics of Morals*, tr. by L. W. Beck, The Lib. of Liberal Arts, 1959 ; 한국어 역 : 『도덕형이상학 원론』, 정진 역, 을유문고), 1st Section.

에서 선의지는 모든 형상계의 최상위에 있는, 나아가 세계를 제작한 원장인(原匠人)의 위에, 그리고 그에 앞서 존재하는 선의 이데아와 유사한 위치를 차지한다. 둘째, 선의지는 무제약적인 선이다. 선의지의 선함은 자체적이고 절대적이다. 이런 성격은 선의 이데아가 이데아로서 지니는 속성이기도 하다. 경험계의 대상들이 제약적이고 가언적이며 조건적으로만 어떤 특성을 지닐 수 있는 것과는 달리, 형상들 일반은 자체적으로, 무제약적으로 그 특정의 속성을 소유하는 속성의 원형이다. 형상들이 속성의 원형인 것과 마찬가지로 선의지는 선의 원형, 말하자면 선의 이데아이다.

셋째, 선의지는 유일한 선이다. 이 세상의 모든 선한 행위들과 선한 인품들, 그리고 상태들이 이것에 의존해서 선할 수 있다. 경험계의 아름다운 것들이 아름다움의 형상을 분유함으로써 아름다움의 성질을 지니듯이, 이 세상의 선한 것들은 선의지를 분유함으로써 선한 것이 된다. 이들은 이 세상의 수많은 다수적(多數的)인 선행들 위에서 이들을 포섭하는 일자적 선이다. 넷째, 선의지는 이성적인 존재이다. 칸트는 선의지를 실천이성이라 규정하기도 한다. 칸트에서 의지는 이성과 별개의 정신 능력이 아니다. 그것은 실천이성이다. 선의지를 이성적인 것으로 볼 때, 자유는 이성과 본질적인 관계에 있다. 칸트에게서 자유는 자율이다. 이런 규정을 통해 그는 인간의 도덕적 행위에서 지적인 요인이 핵심 역할을 하고 있음을 시사한다. 이 같은 이성과의 연관성 역시 플라톤의 선 이데아가 지닌 특성을 물려받은 것으로 해석할 수 있다.

### 의지의 힘과 존재의 힘

칸트와 플라톤 간에 중요한 차이가 없는 것은 아니다. 이는 앞에서 지적했듯이 의지 개념의 유무와 관련 있다. 선의 이데아를 포함한 형상들은 인식의 대상이며, 그리고 인식됨으로써 힘을 발휘한다.[22] 가령, 우리가 정의로워지기 위해서는 정의의 형상을 인식하는 것으로 충분하고, 이에 더하여 다른 요소가 동원될 필요는 없다. 그러나 칸트의 정언 명령은 우리의 의지에 명령을 내리기는 해도 선의지의 대상이기 때문에 그 명령을 수행할지 여부는 인간의 자유 의지에 달려 있다. 칸트의 윤리학에 따르면, 도덕적 행위의 수행에서 결정적인 역할을 하는 것은 의지력이다. 칸트 이후의 근현대 행위론에 따르면, 믿음이나 지식 자체는 행위를 유발할 수 있는 행위 인과력을 발휘하지 못한다. 그들이 행위를 결과하기 위해서는 행위 주체의 의지와 선택, 그리고 결단이 개입해야 한다. 따라서 올바른 믿음이나 지식을 지니고서도 올바른 행위를 수행치 않는 상황은 전혀 이상한 난문의 상황이 아니다.

의지 개념은 플라톤과 칸트 간의 또 다른 차이점을 드러낸다. 일반적으로 의지 개념은 자아나 주체의 개념이 정립되어야 존재할 수 있으며, 자아나 주체의 개념은 개인의 의식이 발달해야 형성된다. 개인의 의식은 근대성의 소산이다. 그리스적 사고에서 주체나 자아의식은 아직 여명기에 있었다.[23] 플라톤 시대에 이르기까지도 자아, 의

---

22) 플라톤에서 힘의 개념의 독특함은 다음 참조 : 『국가』, 466c, e. 큰 일을 할 수 있는 힘은 그 힘을 가진 자에게 좋은 것이어야 할 것이다. 다시 말하면 힘이란 그를 지닌 자에게 좋은 것일 때, 진정한 의미의 힘이라 할 수 있을 것이다. 이런 힘은 그가 지성(nous)을 지니고 있을 때, 비로소 발휘된다(466e). 그렇다고 한다면 진정한 힘의 연원은 지성이다. 플라톤의 힘 개념에서 가장 특이한 것은 힘을 선과 좋음, 그리고 지성과 본질적으로 연결되어 있는 것으로 본다는 점이다.

23) 자아의식의 미 형성에 관해서는 다음 참조 : Dodds, E. R., *The Greeks and the Irrational*, Berkeley : The Univ. of California Press, 1951 ; Snell, B., *Die Entdeckung des Geistes*, Goettingen, 1955 ; Burnyeat, M. F., "Idealism and Greek Philosophy : What Descartes Saw and Berkeley Missed", pp.19-50, in Vesey, G., ed., *Idealism : Past and Present*, Cambridge Univ. Press, 1982.

지, 개인, 행위 주체 등의 개념은 아직 형성되어 가는 도중에 있다고 말할 수 있다. 더 이전의 호메로스 시대에는 개인이나 자아는 물론, 정신이나 영혼의 개념마저 신체적인 것과 확연히 분리되어 있지 않았다. 고대인들도 인간 정신의 다양한 활동들을 분류해서 인지하고는 있었을 것이나, 이들을 통합하는 하나의 실체가 있다는 생각이 아직 자리잡지 않아, 고대 그리스적 사고는 정신이나 이성을 다양한 어휘들(logos, to logikon, nous, hegemonikon)로 표현했다.

영혼이 인식적 능력을 지니고, 행동을 인도하는 능력을 지닌 것으로 인지되기 시작하면서 이성이나 정신의 개념이 형성된다. 이런 이성관 형성에 기여한 인물은 소크라테스, 플라톤, 아리스토텔레스 등이다. 이들은 인간의 삶이나 행동과 연관하여 이성 개념을 형성했기에, 이들의 이성은 그 자체 내부에 의지적 성격을 지니거나 욕구적인 경향성을 지닌 것이었다. 의지나 욕망은 이성과 별개의 경향성이 아니다. 이성은 일종의 의지나 욕구로서 자기 밖의 어떤 대상을 지향한다. 선의 이데아를 포함한 플라톤의 이데아들을 우리는 그런 지향 대상으로 이해할 수 있다. 플라톤은 이성을 '선도하는 것(hege-monikon)'이라 규정하기도 하며,[24] 아리스토텔레스에 따르면, 이성은 동력적 힘(motive force)을 지니고 있다. 그는 영혼을 이성적 부분과 비이성적 부분으로 구분하며, 전자의 욕구와 후자의 충동은 갈등한다고 보았다.[25] 이성은 일종의 욕망이라는 것이다. 이 단계에서 이성은 인식적 능력이라기보다는 우선적으로 행위 유발력을 행사하는 능동적 활동(efficacious reason)이었다. 개인들은 스스로의 의지나 결단이라기보다는 능동적 활동을 구성하는 믿음과 지식들에 의해 움

---

24) *Prot*, 352b 4.

25) *NE*, 1102b21 ; *de An*. 414b2, 433a23 이하(orexis의 3종류, boulēsis, thumos, epithumia); *Rbet*, 1369a1–7 ; *EE* 1223a 27).

직여진다.

이성에 대한 이런 고대적 입장은 근대적 견해와 대조된다. 주지하다시피 근현대적 사유는 이성과 욕구를 분리하여, 이성은 자신의 지식에 따라 일정한 욕구를 승인하거나 부정하지만[26] 정작 행위를 수행케 하는 것은 인식이나 믿음이 아니라 의지이다. 인식과 믿음 그 자체는 인과력이 없는 반면, 의지는 이들을 행위화하는 행위력을 발휘한다는 것이 근대적 견해이다.

지와 행을 일치시키는 플라톤 등의 인식관과 대조하면서, 지와 행을 분리시키는 우리의 근대적 지식관의 타당성을 재고해 볼 필요가 있다. 지행합일설이 전제하는 바, 인식이 행위를 유발한다는 테제는 매우 수락하기 힘든 것 같지만, 실은 현대철학자들에 의해서도 부분적으로는 수락되어 있는 입장이다. 프로이트의 정신분석학도 언어나 인식이 지닌 인과적 힘을 전제한다. 현대 심리철학의 주요 쟁점들 중 하나인 심적 인과성의 근거 문제는,[27] 심적인 것이나 명제적 내용을 지닌 것이 인과적 힘을 발휘한다는 사실 자체가 인정되어야 한다는 전제 하에서 제기되는 것이다. 고대 서양에서와 같이 고대 동양에서도 실천과 무관한 진리 자체라는 개념은 낯설었던 것으로 보인다. 『논어』에서 학(學)이란 선대인의 모범적인 행위를 모방하는 일이었다.

---

26) Frede, M., "Rationality in Greek Thought", in Frede, M. & Striker, G. eds., *Rationality in Greek Thought*, Oxford Clarendon Press, 1996.
27) 다음 참조 : Heil, J. & Mele, A., eds., *Mental Causation*, Oxford, 1993.

# 제4부

# 형상의 존재론

P L A T O N

# 제8장

. . . . .

# 무엇이 존재하는가?-형상론 I

## 1. 문제 제기

### 일자(一者)에 관한 논변 – 일자, 같음, 다름

플라톤의 『파르메니데스』는 그가 저술한 20여 편의 대화편 가운데 가장 난해한 저작으로 평가된다. 난해함에만 그치는 것이 아니라 대화편 전편에 걸쳐 납득할 수 없는 논변들을 전개하여 궤변적이라는 평을 들으며, 그 진의가 불확실해 많은 학자들을 당혹케 만든다. 그런 논변의 전형적인 예 중의 하나인 다음의 대화를 살펴보자. 이 대화는 동 저서의 등장인물들인 파르메니데스와 아리스토텔레스 간의 대화로서, 파르메니데스가 질문하며 대화를 주도하고 이 대화의 자리에서 최연소자인 아리스토텔레스가 답하는 형식을 취한다.

나아가 일자(一者, hen)는[1] 다른 것(heteron)이나 그리고 자신과도 동일

---

1) 일자는 그리스어로 'to hen'이다. hen은 '하나', to는 정관사로 형용사나 수사 앞에 붙

하지 않을 것이며, 자신이나 다른 것과도 다르지 않을 것이네.

대체 왜 그렇습니까?

(a) 일자가 자신과 다르면 그것은 일자와 다른 것일 것이요, 따라서 일자가 아닐 것이겠지.

맞습니다.

(b) 그리고 그것이 다른 것과 같으면 그것은 그 다른 것일 것이나 그 자신은 아닐 것이네. (139c)결과적으로, 이 경우 역시 일자는 바로 그 자신인 바 일자가 아닐 것이고 일자와 다른 것일 것일세.

진정 그렇습니다.

그런데 일자는 다른 것과 같을 수도, 자신과 다른 것일 수도 없겠지.

그럴 수 없습니다.

(c) 그래서 일자는 그것이 일자인 한에서 다른 것과 다른 것일 수도 없지. 왜냐하면 어떤 것과 다름은 일자의 고유한 본성이 아니라, 다른 것과 다름[2]에만 속하는 본성이며 다른 어느 것의 본성도 아니기 때문이지.

맞습니다.

그런데 일자는 일자이기 때문에 다름일 수 없네, 그렇지 않은가?

분명 그렇지 않습니다.

더 나아가 그런 이유 때문에〔일자이기 때문에〕다름일 수 없다면 자신임

---

어 명사를 만든다. 따라서 to hen을 직역하면 'the one', '하나인 것'을 의미한다. 그러나 이 역어는 약간 거추장스러우므로 '일자(一者)'라는 역어를 택한다. 이 '일자'라는 개념을 통해 플라톤이 의미하고자 하는 것은: 1) 일자적인 성격을, 즉 단일성을 지닌 형상들 일반; 2) 일자라는 형상(즉 단일성의 형상); 3) 파르메니데스가 유일의 실재자라 주장하는 일자의 세 가지로 해석될 가능성이 있다. 필자가 취하는 해석은 첫번째이나, 이 셋들 중 어느 것이어도 플라톤 자신의 논의나 필자의 논의에는 상관이 없다. 왜냐하면 플라톤의 모든 형상들은 파르메니데스의 일자가 지니는 속성들을 모두 지니고 있으며, 이런 존재가 바로 플라톤 논변의 주제이기 때문이다.

2) 이 논리적 대화를 이해하기 위해서는 플라톤이 형용사적 어귀('다른 것과 다름')를 실체화하고 있음에 유념해야 한다.

으로써도 다름일 수 없고, 자신임으로써도 다름일 수 없다면, 그 자체로서도 다름일 수 없지. (139d)그리고 그 자체로서 여하한 방식으로도 다름일 수 없으므로, 여하한 것과도 다를 수 없다고 해야겠지.

옳습니다.

(d) 뿐만 아니라 자신과 같을 수도 없을 것이네.

대체 왜 그렇습니까?

일자의 본성은 동일함의 본성(phusis)과 같지 않기 때문이지.

대체 왜 그렇습니까?

어떤 것이 어떤 것과 동일한 것이 되면 그것은 일자가 될 수 없기 때문이지(*Parm.* 139b4–d4).

이 논변이 입증하려는 바는, (a) 일자가 자신과 다를 수도 없고, (b) 다른 것과 같을 수도 없으며, 다른 한편으로 (c) 일자는 다른 것과 다를 수도 없고, (d) 자신과 같을 수도 없다는 논제이다. (a)와 (b)는 동어반복적 언명이니 그런 당연한 말을 왜 했는지의 동기는 궁금하나, 그 언명의 진위는 별로 문제가 되지 않는다. 그러나 (c)와 (d)는 (a)와 (b)의 부정일 뿐더러 논리적 사고의 기본 법칙인 동일률과 모순율을 부정하고 있는데, 이런 기본 법칙을 부정한 진의는 고사하고 부정 논변의 타당성마저 의문시된다. 우리를 더욱 난감하게 만드는 것은, 아래의 서로 다른 두 결론이 같은 전제들로부터 연역된 것이라는 점이다.

(c)와 (d)의 결론 : "일자가 자신과 같을 수 없으며, 다른 것과 다를 수도 없다."

(a)와 (b)의 결론 : "일자가 자신과 다를 수 없으며 다른 것과 같을 수도 없다."

그렇다면 플라톤이 위의 논변에서 명백한 자기모순을 간과하는 기초적인 오류를 범했다고 보아야 할 것인가? 아니면 혹자가 주장하듯 독자들의 논증적 능력을 훈련시키거나 시험해 보고자 하는 것인가? 아니면 외견상 자가당착적인 위의 논변이 어떤 수미일관한 입장을 해명하기 위한 것인가? 위의 논변을 통해 플라톤이 말하고자 한 것은 무엇인가?

## 소크라테스의 꿈

이들 문제에 대한 해답을 찾기 전에 『테아이테토스』의 한 구절을 더 살펴보자. 앞에서 인용한 『파르메니데스』의 논변이 단순한 오류나 궤변이 아니라고 생각되는 이유는 비슷한 투의 논변이 『테아이테토스』와 『소피스트』에서도 전개되고 있기 때문이다.

그대가 자네의 꿈을 이야기했으니 이제 나의 꿈을 들어보게. 나는 꿈 속에서 어떤 사람들이 다음과 같은 이야기를 한 것으로 기억하네 : 제1차적 원소들(ta prota stoicheia), 말하자면 우리와 모든 다른 것을 구성하고 있는 것들은 로고스(logos)를[3] 지니고 있지 않다는 말을 ; 그들 각각은 그 자체로서는(auto kath' hauto hekaston) 오직 명명의 대상이요, 그것들에 관해서 다른 어떤 것을, 가령 그것이 있다든가 있지 않다든가하는 언명을 할 수 없다는 것일세. 왜냐하면 그런 언명을 하면서 우리는 그 원소에 임 또는 있음(ousian)과[4] 아님 또는 있지 않음(mē ousian)을 덧붙이고 있기

---

3) logos는 그리스어의 어휘들 중에서 가장 다의적인 것들 중 하나이다. 학자들은 여기에서의 logos를 대략 '설명', '정의', '명제'의 셋으로 번역한다. 필자의 견해는 세번째이다. 이 해석에 대한 논거는 필자의 다음 참조 : Nam, Kyung-Hee, *Logos, Knowledge, and Forms in Plato's Theaetetus and Sophist*, The Univ. of Texas, 1982, 제2장.

4) ousia는 그리스어의 be동사 einai에서 온 것으로, '임', '있음' 모두를 의미한다. '임'이라는 의미가 좀더 구체화되어 본질을 의미하기도 한다. 독일어의 Wesen과 비교해 보라.

때문이라는 것이지. 그러나 우리가 원소 자체만을 표현하고자 한다면, 여하한 것도 덧붙여서는 안 된다네. 사실상 우리는 원소의 이름에 '그 자체'니 '그것'이니 하는 표현도, 그리고 '각각'이니 '…만'이니 '이것'이니 하는 표현마저도 덧붙여서는 안 되며, 그 밖의 다른 유사한 표현들도 사용해서는 안 되네…. 진정 일차적 원소들의 여하한 것도 로고스에 의해 (logoi) 표현될 수 없는 것이지. 왜냐하면 그것들에 가능한 언어 행위는 오직 명명됨이기 때문이지. 그것들은 오직 이름만 갖고 있네…. 이렇게 해서 원소들은 로고스가 없으며(aloga), 알려질 수 없고(agnosta), 단지 지각될 수(aisthēta)[5] 있을 뿐이지. 반면 복합체들은 알려질 수 있고 말해질 수 있으며(rhētas), 진인 판단을 통해서 판단될 수 있다는 것일세(*Tht.* 201d8–202b7).[6]

위의 인용 구절은 『테아이테토스』에서 논의되는 앎의 세번째 정의, 즉 "앎은 참인 판단에 로고스가 추가된 것"이라는 정의에 대한 논의의 서두에 있는 것으로, 일반적으로 「소크라테스의 꿈」이라고 알려져 있다. 여기에서 플라톤은 일차적 원소와 이들로 구성된 복합체들을 대조시키고 있다. 이 꿈에 따르면, 원소들은 로고스나 인식의 대상이 될 수 없고, 오직 명명될 수 있거나 지각될 수만 있다. 반면 복합체는 로고스와 인식의 대상이 될 수 있다.

---

5) aisthēta는 원래 '지각할 수 있는'을 의미하나, 여기서는 '지각될 수 있는'의 의미로 해석하는 것이 타당해 보인다.

6) 이 「소크라테스의 꿈」 구절은, 비트겐슈타인이 『철학적 탐구』에서 자신의 전기 철학의 대상 개념이 안고 있는 문제점을 지적하기 위해 인용한 구절이기도 하다. Wittgenstein, *Philosophical Investigations*, tr. by G. E. M. Anscombe, Macmillan Pub. co., 1953, 46절. 이 양자의 관련성에 대한 논의는 필자의 다음 참조 : 남경희, 「비트겐슈타인의 대상 개념–사실존재론에로의 전환」, 『비트겐슈타인의 이해』 소재, 분석철학회 편, 서광사, 1984.

소크라테스의 꿈은 우리의 흥미를 불러일으킴을 넘어서 당황하게까지 만든다. 여기서 플라톤은, 일차적 원소들은 단지 명명의 대상이요, 언명의 대상이 될 수 없으므로 그 어떤 술어로도 이 원소들을 기술할 수 없음은 물론, 관사, 대명사, 부사까지도 원소의 이름에 덧붙여질 수 없다고 선언하고 있다. 도대체 플라톤은 왜 이처럼 불가해한, 아니 부조리한 주장을 담은 「소크라테스의 꿈」을 여기에서 소개하고 있는 것일까? 과연 플라톤은 이 꿈에 담긴 이론을 수용하는가? 수락한다면 그는 이 꿈을 통해서 무엇을 말하려고 하는 것인가?

### 스스로를 부정하는 복화술사

위와 비슷한 내용을 담고 있는 『소피스트』의 구절들을 마저 인용해 보자. 여기에서 플라톤은 형상들이 상호 결합할 수 없을 때 생기는 난점들을 몇 지적하고, 다음이 그 중에서도 가장 큰 문제점이라고, 엘레아에서 온 방문객으로 하여금 그의 상대방 테아이테토스에게 지적하게 한다.

더 나아가 한 사물이 다른 사물의 특성을 공유함으로써(koinonia pathē matos) 그 다른 것의 이름으로 불려질 수 있음을 부인한다면, 그들은 가장 우스꽝스러운 주장을 하는 것이 될 것일세.
어떤 점에서 그러합니까?
여하한 것들에 관해서건, 그들은 '있다' 또는 '이다', '…과 분리된', '다른 것들과…', '자체적인', 그리고 무수히 많은 이 비슷한 표현들을 사용하지 않을 수 없을 것일세. 그들은 이러한 표현들을 사용하지 않을 도리가 없고 그들의 언명에서 이들을 결합하지 않을 수 없으므로, 다른 사람들이 그들을 논박할 필요도 없지. 속담에 말하듯이 분란을 일으키는 적은 자신들의 집안에 있고 그들은 기묘한 복화술사 유뤼클레스(Euryclēs)처럼 자신을 부

인하는 목소리를 어디에고 데리고 다니는 것이지(*Sph.* 252b8–c9).[7)]

위의 구절에서도 플라톤은 「소크라테스의 꿈」에서와 유사한 결론을 내리고 있다. 형상들이 서로 결합할 수 없다면, 가장 기본적인 어휘인 '있다', '이다' 등 그 밖의 어떤 표현도 여느 형상의 이름과 결합시킬 수 없으며, 따라서 로고스가 불가능하다. 그러므로 결합의 불가능성을 주장하는 사람들은 말을 하자마자 자가당착에 빠지고 만다는 것이다. 말이란 어휘들의 결합이므로, 그 사람들은 결합의 불가능성을 주장하기 위해서 결합의 가능성을 전제하고 있기 때문이다. 『소피스트』의 구절과 『테아이테토스』의 구절 간의 차이점이 있다면, 그것은 다음이다. 전자의 경우 한 사물이 다른 사물의 특성을 공유(koinonia pathēmatos)하여 그 다른 것의 이름으로 기술될 수 있음을 부인하면 로고스의 불가능성이 귀결한다는 식의 논리를 전개한다. 이에 비해, 후자에선 일차적인 원소들의 특성이 로고스의 불가능성을 논리적으로 수반한다고 논한다. 『파르메니데스』에서도 인용 논변의 결론 역시 일자(一者)가 부분 없는 단순체, 즉 원소라는 전제에서 도출되었음을 주목해야 한다.

『파르메니데스』에서의 논변은 일자에 관한 것이며 그 주요 결론은, 일자는 자신과 같을 수도 다른 것과 다를 수도 없다는 것이다. 『테아이테토스』에서의 논의는 일차적 원소에 관한 것이며, 그 핵심 주장은 이들이 오직 명명과 지각 또는 직관의 대상임에 그칠 뿐 로고스와 인식의 대상은 될 수 없다는 것이다. 『소피스트』의 구절은 형상에 관한 것이며, 그 주요 결론은 형상들이 결합할 수 없다면 로고

---

7) 인용문들이 길어졌다. 이렇게 길게 인용한 이유는 플라톤 자신의 입을 통해서 본 논의의 문제를 제기하고자 해서이다.

스가 불가능하다는 것이다. 『파르메니데스』는 일자에 관한 논리적 난점을, 『테아이테토스』는 일차적 원소에 관한 인식론적 난점을, 『소피스트』는 형상에 관한 의미론적 난점을 지적하고 있다.

### 형상론과 언어

위의 대화편들은 플라톤 후기 사상에서 가장 중요한 위치를 차지하는 저술들이다.[8] 이들에서 인용된 위의 논변, 주장, 지적을 통해 플라톤이 말하고자 하는 바는 무엇인가? 이에 답하기 위해서는 우선 위 인용구의 주제를 확인해야 한다. 파르메니데스에서의 일자는 일자라는 형상 또는 일자적 성격을 근본적인 특성으로 하는 형상들 일반을, 「소크라테스의 꿈」에서의 일차적 원소들은 경험적 사물들의 질적인 구성요소로서의 형상을, 그리고 『소피스트』에서의 인용구는 이미 밝힌 대로 형상 일반을 가리킨다. 필자의 이런 해석에 대해 이론의 여지가 있을 수 있으나, 이에 대한 논의는 생략하기로 한다.[9]

위의 인용구들이 모두 형상들에 관한 것이라 볼 때, 플라톤은 위에서 자신의 이데아론에 대해 어떤 심각한 난제를 제기하고 있는 것으로 보인다. 필자는 이 장에서 이들 난제의 구체적인 성격을 밝히고 왜 플라톤이 그런 난제에 봉착하게 되었으며, 그는 어떻게 하여 그 아포리아로부터의 탈출구를 마련하는지 살펴보도록 하겠다. 이 과정에서 우선 형상론의 주요 논제들을 정리해 검토할 것이다. 그 다음 플라톤이 자신의 이데아론과 관련하여 제기한 난제들이나 이에 대한 해결책의 현대적 의의를 이끌어내는 것이 이 장의 과제이다.

필자가 이 장에서 개진하려 하는 바들을 간략히 요약하면 다음과

---

8) 어떤 주석가들은 『파르메니데스』편이 플라톤 중기에 속한다고 본다.

9) 이 세 대상들 중 가장 논의가 분분한 것은 「소크라테스의 꿈」에서의 '일차적 원소들'이다. 이에 대한 논의는 필자의 상기 학위논문 1장 참조.

같다. 플라톤으로 하여금 이데아들의 존재를 그 해답으로 상정하게 한 바로 그 문제, 즉 로고스의 가능성 문제가 위의 인용구들에서 다시 제기되고 있다. 플라톤이 이 문제를 다시 제기한 이유는 이데아들에 특유한 특성들 때문이다. 이데아들은 말하자면 의미론적 원자들이라고 말할 수 있다. 이데아들은 보통명사들이 지시하는 지시체이다. 이런 해석에 따르면, 우리가 보통명사라 부르는 것은 플라톤에서는 고유명사이다. 이데아들의 성격을 규정하는 또 하나의 원리는 존재에 관한 파르메니데스적 원리, 즉 'a는 a이고 비(非)a가 아니다'라는 동일성의 원리이다. 플라톤이 중기 대화편들에서 이데아들에 부여했던 특성들은 이들로 하여금 상호 결합할 수 없게 하며, 따라서 로고스의 근거를 제공할 수 없게 한다. 플라톤은 이 근거를 『소피스트』에서 뒤나미스(dunamis)의 개념을 도입하여 마련한다. 위 인용구들에서 플라톤이 직면한 철학적 난제들을 우리는 원자의 역설이라 부를 수 있는데,[10] 이는 그리스의 자연철학자들에서부터 현대의 논리적 원자론에 이르기까지 서구 존재론에서 가장 중요한 문제들 가운데 하나이다.


## 2. 플라톤철학의 소여(所與)－대화의 사실

### 형상론과 언어의 가능 근거

플라톤은 왜 형상론 또는 이데아론을 주장했는가? 플라톤의 형상론은 다음과 같은 내용의 주장이다. 감각을 통해 우리에게 직접적으

---

10) 이에 관해서는 필자의 다음 참조 : 「비트겐슈타인의 대상 개념 : 사실 존재론에로의 전환」, 분석철학회 편, 『비트겐슈타인의 이해』, 서광사, 1984.

로 그리고 구체적으로 주어진 경험세계를 넘어서서 초월적 세계가 존재한다. 이 세계의 시민들은 경험세계의 존재자들과 달리 불생 불명하고, 완전하며, 아름답고, 명징한 인식의 대상이다. 이들은 윤리적 규범이 되는 존재자들이자, 완벽한 의미에서의 존재자들이므로, 이들 형상의 세계는 경험세계보다 더 실재적이다. 형상계를 묘사하는 플라톤의 어휘들은 최상급의 것들이며, 세계를 영원의 상(相) 하에서 사유하고자 하는 철학자들의 열망을 실현시켜 주는 듯하다.[11] 그러나 그들의 존재는 쉽게 확인될 것 같지 않은데, 대체 형상계가 경험계보다 실재적이라 할 수 있는 논거는 어디에 있는가? 왜 플라톤은 형이상학적 추상체들의 존재를 상정하여 그것들이 손에 잡히는 경험계의 사물들보다 더 실재적이라고 했는가?

플라톤이 형상들의 존재를 상정한 이유는, 그것이 다양한 철학적 기능을 수행하며, 여러 철학적 문제들에 대한 한 해결책을 제공해 주기 때문이다. 형상들의 철학적 기능은 기독교의 절대자만큼 광범위한 역할을 수행하지는 않으나, 그 어떤 형이상학적 가설들보다 더 다양한 기능을 행한다. 화이트헤드의 말을 빌릴 필요도 없이, 플라톤의 형상론이 서양철학사에서 심중하고 지속적인 영향력을 행사한 이유도 그 이론의 논리적 철저성과 함께 그 기능의 다양성에 있는 것으로 생각된다.

형상론은 체니스(H. Cherniss)가 지적한 대로 지극히 경제적인 이론이다.[12] 형상은 우리가 늘 사용하는 수많은 어휘들의 의미 근거이며, 인식의 대상으로서 학문적 인식을 근거지우기도 하고, 경험적

---

11) 실상 서구 철학 특유의 이런 열망은 플라톤이 형상계를 상정하면서부터 싹트기 시작했다.

12) Cherniss, H., "The Philosophical Economy of the Theory of Ideas", Allen, R. E., ed., *Studies in Plato's Metaphysics*, London, 1968, pp. 1–12.

사물들이 소유하는 성질들의 존재론적 원인 역할을 행하기도 한다. 나아가 윤리적으로 절대 객관적 가치의 규범을 제시해 주며, 존재론적으로는 현상세계 사물들이 지닌 규정성의 근거라 할 수 있다. 게다가 인식론적으로는 앎의 대상으로서 객관적·보편적인 인식의 기초를 제공한다. 이처럼 형상들은 다양한 역할을 통해 헤라클레이토스적인 만상 유전의 세계관이나 일자만이 존재하는 파르메니데스의 지극히 금욕적인 세계관을, 다른 한편으로는 소피스트들에 의해 주장된 윤리적 상대주의나 인식적 회의주의 및 주관주의를 극복할 수 있게 한다.

그러나 이들보다 더 중요하며 기본적인 형상들의 기능이 있다. 그것은 형상들의 존재가 언어와 정신의 가능성을 확고하게 설명해 준다는 점이다. 언어의 가능 근거를 마련함이 다른 기능보다 더 중요하고 기본적인 이유는, 언어란 사고내용을 표현한 것이라 할 때, 언어와 사고의 가능성은 존재론적·윤리학적·인식론적 작업의 선결 요건이기 때문이다. 언어 없이는 현상적 사물들의 모델이나 윤리의 보편적 기준 또는 인식의 객관적 대상 등에 대한 논의조차 할 수 없을 것이다.

위의 세 가지 철학적 작업에서 사용되는 주요 어휘들, 가령 '있음', '없음', '생성', '변화' 등과 같은 존재론적 범주들, '좋음', '옳음', '정의', '용기' 등 제 덕목들을 표현하는 어휘들, 그리고 '진리', '허위', '앎', '모름', '믿음', '확실성', '명료함' 등의 인식론적 어휘들의 의미를 안다는 것은, 플라톤에게서 그 어휘들이 지시하는 사태, 상태, 대상들에 관해 아는 것을 의미하며, 그 역 역시 성립한다. 플라톤에게 어휘들의 의미에 관한 의미론적인 문제는 단지 우리가 그 어휘들을 어떻게 사용할 수 있으며, 어떻게 그 어휘들의 의미를 이해할 수 있느냐의 문제에 그치는 것이 아니다. 그는 언어란 존재에 대한 인식을 담는 것으로서, 세계의 반영이라는 일상적 믿음을 수용하여 그런 믿음의 가능 근거를 탐구하고자 했다. 형상론은 그런 탐구의 결과이다.

플라톤에 따르면, 한 문장을 이해한다는 것은 근본적으로 그 문장이나 그를 구성하는 어휘들이 표현하는 객관적 사태에 관해서, 그리고 세계와 가치에 관해서 알 수 있음을 의미한다. 언어의 가능성 문제는 바로 존재론, 인식론, 윤리학의 가능 근거에 관한 문제를 논리적으로 포함한다. 플라톤이 판단하기에는 가치세계와 경험세계의 구제 이전에 의미세계의 구제가 선결되어야 할 과제였다. 이런 이유 때문에 로고스에 대한 논의는 후기 대화편에서 가장 중요한 문제로 부각된다. 초·중기 저작들에서 플라톤은 대화가 가능하다는 사실에서 존재론, 인식론, 윤리학의 제 문제들에 대한 해답의 단초를 마련했으나, 후기에 가서는 대화의 가능성 자체가 플라톤철학의 핵심 과제가 된다.

## 철학적 사유의 출발점으로서 대화

언어의 중요성을 플라톤이 인지하고 있음을 우리는 그의 대화록 도처에서 확인할 수 있다. 이와 관련하여 주목할 만한 사실은 그의 저작들 거의 모두가 대화편이라는 형식을 취하고 있다는 점이다. 플라톤이 철학하는 방식은 그 이전이나 이후 철학자들의 그것과는 다른 점이 상당히 많으나, 이들 중 가장 중요한 특징은 그의 저술 스타일에 드러나 있다. 플라톤은 왜 대화의 형태를 빌려 저술했는가? 이 문제에 대해서는 여러 학자들이 각색의 가설을 제시한다. 혹자는 플라톤이 한때 희곡작가가 되기를 희망했기에 그의 저술에 드러난 대화 형태는 그의 문학적 꿈을 부분적으로 실현하기 위한 것이라 설명하기도 하며, 혹자는 철학적 탐구과정을 독자들에게 단계적으로 보여줌으로써 교육적인 효과를 최대화하기 위한 것이라 논하기도 한다. 또한 플라톤의 대화편이 그가 이끌던 대학, 아카데미아에서 행해졌던 대화를 그대로 옮겨 적은 것일 뿐이라는 가설을 제시하는 이들도 있다.

그 같은 철학 외적인 동기만이 대화의 양식을 택한 이유의 전부인 것은 아니다. 좀더 본질적인 이유는 철학 내적인 것, 즉 철학의 성격과 관련되어 있다. 우리가 질문과 대답을 주고받으며 대화할 수 있다는 것은 지극히 일상적인 범사요, 인간의 삶에서 가장 편재적이고 기초적인 사실이다. 플라톤은 이런 일상의 사실이 매우 중요한 철학적 의미가 있다고 보았다. 대화의 사실은 우리에게 주어진 소여(所與, data)들 중에서 가장 확실하여 부정할 수 없는 것이며, 따라서 모든 것의 근거를 추구하는 철학의 출발점은 바로 이곳이어야 한다고 그는 생각했다. 대화가 가능하다는 사실은 데카르트의 코기토(cogito)나 영국 경험주의자들의 인상이나 관념, 일상언어학파의 일상적 어휘들의 용법과 같이 아르키메데스의 지점을 제공하면서도 그 역할은 더 일상적이고 기초적이다. 데카르트가 코기토로부터 출발하여 확실한 지식의 체계를 쌓았으며, 일상언어학파가 어휘들의 일상적 용법의 분석을 통해 인간 자신과 세계의 모습을 읽어내려 시도한 것처럼, 플라톤은 대화의 사실을 자신의 철학적 항해의 출발점으로 삼아 우리 삶과 사유를 위한 무풍의 정박지를 찾으려 한 것이었다.[13]

---

13) 대화란 플라톤이 『파이돈』에서 말하듯이 진상을 직접 볼 수 없는 우리들에게 차선의 탐구방책 또는 항해방식(deuteron ploun)을 제시해 준다(*Phd.*, 99d-100a).

## 의미의 처소

대화의 사실에서 플라톤이 확인한 것은 무엇이며, 이 대화의 사실이 어떤 철학적 문제를 제기한다고 보았는가? 이 문제에 답하기 전에 미리 언급할 것이 있다. 필자는 플라톤의 철학적 작업에서 선결을 요하는 문제는 언어의 가능 근거 마련, 즉 의미세계의 구제라고 앞서 말했다. 대화란 중요하기는 하나 언어활동의 한 종류에 불과하다는 이견이 있을 수 있다. 어떤 언어 행위는 독백이거나 단지 혼자서 글쓰는 행위이거나 일방적인 강연일 수도 있다. 그러나 모든 언어활동과 이의 전제가 되는 사고활동은 본질적으로 대화이다.[14) 사고활동은 내적으로 스스로에게 질문을 던지고 해답하는 활동이며, 독백의 경우도 스스로를 대화의 상대방으로 삼아 이야기를 주고받으며 진행된다. 글쓰기나 강연 역시 씌어진 글이나 음성화한 사고를 이해할 상대방이 전제될 경우에만 이루어질 수 있다. 언어란 본질적으로 항상 공유되는 것이다. 내적인 사색마저도 플라톤에겐 언어에 의존하여 이루어지는 대화인 한에서 공적인 성격을 지닌다. 따라서 대화가 어떻게 가능하냐의 문제는 언어가 어떻게 가능하냐는 문제이다.

대화의 사실에서 플라톤이 확인한 것들은 무엇인가? 첫째, 대화의 화자가 어휘들을 의미 있게 사용하며, 둘째, 그 단어들은 일정한 방식으로 연결되어 의미 있는 명제를 구성한다. 셋째, 대화의 타방인 청자는 이 명제를 이해한다는 사실이다. 넷째, 대화가 가능하기 위해서는 일방이 전달한 의미 내용과 타방이 이해한 바가 동일해야 한다는 것이다.

이런 사실들에서 플라톤은 다음과 같이 추론한다. 음성이나 끄적

---

14) *Tht.*, 189e–190a; *Soph.*, 263e.

임과는 다른, 감각되지는 않으나 단어의 의미 근거가 되는 것이 존재한다. 의미나 의미 근거들은 일정한 방식으로 연결되어야 한다. 좀더 근원적으로 이 의미들은 대화 쌍방에 의해 공유되어야 한다. 즉 단어들의 의미는 시간적 공간적 규정의 특수성에 상관없이 보편적이며, 그 단어의 사용자가 누구인가에 영향받지 않고 동일한 것으로서, 객관적으로 존재해야 한다.[15]

이렇게 볼 때 대화가 가능하다는 일상의 지극히 당연하게 보이는 사태는 의외로 심각한 철학적인 난문을 제기한다. 대체 대화의 근거가 되는 의미체는 어디에 어떤 방식으로 존재하는가? 객관적 의미의 가능 근거는 무엇이냐는 문제, 단어의 객관적 의미는 어떻게 가능한가, 대화는 어떻게 가능한가 등의 문제가 플라톤이 가장 일상적 사태에서 부딪히게 된 철학적 문제라 할 수 있다.

### 일(一)과 다(多)

의미에 대한 탐구를 행하기 전에 플라톤은 우선 객관적·보편적인 의미의 존재를 여러 곳에서 거듭 확인하고 있다. 의미의 존재를 확인시켜 주는 가장 비근하고 중요한 사실은 그의 철학적 탐구가 대화의 형식을 빌려 진행되고 있다는 점이다. 나아가 그는 더욱 명시적인 방식으로 대화편 곳곳에서 그런 의미의 존재를 대화의 참여자들에게 주지시키고 있다.

---

15) 다음의 문헌들 참조 : Frege, G., "Sence and Reference", in *Translations from the Philosophical Writings of Gottlob Frege*, ed., by Geach and Black, Oxford, 1952, pp.58–59; Hacking, I., *Why Does Language Matter to Philosophy?* Cambridge, 1978, pp.50, 76; Russell, *Logic and Knowledge*, London, 1956, (ed., by Marsh, pp. 195–196, 130)

그대는 내가 많은 경건한 것들의 이것저것이 아니라 모든 경건한 것이 그 것에 의해서 경건한 것이 되는 바, 그 형상(to eidos) 자체를 보여달라고 그대에게 재촉한 사실을 기억하는가, 아니면 기억하지 못하는가?

기억합니다.

그러면 이 이데아(tēn idean) 자체가 무엇인지, 내가 그것을 주시하면서 그것을 기준으로(paradeigmati) 삼아 그대나 다른 모든 사람이 행하는 여하한 행위건 그것이 그 기준을 닮아 있으면 경건하다 할 수 있고, 그렇지 않으면 불경하다 말할 그런 이데아가 정확히 무엇인지 말해 보게(*Euth.* 6d-e).

우리가 '경건하다', '불경스럽다'는 표현을 올바로 사용할 수 있는 이유는 이들의 의미가 선재하기 때문이다. 우리는 이 의미를 주시하면서 이들을 기준(paradeigma) 삼아 경험적 사태를 '경건하다', 또는 '불경하다'고 기술한다. 플라톤은 대상에 대한 술어적 규정에서 기준이 되는 것을 '이데아', '에이도스'라 부른 것이다. 'idea' 또는 'eidos'라는 그리스어는 이미 언급한 바와 같이 '모습'이나 '형상(形相)'이라는 의미를 지니고 있다. 그것들의 다양성에도 불구하고 많은 사태들이 하나의 동일한 술어에 의해 규정될 수 있는 이유는, 이들이 하나의 공통된 모습을 지니고 있기 때문이다. 그가 이데아라 부른 의미체는 경험적 사태들로 하여금 일정한 모습을 갖게 하는 존재론적 규정성의 원인이기도 하다.

다수의 사물들을 하나의 동일한 표현에 의해 기술할 때마다 우리는 매번 어느 하나의 고유한 형상(eidos)을 상정하는 습관이 있다(*Rep.* 596a).

다수의 서로 다른 사물들을 하나의 동일한 표현에 의해 우리가 기술할 수 있는 이유는, 그 사물들의 배후에, 또는 그들을 넘어서 하나의 형상이 존재하며, 그 다수의 사물들이 이 형상과 일정한 관계를 맺고 있다고 생각하기 때문이다. 이런 관계로 인해 그 여러 사물들은 외적으로는 다채로울지 모르나 사유의 눈으로 파악하면, 하나의 모습을 지니고 있다. 이들을 기술하는 술어적 표현은 이들에 의해 공유된 하나의 모습이나 형상의 이름이다. 가령 '아름답다' 또는 '둥글다'라는 어휘는 각각 아름다움 또는 둥굼이라는 형상이나 의미체의 이름이다. 우리가 다양한 사물들에 동일한 표현을 적용할 때마다 그 경험적 사물들의 다수성이나 상이성에도 불구하고, 그 표현을 하나의 동일한 의미로 사용한다는 사실은 다음 구절에서 좀더 명확하게 지적되어 있다.

동일한 표현(onoma)을 발화할 때마다 그대는 필연적으로 항상 동일한 것(tauton)을 의미하고 있지 않은가?(*Parm*. 147d)

이상에서 인용한 구절에서 플라톤은 경험세계의 다수성이나 다양성에도 불구하고, 이들을 기술하고 규정할 때 하나의 단일한 표현을 사용하며, 이러한 표현이 가능한 것은 하나의 단일한 모습이나 의미가 존재하기 때문이라고 추론하고 있다.[16] 단일한 모습이나 의미의 가능성 문제는, 바로 "일자(一者)는 어떻게 다(多)에 적용될 수 있으며, 다는 어떻게 하여 일자에 의해 기술될 수 있는가" 하는 일과 다의 문제이며, 이 문제에 대해 플라톤은 형상론으로 답하고 있다.

---

16) 이상의 인용구 외에도 다음 참조 : *Crat*. 439d-e ; *Parm*. 135c-e.

## 의미와 경험적 속성

플라톤으로 하여금 자체적으로 존재하는 형상들의 존재를 상정하게 한 또 하나의 동기는, 경험세계의 사물들이 어떻게 하여 일정한 모습이나 규정성을 갖는가에 대한 물음이다. 헤라클레이토스에 따르면, 경험세계는 끊임없이 운동, 변화하는 세계이며, 여기에는 무규정적인 흐름만이 존재한다. 이러한 세계관에 따르면, 불변하며 정지하는 것은 없고, 만상은 유전한다. 대화와 언어의 세계는 불변하며 고정된 의미의 존재를 상정함으로써만 가능할 터인데, 헤라클레이토스는 그런 것이란 존재하지 않으므로 언어와 대화의 세계는 허구에 불과하다고 논한다.[17]

플라톤은 이에 대해 반대의 입장을 취한다. 우리의 일상적 사태들은 부정하려해도 부정할 수 없다. 대화와 언어가 허구요 환상에 불과하다고 평가절하하더라도 우리의 언어활동은 지속될 수밖에 없으며, 우리 삶의 기반 노릇을 할 것이다. 그렇다면 우리가 취해야 할 방향은, 언어적 세계를 무작정 부정하는 것이 아니라, 오히려 만상유전의 존재론을 재고해 보아야 하는 것이다. 대화의 가능성은 일상적으로 자명하게 확인되는 것이니, 의미의 존재 역시 이 대화의 사실에서 추론할 수 있는 바이다. 사람들이 대화를 하면서 주고받는 것은, 소리와 끄적임이 아니라 그를 넘어서 그를 뒷받침하는 의미들이기 때문이다. 경험세계의 다양한 사물들과 사태들에 관한 언명들은 그들과는 전혀 무관한 횡설수설이 아니다. 이들의 언명이 의미 있게 발언되고, 이해되고 있음은 경험계의 사상들이 일정한 모습이나 규정성을, 그 언명들에 의해 기술되는 바의 규정성을 지니고 있음을 함의한다.

---

17) 다음 참조 : *Crat.* 439 ; *Tht.* 181b-183c.

그런데 플라톤은 경험계가 그 자체로서는 흐름(flux)이라는 헤라클레이토스의 입장에 동의한다.[18] 그렇다면 경험계의 규정성들은 어디에서 연유하며, 경험계에 대한 언명이 의미 있는 이유는 무엇인가? 예컨대 우리의 시선을 끄는 한 여인의 얼굴이 아름다운 이유나 원인은 무엇인가? 우리는 통상적으로 아름다움의 원인으로 고운 피부, 균형 잡힌 이목구비, 매력적인 미소 등을 들 것이나, 플라톤에 따르면, 이런 상식적인 답변은 비논리적이다. 그들은 필수조건이나 보조적 원인은 될 수 있지만, 본질적인 이유나 존재 이유는 될 수 없다는 것이다.

플라톤이 논리적이라 생각하는 답은 무엇인가? 고심 끝에 그가 내린 결론은 놀라울 정도로 간단명료하다. 여인이나 꽃이 아름다운 이유는 아름다움 때문이다. 이런 원인론 또는 이유론이 플라톤 형상론의 핵심인데, 이는 너무도 당연하여 공허하다고 여겨질 정도이다.[19] 그의 해답의 저변에 있는 논리는, "그 여인은 아름답다"라는 문장을 의미 있게 만드는 바로 그 의미체인 아름다움의 형상이 그 여인으로 하여금 아름다움의 모습이나 성질을 지니게 하는 존재론적 원인이라는 것이다.[20] "태양은 둥글다"라는 언명이 의미 있는 이유는 태양이라는 경험적 사물이 원형의 속성을 지니고 있거나 갖을 수 있는 가능성을 지니고 있기 때문이다.

플라톤에게서 한 술어의 의미란 정신의 눈으로 본, 그 어휘에 의해 기술될 수 있는 사물의 모습이다. 한 표현이 어떻게 의미를 지닐 수 있는가의 문제를 달리 진술하면, 그 표현에 의해 기술되는 대상이 일정한 규정성을 가질 수 있는가의 문제이다. 이제 우리는 이들 문

---

18) *Tht.* 179c–183c 참조.
19) *Phd.* 99ff.
20) *Phd.* 100–101 참조.

제에 집중하고서 플라톤의 형상론을 살펴볼 것이다. 이런 문제들에 대한 플라톤의 해답 방식은 그의 철학의 기본적인 가정들에 관해 풍부한 시사를 제공할 것이다. 그러나 일단 이에 대한 논의는 잠시 뒤로 미루고, 플라톤에서 존재론적인 과제는 의미론적인 문제가 해결됨으로써 달성될 수 있다는 점을 확인하기로 하자. 즉 후자의 문제가 전자 문제에 논리적으로 선행한다는 것이다. 이런 우선 순위에서 우리는 플라톤의 논리주의, 언어중심주의, 좀더 적합하게는 로고스중심주의를 엿볼 수 있으며,[21] 특히 파르메니데스의 영향을 읽어낼 수 있다.

## 3. 형상들의 종류와 특성

### 플라톤의 의미론

플라톤의 일차적이고 핵심적인 문제는 대화의 가능성 문제이며, 이 문제를 해결하기 위해 플라톤은 이데아의 존재를 상정했다. 그러면 이데아론의 구체적인 내용은 무엇이며, 이데아의 종류에는 어떤 것들이 있는가? 그는 모든 어휘에 대응하여 이데아들이 존재한다고 보았는가? 기본적으로 플라톤은 한 어휘의 의미는 더 이상 분석할 수 없는 단순한 원자와 같다는 의미론적 원자론과,[22] 의미는 객관적으로 존재한다는, 다시 말해 한 어휘는 객관적 존재를 지시함으로써 의미를 갖는다는 지시론적 의미론[23]을 견지했다. 원칙적으로는 일부

---

21) *Phd.* 99d에서 말하고 있는 바, 차선이기는 하나 필연적인 항해책인 로고스에로의 도피는 이런 입장을 시사한다.

22) 플라톤이 이런 입장을 견지한 이유는 'einai'에 대한 그의 파르메니데스적 원리 때문이다.

를 제외하고 모든 어휘가 단일하고 단순한 의미 내용을 지니며 객관적으로 존재하는 어떤 대상을 지시함으로써 의미를 갖는다는 것이 플라톤의 기본 입장이다. 플라톤에게 경험적 특수자들을 지시하는 어휘들, 흔히 고유명사와 같은 어휘들을 제외하고는 모든 어휘에 대응하여 형상들이 존재하며, 그 어휘들은 형상들의 이름이다. 따라서 일상적 의미의 보통명사나 형용사야말로 플라톤에 따르면, 진정한 고유명사이다. 왜냐하면 이들은 더 이상 분석되지 않고 유일하게 존재하는 개체를 지칭하며, 모든 언어의 기초적인 단위를 구성하기 때문이다.

의미의 원자론과 의미의 지시설을 함께 취할 때 많은 논리적 문제들이 발생한다. '악하다', '나쁘다', '추하다' 등과 같은 부정 술어의 문제, '전화기', '시계', '컴퓨터' 등과 같은 인공물의 이름과 관계된 문제, '먼지', '흙' 등과 같이 하잘 것 없는 사물들의 이름에 대응하는 형상들이 존재하는가의 문제 등등. 플라톤은 자신의 입장에 내포된 이런 난점들을 충분히 인지하고 있었던 것으로 보인다.[24] 이런 난점들에도 불구하고 형상들의 존재가 가정되지 않으면 대화나 사고의 가능성은 설명할 길이 없으므로,[25] 적어도 원칙적으로는 형상론이 전제하는 의미의 원자론과 지시론을 수락하지 않을 수 없다고 플라톤은 생각했다.

### 형상의 종류

이런 기본적인 원칙에 준거해 플라톤은 적어도 다음의 어휘들에 대응하는 형상들이 존재함은 별로 의심하지 않는다.[26]

---

23) 다음 참조 : *Rep.* 507b-c ; 596a ; *Parm.* 135b-c.
24) 형상들의 범위에 관한 문제는 다음 참조 : *Parm.* 130a-e.
25) *Parm.* 134e-135c.

(가) 범주적 개념들 : 존재, 무, 동일하다, 다르다, 단일하다, 다수이다, 움직인다…

(나) 윤리적, 미적 개념들 : 선하다, 아름답다, 정의롭다, 우정…

(다) 논리, 수학적 개념들 : 같다, 다르다, 하나, 둘, 원, 보다 크다, 보다 작다…

(라) 자연종을 가리키는 개념들 : 눈, 벌, 흙, 공기, 불, 물, 황소…

이 밖에도 인공물의 형상이나 하찮은 것들의 형상들에 대한 언급이 있으나, 플라톤은 이들을 중요한 논의 대상으로 삼지 않았다. (나)와 (다)의 형상들은 주로 중기 대화편에서, 그리고 (가)의 형상들은 후기 대화편에서, 특히 『소피스테스』와 『파르메니데스』에서 매우 심각하게 다루어지고 있다.

### 형상의 특성

위와 같은 형상들의 특성은 무엇인가? 일반적으로 형상들은 존재론적으로 진정한 실재자들이며, 윤리적으로 행위의 보편적 규범이면서, 인식론적으로는 앎의 대상이다. 그리고 무엇보다도 의미의 근거이다. 이런 일반적 성격 때문에 형상들은 다음의 구체적 특성들을

---

26) (가) 존재, 무, 동일성, 다름, 일, 다, 운동, 정지 (*Parm.* 129d-e, 136b ; *Sph.* 254b-255e ; *Tht.* 185a, 186a ; *Tim.* 35a).

(나) 선, 미, 정의 (*Phd.* 65d, 70d-71e, 76d ; *Hipp. mj.* 286d, 288d, 298d ; *Rep.* 479a-b). 우정, 질서 (*Grg.* 508a). 악, 추함, 불의 (*Rep.* 475e-476a ; 479a-b ; *Tht.* 176e-177a, 186a ; 서간문 X 617e ; 서간문 I 335b-d).

(다) 같음과 다름 (*Phd.* 74b-c). 하나, 둘 (*Hipp. mj.* 300d-302b). 홀수, 짝수 (*Phd.* 104a-c, 104e ; *Euth.* 12d). 數 (*Euth.* 12d ; 서간문 VII 524e-525a). 원, 직선, 도형 (*Men.* 74b, 74d-e).

(라) 눈, 불 (*Phd.* 103c-105d). 벌 (*Men.* 72b-c). 흙, 공기, 불, 물 (*Tim.* 51b). 동물 (*Tim.* 30c). 색깔 (서간문 VII, 342d).

지닌다. 편의상 'F'를 상식적인 고유명사가 아닌 어휘들, 가령 형용사, 보통명사 등이라 하고, 'F 자체'를 'F'라는 어휘가 지시하는 형상, 'F인 것들'을 F의 모습이나 규정성을 소유하는 경험적인 사물이라고 가정하자. 그러면

F 자체는 의미체로서,[27]

(1) 'F'는 F 자체를 지시함으로써 그 의미를 지닌다.[28]

(1a) 'F'의 의미는 그러므로 F 자체이다.

(1b) 어휘 'F'는 F 자체의 이름이다.

(1c) 우리가 'F'라는 어휘를 생각하고 사용할 때는 항상 F 자체를 염두에 두고 있다.

(1d) 나의 대화 상대방이 내가 발언하는 'F'의 의미를 이해할 수 있는 것은, 그도 F 자체를 염두에 두고 있기 때문이다.

(1e) F 자체가 단순하므로, 'F'의 의미도 단순하다.

(1f) 그러므로 'F'의 의미는 정의될 수 없는 직각의 대상이다.

(1g) 'F'의 의미는 단순하므로, 이 의미는 다른 어휘의 의미와 판명하게 구분된다.

(1h) 'F'의 의미는 객관적 존재자이다.

---

27) *Parm.* 147d-e ; *Rep.* 596a ; *Hipp. mj.* 287c-d ; *Tht.* 201d-202b.

28) 정대현 교수는 다음과 같은 논평을 제기했다. 러셀은 'F'는 'F인 것들'로 구성되는 집합을 지시함으로써 그 의미를 지니며, (1)에 대한 반례로서 'goad'('good'와 'bad'의 중간)나 'grue'('green'과 'blue'의 중간)와 같은 어휘를 제시할 것이다.
필자가 예상하는 플라톤의 응답은 다음이다. 우선 플라톤은 러셀에게 어떻게 'F인 것들'이 F인 것으로 인지되어 동일한 집합에 귀속될 수 있느냐고 물을 것이다. 다음 플라톤에 따르면, 'goad'와 'grue'는 goad-ness, grue-ness를 지시함으로써 의미를 갖는다. 이것이 플라톤의 '의미의 원자론'이며, 그는 이런 점에서 전형적인 비환원주의자이다.

F 자체는 경험세계 규정성의 원인으로서,[29]

(2) F 자체는 'F'라 기술되는 규정성이나 성질의 원형이거나 기준이다.

(2a) F 자체는 F이다.[30]

(2b) F 자체는 언제 어디서나 누구에게나 그리고 어떤 관계에서도 F이다.

(2c) F 자체는 모든 측면에서 F이다.

(2d) F 자체는 다른 존재와 모든 측면에서 다르다.

(2e) 따라서 F 자체는 어떠한 방식으로도 G일 수 없다.

F 자체는 모든 F인 것들의 원인으로서,[31]

(3) F인 것들이 F이기 위한 필요충분조건은 이들이 F 자체에 참여함이다.

(3a) F 자체는 자신에 참여한다.

(3b) F인 것들은 오직 열등한 방식으로 F이다.

(3c) F인 것들은 F이며 동시에 G일 수 있다.

---

29) *Prot.* 330c, 331b, 330d ; *Phd.* 74b–c ; *Crat.* 439d ; *Rep.* 529d ; *Phd.* 100c; *Lys.* 217d. 이 특성에 관한 논의는 Geach, Vlastos, Furth 참조.

30) (2a)는 predicative sentence라기보다는 identity sentence로 해석되어야 할 것이라는 견해를 정대현 교수는 제안했다. 이 견해는 몇몇 주석가들, 특히 R. E. Allen에 의해서 도 제안된 바 있다("Participation and Predication in Plato's Middle Dialogues", p. 170, in Vlastos, G., ed., *Plato* vol. 1, New York, 1971) 이 해석의 문제점은 원전의 지지를 받지 못한다는 점이다(*Phd.* 74 b–c ; *Crat.* 430 d 참조). 플라톤에 따르면, 경험세계의 F인 것들은 불완전하게 F이며 오직 2차적으로만 'F'라 불리우는 반면, F 자체는 완전하게 F이며, 진정한 의미에서 'F'라 불리는 것이다. 둘째, 위의 견해에 따르면, "F 자체는 F이다"라는 명제는 "F 자체는 F 자체이다" 또는 "F는 F이다"이므로, 단순한 동어반복으로 경험계의 규정성에 대한 설명력을 전혀 갖지 못한다. "F 자체는 F이다"라는 문장은 그러나 플라톤에게 논리적 문장일 뿐 아니라 형이상학적 문장이다.

31) *Phd.* 99ff ; *Parm.* 132a–b ; *Phd.* 74e.

F 자체는 진정한 실재자로서,[32]

(4) F 자체는 그 어느 관점에서도 존재한다고 말할 수 있다.

(4a) F 자체는 완전한 실재자이다.

(4b) F 자체는 시간 공간 속에 존재하지 않는다.

(4c) F 자체는 영속한다.

(4d) F 자체는 생성 소멸하지 않는다.

(4e) F 자체는 G가 될 수 없다.

(4f) F 자체는 불변한다.

(4g) F인 것들은 존재하기도 하고 존재하지 않기도 한다.


## 4. 플라톤의 아포리아

### 로고스의 불가능성

이상에서 우리는 플라톤의 근본적인 문제는 대화가 어떻게 가능한가하는 문제였으며, 이 문제에 대한 해답이 형상론임을 논했다. 나아가 이렇게 해서 상정된 형상들의 종류는 어떤 것들이 있으며, 그 특성은 어떠한지를 살펴보았다. 이제 원래의 문제로 돌아가 앞에서 인용한 『파르메니데스』, 『테아이테토스』, 『소피스트』에서 플라톤의 문제가 무엇인지 살펴보자.

『파르메니데스』에서 인용문의 요지는, 일자는 자신과 같을 수도 타자와 다를 수도 없다는 것이었다. 이 요지를 달리 표현하면, 일자는 "자신과 같다"라고 기술될 수 없고, "타자와 다르다"라고도 구분

---

32) *Rep.* 592a ; *Phaedr.* 247c ; *Crat.* 439d ff ; *Phd.* 78d ff ; *Rep.* 486b ; *Phil.* 59a-c.

될 수 없다는 말이다. '일자'라는 어휘는 '같다'라는 어휘나 '다르다' 라는 어휘와 의미 있게 결합될 수 없다. 「소크라테스의 꿈」을 통해 표명된 입장은 원소의 이름은 그 어떤 다른 어휘들과도 연계될 수 없다는 것이다. 그런데 다른 어휘들 역시 불가분적인 원소의 이름으로 볼 때, 이 입장은 결국 그 어떤 어휘도 여하한 다른 어휘들과 결합할 수 없다는 결론에 이르게 한다. 그리하여 원소들에 관해서만 로고스가 불가능한 것이 아니라 그 어떤 로고스도 말해질 수 없다는 것이다. 이런 아포리아는 『소피스트』의 인용문에 좀더 명백하게 표현되어 있다. 즉 한 사물이 다른 사물의 특성을 공유할 수 없다고 부인하는 자들은 로고스의 가능근거를 무너뜨리는 것이니, 이들은 자신들의 견해를 개진하자마자 자가당착에 빠지고 만다. 왜냐하면 그들이 자신의 견해를 표현하고 개진하기 위해서는 언어를 빌려야 하는데, 언어는 사물들간의 연계성을 전제하기 때문이다. 즉 그들은 언어의 불가능성을 함축하는 주장을 하면서 로고스의 가능성을 전제해야 한다.

이와 같이 볼 때 위의 세 인용문에서 플라톤이 봉착한 아포리아는, 일자나 원소나 또는 형상들에 관한 로고스만이 아니라, 더 나아가 로고스 일반이 불가능해진다는 것이다. 이런 불가능성이 플라톤에게 더욱 당혹스러운 사태인 것은 이런 난관이 이데아론의 한 예기치 못한 귀결이기 때문이다. 『파르메니데스』에서의 일자는 일자라는 형상 또는 일자적 성질을 지니고 있는 형상들 일반이고, 「소크라테스의 꿈」에서의 일차적 원소들 역시 이데아들이며, 『소피스트』에서의 인용문 역시 이데아에 관한 논의임을 지적했다. 그런데 이미 언급한 바와 같이, 플라톤이 형상들의 존재를 상정한 가장 중요한 이유는 의미와 명제의 가능성, 그리고 대화의 가능성을 설명하기 위해서였다. 언어의 근거를 제공해야 할 형상들이 오히려 자신에 관한 명제

들뿐 아니라, 나아가 명제들 일반의 가능 근거를 무너뜨리는 자기파
괴적인 역기능을 수행한다면, 이는 플라톤에게 매우 난처한 사태일
것이다.

### 형상들의 결합과 명제

대화의 가능성을 정초해 주어야 할 형상들이 어찌하여 직무유기
를 하게 되었는가? 이에 대한 설명은 위의 인용문에서 부분적으로
시사되어 있다. 일자는 타자와 다르다고 말해질 수 없는데, 그 이유
는 "어떤 것과 다름은 일자의 고유한 본성이 아니라 타자와 다름에
만 속하는 본성"(*Parm.* 139c4-5)이기 때문이며, 일자가 자신과 같다
고 말할 수 없는 이유는, "일자의 본성이 같음의 본성과 같지 않기"
때문이다(*Parm.* 139d2-3). 일차적 원소는 오직 명명의 대상이며, 이
것의 이름을 다른 어휘들과 결합하여 구성한 로고스는 그 원소 자체
만을 표현하는 것이 아니므로(*Tht.* 202a1), 그 원소의 이름을 포함하
는 여하한 로고스도 정당성이 없다. 그리고 "한 사물이 다른 사물의
특성을 공유함으로써 그 다른 것의 이름으로 불려질 수 있음을 부
인"할(*Sph.* 252b9-10) 때, 우리는 로고스의 가능성을 부인할 수밖에
없으며, 따라서 자가당착에 이른다. 간단히 말해서, 한 사물(즉 형상)
이 다른 사물의 특성을 소유할 수 없다면, 언어는 불가능해진다. 명
제의 가능 근거는 존재론적인 것이어야 하는데, 명제 유의미성의 근
거가 되는 형상들이 자신의 본성과는 다른 존재자들의 속성을 가질
수 없고, 그리하여 다른 형상들과 관계할 수 없기 때문이다.

이미 말한 바와 같이, 형상들은 일차적으로 명제를 구성하는 어휘
들의 의미체들이다. 그래서 명제들이 기술하는 바는 형상들이 결합
한 사태이다. 모든 명제는 두 개 이상의 형상들이 결합함을 전제로
한다.

형상들을 함께 엮음으로써(dia tēn allēlōn tōn eidōn sumplokēn) 명제 (logos)가 발생한다.[33] (Sph. 259e5-6)

따라서 형상들이 상호 결합할 수 없을 때, 명제를 만들어내거나 대화를 엮어갈 가능성이 없다. 플라톤의 어려움은 바로 여기에 있다. 형상들의 존재는 명제를 구성하는 의미들의 존재론적인 근거를 제공해 주나, 이 근거가 되는 형상들이 상호 관계할 수 없으므로 그 원자적 의미들은 서로 결합하여 한 명제를 구성할 수 없다. 예컨대 수와 수학적 기호를 위한 '5', '7', '+', '=', '12' 등의 표현을 각각 형상의 이름이라고 해보자. 이 표현들이 지시하는 형상들이 상호 의미 있게 결합하여 하나의 사실을 구성할 수 없다면, '5 + 7 = 12'라는 문장은 단순한 표현들의 집적에 불과할 것이다. 이들은 '7 5 + = 12'라는 표현들의 연쇄와 같이 무의미하다. 전자의 명제가 의미 있기 위해서는, 우선 존재론적으로 그 명제를 구성하는 표현들이 지시하는 형상이 결합하여 하나의 사실을 구성할 수 있어야 한다.

플라톤은 명제의 가능성에 대한 이 문제를 위의 세 주요 저술에서 연속적으로 제기하고 있다. 『파르메니데스』에서는 일자에 관한 제논적 논변의 과정에서, 『테아이테토스』에서는 허위 명제의 가능성, 그리고 인식에 대한 제3의 정의에서 논의된 명제적 인식의 가능성과 관련하여 이 물음을 던지며, 그리고 『소피스트』에서는 학(學)의 가능성과 철학적 변증학(dialektike)의 과제와 관련하여 이 난제를 논의하고 있다. 명제의 가능성에 대한 아포리아는 단지 플라톤 자신의 형

---

33) 이 문장의 해석에 관해서는 다음 참조 : Acrill, J. L. 'Sumplokē Eidon' in Allen, R. E., *Studies in Plato's Metaphysics*, London, 1968 ; Moravcsik, J. M. E., "Sumplokē Eidon and the Genesis of Logos", in *Archiv für die Geschichte der Philosophie*, 42(1960), pp. 117-129.

이상학적 이론의 논리적 난점만을 드러내는 것이 아니라, 철학적 작업 자체의 가능 근거를 무너뜨릴 수 있는 것이다. 이런 위험성 때문에 플라톤 후기 존재론의 가장 중요한 과제는 이 아포리아에서 헤어나는 길, 즉 명제의(단순히 명제를 구성하는 어휘들의 의미 근거가 아니라) 가능성을 존재론적으로 마련하는 일이었다.

이제 다음 장에서 플라톤으로 하여금 명제의 불가능성이라는 난경에 처하게 한 것이 무엇이었는지, 어떤 이유에서 형상들은 상호 결합하여 타자의 속성을 가질 수 없는지를 살펴볼 것이다. 그리고 이 난경을 넘어서기 위한 플라톤의 해결책을 찾아볼 것이다.

제9장

• • • • •

# 의미의 원자론과 언어의 가능성 - 형상론 Ⅱ

## 1. 의미의 원자론

### 의미 지칭론

플라톤으로 하여금 난경에 봉착하게 한 것은, 의미 지칭론과 의미
의 원자론(the semantic atomism), 그리고 존재에 대한 파르메니데스
적인 규정이다. 이제 이런 입장들의 내용과 왜 이들 입장이 플라톤
을 난경에 빠뜨리는지에 대하여 검토해 보자.

의미의 지칭론[1]에 따르면, 모든 어휘는 어떤 객관적 존재자를 지
칭함으로써 의미를 취득한다. 이런 견해를 극단적으로 밀고 갈 때,
'어떤 것(ti)', '그 자체(kath' auto)', '그(to)' 등의 지시대명사, 부정대
명사, 정관사까지도 ti-ness, auto-ness, to-ness와 같은 기괴한 존재
자들을 지칭함으로써 의미를 소유한다고 주장해야 한다. 이런 극단

---

1) Russell, 전기 Wittgenstein, Strawson, Davidson 등에 의해 지지 또는 논의되고 있는
   입장으로 가장 전통적인 의미론이다. 다음 참조 : Rosenberg, J. & Travis, C. eds.,
   *Readings in the Philosophy of Language*, Prentice-Hall, 1971.

적 주장까지 가지는 않더라도, 8장에서 지적한 범주적 어휘들, 윤리·미학적 어휘들, 논리·수학적 어휘들, 그리고 자연종 어휘들과 같이 우리가 발언하는 문장들의 근간을 이루는 어휘들은 어떤 존재자를 지칭함으로써 의미를 지닌다. 그런 피지칭체에 해당하는 것으로 있음 자체, 같음 자체, 선 자체, 정의 자체, 아름다움 자체, 원 자체, 삼각형 자체, 빨강 자체 등과 같은 형상이 존재한다는 것이[2] 플라톤의 입장이다. 의미 지칭론은 직관적 호소력을 지니고 있다. 가령 '빨강'이라는 형용사나 '이순신'과 같은 고유명사가 의미를 지니는 이유는 이들이 각각 사과나 딸기의 빨강색이나 이순신이라는 역사적 인물을 지칭하기 때문이다. 플라톤이 형상적 존재론을 제안한 이유는, 의미의 객관성과 불변성(특히 수학적·논리적 어휘들에서), 그리고 경험세계에 존재하는 속성의 편재성을 설명하기 위해서라고 생각된다.

이제 'A', 'B', 'C'를 각각 우리가 일상생활에서 사용하는 어휘들이라고 가정해 보자. 그리고 a, b, c를 각각 이 어휘들이 지칭하는 바의 존재자들, 즉 이 표현들의 의미체들이라고 생각해 보자. 이들은 플라톤이 말하는 형상이 될 것이다. 그러면 필자가 'A'라는 표현을 의미 있게 사용할 수 있는 이유는, 필자가 a을 지적으로 직관하고 있기 때문이다. 타인과 혼동 없이 의사소통할 수 있는 이유 역시 필자와 타인이 a를 공통적으로 직관하기 때문이다. 만약 의사소통이 제대로 이루어지지 않는다면, 그것은 둘 중 한 사람 또는 둘 모두가 a를 직관적으로 파악하는 데 실패했기 때문일 것이다. 이렇게 화자와 청자가 의미를 공유함은 의사소통에서 필수적인 조건인데, 이를 위해서는 이 의미체, 즉 a는 객관적인 존재여야 한다.

---

2) 『소피스테스』 참조.

## 원자적인 형상들

더 나아가 'A'는 'B' 및 'C', 그리고 다른 어휘들과 분명히 구분되는 의미를 지녀야 한다. a는 b와 c, 그리고 여타의 다른 형상들과 모든 면에서 구분되어야 할 것이다. 비유적으로 표현하면, a는 모든 면에서 무(無)로 둘러싸여 있다. 가령, "11은 소수이다"라는 명제의 의미가 명료하게 전달 이해되기 위해서는 이를 발언하는 사람이나 그를 이해하는 청취자가 '11', '소수', '이다'라는 어휘들의 의미에 대한 인식을 함께 공유하며, 이들의 의미는 판명하게 구분되어야 한다. 그들은 모두 11 자체, 소수 자체, 이다 자체라는 형상에 대한 일정한 인식을 지니고 있으며, 이들 형상은 그 모습에서 상호간 판명하게 구분되어 있다.

형상 a, b, c는 질적인 원자들로서 내적으로는 더 이상 개념적 분석의 대상이 될 수 없는 질적인 단순성과 내적인 동질성을 유지하고 있다. 나아가 시 · 공 관계의 영향을 받지 않고 존재하는 진정한 의미에서의 실체(實體), 즉 완전한 실재자들이다. 필자는 앞에서 플라톤의 형상론을 의미론적 원자론이라 규정한 바 있다. 그의 입장이 의미론적이라 할 수 있는 이유는 형상론이 명제의 의미 근거와 긴밀하게 연관되어 있기 때문이다. 그것이 원자론이라고 규정될 수 있는 이유는, 플라톤은 어휘의 의미들을 환원불가한 원자적인 존재들로 보고 있으며, 그가 의미체로 상정하는 형상들 역시 그런 원자적 특성을 지니기 때문이다. 그들은 내적인 단순성과 동질성을 지니고 있어, 타자와 결합할 수 없는 고독한 존재자들이다.[3] 플라톤의 형상은 그리스 초기의 자연철학자들이 말하는 바의 원질(原質, archē)과 그

---

3) 흄이 주장한 지각의 원자론이나 데모크리토스의 물리적 원자론이 맞다면, 관계는 인식의 습관이거나 인식의 한계에서 비롯된다.

특성에서 유사하다는 점에서 플라톤은 자연철학의 전통을 계승하고 있다.

## 파르메니데스 존재론의 극복

형상들의 특성들은 초기 그리스 자연철학자들, 그 중에서도 특히 파르메니데스가 자신의 일자(一者)에 귀속시킨 특성들을 그대로 수용한 것들이다. 플라톤의 형상 특성과 파르메니데스의 일자 특성은 완전히 같으나, 단 후자의 우주에는 단 하나의 일자만이 존재한다. 그러나 플라톤의 세계에서는 질적으로 서로 다른 무수히 많은 존재자들이 실재한다. 실재계의 이러한 질적 다양성은 현상계의 다양성과 문장의 가능성을 설명해 줄 수 있는 장점이 있다. 그러나 이 장점은 플라톤 자신이 예상한 것보다 훨씬 더 큰 대가를 치루고서야 얻어질 수 있는 것이었다.

플라톤이 파르메니데스의 일자를 세포분열시켜 존재자들의 질적인 다수성을 주장하게 된 데에는 논리적인 이유가 있다. 오직 일자만 존재하며, 이것에 관한 길은 진리의 길이요, 그 외의 것은 전혀 존재하지 않고, 존재하지 않는 것에 관한 견해는 억견(臆見)의 길이라 주장하는 유아독존적인 형이상학이 너무 엄격하다는 것이 그 이유이다. 이 입장이 타당하다면, 그것은 우리의 사유나 의미세계의 고정성이나 불변성에 탄탄한 근거를 마련해 줄 것으로 보이기는 하나, 감각적 경험의 세계는 실재성이 없는 가상으로 치부하고 미련 없이 포기해야 한다. 그리하여 존재론자들의 제1차적 과제라 할 수 있는 '현상의 구제'는 아예 문제조차 되지 않는 사이비 문제로 폐기된다. 파르메니데스가 이 과제를 문제로서 수용하고 해결하고자 한 바가 있다면, 그것은 아예 구제되어야 할 것을 제거함으로써 문제를 해소시켜 버렸다는 것이다.

파르메니데스의 존재론이 안고 있는 또 다른 문제점은 자가당착적이라는 점이다. 그가 일자의 존재만을 상정한 논리적 이유는 경험세계의 가변성이나 동태성과 대조되는, 사고와 의미세계의 불변성과 정태성, 그리고 존재와 무에 관한 엄격한 논리적 규정 때문이었다. 그의 논리에 따르면, 가변적이고 다양한 경험계에 대한 언명들은 모순 없이는 주장될 수 없다. 이런 상황은 딜레마에 봉착하게 한다. 그런 일상적 언명들을 수용하려면 모순을 감수하거나, 논리적 모순을 피하고자 한다면 일상의 언명들을 모두 부정해야 한다. 파르메니데스는 논리적 무류성이 더 중요하다고 믿었다. 그의 해결책은, 무는 없는 것이고 존재만 있는 것이라는 동어반복적 논리 법칙을 확인하는 것이었다. 그렇게 함으로써 그는 허무와 관련된 많은 문제들을 일거에 해소할 수는 있었으나, 다른 한편으로 경험계에 관한 언명들뿐 아니라, 사고와 의미의 세계를 완전히 무의미하게 만들었다. 사유란 구분의 작업이며, 의미란 다른 의미와 명확히 구분될 때에만 의미로서의 역할을 할 수 있다. 우리의 사고활동에서 사고내용들과 의미들은 변하지 않고 고정적으로, 그리고 지속적으로 존재해야 하는데, 단 하나의 사유 대상이나 의미만 존재한다면 사유란 불가능하다. 사유의 세계에는 단 하나의 존재자만 있는 것이 아니라, 여러 개의 일자들이 존재한다. 파르메니데스의 일자를 유일의 존재자로 수락하는 한, 우리의 사고는 정지되고, 파르메니데스 자신의 「진리의 길」에 대한 논변마저도 의미론적이고 존재론적인 기반을 상실한다.

### 플라톤의 새로운 문제
플라톤이 존재자의 질적 다양성과 수적 다수성을 도입한 이유는, 경험계와 의미 세계의 다양성과 다수성을 인정하고서 이들의 규정성이나 의미근거를 마련하고자 했기 때문이다. 그러나 이미 지적한 대로, 플라톤은 나름대로 이에 대한 대가를 치러야 했다. 플라톤의 실재계에는 파르메니데스의 금욕적 존재계와는 달리 다수의 형상들이 존재한다. 형상들의 다수성은 다채로운 경험계의 근거를 제공해 줄 것처럼 기대된다. 그래서 플라톤은 모순을 범하지 않고서도 경험계에 관한 언명들을 가능하게 할 수 있을 것으로 보았다. 하지만 형상들은 파르메니데스의 일자가 갖는 특성들을 그대로 지니고 있는 것들이기에, 자체적이고 자립적인 존재자들이므로, 타자와 관계함이 없이, 나아가 그럴 필요나 가능성도 없이 존재하는 것들이다. 그들은 진정한 의미에서 고독한 원자들이다. 그런데 경험적 사물들에 관한 언명, 나아가 언명들 일반이 가능하기 위해서는 이들의 근거가되는 존재자들이 상호 관계 맺을 수 있어야 하나, 자체적이고 자립적으로 존재하는 형상들은 그래야 할 이유도 가능성도 없다.

플라톤의 실재계 구성원인 형상들은 상호 동등한 실체로서, 이들은 언명을 구성하는 다양한 어휘들의 의미 근거가 되어야 한다. 명제란 이름들의 무질서한 집적이 아니라 일정한 구조를 지닌 연쇄이다. 따라서 명제가 가능하기 위해서는 명제의 구성원들인 이름들이 의미를 지녀야 할뿐 아니라, 이 의미의 근거인 형상들이 일정한 방식으로 결합할 수 있어야 한다. 명제가 이름들의 집적에 불과하다면, '7 5 + = 12'나 '소수는 다 홀수'와 같은 표현들까지도 모두 의미 있는 명제라 할 수 있을 것이다.

형상들이 상호 결합할 수 있는 가능성이 존재론적으로 근거지워질 수 없다면, 명확하고 일정한 의미를 지닌 명제들이란 발언될 수 없을 것이다. 가능한 언어체계란 원자적 이름들의 집합 정도일 것이며, 우리에게 가능한 언어행위는, 『테아이테토스』의 구절에서 플라톤이 지적하듯이, 오직 명명의 행위(naming)일뿐, 말하는 행위(saying)는 불가능할 것이다. 우리가 소유할 수 있는 책은 대화편도 논저도 아니고 심지어 사전도 아니며, 오직 어휘사전(thesaurus)뿐일 것이다.

이미 앞에서 플라톤의 형상들은 의미론적 분석의 극한에 있는 원자들로서 첫째, 각각의 고유한 성질을 소유하고, 둘째, 내적으로 단순하며, 셋째, 자립적인 존재임을 지적했다. 형상들이 명제의 구성 요소로서의 역할을 수행하기 위해서는, 이런 특성에 더하여 타자와의 결합가능성을 지녀야 한다. 플라톤의 형상들은 대화의 존재론적 근거를 마련하기 위해 도입된 것이다. 이런 의도와 달리, 형상들은 그 특성들 때문에 타자와 결합할 수 없음을[4] 플라톤 자신이 자각하게 된 것으로 보인다. 그리고 그 가능성을 봉쇄하는 요인들은 형상들의 다른 두 특성, 즉 고유성과 단순성임이 시사되었다.


## 2. 형상들의 원자성과 상호간의 관계

### 파르메니데스적 원리에 기초한 논변

이제 왜 이 두 가지 특성이 그 가능성을 봉쇄하는지 살펴보자. 첫번째 논변은 형상들의 범형(paradigm)적 성격을 그 전제로 하는 것으로, 『파르메니데스』에 시사되어 있다. 여기에서의 논의를 기초로 논변을 구성해 보면 다음과 같다. 'F'를 형상 F 자체의 이름이라 해보자.

그러면 F 자체는 경험세계의 규정성, 즉 경험적 사물들에 불완전한 양태로 존재하는 속성의 존재 근거이자 범형으로,

---

4) 필자는 이런 역설을 '원소의 역설'이라 명명하며, 이 문제를 비트겐슈타인의 대상 개념과 관련하여 논한 바 있다. 다음 참조 : 「비트겐슈타인의 대상 개념–사실존재론으로의 전환」, 분석철학회 편, 『비트겐슈타인의 이해』, 서광사, 1984.

(1) F 자체는 모든 면에서(pantōs) F이다.

(2) 즉 F 자체는 진정으로(ontōs) F이다.

(3) F 자체는 언제 어디서나 그리고 어떤 관계에서나 F이다.

(4) 그러므로 F 자체는 결코 여하한 방식으로도 F 아닌 것이 아니다.

(5) F 자체는 여하한 방식으로도 F 아닌 것이라 말해질 수 없다.

(6) 그리고 존재론적으로는, F 자체는 여하한 방식으로도 F 아닌 것, 가령 G와 관계[5] 맺을 수 없다.

(7) 더 나아가 '…와 같음', '…와 다름'도 형상들의 이름이라고 가정해 보자.

(8) 그러면 F 자체는 자신과 같다고도, 타자, 가령 G와 다르다고도 말해질 수 없다.

(9) 따라서 F 자체는 오직 명명의 대상이다.

이상의 논변에서 (2)와 (3)은 파르메니데스의 존재에 대한 견해를 그대로 수락한 것이며, 논리적으로는 동일률의 다른 표현이다. 그리고 (4)와 (5)는 동일률의 계(系)명제인 모순율의 다른 표현이다.

위의 논변에 대해 이의가 있을 수 있다. 과연 (3)으로부터 (5)가 추론되는가? F 자체가 언제 어디서나, 그리고 어떤 관계에서나 F라고 해서, 그것은 여하한 방식으로도 F 아닌 것일 수가 없는가? 혹시 어떤 방식으로는 F 아닌 것일 수 있지 않을까? 빨강이 빨강이라고 해서, 어떤 식으로도 빨강 아닌 것, 가령 빨강은 가시적인 것이라고 말할 수 없는가? 이 문제에 대한 해답을 모색하기 전에, 과연 우리는 빨강 자체에 관해 말하고 있는가, 아니면 그냥 빨강인 것들에 관해 말하고 있는가를 우선 분명히 해야 한다. 빨강이 빨강 자체라면 그

---

5) '차이'를 관계라고 말할 수 있다면, G와 다르다는 관계는 맺을 수 있다.

것은 빨강일 뿐, 다른 어떤 속성도 지닐 수 없을 것이나, 빨강인 것들을 언급하고 있는 것이라면, 그것은 가시적일 수도 연장적일 수도 있을 것으로 보인다. 그러나 자체적으로 존재하면서 다른 것, 즉 가시적이거나 연장적일 수 있는가?

이에 답하기 위해서 귀류법적인 논변을 개진하여 보자. 이제 F 자체가 여하히 하여 F 아닌 것, 가령 G일 수 있다고 가정해 보자. 즉 F 자체가 $t_2$에 G로 변해, 또는 G의 성질을 갖게 되어 "F 자체는 G이다"라고 말할 수 있게 되었다고 가정해 보자. F 자체가 그리 변할 수 있기 위해선, F 자체는 $t_1$에 (a) G의 속성을 자신의 내부에 갖고 있든지, (b) 그 속성을 가능적으로(G-potential) 갖고 있든지, (c) G가 무로부터 생성되든지 해야 한다.

이 세 가지 가능성 중에서 (c)는 불가능하다. 왜냐하면 (c)가 성립한다면, 모순율이 파괴되기 때문이다. 다음 (a) 역시 제외된다. 왜냐하면 F 자체가 G의 속성을 지니고 있다면, F 자체는 질적 단순성과 동질성을 갖출 수 없을 것이기 때문이다.

(b)는 어떠한가? 한 개별자, 가령 소크라테스는 진정으로 소크라테스이고, 오직 그만이 소크라테스라 하더라도, 소크라테스는 또한 현명하며 백인이지 않은가? 다른 예를 들면, 이 책상 위의 책은 진정으로 책이기는 하나, 이 책은 또한 사각형이고 종이로 되어 있다고 말할 수 있지 않을까? 하지만 우리의 논의 주제는 논리적 고유명사인 'F'와 이것의 지시체인 F 자체라는 점을 상기할 필요가 있다. '소크라테스'와 같은 경험적 개별자는 현명함이나 백인의 특성을 지니고 있다는 점에서 다양한 속성들의 집합이요, '소크라테스'는 이 속성들의 집합에 대한 편의적 표현에 불과하다고 볼 수 있다.[6] 그런데 이

---

6) 일상적 의미의 고유명사에 대한 이런 견해에 대해서는 다음 참조 : Searle, J., *Speech*

와는 달리 논리적 고유명사의 지시체인 F 자체가 만약 F 아닌 속성들을 소유할 가능성을 지니고 있다고 한다면, F 자체는 속성 F의 전형일 수 없으며, 진정한 의미에서(ontōs) F일 수도 없다. 그것은 그럴 경우 오직 2차적으로만 F일 수 있을 것이다. 따라서 (a), (b), (c)의 세 가능성은 모두 배제된다. 결론적으로 F 자체는 어떤 방식으로도 G일 수 없다.

"F 자체는 여하한 방식으로도 G일 수 없다"는 결론에 이르는 위의 논변은 플라톤 자신이 직접 명시적으로 개진한 것은 아니다. 위 논변의 핵심 전제는 (2), (3), (4)이다. 이 전제들은 파르메니데스가 einai(그리스어의 be동사, '있다' 또는 '이다')와 관련하여 확고히 정립한 논리학의 기본 법칙이다. (2)와 (3)은 동일률로, (4)는 모순율로 불리면서 수락되어 왔다.[7] 플라톤은 바로 이 파르메니데스의 원칙들이 자명하고 확고한 만큼, F 자체는 여하한 방식으로도 G일 수 없다는 결론도 자명하며 확고하다고 생각한 것으로 보인다.

### 일과 다의 문제

탈레스 이래 플라톤, 아리스토텔레스에 이르기까지 존재론자들을 고민에 빠뜨린 가장 심각한 문제들 가운데 하나는 일과 다의 문제이다. 즉 어떻게 일자인 것이 다일 수 있고, 다인 것이 일자일 수 있는가하는 문제이다. 보다 정확히 표현하면, 하나의 이름으로 지칭되는 것이 어떻게 하여 여러 개의 술어를 지닐 수 있으며, 여러 개의 대상들이 어떻게 하여 하나의 어휘에 의해 규정될 수 있는가 하는 것이다. 일과 다의 문제는 플라톤에서 다음의 세 문제를 포섭한다. (1) 한

---

*Acts*, Cambridge Univ. Press, 1969.
7) (2)와 (3)을 다시 표현하면, "진정으로 F인 F 자체는 F이다"가 된다.

경험적 개체가 어떻게 하여 여러 속성을 갖는가? 가령, 소크라테스는 어떻게 하여 소크라테스이면서 동시에 백인이고 현명하며 가사적(可死的)일 수 있는가의 문제. (2) 하나의 동일한 속성이 어떻게 하여 여러 경험적 개체에 귀속될 수 있는가? 가령, 현명함은 하나의 단순한 속성으로 존재하면서 어떻게 하여 플라톤, 소크라테스 등 다수 인물들의 속성일 수 있는가? (3) 마지막으로, 한 형상이 어떻게 여러 속성을 가질 수 있느냐, 또는 한 형상이 어떻게 다른 형상들과 결합하여 그것들의 속성을 갖고 그리하여 그것들의 이름으로 기술될 수 있는가하는 문제이다. 예컨대 일곱이 일곱으로 존재하면서 동시에 어떻게 하여 그것이 소수이고, 홀수이며 정수일 수 있는가의 문제이다.

(1)과 (2)의 문제는 플라톤에게 그리 심각한 도전을 안기지 않는다. 이들은 손쉽게 해결될 수 있다. 그는 이들 문제를 형상의 존재와 분유(分有)의 개념을 도입하여 해결한다. 소크라테스가 '소크라테스'라고 불리면서 어떻게 하여 여러 어휘들에 의해 기술되는가는 (1)의 문제요, '현명하다'는 형용사가 어떻게 하여 소크라테스 및 플라톤의 술어가 될 수 있느냐는 (2)의 문제이다. (3)의 문제는 현대에서 보편자에 관한 문제들 중 보편자들의 유사성(the resemblance of universals), 또는 고차적 보편자(higher-order universals)의 문제들과 같은 성질의 것이다.[8] 후기 대화편에서 플라톤을 괴롭히는 문제, 그리고 우리가 지금 다루고 있는 문제는 바로 이 세번째 문제이다.

## 의미의 불가환원성
상기 논변의 대전제 중의 하나는, 'F' 자체는 F 자체를 지칭함으

---

8) 이들 문제에 관해서는 다음 참조 : Armstrong, D. M., *A Theory of Universals*, chs. 21, 23, 24, Cambridge Univ. Press ; Price, H. H., "Universals and Resemblances", pp. 51-53, in *The Problems of Universals*, ed., by Landesman, Basic Books, 1971.

로써 의미를 갖고, 따라서 'F' 자체는 F 자체의 고유명사라는 의미 지칭론이다. 이 견해를 수정하면서, 프레게 식으로 의미와 지시체를 구분하면 어떨까? 'F'와 'G'의 두 표현은 의미에서는 상이하나, 동일한 지시체 x를 지칭한다고 하면, "F는 G이다"라는 명제를 의미 있게 발언할 수 있지 않을까? 이 경우 'F'와 'G'는 x의 두 이름이라기보다는 각각, 표현 'F'의 의미, 그리고 표현 'G'의 의미에 대한 이름이라고 해야 할 것이다.[9]

이런 전략을 취할 때 몇 가지 난점이 발생한다. 첫째, 'F', 'G'라는 표현 각각이 지니는 의미들과 지시체들 사이의 관계가 설명되어야 한다. 둘째, 'F'의 의미와 'G'의 의미 사이의 관계 역시 설명되어야 한다. 셋째, 플라톤은 형상들을 상정함으로써 의미의 근거뿐 아니라 경험세계가 지닌 규정성의 근거를 동시에 마련하려 했다. 그런데 이제 한 표현의 의미와 지시체를 구분한다면, 한 이론에 의해 두 과제를 동시에 해결하는 이론적 경제성은 포기해야 할 것이다. 지시체는 객관적인 존재자로 간주될 수 있을 것이나, 의미는 이와는 전혀 다른 존재론적 지위를 지닐 것이므로, 경험계의 규정성들의 근거가 될 수 없다. 네번째 난점은 위와 관련된 것이다. 우리가 한 표현을 의사소통의 단위로 사용할 수 있는 이유는 의미를 염두에 두고 있기 때문이며, 이 점은 프레게도 시인할 것이다. 이제 한 표현의 지시체와 의미를 구분한다면, 우리는 한 표현을 사용함에 있어, 그 표현의 지시체를 보고서가 아니라, 그것의 의미를 염두에 두고서 그 표현을 사용한다고 해야 할 것이다. 그러나 과연 지시체와 구별되는 프레게적인 의미는 한 표현의 객관적 근거가 될 수 있을까? 근거가 될 수 있다고 한다면, 지시체의 개념은 불필요한 것이 아닐까? 언어

---

9) 이런 가능성을 플라톤은 *Parm.* 132 b–c에서 고찰한다.

적 표현들은 이제 언어의 밖에 있는 객관적 존재자들과 관여함이 없이도 의미를 지닐 수 있게 된다. 그렇다면 언어는 존재와 무관한 것일까? 플라톤은 형상을 상정하면서, 우리가 한 표현을 의미 있게 사용할 수 있는 것은, 그 표현이 어떤 존재자를 지칭하고 우리가 그를 직시하기 때문이라 주장했다. 그의 이유는 의미 근거의 객관성과 언어의 존재 연관성을 확보하기 위해서였다.

의미 지칭론은 의미 원자론을 전제한다. 전기 비트겐슈타인은 논리적 고유명사의 지칭 대상이 논리적 원자라 함으로써 지칭론과 원자론과의 관계를 명확히 했다. 플라톤이 형상을 기술하는 전형적인 어휘의 하나는 'monoeides'라는 표현인데, 이 어휘는 하나라는 의미의 'mono'와 모습이라는 의미의 'eides'가 결합하여 만들어진 복합어이다. 의미체로서의 형상들은 하나의 모습을 지닌(monoeides) 인식론적이고 의미론적인 원자라는 것이다. 상기 논변에서 플라톤의 핵심적 전제 하나는 바로 의미의 원자론이다. 이 전제를 부인하고 한 언어적 표현 'F'의 의미가 복합적이어서 다른 표현들 'G와 H'에 의해 정의될 수 있다고 가정해 보자. 그러면 "F는 G이고 H이다"라고 말할 수 있지 않을까? 이 가정은 다음의 문제점들을 제기한다. 'F'가 'G+H'에 의해 정의될 수 있다면, 'F'와 'G+H'의 의미는 같다고 할 수 있고, 그러면 'F는 G+H이다'라는 문장은 실질적으로 동어반복적인 문장, 즉 전하는 내용이 없는 무의미한 문장이 될 것이다. 그러나 실제로 이 문장은 유의미하며, 따라서 'F'의 의미와 'G+H'의 의미는 다른 것으로 파악된다. 가령 일상적인 정의 문장, 예컨대 "사람은 이성적인 동물이다" 또는 "소수는 자신과 1이 아닌 다른 수로는 나눌 수 없는 정수이다"와 같은 문장에서 술부는 주부를 정의한다. 그래서 정의항이 피정의항과 의미가 같다고 할 수 있을 것인데, 그럼에도 이들 정의 문장은 동어반복에 불과한 것이 아니라, 전하는 의미 내용이 있는 문장들로 여겨진다.

이런 사실을 어떻게 설명할 수 있을까? 'F'는 논리적으로 또는 여하한 다른 측면에서 G와 H로 분석될 수 있을지 모르며, 그런 차원에서 F=G+H일지 모른다. 그러나 우리가 "F는 G+H이다"라고 정의 문장을 의미 있게 제시할 수 있는 것은 역설적이지만, 적어도 의미의 세계에서 'F'와 'G+H'는 서로 다른 것으로 파악되기 때문이다. 'F'는 'F'로서의 단일성(unity)을 지닌 것으로, 'G+H'는 'G+H'로서의 통합성을 지닌 것으로[10] 이해되고 있으며, 우리는 'F'라는 표현을 사용하면서, 이 표현을 정의하는 정의항(definiens)인 G와 H가 아니라, G와 H의 결합체와 명백히 구분되는 어떤 다른 것을 염두에 두고서 'F'의 표현을 사용하며, 나아가 이에 대한 정의를 이해하는 것이다.

플라톤으로 하여금 의미의 원자론을 견지하게 한 것은 바로 의미 세계의 이러한 사실이라 생각된다. 'F'의 의미가 G와 H로 환원될 수 있다면, 일상적 대화는 견고한 존재론적 근거를 상실하게 되어 우리의 대화는 가상 또는 2차적 세계에 관한 것일 수밖에 없게 되리라는 것이 플라톤의 우려였던 것으로 보인다. 이런 환원주의적 입장의 또 다른 난점은 G와 H가 어떻게 결합하여 F라는 단일체를 구성할 수 있겠는가 하는 플라톤 애초의 문제를 해결하지 않고 미제로 남긴다는 사실이다.

### 단순성에 기초한 두 논변

F가 G일 수 없다, F가 'G'라고 기술될 수 없다라는 결론에 이르게

---

10) 플라톤이 형상을 지적하기 위해 전형적으로 사용하는 표현 'kath' auto', 아리스토텔레스의 'hē(qua)'라는 표현들은 이런 비환원적 요소를 지적하기 위한 것이다.

하는 두번째 논변은 F 자체, 즉 형상 일반들의 단순성에 기초한다. 단순성에서의 논변은 『테아이테토스』 205c에 시사되어 있다.

(1) F 자체는 원소로서 하나의 모습을 지니고 있고(205c2, 205d5) 그 형태에 있어 단일하고(205d1), 일자이며(205e1), 부분을 지니고 있지 않다 (205c2, 205d2, 205e1).

(2) 표현 'F'는 F 자체의 이름이고 F 자체의 형태 또는 모습을 기술하거나 지칭한다.

(3) 그리고 'G'는 G 자체의 이름이고, G 자체의 형태 또는 모습을 지칭하나, F 자체를 지칭하거나 기술하지는 않는다.

(4) F 자체는 G 자체와 다르다.

(5) 'F 자체는 G이다'라고 말할 수 있기 위해서는, 'G'가 F 자체를 지칭하거나 기술할 수 있어야 한다.

(6) 따라서 'F 자체는 G이다'라고 말할 수 없다.

(7) 그러므로 'F 자체는 F이다'라는 자기 서술문(self-predication)이나 명명만이 F 자체에 관해 할 수 있는 유일의 언어행위이다.

플라톤 자신에 의해 언명되지도 시사되지도 않았지만, 단순성을 기초로 해서 다음과 같은 제3의 논변을 개진할 수 있다. 이제 단순한 형상 F 자체가 다른 형상들과 결합할 수 있다고 가정해 보자. F 자체는 모든 형상들과 결합할 수 있는 것이 아니라, 일부의 형상들과만 결합할 수 있을 것이다. 왜 그런가? 만약 모든 형상과 결합할 수 있다면, 세계는 모든 사유 가능한 사태들로 구성되어 있을 것이며, 모든 어휘 상호간의 모든 종류의 조합이 의미 있는 명제가 될 것이다. 그런 세계는 사실상 규정성이 없으며, 무질서한 세계이다. 어찌되었든 규정적 기술의 대상이 될 수 있는 세계는 유한 수의 사실들에 의해 구성되어 있는 유한 집합이며, 그 세계를 그리는 명제들의 체계 역시 유한 수의 명제들을 지닌 유한 집합이다. 세계의 모습이 일정하기 위해서는 이를 그리는 유한수의 명제들이 명확하고 일정한 규정성을 지니고 있어야 하는데, 명제들이 이런 규정성을 지니려면, 이의 존재론적 근거가 되는 형상들이 일정한 형상들과만 결합할 수 있어야 한다.

가정에 의해, F 자체는 단순한 존재이다. 따라서 F 자체는 오직 자신을 타자와 모든 면에서 구분하고 자신의 동일성을 언제 어디서나 그리고 어떤 관계에서나 지켜줄 자신의 고유한 속성만을 소유하고 있거나, 또는 그 속성 자체이다. 그러므로 F 자체로서는 가령 G와는 결합하고 H 자체와는 결합하지 못할 여하한 존재론적 근거도 갖지 못한다. F 자체가 G 자체와는 결합하나 H 자체와는 결합할 수 없기 위해서는, F 자체는 자신의 고유 속성 외에 다른 속성, F 자체로 하여금 G와만 결합할 수 있게 하는 관계 속성을 소유해야 한다. 그런데 F 자체가 지녀야 할 관계 속성은 자신의 고유 속성과 다른 존재이다. 따라서 F 자체가 타자와 결합할 수 있기 위해서는 적어도 두 개의 속성을 소유해야 한다. 그렇게 되면 F 자체는 단순한 존재일 수 없다.


## 3. 형상들의 자체성(自體性)

### 자체성과 존재독립성

이상에서 우리는 명제의 가능성, 따라서 대화 가능성의 기초를 허무는 형상들의 특성이 무엇인지를 지적했고, 그 구체적 논변을 살펴보았다. 한 논변은 어휘의 의미로서 형상의 역할, 그리고 속성의 전형으로서 형상의 성격을 전제로 한 것이며, 나머지 두 논변은 형상의 단순성에 기초한 논변들이었다. 그러면 플라톤은 형상들의 이 두 주요 특성들이 자기모순적인 귀결의 단서가 되리라는 것을 몰랐을까? 중기 대화편에서 플라톤이 형상을 특징지우기 위해 사용한 표현들 중 가장 중요한 것은 '그 자체(kath' auto)'라는 어귀이다. 그는 이 표현을 두 가지 의도에서 사용했다.

첫째, 우리가 오관을 통해서 체험하는 성질들은 일반적으로 여러 다양한 경험적 사물들의 일부로서 존재한다고 여겨진다. 가령 빨강색은 빨간 장미꽃이나 빨간 고추의 한 부분으로서, 정의라는 윤리적 성질은 정의로운 행위, 정의로운 사람, 정의로운 사회의 일부라고 믿어진다. 플라톤은 '그 자체'라는 표현을 통해, 빨강이나 정의와 같은 성질들이 여러 경험적 복합체들의 일부로 존재한다고 경험되지만, 그 성질들은 이들에 의존하여 존재하기보다는 오히려 경험적인 사물들로부터 독립적이며, 나아가 실재적인 존재라는 생각을 피력하고 있다. 경험적인 사물들이 '빨강', '정의' 등의 규정성을 지닐 수 있는 것은 바로 이 독립적인 실체들 때문이라는 것이 그의 존재론에서 핵심적인 입장이었다. 그래서 그는 이들을 당연히 그들 복합체로부터 분리시킬 수 있다고 믿었다.[11] 자체적이고 독립적으로 존재하는 빨강 자체나 정의 자체는 경험적인 사물들로부터 분리되어 존재하면서도, 후자의 일부로 존재하는 불완전한 속성들, F 속성들의 존재론적 원인(aitia) 역할을 한다는 것이다. 경험계의 모든 F인 것들이 F가 될 수 있는 것은 F 자체 때문이다.[12] 가령 정원의 장미가 지닌 빨강색의 존재론적 원인은 빨강 자체이다.

---

11) *Rep.* 525d10 참조.
12) 다음 참조 : Havelock, E., *Preface to Plato*, Harvard Univ. Press, 1982, pp. 254-258.

둘째, 경험세계의 존재자들은 항상 다른 것들과의 어떤 관계 속에서(pros ti) F이다. 이런 상관성 때문에 이들이 지니고 있는 성질들은 불완전하며 일시적이고 상대적이다. 즉 상황, 인식자, 관계항 등 외적인 요인들과 관계해서만 일정한 규정성을 갖는다. 반면 형상들은 이들과는 전혀 달리, 타자와 여하한 관계를 맺음도 없이 즉자적으로 존재함으로써(kath' auto)[13] 자신의 규정성, 자기동일성, 타자와의 차이성을 유지한다. 경험적 사물들은 항상 타자와 관계 속에서 그 규정성이 알려지지만 형상들의 모습은 직관적으로 파악된다. '그 자체'란 표현은 형상들의 이러한 독립적이고 고유한 존재양식을, 나아가 그에 대한 인식방식을 표현하고 있다.

플라톤은 객관적인 경험세계의 사물들과 구분하여 형상들을 그 자체적인 것, 즉자적인 것이라 기술함으로써, 형상들이 타자와 관계하지 않는 고독한 존재일 것을 요청한 것이다. 플라톤에서 형상들은 다른 형상들과 관계할 수 없는 것이 아니라 관계하지 말아야 하는 존재들이다. 이런 자체성이나 순수성 또는 고고한 존재방식이 그에게 실재적 존재자들, 즉 형상들이 속성의 원형이 되기 위한 필수 조건이었다.[14]

### 자체성과 관계가능성(dunamis)

형상들의 자체성과 단순성은 논리적으로 형상들 간의 관계를 불가능하게 한다. 나아가 플라톤은 형상들이 자체적인 존재로서 타자와 관계하지 말아야 한다고 요청까지 했는데, 이런 과정을 통해 플라톤이 자가당착의 난경에 처하게 된 사유는 무엇인가? 그것은 다음

---

13) 다음 참조 : *Phd.* 58c5, 78d2 ; *Sym.* 211b1.

14) kath' auto 라는 표현을 통해 플라톤이 나타내려 한 형상의 또 하나의 특색은 불가환원성이다. 즉 플라톤은 의미에 대해 비환원주의적 입장을 취하고 있다: Teloh, H., *The Development of Plato's Metaphysics*, The Penn. State Univ. Press, 1981, p.115.

과 같다. 그가 초 중기 대화편에서 대화의 가능성을 설명하려 했을 때, 대화의 실제적 최소 단위인 명제보다는 명제의 구성요소인 어휘들(onoma)에 관심을 두었다. 초중기 대화편에서 전형적으로 제기되는 질문인 "what is x?"[15]라는 형태의 질문은 어휘나 개념에 대한 플라톤의 관심을 보여주며, 형상의 존재를 논할 때에도 그가 명제와 관계해서라기보다는 어휘와 관계해서 그 관심을 표명하고 있음을 우리는 쉽게 확인할 수 있다.

명제 자체보다는 그의 요소인 개념에 대한 관심이 플라톤으로 하여금 명제의 또 다른 조건, 즉 명석 판명한 의미들이 상호 결합되어야 한다는 조건을 간과하게 했다. 그 결과 플라톤은 자신이 애당초 형상들의 존재를 상정하게 한 그 과제, 즉 명제 가능성의 근거를 마련하는 데에 어려움을 겪게 되었다. 명석판명한 의미의 담지자로서 형상들은 단순하고 자체적이며 직관적인 대상으로 존재해야 하지만 그런 특성은 다른 형상들과의 관계를 불가능하게 한다. 『파르메니데스』, 『테아이테토스』, 그리고 『소피스트』의 구절들은 이러한 아포리아를 표현하고 있다. 위 아포리아에 대한 인식은 직접적으로는 파르메니데스적 일자에 대한 변증론과 허위 명제의 가능성에 대한 탐구 및 명제적 인식의 가능성, 그리고 무의 문제에 대한 논의가 계기가 되었다.

후기 대화편에서 형상론과 관련하여 제기되는 가장 중요한 아포리아는 두 가지이다. 하나는 참여(metheksis ; participation)와 관련하여 발생하는 제3인간의 문제요,[16] 다른 하나는 우리가 논의하고 있

---

15) 이런 질문이 갖는 의의에 대해서는 다음 참조 : Robinson, R., *Plato's Earlier Dialectics*, Oxford Univ. Press, 1970.

16) 이는 『파르메니데스』에서 논의되고 있다. 다음 참조 : Vlastos, G., *Platonic Studies*, Princeton Univ. Press, 1973.

는 명제의 가능성에 관한 문제이다. 첫번째 물음에 대한 해결은 후기 대화편의 어디에서도 논의되거나 제시되지 않는다. 단지 『티마이오스』에서 참여과 관련하여 그런 문제가 있다는 점만이 잠시 언급되고 있을 뿐이다.[17] 후자의 문제는 철학적 행위나 사유활동 자체에 위협을 가하는 것인 만큼, 플라톤은 이 문제 해결에 좀더 적극적이었던 것으로 보인다. 플라톤이 이 문제를 어떻게 해결하는지 간략하게 살펴보기로 하자.

## 4. 형상의 본성(phusis)과 관계가능성

### 뒤나미스론

명제의 가능 근거에 대한 논의, 그리고 이와 관련된 위의 난문들에 대한 해결책의 모색은 『소피스트』에서 이루어진다. 플라톤은 여기에서 각각의 형상들은 고유하며 단순한 본질(phusis)에 더하여 타자와 결합할 존재론적 기반을 지니고 있는 것으로 재규정하고 있다. 그는 이 기반을 뒤나미스(dunamis, 가능성)라고 불렀다. 형상들은 퓌시스(phusis)에 더하여 뒤나미스를 지니고 있다. 형상들은 이제 자신의 고유한 본질만을 지키며 고고히 독존하는 존재가 아니라, 타자와 결합할 가능성을 내부에 지닌 관계적 존재자들이다. 이 같은 추가적 규정에 따라 형상들은 명제들을 구성하는 어휘들이 지닌 원자적 의미들의 존재론적 기반이기도 하지만 이 의미들이 상호간에 결합하여 문장을 산출할 가능성, 즉 구문의 존재론적 근거까지도 제공할 수 있다.

'사과', '삼각형', '달콤함'을 각각 플라톤의 형상이라고 해보자.

---

17) *Tim*, 50c.

이때 〈사과, 달콤함〉이나 〈사과, 삼각형〉의 두 쌍은 가능적 사태들이되, 전자는 실재하는 사실을, 후자는 실재지는 않으나 가능한 사태를 그린다. 반면 〈삼각형, 달콤함〉의 쌍은 실재하지도 않을 뿐 아니라 논리적으로도 불가능한 조합이다. 다시 말하면 "사과는 달콤하다"는 참인 문장과 "사과는 삼각형이다"라는 허위인 문장은, 진리치의 차이에도 불구하고 의미 있음에 반해, "삼각형은 달콤하다"는 표현은 무의미한 문장이다. 전자의 두 쌍이 가능적 사태이며, 이의 언어적 표현이 의미 있는 문장일 수 있는 이유는, '사과'라는 형상이 '달콤함'이라는 형상과 결합할 가능성(dunamis)을 지니고 있는 반면, '삼각형'이라는 형상은 '달콤함'이라는 형상과 결합할 가능성을 결여하고 있기 때문이다.

모든 형상이 다른 형상들과 결합하거나 결합하지 않을 능력을 소유하고 있으나, 그 결합력에서 형상들 사이에는 차이가 있다. 어떤 형상들은 모든 형상들과 결합할 능력(dunamis)을 소유하고 있는데, 이런 형상들을 플라톤은 모음(母音)에 비유하고 있다. 이들은 모든 형상과 결합할 수 있으므로, '편재적'이라 말할 수 있다. 여타의 형상들은 일정한 형상들과만 결합할 수 있으며, 이런 형상들을 플라톤은 자음(子音)에 비유한다. 이들은 결합력에서 제한적이므로 비편재적이다.[18] 전자의 형상들의 대표적인 예들은 '있음' 또는 '임'의 형상(Being-ness),[19] '같음'의 형상(Same-ness), '아님'이나 '다름'의 형상

---

18) *Sph.* 252e-253a ; 253b-c.

19) 이미 지적한 바와 같이, 그리스어의 einai는 '있다'와 '이다'의 두 가지 의미를 지니고 있다. 플라톤이 특히 『소피스트』에서 이 동사를 어떤 뜻으로 사용했는가는 학자들의 끝없는 논란의 대상이다. 이 논쟁에 관해서는 다음 참조 : Acrill, J. L., "Plato and Copula; Sophist 251-9", pp.207-218 in Allen, R. E., *Studies in Plato's Metaphysics*, London, 1968 ; Owen, G. E. L., "Plato on Not-Being", pp.223-267 in Vlastos ed., 위의 책.

(Other-ness ; Not-Beingness)이다. '있음' 또는 '임'의 형상은 자신을 포함한 모든 형상들과 결합하여 그들에게 실재성과 실체성(주어가 될 가능성)을 부여한다. '같음'의 형상 역시 자신을 포함한 모든 형상들과 결합하여 그들에게 자기동일성을 부여한다. '아님' 또는 '다름'의 형상 역시 자신을 포함한 모든 형상과 결합하며, 이들에게 타자와의 명확한 한계를 부여하여 판명한 의미의 존재론적 근거가 되게 한다.[20]

한 형상이 다른 형상과 결합할 가능성을 지녔는지의 여부는 어떻게 알 수 있는가? 이에 대한 플라톤의 해답이 철학적 변증론(diale-ktikē)으로, 후기 플라톤의 철학적 작업은 이런 변증론의 작업으로서,[21] 그는 형상과 형상들, 개념과 개념들 사이의 관계를 밝히는 것이 철학자들의 과제라고 보았다.[22] 선험적이기는 하나 아직은 희미한 상기에 의한 기억은, 철학적 변증론이 올바른 방향으로 진행하고 있는지에 대한 기준 역할을 한다. 이 기억을 준거로 변증론의 참여자들은 그들의 작업이 진리에 다가가고 있는지를 상호 확인하는 것이다. 이런 철학적 작업을 진행하면서 진리나 진상에 대한 어떤 이해를 획득하게 되는 것이나, 이는 과정에서의 중도적 이해이므로, 무수히 많은 시행착오를 범할 수 있으며, 이를 다시 변증론을 통해 교정하면서 점차 진상으로 다가가게 된다.

플라톤이 퓌시스에 더하여 뒤나미스 개념을 도입하여 로고스의 가능성을 근거지웠다는 견해를 지지할 만한 충분한 전거가 있는가?

---

20) 다름이 자신에, 그리고 같음이 자신에 참여한다는 주장은 다음 참조 : *Sph.*, 255e, 256a–b.
21) *Sph.* 253c–258c.
22) 이 과제에 대한 라일의 흥미 있는 견해는 다음 참조 : Ryle, G., "Plato's Parmenides", pp. 97–148 in Allen ed., 위의 책.

우선 그는 존재자의 성격에 대해 논의하면서 존재를 명시적으로 가능성 또는 능력의 개념에 의거하여 규정한다.

나는 다음과 같이 제안한다 : 그 어떤 종류의 것이건 가능성이나 능력 (dunamis)을, 즉 단 한번이라도 다른 것에 어떤 변화를 가할 수 있거나, 또는 아주 사소한 것에 의해서 최소한의 변화라도 겪을 수 있는 그런 가능성이나 능력을 지닌 모든 것을, 진정으로 존재하는(ontōs einai)것이라고 제안한다. 나는 존재란 가능성 또는 능력 외에 아무 것도 아니라는 명제를 존재에 대한 정의로 제시한다(247d8−e4).

우리는 행위하고 변화를 겪을 수 있는 힘(hē tou paschein ē dran dunamis)의 존재를 존재자들에 대한 충분한 정의라고 제시했다(248c5).

존재자는 더 이상 혼자서 자체적으로 홀로 존재하는 것이라기보다는 타자와 어떤 관계나 영향력을 주고받는 가능성이나 능력을 지닌 존재이다. 그것은 다른 것에 영향력을 발휘할 수 있는 능동적인 존재일뿐 아니라 다른 것들의 영향력이나 변화를 수용할 수 있는 수동적인 존재라는 것이 존재에 대한 플라톤의 새로운 규정이다. 이는 중기의 존재관과 비교할 때 가히 혁신적이라 할 수 있는 변모이다. 중기의 형상들은 그 자체로서 타자와 무관하게 존재하는, 그럼으로써 자기동일성을 확보하는 그런 고고한 존재였다. 경험계의 물상들이 타자와 관계하면서 영향력을 주고받는 존재인 반면, 형상들은 자체적 · 자족적으로 존재하는 단순체였다. 이들에 대해서는 그러므로 명명만 가능하고 문장은 언명될 수 없다. 이들에 관해 합법적인 유일한 문장은 "삼각형의 형상은 완전한 삼각형이다", "아름다움 자체는 아름답다"는 등의 자기 서술적인 문장뿐이었다. 이들은 그러나 동어 반복적이므로 존재에 관해 제공하는 내용이 없다.

존재에 대한 새로운 규정을 기초로 형상들 간 관계 가능성의 근거를 마련할 수 있게 되었다. 이런 관계는 형상들이 자신의 본성에 더하여 타자와 관계할 수 있는, 즉 영향을 주고받을 수 있는 가능성을 지니고 있기 때문이다. 존재자들이 이렇게 관계하고 있으므로 이를 기술하는 문장들, 예컨대 "삼각형은 도형이다"나 "정의는 영혼의 덕목 중 하나이다" 또는 "소수는 홀수이다" 등과 같이 존재에 관해 정보를 제공하는 문장들이 있을 수 있다. 이들이 정당한 문장이라는 사실은 학문의 가능성을 정초한다. 학문이나 변증법은 존재자들의 본성과 이들 간의 관계 가능성, 또는 관계 능력을 탐구하는 활동이다.

### 모음 형상론

필자의 뒤나미스론에 대비하여 최근의 여러 학자들은 플라톤이 후기에 가서 형상들을 두 종류, 즉 모음 형상들과 자음 형상들로 구분했다는 모음 형상론(the Vowel-Form interpretation)을 주장한다.[23] 전자는 명제에서 구문의 역할을, 후자는 어휘의 역할을 하며, 이렇게 형상들의 기능을 분담시킴으로써 플라톤은 명제의 존재론적 근거를 마련했다는 것이 그들 주장의 요지이다. 이들 해석에 따르면, 플라톤의 후기 존재론은 매우 현대적인 구조를 지니고 있다는 것인데, 그런 만큼 그들 해석은 역투사의 오류를 범할 가능성이 크다.

모음 형상론은 필자의 가능성론(the Dunamis interpretation)보다 지지 전거에서 훨씬 불리한 위치에 있다. 양자 모두 전거적 지원을 받

---

23) 이를 주장하는 학자들은 다음과 같다 : Owen, Moravscik, Ryle, Crombie, Runciman, Gomez-Lobo. 이들 학자의 입장에 대한 비판적 논의는 필자의 다음 논문 참조 : Nam, Kyung-Hee, "Logos, Knowledge, and Forms in Plato's Theaetetus and Sophist," the Texas Univ. Press, 1982.

을 수 있으나, 플라톤은 원전의 많은 곳에서 자음과 모음의 구분보다는 형상의 가능성 개념을 논의했다. 플라톤이 형상들의 결합가능성과 관계하여 뒤나미스 개념을 논의 또는 언급하고 있는 『소피스테스』의 구절들은 다음과 같다: 248b5 ; 251d7 ; 251d9 ; 251e8 ; 254c5. 다음도 참조할 수 있다 : 249c3, 252c2, 261d6-7.[24]

뿐만 아니라 모음 형상론자들이 모음 형상의 예로서 제시하는 '같음'의 형상, '있음'의 형상, '다름'의 형상들은 모든 형상들 사이에 편재하기는 하나, 실상 구문의 역할을 하기보다는 어휘의 역할을 수행한다. 그리고 모든 명제가 명제로서 성립하기 위해서 항상 모음 형상의 존재를 필요로 하는 것도 아니다. 가령 "영혼은 역동적이다", "빛은 빨리 움직인다"와 같은 문장들에 대응하는 사태들에는 '같음', '있음', '다름' 등의 형상들이 관여되어 있지 않다.

더 중요한 문제점은 플라톤이 모음 형상의 존재를 상정하여 형상들이 관계 맺을 수 있는 가능성을 해결하려 한다면, 그는 무한후퇴의 오류에 빠지고 만다는 것이다. 자음 형상들이 관계 맺기 위해서 모음 형상들이 필요하다면, 모음 형상과 자음 형상이 결합하기 위해서도 또 다른 종류의 모음 형상의 존재가 요청되며, 이런 요청은 논리적으로 무한히 계속될 수 있을 것이다.

---

24) 플라톤에서 뒤나미스 개념에 대한 연구는 다음 참조 : Souilhe, J., *Etude sur le terme dunamis dans les dialogues de Platon*, Paris, 1919.

## 5. 현상계의 구제

### 파르메니데스와 플라톤

이제 플라톤의 아포리아와 이에 대한 그의 해결이 함의하는 철학 사적 의의를 간략히 살펴보고 이 장을 마감하기로 하자. 탈레스 이후 존재론자들의 첫번째 과제는 현상계의 구제였다. 우리가 일상적으로 접하는 현상계 또는 경험계는 다양하고 복잡하며 무질서한 모습을 지니고 있다. 존재론자들의 과제는 이런 세계를 단일하고 단순하며 정연한 법칙에 의해 설명하는 일이었다. 이러한 과제의 수행을 위해 그들은 근원자(archē)를 찾았다. 그런데 현상계 구제의 노력은 파르메니데스의 엘레아학파에 의해 심각한 도전을 받는다. 파르메니데스는 "있는 것은 있고 없는 것은 없다"는, 수락하지 않을 수 없는 당연한 명제의 진리를 자연철학자들에게 확인시키면서, 이 대 원칙을 위배하지 않고서는 현상계 구제의 작업을 시도할 수 없다고 선언한다. 그에 따르면, 일자(一者)는 일자이고, 다(多)는 다이며, 단순한 것은 단순한 것이고, 복잡한 것은 복잡한 것이라는 것이다. 그리고 운동은 운동이고, 정지는 정지이다. 따라서 후자의 그룹을 전자의 그룹으로 환원시키고자 하는 시도는 애초부터 성공할 수 없다는 것이다. 그는 철저한 비환원주의자이다. 이처럼 동어반복적인 대 원칙의 진리성은 자명하므로 수용하지 않을 수 없다. 그러므로 이 원칙을 고수하고자 한다면, 현상계를 비실재적인 것, 없는 것으로 간주하고 무시해야 한다고 우리에게 충고한다. 즉 구제해야 할 현상은 존재하지 않는다는 주장이다.

제논의 논리적 역설은 파르메니데스의 권위적 선언을 좀더 정치한 논리로 우리에게 설득한다. 논리의 세계와 경험의 세계는 결코 화해할 수 없다. 화살은 날고 있는 것으로 보이나, 그런 사태는 감각적으로 경험되는 것일 뿐, 논리적으로는 입증될 수 없다. 논리적으로 볼 때 화살은 날 수 없다. 화살은 날고 있는 것으로 보이나 실재는 날고 있는 것이 아니다. 따라서 감각적 경험의 사실을 실재의 사실로 받아들여 화살이 왜 나는지를 설명하려는 시도는 없는 문제를 만들어 해결하려는 불필요한 노력이다. 존재론자들의 과제는 그런 헛된 시도를 하는 것이 아니라, 논리가 설파하는 진리에 주목하여 화살이 날지 않는다는 실재의 사실을 받아들이는 것이다. 눈을 믿느냐 논리를 믿느냐에 따라 일상인과 철학자 간의 구분이 생기는 것이다.

플라톤은 이와 같은 극단적 논리주의를 적어도 그대로는 수용할 수 없었다. 그런 점에서 플라톤은 권위주의적인 철학적 대부 파르메니데스보다 인간적이었으며, 인간의 대지에 발을 붙이고 서 있었다. 그는 과감히 부친 살해를 감행하여 파르메니데스가 존재하지 않는다고 단언한 무(無)를 일종의 존재로 실재계에 수용함으로써 철학적 금기 제1호를 깨는 과감함을 보였다.[25] 나아가 그는 일자만이 유아독존적으로 거하고 있는 신성한 실재계의 인구 수를 대폭 증가시켰으며, 심지어 하찮은 것들에도 이 실재계 시민의 자격을 부여했다.

실재계에 다수의 원자적 형상들이 존재한다고 본 플라톤의 첫번째 이유는, 경험계와 의미세계의 다양성과 복잡성을 설명하기 위해서였다. 따라서 원자적 형상들이 상호 결합하여 명제를 근거 지울 수 없다면, 그 존재 의의를 상실하게 된다. 플라톤은 이 같은 난경에 봉착하여 자신의 주요 입장을 수정하게 된 것이다.

### 원소의 역설과 그 해법

다양하고 복잡한 현상계를 구제하려는 존재론적 작업의 첫번째

---

25) 무(無)도 일종의 존재라는 논변은 *Sph.*, 259d 에서 끝막음된다.

단계는 주어진 소여의 세계를 분석하는 일이다. 분석은 경험적, 논리적, 의미론적, 심리적 등의 여러 방식을 취할 수 있으나, 이 다양한 분석의 목표는 기본적으로 몇 개의 아르케(archē), 원리들, 단순한 몇 종류의 존재자들로 환원하는 것이며, 따라서 많은 경우 일정한 형태의 원자론에 귀결하게 된다. 그런데 문제는 복잡 다양한 경험계의 소여를 원자들에로 분석, 환원하게 되면, 두번째 단계로 이들 원자를 다시 결합시켜야 하는데, 이 결합의 존재론적 근거를 마련하기가 쉽지 않다는 점이다.

이 난관에 대처하는 존재론자들의 방식은 여러 가지이다. 데모크리토스(Democritus)는 경험계란 불완전한 인간 인식 능력의 소산이며, 실재계는 원자들의 이합집산에 불과하다고 논했다. 흄(Hume)은 현상계의 규칙성, 질서, 복합적 관계 등은 우리의 습관적 타성의 결과라고 주장함으로써 회의주의를 택했다. 칸트에서 우리 감각에 주어진 소여는 단지 다양하고 다수인 지각상들에 불과하며, 실재의 진정한 모습은 우리 인식의 한계 저편에 있다. 그럼에도 인간이 경험적 지식의 체계를 소유할 수 있음은 우리가 그 지각들에 주관의 선험적 질서를 부여하기 때문이라 논하며, 칸트는 흄의 회의주의를 극복하려 했다. 브래들리(Bradley)는 관계가 허상이라고 주장했으나, 비트겐슈타인은 이를 비판하며 관계는 대상들의 논리적 형식(logical form) 또는 내적 속성에 의해 그 존재론적 근거를 지닌다고 논했다.[26]

플라톤의 뒤나미스 개념은 비트겐슈타인의 논리적 형식과 동일한 역할을 한다. 논리적 사고의 세계와 경험적 행위의 세계 사이에 놓여 깊은 심연을 가로지르는 교량이 건설되어야 한다. 그러기 위해서

---

26) 다음 참조 : 비트겐슈타인, 『논리철학논고』 ; 필자, 「비트겐슈타인의 대상 개념−사실 존재론에로의 전환」, 분석철학회 편, 『비트겐슈타인의 이해』, 서광사, 1984.

논리적 세계의 원자들이 우선 일정한 방식으로, 뒤나미스에 의해서건, 사랑과 미움에 의해서건, 주관의 선험적 형식에 의해서건, 또는 논리적 형식에 의해서건 상호 관계를 맺어야 한다. 파르메니데스가 우리에게 설파한 바와 달리, A는 A이고 A 아닌 것이 아니라, A는 A이면서 동시에 A가 아닌 것일 수도 있어야 한다. 그가 충고한 대로 논리의 명령을 따르면서 현상계를 포기할 것이 아니라, 오히려 현상계의 구제를 위해 논리의 세계를 부분적으로 희생해야 한다는 것이 플라톤 후기 대화편의 가르침이다.

# 제10장

• • • • •

# 보편자 문제

## 1. 의미, 속성, 그리고 보편자

### 술어와 보편자의 존재

서양철학사에서 가장 중심적인 문제들 가운데 하나는 보편자(普遍者, universals)의 존재에 관한 것이다. 보편자는 플라톤의 형상 개념에 의해 주제화된 이래 존재론, 인식론, 의미론, 윤리학 등에서 '의미', '속성', '본질', '논리적 고유명사', 가치, 정언 명령 등의 다양한 어휘로 규정되면서 철학적 논란의 중심축을 이루어 왔다. 보편자의 문제란 무엇인가? 이는 보편자란 존재하느냐는 것으로 존재론 또는 형이상학의 핵심 문제들 가운데 하나이다. 존재론의 중심적 관심사는 무엇이 존재하느냐이므로 보편자의 물음은 보편자가 존재자의 일부냐, 전부냐, 아니면 일부마저도 아니냐에 답하는 과제라고 할 수 있다. 보편자에 대한 논의는 존재론의 역사와 동시적이라 말할 수 있으나, 보편자의 개념이 주제화되어 문제 대상이 된 것은 플라톤에 의해서이다. 플라톤은 보편자가 존재함을 본격적으로 주장하면서, 이를 '형상(形相, idea, eidos)'이라는 이름으로 불렀다. 플라톤의 이데아론 또는 형상론은 바로 무엇이 존재하느냐, 그리고 보편자는 존재하느냐의 물음에 대한 최초의 본격적인 해답이다.[1]

우리 주위에 있는 바, 이것, 저것으로 지칭할 수 있는 것들을 특수자들(particulars)이라 한다. 이순신, 정몽주, 이철수 등 구체적으로 실재하는 개인들, 그리고 이 책상 위의 수첩, 볼펜, 저기 구르는 돌들, 화병 안의 꽃들, 우리 주위의 이런 것들이 특수자들이다. 그런데 이들은 서로 다름에도 불구하고 우리는 이들을 하나의 형용사나 술어로 기술하면서, 그들이 단지 하나의 동일한 언어적 표현을 술어로 함에 그치는 것이 아니라, 어떤 공통의 속성이나 성질까지 공유한다고 동일시한다. 우리는 이순신, 링컨, 안중근을 '사람' 또는 '의로운 자'라고 기술하는데, 이들이 이 같은 하나의 동일한 술어로 기술(記述)될 수 있는 이유는, 이들이 상호 구분되는 특수자임에도 불구하고 사람으로서의 특성이나 의로움이라는 도덕적 성질을 공유하기 때문이라고 우리는 믿는다.

존재론적으로 이런 성질을 '속성(屬性, property)'이라 하며, 이는 의미론적으로는 '사람'이라는 보통명사나 '의롭다'는 형용사의 의미 기반이 된다. 이들의 특성은 항상 자기동일성을 유지하고 있으면서 서로 다른 특수적 개별자들에 반복적으로 출현한다. 안중근과 이순신은 서로 다른 시간과 공간을 산 개인들이지만, 사람의 속성, 의로움의 속성은 이들의 시공적 차이를 넘어서서 이들에게 반복적으로 나타난다. 그리고 우리가 이들을 '사람'이니 '의로운 자'라는 등의 어휘로 기술할 때, 이런 기술에서 사용되는 명사와 형용사는 서로 다른 시간과 공간에서 사용되었음에도 불구하고 그 의미는 동일하

---

1) Platon의 대화편들, 특히 *Phaedon, Parmenides, Republic, Sophist.*

다. 시공적 차이에도 불구하고 동일성을 지니면서 반복적으로 등장하거나 사용될 수 있는 이런 속성이나 의미와 같은 존재를 보편자라고 부른다.[2]

보편자와 관련된 철학적 문제는 두 가지인데, 첫번째는 하나의 동일한 것이 어떻게 서로 다른 것들에 출현할 수 있는가 하는 일(一)과 다(多)의 문제이며, 두번째는 과연 그런 보편자가 존재하는가의 문제이다. 이 장에서는 후자의 문제를 논의해 나가겠다.

### 보편자의 거처

과연 보편자는 존재하는가? 우리의 대상 기술 행위, 언어활동, 학문적 인식의 활동, 나아가 윤리적 실천까지도 보편자의 존재를 가정한다. 이런 것들이 있어야 언어활동이나 학문 탐구가 의미를 지닐 수 있다. 플라톤은 우리의 일상 언어활동이나 학문적 인식, 그리고 윤리적 삶이 의미 있다고 보았으며, 이런 활동과 삶의 근거로서 형상과 같은 보편자가 존재한다고 논했다. 그런데 보편자가 존재한다면, 과연 이들은 어디에 존재하는가? 상식적으로 사람됨이나 의로움이라는 보편자는 이순신이나 안중근과 같은 개인들의 속성으로서, 즉 그들의 일부로서 존재한다고 생각된다. 보편자들은 경험적으로 이 사람, 저 사람이라고 지칭할 수 있는 특수자들의 일부로서 존재한다는 것이다. 그런데 이 같은 상식은 곧 문제에 봉착한다. 이런 상식이 맞는다면, 사람이라는 보편자는 하나가 아니라 수없이 많이, 실로 이 지구상에 살아가는 사람들의 수만큼 존재할 것이다. 그러나 서로 다른 곳에 거하는 그런 것들은 공간적으로 분리되어 있으므로

---

2) Armstrong, D. M., *Universals and Scientific Realism*, Cambridge, Univ, Press, 1978 ; W. Kneale & M. Kneale, *The Development of Logic*, Clarendon Press, 1962.

하나의 동일한 것이라고 말할 수 없다.

이순신 장군 속에 있는 사람의 속성($H_1$)과 안중근 의사가 지닌 사람의 속성($H_2$)은 같은가? 다른가? 양자 모두 사람됨 또는 인간성이니 당연히 동일한 것이다. 양자 속의 두 의로움($J_1$, $J_2$) 역시 당연히 동일해야 한다. 그렇다면 하나의 동일한 것이 두 곳에, 실로 무수히 많은 다른 장소에 존재할 수 있는가? 서로 다른 두 곳에 존재하는 $H_1$과 $H_2$, $J_1$과 $J_2$는 상호 구분되는 한, 서로 다른 것이라고 해야 하지 않을까? $H_1$과 $H_2$는 같거나 다르거나이다. 전자라면 논리적 문제에 봉착하고, 후자라면 보편자가 특수자의 수만큼 많아야 하는 불합리하고 비경제적일 뿐 아니라 비논리적인 사태에 처하게 된다.

또 다른 문제가 있다. 보편자가 특수자 속에, 그것의 일부로서 존재한다고 해보자. 특수자는 시공적 존재이므로 언젠가는 소멸한다. 안중근 의사는 형장의 이슬로 사라졌다. 그러면 그의 죽음과 함께 의로움도 사라진 것일까? 이 세상에는 더 이상 의로움이 존재하지 않는가? 몇 년 후에 윤봉길 의사가 태어났다. 그의 인품 속에 있는 의로움은 어디에서 생겨난 것일까? 더 이상 의로움이 존재하지 않는 이 한반도를 가엾이 여긴 신(神)이 의로움을 하나 더 창조하여 한국인에게 선사한 것일까?

보편자가 경험계 내의 특수자 속에 존재한다고 할 때, 이 같은 어려운 문제들이 발생한다. 이 어려움을 어떻게 극복 또는 해소할 것인가? 한 방안은, 상식의 존재론을 부분적으로 부인하고 보편자의 주거지를 경험계 저편의 초월적 세계에 위치시키는 것이다. 이것이 플라톤이 취한 선택이다. 보편자들의 거처를 특수자들의 다수성(多數性)과 생성소멸에 영향받지 않는 난공불락의 안전한 세계에 마련함으로써, 플라톤은 대화와 학문적 인식의 가능 근거, 의로움과 아름다움의 영원한 원천을 확보했다. 그러나 경험 가능한 세계의 저편, 우주의 저편에 사람 자체, 정의 자체, 삼각형 자체 등 보편자들의 거주지가 존재한다는 주장을 받아들이기란 그리 쉬운 일이 아니다. 그것은 광속(光速)의 로켓을 타고 무한히 달려도 다다를 수 없는 세계이다.

형이상학적 부담 때문에 초월적 세계의 존재를 수락하지 않을 때, 취할 수 있는 또 다른 방도는 무엇일까? 그것은 보편자의 존재를 부정하는 것이다. 특수자들 간에는 그들이 동일한 명사나 형용사에 의해 기술된다는 사실 외에는 공통적인 것이 없다. 이순신, 안중근, 링컨이 사람이요 의로운 자라 불리는 것은 확실하나, 그 이유는 그들이 어떤 공통의 보편적인 속성을 지녀서가 아니라, 우연히 그렇게 불리게 되었을 뿐이라고 간주하는 것이다. 이런 입장을 명목론(名目論) 또는 유명론(唯名論, Nominalism)이라 하는데, 이런 입장을 취할 때, 특수자들에 대한 언어적 기술의 존재론적 근거나 의미론적 근거를 마련하기가 쉽지 않다. 이 방안은 우리의 형이상학적 부담을 덜어주기는 하나, 특수자들에 관해 의미 있는 기술과 논의를 할 수 있다는 상식을 부인해야 하는 어려움에 봉착하게 한다.

보편자의 존재를 인정하게 되면, 초월적 세계를 진정한 실재계(實在界)의 하나로, 아니 경험세계보다 더 실재적인 존재로 수락해야 하는 형이상학적 부담을 안게 된다. 이런 부담을 피하기 위해 보편자의 존재 자체를 부정하면, 역시 대화와 학문탐구와 정의와 아름다움과 자유와 평등과 무한적 진리 등, 우리가 귀하게 여기는 이념과 가치들이 우리 삶의 세계에서 자리잡지 못하는 비관적 상황을 감수해야 한다. 그리하여 우리 삶의 세계는 말하자면, 특수자들의 수렁과 같을 것이다.

## 2. 신앙과 보편자

### 보편자 논쟁

보편자 물음은 플라톤에 의해 제기되어 아리스토텔레스를[3] 거쳐 중세 철학자들에 의해 열띤 논쟁의 대상이 되었다. 신플라톤학파의 거두인 플로티누스(Plotius)의 제자 포르피리우스(Porphyrius, 232-304)는 자신의 저서에서[4] 다시 보편자 문제를 정식으로 제기했다. 그 뒤를 이어 중세 철학자 보에티우스(Boethius, 480-524)는 포르피리우스의 저서를 라틴어로 번역하면서 보편자 문제를 중세의 철학계와 신학계에 소개했다.[5] 그 이후 11세기의 철학자 아벨라르(P. Abelard, 1079-1142)가 윌리엄(William of Champeaux)과 논쟁을 벌이면서 보편자 문제는 중세 철학계의 가장 열띤 논쟁거리 가운데 하나가 되었다.[6] 전자는 보편자가 존재한다는 입장, 즉 실재론을 견지했고, 후자는 보편자는 오직 이름뿐, 존재하는 것은 이름이나 소리뿐이라는 유명론을 주장했다.

이들의 논의는 근대에도 계속된다. 근대에 이르러 홉스, 로크, 흄, 버클리, 데카르트, 칸트 등은 경험론 또는 관념론을 제안했는데, 이들은 입장은 실재론과 유명론의 변형으로 이해할 수 있다.[7] 현대에 와서 보편자는 프레게, 러셀, 비트겐슈타인, 콰인, 굿맨, 크립키, 암

---

3) Aristotles, *Metaphysics* ; *Categores*.

4) Porphyrius, 「아리스토텔레스 범주론 입문」(*Isagoge to Aristoteles' Categories*).

5) Boethius, *Commentaries on Porphyrius' Isagoge*.

6) Abelard, "Glosses on *Porphyrius, Logica Ingredientibus*"; "Glosses on *Aristotles's De Interpretation*" M. M. Tweedale, "Abelard and the Culmination of the Old Logic", 아래의 Kretzmann 등 편저 소재.

7) Hobbes, *Leviathan*; Locke, *Essay Concerning Human Understanding* ; Berkeley, *The Principles of Human Knowledge*.

스트롱 등의 학자들에 의해 중요한 존재론적 논쟁의 대상이 되어오고 있다.[8]

## 보편자의 존재와 기독교 신앙

우리는 위에서 보편자의 존재 여부가 대화의 가능성, 학적 탐구, 윤리적 실천과 관련하여 핵심적인 중요성을 지녔다고 지적했다. 중세 철학자들에게 보편자 문제는 도대체 어떤 실질적·실천적 의의를 지녔기에, 그들로 하여금 실재론과 유명론이라는 두 진영으로 나뉘어 치열한 논쟁을 벌이게 했는가? 그 이유는 대략 세 가지로, 신(神)의 존재 문제, 보편 교회(普遍敎會, The Universal Church)의 실재성, 원죄(原罪)의 교리 등과 관계된 것이다.[9]

첫째, 신은 언제 어디서나 누구에게라도 자신의 모습을 나타낼 수 있기에 의미나 속성, 가령 사람이나 의로움의 속성보다 훨씬 보편적인 존재이다. 이 세계가 신의 품안에 있다 할 수 있음은 신의 보편성 때문이다. 신은 본성상 보편성 그 자체라고까지 말할 수 있다. 이제 보편성의 정도가 좀더 약한, 개념이나 의미나 속성과 같은 하위(下位)적인 보편자들의 존재를 부정할 때, 최상위의 보편자라 할 수 있

---

8) Frege, *Translations from the Philosophical Writings of G. Frege*, eds., by P. Geach & M. Black, Oxford, 1960 ; Russell, *Logic and Knowledge*, ed., by R. C. Marsh, London, 1956 ; Wittgenstein, *Tractatus Logico-Philosophicus* ; *Philosophische Untersuchungen* ; Quine, *From a Logical Point of View*, Harvard Univ. Press, 1961 ; Kripke, *Naming and Necessity*, Harvard Univ. Press, 1980 ; *Wittgenstein on Rules and Private Language*, Blackwell, 1982.

9) Weinberg, J., *A Short History of Medieval Philosophy*, Princeton Univ. Press, 1964 ; Armstrong, A. H., *The Cambridge History of Later Greek and Medieval Philosophy*, Cambridge Univ. Press, 1961 ; N. Kretzmann, A. Kenny and J. Pinborg, eds., *The Cambridge History of Later Medieval Philosophy*, Cambridge Univ. Press, 1982 ; Adams M. M., "Universals in the Early 14th Century", 위의 Kretzmann 등 편저 소재.

는 신의 존재는 더욱 인정하기 어려울 것이다. 그러므로 보편자의 실재성을 의심함은 곧 기독교 신앙의 궁극적인 근거인 신의 존재를 의심하는 것이 된다. 보편자들 그것이 신의 마음의 일부로서 존재하며, 보편자가 존재하는 초월적 세계, 그것은 신의 마음이라 할 수 있다. 따라서 일상의 형용사나 명사의 의미에서부터 의로움과 정의 등과 같은 도덕적 규범이나 가치들은 신의 마음속에 존재하는 존재자들이다.

둘째, 이 지상에는 수많은 교회들이 존재한다. 이들 교회의 구성원들은 언어, 문화, 종족, 지역, 시대 등이 서로 다르다. 구체적 교회들은 부정(不淨)할 수 있으며, 신도들은 불경할 수 있다. 그러나 진정한 의미의 교회란 신의 나라(The City of God ; Civitas Dei)로 가는 순례자 집단이며, 지상의 국가와 신의 나라를 매개하는 존재이다. 지상의 국가는 오직 교회의 권위에 종속함으로써 신국(神國)의 일부가 될 수 있다고 중세 신학자들은 믿었다. 교회의 역할이 이러 할진대, 지상의 개별적 교회는 교회의 진정한 모습일 수 없고, 그들은 오직 보편 교회(普遍 敎會, The Universal Church)의 현상적 외현일 뿐이다. 보편 교회는 실재함으로써 진정 믿음의 행위를 순례이게 하며, 모든 순결성의 원천을 제공한다.

셋째, 기독교 교리에 따르면, 아담과 이브는 원죄(原罪)를 범했고 그 죄는 마치 정신적 유전병처럼 모든 인간에게 유전된다. 그런데 아담과 이브가 특수자적인 인간이라면, 그가 나의 생물학적 조상이 아닐진대, 그의 죄가 어떻게 나에게, 그리고 모든 인류에게 유전될 수 있겠는가? 설사 아담과 이브가 단군의 할아버지의 할아버지이며, 따라서 나의 조상이 될 수 있다고 가정하더라도, 죄란 생물학적 유전병이 아니라 도덕적 질병인데 어떻게 유전될 수 있다는 것인가? 중세 신학자들은 실재론의 입장에 설 때, 이 물음에 대한 해답을 얻을 수 있다고 보았다. 아담은 특수자적인 인간이 아니라 보편적인 인간, 인간의 보편자이다. 그리고 우리 특수자적 존재는 그 보편자적 인간과 관계를 맺음으로 인해 인간이 되며, 더불어 유감스럽게도 그 보편적 인간의 도덕적 특성인 원죄도 동시에 분유받게 된다는 것이다.

이와 같이 중세 철학자들에게 보편자의 존재 여부는 단지 이론적이고 형이상학적인 중요성뿐 아니라 신앙의 문제, 교회의 권위, 인간의 도덕성 근거와 같은 실질적이고 구체적인 함축을 갖는 문제였다. 위의 여러 논거들은 주로 실재론자들이 보편자의 실재를 주장하기 위해서, 그리고 이를 통해 기독교 신앙과 교회의 존재론적 근거를 마련하기 위해 제시한 것들이다. 그러면 유명론자들, 특히 중세의 유명론자들은 무신론자들이었는가? 꼭 그렇지만은 않다. 그들은 신의 존재를, 보편자의 존재를 매개로 해서가 아니라, 다른 경로로 입증할 수 있다고 보았다. 이 문제는 본서의 주제가 아니니 논외로 하고 다시 보편자 존재의 문제로 돌아가자.

## 3. 경험 가능성

### 경험 가능한 것들

과연 보편자는 존재하는가? 아니면 특수자만 존재하는가? 이제 우리가 상식적으로 존재한다고 믿는 경험세계, 그리고 그를 구성하는 존재자들인 특수자들을 다시 검토해 보자. 우리의 주위 경험계에는 어떤 것들이 존재하는가? 책, 노트, 볼펜, 시계, 책상, 그리고 눈을 들어 창 밖을 보면 개나리, 진달래, 나무들, 하늘, 구름, 사람들이 존재한다. 이렇게 무수히 많은 것들을 한마디로 삼라만상(森羅萬象)이라고 일컫는다. 우리는 오관을 사용하여 이들의 존재를 확인하기도 하지만 이들은 우리가 손가락으로 지시할 수 있는 것들이기도 하다. 하지만 우리는 정확할 필요가 있다. 경험계에 존재하는 것들은, 책 일반, 시계 일반, 개나리 일반 등과 같이 보편적이고 추상적인 것들이 아니다. 우리가 손가락으로 지적하거나 시선을 보낼 수 있는 것들은 이 책, 저 책, 이 시계, 저 시계, 여기 있는 개나리 꽃, 저기 멀리 피어 있는 개나리 꽃 등 특정의 시공간을 점유한 구체적이고 특수적인 존재자들이다.

우리가 이들 경험계의 존재자들을 손가락으로 지시하고, 가리킬 수 있는 이유는, 바로 그들이 특정의 시공간을 점유하고 있기 때문이다. 그래서 이들을 특수자라고 부르는 것이다. 이들은 특정의 공간을 영원히 점유하고 있는가? 영원은 아니더라도 무한 시간 동안 존속하는가? 모두가 영원하거나 무한 시간 동안 존속한다면, 경험세계에는 운동, 변화, 생성, 소멸의 과정이란 없을 것이다. 이 세계는 신의 영원한 정물화가 아니라 운동, 생성, 소멸 과정이 진행되는 유동성의 장소이다. 경험계의 존재자들 대부분은, 우리가 아는 한, 특정의 제한적 공간뿐 아니라 특정의 유한 시간을 점유하고 있으며, 길고 긴 시간축의 어느 시점에 위치해 있다.

경험적 존재자 중 단 하나라도 무한 시간 동안 존속하는 것이 있는가? 경험적 존재자들이 존재하는 시각은 모두 각각이며, 존속하는 시간의 길이 역시 저마다 다르다. 그들이 모두 동시에 생성했다가 동시에 사라진다고 하면, 우리에게 시간의 길이를 측정할 방도가 없다. 아무 것도 존재하지 않는 허무의 시간, 그리고 모든 것이 일시에 존재했다 사라지는 그런 시간이란 없다. 시간은 그 자체로서보다는 그 속에 자리잡은 경험적 존재자들이 변화하기에 그 흐름이 알려지는 것이다. 일반적으로 자연 속의 개체들 사이에는 그 존속 기간의 길고 짧음이 있으며, 특수적 개체들을 구성하는 원소들은 복합체인 개체보다 오래 존속한다. 나무의 분자들은 나무보다, 다시 이들 분자의 구성요소인 원자는 분자보다, 그리고 미립자들은 원자보다 더 오래 존속한다.

그리스의 자연철학자들은 시간적으로 지속적인, 아니 무한히 존속하는 존재를 원질(原質, archē)이라고 명하면서, 만상의 아르케를 불이니, 공기니, 원자니, 또는 동질소(同質素)니, 하며 제시했다. 물리학자들의 존재론적 탐구는 경험적 개체보다는 그를 구성하는 분자, 원자, 그리고 미립자들이 좀더 지속적인 존재임을 알려주며, 이런 특성을 근거로 이들을 경험계의 궁극적 요소로 제안했다.

그런데 경험계는 시간과 공간을 기본축으로 하는 좌표대이며, 적어도 원리적으로는 경험과 관측이 가능한 세계이다. 이런 경험계에 무한히 존속하는 것이 있을 수 있을까? 이 물음에 답하기 전에 한 가지 구분해 둘 것이 있다. 영원과 무한 지속은 구별되어야 한다. 영원한 존재는 시간을 넘어서 있는 것임에 반해, 무한 지속자는 시간의 축을 따라 날고 있다. 그러므로 후자는 존속의 수고로움을 겪어야 한다. 경험계에 영원한 것이란 논리적으로 존재할 수 없으며, 만약 그와 유사한 것이 존재한다면, 그것은 무한 지속자일 것이다. 그러나 그마저 있을 수 있는가? 자연철학자들은 이에 대해 긍정적인 해답을 했다. 하지만 현대 이론물리학자들은 우주가 자리하고 있는 시공의 좌표도 과거 어느 시점에 생성된 것이라 하니, 이 물음에 대한 해답은 적어도 유보적이라고 볼 수 있다.

경험계는 원리적으로 경험 가능한 세계, 신체의 오관이나 이를 보조하는 장비나 도구에 의해 관측될 수 있는 세계이다. 인간은 그러나 유한하다. 인간의 신체와 이에 달린 눈, 코, 귀, 입, 피부의 오관은 유한한 시간과 공간 속에 존재하며, 이 속에서 기능을 발휘한다. 우리의 오관을 장비나 도구로 아무리 보완하더라도 인간은 경험의 유한성을 넘어설 수 없다. 인간의 경험은 유한한 시간 내에서 이루어지는 것이기 때문에 무한히 지속하는 존재는 결코 경험될 수 없다. 설사 무한 시간 동안 지속하는 것이 존재한다 해도 우리는 그것을 인식할 수 없다. 무한히 지속하는 것을 경험하기 위해서는, 그것과 함께 우리의 경험 역시 무한히 지속해야 할 것이기 때문이다.

이렇게 볼 때 경험계 내의 존재자들은 경험 가능성의 범위 내에 존재해야 하며, 경험 가능한 것들은 시공간적으로 유한한 존재자들이다. 경험계의 존재자들은 공간적으로 특정의 지점을 점유하고 있을 뿐 아니라, 시간적으로도 유한한 일정 길이 동안만 지속하는 유한자들이다. 시공적으로 제한되어 존재하는 경험계 내의 구성요소들을 개별자, 또는 특수자들(particulars)이라고 한다. 앞에서 열거한 바 있는 우리 주위의 삼라만상, 그것들은 바로 이러한 특수자들이다.

이 특수자들의 거주 공간인 경험세계는 우리가 경험할 수 있는 범위 내의 세계이며, 우리의 경험은 감각과 이의 기반이라고 할 수 있는 신체의 시공적 유한성에 의해 제약되어 있다. 그래서 특수자들의 특수성이나 경험적 존재들의 유한성의 근원은 근원적으로 우리 신체를 제약하는 시공적 유한성에 있을 가능성이 있다.

### 술어적 규정 가능성

그런데 무엇이 경험계의 일원이기 위해서는 경험 가능해야 하는데, 그 가능성의 범위는 어디까지일까? 필자는 그 범위를 감각적 인식의 범위로 제한하는 듯한 시사를 했는데, 과연 감각적 인식의 범위 안에 있는 것만이 경험 가능할까? 경험은 특수적이다. 우리가 경험계에 머물러 있는 한, 우리가 접근할 수 있는 것들은 유한한 시간과 공간을 점유하고 있는 것들뿐이다, 우리의 경험은 항상 시공적으로 유한 경험(有限 經驗)이다. 따라서 설사 무한한 것이 존재한다 하더라도 그것은 경험될 수 없다. 더구나 시간을 넘어서는 영원한 것은 경험 가능성의 저편에 있다. 무한자나 영원한 진리 또는 아름다움, 시공적 편재성을 지닌 보편적 행위 규범, 더 일반적으로 보편자, 세계 정신, 신들은 설혹 존재한다 하더라도, 인간적 인식이나 경험의 대상이 될 수 없다. 그리고 그것을 인식, 경험할 수 없다면, 그것이 설사 존재하더라도, 그것의 존재를 운위함은 무의미하다.

경험이나 인식이 불가능한 존재에 대해서는 여하한 술어적이거나 규정적 기술이 불가능할 것으로 보이므로, 술어적 규정 가능성은 무엇이 존재하기 위한 최소한의 조건으로 여겨진다. 그러므로 경험의 한계 저편에 있는 보편자는 존재하지 않는다고 결론내릴 수 있는 것으로 생각된다. 하지만 그런 것에 대해 "그것이 존재한다"는 존재 언명은 가능하지 않을까? 아니다. 논리적으로 존재 양화 문장은 항상 술어를 동반한다. 술어를 동반하지 않는 존재 양화 문장이란 문장이 아니다. 즉 무엇에 대해 술어적 규정 없이 그것의 존재만을 주장하는 문장은 문장이 아니다. 가령 "(x) Px"나 "(x) (Px & Qx)"와 같은 표현은 정당한 문장이나, 술어적 규정이 없는 "(x)"나 "(x) x"와 같은 표현은 전혀 무의미한 문장, 아니 문장이라고도 할 수 없는 표현이다. 하지만 우리는 "어떤 것이 존재한다"는 식의 표현을 일상적으로 접하는데, 이런 표현을 문장으로 볼 수 있지 않을까? 이 문장은 존재한다고 주장되는 그 어떤 것이 무엇인지를 규정하고 있지 않으므로, 그 어떤 것은 모든 것일 수 있으며, 심지어 절대 허무일 가능성도 배제하지 않는다.[10] 그 표현은 문장이라 해도 내용이 없다.

그래서 보편자는 존재하지 않는 것으로 보이나, 다른 한편으로 보

---

10) 데모크리토스는 허무도 원자가 운동하기 위한 필수 조건으로서 존재해야 한다고 주장하지 않았던가!

편자, 가령 소수라는 보편자는 '홀수이다', '정수이다', '숫자이다'는 등의 술어적 규정을 받을 수 있어 존재를 위한 최소한의 조건을 충족시킨다. 나아가 그런 술어적 규정이 진리로 수용된다는 사실은 소수라는 수학적 보편자가 존재함을 증거하는 것으로 생각할 수 있다. 이 밖에도 우리는 보편자에 관한 수많은 참인 술어 문장을 예로 들 수 있다. "삼각형은 도형이다", "2등변 삼각형의 두 변은 동일하다", "정의는 도덕적 가치이다"는 등의. 이런 문장들의 근거로서 보편자의 실재성을 인정하게 되면, 앞에서 지적한 바와 같은 형이상학적 부담을 안게 된다. 그래서 이런 문장들의 근거를 개념적 차원에서 찾거나, 논리적 분석을 통해 이들 보편 개념을 논리적 원자로 환원시키는 등의 방식으로 실재론의 형이상학적 부담을 피해갈 수 있다.

## 4. 경험적 지시의 모호성

### 경험적 지시

보편자와는 달리 특수자들은 경험 가능한 것으로 여겨지는데, 과연 그러한가? 경험계의 존재자들, 이것 저것이라 지시할 수 있는 존재자들은 특수자라 부른다고 했다. 지시(指示, referring) 또는 지칭의 행위는 특정의 개체나 집단을 지적해 내는 작업인데, 특수자란 전형적인 피지시대상이다. 이런 선별적 지시는 통상 손가락으로, 지휘봉으로, 또는 화살표로 수행된다. 저기 피어 있는 청초한 목련꽃을 지칭하기 위해서는 단지 "저기 저 목련꽃을 보라"는 발언만으로는 충분하지 않다. 이 발언의 의도가 충분히 전달되기 위해서는 발언과 함께 시선을 그리로 향하든, 그것을 손가락으로 가리키는 등의 신체적 동작이 보조적으로 동반되어야 한다. 그 피지시체의 정체를 좀더 정확하게 하기 위해서는 단지 시선을 돌리기보다는 손가락으로 피지시체를 가리키는 것이 더욱 효과적일 것이다. 손과 발이 없고 눈빛만 있는 존재에게 지시나 지칭의 행위가 가능할까? 가능하다면, 아마도 그의 눈빛은 화살의 재빠름과 작살의 날카로움을 품고 있으리라. 반대로 사지는 온전하나 맹인인 자의 지시행위는 어떠할까?

경험적 특수자에 대한 지시행위 역시 경험적으로 확인될 수 있어야 한다. 지시자와 피지시 대상은 상호 근거리에 있어 제3자에 의해 동시에 관측될 수 있어야 한다. 그리고 이 양자는 보이는, 또는 보이지 않는 가상의 선으로 연결될 수 있어야 한다. 내가 여기 앉아서 남태평양 폴리네시아 군도의 어느 한 섬에 있는 신비한 화초를 지시할 수는 없다. 설령 그 먼 곳에 있는 것을 지시할 수 있다 하더라도 나와 나의 대화 상대방이 동시에 공통적인 상상력의 공간으로 비상해 가지 않는 한, 그 지시행위는 효력을 발휘하지 못한다. 우리는 동일 공간에 거주하면서도 서로 다른 꿈을 꿀 수 있다. 그와 나는 서로 다른 상상력의 공간에 있기 십상이다. 동상이몽(同床異夢). 유효한 지시나 지칭의 행위는 두 인식자가 동시에 경험할 수 있는 공간에서 이루어진다.

이제 일상적으로 유효한 지시, 경험 가능성의 문맥 안에서 이루어지는 지시행위를 경험적 지시라 해보자. 경험적 지시의 유효성은 바로 경험 가능성, 구체성, 특정성에 있으므로, 지시 대상에 관한 모호성이나 추상성을 배제할 수 있는 듯이 보인다. 실제로도 대화나 논의의 과정에서 논의 대상에 관한 모호성을 제거하기 위해 우리는 경험적 지시를 행하여 그 지시 대상을 명확하게 한다.

## 경험적 지시의 불투명성과 경험 불가능성

그러나 과연 경험적 지시는 하나의 대상을 단일하고 명확하게 지시하는가? 지시체인 손가락과 피지시체인 저 목련꽃 사이에는 거리가 존재하는데, 이 거리 사이에는 다의적(多義的) 해석의 가능성이 개입한다. S가 '저기 저것'이라고 말하며 저기 피어 있는 목련꽃을 손가락으로 지시했다고 하자. 이때 내가 지시하는 것은 목련꽃 나무일 수도, 그 나무의 꽃 한 송이일 수도, 그 꽃의 흰색일 수도, 그 꽃의 아름다움일 수도, 또는 그 꽃의 무상성(無常性)일 수도 있다. 지시의 상황이나 문맥, 그리고 '저것'이란 표현 다음에 올 수 있는 수식어나 술어가 그 모호성을 어느 정도 해소시켜 주기는 한다. 그러나 지시자의 손가락과 피지시체 사이에 거리가 존재하는 한, 지시의 모호성 또는 불투명성은 해소할 길이 없다.

불투명성의 안개를 날려버리기 위해 거리를 점차 좁혀, 드디어 나의 손가락과 이것이 지시하는 바가 완전히 접촉되면 어떨까? 나의 손가락이 내가 지시하고자 하는 바로 그것을 접촉한다고 하면 불투명성이 완전히 제거될 수 있을까? 거리 없는 그러한 접촉이 가능하더라도, 그런 접촉은 원래의 의도와는 달리 지시행위 자체를 완전히 무의미하게 한다. 나의 뾰족한 손가락 끝이 접촉적으로 지시하고 있는 것은 손가락 끝만큼의 접촉면일 터인데, 그것은 내가 애초에 손가락으로 지시하려던 것은 아니었다. 그것은 내가 지시하고자 하는 대상이 아니라 그것의 부분일 뿐이다.

이런 경우의 불투명성은 손가락 끝의 연장적 면적 때문에 생긴 것일 수도 있으니, 연장성이 최소화된 화살촉의 끝이나 작살의 창 끝으로 어떤 점을 지시하면 어떠할까? 아니, 그것은 불가능하며 가능하다 해도 무의미하다. 이 경험계에는 무한 지속이나 영원이 존재하지 않듯이, 연장성 없는 점이나 지속 없는 순간도 있을 자리가 없다. 순간이나 점은 본질적으로 경험적 지시, 또는 이런 지시의 첨예화(또는 연장화?)된 지시 형태인 접촉적 지시의 대상이 될 수 없다. 점이나 순간이 접촉된 지시의 대상이 된다고 해도, 그것은 지시의 대상으로 의도된 것이 아니다.

경험계 내의 존재자들은 본질적으로 연장적인 것들이다. 경험계 내의 특수자가 경험 대상이 될 수 있는 것은 이런 연장성 때문이다. 그런데 지칭하는 자는, 바로 경험적 특수자의 연장성 때문에, 즉 일정한 크기나 부피를 지니기에 그것을 직접적으로나 접촉적으로는 지시할 수 없어 일정한 거리를 두고 멀리서 지칭할 수밖에 없다. 그러나 바로 이 거리는 방금 논한 바처럼 모호성을 야기한다. 경험적 지시의 모호성은 그 어느 경우건 필연적이다.

문제는 이것에 그치지 않는다. 경험적 지칭은 비(非)경험적일 수도 있다. 다시 지칭이나 지시 행위를 자세히 검토해 보자. 내가 손가락으로 저기 있는 목련꽃을 지시하면 나의 상대방은 내 손가락의 선을 직선으로 연장하여(extrapolate) 그 가상의 직선을 육안으로 따라간다. 그리하여 내가 지시한 바를 찾아가는 상대방이 보는 것은 그 가상의 직선이 화살처럼 날아가 박히는 피지시체의 그 부분인가? 그것은 불가능하다. 그 부분은 작살의 끝이 피지시체에 박힘과 동시에 작살에 의해 점유될 것이므로 그것은 이제 더 이상 존재하지 않는다. 그러면 내 상대방이 자신의 시선을 따라가 볼 수 있는 것은 무엇인가?

### 지시의 일의성(一義性)과 사념

우리의 경험적 지시행위가 성공적이기 위해서는 육안에 의해 관찰하고 주시하는 것만으로 충분하지 않다. 우리가 육안으로 보는 경험세계에서 사물들은 상호 빈틈없이 연속되어 있다. 목련꽃은 가지와, 가지는 줄기와, 줄기는 나무와, 나무는 땅과 주위의 배경과 연속되어 있어, 이들 사이에는 빈틈이나 허공이 없다. 물론 서로를 구분짓는 울타리가 있으며, 그리고 경험계의 공간에서는 한 장소에 하나의 특수자만이 존재하므로 특정한 특수자, 가령 목련꽃이 존재하는 공간은 다른 것에 의해 점유될 수 없다.

경험계의 특수자들이 이런 규정성이나 울타리에 의해 둘러싸여 있기에, 우리는 경험계의 존재자들을 지시할 수 있을 것으로 생각한다. 그러나 일정한 울타리에 의해 구분되어 있는 특정 공간에는 과연 하나의 특수자만이 존재하는가? 목련꽃 한 송이가 피어 있는 장소는 그 꽃만의 독점적 공간인가? 그곳에는 목련꽃이라는 하나의 대상만이 존재하는가? 특정한 장소에 존재하는 것은 하나의 시공적 특수자라 할 수 있을지 모르며, 그런 점에서 우리의 경험적 지칭의 행위는 일정한 하나의 것을 지시하는 데에 성공적일 것으로 생각될지 모른다.

그러나 문제는 특정의 공간 속에 있는 것은 다양한 방식으로 기술 또는 규정될 수 있는 것이며, 그런 점에서 그것은 다양한 모습을 지닐 수 있다는 점이다. 저 목련꽃은 '흰 것'일 수도, '일찍 시드는 것'일 수도, '가녀린 것'일 수도, 또는 '식물의 수분기관'일 수도, '원자들의 집적체'일 수도 있다. 일정한 울타리로 둘러싸인 특정 공간에 존재하는 것은 적어도 인식론적으로는 다수이다.[11] 나아가 실질적인 의미의 존재자란 일정한 모습을 지닌 것이어야 한다. 그런 까닭에 우리가 어떤 존재자를 지칭할 때, 그 지칭의 행위가 실질적이고 의미 있는 것이기 위해서는 하나의 모습을 지닌 것으로 생각하고 그 존재자를 지칭해야 한다. 그런 일의성이 확보되어야만 지칭의 행위는 존재론적으로나 인식론적으로 의미 있는 것일 수 있다. 모습의

---

11) 여기서 우리는 하나의 일정한 공간에 다수의 존재자들이 있을 수 있다고 추론할 수도 있다.

일정성과 객관성, 이것이 플라톤이 하나의 모습(monoeides)이라는 규정을 통해 확보하려 했던 조건이다.

지칭은 항상 일정한 하나의 규정성이나 모습을 지닌 것에 대한 지칭이며, 지칭하는 자는, 지칭행위가 경험적이든 비경험적이든 간에, 무엇인가를 사념하고서 지칭해야 한다. 사념이 동반되지 않고서 시선과 손가락만으로 지칭행위가 이루어진다면, 그것은 인식적 의미가 없으므로 진정한 의미의 지칭행위라 할 수 없다. 그런데 사념된 바는 지칭하는 자의 마음속에 있는 것이니 타인에 의해 확인될 수 없다. 그래서 지칭자가 지칭한 대상이 무엇인지, 그것의 모습이 무엇인지를 다른 사람이 객관적으로 확인할 길이 없는 것으로 보인다. 객관적 확인을 위한 최소한의 조건으로 생각해 볼 수 있는 것은, 아마도 지칭자와 관찰자가 지니고 있는 배경적 믿음이 대체적으로 일치되어야 한다는 것이다.[12]

### 심안(心眼)의 개입

경험계의 대상들은 그 자체로서는 하나의 일정한 모습을 지니는 것이 아니라, 다양한 모습이나 국면을 지니고 있거나 또는 아예 무정형적이다. 지금 저기에 있는 목련은, 앞에서 언급한 바와 같이, 목련꽃일 수도, 하얀 것일 수도, 연약한 것, 곡선형의 것, 금시 시드는 것, 허망한 것, 봄을 알리는 것 등 다양한 모습의 하나일 수도, 그 모든 것일 수도, 그 어느 것도 아닐 수도 있다. 경험계의 무정형성이나 다면성 또는 다의성 때문에 플라톤 이후의 철학자들은 단 하나의 모습만 지닌 대상들의 존재를 상정해 왔다. 실체, 본질, 질, 논리적 원

---

12) 데이비슨의 원초적 해석에 대한 논의 참조. Davidson, D., *Inquiries into Truth and Interpretation*, Oxford, 1984.

자, 형상, 동질소(同質素, homoiomereia), 감각 여료(sense data), 1차적 성질, 지각들(perceptions) 등이 그런 대상으로 제안된 것이다. 이들이 존재하는 세계는 현상계일 수도, 경험계일 수도, 실재계일 수도, 형상계일 수도 있다. 플라톤은 그런 하나의 모습을 지닌 실재를 '모습(eidos)'이라 불렀으며, 이들의 본질적 특성들 중 하나가 이미 언급한 바와 같이 일의적 모습을 지녔음(monoeides)이라고 강조했다.[13] 이들이 무엇이건 간에, 하나의 모습을 지니기 위한 최소한의 조건은 그것이 언어적으로 규정되어야 한다는 것이다.[14]

그런데 지칭자가 경험적 지칭를 통해 자신의 손가락으로 지시하고자 하는 것은 그 다양한 것들 중 하나이다. 우리는 손가락으로 하나의 공간이나 장소를 지시하되, '그곳에 있을 수 있는' 여러 다양한 것들 중에서 하나만을 지칭한다. 지칭자의 상대방은 처음에는 지칭자 손가락의 선과 피지시체를 이은 선을 육안으로 쫓아간다. 그러나 손가락과 피지시체를 잇는 선의 어느 지점에선가 육안은 뒷전으로 물러나고 그의 사유의 눈이 활동을 개시한다. 그리하여 지시행위가 종료되는 그 순간 지시의 화살이 멈추는 그 지점에서 피지시체를 보고 있는 것은 육안이 아니라 마음의 눈, 즉 심안(心眼)이다.

심안의 개입 없이는 지칭 대상의 확인은 물론 지칭행위 자체도 불가능하다. 사실상 지시행위를 하는 지칭자가 무작정 손가락으로 무엇을 가리킨다고 해서 지칭행위가 이루어지는 것은 아니다. 지칭하는 나는 우선 무엇인가를 염두에 두어야 하며, 그리고 나의 지시행위가 성공적이기 위해서는, 나의 손가락이나 시선과 나의 상대방의 시선이 마주치는 것에 머무는 것이 아니라, 내가 염두에 두었던 것

---

13) 플라톤의 『파이돈』, 『국가』 등 참조.
14) 이에 관해서는 필자의 「언어적 규정력」, 《철학적 분석》, 1호, 2000년 6월 참조.

과 그가 심안으로 주목케 된 것이 일치해야 한다. 경험적 지시행위는 순수히 경험적인 것이 아니라, 심적인 성격을 지닌다. 그런데 문제는 지칭자의 마음에 있는 것과 상대방이 심안으로 본 것을 비교하고, 양자가 일치하는지를 확인하는 일이 불가능하다는 것이다. 경험적 지시의 모호성이나 불투명성은 손가락과 피지시체 사이의 거리에 있다기보다는, 피지시자를 파악함에 있어 개입할 수밖에 없는 심적 시선의 불투명성 또는 주관성에 있다.

경험적 지시의 불투명성은 특수자의 존재와 어떤 관계에 있는가? 이 문제와 관련해, 경험계의 존재자들은 이것 저것이라고 경험적으로 지시할 수 있는 것들, 즉 특수자라고 지적한 바 있다. 이제 우리는 경험적 지시는 피지시체와의 거리 때문에, 그리고 이 거리 사이에서 개입하게 되는 심안의 존재, 또는 심적 지시의 불투명성이나 주관성 때문에, 본질적으로 모호할 수밖에 없음을 지적했다. 더구나 심적 지시의 대상은 본성상 심적인 것, 따라서 비경험적인 것일 수밖에 없다. 그러므로 경험계에 존재하는 것은 화살이나 작살로 찍듯이, 그렇게 정확하게 지적해 낼 수 있는 특수자들도 아니며, 다른 한편으로는 오관이나 이에 기반한 경험의 대상이 되지 않는 심적인 것, 적어도 부분적으로 심적인 것이다. 그렇다면 존재하는 것은 특수적인 존재가 아니라 보편자 또는 심적인 존재인가?


## 5. 믿음의 인과적 힘과 그 실재성

### 심적인 것의 인과력

우리는 또 다른 방향에서 경험세계의 비경험적인 측면을 지적할 수 있다. 우리는 오관을 통해서 전혀 그 존재가 확인되지 않는 것들도 경험계의 일부, 경험계 내의 시민들이라고 간주하고 있다. 가령 생각, 신념, 이념, 가치, 열망, 그리움, 동경의 지향 대상인 것들, 일 반적으로 말해서 욕구와 믿음들은 심적이거나 비연장적인 존재들로 서 감각적 경험에 의해서는, 즉 오관에 의해서는 직접으로나 간접적 으로 그 존재나 내용을 객관적으로 확인할 수 없다. 그럼에도 이들 은 경험세계 내에 존재한다고 할 수 있다.

어떤 근거에서 그것들이 경험적 세계의 일부라고 말할 수 있는가? 믿음과 욕구는 우리의 감정과 정서를 자극, 촉발하고 의지를 발동시 켜 구체적인 행위를 수행하도록 만든다. 믿음과 욕구는 우리 행위의 원인이라는 점에서 경험계 내에 존재한다. 매일 매일의 일상사에서 행해지는 개인들의 행위뿐 아니라, 역사를 움직이는 장대한 사건들 을 일으킨 것 역시 우리 인간들의 믿음과 욕구였다. 상대방이 무례 한 노인이라는 오이디프스의 믿음은, 그 자신의 부친을 별 죄책감 없이 살해케 했으나, 다시 그 피살자가 자신의 부친이었다는 자각과 자책은 그로 하여금 부친을 알아보지 못한 자신의 눈알을 빼내고서 그리스 반도를 떠도는 유랑인이 되게 했다. 제3제국의 영광에 관한 히틀러와 수많은 독일인들의 맹신은 제2차 세계대전을 발발케 했으 며 유대인에 대한 그들의 잘못된 편견은 그들로 하여 600만 번의 살 인을 별 양심의 갈등 없이 저지르게 했다.

인간이 사유하기 시작한 이래, 그리고 자연사에서 분리 · 독립 · 해방되어 역사를 전개시킨 이래, 모든 인간 행위의 주요 원인은 믿 음과 욕구, 그리고 가치라고 해도 과언이 아니다. 이념은 인간을 움 직인다. 사상가나 성자의 고귀한 이념이든, 사악한 악마의 사주이든 간에 모두 인간과 역사를 움직이며, 그것도 크고 폭넓게 움직인다. 행위의 행위됨은 그것이 행위 주체(agent)에 의해 원인지워짐에 있 다. 인간 외의 다른 생명체들의 움직임, 그리고 인간의 경우도 반사적 동작과 같은 것은 타자 원인적(他者 原因的)임에 비해, 행위 주체로서 인간의 운동은 자기 원인적(自己 原因的)이다. 행위 주체로서의 움직임을 행위 또는 행동(action)이라고 칭한다.

진정한 행위 원인이라 할 수 있는 것, 인간을 행위 주체이게 하는 것은 무엇인가? 그것은 의도, 의지, 믿음, 욕구 등이다. 이러한 심적 요인들은 구체적 · 개별적인 개인이나 집단의 행위 또는 역사적인 사건을 일어나게 할 수 있는 인과적 힘(causal power)을 발휘하며, 그런 것으로서 우리의 경험세계에서 실재적 지위(實在的 地位)를 차지하고 있다.[15] 믿음은 사유의 내용을 담고 있다. 믿음의 내용은 타인들에 의해 객관적으로 경험할 수 있는 것들이 아니다. 그렇지만 그것의 결과인 구체적이고 개별적인 사건으로서의 행위들, 신체적 동작으로 표현되는 행위들은 타인에 의해 객관적으로 확인될 수 있다. 다시 말하면, 믿음이나 믿음의 내용 그 자체는 객관적으로 그 존재를 확인할 수 없으나, 그것이 야기하는 인과적 결과는 체험할 수 있다.

진정한 삶이란 주체적 삶이다. 주체적 삶이란, 행위 주체의 사유와 느낌과 의지가 동인이 되어 영위되는 삶이다. 삶의 진정한 모습은 사유와 이에 의해 원인지워지는 행위 또는 실천들의 연속이다. 이렇게 볼 때 우리의 삶에서 좀더 직접적이고 구체적이며 실질적인 영향력을 미치는 것은, 오관을 통해 그 모습이 인식되는 특수자들이라기보다는, 그들에 대한 우리의 사유 결과인 믿음과 욕망들이다. 나아가 우리의 삶과 행위에서 좀더 실재적(實在的)인 것은 주위 사물이나 사람들과 이들에 대한 감각적 경험이 아니라, 그들에 대한 우리의 숙고적 태도, 믿음, 욕구, 가치, 평가들이다. 그렇다면 인간 삶

---

15) 믿음의 인과력에 관해서는 남경희, 「존재, 인과성, 언어」, 『수반의 형이상학』, (김재권 교수 화갑기념논문집), 철학과현실사, 1994 참조.

의 세계, 생활세계, 또는 일상세계의 실재자들은 경험적 특수자들이
라기보다는 오히려 믿음과 욕구와 가치들이라 보아야 하지 않을까?

감각적 대상들이 아니라 오히려 믿음과 욕구 또는 이들의 내용이
나 대상들만이 생활세계(또는 진정한 경험계)의 구성원이라고까지 결
론내리기에는 망설임이 있으나, 후자들이 그 세계의 일원임은 분명
한 듯하다. 사유를 시작한 이래, 인간은 더 이상 여타 동물과 같은
자연적 존재로 머무는 것이 아니어서 그 주위 사물들을 자연적으로
만, 즉 감각의 대상으로서만 인식하지는 않는다. 인간은 이제 어떤
가치나 관점을 기준으로 하여 주위 세계를 기술 평가하며, 그렇게
기술 평가된 것을 자신에게 실재적인 것들로 간주한다. 인간은 사유
활동을 중단할 수 없으며, 사유활동은 필연적으로 인간으로 하여금
세계에 대한 자연적인 태도를 벗어나게 한다.

### 보편자의 구체성

믿음의 세계, 기술과 평가의 세계 등은 특수자적 세계인가? 믿음
들은 시공적 연장선상에 특정의 시점이나 길이를 갖고 있는 특수자
인가? 이들 자체는 몰라도, 이들의 결과인 행위, 신체적 동작으로서
의 행위가 시공적 특수자임은 분명하다. 오이디프스가 부친을 살해
한 행위, 제2차 세계대전의 발발이라는 역사적 사건은 분명 특정한
시간과 공간에서 일어났다. 나아가 인과관계는 생성적이며, 생성적
관계는 시공 속에 맺어진다. 그러므로 인과생성적 관계에 있는 양항
은 특수자라고 보아야 할 것으로 보인다. 믿음의 결과인 행위는 특
수자이다. 그러므로 행위의 인과적 원인이 되는 믿음들 역시 시공적
특수자라고 결론내려야 할 것인가?

이에 답하기 전에 우리는 믿음의 심적 활동(believing)과 그 활동의
대상이 되는 믿음의 내용(belief, 또는 belief-content)을 구분할 필요가

있다. 오이디프스로 하여금 특정의 행위를 저지르게 한 것은 그 행위 직전에 또는 그와 동시에 이루어진 어떤 심적인 사건으로서 믿음의 활동이 있었기 때문이다. 그가 그 순간에 그 어떤 정신활동을 수행치 않았더라면, 아마 부친살해 행위는 일어나지 않았을 것이다. 그러므로 믿음의 활동은 아마도 시공적으로 특수한 사건일 것이다. 그러나 믿음의 내용(belief-content) 자체는 어떠한가? 믿음의 내용은 명제적 형식을 갖추며, 명제의 구성요소인 주어와 술어 중 적어도 한 부분은 보통명사 또는 형용사이다. 구체적인 예를 들면, '저 노인은 무례하다', '부친 살해는 죄악이다', '정의는 사회적 선이다', '자유는 단순한 생존보다 귀한 것이다' 등등.

믿음의 활동은 특수적인 사건이지만, 믿음의 내용이 되는 명제는 많은 경우 보편자들의 결합체이거나 보편자를 자신의 일부로 한다. 이런 보편자들은 믿음의 대상이 되면서, 행위 주체에 인과적 힘을 발휘하며, 구체적이고 특수적인 개별 사건들을 발생시킨다. 그러므로 믿음은 보편자이거나 보편자적인 것이며, 인과적 힘을 발휘하는 것으로서, 적어도 우리 삶의 세계에서 실재성을 갖는다. 일반적으로 보편자들은 믿음의 내용으로서 우리 행위의 인과적 원인이 되며 그러한 것으로서 실재성을 갖는다. 아마도 우리 두뇌의 신경기제는 이런 보편적인 것에 반응하여 동작을 유발하는 특성이나 구조를 지니고 있을 가능성이 있다.

자유, 정의, 선, 악, 미, 추, 진리, 허위, 평화, 민족, 민주 등 지극히 추상적·보편적인 개념들이 우리를 움직이고 있음은, 아니 실로 막강한 힘을 발휘하고 있음은, 우리의 개인적 삶이나 인류의 역사를 되돌아볼 때, 쉽게 확인할 수 있는 사실이다. 실로 역사적인 사건과 같이 스케일이 크면 클수록, 그 배후에서 원인의 역할을 한 것은 사실상 개별적이고 사적이며 특수한 요인이 아니라 추상적이고 보편적인 이념이다. 논리적으로도 사적이거나 개인적 요인은 집단을 결코 움직일 수 없으며, 집단이 움직이지 않을 때 역사적 사건은 일어나지 않는다. 물질적이고 신체적인 것은 그것이 직접 접촉하는 특수자에만 힘을 발휘하나, 정신적인 믿음은 다수의 개인들에 의해 소유될 수 있으며, 그리하여 다수의 개인들을 동시에 움직일 수 있다. 사라예보의 총성은 분명 저격수의 개인적인 행위였다. 그러나 제1차 세계대전의 원인이 된 것은 이 특수적인 행위가 아니라, 이 행위에 대한 유럽인들의 기술과 평가였고, 이 평가에 의해 원인지워진 그들의 집단적 행위였다. 개체는 개체를 움직일 뿐이다. 전체를 움직이고 존재케 하는 것은 여러 사람들에 의해 공유될 수 있는 보편적 믿음이다.

## 6. 보편자와 내적 지시의 사밀성(私密性)

### 내적 지시

이념, 가치, 신념 등이 인과적 힘을 발휘하는 것은 분명하다. 그러나 이 사실이 그것들이 실재함에 대한 증거가 될 수 있을까? 허위(虛僞) 의식이 우리를 오도함은 사실이지만, 이 오도의 사실이 동시에 그 허위 의식의 내용이 실재함에 대한 증거가 될 수 있을까? 신기루는 분명 갈증에 목 타는 대상(隊商)들에게 용기를 북돋우며 비록 헛되나마 먼 길을 가게 한다. 조조(曹操)의 매실은 많은 병사들의 갈증을 해소해 주었다.

가치 평가적 개념인 '자유', '평화', '정의' 등의 존재론적 지위에 대한 결론은 잠시 유보하기로 하자. 믿음의 내용이 되는 명제의 구성요소인 보통명사나 형용사들, 예컨대 '빨강', '파랑', '둥금', '사람' 등에 대응하는 보편자는 어떠한가? 이들에 상응하는 보편자를 통상 의미라고 하는데, 이 의미들은 독립적 실재성을 지니고 있는가? 이제 이들 형용사, 명사에 대응하는 의미체(意味體)가 존재한다고 해보자. 이 의미체는 보편자이다. 그리고 이는 특수자가 아니므로 감각적 지각의 대상이 되지 않는다. 그것에 대한 경험이 가능하다면, 내적 경험이나 사유에 의해서 또는 어떤 종류의 직관에 의해 이루어질 것이다. 매번 '빨강', '사람' 또는 '의로움'이라는 어휘를 사용할 때마다, 우리는 그 보편자인 의미체를 내적으로 경험하거나, 사유하거나, 또는 마음의 눈으로 직관함으로써 의미 있는 언어활동을 행한다고 보아야 한다. 이런 의미와의 내적인 관계를, 앞에서 논의한 경험적 지시(經驗的 指示)나 외적 지시(外的 指示)와 대비하여 사유적 지시(思惟的 指示) 또는 내적 지시(內的 指示)라 하자. 나는 이제 손가락이나 화살 끝으로가 아니라, 나의 집중된 주의력 또는 사고력으로 그 보편자적 의미체를 지시한다.

가령, "이순신은 사람이며, 의로운 자이다"라고 A가 B에게 말했다 하자. 이 행위가 단지 발성(發聲)에 그치는 것이 아니라 발언(發言)이기 위해서는 위의 문장이 의미를 담고 있어야 한다. 그런데 이 문장은 어떤 방식으로 의미를 지니게 되는가? 발화자 A는 역사적 상상의 공간 속에서 '이순신'이라는 이름을 지닌 어떤 역사적 인물을 지시하고, 곧이어 사람과 의로움이라는 보편적 의미체를 내적으로 지시해야 한다. 다른 한편으로 청취자 B는 이 문장을 A의 목소리로서가 아니라 의미 있는 문장으로 이해해야 하는데, 그러기 위해서는 역시 '이순신'이라는 이름을 역사의 공간에서 지칭해야 하며, 더불어 A가 지시했던 두 개의 보편자, 즉 사람과 의로움을 사념하거나, A의 내적 지시의 선을 따라가 그것들을 주시해야 한다.

## 사밀성

그런데 여기서 심각한 문제점이 드러난다. B는 A가 내적으로, 즉 마음속으로 지시한 바의 것을 어떻게 찾아낼 수 있을 것이며, B 자신이 내적으로 즉 마음속으로 주목하고 있는 것이, 바로 A가 그 역시 내적으로 지시한 바로 그것이라고 확신할 수 있겠는가? 양자가 지시하고 주목하는 것이 동일하지 않으면, 사실상 A와 B의 의사소통은, 나아가 언어행위 일반은 불가능해진다. 내적으로 지시된 것은 관찰할 수 없으므로, A와 B의 내적 피지시체를 상호 비교하는 것 역시 불가능하다. 따라서 우리는 양자가 동일한지의 여부도 확인할 수 없다. 더 근원적으로 A는 자신이 '사람', '의롭다'라는 명사와 형용사를 사용하면서, 그것의 의미로서 그가 내적으로 지시한 것이 과연 진정으로 사람이며, 의로움인지 어떻게 확신할 수 있을까? 주관적으로야 확신할 수 있을 터이지만, 과연 그것을 모두가 인정할 수 있도록 객관적 기준에 의해 확인하여, 주관적 확신을 인식론적 확실성으로 변환시킬 수 있을까? 이런 물음들에 대해 긍정적인 답을 하기란 쉽지 않다.

실재론자들이 보편자의 존재를 상정하는 이유는, 우리가 늘 사용하는 보통명사와 형용사, 나아가 평가적 어휘들, 이념과 가치를 표현하는 어휘들의 의미 근거를 마련하기 위해서이다. 그런데 이제 의미 근거인 보편자가 존재한다 하더라도, 그 보편자는 내적 지시나 사유적 지시의 대상일 터인데, 이런 것은 사적(私的)인 공간에 머무는 것으로, 존재나 모습에서 객관성을 지니지 못한다. 그것의 존재나 모습은 A와 B 모두가 함께 보고 확인할 수 있는 것이 아니다. 설령 보편자가 존재한다 해도 우리의 객관적이고 공적(公的)인 지시의 대상이 되지 않으며, 설사 그것을 접할 기회가 있더라도 그것은 사연(私戀)에서와 같이 남에게 들켜서는 안 되는 은밀한 밀회나 우연한 조우의 대상이다. 아니면 신비한 힘이 작용하여 A와 B로 하여금 모두 동일한 것을 지시할 수 있게 하거나.

실재론자들이 존재한다고 주장하는 보편자와의 만남 또는 그것에 대한 내적 지시의 활동은 마치 신에게 드리는 기도와 같다. 기도는 인간이 신이라고 하는 보편자를 은밀하고 내적인 통로를 거쳐 만나고자 하는 시도이다. 우리는 기도를 통해 신과의 밀회나 조우를 희구한다. "기도는 다락방에서 하라"는 신약의 권유는 기도의 내적이거나 사적인 성격을 확인해 주는 말이다. 기도는 적어도 타인이 그 모습을 확인할 수 있는 사회적이고 객관적인 활동은 아니다.

우리는 신과의 만남을 위한 객관적인 절차를, 모든 사람이 차근차근 기어오를 때, 신을 만날 수 있고 구원의 천국으로 나아갈 수 있는 공적 사다리를 마련할 수 있는가? 기독교 교리에 따르면, 유한한 인간이 신이라는 보편자와 만날 수 있는 유일한 매개적 절차는 계시, 기적, 은총에 의해서뿐이다. 이런 절차들이 누구에게 허용될지는 전적으로 신의 의사에 달려 있다. 신의 의사나 의중은 우리 유한한 인간이 이해할 수 없는 세계이다. 지상에서 신적 세계에 오르려는, 땅으로부터 쌓아올린 바벨탑은 애초부터 하늘에 닿을 수 없었다. 하늘에서 내려주는 길은 있으나, 땅에서 올라가는 계단은 없다.

내적 지시는 사적(私的)이며, 비의적(秘義的)이라는 점에서 기도와 같다. A와 B가 공유할 수 있는 공용(公用)의 언어를 내적 지시에 의해 마련함은 불가능하다. 그러면 A만이 사용할 수 있는 사유(私有) 언어는 어떨까? A는 자신이 지시하고 있는 그것이 바로 그 공유의 의미체 또는 보편자인지 확인해 볼 근거가 없으므로 그 선택 역시 열려 있지 않다. 보편자가 설사 존재한다고 양보하여 인정하더라도, 이제 실재론자들이 부여하려 했던 역할을 수행할 수 없으므로 그것은 의미의 세계에서 실직(失職)할 수밖에 없다. 아니면 우리는 명사와 형용사를 사용할 때마다, 우리의 내적 지시가 성공적이게끔, 즉 보편자인 의미체와 만날 수 있게끔 매번 신에게 기도해야 할 것인가? 의미 있는 언어를 사용할 수 있음은 그 기도에 감화된 신의 은총 덕분인가? 아니 우리 최후의 의지처인 그 신의 관념까지 허위의식은 아닐까? 우리의 삶은 힘들고 척박한 광야요 사막이다. 신이나 보편자란 우리가 이 인생이라는 사막에서 본 신기루에 불과하지나 않을까?[16]

## 7. 언어적 규정성—실재론과 유명론을 넘어서

필자는 앞에서 경험적 지시의 모호성을 지적했다. 이 지적을 통해서 드러난 바는 상식적 경험세계의 존재자들이 예상과는 달리 특수적이 아니라는 사실이었다. 이어서 우리는 일상의 삶에서 믿음과 가치가 인과적(因果的) 힘(causal power)을, 어떤 때는 실로 막강한 인과적 힘을 발휘한다고 논했다. 믿음의 내용인 명제는 보편자적 성격을 지니고 있으므로, 보편자는 우리의 삶에 인과적 힘을 행사하며, 그러한 것으로 실재성을 소유한다. 이 두 논의는 보편자가 당연히 실재계의 당당한 존재임을 증거하는 듯했다.

다른 한편으로 보편자가 존재한다 할 때, 그것은 심적, 내적 또는 사유적 지시의 대상이 될 것이다. 내적 지시는 사적이고 비의적인 성격을 지니고 있으므로 객관적인 것일 수 없다. 설령 보편자가 존재한

---

16) 보편자의 존재와 관련된 문제점들에 대한 이상과 같은 내용의 논의는 다음 참조 : Wittgenstein, *Philosophische Untersuchungen* ; Kripke, *Wittgenstein on Rules and Private Language*, Blackwell, 1982 ; 남경희, 「사유의 사유성과 객관성의 거처」, 한국분석철학회 편, 『실재론과 관념론』, 철학과현실사, 1993년.

다 해도 우리와 무관하다. 보편적 의미체는 우리의 언어 세계 저편에서 수수방관하고 있으며, 신은 우리의 기도를 들을 수 있는 귀를 가지고 있지 않다. 우리의 기도 소리에는 의미가 담겨 있지 않으며, 의미가 있다 해도 그 기도의 언어는 인간의 언어이지 신의 언어는 아니다.

이 세계에 존재하는 것들이 특수자도 보편자도 아니라면, 과연 무엇이 존재하는가? 우리는 제3범주로 특수자적 보편자, 또는 보편적 특수자와 같은 범주를 필요로 하는가? 아니면 우리는 존재와 만날 수 없으므로 보편자의 물음은 물론이거니와 존재론적 탐구 전체를 포기해야 할 것인가? 경험적 지칭의 불투명성이거나 내적 지시의 주관성이라는 딜레마에서 벗어나게 해줄 수 있는 것은 언어적 객관성의 개념이다. 언어적 지시의 화살이 향하는 과녁은 시공적 공간이 아니라 언어적 공간 속에 있다. 언어적 규정성만이 모습의 객관성과 일정성을 확보해 주기 때문이다. 어휘 의미의 공유성과 일정성을 가능하게 해주는 것은, 특정의 시공적 장소에 있는 어떤 특수자도 아니고, 발언자나 청취자의 마음으로 접근할 수 있는 어떤 초월적 또는 선험적 공간의 보편자도 아니다. 그것은 언어적 또는 사회적 공간 속에 자리잡고 있는 언어적 규정성이다.[17]

---

17) 이에 대한 좀더 자세한 논의는 다음 참조 : 남경희, 「언어의 규정력」, 《철학적 분석》 1호, (한국분석철학회 학회지), 2000년.

# 제5부

## 국가에서 정의와 이성

# PLATON

# 제11장

● ● ● ● ●

# 정의의 내면성과 사회성 –정의론 I

## 1. 들어가며

『국가』가 플라톤의 주저라는 데에는 별 의의가 없을 것이다. 그는 이 교향악적인 저서에서 마치 마에스트로와 같이 여러 가지 다채로운 음색의 악기를 지휘하여 철학적 교향악을 정신의 세계에 울려 퍼지게 하고 있다. 이 저서에서는 여러 주제들이 연주, 변주되고 있으나 중심적 주제는 정의(正義), 그리스어로는 dikaiosunē이다. 이 덕목, 또는 인간적 탁월성은 지혜, 용기, 절제와 더불어 인간의 네 가지 주요 덕목을 구성하지만 이들 중에서 가장 중요한 덕목이다. 본장에서 필자는 이 덕목에 대한 플라톤의 견해를 통해 그의 윤리적 · 정치철학적 입장을 살펴보고자 한다.

플라톤이 『국가』의 공식적인 주제로 표명하고 있는 바는 개별적 인간의 정의이다. 그러나 그는 개인뿐 아니라 국가도 이 덕목을 갖고 있다고 주장하며, 개인 정의의 규정을 국가 정의의 규정으로부터 유추하고 있다. 국가는 개인보다 크다. 그러므로 양자가 모두 정의의 속성을 갖고 있다면, 국가 정의의 규정은 개인 정의의 규정보다 발견하기 쉬울 것이다. 그리고 개인 정의가 국가 정의와 유사하다면, 국가 정의로부터 유추하여 개인 정의의 규정을 좀더 쉽게 찾아낼 수 있으리라는 것이 플라톤의 논리였다. 이런 논리 전개로 미루어볼 때, 개인을 국가에 유비한 것은 방법론적인 전략의 하나이며, 따라서 국가 정의에 대한 그의 논의는 부차적이라는 인상을 줄 수 있다. 그러나 저서의 제목이[1] 말해 주듯이 개인 정의의 논의는 국가론의 맥락에서 이루어지고 있으며, 플라톤은 국가 정의에 관해서도 상당한 지면을 할애하여 진지한 검토를 하고 있다. 이런 사정을 고려할 때, 플라톤에게는 국가 정의 역시 개인 정의만큼, 아니 어쩌면 그보다 더 중요한 관심 대상이라고 평가할 수 있다.

필자는 개인 정의와 국가 정의 양자를 함께 논의하겠다. 개인 정의 및 국가 정의에 대한 플라톤의 정확한 규정과 이 규정의 특색 및 그 의의, 그리고 양자 사이의 관계가 이 장과 다음 장의 주요 주제들이다. 특히 개별적 인간 정의와 국가 정의의 상호의존성, 개인 정의의 내면성과 사회성, 국가 정의의 이성적 그리고 존재론적 성격, 이런 특성 부여에 대한 플라톤의 논거, 폴리스(polis)적 삶의 합리성과 당위성에 주목하려 한다.


## 2. 정의에 대한 규정들

우선 개인 정의와 국가 정의에 관한 플라톤의 명백한 언명부터 인

---

1) 『국가』의 원제는 *Politeia*로, 이는 polis 또는 politeuō에서 온 것으로 '시민권', '시민적 삶', '공화국'을 의미한다.

용하여 정리하기로 하자. 이하에서 원전으로부터의 인용은 편의상 인용부호 없이 자유롭게, 그러나 물론 원전에 충실하게 하도록 하겠다. 국가 정의에 대한 규정은 427d-434d에, 그리고 개인 정의에 대한 규정은 434d-445b에 논의, 제시되어 있다.

### 국가의 정의에 대한 규정들

국가의 정의는 다음과 같다.

- 시민들 각자가 국가를 위한 일의 하나를, 그것도 그 자신의 본성에 가장 잘 맞는 그런 일 한 가지를 수행함이다(433a).
- 그 자신의 일을 하고, 남의 일에 참견하지 않는 것이다(433a).
- 그 자신의 일을 함이다(433b, 433d).
- 그 자신의 것 그리고 그 자신에 속하는 것을 소유하고 행함, 그것이 정의이다(433e).
- 고유 직분을 상호 교환하거나, 한 사람이나 소수가 모든 직책을 독점하여 수행함은 도시의 파멸을 결과한다(434b).
- 그런 일은 도시에 최대의 해를 가하며, 해악의 주범이다(434c).
- 그런 일은 바로 불의이다(434e).
- 정의란 도시 안에서 각자의 일을 함이다(434c).

다음 국가 정의의 기능과 특징은 아래와 같다.

- 지혜, 용기, 절제의 덕들이 국가(polis)안에 생겨나도록 하는 힘(dunamis)을 부여하며, 일단 생겨난 연후엔, 계속 이들을 도시의 덕으로 보존되게 한다(soterian, 433b).
- 네 가지 덕들 중에서 정의는 도시를 좋게 또는 훌륭하게(agathēn) 하는

데 가장 많이 기여한다(433c, d).

- 국가의 덕이나 탁월성(aretēn poleos, 433e)에 기여함에 있어 지혜, 용기, 절제와 경쟁한다(433d).
- 그것은 일종의 힘(dunamis)이다(433d, 443b).
- 여기 제시된 정의 규정은 일반적으로 승인되는 사법적 정의의 이념과 부합한다. 사법적 정의는 모두가 각자에 속하는 것을 소유함이다(433e).
- 각자의 것을 함이라는 국가 정의에 대한 규정은 바로 개인 영혼의 정의에 대한 규정이 된다(434d, e, 435a).
- 개인의 정의는 국가의 정의와 똑같은 방식으로 성립한다(434c, 435b, 441d, 442d).
- 개인 영혼이 정의로울 때, 즉 개인 영혼의 각 부분이 지배와 피지배에 관해서 각자의 것을 행할 때 국가 안에 범죄가 없다(443b).

상기 인용문들 중 정작 국가 정의의 규정을 제시한 자리에서는 정의의 주체가 국가인지 개인인지를 명시하지 않아, 해석상에 많은 혼란을 일으켜 왔다. 상기 인용문들의 문맥이 국가 정의를 논하는 자리이므로 당연히 그 주체를 국가로 보는 것이 순리이나, 몇 가지 요인들로 해서 그 주체가 개인으로 해석될 여지가 있다. 그 요인들은 첫째, 정의에 대한 규정으로 제시된 '정의는 각자 자신의 것을 함(doing one's own ; to ta hautou prattein)'이라는 구절에서 '함(doing ; prattein)'의 주어는 정의의 덕목을 지닌 어떤 존재자일 것이다. 그런데 '함(doing)'이라는 동사의 주어는 정의 규정인 '각자 자신의 것을 함(doing one's own)'이라는 재귀적 어귀에서 '각자 자신의(one's own ; to ta hautou)'라는 부분에서 '각자(one ; hautou)'라는 표현이 지칭하는 바일 터인데, 이 지칭 대상은 국가가 아니라 개인이다. 따라서 위

문장에서 정의를 지닌 자, 즉 정의의 주체는 개인이다. 둘째, 개인 정의를 논하는 자리에서 적어도 간접적으로는 자신의 것을 함이 개인 정의의 규정임을 시사하는 문장이 있다(443c). 셋째, 자신의 것을 행함이라는 원리를 개인 또는 국가의 정의 규정으로 제시하며, 플라톤은 이 규정이 새로운 것이 아니라 전통적인 것이라고 주장하고 있다(433a, 433c).[2] 그런데 이 전통적 규정에서 '자신의 것을 함'이란 국가나 사회의 정의라기보다는 개인의 정의 규정이다.

이런 고려사항들에도 불구하고, 첫째, 상기 문장들이 위치한 전체적인 문맥, 둘째, 국가 내 개인들이 각자의 것을 함이 국가의 정의이며, 개인의 정의는 영혼의 부분들이 각자의 것을 함이라는 몇 군데에서의 명시적 언명, 셋째, 더욱 중요한 논거로서 개인 정의를 규정함에 있어 외적인 행위의 특성보다는 내적인 영혼의 상태에 주목하는 것이 옳다는 플라톤의 주장(443d)은 '자신의 것을 함'이라는 어귀가 개인 정의라기보다는 국가 정의를 규정하기 위한 것으로 보는 입장을 좀더 설득력 있게 한다. 하지만 '자신의 것을 함'은 개인 정의의 매우 중요한 측면이며 이는 곧 논의하도록 하겠다.

이상의 내용을 감안하여 다시 국가 정의에 관한 플라톤의 견해를 요약, 정리해 보자.

(1) 국가 구성원, 즉 시민이 각자의 것을 함이 국가의 정의이다.
(2) 각자의 것을 선택하거나 배분함은 각자의 본성을 기준으로 해야 한다.
(3) 정의는 국가의 어떤 상태일 뿐 아니라, 그 상태를 가능케 하는 어떤 힘이다.
(4) 정의는 국가의 탁월성(aretēn poleōs, 433e)을 실현함에 있어 지혜, 용

---

2) 다음 참조 : Havelock, 위의 책, pp. 223, 224.

기, 절제와 경쟁하나 그 기여도가 가장 크다.

(5) 지혜, 용기, 절제로 하여금 도시(polis) 안에 생겨나게 할 힘(dunamis)을 부여하며, 일단 생겨난 연후엔 이들을 계속 도시의 덕으로 보존한다(soterian, 433b).

(6) 국가 건설 초기에 제시되었던 분업의 원리와 동일하거나 또는 그것이 발전된 형태이다(433a, 443c). 그 분업의 원리는 정의의 그림자(eidolon), 초보적 형태 또는 원초적 형태의 정의 원리이다. 동시에 그 것은 일반인들도 쉽게 수락할 수 있는 전통적인 정의 규정이다.

### 개인 정의에 관한 규정들

개인 정의에 관한 플라톤의 언명들을 인용하고 그 요점을 정리하면 다음과 같다.

- 국가 정의에 대한 규정은 바로 개인 영혼의 정의에 대한 규정이 되어야 올바르다(434d, 434e, 435a).
- 개인의 정의는 국가의 정의와 똑같은 방식으로 성립한다(435a-b, 441d, 442d).
- 완전한 형태의 진정한 개인 정의의 원리는 내적으로, 즉 자기 자신 및 자신의 일과 관계하여 규정되어야 한다(443d).
- 개인 영혼은 국가의 세 계층과 기능적으로 유사한 세 가지 부분(eidē te kai ēthē, 435e ; ta tria eidē, 435c)으로 구성되어 있다.
- 개인 영혼 내부의 각 부분이 그 자신의 것을 행할 때, 그는 정의로운 자이며, 그는 그 자신의 일만을 수행하는(ta hautou prattein) 자이다(441e).
- 개인 영혼 내부의 각 부분들이 각자 고유의 일을 행하고 다른 부분의 직분에 관여하지 못하도록 해야 한다(447d, 443d).

- 개인 정의란, 스스로가 스스로를 지배하며(443d),
- 자신을 질서 지우고, 스스로에 대해 친구가 되며(443d),
- 영혼의 세 요소를 조화롭게 함께 묶어 다(多)로부터 모든 면에서 일자(一者)인 바가 됨이며(443d),
- 오직 그러한 자로서, 개인적·신체적·경제적·정치적 실천을 행하게 하는 것이다(443d-e).
- 정의로운 행위란 이러한 상태(hexin)를 산출하고 보존하는 행위이다(443e).
- 국가 건설 초기(369b 이하)에 제시되었던 바, 구두수선공은 본성상 다른 일을 하지 않고 구두를 수선함이 옳고, 목수는 목수일을 함이 옳다는 분업 원리는 정의의 모사물(eidolon) 또는 원초적 형태이다. 단 그 분업 원리는 정의를 외적으로 규정했음에 반해, 이제 진정 온전한 정의의 원리는 내적으로, 즉 그 자신과 그 자신에 속하는 것들과 관계해서 규정되어야 한다(443c-d).
- 우리가 제시한 개인 정의 규정이 옳은지는 통속적인 테스트(ta phortika)에 의해서도 확인할 수 있는데, 그 테스트란 위의 규정에 따라 정의로운 자가, 공금 횡령이나 착복, 불경, 절도, 배신, 반역, 서언(誓言)의 파기, 계약의 위반, 간통, 불효 등과 같은 악행을 행하는지 살펴보는 것이다(442e).
- 정의로운 자들은 결코 그런 악행을 하지 않으며, 그 이유(aition)는 개인 영혼의 각 부분이 지배와 피지배 관계에서 각자의 역할을 행하기 때문이다(443b).

이에 반해 불의란,

- 일종의 내란이다(444b).

- 영혼의 각 부분들이 서로의 기능에 간섭함이다(444b).
- 영혼의 부분들이 전체에 대해 반항함이다(444b).
- 영혼의 한 부분이 여러 기능을 수행하는 것이다(444b).
- 영혼의 불의는 모든 악행의 근원이다(444b).
- 그것은 신체의 병과 같이 영혼의 병이며, 반대로 정의는 정신의 건강함이다(444c).
- 정의는 영혼 각 부분의 본성에 준하여 지배와 피지배의 관계를 정립하는 것이며, 불의는 반대로 본성에 반하여 그 지배 관계가 엮어지는 것이다(444d).
- 영혼의 탁월함이나 훌륭함이란 영혼의 건강과 아름다움, 그리고 좋은 상태임에 반해, 영혼의 패덕이란 질병의 상태, 추함, 나쁜 상태이다(444e).

개인 정의에 관한 플라톤의 상기 언명들을 요약 정리하면 다음과 같다.

(1) 개인 정의는 국가 정의와 같은 방식으로 규정된다.
(2) 개인 영혼은 국가의 세 계층과 유사한 기능을 하는 세 구성요소로 구성되어 있다.
(3) 개인 정의는 개인 영혼의 세 부분, 즉 이성(logistikon), 기개(thumos), 욕구(epithumetikon)의 세 부분이 각자의 고유 기능을 수행하는 상태이며, 이런 상태에 이르게 하는 힘이요 원리이기도 하다.
(4) 이런 고유 기능의 수행은 각자 영혼의 본성을 고려하여, 세 부분 간의 지배와 피지배의 위계 질서적인 관계 속에서 이루어진다.
(5) 개인 정의 규정에서 진정한 준거가 되어야 할 것은 외적 행위가 아니라, 영혼의 내적 상태이다.

(6) 악행의 수행 여부에 의해 외적으로 개인의 정의로움을 판단함은 통속 적이요 피상적인 테스트이다,

(7) 영혼이 내적으로 조화롭고 질서 있는 자는 정의로운 자이며 그는 사회적으로 자신에 적합한 직분을 수행한다.

(8) 개인 정의란 영혼의 자기 통제, 내면의 위계적 질서와 조화, 자신의 고유한 본성에 따름, 내적인 아름다움, 다(多)로부터 일자(一者)에로의 통합성이다.


## 3. 정의 규정의 지형도

### 플라톤 정의관의 혁신성

국가 정의와 개인 정의에 관한 플라톤의 견해를 이와 같이 요약 정리해 놓고 볼 때, 몇 가지 주요 특징이 드러난다. 그는 국가나 개인의 경우 모두 양자의 내적 구조에 관한 이론을 전제하고 있으며, 정의의 내면성과 통합성을 강조하고 있다. 정의는 국가에서나 개인에서나 내적 구성요소들로 하여금 전체 속에서의 자신의 역할을 수행케 함으로써 국가나 개인 영혼 전체를 통합적으로 조직하는 힘 또는 원리이다. 정의란 이에 의해 전체를 구성하는 부분들 간의 내적 통합성과 위계적 질서, 내적 조화와 아름다움이 실현된 상태라고 말할 수 있다.

이렇게 국가와 개인의 정의에 대한 플라톤의 규정들을 정리해 볼 때, 몇 가지 해석상의 문제들, 그리고 철학적인 문제들이 제기된다. 이 문제들은 주로 플라톤이 국가와 개인의 정의를 규정하는 과정에서 언급한 다음의 주요 요소들과 관계가 있다. 그의 정의 규정에서 우리는 다음의 아홉 요소들을 분석해낼 수 있다.

(1) 영혼의 내적 구성요소들이 각자 고유의 기능을 수행함.

(2) 영혼 전체의 내적 조화.

(3) 개인이 자신의 본성에 적합한 것을 수행함, 즉 자신의 본성에 맞게 행위하고 살아감.

(4) 개인이 자신의 본성에 적합한 사회적 직능을 수행함.

(5) 개인의 정의로움.

(6) 각 계층이 전체로서 자신에 적합한 직능을 수행함.

(7) 국가가 전체로서 내적인 조화를 이룸.

(8) 국가적 기구, 가령, 국가 지도자, 법, 또는 제도의 정의로움.[3]

(9) 국가 전체의 정의로움.

플라톤의 정의 규정은, 현대적 견해는 물론 당시의 통상적 믿음과 비교해서도 주목할 만한 차이점을 갖고 있다. 당시 그리스의 일반적 정의 규정에 따르면, '디카이오쉬네(dikaiosunē)'는 평등, 공정, 그 자신의 것을 소유함을 의미했으며, 이는 'pleonexia', 즉 자신의 정당한 몫 이상을 가지려 하거나 소유하고 있음에 반대되는 덕목이었다.[4] 그리스의 'dikaiosunē'는 현대 서구의 'justice'보다 폭넓은 개념으로서 'justice'보다는 'morality'에 가까운 개념이되, 타인과의 관계에서의 도덕성(morality)이나 적절성(propriety)을 의미했다.[5] 이런 점을 고려할 때, 'dikaiosunē'는 아마도 'justice'나 '정의'보다는 'righteosnesss', '올바름', '적절함' 등으로 좀더 정확히 번역될

---

3) 이 계기에 관해서 플라톤은 『국가』에서는 거의 언급치 않고 있다. 이에 대한 논의는 후기의 『법률』편에서 이루어진다.

4) 그리스 정의관 일반에 관해서는 다음 참조 : Havelock, Eric, *The Greek Concept of Justice : From its Shadow in Homer to its Substance in Plato*, Harvard Univ. Press, 1978.

5) Annas, J., *An Introduction to Plato's Republic*, Clarendon Press, 1981, p.11.

수 있을 것이다. 당시의 일반적 규정에 따르면, dikaiosunē은 대타적 (對他的) 또는 사회적 함의를 지니는 개념이었고 어떤 특정의 행위, 타인과의 관계 양상을 처방하는 덕목이었다.

보다 폭이 좁기는 하지만 현대의 정의 개념 역시 대사회적 함의를 지니는 대표적인 덕목이다. 이는 개인의 덕목일 경우, 타인에 대한 행위의 공정성, 타인의 권리 존중, 불편부당성, 공정 무사함 등을 의미하는 개념이다. 국가의 덕목으로서 그것은 국민들의 권리 존중, 분배상태의 공정성, 절차의 합리성, 개인 삶의 환경인 사회적 관계의 어떤 특성, 그리고 이들을 확보해 줄 수 있는 법과 제도의 올바름을 의미한다.[6] 현대적 관점에서 볼 때, 정의란 개인적 차원에서는 타인과의 어떤 관계이며, 국가의 차원에서도 역시 국가구성원들 사이의 어떤 구조적 관계 방식이나 상태이다. 한마디로 현대적 정의관역시 대타적이며 구조적이다.

정의를 타인과의 사회적 관계에서 규정할 때, 그것은 필수적으로 그것의 소유 여부가 타인에 의해 경험적으로 확인될 수 있는 방식으로 규정되어야 한다. 그렇지 않으면, 한 사람이 정의로운지의 여부는 객관적으로 평가할 수 없을 것이다. 다시 말하면 정의로운 자의 내면적 정신 상태나 영혼의 상태 또는 행위의 동기가 아니라, 이들 내면적인 것이 원인이 되어 밖으로 나타난 결과로서의 행위나 상태에 주목하여 정의가 규정되어야 객관적으로 검증될 수 있다.

비단 정의와 같은 대사회적 정의가 아니더라도, 도덕적 덕목 일반은 행위나 활동으로 표출되게 마련이다. 그것들은 어떤 특정의, 구

---

6) 플라톤 정의관의 윤리적 성격, 반사법주의, 그리고 현대 정의론의 핵심 개념의 하나인 권리 개념의 부재에 관해서는 다음 참조 : Barker, E., *The Political Thought of Plato and Aristotle*, Dover Pub., 1959, p.118.

체적이고 경험적으로 확인할 수 있은 방식의 행위를 수행하는 경향성이라 말할 수 있고, 한 개인의 유덕함 여부는 그의 행위나 활동에 의해 평가 판단될 수 있어야 하며, 실제로 그럴 수 있다는 것이 상식이다. 이런 상식은 정의란 당연히 외적으로 관찰할 수 있는 어떤 행위의 방식으로 규정되어야 하리라 기대하게 한다. 이런 기대에 부합되게, 당시 그리스의 규정이나 현대의 정의 규정은 모두 중요한 특색을 공유한다. 이들의 정의 규정은 대타적이며, 대사회적인 방식으로 이루어졌다.

플라톤은 우리의 기대를 좌절시킨다. 그러나 바로 그런 점에서 그의 정의관은 혁신적이다.[7] 그의 정의관의 혁신성, 즉 내면주의는 그의 국가론에서 약연하게 나타난다. 그의 국가론에는 법과 제도에 관한 논의가 거의 없다. 좋은 국가의 실현에서 중요한 것은 주도면밀하고 오랜 기간에 걸친 교육과정과 철인왕의 이념이었다. 그의 정의 규정에 따르면, 개인의 정의란 영혼의 각 부분들이 자신의 역할을 행함으로써 내적 조화를 이룸이며, 국가의 정의란, 국가의 세 계층이 각자의 적임(適任)을 수행함으로써 내적인 질서와 조화를 이루어 다적(多的)인 혼란에서 일자적(一者的) 통합성에로 나아감이다. 그의 정의 규정은 개인이나 국가의 경우, 모두 대자적(對自的)이고 내면적이라 평가할 수 있다.

물론 개인 영혼의 내적 조화는 각자 적임의 수행이라는 형태로 외화되며, 국가 전체의 조화는 각 계층이 적임을 수행하여 타 계층과

---

7) 이 점을 지적한 문헌으로는 다음들 참조 : Guthrie, W. K. C., *A History of Greek Philosophy*, Vol. 4, Cambridge Univ. Press, 1962-1982, p. 475 ; Havelock, 위의 책, p. 321 ; Annas, J., *An Introduction to Plato's Republic*, Clarendon Press, 1981, p. 118ff. ; Vlastos, G., "Justice and Happiness in the *Republic*", in Vlastos ed., *Plato* vol. II, Doubleday, 1971.

올바른 관계를 유지함에서 온다. 그러나 플라톤은 올바른 정의 규정이란 내면적이어야 한다고 명시적으로 언명하고 있으며(443d), 외적으로 어떤 행위를 하느냐에 의해 정의 여부를 평가함은 통속적 검사방법이라고 비판하고 있다(443b). 정의의 실현에서 일차적이며 본질적인 것은 개인으로서는 영혼의 내적 조화이기에, 적임의 선택 수행은 이에 대해 이차적이고 부수적인 귀결일 뿐이다. 국가의 정의 역시 개인이나 계층이 자신의 본성을 좇아 자신의 일을 수행함이며, 타인과의 조화로운 관계를 정립함은 이의 부수적인 결과라는 인상을 강하게 주고 있다.

이처럼 대자적이고 내면적인 규정은 다음의 점들을 고려할 때 더욱 기대 밖이다. 플라톤은 개인의 정의를 논하되, 그가 논하는 것은 고도(孤島)나 수도원에서의 개인의 정의가 아니라 폴리스, 국가 내에서의 개인 정의이다. 그는 폴리스적 삶이 개인 정의 실현에, 그리고 개인의 삶의 이상 실현에 어떤 본질적인 역할을 할 것임을 시사하고 있다. 이런 점들을 고려할 때, 그의 내면적이고 대자적인 정의는 더욱 우리의 궁금증을 유발한다. 많은 평자들이 지적하듯이 그의 정의가 혁신적이라 한다면, 그런 혁신성의 내용은 무엇이며, 그것은 현대적 정의관을 확립함에 무엇을 시사한다고 할 수 있을 것인가?

## 왜 정의의 덕이 추가로 필요한가?

위의 첫번째 질문과 긴밀한 연관 하에서 다음의 두번째 질문이 제기된다. 플라톤은 인간의 영혼이나 국가 모두 내적으로 세 부분에 의해 구성되어 있다고 본다. 그것들은 이성적 능력, 기개(氣槪)적 요소, 소유적 욕구의 부분들이다. 첫번째 능력은 진리와 지혜를, 두번째는 승리와 명예를, 그리고 세번째는 물질적이고 경제적인 재화를 추구한다. 이성은 진리를 지향하며, 기개는 위험한 상황에 대처케

하고, 소유욕은 재화나 물건을 욕망하고 생산케 한다. 플라톤의 다른 대화편 『티마이오스』에 따르면, 이성은 머리에, 기개는 가슴에, 그리고 소유욕은 배 속에 자리잡고 있다.[8] 이들의 각각은 도덕적 덕목 또는 인간적 탁월성을 성취할 수 있게 하는데, 이들 각자가 자신의 기능과 역할을 탁월하고 올바르게 수행함으로써, 이성은 지혜의 덕을, 기개는 용기의 덕을, 그리고 소유욕은 절제의 덕을 이룰 수 있다. 영혼의 세 부분에 대응하여, 국가 역시 세 계층으로 구성된다. 이성적 집단, 기개적 집단, 소유 지향적 집단이 그들이다. 이들은 각자의 기질과 능력에 따라, 각각 지도자, 전사, 생산자의 역할을 담당하며, 이들 역시 각각 지혜, 용기, 절제의 덕을 발휘해야 한다. 지도자는 국가의 머리, 전사는 국가의 가슴, 그리고 생산자는 국가의 배이다.

이제 우리의 두번째 물음은 다음과 같다. 개인 영혼의 각 부분들이 각자의 역할을 수행하여 고유한 덕목을 성취하면, 영혼은 내적 조화와 통합성을 이룰 수 있을 터인데, 왜 정의의 덕이 추가로 필요한 것인가? 국가의 경우도 역시 세 계층이 각자의 적임을 행하여, 지도자로서의 지혜, 전사로서의 용기, 그리고 생산자로서의 절제의 덕을 발휘하면, 그것으로 국가는 조화롭고 통합적인 전체가 될 것인데, 왜 정의의 덕이 추가로 필요한 것인가? 이 물음은 정의의 기능과 역할에 관한 것이며, 아울러 정의와 다른 세 덕 간의 관계에 대한 검토를 요청한다.

### 국가와 개인 간의 관계

플라톤의 정의 규정에 관한 세번째 물음은, 국가 정의와 개인 정의

---

8) *Tim.* 69d–72d.

에 관한 것이다. 양자는 상호 무관한 것일까? 국가 구성원인 개인들이 정의롭더라도 국가 전체는 불의할 수 있는 것일까? 그리고 역으로 국가가 전체로서 정의롭다 하더라도 개인들은 불의할 수 있는가? 현대적 정의관, 가령 정의를 국가 내에서 재화의 공정한 분배 상태나 법의 공정한 입법과 수행으로 보는 정의관에 따르면, 개인의 의로움과 국가의 정의로움은 상호 무관하다. 현대의 국가관에 따르면, 국가는 본질적으로 개인의 도덕적 삶에 외면적이기 때문이다.

이런 견해를 대표하는 입장이 자유주의적 국가관인데, 이 진영의 철학자들로는 롤즈와 노직을 들 수 있다. 이들은 국가의 기본 권한과 정의 원리의 기능은, 개인들이 자유롭게 형성한 각자의 가치관을 최대한 실현할 수 있도록 재화들을 공정하게 분배하고 개인의 권리 영역을 보호하는 데에 있다고 본다. 이런 관점에서 그들은 국가와 사회를 구분하고, 전자는 인간들의 외적인 관계를, 후자는 내적이고 문화적 도덕적 관계에 관여한다고 본다.

플라톤의 국가관을 이해하기 위해서는 국가 발전에서 세 단계를 구분할 필요가 있다. 우선 자연상태의 불편을 해소하기 위해 개인들이 계약을 맺음으로써 최초의 국가가 등장한다. 이런 국가에서는 개인들이 각자의 기능을 발휘해 분업과 협동을 통해 삶의 기본적인 필요를 충족시킨다. 다음 단계는 점차 인간관계가 복잡해지고 재화가 풍족해지면서 문화적 활동과 축제 등의 즐거움, 그리고 고통이 공존하는 현실세계의 국가이다. 어느 정도의 풍요가 이루어졌지만 상당히 무질서하며 비합리적인 상태의 국가이다. 세번째는 두번째 국가의 문제를 해결하여 정의를 실현한 이상국이다. 플라톤이 『국가』에서 그리고자 하는 국가의 모습이다. 이들의 각각을 우리는 플라톤의 어휘를 빌려 '돼지들의 국가', '열병 들린 국가', 그리고 '정의로운 국가'라 부를 수 있다.[9]

이미 지적한 바와 같이 현대의 자유주의 정치철학자들은 국가와 사회를 구분한다. 플라톤의 구분에 따르면, 현대적 의미의 국가는 경제 사회적 재화의 분배를 주 업무로 한다는 점에서 그가 '돼지들의 국가'라고 부른 초기 형태의 국가일 것이고, 현대적 의미의 사회에 가까운 조직은, 이상국을 논하는 마지막 단계의 국가일 것이다. 플라톤에게 국가는 본질적으로 윤리적 존재이므로, 현대적 의미의 경제 사법적 국가는 그의 관심 대상이 아니다. 헤겔은 국가를 시민사회와 구분하고 있는데, 그의 시민사회는 플라톤의 제1국가에, 그리고 국가는 플라톤의 제3국가에 해당한다. 플라톤이나 헤겔 모두 국가를 윤리적 존재로 보는 점에서 동일하다.

이런 비교에 근거해 우리는 다음의 도표를 그릴 수 있다.

| 구분 | 플라톤 | 헤겔 | 현대 자유주의 |
|---|---|---|---|
| 경제 · 사법적 존재 | 제1국가(돼지들의 국가) | 시민사회 | 국가 |
| 윤리 · 존재론적 존재 | 제3국가(정의로운 국가) | 국가 | 사회 |

플라톤의 경우 국가는 개인의 도덕적 삶에 대해 어떤 의미를 지니는가? 그가 제시한 국가와 개인 영혼 간의 유비관계는 그가 언명한 대로 단지 개인 정의의 규정을 찾기 위한 방법적 장치에 불과한 것일까? 아니면 그 유비는 양자의 본질적 관계를 시사하는가? 후자라

---

9) 제1의 국가는 최소한의 필수적인 국가(anangkaiotatē polis, 369e) 또는 돼지들의 국가(huon polin, 372d), 제2의 국가는 열병 들린 국가(phlengmainousa polis, 372e), 그리고 이 제2의 국가를 정화하고 등장하게 되는 제3의 국가는 정화된 국가(diakathairontes, kathaipōmen, 399e)이다. '돼지들의 국가'라는 플라톤의 표현은 폄하적인 것이라기보다는 인간 생존의 기초적인 필요를 위해 생겨났다는 의미의 사실 기술적인 것이다.

면 개인 정의의 실현은 국가 정의의 실현에 필요조건인가, 아니면 충분조건인가? 그리고 국가 정의 실현은 개인 정의 실현에 어떤 기여를 하는가? 양자의 관계는 일방적인가, 쌍방적인가? 국가의 존재, 그리고 개인의 국가적 삶, 공동체적 삶의 영위는 개인의 삶에 외면적인가, 내면적인가? 필자는 국가적 삶이 개인의 도덕적이고 존재론적 삶에 대해 갖는 의미를 염두에 두고 이런 물음들에 대한 해답을 모색해 보겠다.

## 정의의 존재론적 의의

마지막 네번째 물음은 세번째와 긴밀하게 연관되어 있다. 그 물음은 국가 정의와 개인 정의가 지니는 존재론적 의의가 무엇인가 하는 것이다. 플라톤은 근본적으로 존재론자이며, 그는 윤리적 문제나 정치철학적 물음들에 대한 답을 존재론적 좌표대 위에서 찾으려 했다. 『파이돈』에서 올바른 삶의 모습은 존재세계의 정관을 목표로 하는 정화된 사려(phronēsis)의 삶이었으며, 『향연』에서 그가 제시한 길은 아름다움 자체에 대한 끊임없는 열정인 에로스의 삶이었다. 진정한 존재자들인 이데아에 대한 인식이 그가 제시하는 이상적 삶의 목적으로 설정되어 있었다.

『국가』에서도 역시 도처에서 진정한 존재에 관한 사색과 토론이 전개되고 있는데, 이는 그의 국가론이나 정의론이 존재론적 지평 위에서 전개되고 있음을 시사한다. 하지만 플라톤은 정의란 인간의 가장 중요한 탁월성으로서, 인간의 잘 삶(eu prattein, eudaimonia)[10]을

---

10) 『국가』의 마지막 어귀가 'eu prattein'이라는 사실에 주목할 필요가 있다. 이는 그의 정의론과 국가론의 핵심적 주제가 인간의 '잘 삶'임을 시사한다. 'eu prattein'의 명사형인 'eudaimonia'는 흔히들 '행복'으로 번역하는데, 이는 앞에서 지적한 바와 같이 오역이다. 그것은 잘 삶, 인간적 탁월성을 발휘하는 활동, 또는 그를 통해 이른 상태이다.

가져다 줄 덕목이라 선언하고 있음에도, 이런 정의를 규정함에서는 존재나 이데아에 관해 언급치 않고 있다는 점이다. 왜 그럴까? 개인의 것이건 국가의 것이건 정의의 덕은 이제 더 이상 존재론적 의미를 지니지 않는가? 아니면 그 반대일까?

## 4. 정의의 내면성과 사회성

### 정신의 진화

이제 위의 네 물음들에 대한 해답을 모색하여 보자. 본 장에서는 첫번째 질문에 대해서만 논의하고, 다른 세 가지 물음은 다음 장에서 그 답을 구하도록 하겠다. 이 해답을 모색함에 있어, 필자는 플라톤의 명백한 언명이나 묵시적 시사뿐 아니라, 그의 내면적 논리까지도 드러내보려 한다. 고전에 대한 생산적 연구방식은 단지 그 텍스트에만 집착하는 것이 아니라, 보이지 않는 근저의 논리까지도 탐색하여, 그것의 설득력을 찾는 것이라 생각한다. 필자는 설사 플라톤이 직접적으로나 간접적으로 언명, 시사하지 않았더라도, 그를 대신하여 논리를 전개하고 그의 주장을 옹호하는 입장에서 플라톤의 주장을 해석하겠다. 고전을 읽는 주요 이유는 현대적 관점에서 비판하는 것이 아니라 그 사상을 이해하고, 새로운 시각과 사유틀을 드러내어 현대인의 사유 지평을 넓히는 데에 있다.

플라톤은 왜 내면적이고 대자적으로 정의를 규정했는가? 우선 내면적 규정의 지성사적 의의를 지적할 필요가 있다. 현대인들에게 주체, 자아, 자아의 내면, 정신적 세계, 행위 주체, 의지, 자유 등의 개념은 익숙함을 넘어서 인간의 기본적인 사유 범주가 되어 있다. 뿐만 아니라 우리는 이런 개념들을 거의 선험적인 것이거나 생득적인 것이라고까지 생각한다. 자아와 주체, 내면적 정신세계, 의지, 자유 등은 인간의 본질적 특성으로서 인간이 존재하면서부터 주어져 있는 것이라는 것이 우리 모두의 믿음이다.

이런 믿음은 일종의 창조론적 사고이다. 창조론이란 간단히 말해서 인간이 태초에 신에 의해 창조되었다는 견해이다. 그런데 이 믿음은 나아가 피조된 인간이 단지 생물학적 의미의 자연종에 그치는 것이 아니라, 현재의 인간이 지니고 있는 주요 기본 특성들을 천부적으로 부여받은 피조물이라는 믿음을 포함한다. 이런 견해는 수정될 필요가 있다. 인간은 생물학적으로 진화사의 과정을 거쳐온 자연종일뿐 아니라, 심적으로도 오랜 정신사의 과정을 거쳐온 역사적이고 시간적인 존재이다. 아마도 우리는 인간이라는 자연종을 등장시킨 자연사와, 인간의 정신을 부상하게 한 역사, 문화사, 정신사, 또는 언어사를 구별할 필요가 있을 것이다. 인간의 정신, 그리고 정신을 구성하는 주체성, 자아, 의지, 자유 등은 정신사의 긴 과정에서 형성되어 인간의 일부로 취득된 개념들이다. 이런 지성사적인 관점을 취할 때, 플라톤이 활동했던 2400년 전 정신세계의 풍경은 근현대인들의 그것과는 사뭇 달랐을 것이라는 점을 유념할 필요가 있다.

플라톤 이전인 기원전 8세기경의 호메로스 시대를 생각하여 보자. 호메로스의 작품은 아마도 서구 정신사에서 남아 있는 문헌으로서는 최고(最古)의 것일 것이다. 이들에 대한 로드(Rhode), 브루노 스넬(Snell), 버낭(Vernant)[11] 등 지성사가들의 연구에 따르면, 우리가 거의

---

11) Rhode, Erwin, *Psyche : The Cult of Souls and Belief in Immortality among the Greeks*, Harper & Row, 1966(1925) ; Snell, B., *Die Entdeckung des Geistes*, Göttingen, 1955 ; Vernant, J. P., *Myth and Society in Ancient Greece*, Methuen, 1980 (불어본 1974) ; Vernant, J. P., *Myth and Thought among Greeks*, Routledge and Kegan Paul, 1983.

원초적 개념이라 생각하는 신체라는 개념도 당시에는 없었다고 한다. 그리스어에서 '신체'에 해당하는 어휘는 'soma'인데, 이 어휘가 호메로스 시대에는 아직 신체라는 의미를 지니지 않았다. 그 당시에 그 어휘는 '신체'가 아니라 흥미롭게도 '시체'를 의미했다. 신체라는 개념이 등장할 수 있기 위해서는 신체 각 부분과 그 기능들 간의 통합성이 인지되어야 하는데, 호메로스 시대의 인간들은 인간이 죽은 후에야 비로소 육신을 지닌 존재로서의 인간을 통합적 존재로 파악할 수 있었다는 해석이 가능하다.

신체가 그러하니 정신의 경우는 더 말할 나위가 없다. 후에 영혼이나 정신을 의미하게 되는 'psuchē'는 호메로스 시대에는 숨, 엷은 공기, 생기 등을 의미했다. 그것은 물질과 대조적인 존재가 아니라, 일종의 미세한 물질, 신체에 생기를 불어넣는 물질이었다. 생명체의 죽음이란 무엇의 소멸이 아니라, 신체로부터 생기가 빠져나가 대기 중으로 되돌아가는 현상을 의미했다. 호메로스 시대에는 아직 영혼이나 정신의 개념이 형성되어 있지 않았다.[12] 호메로스에 따르면, 인간의 영혼은 자연에서 나와 자연으로 돌아가며, 영혼(psuchē)과 자연(phusis)은 연속적이고 동질적인 존재였다.

좀더 가까이 자연철학자들의 시대에 와서도 사유주체나 도덕적 주체는 물론 행위주체로서의 영혼 개념은 아직 확립되지 않았다. 헤라클레이토스나 아낙사고라스 등에서 그런 개념을 형성하려는 노력이 보이기 시작하지만 아직 행위주체, 자아, 사유주체 등을 논의하기에는 미흡한 단계였다. 이런 상황에 대한 불만은 소크라테스의 자

---

12) 호메로스 시대의 영혼 개념에 관해서는 앞의 각주 11)의 저서들, 그리고 다음의 문헌 참고 : Furley, D. J., "The Early History of the Concept of Soul", in Irwin, T. ed., *Philosophy before Socrates*, A Garland Series, 1995 ; Dodds, E. R., *The Greeks and the Irrational*, The Univ. of California Press, 1951, pp. 138-142.

서전적인 대화에서 드러난다. 플라톤은 『파이돈』 95a-102a에서 소크라테스의 지적 편력에 관한 이야기를 전하고 있다. 그의 스승은 우주에 대한 자연철학자들의 자연적 물리적 설명에 미흡함을 느끼던 중, 아낙사고라스의 저서에서 'nous'라는 개념을 만나 큰 기대를 품게 된다. 소크라테스는 이를 통해 자연과 인간 현상에 대한 기계적이고 물리적인 설명을 넘어서서 목적성이나 의도성 등을 고려하는 진정한 설명을 들을 수 있으리라 생각했다. 그러나 아낙사고라스는 이런 기대를 충족시켜 주지 못했다는 것이다. 이에 그는 그 자신의 설명 모델을 추구하게 되었다고 전한다.

### 행위의 내면성

소크라테스 이전의 인간은 아직 고유의 내면세계를 지닌 존재, 행위를 결단할 수 있는 행위주체, 자유로이 결정하고 책임을 지는 존재가 아니었다. 대략 기원전 5세기에서 4세기까지의 고전기 그리스인들은 자신들을 자유로운 존재로 규정하기는 했으나 그들의 자유는 의지의 자유 또는 내면적이고 정신적인 원리라기보다는 정치적인 신분을 나타내는 개념이었다. 인간이 인식 주체나 행위주체일 수 있다는 인간관은 소크라테스를 거쳐 플라톤에 의해 확립된 것으로 보인다. 소크라테스가 아테네의 시민들을 대화의 상대로 삼았다는 사실은 실로 혁명적이라 할 수 있다. 이전의 시민들은 시인, 제사장, 정치가, 현인들로부터 진리나 삶의 길을 일방적으로 전수 받는 수동적 존재였다.[13] 진리는 후자의 소수인들에게만 열려 있었다. 이전의 정신적 지도자들은 시민들을 탐구할 수 있는 인식 주체로 간주하지도 않았고, 할 수도 없었다. 그 때에는 탐구나 인식의 이념도 없었으

---

13) 다음 참조 : Detienne, M., 위의 저서.

며, 일반 대중들이 탐구할 수 있는 능력을 지니고 있다고 생각되지도 않았기 때문이다. 이제 소크라테스에 의해 그의 동료 시민들은 주체적 정신이나 사유의 능력을 지닌 존재로 간주되기 시작했다. 즉 진리와 삶의 길을 함께 모색할 수 있는 탐구와 인식의 주체로 대접받기 시작한 것이다.

플라톤의 내면적 정의 규정은, 인간이 이제 내면성을 지닌 존재, 그것도 통합성과 단일성을 이룰 수 있는 그런 내면세계를 지닌 존재로 파악되기 시작했음을 의미한다. 그 이전에 개인은 집단의식[14]에서 미분화된 존재, 그 집단성의 일부인 존재였다. 고대사회에서 개인을 사회나 집단의식에서 분리하여 생각하는 것은 힘들었다. 고대 그리스에서도 개인의 개념은 있었으나 그들의 정신이나 의식은 근대적 개인의 그것과는 달리 아직은 개성적인 특질, 개인으로서의 사적 공간(privacy), 고유의 인생관이나 가치관을 지닐 수 있는 그런 고유하고 특수적인 개인의 수준에 이르지는 않았다. 그러나 소크라테스와 플라톤에 의해 이런 정신의 단계에서 한 단계 도약이 이루어져 비로소 개인의 의식과 정신세계가 분리 확립되기 시작한 것이다. 정의 개념에 대한 내면적 규정이 혁신적이며, 실로 혁명적이라고까지 평가할 수 있는 것은 바로 이런 이유에서이다.

근대 이후 개인의 개념이 단단하게 내실을 갖추게 되면서부터 도덕적 덕목들은 내면적으로만 규정되는 경향이 있다. 이런 경향은 칸트의 동기주의나 내면주의적 도덕에 의해 확고하게 자리잡게 된다. 행위의 본질은 주체가 관여했느냐(행위주체성, agency)의 여부에 있다. 즉 주체의 내면적 동기가 원인이 되어 행위가 수행된 경우에만

---

14) 호메로스 시대의 정신이나 의식은 집단적인 것의 일부로서, 그것의 존재양식은 우리가 그속에 거주하는 대기와 같은 것, 물고기에게 물과 같은 방식으로 존재했을 것이다. 공감적 연속체와 같은 것.

진정한 의미의 행위가 이루어졌다고 볼 수 있다. 이 동기가 행위의 존재론적 근거이고, 동기는 이성적인 것(reason)이므로, 행위의 본질을 구성하는 것은 이유요 이성이다. 인간의 모든 의도적 행위는,[15] 비합리적인 경우까지도 이성적이라 생각되기에 수행된다.[16] 이런 행위관에 따르면, 행위는 본질적으로 내면적이며 대자(對自)적일 수밖에 없다. 행위주체는 고독하다. 그는 진정으로 주체적일 수밖에 없다. 행위는 심적인 성격을 지니므로 행위의 공간은 사유공간이며, 그는 그의 사유공간 속에서 홀로 존재한다. 행위 일반이 이러함에야, 정의를 포함한 도덕적 행위에 대한 규정은 더 말할 나위 없이 내면적이고 대자적일 수밖에 없다.[17]

도덕적 행위의 본질을 내면적인 것으로 볼 때, 도덕적 행위의 사회성을 간과하게 되며, 그 결과 중요한 실제적이고 논리적인 문제점을 안게 된다. 이미 지적한 바와 같이, 정의에 대한 내면주의적인 입장은 사회성을 정의에 대해 우연적인 것이게 한다. 개인이 자기 영혼 내부에서 위계적 조화를 실현하고 이에 따라 자신의 본성에 맞는 일을 행함으로써 정의로울 수 있다면, 고도(孤島)의 로빈슨 크루소도 정의로울 수 있을 것이다.[18] 한 개인이 공동체에 거하며 사회적 관계

---

15) 비의도적 행위는 엄격한 의미의 행위가 아니다. 그런 것은 단지 '행태'나 '동작'이라 불린다.

16) 데이비슨은 비합리적 믿음마저도 합리적 성격이 있다고 논한다 : Davidson, D., 'Rational Animals', (1982), in Davidson, D., *Subjective, Intersubjective, Objective*, Clarendon Press, 2001,

17) 도덕적 행위의 내면성과 외면성의 요청, 또는 은폐성과 비은폐성의 요청 사이에 대한 긴장관계는 『국가』 2권 귀고스(Gygos)의 신화에 잘 나타나 있다. 이에 대한 논의는 다음 참조 : 남경희, 「귀고스의 반지─도덕적 행위의 은폐성과 비은폐성」, 『서양고대철학의 세계』, 1992, 서광사.

18) 여기서 로빈슨 크루소는 문화세계에 살다가 배의 좌초로 무인도에 표류하게 된 개인이 아니라, 애초부터 무인도에서 태어나 살게 된 개인이라 상정하자. 늑대소년과 같은 존재. 물론 생시부터 고도에서 성장하면, 그의 이성과 사고력조차 계발되지 않겠

를 맺느냐의 여부는 그의 정의 실현 여부에 별로 영향을 미치지 않는다. 개인의 사회적 관계는 정의 실현에 대해 우연적이며, 정의는 전혀 사회적 덕목이 아닐 것이다. 뿐만 아니라 우리는 개인의 영혼을 들여다볼 수 없으므로, 그 개인이 정의로운지의 여부는 객관적으로 판정할 수 없으며, 개인의 정의 실현은 각자의 주관적인 판단에 맡겨 수행, 평가될 문제이다.

국가 정의는 국가 구성원 각 개인이나 계층이 각자의 일을 하고 그리하여 국가 전체의 내적 통합성을 성취함으로써 실현될 것이다. 그러나 문제는 각자가 과연 제 일을 하는지의 여부는 각자만 알 수 있을 것이니, 국가 정의의 실현은 어쩌면 자의적(恣意的)일 수도 있는 개인의 주관적 판단에 맡겨질 수밖에 없을 것이라는 점이다. 나아가 개인이나 계층이 자신의 본성에 따라 각자의 일을 함이 어떻게 국가 전체의 내적 통합성을 결과할지도 어려운 문제로 남는다.

### 행위의 외면성과 기술의존성

이런 문제점들을 피하기 위해 정의를 외면적이고 대타적으로 규정하면 어떨까? 외면주의적 정의관이나 윤리관은 더 심각한 난점을 안긴다. 인간의 행위는 어떤 구조를 갖추고 있는가? 행위란 그 원인이 외부에 있는 수동적 신체 동작과는 달리 행위주체가 원인이 된 사건이다. 행위주체는 내면적 동기를 품고, 의지의 발휘에 의해 이 동기를 신체적 동작으로 표현한다. 그런데 하나의 동일한 동기는 상황에 따라 여러 다양한 동작을 귀결할 수 있으며, 설사 그것이 하나의 동작을 결과하더라도, 이 동작이 일어나는 사회적 문맥이나 관찰

---

으나, 설사 사고력이 계발된다고 가정하더라도 그가 윤리적으로 완결된 삶, 즉 정의로운 삶을 살기 될지에 대해선 부정적이다.

자의 관점에 따라, 동일한 신체 동작이 여러 가지 행위로 기술될 수 있다. 나아가 그 한 동작은 경험계 내의 사건으로서 다른 사건을 연쇄적으로 유발하므로, 관찰자는 그 동작을 유발된 사건들과 연관해서 기술할 수 있으며, 이런 점에서 역시 하나의 동기가 여러 다른 행위로 인식될 수 있다. 행위의 동기는 하나의 일자(一者)이나, 그 외적 표현인 동작이나, 이에 대한 타인의 인식 및 기술방식은 다적(多的)일 수 있다.

이와 반대로, 하나의 단일한 동작이나 그에 대한 하나의 기술은 여러 다양한, 그리고 심지어 상반되는 동기의 결과일 수 있다. 자선의 행위를 했으되, 그것은 진정한 동정심에서 우러난 이타적인 것일 수도, 남의 칭찬을 얻기 위한 이기적 동기에서 비롯한 것일 수도 있다. 표면은 타인들에 의해 객관적으로 기술될 수 있으나, 내면은 보이지 않는다. 표면과 내면은 다르다(表裏不同). 그뿐인가? 표면은 내면을 숨기고 있다. 행위의 표면과 이면 간의 차이와 그 윤리적 함축에 관해서는 플라톤이 이미 귀고스의 반지에 관한 신화를[19] 통해 예리하게 지적한 바 있다.[20] 현상과 실재, 거짓과 진실, 믿음과 인식, 지와 무지, 그리고 감각에 주어진 것과 이성에 주어진 것 간의 구분은 기본적으로는 표면과 이면, 보임과 보이지 않음의 구분에 기초한다.[21]

한마디로 행위에서 그 내면적 동기, 이의 외면적 표현인 동작, 이를 둘러싸고 있는 환경, 그리고 그 동작에 대한 타인의 기술들이라는 네 요소 간에는 법칙화할 수 있는 관계, 가령 필연적이거나 인과

---

19) 이에 관해서는 필자의 앞의 논문 참조.
20) *Rep.* 359a 이하.
21) 이런 구분은 인간이 사유하는 존재이며, 사유에 의해 세계를 인식하려 하기 때문에 생긴다. 사유하지 않는다면, 모든 것은 연속적이며, 표면과 이면의 구분, 실로 철학의, 아니 서구철학의 모든 중요한 이분법적 구분, 정신과 신체, 이성과 감각, 진실과 허위, 인식과 억견, 선과 악 등의 구분들도 함께 사라질 것이다.

적 관계가 존재하지 않는 것으로 보인다. 양자 간의 관계는 우연적이거나 정치·사회적 여건에 따라 결정되는 그런 관계이다. 한 동기가 어떤 동작을 유발할지, 그 동작이 상황과의 관계에서 어떤 후속의 동작을 귀결시킬지, 그리고 그 동작들이 사회적으로 어떻게 기술 평가될지는 확정적이지 않다. 이를 우리는 '행위 기술의 불확정성'이라 부르자.

한 동일한 동기가 여러 다른 행위로 기술될 수 있으며, 서로 다른 의도가 동일한 행위로 나타날 수 있다. 예컨대 진실을 말하려는 동기는 여러 가지 다양한 동작으로 표현될 수 있고, 이는 또 타인들에 의해 오해나 곡해 또는 올바로 이해되어 여러 방식으로 기술될 것이다. 역으로 진실을 말함으로 보이는 하나의 동일한 동작은 진실을 위한 것이 아니라, 타산적 동기에서 수행된 것일 수도 있을 뿐 아니라 실로 거짓을 위장하기 위한 것일 수도 있다. 행위의 동기를 행위의 내면성, 그의 표현인 신체의 동작을 그 외면성 또는 신체성, 그를 둘러싼 상황을 상황성, 그리고 타인에 의한 인식과 평가를 사회성이나 기술의존성이라 하자. 행위는 내면성, 외면성, 상황성, 기술의존성이라는 네 측면을 갖지만, 이들 사이에는 유감스럽게도 확정할 수 있는 관계가 존재하지 않는다.

### 내면성과 사회성의 조화

그래서 다시 도덕적 덕목을 내면적으로 규정하는 전략으로 복귀하게 되는데, 이때의 문제는 이미 지적한 바와 같이, 내면적 규정이 안을 수밖에 없는 비사회성과 자의성의 난점을 어떻게 해소할 수 있는가하는 것이다. 더구나 영혼의 내적 조화로서의 개인 정의가 어떻게 사회적 적임을 수행케 하며, 궁극적으로 국가 정의 실현에 기여하는가? 플라톤의 정의론은 이들에 답하기 위한 한 단서를 제공한다. 플라톤의 정의 규정은 이전과 달리 내면성을 주목했다는 점에서 혁명적이기도 하지만, 다른 한편으로 칸트 등과는 달리 도덕성의 전통적 사회성을 견지한다는 점에서[22] 근현대 정의론에 중요한 시사점을 제공한다. 우리는 우선 다음을 주목할 필요가 있다. 첫째, 영혼의 내적 조화를 위해서는 이성의 통제가 필요하다고 플라톤은 논한다. 둘째, 플라톤은 분명 정의 규정에서 외면성보다는 내면성을 강조하지만, 동시에 행위주체의 내면적 조화는 그 자신의 직무 수행과 사회적 적임의 수행이라는 형태로 표현된다. 이는 결국 국가 전체의 정의 실현에 직접 기여한다고 시사해 준다. 이 두번째 사항에 관해서는 나중에 상세히 논할 것이나, 이 자리에서도 간략히 언급하기로 하자.

정의의 실체는 영혼의 세 구성요소들 사이의 내적 조화인데, 이 조화는 구성요소들 간의 대등한 수평적 조화에 의해서는 이루어지지 않는다. 그것은 이성의 주도에 의한 위계적 조화 또는 수직적 조화를 통해 이루어진다. 이런 조화를, 그래서 정의를 이루기 위해서는 대략 다음의 세 가지 조건이 충족되어야 한다고 생각된다.

(1) 그 누구의 영혼에서건 간에 이성에 의한 영혼 전체의 통제와 주도.
(2) 각자가 영혼의 세 부분들 중 어느 요소가 가장 지배적인지를 인식함으로써 자기 영혼의 전체적 성격이나 본성을 규정함.
(3) 각 개인이 이 본성에 맞게 행위하고 살아감.

이 세 가지 요소를 충족시킴에서 주도적 역할을 하는 것은, 한 개인이 생산자나 전사 또는 지도자 중 어느 계층에 속하건, 그의 영혼

---

22) 이는 다음 장에서 논의할 것이다.

에서 이성의 부분이다.[23]

영혼의 정의는 이성에 의한 위계적 조화 또는 특성적 조화라 규정할 수 있으며, 이런 특성적 조화의 실현은 각자의 본성으로 나타나 각자에 적합한 행위 방식과 삶의 양식으로 표현될 것이다. 여기에서 우리는 플라톤이 정의를 어떤 특정의 상태나 행위로 기술하지 않고, '영혼 내면의 조화' 그리고 '각자의 것을 함'이라는 지극히 추상적이고 일반적인 방식으로 규정한 이유를 찾아볼 수 있다. 플라톤의 파악으로는 각 개인의 영혼 상태란 서로 다른 것이므로, 영혼의 어떤 특정 부분을 강조하며 획일적으로 기술하는 식으로 정의 규정을 제시하거나, 어떤 종류의 행위 양식을 정의로운 행위로 규정할 때, 그것은 각 개인 영혼의 내적 다양성과 차이를 무시할 수 있다. 그 결과 획일적 정의 규정은 비현실적이고 자율성을 유도해 낼 수 없는 행위 처방이 될 것이다.

도덕적 행위, 특히 정의의 실현에서 가장 중요한 것은 행위 주체의 내적 상태로서, 도덕적 행위란 내면적 영혼의 표현일 뿐이다. 도덕적 관점, 정의의 관점에서라도 모두에게 동일한 삶의 방식이 존재한다는 생각은 무리이다. 영혼의 차이만큼 다양한 삶의 방식이 존재할 수 있다. 그렇다고 해서 영혼의 현실을 그대로 수용하라는 것은 아니다. 모든 개인의 영혼은 이성의 통제를 받되, 그 통제는 강압적인 것이 아니라 각자의 특성을 살려 자율성을 유도할 수 있는 종류의 것이어야 한다.

그런데 행위란 상황의존적이고 기술의존적이다. 한 행위는 상황에 따라 다른 일련의 사건들을 유발할 수 있다. 한 개인이 영혼의 내

---

23) 영혼의 주도적 요소는 전체에 대한 통제권을 갖는 요소를 말하며, 지배적 요소는 그 영혼 전체의 특성, 적성, 본성(phusis)을 결정하는 요소를 이른다.

적 조화를 이루더라도, 상황이 여의치 않아 그 조화가 '각자 자신의 일을 함'의 모습으로 나타나지 않을 수 있으며, 더구나 각자의 일이 바로 '사회적 적임'이 되지 않을 가능성도 많다. 플라톤이 언급한 세 유형의 국가, 즉 돼지들의 국가, 열병 들린 국가, 그리고 정의로운 국가 중 두번째 국가의 상황은 전반적으로 무질서하며 비합리적이다. 이런 국가에서 개인들은 아마도 내면적으로는 영혼의 조화를 실현하여 정의로운 인간이 될 수 있을지 모르겠으나, 사회적 관계에서 정의로운 행위를 수행하기는 힘들 수 있다. 내면의 정의가 정의로운 행위로 외화되기 위해서는 상황의 합리성이 확보되어야 한다.[24]

상황이나 사회적 여건의 합리성을 확보해 주는 요소는 무엇인가? 그것은 지도자의 정의로움, 법과 제도의 정의로움, 그리고 개인들의 대사회적 의식일 것이다. 이들 요소는 다시 어떻게 마련되며, 이들과 개인 정의, 그리고 국가 정의 간의 관계는 무엇인가? 이 문제는 다시 논하도록 하겠다. 우선 우리는 영혼의 내적 조화로서의 정의를 논하면서, 플라톤이 염두에 둔 것은 로빈슨 크루소의 정의가 아니라 폴리스 내에서의 정의라는 점, 그런 점에서 영혼의 내면성은 폐쇄적 내면에서가 아니라 타인이나 상황과의 관계 속에서 논의되어야 한다는 점을 염두에 두기로 하자. 그리고 정의가 도덕성의 딜레마를 어떻게 해소해 줄 수 있을지에 대해서는 다음 장에서 논하겠다.

---

24) 플라톤은 행위와 동기의 관계를 쌍방적이라고 본다. 정의로운 행위는 정의로운 영혼을 만들기도 한다(485d 이하, 443d-444e, 588e-591e).

# 제12장

● ● ● ● ● ●

# 정의와 인간존재론 – 정의론 II

## 1. 균제적 원리로서 정의

### 아레테(aretē)의 개념

이제 11장에서 제기한 정의의 기능과 역할, 그리고 다른 세 덕과 정의의 관계에 대해 논의해 보자. 앞서 지적한 바와 같이 개인의 영혼은 세 부분으로 구성되어 있다. 세 부분의 각각이 절제, 용기, 지혜의 덕을 갖추면, 그것으로 영혼 전체는 조화를 실현하게 되는 것이고, 따라서 정의의 덕은 더 이상 할 일 없이 자리를 차지하고 있는 명목상의 덕목에 불과한 것이 아닐까?

이에 답하기 위해서 우리는 그리스적 덕의 개념을 올바로 이해할 필요가 있다. 통상 'virtue' 또는 '德'으로 번역되는 그리스어의 표현은 'aretē'이다. 이 개념을 원의에 충실하게 번역하면, '기능적 탁월성' 또는 '뛰어남'이라는 표현이 정확하다. 그리스인들에 따르면, 아레테는 현대적 의미의 윤리적 문맥에서보다는 기능주의적 맥락에서 사용되는 개념이다. 물론 소크라테스와 플라톤은 이 개념에 도덕적 성격을 주입하긴 했으나, 플라톤적 문맥에서도 이 개념은 여전히 기능적 색채를 강하게 지니고 있다. 그래서 플라톤은 『국가』 1권에서도(353a-b) 눈과 귀가 각기의 고유한 아레테(oikeian aretē, 353c)를 지니고 있다고 주장하며, 모든 것이, 심지어 칼까지도 아레테를 발휘할 수 있다고 시사한다. 사물들이 각자의 아레테를 결여할 때 각자의 기능 또는 일(ergon)을 수행할 수 없다. 플라톤이 도처에서(특히, 332d-333e) 정의의 유용성을 논하며, 정의는 일종의 기술(technē, 340c이하)이요 수단(353 c)이라고 주장하는 이유는 정의가 일종의 아레테이며, 아레테에는 기능적 의미가 담겨 있기 때문이다.[1]

### 개인 영혼의 정의

이런 이해를 배경으로 다시 질문을 던지자. 영혼의 세 부분 각각이 각자의 탁월함을 성취할 때, 그와 함께 영혼 전체의 내적 조화가 실현될 것인가? 아니면 어떤 조정이 필요한 것인가? 한 존재의 활동적 탁월성은 대타적(對他的)이 아니라, 대자적(對自的) 특성이다. 한 활동 주체가 자신의 탁월성을 성취하려면 무엇보다도 자신의 본성이나 장점이 되는 능력을 최대한 발휘해야 한다. 어떻게 그것이 가능한가? 영혼의 세 부분 모두가 각자의 고유 기능을 최대한 발휘한다면, 이들은 상호 갈등을 야기하여 오히려 영혼 전체로서의 특성이 드러나지 않음은 물론, 영혼의 분열까지 초래할 가능성이 있다. 바로 여기에서 정의의 역할이 요구된다. 영혼의 세 부분이 각각 타자와의 조화와 연관성 없이 각자의 일에만 열중할 때, 한 영혼에 사실상 세 주체가 존재하는 셈이며, 자신의 일에 몰두하는 과정에서 다

---

1) 덕목과 기술 간의 유비에 관해서는 Bambrough, R., "Plato's Political Analogies", in Laslett, P., ed., *Philosophy, Politics, and Society*, First series : A Collection, Blackwell, 1975.

른 요소의 영역을 침해할 수 있어 내적 갈등을 야기할 수도 있다. 특히 욕망의 경우, 그럴 가능성이 매우 크다.

개인 영혼이 전체로서 정의롭기 위해서는 영혼의 세 부분이 위계적 질서 속에서 각자 자신의 일을 행해야 한다. 정의의 원리는 바로 분열과 갈등을 방지하기 위해 덕들 간의 관계를 규제하고 조정하여, 3자 간의 위계적 관계를 정립시키는 균제적·통합적 원리이다. 이 원리가 가동되지 않을 때, 개인의 영혼이 정의로울 수 없음은 물론 지혜, 용기, 절제의 덕도 갖출 수 없다. 정의 원리가 발동할 때 비로소 영혼의 세 부분은 고유의 역할만 수행하면서도, 전체 연관적 의미를 지닐 수 있으므로 전체로서의 영혼은 지배와 피지배의 올바른 위계질서 속에서 일자적 통합성을 실현한다. 지혜롭기는 하나 용기가 없으며, 용기는 있으나 무절제한 영혼, 그리고 정의 없이 이 세 덕을 갖출 수 있는 영혼이란 없다. 이 네 가지 덕 또는 탁월함은 상호의존적이며 공존적이다.[2)]

이를 정리하면 이렇다. 정의는 ① 영혼의 세 부분 상호간의 대타적 관계와 각기의 역할을 조정하여 각자의 일을 수행하게 하고 타자의 역할에 관여하지 못하게 한다. ② 그리하여 전체적인 조화와 통합성을 성취하게 한다. 이런 조화로운 공존 속에서 각자의 일을 수행할 때에 비로소 영혼의 세 부분은 진정 각자의 고유한 일을 한다고 말할 수 있다. ③ 다른 한편으로 이 세 가지 요소 중 지배적인 요소를 드러내어, 각 영혼 전체 그리고 이를 소유한 개인의 본성(phusis)을 결정한다. ④ 개인으로 하여금 이 본성에 맞게 그 자신의 일과 삶의

---

2) 이에 관한 플라톤의 교설이 덕들의 통일론이며, 그는 『프로타고라스』에서 이에 대해 집중적인 논의를 한다. 다음 참조 : Irwin, T., *Plato's Moral Theory*, Clarendon Press, 1977 ; Vlastos, G., "The Unity of Virtues in the *Protagoras*", in Vlastos, G., *Platonic Studies*, Princeton Univ. Press, 1973.

방식을 선택케 한다. ⑤ 이와 동시에 다른 두 요소에도 영혼 내에서 제 자리를 지키며 각자의 기능을 발휘하게 함으로써, 욕망의 부분에서 절제를, 기개의 부분에서 용기를, 그리고 이성의 부분에서 지혜의 탁월성을 성취하게 한다. ⑥ 이렇게 해서 정의는 영혼이 전체로서 탁월성을 실현하게 한다.

이렇게 볼 때, 정의의 덕 또는 탁월성은 영혼 전체의 덕이다. 이에 비해 절제와 용기, 지혜의 덕은 국지적이다.[3] 나아가 정의는 다른 세 덕이 존재케 하는 데 결정적인 기여를 하므로, 그들의 존재 근거라고 말할 수 있다(433b). 영혼이 전체로서 온전성과 통합성을 갖추기 위해서는 영혼의 각 부분이 단지 자신의 고유 기능과 능력을 발휘하는 데에만 주력해서는 안 된다. 즉 욕망의 부분이 욕망 충족을 위한 생산에만, 기개의 부분이 위험에 대한 공포를 견인할 수 있는 강인함을 단련하는 데에만, 그리고 이성의 부분이 단지 이성적인 관조에 전념하는 것만으로는 부족하다. 이 세 부분은 영혼 전체의 구조적이며 조화로운 통합을 염두에 두어야 하며, 이런 전망 하에서 각자의 일을 파악하고 수행해야 한다. 이때 비로소 영혼 전체의 탁월성이 실현되는 것이다.

### 국가의 정의

국가의 경우는 어떠한가? 세 계층이 각각 고유의 일을 수행하는 것으로 국가 전체의 정의가 실현된다고 할 수 있는가? 어떤 점에서는 그렇다. 단 위에서 지적한 바와 같이 각자 고유의 일은 국가 전체의 조화로운 통합성과 구조적 온전성을 염두에 두고서 선택, 수행되

---

3) 절제의 덕 역시 영혼 전체에 해당하는 덕이기는 하나, 욕망의 부분에 특히 더 요청되는 덕이다. Annas의 위의 저서, p. 116 참조.

어야 한다. 이때 비로소 각자의 본성에 맞는 자신의 일과 삶의 방식이 동시에 사회적인 관점에서도 각자의 적임이 된다. 다시 말하면 욕망 추구적 집단은 단지 욕망의 충족만을, 명예와 승리를 추구하는 집단은 무사적 강건함만을, 그리고 이성이 우세한 계층은 홀로의 지혜로움만을 추구하는 것으로는 부족하다. 만약 그렇다면 그들은 국가 내의 생산자, 전사, 지도자가 될 수 없다. 기개의 집단과 이성의 집단은 사회적 의무의식을 느껴야 하는데, 이런 의식은 오로지 국가 전체의 구조 속에서 자신들의 위치와 역할을 파악할 때에만 형성될 수 있다. 각자의 본성에 맞는 일이나 생활방식이 사회적 적임이 되고, 사회적 의의를 지니기 위해서는 국가 전체 속에서의 자신의 지위를 이해하고 조정해야 한다. 이를 가능하게 만드는 것이 정의의 원리이다.[4]

정의의 원리에 따라 전체적 조망을 하고 이 조망 하에서 각 계층이 자신의 일을 선택 수행할 때, 각 계층은 자연스레 고유의 덕 또는 탁월함을 성취할 수 있다. 재화 추구적 집단은 절제의 덕을, 명예 추구적 집단은 용기의 덕을, 그리고 이성적인 자들은 지혜의 덕을 갖출 수 있는 것이다. 이때 각 집단은 한 국가 내에서 각각 생산자, 전사, 지도자라는 사회적 역할을 맡게 된다. 그리고 이 세 집단이 각자의 사회적 적임을 수행할 때, 국가는 전체로서 정의롭다. 각 계층이 고유의 덕을 구비하기 위해서는 국가 전체의 구조에 대한 조망이라는 조건을 필수적으로 충족시켜야 하므로, 각 계층의 덕은 그 자체로서 사회적이고 전체적인 의의를 지닌다.

---

4) 정의의 구조적 기능을 가장 강조하는 논문으로 다음 참조: 김남두, 「플라톤의 정의 규정고」, 조요한 외 저, 『희랍철학연구』, 종로서적, 1988.

## 동시론과 후행론

여기서 주의할 사항이 있다. 첫째, 정의의 원리가 기능하는 단계에 관해 두 가지 해석이 있을 수 있다. 하나는 후행론으로, 각 계층이 각각의 덕목을 구비케 된 후에 정의 원리가 실현된다는 해석이다. 다른 하나는 동시론으로 각 계층이 고유의 덕목을 실현하는 과정에서 정의 원리가 역할한다는 해석이다. 우리는 후자의 동시론적 해석을 택한다. 정의의 원리는 각 계층이 절제, 용기, 지혜의 덕을 구비하는 과정에서 이미 핵심적인 역할을 하며,[5] 이와 동시에 그 특정 계층의 덕목이 국가 전체의 덕목이 되게 한다.

후행론은 개인에서나 국가에서나 절제, 용기, 지혜의 덕이 정의 덕목의 도움없이도 형성되고 실현될 수 있음을 가정한다. 이 해석에 따르면, 전체의 유덕함은 부분의 유덕함을 필요조건으로 할지는 모르나 부분의 유덕함은 전체의 유덕함을 고려하지 않고도 구비될 수 있다. 즉 세 덕과 정의는 무관하다. 부분은 전체에 의존하지 않는다. 이에 비해 동시론적 해석은 다음을 전제한다. 첫째, 정의의 덕은 다른 세 덕의 존재 근거이다(세 덕의 정의에의 의존성). 둘째, 전체의 유덕함은 부분의 유덕함을 필수적으로 요청하지만, 부분의 유덕함 역시 전체를 고려하지 않고서는 성취될 수 없다(부분과 전체 간의 상호의존성).

어느 해석이 타당한가? 우선 후행론은 전거의 지원을 받지 못한다. 국가의 정의란 지혜, 용기, 절제의 덕들로 하여금 이들이 도시 안에 생겨나게 할 힘을 부여하며, 일단 생겨난 연후에는 이들이 계속 도시에 머물러 있게 한다(433b). 이 구절은 정의가 다른 세 덕의

---

5) 네 가지 덕의 실현은 동시적이고 상보적이다. 이점은 덕의 통일성 명제의 귀결이기도 하다. 네 덕 간의 이런 상보성, 상호의존성의 테제를 수락할 때, 비사회적 존재, 가령 로빈슨 쿠르소는 정의는 물론 지혜, 용기, 절제의 덕도 갖출 수 없다는 결론에 도달한다. 즉 그에게 덕, 인간적 탁월함이란 무의미하다.

존재 원인 내지 근거가 됨을 명시하고 있다. 나아가 후행론은 "국가 전체의 정의란 그 부분인 계층이 각자의 것을 함"이란 정의 규정과 배치된다. 이 규정에 따르면, 각 계층이 각자의 사회적 적임을 수행하기만 하면 국가는 전체로서 정의로울 수 있다.[6] 각 계층이 각자의 사회적 적임을 선택하고 수행함은 앞에서 논한 바와 같이, 국가 전체의 위계적 통합을 염두에 두어야 가능할 것이기 때문이다. 그런데 후행론적 해석에 따르면, 부분의 유덕함은 전체의 유덕함과 상관없이 존재할 수 있으므로 국가의 부분인 세 계층이 절제, 용기, 지혜의 덕을 구비하여 각자의 일을 수행하게 되더라도 국가는 아직 정의롭지 않을 수 있다. 후행론이 맞는다면, 국가가 전체로서 정의롭기 위해서는 각 계층이 각자의 일을 수행함에 더하여 추가의 조건을 충족시켜야 한다.

### 인간은 정치적 존재

주의해야 할 두번째 사항은 다음이다. 필자는 앞에서 각 개인이나 계층이 각자의 일을 수행할 때 국가 전체의 구조적 통합성을 염두에 두어야 한다고 해석했다. 그렇다면 왜 개인은 자신의 일을 선택함에서 자신의 내적 본성뿐 아니라 자신의 타인과의 관계, 그리고 사회 전체의 구조적 통합성까지 고려해야 하는가? 이 물음은 서두에서 제기한 국가 정의와 개인 정의에 관한 문제와 밀접히 연관되어 있다. 이점은 곧 상세히 논의하겠다. 국가적 삶은 개인들이 각자의 삶을 영위함으로써 이루어지는 것이며, 다른 한편으로 개인적 삶은 공동체적 전망을 지님으로써 비로소 존재론적이고 윤리적인 불완전성을

---

6) *Rep.* 441d–e, "우리 영혼의 구성요소들이 각자의 일을 할 때, 우리는 정의로운 자가 될 것이며, 우리 스스로 자신의 일을 하게 된다." 영혼의 구성요소들이 각자의 일을 함 → 영혼의 내적 조화 → 개인의 정의 → 개인이 각자의 일을 함.

극복할 수 있다. 개인은 결여적 존재로 태어난다. 개인이 개인으로서 부족한 것은 돼지들의 국가를 통해 보충할 수 있는 경제적 재화도 있을 것이나, 인간다움의 기준에 비추어볼 때, 더 핵심적인 결여 요인은 이성과 용기의 삶이다. 이것이 국가 구성의 단초이자 원리가 된다고 플라톤이 지적하고 있는 바 비자족성(ouk autarkia)의 실체이다.

　개인들은, 특히 생산자적인 계층의 개인들은 홀로서는 이 결여를 결코 메울 수 없다. 그들이 아무리 풍부한 경제적 재화를 소유하고 향유한다 해도 그들은 영원히 자연적 존재로 머물러 있다. 그들의 능력은 신체적·정서적인 욕망을 충족시키는 데에 그칠 것이기 때문이다. 국가적 삶에의 참여는 본성적으로 이성과 용기가 결여된 생산자들로 하여금 이성과 용기의 삶을 향유할 수 있도록 하며, 궁극적으로는 존재론적 상승의 기회를 누릴 수 있게 한다. 폴리스에서의 삶은 개인으로 하여금 자연적 차원에서 윤리적 지평에로 이행하게 하여 새로운 차원의 삶을 영위토록 한다. 그러므로 개인이 자신의 타고난 본성뿐 아니라 국가 전체 속에서 타자와의 관계를 염두에 두고 자신의 적임을 선택한다는 것은 자신의 기능과 타인의 기능을 교환하고, 그리하여 자기 영혼의 결여태를 보완할 수 있는 삶의 방식, 영혼의 삶에 온전성과 통합성을 가져다 줄 삶의 방식을 선택함이다. 『국가』의 그리스어 제목인 'Politheia'는 국가성이나 공동체적 삶의 방식을 뜻하기도 하나, 삶의 방식을 의미하기도 한다. 플라톤적 폴리스는 존재론적으로 온전하며, 통합적인 삶의 방식을 제공한다.

## 2. 국가 정의와 개인 정의

### 자신의 일과 사회적 적임의 일치

국가의 정의와 개별적 인간의 정의 간의 관계는 무엇인가? 더 일반적으로 정의 실현에서 부분과 전체의 관계는 어떤 것인가? 개인 정의의 실현에서 영혼의 세 부분이 모두 정의로울 필요는 없으나,[7] 국가 전체의 정의 실현에서 그 구성원인 개인들이 정의로워야 함은 필수적이다. 그러나 이것만으로 충분한가, 아니면 정의로운 개인들의 집합에 추가의 요인이 더해져야 정의 국가가 실현되는가? 적어도 개인들이 각자 영혼의 내면만을 검토하며 개인적 차원에 머물러서는 안 되며, 그래서는 개인의 정의로움마저 실현되지 않을 가능성이 있다. 추가의 조건은 무엇인가? 그것은 이미 지적한 바와 같이, 개인들이 사회적 관계 속에서 스스로의 위치를 인식하고 정립하여 자신의 본성에 따른 일과 사회 속에서 규정 위임되는 사회적 적임을 일치시키는 것이다.

이런 일치의 가능성을 살펴보기 위해, 플라톤에서 각자 자신의 일이란 무엇인지 살펴보자. 자신의 일을 선택 결정하는 기준은 세 가지가 있다. 첫째, 각자의 타고난 본성과 적성, 둘째, 이와는 무관할 수 있는 각자의 미래적 가치관이나 기호의 체계, 셋째, 개인의 사회적 위치나 타인과의 관계이다.

자신의 일이 각자의 가치관이나 기호를 위주로 하여 선택되어야 한다는 입장은 현대 자유주의나 개인주의의 입장이다. 이 입장에서의 사회 정의란 자신의 것들과 동등한 타인의 자유와 권리에 의해

---

7) 영혼의 부분들은, 그 자체 영혼 전체와 같은 복합적 개체가 아니라 단순체라 여겨지므로 이는 구조적으로 불가능하다.

제약되는 한에서, 모든 개인은 각자의 가치관과 욕구의 체계에 준거하여 삶을 영위할 수 있다. 이런 입장은 각자의 생래적 본성은 무시될 수 있다고 보며, 어느 면에서는 그러하길 권장한다. 각자의 일은 적극적이면서도 개방적으로 해석되고 있다. 각자의 일을 타인의 동등한 권리에 의해서만 제약하는 이런 입장을 측면 제약론(side-constraint view)이라고[8] 한다. 플라톤에 따르면, 각자 자신의 일이란 그 개인 영혼의 본성에 의해 제약되므로, 이와 같은 자유주의적 해석은 배제되어야 한다. 즉 위의 두번째 기준은 자신의 일을 선택함에서 적합한 기준이 아니다.

이제 자기의 본성이라는 첫째의 기준과 사회적 지위나 타인과의 관계라는 세번째 기준이 남는다. 우리는 세 가지 방식을 생각해 볼 수 있다. 첫째, 사회적 관계만을 고려하여 자기 일을 선택하거나 위임받는 것, 둘째, 자신의 본성만을 고려하여 자신의 일을 결정하는 방식, 셋째, 자기의 본성과 사회적 관계를 모두 고려하여 자기 일을 선택하거나 위임받는 방법이다. 첫째의 방식은 각자의 본성을 고려해야 한다는 플라톤 자신의 언명에 의해 배제된다. 사회적 요인만 고려하는 것은 비현실적이거나 개인에 대해 강압적일 수 있다.

그렇다면 정의 실현에서 결정적인 각자 자기의 일이란, 둘째와 셋째 중 어느 방식에 의해 결정되는가? 우선 양자의 차이를 분명히 하자. 둘째와 셋째 간의 차이는 무엇인가? 일반적으로 개인의 본성이란 그 개인의 관점에서 볼 때 내면적인 것이요, 사회적 관계란 외면적인 것이다. 전자는 개인에 본질적인 반면, 후자는 그에게 상황적이며 우연적일 수 있다. 내가 어떤 부모를 만나 무슨 교육을 받을 것

---

8) Nozick, R., *Anarchy, State, and Utopia*, Basic Books, 1974. (남경희 역, 『아나키에서 유토피아로』, 문학과지성사, 1983), p. 33 이하.

이며, 어느 수준의 경제적 여건 하에서 누구와 어떤 종류의 인간관계를 맺게 될지, 그리고 나의 사회적 직무가 무엇이 될지는, 많은 경우 상황 의존적이고 우연적이다. 특히 현대사회 속에서 개인의 사회적 삶은, 그의 인생관이나 가치관은 물론이거니와 그에게 이미 주어진 자질이나 능력과도 무관한 경우가 많다. 양자의 관계는 우연적이다. 우리는 싫어도 마지못해 특정의 인간적 관계를 유지하며, 주어진 사회적 관계망 속에 억지로 자신의 본성과 가치관을 두드려 맞추며 적응해야 하는 경우가 비일비재하다. 모난 돌은 정에 한 번 더 두드려 맞게 마련이므로, 되도록이면 둥글둥글하게 맞추어 사는 것이 이 사회에서의 생존을 위한 현명한 방법이다. 이런 적응력은 사회적·인간적 관계가 복잡해지면 질수록 더더욱 절실히 요구된다.

사회적 관계가 한 개인에 대해 우연적이라 함은 그것이 개인에게 요행이거나 악일 수 있다는 것인데, 유감스럽게도 행운아는 많지 않고 불운에 처한 자들이 다수이니, 그 우연성(accident)은 영어적 사고가 확고하게 믿고 있듯이 결국 사고(accident)인 경우가 대부분이다. 사고가 없는 사회, 우연성과 불가예측성이 줄고 이성과 확실성이 지배하는 사회가 좀더 이상적인 사회이다. 한 사회의 이상은 그 사회를 이성화하여, 인간 사회 내에 미만해 있는 자연적 우연성과 사회적 우연성을 제거하는 것이라고 간단히 말할 수 있다. 플라톤이 살았던 시대는 그리스 고전 문명의 쇠퇴기에 들어섰던 때라 아마도 그런 우연성과 불확실성, 삶의 불가예측성은 더욱 위협적이었을 가능성이 있다.

개인의 가치관이나 적성, 그리고 사회적 문맥 간의 우연성이 최대한 배제된 사회, 계획되지 않은 바, 소망하지 않는 바, 교통사고나 치명적 바이러스의 매복과 같은 악운이 최소화된 사회가 좀더 좋은 사회임은 명백하다. 개인이 자신이 속한 사회를 우연적 존재로 느낄 때 당사자는 그 사회나 타인들과 일체감은 물론이거니와 연대감도 느낄 수 없게 될 것이다. 타인들과 공간만을 공유하고 있는 그런 소외적 사회 속에서 개인들은 군중 속의 고독을 느끼며, 많은 사람들이 오가는 시장과 광장보다는 산 속의 적막함이나 아파트의 폐쇄성에 거하며 오히려 외로움을 덜 수 있는 역리적 상황에 처하게 된다. 현대는 소외의 시대라고들 하지 않는가? 소외의 시대, 비합리적이요 우연과 불의가 지배하는 사회에서 개인의 본성과 사회적 관계는 갈등을 일으킬 것이며, 개인들은 서로를 완전한 타인이거나 적 또는 경쟁자로 간주하여 그 사회에는 한없이 위축되고 개별화된 적대적 다(多)만이 존재한다.

소외의 시대란, 개인과 타인들 간의 관계, 개인과 사회의 관계가 우연적이고 비본질적인 시대에 다름 아니라 할 때, 이런 시대에서 둘째와 셋째 간의 차이는 분명하다. 인간은 자신이 선택하고자 하는 일이나 삶의 방식, 그리고 사회가 자신에게 강요하는 일이나 삶의 틀 사이의 괴리를 절감할 때 갈등하며 방황한다. 이런 괴리감과 갈등을 해소할 수 있는 방법은 세 가지 중 하나이다. 즉 그 불가항력의 기세로 다가오는 사회적 강압에 굴복 또는 적응하거나, 그 상황을 파괴하거나, 아니면 자신을 파괴하거나이다. 대부분의 개인들은 그와 같은 상황을 개혁하거나 뒤엎을 만한 힘이 없으므로 결국 사회적 환경에 굴복하여 적응하거나 자포자기, 또는 파괴의 길을 선택한다.

이상국에서 둘째와 셋째 간의 괴리가 있어서는 안 될 것이다. 플라톤적 이상국의 구도에 따르면, 당연히 그런 괴리는 존재하지 않을 것으로 보인다. 플라톤이 개인 정의를 국가 정의로부터 유추하고 있음은 이미 살펴본 바 있다. 이러한 유추를 행하는 표면상의 이유는 큰 대상인 국가와 작은 대상인 개인이 모두 동일한 덕목인 정의를 가질 수 있다면, 후자보다 전자가 관찰하기 쉬운 대상이므로, 후자의 연구를 통해 그 덕목의 본질을 더 쉽게 찾을 수 있으리라는 이유 때문이었다. 탐구의 결과 국가 정의는 그 구성원이 각자의 적임을 수행함이라는 것이 드러났다. 개인의 영혼도 국가와 유사한 내적인 구조를 갖추고 있다. 따라서 개인의 정의 역시 "개인 영혼의 내적 구성요소들 각각이 고유의 역할을 수행함이다"라는 것이 플라톤의 방법론적 논리이다. 개인 정의의 본질을 국가 정의에 대한 규정을 기초로 하여 규정하는 것이다.

개인 정의가 국가 정의로부터 유추될 수 있음은 단지 방법론적인 의의만을 지니는가? 유추 가능성의 사실은 인식의 순서만 알릴뿐 존재의 순서는 함의하지 않는다. 국가 정의는 개인 정의보다 먼저 인식되나, 존재론적으로는 그 반대인 것으로 보인다. 국가와 사회가 개인 삶의 투영이요 확대라면, 국가 정의가 개인 정의의 기초가 되는 것이 아니라, 역으로 개인 정의가 국가 정의의 기초가 되어야 할 것이다. 개인 영혼은 내적으로 세 부분으로 구성되어 있다. 개인 영혼의 정의는 이들 세 부분이 각자의 것을 행하여 영혼이 내적으로 전체적 질서와 조화를 이룸이다. 개인의 삶은 그 개인의 내적인 삶의, 즉 영혼 상태의 반영이며 사회의 삶은 개인의 삶과 행위의 투영이다. 따라서 국가의 정의는, 개인 정의와 같이, 국가를 구성하는 세 집단 각자가 고유의 직분을 수행함이라는 것이 진정한 논리 전개의 순서라고 여겨진다.

이 해석이 옳다면, 플라톤의 정의로운 국가에서는 개인이 자신의 본성을 고려하여 선택한 자신의 일과 사회적으로 위임될 사회적 적임 사이에는 적어도 괴리와 갈등이 발생하지 않을 것이다. 이제 양자는 더 이상 우연적이거나 적대적인 관계가 아니다.

### 인간됨과 정치적 삶

개인의 삶이 국가의 존재론적 기초이되, 국가적 삶은 개인들의 삶의 총합에 불과하다면, 국가의 삶은 개인의 삶을 확대한 것에 불과할 것이므로, 국가에서의 삶이 개인의 삶에 더하여 주는 바가 별로 없을 것이다. 아마도 분업과 협동, 국가 권력의 보호 등으로 인해 보다 풍요하며 편리하고 안전할 수는 있을 것이나, 개인적 삶이 질적으로 고양되거나 새로운 차원으로 이행되는 일은 없을 것이다. 단순한 반영이거나 확대에 머문다면, 개인이 자신의 삶을 영위함에서 타인과의 관계를 고려하며 법의 구속을 받아 자신의 가치관을 희생하거나 조정해야 할 필요나 이유가 어디에 있을까? 국가적 삶을 영위한다 해도, 폴리스에서의 시민적 삶이 고도에서의 로빈슨 크루소의 삶과 질적으로 그다지 다를 바 없을 것이다. 취득하게 될 재화의 양과 다양성에서의 차이는 있을 것이나, 재산의 차이 그 자체가 삶의 질을 결정하지는 않는다.

국가의 삶은 개인의 삶을 확대한 것에 불과한가, 아니면 그 이상인가? 국가는 대문자로 쓴 개인 이상이다. 국가적 삶에 참여함은 개인 삶의 질을 고양시킨다. 이미 지적한 바와 같이, 플라톤은 개인 영혼의 내적 구조와 국가의 내적 구조가 동형적이라고 보았다. 이런 동형론에 근거하여 그는 국가와 개인에 대해 동일한 구조의 정의 규정을 제시한다. 국가나 개인 영혼의 정의로움은 내적 구성원들이나 요인들이 각자의 것을 행함으로써 전체적인 조화를 실현함에 있다. 국가의 경우는 각 계층들이, 영혼의 경우는 각 구성요소들이 각자의 것을 행함으로써….

플라톤은 정의 규정의 동형성론을 통해 개인이 본질적으로 폴리스적 존재임을, 홀로는 비자족적(非自足的)이므로 폴리스 내에서만 비로소 완전한 존재가 될 수 있음을 시사하려는 것이다. 좀더 구체적으로, ① 개인 정의, 즉 영혼의 내적 조화는 개인이 사회적으로 적임을 수행함과 본질적인 관계에 있으며, ② 따라서 개인 정의는 국가 정의 수행을 위해 필수적이고, ③ 국가 정의 역시 개인 정의 실현에 본질적인 기여를 한다. 개인 정의의 실현은 폴리스라는 새로운 질서에의 참여를 필수적으로 요구한다.

국가 내에서 지도자 계층의 지혜는 특정 계층이나 개인의 지혜가 아니라 국가의 지혜이며, 지도자 계층은 국가 구성원인 국민 모두가 지닌 이성의 대리자이다. 지도층의 이성과 지혜는 개별성과 특수성을 넘어 보편적인 의미를 지니고 있다. 그들의 이성이 보편적이라 함은, 그런 능력들이 모든 시민을 위해 존재하며, 그것이 주는 혜택은 모두에 의해 향유될 수 있음을 의미한다. 마찬가지로 무사들의 용기 역시 국가 전체의 용기이며, 시민들 각자의 기개(氣槪)가 수행해야 할 역할을 대신하고 있다. 그들의 용기는 모두를 위해 발휘된다. 그러나 생산자들의 경우는 약간 다르다. 그들 역시 국가 전체를 위해 생산하므로, 그들의 생산적 기능과 절제의 덕 역시 사회적 역할을 수행한다고 하겠으나, 다른 두 계층의 경우와는 달리 그들에게는 자신들이 생산한 결과물을 사유화하고 소비함이 허용된다. 이런 점에서 그들의 생산활동은 상당 부분 특수적 차원에 머물러 있다. 이렇게 사회적 관계 속에서 각자가 본성에 따라 내적 조화를 구하고 사회적 직분을 수행할 때, 모두는 보편적 차원에 참여할 수 있다. 물론 생산자 계층과 같이 개인적 삶을 영위코자 할 때는 그것이 허용될 수도 있다.

개인이 국가의 일원이 됨으로 인해, 가령 로빈슨 크루소와 같은 삶보다 더 나은 삶을 영위한다고 말할 수 있는 점은 무엇인가? 각 계층, 예컨대 생산자 계층은 현자나 무사 계층이 베푸는 혜택을 받을 수 있으며, 이것은 그들의 삶에 단지 양적인 차이를 넘어서 질적으로 다른 차원을 전개할 수 있게 한다. 그들은 국가 공동체에 참여함으로써 지도자층의 지혜와 용기에 따라 좀더 안전하고 안정된 삶을 영위할 수 있음에 그치는 것이 아니라, 현자의 지혜와 무사의 용기를 분유함으로써 그들의 삶은 지혜롭고 용기 있는 것이 될 수 있다. 그들은 정치적 삶을 통해 자연적 삶의 국지성이나 불편함을 극복함은 물론 영혼의 합리성과 완결성, 그리고 통합성을 성취할 수 있게 된 것이다.

무인도에 사는 A와 폴리스에서 사는 B를 비교해 보자. 양자의 차이점을 명백히 하기 위해 A와 B 양자가 타고난 본성이나 능력이 동일하다고 가정해 보자. 또한 양자 모두 생산자적인 본성이나 적성을 갖고 태어났다고 해보자. 무인도에서 혼자 사는 A는 평생 다양한 욕구를 품어가며, 이 욕구를 충족시키기 위해 여러 가지 생산적 노동을 지속적으로 행해야 할 것이다. 그 노동은 욕구의 충족과 소비를 가능하게 하기는 하나, 어쩌면 무의미한 노동일 수도 있다. 그에게 삶의 유일한 의미나 재미란 아마도 새로운 욕구를 발견하거나 창출해 내어 그것을 충족시키는 정도일 것이다.[9] 백화점의 고객, 상업자본주의 사회의 시민들이 그러하듯이…. 그는 타고난 본성이나 능력의 한계를 넘어선 삶을 영위할 수 없으므로, 이성과 용기의 삶을 영위하지 못함은 물론이거니와 그런 삶의 모습을 알 수 있는 기회조차 갖지 못한다. A는 특수적 개인으로 태어나 혼자서 노동하다가 개별자로 죽어갈 것이다. 그의 삶은 본질적으로 현상적 존재, 구름이나 돌이나 풀이나 물고기의 삶과 다를 바 없다.

그러나 폴리스에 사는 B는 타고난 본성이나 자질은 설혹 A와 동

---

9) 정확히 말해서, 혼자 사는 로빈슨 크루소와 같은 자는 욕망의 다양성도 품을 수 없을 것이다.

일하더라도, 정치적 삶을 통해 A와는 질적으로 다른 삶을 영위할 수 있다. B가 정치적 삶을 영위한다는 것은 B가 자신과는 다른 본성과 기능을 지닌 타자들과 협동하고 교류하며 산다는 것을 의미한다. B와 그의 동료들은 각자의 사회적 적임(適任)을 수행함으로써 각자가 지닌 능력과 기능의 혜택을 서로 주고받게 되고, 그리하여 그들의 삶은 한 차원 높은 단계로 진입할 수 있게 된다. 이런 교류에 의해 B는 A와는 달리 이성과 기개의 삶을 희구하고 영위할 수 있게 되는 것이다. 그런데 이런 관계는 각자 적임을 수행함으로써 맺어지며, 이 같은 적임의 배분은, 플라톤에 따르면, 각자의 영혼의 본성에 따라 이루어진 것이다. 그러므로 국가구성원들은 이런 관계를 통해 보다 많은 재화를 좀더 효율적으로 생산하고 향유하는 것에 그치는 것이 아니라, 상호 좀더 온전하며 통합적인 인간이 될 수 있다.

현대 시민사회의 분업적 협동이나, 본질적으로 타산적인 시장적 계약을 통해 맺어지는 인간관계는 외면적이고, 인간의 기본적 생존을 위한 협동에 그친다. 이런 사회 관계에서는 서로간에 신체적이고 경제적인 도움을 주고받을지 모르겠으나, 그들 서로의 정신적이고 내면적 삶과 관계해서는 별로 영향을 주고받는 바가 없다.[10] 계약적이고 외면적인 관계는 오히려 개인들의 특수성과 개별성을 심화시킬 뿐이다. 그들이 계약적 거래를 통해 주고받는 재화들은 각자가 특유하게 추구하는 삶의 목표와 삶의 방식을 위한 것이기 때문이다. 이런 사회에서 사람들의 외면은 서로 매우 유사하지만 그들의 내면은 제 각각이다.

플라톤의 국가에서 지도자와 무사들은 생산자들을 대신해 이들 영혼의 비생산자적인 역할, 즉 이성과 기개의 역할을 대신 수행한

---

10) 이런 외면적 국가를 아리스토텔레스는 '공간의 공동체'라고 부른다.

다. 이를 통해 플라톤적 국가 안에서 세 계층은 내면적 분업과 협동을 통해 상호 정신적인 관계를 맺으며, 이는 개인 삶을 새로운 차원으로 이행시켜 그를 고양시키고 보편화한다. 그들이 주고받는 바는, 신체적인 능력이나 경제적 재화뿐 아니라, 더욱 본질적으로, 이들이 통합적이고 온전한 존재였을 경우 각자가 스스로 수행했어야 할 영혼의 기능들이다. 이런 기능들을 주고받아 서로의 것을 분유함으로써 정치적 인간은 각자 영혼의 완전성이나 완결성을 도모할 수 있다. 플라톤이 정의로운 폴리스 내에서 내면적 분업과 협동을 통해 이르고자 하는 궁극적인 목적은, 인간의 존재론적 완성이나 인간으로서의 완전태를 성취하는 일이다.

플라톤은 『국가』에서 법과 제도의 문제를 거의 논의하지 않는다. 그의 주된 관심사는 영혼들 간의 내면적 관계이다. 초기 형태의 국가, 즉 돼지들의 국가에서 맺어지는 것은 외면적 분업인데, 이 분업에서 중요한 것은 개인들 간의 이해타산, 계약, 거래와 교환을 위한 규칙과 제도에 대한 합의일 것이다. 그러나 이상적인 국가라고 말할 수 있는 제3의 국가에서는 철학과 도덕, 그리고 이를 시민들의 영혼 내부에 심어줄 수 있는 효과적인 교육제도가 핵심이다. 자연상태에서는 한 개인이 국지적이며 편향적인 영혼을 타고난다면, 죽을 때까지 그런 상태에서 벗어나지 못하나, 플라톤적 정의 국가에서는 개인이 설사 결여적인 영혼을 지니고 있다 하더라도, 타인과 정신적 교류를 통해 온전하고 통합적인 삶을 도모할 수 있게 된다. 여기에서 타인은 공간적 타인, 즉 동시대의 타인들뿐 아니라 시간적 타인인 역사적 인물까지를 포함한다. 공간적 타인과 만나는 계기가 대화이며, 시간적 타인과 교유를 가능하게 하는 것이 교육과정이다. 한 개인의 영혼은 동시대 시민들과 내면적 협동을 통해 영혼의 기능을 교환·공유하는 한편, 교육과정을 통해 과거의 전승과 고전들을 접함으로써 자신들의 삶을 시간적으로도 확장할 수 있게 된다.

제1의 국가(anangkaiotatē polis, 369e)를[11] 구성하기 위해 맺는 계약의 주요 목적은, 신체적인 생존을 위해 필수적인 경제적 협동과 분업이다. 이런 분업적 협동에서 핵심적인 사항들은 개인들의 권리 범위, 시장에서의 거래와 교환을 위한 공정한 규율, 그리고 협동의 결과를 분배하기 위한 기준을 확립하는 일들일 것이다. 강제성을 지닌 국가의 법과 제도는 이런 기준과 규범들을 위한 것으로, 개인 간의 외면적 관계를 규제한다. 반면 플라톤적 정의 국가는 제2의 국가(phlengmainousa polis, 372e)를 정화하면서 등장하는데, 제3의 정화된 국가(diakathairontes, kathaipomen, 399e)의 주된 목표는, 철학적 지혜와 윤리적인 삶을 개인들의 영혼 내부에 심어 자율성의 기반을 마련할 수 있는 오랜 동안의 교육과정과 제도를 확립하고 시행하는 일이다.[12] 근대 국가론과는 대조적으로, 플라톤이 그의 국가론에서 거의 유일하게 논하고 있는 제도가 교육제도인 이유가 여기에 있다.

시민사회적 국가 또는 이익사회적 국가와 플라톤이 제시하는 국가 간의 차이는, 단지 주고받는 재화나 협동의 방식에만 있지 않다. 교환되는 재화와 협동방식의 차이는 단지 좀더 근원적인 차이의 외면적인 귀결일 뿐이다. 근본적 차이는 개인들이 국가 속에서 영위해 나가는 삶의 방식과 이들이 설정한 국가 공동체의 존재 이유 및 궁극 목표에 있다. 이익사회에서 개인들은 본질적으로 영원히 특수자적인 삶을 영위하며, 국가보다는 개인들이 더욱 실체적인 존재이다.

---

11) 생존을 위해 필요한 최소한의 것만을 제공하는 도시, 또는 그런 것을 제공해 줄 수 있는 최소한의 장인들만으로 구성된 도시. 세 종류의 국가에 관해서는 다음 참조 : Adam, James, *The Republic of Plato*, edited with critical notes, commentary and appendices, Vol. I, Cambridge Univ. Press, 1969, p.100.

12) 진정한 통치자는 피지배자의 자발적 복종을 획득하나, 폭군은 그렇지 않다. *Politicos*, 276e 참조.

시민적 국가는 폐쇄적 울타리 속에 갇혀 있는, 그리고 타자의 침입에 대해 불가침투성의 권리를 주장하는 개별적 특수자들의 세계, 영원한 다(多)의 세계, 데모크리토스적 원자들의 세계이다. 이들 세계 속에서는 어느 두 개체도 외면적인 표면의 접촉만 할 수 있을 뿐 내면적으로는 만날 수 없다. 이와 달리 플라톤적 국가에서는 모든 개인이 서로의 영혼을 나누는 삶을 지향하며, 그들은 경험계의 다적인 세계로부터 영원하고 완전한 파르메니데스적 일자(一者), 피타고라스의 세계 영혼, 또는 『티마이오스』편의 세계 영혼을 향해 비상해 가는 존재이다. 그들은 다른 계층의 사람들과 내면적 협동을 통해, 욕구의 삶뿐 아니라, 용기의 삶과 이성의 삶에도 참여한다.

### 세 종류의 삶

이상의 내용을 정리하면 우리는 세 종류의 상태를 생각해 볼 수 있다. 자연상태, 이익 추구적 시민사회, 그리고 플라톤의 정의 국가가 그것이다. 첫째에서는 타자와의 정치·사회적 관계가 전혀 없으나, 둘째와 셋째에서는 그런 관계가 이루어진다. 그런데 시민적 사회에서의 사회적 관계는 외면적 분업과 협동의 관계임에 반해, 정의 국가에서는 내면적 분업과 협동까지도 이룰 수 있다. 자연상태의 인간은 자신의 본성에 따라 살며, 그것의 제약 하에 머물러 있다. 그는 그 이상의 삶을 누릴 기회나 가능성도 없다. 고도(孤島)에서 홀로 태어난 인간이라면 이성과 사유의 능력이 발달하지 않을 것이니, 그는 평생 자연적 존재로 머물러 있다. 설사 기적적으로 이성의 능력이 주어지더라도, 그 능력이 발현될 기회가 없을 것이므로, 그는 자신의 자연적 본성의 구속을 벗어날 방도가 없다.

자연상태에서 혼자 사는 것보다 경제적 삶을 통해 인간은 좀더 많고 다양한 재화를 소유하며 향유할 것이다. 그러나 이런 삶을 영위하는 자는 근본적으로 타자와 영혼의 교류를 이룰 수 없으므로, 그의 삶 역시 타고난 본성의 제약 하에 놓여 있다. 시민사회에서의 경제적 분업과 협동이 아무리 진전되더라도, 소유적 개인은 이성과 용기의 삶을 영위할 기회나 가능성에 대해 닫혀 있다. 두번째 삶 역시 첫번째와 마찬가지로 본질적으로는 자연상태, 단지 좀더 풍요할 뿐인 자연상태에 불과하다. 두번째의 국가를 플라톤이 '돼지들의 국가(huōn polin, 372d)'라고 부르는 이유는 이것이 계약과 협동에 의한 공동적 삶의 결과이지만 본질적으로는 자연상태와 질적인 차이가 없기 때문이다.

세번째의 플라톤적 정의 국가는 새로운 가능성을 제공한다. 자연상태에서 개인들은 존재론적으로 결여적이고 제약적인 능력을 지닌 영혼을 가지고 세상에 태어난다. 그러나 정의 국가에서의 정치적 삶을 통해 개인들은 타인과의 내면적 관계를 맺을 수 있으며(그리스인들은 이런 관계를 진정한 정치로 간주했다), 이를 통해 이성과 용기의 삶에 참여할 수 있는 기회를 얻는다. 그리하여 타고난 본성의 자연적 제약을 극복하고 존재론적 완전성에 도달할 수 있다. 두 사람이 애초에 동일한 본성을 지닌 채 태어나더라도, 그들 각각이 어떤 종류의 사회에서 삶을 사는가에 따라 전혀 다른 존재로, 예컨대 어떤 이는 폐쇄적인 특수자로 머물면서 단지 생산하고 소비하는 자로, 다른 이는 용기와 지혜의 삶을 분유하며 보편적이고 새로운 차원을 지향하는 삶을 산다.

이렇게 해석해 볼 때, 정의 국가에서는 개인이 자신의 본성에 따라 선택한 일과, 사회적 관계를 고려하여 선택하거나 위임된 사회적 적임 사이에 본질적이고 필연적인 관계가 존재하며, 양자는 사실상 일치한다고 말할 수 있다. 이런 일치를 귀결하는 논리는 다음과 같다. ① 개인은 이성의 주도 하에 자신의 영혼을 구성하는 세 요소 중 어느 것이 지배적인지 검토하여 자기 영혼의 고유 특성을 발견한다. ② 이 같은 특성이나 본성에 비추어 지배와 피지배에 관한 올바른 위계질서를 영혼 내부에 확립함으로써 내면의 위계적 조화를 실현할 수 있다. ③ 영혼 내면의 조화를 이룰 때 그는 정의로운 개인이 된다. ④ 정의로운 개인은 자신의 본성에 맞는 삶의 방식과 업무를 선택하게 되며, ⑤ 이 업무는 앞서 지적한 논리에 따라 사회적 적임과 필연적으로 일치한다.

다시 말하면, 자기 본성의 발견과 자기 업무의 선택은 영혼 내부의 이성, 기개, 욕망적 요소들 사이의 지배와 피지배의 위계적 관계를 올바로 정립한 결과이다. 따라서 그렇게 선택, 결정된 업무는 개인 자신의 적임이기도 하지만, 동시에 대외적으로도 국가 내의 세 계층 각각에 의해 대표되는 좀더 크고 온전한 이성, 기개, 욕망 간의 정연한 위계질서 속에 자리잡고 있는 것이기에, 국가 속에서 그 개인의 적임이 되기도 한다. 자신의 영혼이 내적으로 지혜 지향적이어서 이성에 의해 기개와 욕망을 통어한 자는, 대외적으로도 기개적 계층과 욕망적 집단을 지배하려 할 것이다. 그 영혼이 내적으로 욕망 추구적인 자는 대외적 관계에서도 욕망 추구적 생산활동에 종사할 것이다.

결론적으로 정의로운 개인들의 집합은 바로 정의의 매개에 의해 정의로운 국가를 구성한다.[13] 단 개인의 정의로움은 개인 영혼 내부에서나 국가 내에서나 이성, 기개, 욕망 사이의 위계질서 속에서 실현된다. 개인 정의는 국가 정의를 염두에 두고서야 실현되며, 개인 정의는

---

13) 컨포드는 이상사회 구현의 두 방식으로, ① 개인의 도덕적 교화와, ② 사회 질서의 구조적 혁신을 들고, 소크라테스는 전자, 그리고 플라톤은 후자를 택했다고 논한다. 그러나 플라톤에서 국가와 영혼의 동형성은 ①과 ②가 배타적 또는 선택적이 아니라 포섭적인 관계에 있으므로, 플라톤이 ②만을 지지했다고 볼 수는 없다. Cornford, F. M., "Plato's Commonwealth", in Cornford, F. M., *The Unwritten Philosophy*, Cambridge Univ. Press, 1950, pp. 58-59.

본질적으로 사회적이므로, 국가 정의는 개인 정의의 총화라고 말할 수 있다. 개인 정의와 국가 정의는 상보적으로 엇물려 있으며, 본질적 관계에 있다. 양자의 내면적 관계를 결과하는 것은 개인 영혼과 국가 영혼 사이의 구조적 동일성이다. 이런 결론의 한 가지 중요한 함의 는, 국가적 삶이 개인 삶에 본질적이라는 것이며, 모든 덕은 곧 정치 적 덕목이라는 점이다. 그래서 개인의 정의로움은 시민으로서의 정 의로움을 규정하지 않고서는 불가능하다.[14] 이제 정의 논의에서 플 라톤이 국가와 개인을 유비한 이유가 더욱 분명해진다. 그것은 방법 론적 것을 넘어서 양자 간의 내적이고 구조적인 관계 때문이었다.

### 플라톤은 과연 비민주적인가?

플라톤의 정의 규정은 계층 간의 이동을 금지한다는 점에서 그가 반민주적 엘리트 의식에 사로잡혀 있다는 비판이 제기되어 왔다.[15] 이런 비판에 타당한 면이 없는 것은 아니나, 그의 근본적인 의도를 충분히 이해하지 못하여 과도한 측면이 있다. 각자 '자신의 것을 함' 이 국가 정의라 규정했을 때 플라톤의 의도는, 국민의 대부분인 생 산자 계층을 용기의 삶과 지혜의 삶으로부터 배제하고자 하는 것이 아니었다. 앞에서 논한 바와 같이, 오히려 그 반대로, 플라톤은 국가 정의의 구현을 통해 생산과 소비지향적인 사람들까지도 용기와 지 혜의 삶을 공유케 하려 했다.

정의란 영혼을 구성하는 요소들 간의 조화라는 내적 규정은 사적 (私的)이며, 각자의 것을 함이라는 외면적 정의 규정은 개인주의적이

---

14) MacIntyre, A., *After Virtue*, Notredame Univ. Press, 1981, p.132.

15) 이런 비판을 가하는 대표적인 학자로는 다음 참조 : Crossman, R. H., *Plato Today*, Allen and Unwin, 1963 ; Popper, K., *The Open Society and Its Enemies*, Vol 1, Routeledge and Kegan Paul, 1945.

고 비사회적이라는 인상을 줄 수 있다. 그리고 각 계층이 각자의 본성에 따라 각자의 적임을 수행함이 국가 정의라는 규정은 개인의 삶을 타고난 본성의 한계에 고정시키는 폐쇄적이고 보수적인 색채를 드러내는 것으로 보일 수 있다. 이런 표면상의 인상과는 달리, 그의 정의 규정은 본질적으로 사회성과 실질적 개방성을 지니고 있다.

이미 지적한 바와 같이 영혼의 구조와 국가의 구조는 동일하다. 양자 모두 이성, 기개, 욕망의 세 요소로 구성되어 있다. 각 개인은 각자 영혼의 특성에 따라 이성의 삶, 기개의 삶, 그리고 욕망의 삶을 영위한다. 그런데 각자 고유의 일과 삶의 방식은 사회적 적임으로 사회 전체의 유기적 일부가 되므로 사회적인 의미를 지닌다. 각 계층은 자신의 일을 하면서, 동시에 타 계층에 혜택을 베풀고 있다. 다른 한편으로 각 계층은 본성에 따라 살기는 하지만 그렇다고 해서 생산자는 욕망의 삶만을, 전사는 기개의 삶만을 사는 것이 아니다. 그들도 이성과 지혜를 필요로 할 뿐 아니라, 그런 삶을 영위할 수 있으며, 할 수 있어야 한다. 이런 공유적 성격에 주목할 때, 플라톤의 국가관과 정의론이 비민주적이며 선민의식에 사로잡혀 있다는 비판은 그의 의도를 근본적으로 간과한 것임을 알 수 있다.

플라톤에 대해 또 다른 비판이 있을 수 있겠다. 모든 사회구성원은 자신들의 적성이나 능력과 상관없이 지도자나 무사가 되길 원할 수 있으며, 그럴 수 있는 권리와 기회가 보장되어야 할 것인데, 플라톤은 이런 기본적인 자유와 권리를 제한한다. 이는 모든 이에게 기회 균등을 보장해야 한다는 현대 자유주의적 입장에서 가할 수 있는 비판이다. 현대사회에서 지도자가 될지의 여부는 후보자들의 적성과 능력보다는 그들의 의도와 노력, 선거 결과, 투표자들의 판단에 따라 결정되므로, 그런 '불합리한' 욕구가 성취되는 경우가 많다.

플라톤은 어떤 응수를 할 수 있을 것인가? 우리는 이에 대해 그를 대신하여 대답해 볼 수 있다. 한 사회적 직책, 그것도 그의 수행이 사회구성원 모두에게 영향을 주는 공직을 적절히 수행하기 위해 필요한 것은 능력, 의도, 그리고 의무의식이다. 특히 지도자와 무사의 직책은 사회봉사적 성격이 강하므로 철저한 의무의식이 요청된다.

이런 점과 관련하여 우리가 염두에 두어야 할 것이 있다. 플라톤은 이성과 진리의 삶이 지도자뿐 아니라, 무사, 생산자 모두에게도 궁극적으로는 의미 있고 가치 있는 삶의 양식이라고 본다는 점이다. 실상 지도자와 무사에게, 지도자와 무사라는 사회적 적임의 수행은 그들이 바라는 이상적 삶의 기준에 비추어볼 때 외적이요 이차적일 수 있다. 그들이 지도자와 무사가 되는 이유는, 전체의 구원 없이는 개인의 구원도 있을 수 없다는 논리적 이유에서, 국가 전체의 선이 개인적 삶의 가치에 앞선다는 사실에서 오는 의무의식 때문이다. 플라톤 자신이 지적하듯이, 철인에게 지도자의 역할을 수행함은 성가신 일로, 자신이 원하는 존재와 진리 인식을 추구하는 삶의 방식에 오히려 장해가 된다. 이런 점에서 플라톤적 이상국에서의 삶이란 지도자 계층들에게 오히려 부담스러운 일이다.

다른 한편으로 생산자 계층들은 어떠한가? 그들에게도 국가적 삶은 수지타산이 맞지 않는 삶의 방식인가? 생산과 소비의 삶이 생산자들에게 적합하기는 하나, 궁극적으로는 그들에게도 역시 이성의 삶이 이상적이라는 것이 플라톤의 입장일 것이다. 플라톤은 그러나 이들에게 그들의 적성과 성격에 맞추어 욕구 충족의 삶을 영위토록 허용한다. 다른 한편으로 그들은 국가 내에서 다른 삶의 방식을 영위하는 계층들과 더불어 살 게 함으로써 그들에게 부분적으로는 이성과 용기의 삶을 누릴 수 있는 기회를 제공한다. 생산자 계층은 플라톤의 국가에서 가장 큰 수혜자 집단이다.

생산자에 적합할 뿐 지도자의 능력이나 의식은 없는 자가 국가를 경영할 때, 그 국가에 무질서와 혼돈이 야기될 것은 명백하다. 그런 자들은 공동체에 대한 의무의식 없이 권력욕이나 명예욕 때문에, 그리고 그 자리에 수반되는 특권만을 노리고 국가의 권력을 사취한 것이다. 이런 국가에서는 이성의 보편성이 아니라 개인들의 탐욕적 욕망이 편재하여 그 국가는 급기야 폭압적 국가로 변질해 갈 것이다.

생산자들이 플라톤의 국가에서 용기와 지혜의 삶을 공유할 수 있다 하더라도 그들의 자유는 어찌되었든 제약되지 않는가? 현대 자유주의적 의미의 자유 개념은 플라톤에게는 위험한 것이었다. 그는 그런 자유를 비합리적 방종이요, 반(反)본성적인 자유라 비판할 것이다. 그의 정의관이 허용하는 것은 이성적이고 자율적인 자유이다. 이런 자유를 위해서는 자기 지배(auto krattein)가 필요하며, 개인 정의와 국가 정의는 자기 통제를 통해서 실현된다. 영혼의 자기 지배를 통해 인간은 세계 내의 우연성과 영혼 내에 숨어든 타자성을 통어할 수 있다(heterou krattein).

## 3. 정의의 존재론적 역할

이상에서 우리는 국가 정의와 개인 정의 사이의 당위적이고 본질적인 관계를 논의했다. 이제 국가 구성의 단서가 된 비자족성의 의미를 해명하고, 마지막으로 국가 정의와 개인 정의의 존재론적 의의를 살펴보자. 이는 이미 매우 자세하게 밝혔으므로 간략히 언급하기로 한다.

### 비자족성(非自足性)의 의미

폴리스적 삶은 개인의 삶에 존재론적이고 윤리적인 기여를 하며,

국가 정의의 실현이 개인 정의의 실현과 본질적 관계에 있다. 플라톤은 최초의 국가를 구성하는 원리요 단초가 자연상태에서 개인들의 비자족성(ouk autarkia, 369a)이라고 보았다. 우리는 이 비자족성의 개념을 재조명할 필요가 있다. 앞에서 논한 바와 같이 돼지들의 국가는 사실상 자연상태이다. 진정한 국가의 단서는 제2단계에 이르러 드러나며, 제3의 국가, 즉 정의로운 국가에서 그 국가됨이 완성된다. 제2단계와 제3단계의 국가 구성원리 역시 개인들의 비자족성이라 할 수 있으나, 이때의 비자족성은 제1국가의 그것과는 근본적으로 다르다.[16]

제3국가를 구성하는 시민들이 결여하고 있는 것은 신발, 의복, 식량 등의 경제적 재화만은 아니다. 제1의 국가를 본질적으로 아직 자연상태라 규정하는 이유는, 이 국가가 인간의 자연적 생존을 위한 도구의 역할만 수행하기 때문이다. 역사의 전개와 함께 사회가 복잡해지며, 인간은 새롭고 다양한 욕구의 체계를 형성하고 더불어 의식도 발전시킨다. 이리하여 등장하는 것이 '열병 들린 국가'라고 플라톤이 칭하는 제2형태의 국가인데, 이 국가의 지배 원리는 과도하고 무분별한 욕망이다. 이 국가는 말하자면 과소비적 사회이다. 이 사회에 재화는 넘쳐나지만, 그에 비례하여 불행과 불의와 박탈감은 오히려 증폭된다. 증대되는 재화는 인간의 욕구를 충족시켜 주기보다는 오히려 상대적 박탈감을 심화시킨다. 욕망은 충족됨에 따라 감소하기보다는 점증한다. 우리는 이런 경향을 '욕망 체증의 법칙'이라 부를 수 있다.

열병 들린 사회는 역설적이게도 선(善)과 정의(正義)의 발전사에서 획기적인 기여를 한다. 불의와 악의 증대는 정의와 선의 의식을 고

---

16) 제1국가의 시민들은 제3국가에서 생산자적인 삶을 영위한다. 역으로 제3국가의 생산자들은 주로 인간의 자연적 욕구에 자신의 생애를 바친다. 물론 지혜와 용기의 삶에 참여할 기회를 향유하므로, 제1국가의 시민들보다 훨씬 낫지만.

취시킨다. 우연성과 비합리성이 팽배함에 따라 당위적 가치와 이성에의 열망이 더욱 뜨거워지며, 만용과 비겁함 사이에서 사람들은 진정한 용기가 무엇인지 저울질하게 되고, 욕망의 과잉과 과소비는 절제의 덕을 절실히 요구하게 한다. 불행과 해악이 극한에 이르게 되면 불행과 해악에 대한 관념과 의식이 형성되며, 정신의 변증법은 이런 관념과 의식을 매개로 하여 행복과 선, 그리고 정의를 꿈꾸게 한다.

제2의 국가에서 겪게 되는 열병은 정의를 비롯한 제3국가의 건강성을 위한 여러 덕목들이 생겨나게 하는 토양과 거름이다. 과도함과 불의의 의식은 절제와 정의를 위한 모태이다. 인간은 이제 자신이 욕구하는 돼지일뿐 아니라, 기개와 이성을 희구하는 윤리적이고 인식적인 존재임을 자각하게 되었으며, 이런 3중적 존재로서 절제와 용기, 지혜의 탁월성을 갖추어야 함을 깨닫게 된다. 이런 깨달음은 인간으로 하여금 경제적 충족 이상을 누릴 수 있는 새로운 삶의 지평을 지향하게 한다. 자연상태에서보다 좀더 풍부한 재화를 향유하며 질펀한 잔치와 화려한 축제 속에서 쾌락을 누리고 있음에도 불구하고, 그들은 오히려 열병을 앓으며 권태의 나른함에 빠져들면서 불행과 고통을 체험한다. 이것이 열병 들린 제2국가의 역설적인 상황이다. 한편으로는 다양한 쾌락을 누리면서도 다른 한편으로는 그런 것을 무의미하게 느끼며 열병 속에서 고통스러워할 수밖에 없음은, 그들이 영혼의 잠재된 가능성을 감지하며, 온전한 삶이란 영혼의 세 덕목을 갖추어야 한다고 자각하기 때문이다.

인간들은 이제 욕구 외의 다른 영혼의 부분들, 즉 기개의 부분이 이르고자 하는 용기와 이성의 부분이 희구하는 지혜의 삶까지도 결여되어 있음을 깨닫는다. 제3의 정의 국가 실현을 요청하게 하는 비자족성의 실체는 바로 이것이다. 제1형태의 국가에서 개인은 특수자로 존재하며, 타인과는 경제적 재화의 교환을 통한 시장적인 관계만을 맺을 수 있을 뿐이다. 이런 국가에서의 분업과 협동의 형태는 수평적이며, 그 지배 원리는 경제적 원리이다. 교환적 관계를 통해 이룬 것은 단지 개인들의 자연적 생존이 좀더 효율적으로 이루어지게 된 것뿐이다. 제3형태의 국가에 이르러서야 개인들은 타 시민들과 영혼의 기능을 교환함으로써 상호 윤리적인 관계를 맺어, 보다 보편적인 가치를 지향하면서 존재론적 완전성에 다가갈 수 있다. 정의국가에서의 협동 형태는 내면적이고 유기적이며 수직적이다. 이런 수직적 협동을 통해 이성의 지배가 실현된다.

## 일(一)과 다(多)의 공존

플라톤의 정의 규정에서 핵심은 개인 영혼이나 국가 전체를 구성하는 부분들 사이의 위계적 조화요 통합성임을 다시 주목할 필요가 있다. 인간의 영혼은 단순하지 않으며, 이의 반영인 국가의 구조 역시 복잡하다. 인간은 자연상태에 머무는 동물에 불과한 존재가 아니나, 그렇다고 신의 지위를 넘볼 수 있는 것도 아니다. 인간의 영혼은 복합적이되, 그 구성요소들이 상호 이질적이며 서로간에 우열이 있으므로 항상 갈등과 분열의 가능성을 내포한다. 인간의 영혼은 현상계와 마찬가지로 다적(多的)이다.

플라톤철학의 한 중요한 목표는 인간의 구제인데, 이 구제작업의 최종 목표는 다(多)의 일자화(一者化)라는 개념으로 집약된다. 생성적 현상계에는 무수히 많은 불완전한 삼각형들, 아름다움들, 정의들이 존재하는데, 이들에 한계성(peras)을 부여하여 무규정성과 허무에 빠지지 않게 하는 것들이 삼각형 자체, 아름다움 자체, 정의 자체 등의 이데아들이다. 생성계에는 다(多)들이 존재하며, 이 각각의 개별자들은 자기동일성을 상실하여 지속적으로 타자화하는 경향이 있다. 이들과 달리 이데아들은 영원에서 영원으로 자기동일성과 일자성을 유지하고 있다. 일자(一者)에 의한 다(多)의 지배와 통제(one over many), 일자와 다적인 것들 간의 올바른 관계의 정립, 이것이 플라톤의 존재론, 윤리학, 그리고 정치철학의 목표였다. 나아가 그리스 철학자들 일반의 과제이기도 했다. 이런 목표의 실현을 가능케 하는 것, 그리고 그 목표의 실현상태가 바로 이데아계이다.

다로서의 인간의 영혼을 일자화하여 통합성을 구비케 하는 최선의 방법은 무엇일까? 그것은 첫째, 영혼의 세 부분들 중 나쁜 것을 솎아내고 최선의 것만을 남겨두거나, 둘째, 이들 중 저급한 것의 수준을 끌어올려 동질성을 확보하거나, 셋째, 협동적 질서의 정립을 통해 조화로운 통합을 모색하는 길이다. 첫째 방식은 인간이 경험적이고 신체 구속적 존재라는 사실을 부인하는 것이다. 인간이 현존의 삶을 영위하기 위해서는 이성과 기개, 그리고 욕망을 필요로 한다. 금욕주의자도 최소한의 욕망은 충족시켜야 한다. 둘째의 방식은 단기적으로는 불가능하며, 첫번째와 같은 난점을 안고 있다.

그러나 장기적으로는 오랫동안의 지속적인 교육과 훈련을 통해, 개인적 욕망을 최소화하고 이성과 기개의 영역을 최대화함으로써 영혼의 내적 동질성을 어느 정도 확대 강화시킬 수 있다. 플라톤이 자신의 이상국을 위해 마련한 주도면밀한 교육과정과 제도는 이 방법을 구체화시키려는 의도에서 기인한다. 정의의 원리를 통해 플라톤이 채택하고자 하는 방법은 세번째 것이다. 이 원리는 인간 영혼의 다적(多的) 현존을 수용하면서 일자적 통합을 모색하고 있다. 플라톤은 정의의 원리를 통해 일과 다의 공존, 나아가 국가와 개인 영혼 간의 구조적 안정을 도모하려 한다.

### 에로스, 사려, 정의

『국가』에서 나타난 플라톤의 이런 방향은 다른 대화편, 가령 『향연』이나 『파이돈』에서 제시된 삶의 방식과 대조적이다. 『향연』에서 올바른 삶의 길을 결정하는 핵심 요인은 에로스로서, 이것은 인간을 특수자에서 보편자에로, 현상에서 존재로, 다의 세계에서 일자의 세계로 단계적으로 상승케 하는 역동적인 힘이다. 에로스의 삶은 조금 전 언급한 둘째의 방법을 택한다. 『파이돈』에서 플라톤은 신체로부터의 해방과 죽음을, 그리고 영혼의 정화와 부활을 설파하며, 일자적 세계, 즉 이데아에 대한 순수한 정관을 삶의 이상으로 삼으라고 권유한다. 이런 삶의 원리는 사려(phronēsis)인데, 사려는 인간의 신체적 감성적 요소에 대해 비타협적인 자세를 취하여 그것과 조화하려 하기는커녕 이들의 극복과 숙정을 요구한다. 반면에 『파이돈』의 길은 첫번째의 길이다. 『향연』은 역동적 삶의 길을, 『파이돈』은 정관적 삶의 길을 추천한다.

플라톤은 왜 매번 서로 다른 삶의 방식을 제안하는가? 그 이유는 플라톤이 철학적 논의에서 대화의 상황성이나 현장성을 중시하기 때문이다. 『향연』에서는 시인의 수상을 축하하는 파티라는 대화 배경에 걸맞게 에로스의 신을 등장시킨 것으로 이해할 수 있다. 『파이돈』은 소크라테스가 현생의 삶을 마감하는 마지막 날을 기록하고 있다. 이런 순간에서 삶과 죽음, 영혼과 신체의 대결이 가져오는 긴장감이 플라톤으로 하여금 순수히 영적이고 사려를 추구하는 삶을 강조하게 했다. 『국가』의 대화를 이끌어가는 사람들은 폴레마르코스(Polemarchus), 케팔로스(Chephalus), 글라우콘(Glaucon), 트라쉬마코스(Thrasymachus) 등 폴리스 내의 다양한 직종과 의견과 성향을 가진 인물들이다. 이런 이질적인 사람들 간의 대화 현장은 플라톤으로 하여금 좀더 포괄적이며 균형 잡힌, 그리고 현실적인 삶의 길을 제시하게 했으리라고 생각해 볼 수 있다.

『국가』에서 플라톤의 정의 규정은 상황의 특수성에 맞추어 제안된 임의적이고 방편적인 것인가? 그렇지는 않다. 플라톤은 『국가』에 등장하는 다양한 인물들과 이들 간의 대화를 통해 인간의 근본적인 삶의 조건을 보여주고자 한다. 인간은 본질적으로 폴리스적 존재이며, 이 폴리스는 다양하고 이질적인 성향의 사람들이 함께 모여 사는 공간이다. 인간 삶의 현실은, 인간이 잘 살기(eu prattein) 위한 길이 폴리스 속에서 규정되어야 할 것을 요청한다.[17] 인간 삶의 이상은 신과의 관계에서, 수도원이나 선방에서, 또는 철학자의 상아탑에서 실현되는 것이 아니다. 인간의 삶이란 다른 종류의 사람들과 적절한 관계를 맺음으로써 이루어진다.

타인과의 적절한 관계가 가능하기 위해서는 우선 개인 영혼의 내적 조화가 이루어져야 한다. 한 개인 영혼을 구성하는 세 가지 구성 요소 사이에 조화가 이루어짐은, 곧 그가 속한 계층과 그렇지 않은 다른 두 계층 간의 조화를 이루기 위한 선결 조건이다. 한 개인은 내부의 이질적 요소들 간의 조화, 그리고 외부의 이질적 사람들과의 조화라는 양방향의 조화를 이루려 한다. 한 개인은 영혼의 내적 조화를 도모함과 동시에 타자와 조화하려 노력함으로써 잘 삶의 이상을 실현할 수 있다.

### 개인 정의와 국가 정의 간의 비대칭성

개인 정의 규정과 국가 정의 규정 간의 동형성은 정의에 관한 중요한 사실을 숨기고 있다. 개인 정의와 국가 정의는 중요한 측면에서

---

17) 『국가』, 504 d에서 플라톤은 정의, 용기, 지혜, 절제의 덕을 선의 인식과 비교하며, 전자들은 후자에 비해 낮은 가치를 지닌 덕목이라고 논한다. 이는 네 가지 덕이 국가 내의 현실적 가치임을 시사한다.

비대칭적이다.[18] 이런 비대칭성을 드러내기 위해 국가 내 영혼의 부분들 중 주도적인 요소와 지배적인 요소를 구분해 보자. 개인이 정의를 실현한 상태란, 이성의 주도 하에, 이성, 기개, 욕망 중 한 요소를 지배적인 부분으로 부각시킴으로써, 한 개인 영혼의 본성, 그 영혼 전체로서의 본성을 드러내고, 이에 따라 각자가 자신의 일을 수행할 수 있는 상태이다. 특정의 개인이 그 어느 계층에 속하건, 이들의 영혼에서 주도적인 요소는 이성이다. 이에 비해 이들 영혼에서 지배적인 요소는 그가 어느 계층에 속하느냐에 따라 달라진다.

국가의 경우는 사정이 다르다. 정의로운 국가에서는 국가를 구성하는 세 계층들 중 이성에 해당하는 지혜로운 집단이 주도적일뿐 아니라 지배적이다. 국가에서는 주도적 집단과 구분되는 지배적인 계층이 따로 존재하지 않는다. 국가의 경우는 각 '국가의 본성과 이에 따른 적임'이란 개념이 성립하지 않기 때문이다. 이런 차이에 주목하여 우리는 개인의 정의와 국가의 정의를 다음과 같이 구분할 수 있다. 즉 정의의 상태에서 개인은 편향적인 통합을, 국가의 경우는 균형적 통합을 이루고 있다. 통합성과 온전성의 관점에서 국가가 개인, 특히 생산자나 전사 계층의 개인들보다 진전되어 있다. 그러므로 개인들은 국가의 삶에 참여함으로써 자신의 불완전성을 메울 수 있다.

우리는 인간 영혼의 성숙단계를 다음의 세 단계로 구분해 볼 수 있을 것이다. 가장 이상적인 단계는 세계 영혼에 귀환하여 일자(一者)적 통합성을 갖춘 영혼의 단계일 것이다. 다음 단계는 그에 이르는 중간 과정이나 매개자의 단계이다. 마지막으로 현존의 인간 영혼 상

---

18) 또 하나의 비대칭성은, 국가에서 정의와 절제는 확연히 구분되나, 개인 특히 생산자에게서 양자 간의 구분이 다소 모호하다는 점이다.

태라는 세 단계를 설정해 볼 수 있다. 국가는 두번째 단계인 매개자요 과정이다. 국가는 완전한 일자의 통합성을 분유(分有)하고 있으므로 그런 매개자로서의 역할을 할 수 있다. 개인 영혼은 국가의 삶에 참여함으로써 국가의 일자적 통합성을 분유한다.

플라톤은 『파이돈』에서 우리 가운데 있는 이데아(megethos en hemin)의 존재를 언급한 바 있다. 국가란 마치 그런 존재, 우리 속에 있는 일자요 보편자이다, 또는 그런 것이어야 한다. 인간은 두 개의 질서에 참여한다. 그는 사회적 적임을 수행함으로써 현상적 질서에 참여하고, 동시에 국가적 삶의 일부가 됨으로써, 국가가 전체로서 지향하는 존재애적(存在愛的) 질서에 참여한다.

제13장

● ● ● ● ●

# 이성과 유토피아

## 1. 이상국론의 종류

유토피아(utopia)는 영어로 이상국을 의미한다. 이 어휘의 어원에 대한 이론은 두 가지이다. 혹자는 이것이 그리스어에서 부정사를 의미하는 'ou'와 장소를 의미하는 'topos'의 합성어라 주장하기도 하며, 그리스어에서 좋음을 의미하는 'eu'에 'topos'가 결합된 어휘라고 풀이하는 이들도 있다. 전자로 해석할 때, 그것은 '어디에도 없는 국가'라는 다소 냉소적인 의미로 해석될 수도 있지만, 우리의 사회개선과 개혁의 노력이 지향하는 완전하고 이상적인 국가를 의미한다는 후자의 해석이 일반적이다.

국가를 보는 관점은 여럿일 수 있다. 그것은 개인의 관점일 수도, 국가의 관점일 수도, 또는 신의 관점일 수도 있다. 이상적인 국가의 모습 역시 국가를 어느 관점에서 보느냐에 따라 달라질 수 있다. 그러나 적어도 이상국을 찾기 위한 출발점은 결국 국가란 인간에게 무엇이냐, 그리고 인간 삶의 궁극적인 모습, 실체, 본질은 무엇이냐는 물음과 밀접하게 연관되어 있을 것이다. 이런 점들을 염두에 두고 서구의 이상국론을 구분하면 대략 네 가지로 나뉜다.

(1) 고대 그리스의 존재론적·윤리적 이상국론
(2) 중세의 기독교적 신국론
(3) 근대의 자연법적 국가론
(4) 현대의 자유주의적 메타 유토피아론

이 중 중세의 신국론은 기독교적 신앙을 전제로 하는 것이므로 논외로 하고 여기에서는 (1), (3), (4) 이상국론의 특징을 간략히 검토해 보겠다.

## 2. 유토피아의 유형

### 존재와 이성의 통치

그리스에서 국가의 이상을 본격적으로 논의한 철학자는 주지하다시피 플라톤이다. 아마도 그의 저서 『국가』는 서양철학사에서 최초의 본격적인 이상국론일 것이다. 그의 이상국론은 존재론적 기반 위에서 개진된다. 플라톤의 정치철학은 존재론의 연장이며, 그의 존재론은 정치철학적 함의를 지니고 있다. 그는 우리가 거주하는 경험적 현상계를 불완전한 세계로 규정하고, 그와 대비하여 형상계라는 완전한 실재계를 상정한다. 나아가 우리 앎의 단계를 믿음과 인식의 두 단계로 나누는데, 전자는 현상계를 대상으로 하고 후자의 인식 대상들은 실재계의 형상들이다. 이들 형상의 세계는 우리가 윤리적·정치적 실천을 통해 나아가야 할 이상이다.

그는 국가도 영혼적 부분과 신체적 부분 둘로 구성된다고 보는데, 이는 존재계와 인식 수준에 대한 이분적인 구분에 상응하는 것이다. 그의 국가에서 수호자 집단은 국가의 영혼이요 이성이며, 생산과 소비의 삶에 종사하는 생산자 집단은 현상적이고 신체적 질서에 속한다. 진정한 의미의 정치적 삶을 이끌어가는 주체는 전자의 집단이다. 후자는 정치적 삶의 주체가 되지 못한다. 이상국의 건설에서도 주도적인 역할을 하는 것은 전자의 통치자 집단이다. 생산자 계급도 이상 실현에 참여하기는 하나 그들의 역할은 어디까지나 수동적이며, 주로 그런 노력의 수혜자에 머문다.

정치의 이상은 구체적으로 인간 삶이 추구하는 가치들을 실현함에 있다. 다양한 가치들을 실현하기 위해서는 우선 그 가치들을 정확히 인식해야 한다. 실천은 인식을 전제로 한다는 것이 플라톤의 기본 입장이다. 그런데 이들 가치의 원형이라 할 수 있는 정의, 용기 등의 형상은, 플라톤에 따르면, 실재의 영역에 있다. 그러므로 이상적인 정치를 실현하기 위한 주체는 인식 대상이 되는 실재자들의 영역과 적절한 관계를 정립해야 한다.

인간이 개인적 삶을 영위하거나 정치적 삶을 영위하거나 간에 그 궁극 목표는 자유, 평등, 정의, 행복, 사랑, 아름다움, 인간성이나 인간적 가능성의 실현 등 삶의 다양한 궁극적 가치들을 실현하는 데에 있다. 플라톤은 이런 가치들이 형상의 모습으로 실재계에 존재한다고 보았다. 우리 삶의 목표가 되는 그런 가치들을 정의 자체, 아름다움 자체, 인간성 자체 등이라 했으며, 그의 고유한 어휘를 빌리면, 이데아 또는 형상이라 하는 것이다. 이들은 우리가 일상적으로 경험하는 현상계에서는 발견할 수 없지만, 그럼에도 인간의 삶을 인도해가는 것, 일상의 다양한 노력을 하면서 우리의 정신이 지향점으로 그리는 바의 모습들이기에 그는 이들이 자체적인 것들로서 어디엔가 존재한다는 것이다. 이상국의 실현이라는 정치적 활동이 존재론과 밀접한 관계에 있는 까닭은 바로 이와 같은 이유에서이다.

인간의 삶을 반성하여 보면, 우리의 삶을 인도하고 이끄는 다양한 이념과 가치들이 많다. 이런 것들을 실현하기 위해 인간들은 매일매일 삶의 수고와 노력, 그리고 노동을 행하는 것이다. 인간의 삶은 단순한 동물적 생존에 그치는 것이 아니라, 어떤 가치를 실현하고자 하는 데에 그 본질적인 특징이 있다. 인간 삶의 한 본질은 미래에 대한 전망이다. 인간의 신체는 밥으로 양육되지만, 인간의 정신은 꿈으로, 미래에 대한 동경과 열망과 희망으로 부양되는 것이다. 그러하기에 우리는 항상 내일과 모래를 계획하고, 인간의 현재 삶은 미래에 대한 기대, 희망, 그리고 아직은 개념이나 관념의 형태로만 존재하는 가치에 대한 열망에 의해 추동되고 인도된다.

소크라테스에서부터 하버마스, 롤즈, 노직에 이르기까지 수많은 사상가들이 정의, 자유, 우정, 경건, 지혜, 절제, 평등, 박애, 사랑, 자비 등 다양한 가치들의 본질을 규정하고 그 원리를 제시하려 했으나, 완전한 합의에 도달한 적이 거의 없다. 그렇다고 해서 이들 가치가 철학자나 사상가들의 비현실적이고 몽상적 사유가 빚어낸 관념에 불과한 것은 아니다. 이 가치 개념들은 우리 일상의 삶에서 강력하고 실질적인 힘을 발휘한다. 그것들의 실체나 본질을 정확히 알수 없고, 그들의 모습에 관해 합의하기도 힘들지만, 그럼에도 사회의 발전은 이들 가치에 의해 인도되어 왔다. 또한 이들은 인간의 삶에서 강력하고 폭넓은 견인력을 발휘해 왔다. 이들의 모습은 희미하고 불확실하며 그 개념에 대응하는 실체가 있는지도 확신할 수 없지만, 그럼에도 이들 가치 개념은, 우리가 일상의 삶에서 접하는 무수히 많은 명확한 모습을 지닌 구체적이고 특수적인 물상들보다 더 실재적일 수 있다는 것이 플라톤의 통찰이다.

중요한 것은 바로 이점이다. 인간의 삶은 부정의하고 불완전하며, 이들 가치의 존재나 본질에 대한 인간들 간의 논란은 분분하다. 그러나 이런 사실은 그런 가치들이 부재함을 증거하기보다는, 이들이 완전한 모습으로 어디엔가 존재하되, 아직 그에 대한 인식에 이르지 못했기 때문이라고 플라톤은 보았다. 밤하늘의 별들은 희미한 빛으로 꺼져갈 듯 명멸하지만 우리에게 신비감과 상상력을 불러일으키며, 인간의 마음을 멀리 저 높은 곳으로 이끌어간다. 그들이 이처럼 우리의 마음을 강력하게 움직이는 한, 별들은 그 빛의 희미함에도 불구하고 더 밝고 확실하게 빛을 쏟아내는 주위의 가로등들보다 우리에게 더 실재적인 것으로 존재한다. 가치 개념들은 밤하늘의 별빛과도 같은 존재들이다. 이상사회란 일상의 삶에서는 희미한 빛만을 던지는 이 존재들을 인식이라는 통로를 통해 접촉하고, 이런 인식을 기초로 실천적 노력을 기울일 때에 비로소 실현될 수 있다.

인간의 삶에서 믿음과 욕망들은 삶의 기반이다. 하지만 이들은 가꾸어주지 않으면 우리 내면에서 멋대로 자라나며 다른 것들의 성장을 저해하며 황폐화시키는 덤불이나 잡초들과 같다. 믿음과 욕망들은 무한 증식한다. 그리하여 믿음은 굳을수록 진리와 인식의 확실성에 이르는 길의 장해물이 되며, 욕망은 채울수록 해소되는 것이 아니라 오히려 새로운 욕망들을 증식시켜 더욱 기갈 들리게 한다. 적절한 통제 하에 가지치고 관리하지 않으면, 이들은 망상과 환상과 독단의 제국을 건설하여 인간을 압제하고, 덤불과 같이 이성을 휘감아 꼼짝 못하게 만들면서 우리로 하여금 메두사와 같은 욕망만 좇도록 만든다. 일상의 믿음과 욕망들은 적절히 순치되고 계도될 때 인간의 삶에 기여할 수 있다. 이상적인 통치자는 우리의 정신이 궁극적 대상으로 삼는 존재의 질서와 선의 이데아를 지침으로 하여 이들을 통어한다.

플라톤의 존재론은 인간의 개인적인 삶, 인간의 타인과의 정치적이고 사회적 삶을 위한 가치들의 존재론을 포함한다. 플라톤의 국가는 존재론적 국가라 규정할 수 있으며, 그의 존재론적 이상국의 목표는 인간의 완성을 성취하거나 그것을 가능하게 하는 일이다. 플라톤의 국가론에서 설계되는 거의 유일한 사회 기본구조는 교육제도라는 사실은 이와 관련이 있다. 나아가 그의 교육론은 교육제도보다 교육의 내용, 즉 교육과정에 치중한다. 교육과정도 대부분 통치자 집단을 위한 것이었다. 그의 이상국은 교육개혁, 교육과정의 개혁, 통치자 집단을 위한 교육과 선발과정의 개혁을 통해 실현될 이상국이었다. 그는 철학적 지성과 정치적 통치력의 결합만이 이상국을 실현할 수 있다고 보았다. 플라톤의 말을 들어보자.

우리들의 국가에서 철인들이 군주가 되거나 또는 우리가 군주나 지도자라 부르는 자들이 철학을 진지하고 적절하게 탐구하며, 그리하여 이 둘, 즉 정치적 능력과 철학 또는 인식에의 사랑이 합쳐지는 한편으로, 현재로서는 각자 서로 다른 방향으로 제 갈 길을 찾아가는 다양한 본성들이 그러지 못하게끔 강제로라도 저지되지 않는 한, 글라우콘이여, 우리의 나라에서나 또는 인류에게나 악과 불행이 그치지 않을 것일세.(『국가』, 473d)

근현대의 국가 개선론은 정치 · 경제 · 군사 제도의 개혁을 주된 대상으로 한다. 근현대적 이상국론과는 사뭇 다르게, 플라톤은 이상국 실현이 인간 영혼의 관리를 통해서 이루어질 수 있다고 생각했다. 이런 사고법에서 출발한 것이 교육제도 개혁론과 철인왕의 이념이다. 국가 지도자인 철인왕은 행정부의 수반이라기보다는 위대한 교육자이고 스승으로서, 국민들의 영혼을 관리, 교육하는 책임을 지고 있다. 그는 왕이기 이전에 철인이어야 하는데, 플라톤의 규정에 따르면 철인이란, 실재자를 사랑하는 자이다.

실재 또는 존재란 허무와 현상에 대비되는 개념으로서, 현상(appearance ; phainomena)이란 감각적 경험의 세계를 지칭한다. 그의 존재계는 현상적 경험계의 저 너머에 있는 초월적인 형상계이다. 철인왕은 현상계에 갇혀 있는 동굴 안의 사람들을 동굴 밖의 빛과 존재의 세계로 인도하는 목자이다.[1] 플라톤의 초월적 어휘들을 일상적 어휘로 바꾸어 표현하면, 철인왕의 역할이나 이상국의 의의는, 우리의 삶을 좀더 이성화시키고, 국가공동체의 질서를 합리적으로 만드는 것이다. 이성과 가치에 의한 통치, 이것이 그가 설계한 이상국의 궁극적 목표이다.

플라톤의 존재론이나 이상국론은 매우 관념적이고 비현실적이라는 인상을 줄 수도 있다. 그러나 그의 이론은 지극히 상식적이고 자연스러운 직관에 기초한다. 그 핵심적인 전제는 다음이다. 개인이 이상적인 삶을 영위하기 위해서는, 그의 삶이 최선의 것에 의해 통어되어야 하듯이, 국가적 삶도 최선의 것에 의해 통치되어야 이상을 실현할 수 있다. 이 전제는 다음의 논리적 명제와 사실적 관찰에 의해 지지된다. 첫째, 인간은 의도적으로 행위하는 한, 항상 최선의 것을 원한다.[2] 둘째, 위에서 지적한 바처럼 역사적으로 볼 때 자유, 평등, 선, 정의 등과 같이 도덕적이고 극히 추상적인 가치들이 인간의 개인적 삶에서나 정치의 영역에서 힘을 발휘해 왔다. 인간들이 개인적 삶이나 역사에서 지향하는 대상으로 삼아왔고, 그러하기에 힘을 발휘해 온 이러한 가치들과 이념들에 상응하는 존재자가 플라톤의 형상이다.[3] 이들은 미래의 것이며 그 모습마저 불확실하지만 우리

---

1) 본서의 2장 동굴의 비유 참조.
2) 아리스토텔레스의 『니코마코스 윤리학』 제1장의 첫 문장이다. 플라톤은 대화편 도처에서 이 같은 주장을 언명한다.

삶을 인도한다는 점에서 실질적인 힘을 발휘하며, 따라서 그들은 실재적인 것이다. 이런 가치나 존재자들이 힘을 발휘할 수 있었던 이유는 이 존재자들이 최선의 것으로서 인간의 숙고적이고 의도적 행위의 대상이었기 때문이다.

### 자연법적 이상국

근대의 대표적인 정치철학자들인 홉스, 로크, 루소 등의 국가론은 자연상태론에서 시작한다. 이들은 전통의 형이상학적이고 존재론적인 입장을 비판하려는 의도를 가지고 있다. 이들은 기본적으로 인간이나 국가를 자연주의적 관점에서 파악하기 때문에 역사의 목적, 국가의 이상, 인간의 본질에 대한 형이상학적 이론 전개에 소극적이거나 회의적이다. 이들에 따르면, 국가의 구성은 자연의 결여태를 극복하기 위한 것이었다. 자연 그 자체는 투쟁의 연속, 끝없는 권리들의 갈등 상황, 기근과 생명의 위험에 처해 있는 상태이다. 이런 자연 속에서의 불편과 결여상태를 해소하기 위해서 인간들은 사회계약을 체결하여 국가를 구성했다는 것이 그들의 가설이다. 국가의 근본적 존재 이유는 자연상태를 보완하거나 넘어서는 일이므로, 국가의 이상도 이런 존재 이유와 연관하여 찾을 수 있다.

근대 철학자들은 국가에 대해 경험적 입장을 취함으로써 고중세의 초월적 형이상학이나 신학의 전제를 비판하려 한다. 그들의 자연상태는 도시와 문명 밖의 숲이나 사막과 같은, 자연적 존재자들이 거주하는 공간이다. 그런데 자연상태에 대한 그들의 기술은 자연적이고 경험적인 의도에 철저하지 못한 점이 있다. 그들의 기술에 따

---

3) 플라톤은 진정한 존재자란 힘을 발휘한다고 믿었다. 이에 관해서는 위의 3장에서의 윤리설 참조.

르면, 자연상태에는 자연적 존재자들을 지배하는 법칙들, 중력의 법칙, 인과성의 법칙, 관성의 법칙들과 같은 자연법칙들(laws of nature)만이 아니라, 이들에 더하여 인간에게만 적용되는 것이기는 하나, 이른바 '자연법(natural laws)'과 '자연권(natural rights)'과 같은 것도 존재한다. 자연법이나 자연권은 국가 이전의 법과 권리라는 점에서 자연상태의 일부라 볼 수 있는 측면이 있다. 그러나 이들은 인간 외의 다른 자연적 존재들에게는 타당하지 않은, 이른바 선험성을 지닌 초자연적이고 신적인 법과 권리이다.

왜 근대 정치철학자들은 자연상태론의 경험주의적 의도에 반하여 초자연적 성격을 지닌 '자연법'의 존재를 상정했는가? 자연법은 국가법의 기초이며 정당화 논거이자 국가 권력이나 실정법의 제약 조건으로 역할한다. 자연법의 이념을 수용할 때, 우리는 이에 비추어 실정법의 정당성 여부를 검토할 수 있다. 이런 자연법적인 제한이 없을 때 우리는 모든 실정법을, 심지어 그것이 폭압적 전제 군주에 의해 제정되는 경우에도, 정당한 법으로 수용해야 한다는 문제점이 있다.

국가 안에서의 실정(實定)적인 인간 기본권들은 이 자연법에 기초한 자연권을 근거로 한다는 것이 자연법론자들의 주장이다. 자연법은 국가와 역사 이전부터 존재하여 국가 구성의 원리가 되는 법이긴 하되 오직 인간만 누릴 수 있는 것이기에, 자연적인 것이라기보다는 오히려 초자연적이고 형이상학적 법이다. 그것은 현존 국가들의 실정적이고 경험적인 법과 대비되며, 그것의 근거로서 역할하는 선험적인 법이다. 국가의 이상은 이 자연법의 이념을 실현하고, 이에 준거하여 인간이 가지는 자연권을 존중하는 데에서 출발한다고 볼 수 있다.

방금 지적한 바와 같이, 근대 철학자들은 고전적 국가론자들과는 달리 인간에 대해 경험적인 입장을 취한다. 그들의 국가론이 자연상태론에서 출발하는 이유도 이와 무관하지 않다. 그들은 인간이 여타의 동물들과 다름없는 자연적 존재로 본다. 약간의 차이가 있다면, 그것은 인간이 자신들의 생존 환경인 자연상태의 부족을 극복할 도구로서 타산적 합리성의 능력을 지녔다는 정도이다. 그들은 인간에게 고전적 의미의 존재론적 · 윤리적 지위를 부여하지 않으며, 그런고로 그들은 국가론을 자연상태의 극복, 생명 보존, 개인적 자유와 권리의 보장이라는 측면에서 논의하고 있을 뿐 인간의 삶에 어떤 고귀한 가치의 지평을 설정하지 않는다.

그들에 따르면, 국가란 자연상태를 극복하기 위해 고안된 것이면서도 실질적으로는 자연의 연장이라고 볼 수 있는 측면이 있다. 자연법적 국가는 인간의 도구적 이성에 의해 보완된 자연상태이다. 인간은 자연상태에 있을 때에나 국가상태에 있을 때에나 그 본질이나 삶의 이상에서는 별로 변한 바가 없다. 국가상태에서도 인간은 욕구적인 존재이며, 자신의 권리를 위해 투쟁하는 존재, 그러나 자연상태에서와는 달리 단지 타산적 이성에 의해 타협하고 흥정할 수 있는 존재일 뿐이다.

### 자유주의적 메타 – 유토피아

서구 현대의 국가론도 근대 국가론의 전통을 이어받고 있다. 개인의 자유와 권리를 중히 여기며, 합리적 이기심을 국가론의 원리로 삼는다. 그러나 근대의 학자들과는 달리 윤리의 문제에 대해 회의주의적 입장을 취하지 않는다. 그들은 개인의 영역과 공적인 영역을, 개인 윤리와 정치 규범, 사회와 국가를 구분한다. 이런 구분 하에, 한편으로는 윤리적 가치, 삶의 이상과 의미, 인생관의 정립, 초월적이고 선험적 영역에 대한 믿음 등은 사적 영역의 과제로, 또는 국가와 구분되는 것으로서 사회의 과제로 돌린다. 다른 한편으로 국가 권력이나 정치 규범이란 개인의 자유와 권리를 최소로 제약하고 자유를 통해서 실현할 수 있는 인간적 가능성들을 최대한 풍요하게 할 수 있는, 자유롭고 개방적이며 생산적인 공간의 창출을 그 소임으로 한다. 그리고 개인의 가치관과 인생관의 실현을 위해 도구적인 사회적 재화의 공정한 분배를 통해 사회구성원 간의 갈등을 최소화하는 데에 주력한다.

"최소(最小) 국가가 이상적"이라는 노직의 말을 들어보자. 그는 모든 사람이 영위하기 원하는 이상적 삶의 모습이 하나라는 전통적 견해에 회의를 표명하면서 다음과 같이 결론을 내리고 있다.

> 내려야 할 결론은, 유토피아에서는 한 종류의 공동체만이 존재하는 것도 아니며 한 종류의 삶만이 영위되는 것도 아니다. 유토피아는 유토피아들로서, 즉 사람들이 서로 다른 제도 하에서 서로 다른 삶을 영위하면서 사는 많은 수의 서로 다르며 다양한 공동체들로 구성되어 있을 것이다. … 사람들은 한 사회를 떠나 다른 사회를 찾아 나서기도 하며, 한 사회에 평생 거주키도 할 것이다. 유토피아는 유토피아들을 위한 골격이며, 모든 사람이 그들 자신의 비전에 따라 이상적 삶을 추구하고 이상적 사회에서 이를 실현하려 시도하기 위해 자발적으로 가입할 그런 자유가 보장되며, 그리고 누구도 자신의 유토피아적 비전을 타인에게 강요하지 않는 그러한 장소이다. 유토피아적 사회는 유토피아 사상의 사회이다. … 내가 말하고자 하는 진실의 반은, 유토피아는 메타-유토피아라는 것이다. 즉 유토피아적 실험이 시도될 수 있는 환경, 사람들이 스스로 원하는 바를 마음대로 할 수 있는 환경, 좀더 특수한 유토피아적 비전이 현실로 되어 안정적이 되기 위해 먼저 상당한 정도로 실현되어야만 하는 환경이다.[4]

전통적 이상국의 모습은 모든 개인이 하나의 인간관, 인생관, 가치관을 실현하는 하나의 통합적 정치체제였다. 이런 국가를 설계함에서 핵심은 인간의 본질을 규정하는 일이었으며, 인간 삶의 이상과 목적이 무엇인지가 이상국의 구도를 그리고 실현하는 데 중요한 과제였다. 자유주의 국가론자들은 그런 입장에 비판적이다. 자유주의적 정치의 이상은 개인들의 자유와 권리를 보호함으로써 그들의 창의성과 주도적 노력을 최대한 자극, 격려하는 것이다. 그리고 개인들의 다양한 활동과 노력들이 궁극적으로 사회의 발전과 문화의 창달에 기여한다고 확신한다. 그러므로 개인들이 자신들의 이성과 자유를 통해 설계한, 다양한 가치관을 적극적으로 실현할 수 있는 기본 틀을 만들어주는 것이 국가의 주요 의무이다.

이런 국가의 이상은 하나의 단일한 유토피아가 존재하는 세계가 아니다. 자유주의적이고 다원적이라 할 수 있는 사회가 추구하는 이상은, 다양한 가치를 실현하고 여러 차원의 목적을 설정하는 서로 다른 공동체들이 질서 있게 서로를 인정하고, 풍요하게 하면서 공존하는 사회이다. 그것은 다양한 입장과 견해, 그리고 관점이 공존할 수 있도록 하는 유토피아들을 위한 유토피아를 건설하는 것이다. 이런 유토피아를 노직은 메타-유토피아(meta-utopoia)라고 부른다. 현대의 이상국은 근대의 개인주의적 입장과 경험주의적 관점을 계승하면서도, 고전기의 정치철학자들이 믿었던 인간 삶의 초월주의적이고 선험적인 측면을, 그러나 다원적이라는 전제 하에서 수용하려 하고 있다.

---

4) Nozick, R., *Anarchy, State, and Utopia*, Basic Books, 1974. (남경희 역, 『아나키에서 유토피아로』, 문학과지성사, 1983), p. 312.

## 서구적 이상국론의 특색

이상의 간략한 개관에서 살펴볼 수 있는 서구 이상국론의 특징은 네 가지이다. 첫째, 고대에서부터 현대에 이르기까지 국가의 존재 이유가 자연의 극복에 있다고 보는 점에서 자연에 대해 적대적이다. 서구의 이상국론은 국가와 자연상태 간의 대립항을 전제로 설계되었다. 둘째, 플라톤의 경우는 좀 다르지만, 전반적으로 개인의 자유와 권리를 중히 여기는 개인중심적 국가관과 이상국론을 개진한다. 이상국은 여하한 방식으로든 개인의 복지를 향상시켜야 한다. 셋째, 가장 중요한 것으로, 국가와 이상국의 실현을 이성(理性)의 실현으로 본다. 그 이성은 보편 윤리를 지향하며 선험적인 것일 수도, 또는 개인의 욕망에 봉사하는 타산적인 도구일 수도 있다. 마지막 네번째로, 서구 국가론에 따르면 인간은 삶의 과정에서 실현하거나 복구해야 할 어떤 본질, 본성, 또는 가능성을 지닌 존재이다. 국가나 이상국의 목적은 이를 실현케 함을 존재 이유로 한다.

서구의 정치철학자들은 이성을 인간 본성의 핵심이라 믿었으며, 이성이 인간으로 하여금 자연적 삶을 극복하거나 초월할 수 있게 하는 인간만의 고유한 능력이라고 보았다. 국가는 윤리적 또는 타산적 이성의 소산으로서, 이성이 인도하는 곳을 이상 국가 실현의 목표점으로 삼는다. 고대의 이상국은 존재애(存在愛)적 이성을, 근대의 국가론은 자연법적 이성을, 그리고 현대의 자유주의적 국가는 자유롭고 다원적인 이성을 주축으로 하여 구성된다. 국가란, 나아가 이상국이란 자연을 자신의 기반으로 하기보다는 자연을 떠난 곳, 자연을 극복하는 지점에서 구축되는 공간이다.

이상국은 말하자면 자연계 내의 이성적인, 따라서 자연 극복적 생활세계이다. 이들의 국가론과 이상국론은, 자연상태란 인간이 살기에는 적합지 않은 환경이라는 비판적 판단에서 출발한다. 이 같은 평가는 뒤의 4절에서 재검토하겠다.

서구적 이상국이 지향하는 가치들은 어떤 것인가? 이 가치들은 앞에서 지적한 특색과 연관하여 설정된다. 자연적 상태의 결여와 장애의 극복, 풍요한 재화의 생산, 생존권의 보장, 이성의 통치, 조화와 통합성과 일자(一者)성의 중시, 자유와 권리의 보호, 재화와 권리의 평등한 분배, 이성의 실현 등을 국가 운영의 주요 지향 목표로 설정한다. 다른 한편으로 근대 이후로는 개인의 자유와 권리를 존중함으로써 개인들 간에 인생관이나 가치관에서의 차이를 인정하고 개인들의 사적인 공간과 재산권을 보장한다. 개인 간의 다원성과 다양성은 사회를 균열시키기보다는 문화를 풍부하게 하며, 사회 발전의 원동력이 될 수 있다고 보기 때문이다. 전반적으로 일자성이나 통합성을 중시하는 경향과 다자성을 중시하는 경향이 교차적으로 등장했다. 전자에 치중할 경우 자유와 창의성의 가치가 핵심 축이 되며, 후자 쪽으로 기울 경우 평등과 조화가 국가의 주덕(主德)이 된다. 최소국가 또는 메타-유토피아의 이념은 이 둘을 융합하려는 시도로 이해할 수 있다.


## 3. 플라톤적 모델

이상국론의 원형이자 모범이라 할 수 있는 플라톤의 국가론이 담고 있는 함의를 좀더 자세히 풀어내어 보도록 하자. 서구 역사를 거치면서 그의 입장은 비판과 극복의 대상이 되어왔고, 다양한 대안적 이상국론이 제안되었음에도 불구하고, 그의 국가론은 이상사회론의 모델로 여전히 지속적인 영향력을 미치고 있다. 플라톤의 논의는 최초임을 넘어서 아직까지도 서구 정치철학사에서 가장 깊이 있고 포

괄적인 이상국론으로 평가되고 있다. 나아가 그의 이상국에서 철인
왕 이념은 주자(朱子)의 성인외왕(聖人外王) 이념과 흡사하다.[5]

플라톤 이상국론의 주요 특징은 다음의 세 가지로 요약할 수 있다.
첫째, 존재론적 구도. 둘째, 국가의 정의와 개인 정의의 상호의존성.
셋째, 철인왕의 이념 및 법치와 인치 간의 연관성이다. 이들 특징의
의의는 무엇인가?

### 존재론적 구도와 교육국가

플라톤 정치철학의 주요 특색은 존재론이나 인식론과 본질적인
관계에 있다는 점이다. 이는 근대적 국가론과의 가장 두드러진 차이
이다. 플라톤은 우리가 품고 있는 믿음들 대부분이 진정한 인식이
되지 못한다고 비판한다. 일상적인 믿음들은 학적 탐구를 통해 교정
되어야 할 대상이다. 우리가 학적 탐구를 행하며 교육을 시행하는
이유는 바로 믿음들이 앎과 구분되기 때문이다. 그런데 플라톤은 근
현대의 인식론에서와 달리, 믿음과 앎 간의 차이를 내용이나 정당화
의 유무에서 찾지 않고 그 대상에서 찾았다.[6] 믿음은 경험을 통해 얻
어지는 현상계를 대상으로 하는 반면, 앎이 지향하는 것은 존재계인
데 이는 이성적 사유를 통해 다가설 수 있다. 이 같은 인식론적 입장
에서 플라톤의 철학적 통찰과 특색을 찾아볼 수 있다.

우리는 우리의 삶이 앎에 의해, 그리고 그 대상인 진리에 의해 인
도되기를 원한다. 물론 많은 사람들이 믿음의 의사(擬似)적 확실성이
주는 편안함에 안주하려는 경향을 보인다. 하지만 인간의 반성적·비
판적인 이성은 유사 인식적 믿음의 구속적 상태에서 벗어나 앎을 지

---

5) 이에 관해서는 진정염·임기담, 『중국의 유토피아사상』, 지식산업사(이성규 역),
   1990(원저 1985).
6) *Rep.* 477b–478d.

향하도록 자극한다. 인간이 이성적인 존재로 살려하는 한, 인식 대상으로서의 존재를 지향하는 것이, 즉 존재애적인 삶을 영위하려는 것이 인간의 본성이라는 것이다. 인식과 존재의 통치, 이것이 플라톤이 보는 삶의 이상이요, 이상국의 목표이다.

인식과 존재의 통치란 무엇을 의미하는가? 우리의 삶을 되돌아보자. 우리는 다양한 가치, 목적, 이상 들을 품고 있다. 이들은 관념에 그치는 것이 아니라 우리의 현실적 삶에 지대한 영향력을 행사한다. 동물들이 현존에 구속되어 생존을 부지해 가는 데 비해 인간들은 내일을 위해 그리고 꿈을 실현하기 위해 현재를 산다. 인간에게는 현재보다 미래가 더 중요하기에 "미래가 없는 사람이다", "싹수가 노랗다", "희망이 없다"는 등의 평가는 한 개인에게 사망선고나 다름없다. 역으로 "장래가 촉망되는 젊은이다", "그 지도자에게는 가족, 사회, 국가의 미래를 걸어볼 수 있다", "그는 꿈이 많은 사람이며, 그 꿈을 실현할 수 있는 의지력이 있는 청년이다" 등의 평가는 그 개인에 대한 최고의 칭찬이다. 인간은 분명 현재에 살고 있으나, 그 현재가 아니라 아직 존재하지 않는 미래가 인간에게 힘을 발휘하고 중요한 것이다.

우리의 사유가 품고 있는 가치, 관념, 이상 등은 바로 그런 것들에 관한 것이다. 그런 것들은 현재로서는 관념, 생각, 믿음의 형태로 우리에게 주어져 있으나, 오히려 현재 현실세계에서 경험할 수 있는 구체적이고 특수적인 사태들보다 더 실재적이기에 우리에게 큰 힘을 발휘하고 중요하다고 여겨지는 것이다. 플라톤이 형상이라, 이데아라 칭한 것들은 바로 그런 것을 의미한다. 우리 삶의 이상이나 국가의 이상은, 그런 가치, 이념, 이상 등이 관념이나 믿음의 형태로가 아니라, 명석 판명하게 인식되어 현재하는 것으로서 우리의 삶을 주재하는 그런 상태를 지향한다.

인간 삶의 장소는 고도(孤島)나 허공이 아니다. 우리의 삶은 사회 안에서 타자와 관계를 맺으며 영위된다. 타인들과의 관계는 단지 인접성, 공간 공유(koinonia topou) 등 외적인 것에만 머물지 않고, 능력과 기능들을 협동적으로 교환하며, 나아가 의사소통을 통해서 믿음과 가치와 앎을 교환하고 공유하여 내적인 유대를 형성할 수 있는 관계이다. 인간의 삶은 필연적으로 공동체 속에서 영위된다. 인간은 폴리스적인 동물(zoon politikon)이다. 폴리스(polis)는 인간들이 타자와 협동하는 조직체나 그런 조직체의 공간만을 의미하는 것이 아니라, 인간적 삶의 방식을 의미하기도 한다는 것이 아리스토텔레스의 지적이다. 그는 이런 지적을 통해 인간의 근본적인 생존조건을 밝히고 있다. 그런데 인간이 정치적인 존재라 함은, 타인들과 기능적인 협동을 하고 분업함으로써 삶의 이익과 재화를 효율적으로 생산하고 공정하게 분배하는 것 이상을 의미한다. 인간의 정치성은, 인간이란 오직 정치적인 공간에서만 진정으로 인간적인 인간이 될 수 있으며, 인간으로서의 본질을 구비할 수 있게 됨을 함의한다. 이 공간 밖에서는 인간이 생물학적으로 인간일지 모르나, 정신적으로는 자연상태에 머무는 동물에 불과하다.

인간을 인간이게 하는 것은 타인들과의 의사소통과 교육, 이를 통해 가능하게 되는 이성과 사유의 삶이다. 플라톤은 국가가 교육적이고 존재론적인 성격을 지닌다고 보았고, 바로 이런 이유에서 그는 철인왕이 통치자가 되어야 한다고 믿은 것이다. 국가의 주된 과제는 국민들이 잘 먹고 잘 살 수 있게 하며, 그들의 자유와 권리를 보장하는 데에 그치는 것이 아니라, 그들로 하여금 인간으로서의 본질을 갖추고 실현할 수 있게 하여 존재론적 완성태에 이르게 하는 데에 있다. 인간은 폴리스적인 한에서 다자적임과 동시에 일자적이다. 인간은 개인인 한에서 타인과 다르다 할 수 있으나, 사회적 협동과 의

사소통을 통해 타인과 공유의 영역을 지니며, 하나의 보편적인 가치를 추구하고 실현할 수 있다.

플라톤의 국가는 교육국가이자 윤리국가이다. 개인의 삶이 그러하듯이, 폴리스도 인식과 존재에 의해 통치되어야 한다. 이런 통치 원리에 따라 철학과 정치가 결합되어야 한다는 점에서, 철학자이자 동시에 정치가인 철인왕이 이상국의 지도자가 되어야 한다. 철인왕 이념은 자아도취에 빠진 철학자의 비현실적인 몽상이 아니다. 실제의 역사를 되돌아보면, 중세에는 교황이 상당히 오랫동안 정치적 권력을 구사했으며, 이란의 호메이니 등에서 보는 바와 같이 중동의 이슬람 국가들은 아직도 코란(Koran) 경전에 의거하여 사제 통치를 하고 있다. 그리 멀리 가지 않아도 조선시대에는 유가의 선비들이 동시에 정치가였으며, 역대의 왕들은 유가의 경전을 학습하고 유가적 원리에 따라 국가를 통치할 것으로 기대되었다.

이렇게 보면, 역사적으로 종교적 교리나 철학적 원리 또는 윤리적 가치나 원리들이 국가의 통치 원리였던 기간이 복지나 안전 또는 경제적 가치 등이 국가를 주도했던 기간보다 길다. 그런 점에서 현대 자유주의의 탈(脫)윤리적 국가 통치 원리는 정치철학사에서 오히려 예외적인 현상이다. 현대의 정치 이상은 탈윤리적이고 탈종교적이고자 하지만 그럼에도 자유, 정의, 공정, 평등 등의 윤리적 가치들이 통치의 기본 이념이 되어야 한다는 생각에는 변함이 없다.

국가론이 존재론과 밀접하게 연관되어 있는 까닭에 플라톤적 국가의 구조도 대체적으로 존재론적 구도에 따른다. 그는 세계를 형상들이 자체적으로 존재하는 실재계와 경험적 대상들이 상호 혼재하는 현상계로 구분한다. 국가도 그런 이분법적인 구도를 지닌다. 국가는 이성 및 존재와 관여하는 통치자들의 영역과 신체적 욕구를 충족시키기 위한 재화를 생산하고 소비하는 생산 소비자 계층의 영역으로 나눌 수 있다. 전자를 수호자 계급, 후자를 생산과 소비의 계급이라 한다. 통치 영역을 담당하는 자는 존재에 대한 인식과 이성을 소유한 지혜로운 자들이다. 생존과 욕구의 충족에 봉사하는 자들은 단지 믿음과 욕망의 삶을 사는 자들이다. 국가는 인식에 의해 통치되어야 하며, 통치적 질서는 이성과 존재의 질서가 반영되어야 한다.

존재의 인식을 위해서는 교육이 필수적이다. 무엇보다도 국가의 통치를 담당할 자들은 오랜 기간의 교육과정을 거쳐야 하며, 그런 연후에도 엄격한 기준에 의해 선발되어야 한다. 그래서 플라톤의 이상국론은 지도자 교육론이라 할 정도로 지도자 교육과정과 교육내용에 관해 많은 지면을 할애한다.

### 국가의 정의와 개인의 정의

플라톤은 국가나 개인을 단순체로 생각하지 않는다. 그에 따르면, 국가는 다양한 종류의 사람들이 사는 공동체이며, 인간의 영혼도 이질적인 요소들이 혼재하는 복합적 구성체이다. 신이나 동물들과는 달리, 인간이 갈등을 겪고 고뇌하며 방황하면서 살아가는 모습은 인간이 그런 복합적인 존재임을 보여준다. 『국가』에서의 일차적 관심사는 국가의 정의가 아니라, 개인의 정의였다. 그가 국가의 정의를 논하게 된 이유는 후자의 정의를 유비적으로 추론하기 위해서이다. 작은 것보다는 큰 것을 들여다보는 것이 눈을 덜 피로하게 한다는 것이다. 이런 유비적 논의를 통해, 그는 국가의 정의란 국가의 세 직능적 계층들이 각자의 일을 수행하는 것임을 이끌어낸다. 그런 다음 국가의 정의에 유비하여 개인의 정의를 규정하는데, 개인의 정의란 영혼의 세 부분이 각자의 소임을 수행하는 것이라는 것이다.

이전 장에서 논의한 바와 같이, 국가의 정의와 개인 영혼의 정의 간의 관계는 유비적인 것에서 그치지 않는다. 양자는 필연적이면서도 내적인 관계를 맺고 있다. 개인 영혼의 각 부분이 각자 고유의 기능을 행하여 영혼이 내적 조화와 통합성을 이룰 때, 개인들이 정의로운 삶을 영위할 수 있다. 그런데 각 개인의 영혼은 차이가 있어, 영혼에 따라서는 이성적인 부분이 지배적일 수도, 기개의 부분이 우세할 수도, 또는 욕망 지향적일 수도 있을 것이다. 이런 차이에 따라 각자가 영혼의 조화를 추구하는 방식은 저마다 다를 것이다. 각자는 자신에게 고유한 영혼의 구조에 맞추어 조화를 구해야 할 것이다. 따라서 각 개인의 외적인 삶의 양식도 다른 모습으로 나타나게 된다. 어떤 이는 생산과 소비의 삶을, 어떤 이는 무사의 삶을, 어떤 이는 철인의 삶을 살 것이다. 개인 영혼의 각 부분이 적임을 수행함으로써 그의 영혼은 조화를 이루고 그의 삶이 정의로움을 실현할 것이다. 개인 영혼의 내적 조화는 국가적으로는 그 폴리스 내에서 각자의 역할 수행이라는 양식으로 나타난다. 이리하여 개인 영혼의 정의는 국가 정의의 실현을 위한 필수조건이 된다.[7]

### 철인왕의 이념

플라톤 이상국론의 한 중요한 특색은 철인왕의 통치이다. 그가 철인왕의 이념에 담고자 하는 통치 원리들은 다음과 같이 분석할 수 있다. 첫째, 철인의, 즉 존재와 진리를 사랑하는 자의 지배. 둘째, 개인의 통치, 즉 인치(人治). 셋째, 덕치(德治), 오랜 훈련을 받고 수양을 쌓은 덕인(德人)에 의한 통치. 넷째, 지식에 의한 지배, 즉 인간의 존재론적 본질과 국가의 존재 목적을 아는 자에 의한 정치. 다섯째, 통치해야 할 자, 자격 있는 자에 의한 지배. 여섯째, 국가의 본질과 인간의 본질을 실현하기 위한 정치. 일곱째, 대중들이 원하는 정치

---

7) 좀더 자세한 논의는 앞의 12장 참조.

가 아니라, 진리, 존재에 의한 지배와 인간 본성의 회복. 여덟째, 타자적 우연적 통치가 아니라, 자기 통치 등이다.

이런 분석항들을 염두에 두고서 철인 군주의 당위성과 인치의 문제를 검토하기로 하자. 플라톤은 정의로운 질서를 확립하며 이상국을 실현하고, 나아가 개인들이 잘 살기 위해서는 철인왕의 통치가 당위라고 보았다. 왜 그런가? 현대인들에게는 법치가 상식이 되어 있음에도 그는 법이나 제도, 이들의 이념이나 원리 등에 대해 언급하지 않으면서,[8] 법치와 대비되는 인치라고 할 수 있는 철인왕의 통치를 주장했다.

우리는 철인군주론의 입장을 옹호 또는 이해하기 위해 다음과 같은 논변을 구성하여 볼 수 있다. ① 인간은 실현해야 할 가능성이나 회복해야 할 본질이 있다. 그 가능성을 실현하고 본질을 회복할 때, 그는 존재론적으로 완성된 존재가 될 수 있다. ② 국가적 삶은 인간의 본질적 삶의 양식이다. 그러므로 국가적 삶은 인간의 가능성이나 본질을 실현하는데 기여해야 한다. ③ 인간의 실재성을 성취케 하는 국가적 제도가 교육이다. 교육과정의 핵심 목표는 피교육자의 인격을 완성시키는 데에 있는데, 이는 궁극적으로 존재와 진리의 인식을 통해서 이루어진다. 플라톤에서 실천은 인식과 진리에 의해 인도되고 통제된다는 점에서, 인식과 진리는 실천적인 의의를 지닌다. 플라톤철학에서는 '존재론=인식론=윤리학=정치철학'의 등식 관계가 성립한다. ④ 국가란 인간 삶을 위한 어떤 질서인데, 이 질서는 국가 권력에 의해 정립되고 유지된다. 고로 국가를 통치하는 자와 통치받는 자는 엄밀하게 구분하여 결정되어야 한다. 개인적 삶의 수

---

8) 후기에 가서는 이런 생각에 다소 변화가 온 것으로 생각된다. 그의 후기 정치철학서 『법률』에서는 법과 제도에 대한 논의가 주를 이룬다.

준에서도 이상적인 삶은 자기 통제를 필수적인 요건으로 한다. 개인 영혼 안에서 통치를 담당해야 할 부분은 이성의 부분이다. 국가적 차원에서도 통치자는 역시 이성적인 부분, 또는 존재와 진리를 인식하고 있는 개인 또는 집단이어야 한다.

플라톤의 통치 원리를 간단히 요약하면, 국가는 가장 적합한 자격을 지닌 자가 통치해야 한다는 것이다. 플라톤의 견해로는 그런 자격은 행정능력이나 카리스마, 영도력이나 협상의 능력 등 인간의 삶과 국가적 삶에서 도구적이며 보조적 능력 등만으로는 충분히 구비될 수 없다. 그런 자질만을 지닌 자가 통치할 경우, 국가는 도구적이고 2차적인 성격을 면할 길이 없다. 국가가 인간 삶에서 본질적인 것에 무관심하고 도구적인 것에만 열중할 때, 그 국가의 국민들 역시 삶의 본질을 망각한 채 삶에서 2차적이고 도구적인 것에만 정신을 파는 본말전도의 삶을 영위할 것이 틀림없다. 그런 국가는 현상적 국가에 머물며, 그런 국가에서의 국민들은 욕구와 육체적 쾌락만 추구하는 현상적 삶을 살면서 부유(浮游)할 것이다. 이런 입장을 우리는 페리클레스, 밀티아데스 등에 대한 플라톤의 신랄한 비판에서 찾아볼 수 있다.[9] 플라톤의 기준에서 평가할 때 현대의 군사적, 경찰적, 복지 우선적, 경제적 국가란 도구적이고 현상적 국가에 불과하다. 개인들에게 자유방임을 허용하고, 국가의 운영을 개인 또는 이해관계 집단들의 타협에 맡긴다면, 인간의 본질과 실재성 회복은 요원한 일이 될 게 분명하다는 것이다. 인간 삶의 가장 중요한 업무는 인간성 회복 또는 인간 본질의 실현이다. 이것이야말로 국가가 맡아야 할 가장 중요한 과제이다.

국가는 인간의 존재애적 삶의 중심을 이루고 있으며, 이런 국가의

---

9) 앞의 4장 참조.

구성을 위해서는 국가 권력이 존재와 진리를 인식하고 사랑하는 자에게 위임되어야 한다는 것은 플라톤에게 거의 자명한 진리였다. 인간의 삶에서 힘을 발휘해야 하며, 실제로 하는 것은 존재와 진리일 수밖에 없다. 철인 통치의 이념은 이런 논리적 필연을 구상화한 것이다.

자연세계는 자연적 힘이나 물리적 인과력이 힘을 발휘하는 세계이다. 칸트는 이런 세계를 사물의 왕국이라 했다. 경제력이 전적인 힘을 발휘하는 국가, 그리고 경제적 풍요가 국가 목적이요 존재 이유인 국가는 플라톤과 아리스토텔레스의 표현을 빌리면 돼지들의 국가이다. 이에 비해 실재성을 갖춘 국가란 바로 존재와 진리가 인과적 힘을 발휘하는 세계를 의미한다. 플라톤은 『국가론』에서 국가의 발전 단계를 셋으로 나누고 있는데, 자연상태에서 벗어나 구성된 최초의 국가가 바로 '돼지들의 국가'이며, 인간의 욕망이 증대되고 활동이 다양해지면서 등장하는 두번째 국가가 '열병 들린 국가'이다. 그리고 이 열병을 치유하고 좀더 상위 단계에서 실현되는 '정의 국가'가 세번째인데, 여기에서는 철인왕이 통치함으로써 인간 영혼이 내적 질서를 찾고 국가구성원들 간의 조화가 이루어 지면서 인간의 본성이 실현된다. 철인왕 통치는 당위가 아니라, 이성적 국가, 존재 지향적 국가, 실재성을 지향하는 정치세계의 구성적 사실이다.

왜 법치가 아니고 인치인가? 우리는 철인왕이 존재에 대한 인식을 소유한 철인임에 유념할 필요가 있다. 철인의 통치는 사람에 의한 통치라기보다는, 인식에 의한 통치, 또는 인식된 존재의 질서에 따른 통치이다. 철인왕은 사적인 개인이 아니라 진리를 소유하고 그에 따라 행위하는 한, 보편적인 가치의 구현자이다.

문제가 없는 것은 아니다. 플라톤이 이상으로 생각하는 인식은 초월적 존재자들에 대한 인식이므로, 철인이 존재자를 인식했는지의 여부는 그를 이미 인식한 자만이 판단할 수 있다. 철인왕은 민중들에 의해 선출되지 않고 오랜 기간에 걸쳐 선발, 교육, 그리고 양성된다. 그러므로 철인의 인식은 민중들의 동의에 의해 정당성을 얻거나 또는 그럴 것이 기대되는 종류의 인식이 아니다. 이런 점에서 민중들의 눈에는 철인왕의 통치에서 준거가 되는 인식이 자의적이고 주관적이며 객관성을 결여한 독단으로 보일 수도 있다.

철인왕은 보편적 인간이다. 국가의 통치는 보편적이고 가치 지향적 원리에 따라 이루어져야 한다. 일반적인 통치 원리는 항상 구체적 상황의 구체적·특수적 개인들에 적용되어야 하며, 구체적인 적용을 위해서는 해석되어야 한다. 그런데 보편 원리의 해석을 위한 또 다른 지침적 규칙을 설정할 때, 우리는 무한후퇴에 빠질 수밖에 없다. 무한후퇴를 막기 위해서는 어느 단계에선가 신뢰할 만한 사람의 주관적 해석에 의존하지 않을 수 없다. 해석의 위임은 법치를 이념으로 하는 현대 국가에서도 불가피하다. 해석의 자의성을 피하기 위해서 다심(多審)제도를 채택하기는 하나, 이도 3심에서 그치고 대법원의 대법관에게 최종적 해석을 할 수 있는 권위를 부여하는 것이다. 해석의 구체성과 특수성 때문에 최상급심에서도 주관적 해석은 불가피하기에, 법치국가에서도 판례가 최종의 법 적용에서 핵심적 중요성을 지니게 된다.

통치자의 선발 과정에서 자유주의 국가의 투표제도는 그 과정의 민주성과 객관성에 1차적인 중요성을 부여한다. 플라톤은 그보다 더 중요한 것이 통치자의 자격이라고 보았다. 아무리 지도자가 객관적이고 민주적인 절차에 의해 선택되더라도, 그가 우둔하고 포악하다면 그런 기준은 무의미할 것이다. 통치자의 선정에서 가장 중요한 것은 그의 자격이라 판단했기에 플라톤은 『국가』에서 통치자를 훈련, 양성하고 선발하는 과정에 대한 논의에 최대의 지면을 할애한 것이다. 논리적으로 자격을 가진 자가 통치하는 것이 당연한 노릇이며, 이런 자격론의 원칙적 타당성을 인정한다면, 통치자는 통치에 대해 우연적인 요인을 기준으로 선정해서는 안 될 것이다. 그런 기준은 비이성적이다.

## 4. 새로운 이상국을 위하여

### 자연의 극복인가, 자연과의 조화인가

동양이나 서양이나 인간이 삶과 사회에서 원하는 희망사항들은 거의 유사하다고 볼 수 있다. 동양 전통의 이상사회론이 지닌 특색이라 할 가족적 사랑, 경제적 평등, 자발적 노동, 폭압적 권력에 대한 저항[10] 등의 가치나 지향 방향들은, 경중의 차이, 의미의 편차는 약간 있을 것이나, 대체로 서양의 이상국론자들도 공유하는 이념들이다.

그러나 필자의 이해로는 다음과 같은 차이들이 있는 것으로 여겨진다. 첫째, 사회질서의 수립과 통치에서 동양에서는 축적된 경험을, 서양에서는 선험적이고 초월적이라 믿어지는 이성을 우선적인 준거사항으로 본다. 둘째, 동양에서는 과거의 경험에서 이상사회의 원형을 구하나, 서양에서는 어느 정도 초월적이고 선험적 모델을 구성하려는 경향이 있다. 셋째, 이미 지적한 바와 같이, 인간적 가능성의 실현이라는 목표를 이상사회의 중요한 과제로 간주한다는 점에서 서양이 동양보다 더 적극적이다. 넷째, 이런 점에서 동양에서는 도덕적 덕성과 수양을 중히 여기는 데에 비해, 서양에서는 인간의

---

10) 대동사상에서의 公, 同, 親愛라는 가치들. 다음 참조 : 진정염, 임기담, 위의 저서.

본성이나 가능성에 대한 논의가 중요한 주제를 구성한다. 우리는 이러한 적극적 국가론의 예를 플라톤의 도덕국가나 사회주의 국가에서 찾아볼 수 있다.

아마도 동서 간의 국가론이나 이상국론의 가장 중요한 차이는 자연에 대한 태도일 것이다. 이것이 다섯번째 차이를 구성한다. 근대 서구의 자연상태론에서 보는 바와 같이, 서양은 자연을 적대적이거나 결여적인 것으로 봄으로써, 자연을 극복의 대상으로 삼는다. 이에 반해 동양적 이상향은 자연 친화적인 경향을 보인다. 자연을 극복하는 것이 아니라 자연과 조화하고 공존하는 것이 중요하며, 인간 삶의 세계는 자연의 밖에 건설된, 자연이 정복된 인위성의 공간이 아니라, 자연계의 일부라는 것이 동양적 국가관의 중요한 측면이다.

서양 국가론에서는 인간 본성(human nature)의 규명이 중요한 주제를 이룬다. 그런데 인간에게서 자연적인 것 또는 인간 본성은 자연적 자연(natural nature)의 일부를 구성하는 것이 아니었다. 서구어에서는 인간의 본성에 대해서도 'nature'란 어휘를 사용하기는 하나, 그 인간 본성은 자연적인 것이라기보다는 선험적이거나 초자연적인 것이다. 서구 국가론에서 인간 본성의 실현은 자연상태를 극복하려는 인간의 인위적인 노력을 통해서 이루어진다. 인간적인 것은 인위적인 것(artificial)과 통하는 반면, 자연적인 것과 대조를 이룬다.

동양에서 천도(天道)는 인도(人道)이다. 천도는 저 너머의 형이상학적 질서라기보다는 인간과 자연을 포함한 총체적인 세계의 질서를 의미하는 것으로 이해된다. 서구에서 천도와 유사한 것으로 여겨질 수 있는 것은 자연법(natural laws)이란 개념인데, 자연법은 동양의 천도와는 달리, 초자연적이고 신성한 의미를 지니는 것으로서, 이런 점에서 자연법칙(laws of nature)과 대조를 이룬다. 자연법은 국가의 기초나 구성원리임에 반해, 자연법칙들은 자연적 존재자들의 운행원리로서 국가에서의 인위적 노력을 통해 이용하고 극복하기 위한 대상이다. 서양의 이상국론은 인위성이 강한 반면, 동양적 국가론은 자연스러움을 중요하게 여긴다. 요즈음의 표현으로 치자면, 서구적 국가론은 반생태학적임에 비해, 동양의 국가론은 생태학적인 것이다.

### 자연과의 계약

앞으로 지양할 이상국은 어떤 것일까? 우선은 전통의 초월주의나 선험주의, 그리고 모든 인간이 같은 삶의 이상을 품을 수 있다는 동질성의 신화를 버려야 할 것이다. 인간들은 서로 다른 다양한 삶의 이상과 가치를 형성할 수 있으며, 그런 다양성을 통해 인간의 삶과 정신세계가 풍요해질 수 있을 것이다. 동서양의 이상국론은 각각 고유한 삶의 조건과 역사적으로 형성된 가치와 이상을 반영한 것으로서 나름의 타당성이 있을 것이다. 앞으로의 이상사회론이 지향할 바는, 동서양을 단순히 비교하여 이들 간의 동일성이나 차이점을 찾아내고, 어느 한쪽을 취사선택하거나 단순 종합하는 데에 머물러서는 안 된다. 우리는 각 문화권이 지향하는 이상국론에서 나름의 설득력을 찾으려 노력하고 이를 재음미함으로써, 현대사회를 위한 이상국론에도 반영할 수 있는 요소들을 찾아내야 한다. 현대사회는 새로운 삶의 형식과 사회적 여건을 지니고 있음을 우리는 유념해야 한다.

대체적인 방향은, 한편에 서구적 사고가 발견한 개인의 자유와 권리의 가치, 인간적 가능성의 개념을 하나의 축으로 놓고, 다른 한편으로는 동양의 정치적 사고에서 중시하는 인성이나 덕성, 경험적이고 귀납적 합리성, 그리고 인간의 삶과 사회를 자연과 조화시키며, 생태학적 균형을 찾으려는 태도를 또 다른 축으로 삼을 수 있을 것이다. 서구의 근대적 사고는 국가란 인간들이 자연상태의 문제점을 해결하기 위해 계약을 체결한 결과라고 본다. 이제 우리는 새로운 종류의 계약을 맺어야 한다. 그것은 자연을 극복하기 위한 인간들 사이의 계약이 아니라, 인간들이 자연 속에서 조화롭게 더불어 살기 위한 인간이라는 자연종이 자연과 맺는 계약이다.

## 이상국론에 대한 메타적 성찰

서구 정치철학에서의 이상국론은 플라톤 이래 존재론적 본질주의와 밀접하게 연관되어 있다. 이상국론은 본질주의가 정치의 영역에 원용된 결과이다. 정치의 영역에서나 존재의 영역에서 본질주의자들은 우리의 정치적 현실이나 감각적 경험을 통해서 인지하는 현상계란 본질의 상실태라는 평가를 내린다. 삶과 정치의 이상은 상실된 인간의 본성을 회복하거나, 개화되지 않은 인간의 가능성을 실현하는 일이다. 이의 회복이나 실현을 위해서는 구체적인 힘이 있어야 한다. 개인의 차원에서는 실천의지가 요청되고, 국가적 차원에서는 법과 제도를 확립하고 강력한 권력이 행사되어야 한다. 그래서 서구의 이상국론은 교육과 훈련, 그리고 법과 제도론에 치중한다.

철학적인 관점에서 이상국의 모습을 그릴 때 그것은 어떤 것이어야 할까? 이상국에서는 최소한 빈곤, 질병, 결핍, 갈등, 전쟁 등이 없고 풍요, 건강, 복지, 평화를 누릴 수 있어야 한다는 요청은 분명 구체적이고 현실성이 있는 것들이다. 이런 지향점들은 그 동안 우리의 현실사회 개선을 위한 지침이 되어오기도 했다. 그러나 이런 상태들만이 우리가 이상국을 꿈꾸면서 바라는 것의 모든 것은 아니다. 더구나 이런 조건들은 철학적 이상국론의 핵심 과제를 구성하는 것도 아니다. 그런 것들은 아마도 정치학, 경제학, 인간공학, 행정학 등의 주요 관심사들일 것이다.

이상국의 상태를, 인간이 품고 있는 모든 건전하고 긍정적인 욕구와 욕망을 충족시킬 수 있으며, 나아가 인간적 본성이나 가능성들을 개발하고 실현하는 상태로 규정한다면, 좀더 철학적이라 할 수 있을 것인가? 이런 상태는 인간 본성론에 기초한다는 점에서 철학적이라 할 수 있으며, 일반적으로 제안되는 이상국의 모습이기도 하다. 그러나 약간의 논리적 사유실험을 해보면, 이런 규정은 이상국론의 역설적 측면을 드러내어 준다.

이상국론이 지향하는 그런 목표가 성취되었다고 상상해 보자. 과연 그 상태가 이상적이라고, 완전한 상태라고, 더 이상 불만이 없는 상태라고 평가할 수 있을까? 완전한 상태라는 것이 있을지도 회의적이지만, 만약 그런 상태가 있을 수 있다 해도, 완전한 상태란 논리적으로 인간이 더 이상 어떤 활동을 해야 할 필요가 없는 상태일 것이다. 과연 그런 상태가 인간에게 만족스럽고 완전한 이상이 될 수 있을까? 이상은 저 멀리에 이상으로 머물러 있을 경우에만, 즉 이상은 실현되지 않는 경우에만 이상일 수 있다. 인간의 모든 욕망이 충족되고 가능성이 실현된 상태에서 우리들은 더 이상 할 일이 없을 것이다. '완벽한 만족과 실현의 상태'라 상정되는 상태란, 실은 즐겁고 행복하고 보람 있는 낙원이 아니라, 이제 더 이상 추구할 것이 없어 무료하기만한 포만의 상태일 수 있다. 이상은 인간에게 활동을 자극하고 유발한다는 점에 이상으로서의 역할이 있으므로, 그런 기능을 상실한다면 그것은 더 이상 이상일 수 없다. 삶과 국가의 이상은 모든 것이 완결된 상태이어서는 안 되고, 인간들이 보람을 느끼며 무엇인가를 할 수 있는 역동적인 활동의 과정이어야 할 것이다.[11] 플라톤과 아리스토텔레스가 설정한 삶의 이상은 만족이나 완결의 상태라기보다는 인간의 고유 기능을 지속적으로 발휘하는 활동성 또는

---

11) 이와 관련하여 아리스토텔레스의 자기목적적 활동으로서 praxis 개념을 음미해 볼 만하다.

활동의 과정(energeia)[12]이다. 삶의 이상이나 이상국의 논리적인 구조
는 모든 것이 완결되거나 완성된 상태라기보다는 그런 상태로 가는
최적의 과정이나 조건일 수 있다.

---

12) 아리스토텔레스의 energeia란 en-ergon, 기능 발휘의 과정, 즉 고유 기능을 실현하고
   있는 상태라는 의미이다. 이는 가능성을 의미하는 dunamis, 목적의 성취나 작업의 완
   료를 의미하는 entelecheia와 대조되는 개념이다.

# 제6부

## 세계 구성의 원리

P L A T O N

# 제14장

● ● ● ● ●

# 우주론과 원인론

## 1. 우주론의 문제

### 우주 안에서의 인간

나, 한국인, 인간들, 현대 한국사회, 한국사, 한반도, 아시아, 인류, 지구, 은하계, 우주 그리고 세계 전체, 이렇게 시야를 확대해 보면, 우리는 세계 전체의 극히 작은 일부로 태어나서 이 세계의 극히 작은 부분으로 존재함을 깨닫게 된다. 신체 크기로 말한다면, 인간은 이 세계의 흔적 없는 한 지점, 아니 넓이도 깊이도 없는 한 점을 차지하고서, 순간과 같은 시간, 아니 순간은 시간의 일부가 아니므로, 없는 시간을 살다 간다. 그리고 우리는 어떻게 태어나는가? 근원을 알 수 없는 우주의 바람에 실려 이 지구에 불시착한 인간의 씨앗은 우주에서 날아오는 감마선 등이 야기한 돌연변이라는 우연의 힘에 의해 수십억 년에 걸쳐 점차 인간으로 진화해 간다.

그러다가 수천 번 곱하기 3억의 정자 중의 하나가 불행인지 다행인지 난자와 융합한 후 그 난자를 텃밭으로 하여 '나'의 육신을 짓는다. 나는 이 지상에 태어나 육신을 전셋집으로 삼아 얼마를 살아가다가, 획득형질은 유전되지 않는다니, 나는 또다시 흔적 없이 사라져 허무에로 흐르는 바람의 동반자가 된다. 남는 것은 나의 생각과 글이지만 이들은 보편적인 한에서만 살아남을 수 있다. 그러나 보편적인 것은 누구의 것도 아니므로 결국 '나의' 생각과 글은 더 이상 나의 것이 아니다. '지적 소유권'은 있을 수 없으며, '지적 소유권'이란 표현은 자기 모순적이다. '지적 소유권'의 대상이 진정 지적이면 그것은 소유권의 대상이 아니며, 그것이 진정 소유권의 대상이면 지적인 것이 아니다. 사람들은 이름을 남긴다고 하나 남는 것은 그들의 이름이 박힌 명함조각이나 책이라는 종이뭉치에 불과한 것이 아닐까?

미미함과 사소함과 무의미함과 허허함의 극한—이 극한 의식은 자신이 가진 미분(微分)자체보다는 이에 대한 반성적 인식에서 생기는 것이긴 하지만—을 이루는, 인간의 우주 안에서의 위치를 생각할 때, "우리는 어디에서 왔으며, 우리는 누구이며, 우리는 어디로 가는가?"[1]하는 고갱의 반성적 질문은 유장하기보다는 공허함만을 더해준다. 그런데 인간이, 자신이 그렇게도 작은 부분을 차지하고 있는 이 세계 전체의 생성에 관해서 논의함은 무슨 의미가 있을 것인가? 과연 그런 논의 자체가 가능한가? 울트라 수퍼 고성능 전자현미경으로 들여다봐도 확인되지 않는 극미분의 몫을 우주에서 차지하고 있는 우리가 세계 전체의 생성에 관해 논의함이 가능하건 불가능하건, 우리가 실제로 그에 관해 논의하고 있음은 엄연한 사실이다. 설사 진행되는 그런 논의가 관념의 유희이며 언어의 혼란에서 기인하는 정신 질환의 한 증세에 불과하더라도, 이 유희를 유희답지

---

1) 고갱(Paul Gauguin)이 그린 타히티 풍경 그림의 제목.

않게 진지하고 심각하며 고민스럽게 행하고 있으며(철학은 심각한 유희?) 혼란을 끊임없이 자초하고, 더 나아가 그 혼란을 오히려 실재적이고 이상적인 왕국에의 염원의 표현으로 보고 있음 역시 철학사에서 거듭 확인되는 사실이다.

비트겐슈타인은 철학이 정신적 질병이라고 진단 내렸지만, 철학자들은 허무와 무의미와 우연 등 인간 조건의 부정적 측면들이나 이들에 대한 인간의 자의식이 오히려 인간 현존의 질병이며, 철학은 이들 질병에 대한 유일의, 그리고 최선의 처방이라고 확신하여 왔다. 철학은 처방이라기보다는 오히려 고갱 그림의 불길한 푸른 석상과 같이 타이티 오후의 평화로움을 언제고 깨어 부술 수 있는 전염병과 같은 것인지 모른다. 고갱이 자신의 목가적인 그림에 반(反)목가적인 제목을 붙이고 있음은, 그 정경이 근거 없고 불확실하며 정처 없는 것일 수 있음을 시사한다. 우리 삶의 편안함과 행복함과 평온함이 우연히 주어져 무의미하게 영위되고 흔적 없이 사라지는 것이 되길 원치 않는다면, 고갱이 화제로 택한 것과 같은 반성적 질문은 당연히 제기되어야 하며 이에 대한 시도적인 해답이라도 주어져야 한다는 것이 철학사의 가르침이다.

인간이 무반성적으로 존재하는 한, 우리는 발끝에 튕기는 돌맹이와 같이 무의미하게 살다 간다. 반성적 의식이 없다면, 아무 문제도 제기되지 않았을 것이다. 그러나 인간은 본질적으로 자의식적인 존재이며 이 무의미를 당연한 사태로서가 아니라 무엇의 결여상태로, 따라서 무엇이 충족되어야 할 상태로 파악한다는 데에서 진정 철학적 문제가 발생한다. 아마도 인간 자신과 세계에 대한 철학자들의 논의가 인간을 무의미와 왜소함으로부터 구원할 유일의 동아줄이라는 믿음은 자기 기만일지도 모르겠다. 실상 인간 자신이 신(神)의 위치에, 또는 신의 곁에 있다는 식의 오만한 과대망상증의 심리기제는 인간이 자신을 구원하는 한 중요한 방식이다. 그러므로 그것이 혼란이건 유희이건 질병이건, 세계에 대한 논의 가능성과 그 의의, 세계의 여타 부분들의 구조와 우리와의 관계, 그리고 이 논의에서 고려해야 할 사항들에 대한 우리의 물음은 정당하다.

## 세계 구성에서 지성과 필연

플라톤은 말년의[2] 저서 『티마이오스』에서 세계 구성에 관해 논하고 있다. 플라톤은 이 논의를 통해서 위의 문제들에 대해 어떤 해답들을 제공하고자 했던 것으로 보인다. 이 장에서는 그의 논의를 검토하고 그 의의를 살펴보도록 하자. 이 논의의 초점이 된다고 생각되는 부분들을 인용하여 보자.[3]

**인용문 I** (*Tim*. 29d-30b) : 이는 세계 구성론의 서두 부분으로 이성또는 지성의 역할을 논하고 있다.

소크라테스 : (29d)티마이오스여, 당신은 매우 탁월한 사람이군요. 우리는 당신이 주장한 바를 전적으로 수락해야만 할 것입니다. 이제 우리는

---

2) 『티마이오스』는 플라톤의 후기의 저작으로 70세경에 씌어졌다는 것이 일반적인 추정이다. 그러나 이미 언급한 바와 같이 G. E. L. Owen은 이 대화편이 중기에 속하는 것으로 『국가』 다음에 씌어졌다고 주장한다. 다음 참조 : G. E. L. Owen, "The Place of the *Timaeus* in Plato's Dialogues," in R. E. Allen, ed., *Studies in Plato's Metaphysics*, Routledge & Kegan Paul, 1965, pp. 313-338.(이하 Allen으로 약함.) 반대되는 입장에 관해선 : H. F. Cherniss, "The Relation of the *Timaeus* to Plato's Later Dialogues," in Allen, pp. 339-378.

3) 필자의 인용은 제법 길다. 그 이유는 플라톤 자신의 입을 통해서 문제를 제기하기 위해서이다. 불필요한 난삽함을 피하기 위해 본문에서는 가급적 그리스어 원어를 쓰지 않음을 원칙으로 했고, 번역상의 논란이 있을 수 있는 표현만 그리스어를 로마자화하여 번역에 삽입했다.

당신의 탄복할 만한 서곡을 받아들이기로 하겠으니 우리를 위하여 당신의 노래를 정연히 끝내주기 바랍니다.

티마이오스 : 자, 그러면 어떤 이유(aitian)에서[4] 이 생성계와 전 우주(to pan)[5]를 짜맞춘 자가 (29e)짜맞춤의 작업을 수행했는지 말해 보기로 합시다. 그는 선했으며(agathos),[6] 선한 그는 어느 것에 대해서도 결코 질투심(phthonos)[7]을 갖지 않았습니다. 그는 질투심이 없었으므로 모든 것들이 될 수 있는 한 자신과 매우 유사하게 되길 원했지요(eboulēthē). 사려 깊은 자들이 주장하는 이 사실을 생성계와 질서정연한 우주의 궁극적 시원으로[8] 수락한다면,(30a) 그것은 전적으로 타당한 것이라 생각됩니다. 신(神)은[9] 모든 것들이 좋게(agatha) 되길 바라며, 가능한 한 어느 것도 나쁜 것이 되지 않길 원했으므로, 모든 가시적인 것들이 정지해 있지 않고, 틀린 장단으로 그리고 무질서하게 움직이는 것을 보고[10] 이를 넘겨받

---

4) 그리스어의 'aitia'는 이유, 원인, 설명(explanation)의 뜻을 모두 갖고 있는 어휘이다. 이태수 교수는 사석에서 이 어휘의 역어로 '까닭'이란 표현을 제안한 바 있다. 이 우리 말 표현은 그리스어만큼 포괄적인 것으로 수락할 만한 역어라고 생각된다. 그러나 그 역어는 포괄적이니만치 모호한 구석도 있다. 본고에서는 문맥에 따라 그 분명한 의미를 살려 여러 가지로 번역하려 한다.

5) to pan을 직역하면 '전체' 또는 '세계 전체'라는 뜻이나 여기서는 우주 또는 경험적 세계 전체를 지시한다. 본고에서 '우주', '세계'는 경험적 세계 전체의 의미로 사용했다.

6) 도덕적 의미뿐 아니라 기능적 의미도 지니고 있는 어휘이다. 즉 우수함이나 훌륭함의 뜻도 있다.

7) 질투감은 이성에 반(反)하는 것으로 이것이 개입하게 되면, 세계 운행이 자의적이며 우연적일 수 있다. 따라서 이 구절은 세계의 움직임에서 자의성을 배제하고자 하는 것으로 볼 수 있다.

8) '시원'은 archē의 번역. 이 표현은 시간적 시초, 그리고 정신적 단초, 즉 원리 모두를 의미한다.

9) 플라톤의 신(神)은 무(無)에서 유(有)를 창조하는 기독교적인 신이 아니라, 기존의 유(有)에서 새로운 유(有)를 짜맞추는 신(神)이다(28b-c). 세계는 생성되었고, 생성된 것은 시작이 있으며 그것은 어떤 원인(aitia)에 의해 만들어졌다.

10) 원문에서는 가시적인 것의 일부가 무질서한 것이며, 이에 조작을 가했다는 해석도 가능하나, 가시적인 것 전체가 무질서하므로 이에 질서를 부여했다는 해석이 좀더 자연

았습니다. 그리고 질서가 무질서보다 좋은 것이라 생각하여 그 가시적인 것을 질서정연하게 만들었지요. 그런데 최선의 존재(to aristo)가 (30b)가장 훌륭한 것(to kalliston) 외의 것을 행함은 옳지 않았습니다. 그래서 그는 헤아려보았고 그 결과 다음의 사실을 발견했습니다. 즉 본성이 가시적인 사물들 중에서,[11] 각각을 그 전체로서 비교할 때, 지성(知性)이 없는 것(anoēton)의 어느 것도 지성을 가진 것(tou noun echontos)보다 결코 더 좋은 것(kallion)이 될 수 없으리라 것을, 그리고 영혼이 없는 어느 곳에서도 지성이 있을 수 없음을. 그래서 그는 이런 헤아림을 거쳐 영혼 속에 지성을, 그리고 신체 속에 영혼을 심어놓음으로써 전체 우주(to pan)를 질서정연하게 만들었고 그리하여 자신이 완성한 작품의 본성이 가능한 한 가장 아름답고(kalliston) 가장 훌륭한 것(ariston)이 되게 했지요. 이와 같이 볼 때, 우리의 이 그럴듯한 이야기에 따라, 우리는 이 우주가 신의(30c) 섭리에 의해서 진정으로 영혼과 지성을 소유한 생명체가 되었음을 선언해야겠습니다.

**인용문 II**(*Tim.* 46c-47e) : 이는 세계 구성론의 전반부인 이성의 역할 부분을 끝막음하고 필연의 역할 부분으로 이행하는 대목이다. 이곳에서 플라톤은 세계 구성에서 진정한 원인과 보조 원인을 구분하고 있다.

그런데 이 모든 것들은 보조적 원인들(tōn sunaitiōn)에 (46d)속하는 바, 신은 가능한 최선의 것(tēn tou aristou kata ton dunaton idean)을[12] 만들

---

스럽다.

11) 원문에서는 '가시적인 사물들 중에서'란 구절이 '지성이 없는 것'만을 의미하는지 또는 '지성을 가진 것'도 의미하는지 불확실하다. 46d에서 플라톤이 영혼과 지성을 비(非)가시적인 것이라 말한 것에 비추어볼 때, 전자가 올바른 해석으로 여겨진다.

어내기 위해서 이들을 시종으로 부립니다. 그런데 대부분의 사람들은 차 갑거나, 뜨거운 것, 또는 단단하거나 흩어지는 것들, 그리고 이와 유사한 효과를 결과하는 것들을 만상의 보조적 원인(sunaitia)이 아니라, 진정한 원인(aitia)이라 생각합니다. 허나 이들은 어떤 것을 위해서(eis)도 이성 (logon)이나 지성(noun)을 소유할 능력이 없고, 진정코 존재자들 중에서 지성을 소유하기에 적합한 유일의 것은 영혼이라고 말해야 합니다. 지성 은 비(非)가시적인 것임에 반해 불, 물, 흙, 공기, 이 모든 것들은 가시적 인 물체(somata)[13]입니다. 그런데 지성과 지식을 (46e)사랑하는 자는 영 적(靈的) 존재에 속하는 원인들(tas tēs emphronos phuseōs aitias)을 우 선적으로 추구해야만 하며, 다른 것에 의해서 움직여지고 그리고 필연적 으로 다른 것을 움직이는 종류에 속하는 원인들을 그 다음에 추구해야만 하겠으며, 우리들도 마찬가지로 진행해야만 합니다. 그리고 우리는 원인 들의 두 종류를 언급하기는 하되, 지성의 도움으로 아름다운 것과 선한 것을 구성하는 원인들과, 사려(phronēseōs)를 결여하여 매번 우연적이고 무질서한 것을 산출하는 원인들을 구분해야 합니다.

눈들이 현재 자신들의 몫으로 갖게 되는 능력(tēn dunamin)을 소유하 는 데 보조적으로 기여하는 원인들(ta summetaitia)에 대해서는 충분히 이야기가 되었습니다. 이제 신이 눈들을 우리에게 선사한 바의 목적(di' ho), 우리에게 가장 큰 도움을 제공하는 바의 그 (47a)눈들의 기능(ergon) 에 관해서 이야기해야만 하겠습니다. 사실상 시각의 존재 이유(aitia)는, 나의 판단에 따르면, 우리가 받을 수 있는 가장 큰 도움의 원천이라는 점

---

12) 원문에서는 idean : Cornford는 이 표현을 무시하고, Schleiermacher는 die Idee로, Rivaud는 l'idee로, Bury는 the Form으로 번역했다. 필자는 Cornford와 의견을 같이 한다. 여기서 tou aristou idean은 『국가』에서의 선(善)의 이데아와 같은 것을 지시하 는 것으로 생각되지 않는다.
13) soma는 신체, 물체, 물질적인 것, 일반적으로 연장성을 지닌 것을 가리킨다.

입니다. 왜냐하면 우리가 별, 태양, 천공을 보지 못하면 우주에 관해서 이제까지 말해진 논의의 어느 것도 말할 수 없었을 것이기 때문입니다. 실인즉 낮과 밤, 달(month)과 해(year)의 순환, 춘·추분과 동·하지에 대한 우리의 관찰은 수를 발견케 하고, 다른 한편으로는 우리에게 시간의 개념을 주며, 우주의 본성에 대한 탐구를 가능케 했지요. 이런 것들로부터 우리는 철학이라는 학문을 (47b)유도해 낸 바, 신이 준 선물로서 이보다 더 훌륭한(agathon) 것은 우리 가사적 인간에게 결코 주어지지도 않았으며, 앞으로도 주어지지 않을 것입니다. 그러므로 이것[철학]이, 눈들이 주는 최고의 좋음(善)이라 선언합시다.[14] 그리고 좀더 열등한 것들, 눈이 멀어 지혜를 사랑하지 않는 자[또는 철학하지 않는 자]들이 그 때문에 탄식하며 헛되이 눈물을 짜는 그런 열등한 것들에 왜 우리가 송가를 불러대야 하겠습니까? 그러지 말고 우리로서는 신이 시각을 발명하여 우리에게 선사한 이유(aitia)는 다음의 목적(hina)이라 말합시다. 즉 천공 속에 존재하는 지성(tou nou)의 순환을 직관하여, 그것들을 우리 안에 있는 지성(dianoēseōs)의 원 운동을 위해 사용하도록 하고(왜냐하면 후자가 전자를 닮아 있긴 하나, 전자는 일사불란함에 반해,(47c)후자는 불규칙적이므로), 그리고 전자의 운동방식을 철저히 습득하고 그것의 본성에 따라 올바로 헤아릴 수 있는 능력을 갖게 됨으로써 전혀 방황함이 없는 신들의 순환운동을 모방하여, 우리 내부의 방황하는 순환운동을 질서 있게 해놓게 하기 위해서, 신들은 우리에게 시각을 선사했다고. …

그리고 음성과 청각에 대해서도 동일한 이야기를, 즉 이들 역시 동일한 목적을 위해서 그리고 동일한 의도로 신에 의해 주어졌다고 말합시다. 구체적으로, 말(logos)은 이 동일한 목표를 위해서 마련되었으며, 그것들을

---

14) 시각과 철학의 본질적 관계에 주목하라. 형상을 의미하는 그리스어의 idea, eidos는 모습이라는 의미를 지닌 것으로 시각적인 개념이다.

위해 가장 큰 기여를 합니다. 그리고 뮤즈적인 것[문예] 중에서 소리와 유관하며 청각과 관계되는 모든 것들이 주어진 이유는 조화를 이루기 위해서였습니다. (47d)그런데 조화는, 즉 우리 영혼 내부의 순환운동과 같은 종류의 운동을 하는 조화는, 지성(nou)을 가지고 문예의 여신들인 뮤즈과 교유하는 자에게 뮤즈에 의해 주어졌는데, 그 목적은 오늘날 많은 사람들이 그리 생각하는 바처럼, 비이성적인 쾌락을 위해서가 아니라, 우리 영혼 내부에서 생겨나는 조화롭지 못한 순환운동을 질서잡고 자신과 화음을 낼 수 있게끔 연합군으로서 주어졌지요.(47e)그리고 우리 내부의 대부분의 상태가 불규칙적이며 우아함을 결여하고 있기 때문에, 리듬 역시 위와 동일한 목적을 위해 동일한 자들에 의해 우리에게 주어졌습니다.

## 세계 구성론과 관련된 문제들

위의 인용문들이 소재한 『티마이오스』는 플라톤 후기에 속하는 작품으로 그 주제는 우주 생성론, 더 정확히는 세계 구성론이다.[15] 이 세계 구성론은 몇 가지 문제를 제기한다. 첫번째 여기에서 '우주' 또는 '세계'는 있는 것 모두를 지시하는 것이 아니라 오관을 통해 파악되는 경험세계 또는 현상세계,[16] 즉 우리가 현재 신체를 가지고 거주하고 있는 이 세계를 지시한다. 플라톤이 이전의 대화편들에서 주된 관심의 대상으로 삼았던 형상계나 실재계 또는 예지계가 아니며, 따

---

15) 플라톤에 따르면, 우주는 우연히 또는 기계적 과정을 거쳐서 생성된 것이 아니라, 일종의 장인에 의해 기존의 여러 요소들을 결합하여 구성되었다. 질서잡힌 세계의 등장은 장인과 같은 존재가 질료적인 것, 형상의 질서, 선의지를 결합하여 구성한 결과이다. 그 장인을 그는 원장인(原匠人, demiourgos)이라 부른다.

16) 이하에서 '세계', '경험세계', '현상세계'는 불완전하나마 어느 정도의 질서와 규정성을 지닌 세계, 플라톤이 말하는 지성과 필연이 결합하여 생성된 세계를 지시한다. '우주'라는 표현은 '세계'보다 덜 포괄적이며 천문학적인 개념이므로 가급적 피하겠다. 한편 '생성계'는 그런 질서와 규정성이 부여되기 이전의 변화 자체의 세계를 가리키는 것으로 사용하겠다.

라서 지적이거나 가치 있는 탐구의 대상이 될 수 없었고, 오로지 개연적 확실성만이 있을 수 있는 믿음이나 억견의 대상인 바의 경험세계이다. 중기와 후기의 주요 존재론적 논의에서 이런 세계는 인식론적 오류와 윤리적 결함의 원인으로서 언급될 뿐, 적극적인 설명의 대상이 아니었다. 왜 그는 갑자기 이런 현상세계에 지대한 관심을 기울여 우주의 형성과정과 그 구조 및 메커니즘을 상세하게 기술하고 있을까?

두번째 문제는 다음이다. 세계에 대한 플라톤의 이 논의는 단순한 세계론이나 우주론이 아니다. 그는 세계의 현재 모습을 그대로 놓고 분석하여 이 세계의 구조를 기술하지 않는다. 그는 이 세계의 밖으로 나아가 이 세계가 생기기 전의 시점을 취해 그 논의를 시작하여 점차 현재의 시공으로 내려오며 인간의 탄생까지를, 이 세계 형성에 어떤 요인들이 개입했으며 과연 어떤 방식으로 형성되었는지를 기술하고 있다. 그렇다고 이 논의가 우주 생성론이나 세계 생성론이라 할 수 있는 것도 아니다. 이 대화편의 논의에 따르면, 이 세계의 형성은 초기 자연철학자들에게서와 같이 자연세계 내재적 법칙이나 속성들에 의해 자발적으로 이루어진 것이 아니기 때문이다. 그렇다고 해서 이 논의를 세계 창조론이라고 규정할 수도 없다. 이 대화편 속에서 세계는 세계 밖에 존재하는 데미우르고스(demiurgos)라는 어떤 장인(匠人)에 의해서 구축된 것이긴 하나, 이 원장인(原匠人)은 기독교의 신과 같이 무로부터 유를 창조한 것이 아니라, 이미 존재하는 것들을 끌어 모아 결합하여(sustasis), 세계를 만들었다. 이런 점들을 고려할 때, 이 대화편의 논의는 세계 구성론이라 규정할 수 있다. 플라톤 논의의 특성을 이와 같이 특징지울 때, 우리는 플라톤이 세계의 형성과정이나 관여요인뿐 아니라 구성의 의도에 대해 논의하리라는 것을 쉽게 예상할 수 있다. 그러면 플라톤은 왜 여기서 세계 구성론을 전개했는가?

세번째로 제기되는 문제는 다음이다. 세계 구성론에서 핵심 개념은 두 개의 아이티아(aitia)들인 바, 이들은 각각 지성(知性, nous)과 필연(必然, ananke)이다. 대화편 전체의 구성도 이 개념들을 중심으로 전개되는데, 지성의 작품에 관한 제1부(29d-47e), 필연의 결과에 관한 제2부(47e-69a), 그리고 지성과 필연의 협동작업에 관한 제3부(69a-92c)로 나뉘어 있다.

플라톤은 위의 인용문 I 에서 세계가 그 전체로서 이유 또는 원인을 갖고 있는 바, 그것은 지성, 선, 질서 등과 본질적인 관계에 있다고 시사하며, 인용문 II 에서는 이유 또는 원인을 보조적 원인과 구분하면서 시각은 양자 모두를 갖고 있으되, 좀더 중요한 것은 전자라 주장하고 있다. 그런데 플라톤이 보조적 원인이라 한 것은 시각을 가능하게 하는 메커니즘, 물리적 원인 또는 조건에 해당하는 것이다. 이런 것은 시각에 대한 과학적 탐구나 설명에서 1차적인 중요성을 갖는 것이다. 플라톤은 이 같은 일반적인 입장과는 달리, 이것이 별로 중요하지 않다고 주장하고 있다. 왜 그럴까? 다음 장에서 논의될 인용문[17]에서 플라톤은 이 세계가 지성과 필연의 결합에 의한 결과임을 주장한 다음, 이들 사이의 관계를 비유적으로 묘사하며 필연을 방황하는 원인이라 시사하고 있다. 방황하는 원인은 대체 무엇이며, 왜 필연이 방황하는 원인일까?

필자가 제기한 문제들은 그 각각이 하나의 논문 주제가 될 수 있는 것이나, 여기서는 함께 그 대답을 시도하여 개략적이나마 종합적인 시야를 마련해 보려는 것이 필자의 의도이다. 이런 해답의 모색 과정에서 우리는 플라톤의 일견 납득하기 힘든 견해들과 전제들이 세

---

17) *Tim.* 47e-48e.

계에 대한 새로운 시각과 조망을 마련해 줌을 발견할 수 있을 것이다. 또한 설명이론, 세계관, 우연적 필연의 개념, 지성 또는 이성의 성격에 대한 플라톤의 독특한 견해를 통해 우리 사고의 시야를 넓힐 수 있으리라고 생각한다.

## 2. 세계 구성론과 형이상학

### 다른 대화편과의 관계

이미 지적한 바와 같이, 『티마이오스』는 세계 구성론이다. 플라톤이 세계 구성론을 전개한 의도는 무엇이며, 이의 철학적 의의는 무엇일까? 플라톤은 흥미롭게도 이 대화편의 서두에서(17a–20c) 『국가』의 주요 화자였던 소크라테스로 하여금 『국가』의 전반부인 1권[18] 에서 5권까지의 부분을 요약하게 하는 반면, 나머지 6권에서 10권까지의 부분은 생략하고 있다. 『국가』의 전반부는 국가의 기본적인 조직, 지도자의 교육방법과 교과과정, 지도자의 선발 절차, 그리고 영혼의 구조와 개인 및 국가의 덕에 관한 논의가 담겨 있다. 이들은 국가에 관한 한 보다 현실적인 내용을 구성한다. 반면 후반부에는 철인왕, 변증법과 수학교육, 선의 이데아 등 좀더 이상적이고 형이상학적인 내용이 담겨 있다. 『국가』의 전반부에 대한 요약이 끝난 다음 19b–c에서 소크라테스는 자신이 『국가』에서 그린 도시국가의 모습이 마치 그림 속에서만 볼 수 있는 고귀한 동물이거나, 실제 살아 있다 해도 움직이지 않는 동물과 같이 현실감이 없으며, 그래서 그는 그 동물이 역동적으로 활동하고 힘을 발휘하는 모습을 보고 싶으나

---

18) 플라톤의 『국가』편 구성 단위가 되는 권은 현대적으로는 대략 장(章)에 해당한다.

역부족이라 고백한다.

　그러자 다른 화자 크리티아스(Critias)[19]는 이야기의 바통을 이어받아 전설을 전한다. 그것은 『국가』 1권에서 5권까지에서 기술된 것과 유사한 형태의 국가 조직을 구비한 선사시대의 아테네, 솔론 시대 이전 9000년 전에 존재했던 아테네와 이의 적대국 아틀란티스(Atlantis)에 관한 것이다. 전설이라는 장치를 통해 그는 『국가』에서 허구(muthos)로 이야기되었던 이상국론을 먼 과거의 현실세계에 이전해 놓고, 그 이상국과 국민들이 각각 바로 이 선사시대의 아테네와 국민들, 즉 현재 아테네인들의 실제 조상이라고 간주하자고 제안한다. 그리고 첨언하길 그렇게 믿는다 해도 전혀 모순이 없다고 주장한다.

　『국가』의 화자 소크라테스는 이 대화편에서 이상국을 위한 교육제도를 설계한 바 있다. 바로 이어 크리티아스는 이를 언급하며 제안하길, 티마이오스가 세계의 탄생에서부터 인간의 탄생까지의 기간을 주제로 삼아 기술한다면, 자신은 이상국의 교육제도를 통해 성장한 인간들이 이룬 위대한 업적과 이들의 아틀란티스 정복, 그리고 지진과 범람에 의한 아테네와 아틀란티스의 멸망시기까지의 과정을 기술하겠노라고 한다. 이렇게 볼 때 두 대화편 『티마이오스』와 『크리티아스』의 화자들, 티마이오스와 크리티아스 각각의 이야기는 시간의 앞뒤에서 『국가』에서 개진된 소크라테스의 이야기를 보완한다. 『티마이오스』는 세계의 구성에서 이상국 설립 이전의 시기까지의 기간을, 『국가』는 솔론 시대 9000년 전에 존재했던 이상국의 모습을, 그리고 『크리티아스』는 아테네와 아틀란티스가 멸망에 이르기까지의 시기를 주제로 삼는다. 그리하여 이 원대한 3부작은 세계의 구성,

---

19) 크리티아스는 또 다른 대화편 『크리티아스』의 화자이다.

인간의 탄생, 이상국의 건설과 번영, 그리고 멸망까지의 장대한 기
간을 논의 대상으로 한다. 정리하면 다음과 같다.

『티마이오스』: 세계의 구성에서 이상국 설립 이전 시기까지의 과정.
『국가』: 솔론 시대 이전 9000년 전에 존재했던 이상국의 모습.
『크리티아스』: 아테네와 아틀란티스가 멸망에 이르기까지의 시기.

## 이상국의 우주사적 배경

이상 서론에서의 언명 등에 비추어볼 때, 플라톤의 『티마이오스』
집필의 목적은 두 가지로 추정할 수 있다. 첫째, 허구 또는 그럴듯한
이야기(ton eikota muthon, 29d)를 통해서나마 『국가』에서 기술한 이
상국의 소재지를, 아직 실현되지 않은 미래가 아니라 이미 존재했던
과거의 한 시점에서 찾음으로써 이상국에 현실성을 부여하려는 것
이다.[20] 둘째, 『티마이오스』와 『크리티아스』를 집필함으로써 『국가』
의 시간적 좌표를 설정하여 이상국의 우주사적(宇宙史的) 배경을 마
련하려는 것이다. 우리는 『국가』의 철인왕와 『티마이오스』의 원장인
(原匠人), 이상국의 건설과 세계의 구성, 이상국이 지향하는 선의 이
데아와 세계에 심어진 선의지 간의 상응적 관계를 찾을 수 있다. 이

| 『국가』 | 국가론<br>(정치철학) | 철인왕 | 이상국의<br>건설 | 선의<br>이데아 |
|---|---|---|---|---|
| 『티마이오스』 | 세계론<br>(형이상학·우주론) | 원장인 | 세계<br>구성 | 선의지 |

---

20) F. M. Cornford, *Plato's Cosmology*, Routeledge & Kegan Paul, 1937, p.6(이하
Cornford로 약함) ; A. E. Taylor, *Plato : The Man and his Works*, Methen, 1926,
p.439(이하 Taylor로 약함).

런 대응적 관계는 정치철학과 형이상학의 긴밀한 관계를 정립해 주기도 한다.

허구나 그럴듯한 이야기를 통해, 전설상의 과거 어느 시점에 이상국을 옮겨놓는다고 해서, 그것이 현실적인 국가가 되지는 않는다. 전설은 완전히 허구로 치부할 수 없는 것이기는 하나, 그렇다고 역사적 사실로 수용할 수도 없는 이야기들이다. 이상국이 단순히 이론적 이상이 아니라 현실화 가능한 구도임을 역사를 통해서 보이려 한다면, 고고학적 또는 사료적 증거가 필요하다. 플라톤은 이점을 충분히 인지했으리라고 생각된다. 나아가 『티마이오스』가 『국가』의 보완에 그친다 하기에는 그 양도 길고, 내용도 독립적인 중요성을 지니고 있다. 설사 보완적이라 하더라도, 플라톤이 왜 후자를 전자에 의해 보완할 필요를 느꼈는지, 그리고 어떤 측면에서의 보완일지를 물을 수 있을 것이다.

위에 요약한 서론에서의 플라톤의 언명들은 단지 표면적이고 극적 기법상의 목적에 대한 언급일 뿐이다. 그가 『티마이오스』를 저술한 진정한 의도는 좀더 깊은 곳에 있다. 컨포드[21]는 그 의도를 다음과 같이 해석한다. "플라톤은 『국가』에서 이상적 국가의 조직을 영혼의 구조에 비유한 바 있다. 이와 유사한 논법으로 그는 이상국의 도덕을 우주의 질서와 긴밀하게 연결시킴으로써, 이상국의 우주적 기초를 마련하자는 것이다. 소우주는 결국 대우주의 축소이며, 인간의 도덕성은 사회적 관습이나 인간의 자의적 산물이 아니라, 우주적 근원을 갖고 있다."

컨포드의 견해는, 윤리적이고 정치철학적인 노력에 대한 우주적 기초를 『티마이오스』에서 마련하려는 것이 플라톤의 의도라는 것이

---

21) Cornford., p. 6.

다. 그의 해석은 부분적으로 설득력이 있으나 플라톤의 의도 전체를
파악한 것이라고 보기는 어렵다. 인간의 윤리적 노력의 객관적 기초
를 확보하고자 하는 것은 그의 철학적 생애 전체에서 중심적인 과제
였다. 이미 『티마이오스』 이전의 중기 대화편들에서부터 논의되는
이데아론이나 영혼론은 이 같은 플라톤의 관심을 구체화하려는 노
력을 담고 있다. 윤리적 삶에 대한 의지는 인간이 경험계를 넘어서 초
월적 형상계를 지향하려는 노력에서 연유하며, 인간 영혼의 고향은
형상계라는 것이 그의 생각이다.[22] 인간의 도덕률이나 도덕성은 인간
진화의 산물이거나 관습의 자의적 산물이 아니라는 것이다.

　실상 세계 영혼이 이 세계에 관류해 있으며, 인간의 영혼은 이의
일부 또는 모사체라는, 『티마이오스』에 표명된 플라톤의 주장은[23]
사실상 인간의 사회개선 의지, 이상국을 건설하려는 노력의 의의를
오히려 약화시킨다. 그의 주장이 옳다면, 인간의 그런 의지는 결국
세계 영혼의 전(全)역사, 전(全)자연사적 구도의 일환이며, 인간의 영
혼은 그 구도의 한 톱니바퀴로서 수동적인 역할을 담당할 뿐이다.
인간의 도덕적 노력의 의의와 독립성을 살리기 위해서는 개별적 영
혼이 세계 영혼의 일부임을 강조할 것이 아니라, 오히려 도덕성의
연원은 거기에 있으되 영혼이 도덕적 행위의 주도자, 행위 주체로서
의 독립성은 보유하고 있음을 보여야 할 것이다.

### 현상계 구제로서의 세계 구성론

　『티마이오스』에서의 플라톤의 주된 관심이 윤리적이거나 정치철
학적인 것을 넘어선다면, 그것은 세계, 즉 자연세계(physika)에 대한

---

22) 상기설이나 영혼론을 생각해 보라. 『파이돈』, 『파이드로스』에서 논의되는 상기설은
　　지식과 인식 주체로서의 영혼이 신체에 들어오기 이전에 존재했음을 함의한다.
23) 이점을 플라톤이 입증하려고 하지는 않았다.

것인가? 플라톤의 관심은 자연세계에 대한 것이긴 하되, 그것은 자연 그 자체라기보다는 자연세계의 존재 근거, 또는 존재 이유, 자연세계의 왜(why)에 대한 관심이다. 자연세계의 근거에 관한 학을 형이상학이라 한다면,[24] 『티마이오스』에서 전개되는 플라톤의 세계 구성론은 형이상학적 관심의 소산이다. 그렇다고 해서 이 대화편을 형이상학이거나 존재론적 저작이라고 말하기는 힘들다. 존재론이란 실재계의 구성원들과 이들 사이의 질서와 구조에 관한 학이라 말할 수 있는데, 플라톤에게 실재적 세계는 형상들의 세계이다. 물론 플라톤에 따르면, 경험세계의 한 근거는 형상들이므로, 경험의 근거학으로서의 형이상학, 즉 세계 구성론은 형상론에 대한 논의를 필수적으로 요청한다. 이런 점에서 그의 논의는 이차적으로는 형이상학적 저술이라고 말할 수 있다.[25]

플라톤이 우주론 또는 세계론을 전개하여, 현존의 세계를 분석하며 그 구조를 드러내기보다는 세계가 존재하기 전부터 세계의 구성 과정 전체를 기술한 이유가 바로 여기에 있다. 세계의, 즉 자연세계의 존재 근거를 밝히기 위해서는 세계의 밖에 서야 한다. 세계 내에서 세계와 동차원적인 질서의 일부로 머물러서는 세계의 존재 근거를 밝힐 수도, 세계의 왜를 물을 수도 없으며, 이에 대한 해답도 찾을 수 없다.

---

24) 이런 규정을 따르면, 칸트의 『순수이성비판』도 형이상학적 저작이다. 그러나 M. Heidegger는 순수이성에 대한 칸트의 비판작업을 "a laying of the foundation of metaphysics in order thus to present the problem of metaphysics as the problem of a fundamental ontology"로 규정한다. M. Heidegger, *Kant and the Problem of metaphysics*, pp. 2–3. 참조

25) 형이상학과 존재론의 차이점에 대한 상세한 논의는 추후로 미루기로 하자. 단 위의 잠정적인 규정에 따르면, 칸트의 『순수이성비판』은 형이상학적 저작이라고 할 수 있으나 존재론적 저작이라고 말하기는 힘들다.

세계가 존재한다고 해서 꼭 세계의 존재 근거가 있어야 하는 것은 아니다. 세계는 우연의 소산일 수 있다. 인간의 행위는 의도적이며 목적적이므로, 인간의 행위에 대해서는 '어떻게'뿐만 아니라 '왜'도 물을 수 있을 것이나, 인간을 제외한 세계의 일부나 전체에 대해서 아마도 '어떻게'의 물음만 제기할 수 있는지도 모른다. 세계는, 데모크리토스의 세계가 그러한 것처럼, 태초에 원자와 허공이 존재하다가 이들 원자들 중 어느 것이 우연히(tuche) 움직이기 시작해 이로부터 연쇄적인 충돌과 운동이 발생함에 따라 귀결했을 수도 있다. 데모크리토스를 포함한 대부분 자연철학자들의 세계나 현대 물리학의 우주와 같이, 세계가 존재 근거나 이유 없이 우연히 들어선 경우라면 당연히 세계 생성의 근거에 대한 물음은 답을 얻을 수 없다. 세계 밖에서 세계 구성론이나 세계 생성론을 전개한다고[26] 하더라도, 우리는 이런 세계에 대해서 세계의 '어떻게'나 '보조적 원인(sun-aitia)'를 물을 수는 있을 것이나, 세계의 '왜'나 '진정한 존재 이유(aitia)'는 물을 수 없다.[27] 여하튼 세계의 존재 이유가 있다고 한다면,[28] 그에 대한 질문은 세계 밖에 설 때에만 제기되고 답해질 수 있으며, 그에 대한 답을 얻는 한 방식은 세계 구성론을 전개하는 것이다. 세계의 존재 이유 또는 존재 근거는 세계의 밖, 즉 세계와 다른 차원에 존재하기 때문이다.

---

26) 구성된 것은 구성자를 필요로 하며 따라서 구성 의도나 이유의 존재를 필요로 하나, 생성된 것은 생성케 하는 자를 꼭 필요로 하지는 않는다.

27) "어떻게?"라는 물음과 sunaitia, 그리고 "왜?"의 질문과 aitia의 관계, 그리고 이 두 종류 간의 차이에 관해서는 아래의 3절 참조.

28) 이 전제는 물론 논변의 대상이며, 지지 논거에 의해 밑받침되어야 한다. 플라톤이 이 논거를 명시적으로 제시한 구절을 필자는 찾지 못했다. 이 전제는 플라톤이 당연한 것으로 간주한 명제로 보인다. 이 전제에 대한, 필자가 추정한 가능한 논거는 아래의 소절 '언어와 초월' 참조.

그러면 플라톤은 왜, "왜 이 세계가 존재하느냐?"는 질문이 정당한 질문이라고 생각했을까? 그는 왜 이 세계에 존재 이유가 있다고 보았는가? 나아가 그는 왜 그 존재 이유가 지성(知性, nous)적인 것과 연결되어 있다고 보았는가? 이 문제들에 대한 해답은 더욱 본격적인 논의를 요하나[29] 우선 간략히 언급하면 대략 두 가지이다. 우선 플라톤은 세계가 우연과 무의미와 허무에 감싸여 있다면 세계의 일부로서 존재하는 인간의 윤리적이고 정신적인 활동이 무의미해질 것이라고 생각했다. 인간의 윤리적, 정치적 그리고 인식적 노력은 결코 도로(徒勞)가 아니며 무엇인가 지향하는 바가 있고, 그 지향처는 허무가 아니라는 것이 그의 근본적인 믿음이었던 것으로 추정할 수 있다. 인간의 그러한 노력들은 우리가 현재 거주하고 있는 자연세계보다 높은 차원의 세계와 관계 맺으려 하는 시도이자, 관계 맺고 있음에 대한 증거일 수 있다. 인간의 정신은 본성상 자신의 행위와 자신 주위의 것에 의미를 부여하려 한다. 항상 배후의 것, 의미나 근거를 찾으려 한다는 점에 인간 정신의 본성이 있다. 정신의 활동이 진행된다는 사실 자체가 허무를 부정하는 노력이다. 정신적인 활동이 지속되는 한, 의미 부여의 행위는 포기될 수 없다. 그러하기에 플라톤은 인간 정신활동의 가장 일상적인 예인 대화에서 철학적 사유의 단서나 초월적인 것과의 연관성을 찾을 수 있었던 것이다. 대화는 단지 음성을 주고받는 물리적 사건이 아니라 보이지 않는, 그럼에도 불구하고 공유되어 있는 의미들을 주고받는 활동이다. 무의미나 허무의 선언은 정신적 활동의 포기를 의미한다.[30] 자신의 전면

---

29) 이에 대한 논의는 다음 장의 주제이다.
30) 의미 부여의 노력은 인간 사고의 본질적이며 대표적인 활동이고, 이 활동이 "왜?"의 질문으로 나타난다. 이런 견해가 맞다면 윤리적 또는 존재론적 허무주의나 인식론적 회의주의는 적어도 정신적 작업의 결론으로서는 자기 파괴적이다.

적인 포기, 즉 자살은 허무주의의 논리적 결론이다.

둘째로, 이 경험세계는 한편으로 무규정적이며, 무질서하고 불규칙적으로 그리고 우연적으로 움직여가나, 다른 한편으로는 규정적이며 질서와 규칙성을 가지고 그리고 당위적으로[31] 움직여간다. 물리적 자연세계의 본성은 전자의 성격을 지니고 있다. 우리가 사는 경험세계가 철저히 물질적 원리에 의해 움직여 간다면, 질서나 규칙은 찾을 수 없을 것이다. 물질의 세계는 특수자들 간의 인과성의 세계이다. 물질적인 세계에는 철저히 특수자들 사이의 관계만 존재하므로, 법칙적 관계가 성립할 수 없다.[32] 인간 삶의 세계가 규정성, 질서, 규칙들을 지니고 있는 측면이 있는 한에서, 우리가 사는 경험세계에는 규정성과 질서의 근원이라 할 어떤 비물질적인 것이 관여한다고 볼 수 있다. 플라톤은 우리의 정신이나 지성과 같은 것이 그런 것의 근원이 된다고 추론했던 듯싶다. 즉 플라톤은 경험세계에 존재하는 질서와 규칙성의 존재를 설명하기 위해 지성의 존재, 그것도 인간적 차원을 넘어선 세계적 차원의 지성을 요청했다. 세계의 규정성과 질서의 근거는 인간적 지성을 넘어선 것일 것이다.

플라톤은 이 세계에 존재 이유, 그것도 지성적인 존재 이유가 있다고 봄으로써, 한편으로는 인간의 윤리적 행위, 인간의 가치 지향적 행위, 또는 완전에의 의지행위가 세계 속의 지성적 질서가 진행하는 방향과 같은 것임을 보이려 했으며, 다른 한편으로는 경험세계에 규정성과 질서를 부여하는 참여(participation)[33]의 존재론적 근거를 마련

---

31) 규칙성은 일차적으로는 사실의 특성이나, 당위성은 가치의 특성이다. 그러나 이 두 성질은 이성에서 연유하는 것이며, 그런 점에서 본질적인 관계가 있을 것으로 짐작된다. 플라톤이 구태여 당위(ought)의 개념을 갖지 않은 이유도 이 본질적 관계에 있지 않을까 생각된다.

32) 인과법칙은 논리적 긴장을 내포하는 개념이다. 인과성은 시공적 특수자들 간의 관계임에 비해, 법칙성은 보편자들 사이의 관계이다. 이에 대해서는 15장 참조.

하러 했다. 한마디로 그가 경험세계의 근거를 물은 이유는, 형이상학의 제1과제인 현상계의 구제(saving the appearance)를 위해서였다.

### 세계의 밖에 섬

위에서 플라톤의 세계 구성론은 세계 밖에서 이루어진다고 했다. 이 비유적 표현의 의미는 무엇인가? 이 표현은 다음 여섯 가지를 의미한다. ① 세계를 그 전체성에서 파악한다. ② 그러기 위해선, 세계 내의 시공과는 다른 차원에 선다. ③ 플라톤에 따르면, 시간은 세계와 함께 만들어졌으므로, 세계의 시초가 아니라 세계와 시간이 있기 전에 선다. ④ 공간적으로는 세계와 거리를 유지한다, 즉 세계와 다른 영역에 선다. ⑤ 현존의, 자연적 차원의 세계로부터 초월한다. ⑥ 세계 내의 물상들을 움직이는 원인들과는 다른 종류의 원인을 추구하며, 그들에 대한 다른 설명을 시도한다.

이상의 것들은 세계 구성론을 전개할 수 있기 위한 조건을 구성한다. 세계의 존재 근거에 대한 탐구는 이 세계와 다른 차원에로의 초월을 필연적으로 요청한다. 근거나 존재 이유에 대한 탐구, '왜'의 질문은 항상 질문 대상보다 높은 차원에 설 것에 대한 요청이다.

'왜?'의 질문과 '어떻게?'라는 질문의 본질적인 차이는 존재론적인 것이다. 전자에 대한 해답은 질문 대상과 이차원적(異次元的)인 것임에 반해, 후자에 대한 해답은 동차원적(同次元的)이라고 말할 수 있다.[34] 전자는 후자와 단순히 종류가 다른 질문이 아니라, 질문 제

---

33) 플라톤에 따르면, 경험계의 사물들이 변화해 감에도 불구하고 고정적 규정성을 지닐 수 있는 이유는 이들이 형상에 참여하기 때문이라는 것이다. 이에 관해서는 1장과 4장의 형상론 참조.

34) 이유와 원인의 차이는 비슷하다. 이유는 '왜?'에 대한 해답이며, 원인은 '어떻게?'에 대한 해답이므로. 이유는 질문 대상의 밖에 그리고 그것과 다른 차원에, 원인은 질문 대상밖에 그러나 그것과 같은 차원에 있다. 이렇게 보면 인과관계는 동차원적 관계이

기의 시점(視點)과는 차원이나 질서가 다른 세계를 지향하는 질문이
므로, 현존 탈출적이며, 따라서 윤리적·존재론적인 의의를 지닌다.
우리는 우리에게 주어진 세계에 '왜'라는 질문을 던짐과 동시에 이
세계를 넘어서 다른 차원의 세계에로 들어선다.

물상의 진행에 관해 '왜'의 질문을 던지고 그 해답을 얻을 수 있다
고 보는 견해를 목적론이라 하며, 그에 대해 '어떻게'의 질문만을 던
질 수 있다는 입장을 기계론이라 한다. 통상적인 믿음은, 이 둘의 차
이는 물상들의 진행 방식에 대한 견해 차라는 것이다. 즉 목적론이
란 물상의 진행이 일정한 목적을 실현하기 위한 방향으로 움직인다
는 입장이요, 기계론이란 물상의 진행이 이미 주어진 조건에 의해
결정된다는 견해이다. 이런 식의 구분은 피상적이다. 좀더 근본적인
차이는 물상 진행을 가능케 하는 제1차적 요인을 세계 밖에서 찾느
냐 세계 안에서 찾느냐, 물상 진행의 가능 근거를 그 물상과 이차원
(異次元)의 존재로 보느냐, 아니면 동차원(同次元)의 존재로 보느냐
에 있다. 나아가 설명 방식에서 물상에 대해 국지적 설명을 제공하
느냐(인과론), 전면적인 설명을 제공하느냐(목적론)에 그 중요 차이점
이 있다.[35] 목적론은 그러므로 당연히 다차원론(多次元論)[36]으로 이

---

며, 이유와의 관계는 차원 이동적 관계이다.

35) 플라톤의 비판에 따르면, Anaxagoras는 nous라는, 현상과는 다른 차원의 존재를 상
정하고도 현상에 대한 기계론적인 설명을 제공함으로써, nous의 진정한 역할을 이해
하지 못했다. 다음 참조 : *Phaedon*, 98ff. Wittgenstein의 다음 구절 참조 : *Tractatus*,
6.372 (고대적 설명방식과 근대적 설명방식에 관해서) ; 6.342 (뉴톤 역학적 설명방식
의 문제점에 관해서) ; *Lecture on Ethics*, 신을 동원한 설명이나 정의(定義)의 장점에
관해서.
36) 물질의 차원에 대해 정신의 차원이 있을 수 있다면, 정신을 넘어선 차원도 있을 수 있
다. 인간이 전혀 이해할 수 없는 그리고 인간이 전혀 참여하고 있지 않는 차원이 인식
론적으로는 아니더라도 존재론적으로 있을 수 있다. 존재의 위계 질서에 관한 중세의
논의도 비슷한 논리의 사고법이다.

행하며 초월의 개념이 핵심 역할을 한다. '어떻게?'라는 질문은 자연적 시점을 취하는 것이며, '왜?'라는 질문은 신(神)의 시점을 취하는 것이다.

플라톤이 『티마이오스』에서 취하려 했던 것은 신의 시점이다. 그러나 우리가 유념할 것은 플라톤의 신은 기독교에서처럼 창조하는 신이 아니라는 점이다.[37] 플라톤의 신은 인간이 부분적으로 지니고 있는 지성을 순수하고 완전한 형태로 지니고 있는 어떤 존재자이다. 플라톤이 판단하기엔, 자연적 세계보다 높은 차원의 것으로 최고의 것, 또는 유일의 것은 지성적인 것이었다. 즉 플라톤은 완전히 지성적인 존재자를 신이라고 부른 것이다. 따라서 그의 신은 우리에게 윤리적 가치, 인식 대상으로서의 진상, 그리고 미의 이상만을 제시할 뿐, 기독교의 신과 같이 우리의 인간사에 수시로 개입하여 기적을 행하고 진노하며 처벌하거나 은총을 내리기도 하는 인격적인 신이 아니다. 그의 신은 이성적인 신이다.

### 언어와 초월

우리는 세계 밖에 설 수 있는가? 세계의 일부로서 세계 속에 있는 인간은 스스로를 초월하고 세계와 다른 차원으로 이행하여, 세계를 그 전체성에 조감할 수 있을까? 플라톤은 이에 대한 해답을 적어도 직접적으로는 제시하지 않는다. 만약 세계 밖으로 나가는 것이 불가능하다면, "왜 이 세계냐?"라는 질문이 제기될 수 없고, 제기된다 해도 답해질 수 없다. 하지만 우리가 그 질문을 제기한다는 바로 그 사실, 그리고 세계 구성론을 논한다는 사실 자체가 바로 우리가 세계

---

37) Taylor, p.444 참조. B. Jowett도 『티마이오스』에서의 플라톤의 신을 기독교적 창조주로 해석한다. 이와 비슷한 오해가 중세에는 보편적이었으며, 이 때문에 이 대화편은 중세 기간 중에 플라톤의 저작 중 가장 큰 영향력을 행사한 저작이 되었다.

밖에 있음, 또는 있을 수 있음에 대한 증거이며, 더 넓게는 우리가 말을 한다는 사실 자체가 바로 이 세계 밖으로 나갈 수 있음에 대한 증거라 생각된다.[38] 우리는 개념적 사고를 통해 세계 전체를 논할 수 있으며, 세계 밖으로 나아갈 수 있다. 개념적 사유의 능력은 그런 우주적 전망을 가능하게 하는 인간의 능력이다. 우리는 플라톤철학에서 대화의 사실이 그리도 중요한 이유를 이런 맥락에서 이해할 수 있다. 대화 자체가 인식의 행위이고 초월하려는 형이상학적 노력이다.

언어는 사유의 결과이며, 사유의 기본 단위는 개념들이다. 개념들이란 항상 그 객관적 대응물을 전체적으로, 그리고 보편적으로 파악하거나[39] 파악하려는 시도이다. 영어나 독어 어휘 'Concept'와 'Begriff'란 어원적으로 '함께 잡는다'는 의미를 갖고 있다. 사물에 대한 개념적 파악과 감각적 지각의 차이는 바로 전자가 일반적 · 전체적 · 추상적인 데에 반해, 후자는 개체적 · 부분적 · 구체적인 데에 있다. 우리가 세계에 관해 사유하는 한, 개념적으로 사유할 수밖에 없고, 개념적인 사유를 함으로써 우리는 세계를 그 전체성에서, 즉 세계를 세계의 밖에서 파악할 수 있는 것이다. 세계뿐 아니라 사유의 대상 모두가 개념적 파악의 대상이며, 그러므로 항상 그 전체성에서 파악됨은 필연적이다. 무엇을 기술하건(how의 문제), 그것의 존재 근거를 탐구하건(why의 문제), 그것이 사유의 행위인 한, 개념적

---

38) 말이 단순한 삶의 편의를 위한 의사소통 수단에 불과한 것이 아니라, 존재론적이며 윤리적인 의미도 지니며 이것이 언어의 일차적 의의라 생각된다. 이는 또한 플라톤의 언어관이 함축하고 있는 견해라고 보인다. 언어의 이 측면에 관한 논의로는 다음 참조 ; 필자, 「언어의 정치 윤리적 함의」《외국문학》, 1986 봄 소재 ; 필자, 「공동체, 자유, 그리고 말」, 『해방 40년 : 민족 지성의 회고와 전망』, 문학과 지성사, 1985.

39) 심지어 고유명사도 지시대상을 전체적으로 그리고 일반적으로 지시한다. 가령, '소크라테스'라는 고유명사는 그 지시대상을 전체로서 그리고 그 개체가 시간적인 동일성을 지니고 있음을 전제한다. 이런 가정이 성립되지 않는 한 고유명사도 불가능하다.

일 수밖에 없으며, 따라서 그 무엇의 밖에 있어야 한다. 그러므로 사실상 "How x?"의 질문도 "Why x?"의 질문과 마찬가지로 그 질문자 자신이 x의 밖에, x와 다른 차원에 서야 한다. 단 전자의 해답 내용은 x와 동차원적인 데 반해, 후자의 해답 내용은 x와 이차원적(異次元的)이다.

사유활동은 개념적이며, 개념적인 한 사유 대상은 전체적으로, 일반적 개념에 의해서 파악된다. 그리고 그에 관한 명제는 보편타당성을 가질 수 있다는 전제 하에서 사념된다. 그러므로 부분적이며, 특수적이고, 상대적인 현상세계에 거주하면서, 현상세계의 사물들에 대해 사유하고 말을 할 수 있음은 우리가 이 현상계의 질서와 다른 차원에 서 있음을 시사할 수 있다. 그래서 플라톤은 우리가 대화한다는 사실이, 우리가 경험계와는 다른 질서에 속하는 존재자들인 형상들과 관계하고 있음을 증거한다고 해석했다. 플라톤의 형상은 개념에 대응하는 실재자로 제안된 것이다.

세계라는 개념을 형성했다고 해서 우리는 세계를 그 전체성에서 파악했다고 할 수 있는가? 한 개념을 형성하는 일과 그 개념의 내용이나 내포를 파악하는 일, 그리고 그의 외연을 확인하는 일은 별개이다. '세계'라는 개념을 형성했다고 해서 그것이 바로 세계를 그 전체성에서 인식했음을 의미하지는 않는다. 그러나 세계 개념의 구성은 세계를 전체성에서 인식함을 위한 첫 단계이며, 그 가능성이다. 우리가 신(神)이 아님은 명백한 사실이나 신에 가까이 가고자 노력할 수 있으며, 이 노력이 전혀 무의미하지 않음은 우리가 사유를 통해 신을 흉내 낼 수 있기 때문이다. 우리의 사유는 불완전하며, 신의 사유는 완전하다. 따라서 『티마이오스』에서의 세계 구성론은 '그럴듯한 이야기'일 수밖에 없으나, 그렇다고 전혀 무의미한 이야기는 아니다.

플라톤 상기설의 한 중요한 메시지는 언어가 초월적 측면을 지니고 있다는 것이다. 우리의 언어는 의미를 지니고 있는 한에서 통시적이고, 공간 초월적이다. 경험세계는 이런 특색을 지니지 않는다. 그것은 초월적 형상세계의 특색이다. 플라톤에 따르면, 우리가 언어행위를 할 수 있음은, '상기'라는 초월적 세계와의 교신활동을 통하기 때문이다.[40] 언어활동이라는 지극히 일상적인 사태는 심상치 않은 함의를 지닌다. 언어활동을 통해 주고받는 것이 단지 소리와 끄적임들에 불과하다면 의사소통은 불가능할 것이다. 그런 소리 등을 매체로 하여 의미라는 보편자를 상호간 교환하고, 서로를 이해하며, 나아가 이를 공유함으로써 의사의 전달이 이루어진다. 이와 같은 언어활동이 어떻게 가능한가[41]하는 것이 플라톤의 핵심 철학적 문제였다.

철학이란 일상인들이 당연히 간주하는 사태가 중요한 철학적 문제를 제기함을 깨닫는 데에서 출발한다. 러셀 역시 언어의 가능성이 설명되어야 한다고 보았다. 그의 설명은 그것이 우연적 일치의 결과라는 것인데,[42] 이런 식의 답은 무책임하거나 심각하게 제기한 문제를 사실상 회피하는 것이다. 플라톤의 답은 형이상학적이다. 우리는 일상의 언어활동에서 그 일상을 넘어 초월적 세계와 관여한다. 언어는 형상계라는 초월적 세계의 존재를 알리며, 우리가 경험계를 초월할 수 있는 가능성을 시사한다.[43]

---

40) 특히 *Phaedrus* 249b-c. 감각적 다양성에서 개념적 단일성에로의 이행과 상기.

41) 의미의 운반체로서의 음성, 잉크, 자료들은 특수적이다. 의미만이 보편적이며, 언어는 의미의 존재이기 때문에 보편적이다.

42) B. Russell, *Logic and Knowledge*, ed. by Marsh, London, 1956, pp.195-196, 130. 러셀은 플라톤의 형이상학적 부담을 더는 대신 우연을 도입했다. 그러나 우연의 도입이 더 큰 부담은 아닐까?

43) 한편으로 보편적인 것과 초월적인 것은 동연(同延)적이며, 다른 한편으로 특수적인 것과 현존적인 것 역시 동연적이라 생각된다.

### 비트겐슈타인

비트겐슈타인 역시 우리가 세계의 의미, 존재 이유, '왜'를 의미 있게 물을 수 있기 위해서는 세계를 한계 지워진 전체로 느껴야 하며, 세계의 밖에 나아가야 한다고 시사했다.[44] 그러나 플라톤과 달리, 그는 우리가 세계 밖으로 나아갈 수 있음을 부인한다.[45] 나는 나의 세계이다.[46] 나의 언어의 한계는 나의 세계의 한계이며,[47] 언어의 외연과 세계의 외연이 일치하므로, 사실상 언어는 세계 속에, 그리고 세계 역시 언어 속에 갇혀 있다. 명제는 비트겐슈타인에게 일종의 사실로서 세계의 일부이다.[48] 언어가 기술하는 만큼 세계가 존재하며, 세계가 존재하는 만큼 언어가 존재한다. 그리고 메타 명제와 일반적 명제들 간에는 차원적 차이가 존재하나, 명제들 사이에는 차원의 차이가 없어 모든 명제는 동차원적이다.[49] 따라서 일상적 명제는 그 본질에서 전혀 초월적이 아니다. 윤리란 그가 주장하듯이 초월적이므로 윤리적 명제 역시 존재할 수 없다.[50] 플라톤에서 언어란 본질적으로 초월적·윤리적·형이상학적인 데 반해, 비트겐슈타인에게 언어는 사실로서 세계의 일부이다. 후자에게 명제란 명제 부호와 같으므로[51] 명제는 감각적으로 지각할 수 있다.[52] 따라서 명제는 초월적 윤리의 내용을 담을 수 없는 경험과학적 존재이다.

---

44) L. Wittgenstein. *Tractatus Logico-Philosophicus*, 6.41, 6.44, 6.45. 이하 이 저서는 『논고』로 약함.

45) 『논고』 6.42, 6.4312, 6.5, 6.521.

46) 『논고』 5.63.

47) 『논고』 5.6.

48) 『논고』 3.14, 2.141, 2.1511, 2.1515, 3.31.

49) 『논고』 6.4, 6.42.

50) 『논고』 6.5, 6.52, 6.521.

51) 『논고』 3.12.

52) 『논고』 3.1.

비트겐슈타인의 입장이, 플라톤이 해결하려 했던 언어의 기반인 보편적 의미의 가능 근거문제를 제대로 마련할 수 있을지 불확실하다. 이와는 별개로도 중요한 논리적 문제를 안고 있다. 그는 명제가 그리는 사실과 명제 사이의 차원의 차이를 인정하지 않고, 명제마저도 사실이라고 주장한다. 그러나 명제가 일종의 사실이라 하더라도, 통상적 의미의 사실(brute facts)과 이 사실을 묘사하는 명제 사이에는 차원의 차이가 있어야 할 것으로 보인다. 명제는 그가 주장하듯이, 경험세계(physika)의 일부가 아니라, 그를 넘어서는 것, 또는 형이상학(meta-physika)의 일부로 볼 수 있다.[53] 이런 결론을 거부코자 한다면 통상적인 의미의 사실과 명제라는 사실 사이의 논리적 단절을[54] 극복함으로써 어떤 연속적 관계를 정립해야 할 것이다.

비트겐슈타인과 플라톤의 차이는 언어의 본질에 대한 견해의 차이로 귀결하며, 바로 그 때문에 전자는 세계에 관해서 침묵을 하라 충고했고, 후자는 그에 관해 형이상학적이고 윤리적인 논의를 적극적으로 전개했다. 플라톤에 따르면, 인간은 언어 속에 갇혀 있는 것이 아니라 언어를 통하여 갇혀 있는 상태에서 벗어난다. 플라톤의 세계 만들기는 바로 말할 수 없는 것에 대해 말하기 위한 가장 효과적인 방법이다.

---

53) 비트겐슈타인도 명제의 이런 형이상학적 측면은 인지하고 있었던 듯하다. 『논고』, 6.43 참조. 그는 또 『논고』의 앞부분에서 사실과 명제 사이의 관계를 말하는 그림의 관계(pictorial relation)에 관하여 논하고 있는데, 이런 논의는 그가 사실과 명제 사이의 논리적 또는 존재론적 단절을 인지하고서 이를 메꾸어 존재론적 연속성을 마련하려는 듯한 인상을 주고 있다(다음 참조 ; 『논고』 2.1511, 2.1512, 2.1521, 2.1515). 그러나 그가 그런 작업을 하고 있다 하더라도, 이 작업이 성공인지의 여부는 확실치 않다.
54) 플라톤은 이를 chorismos라는 개념으로 표현한다.

# 3. 세계의 진정한 원인과 보조 원인

### 원인의 두 종류

이상에서 우리는 세계 구성론의 형이상학적 성격에 대해 살펴보았다. 그것은 세계의 밖에 나아가 신(神)의 시점을 취하여 세계 전체의 형성과정을 관조함으로써 세계의 존재 근거를 발견하고, 그럼으로써 세계의 규정성과 인간의 가치 지향 행위의 존재론적 기초를 마련하려는, 즉 현상계를 구제하려는 형이상학적 동기였다.

플라톤은 위의 인용문 II에서 세계를 설명함에서 원인(aitia)의 두 가지 종류를 구분했는데, aitia와 sunaitia가 그것이다. 흔히들 물상의 인과적 원인이라 하는 바는 단지 sunaitia, 즉 보조적 원인에 불과하며, 진정한 원인은 따로 있다는 것이다. 그가 말하는 진정한 의미의 원인을 진 원인(眞原因, aitia-R)이라 하자. aitia-R과 sunaitia의 구분은 이미 『파이돈』에서[55] 이루어진 바, 이 구분은 그의 세계관, 세계 구성론, 형이상학, 설명이론에서 핵심적인 역할을 한다. 그는 이곳에서 진 원인과 보조 원인을 구분하면서, 일반적으로 세계나 존재자의 원인으로 언급되는 것은, 존재나 사태가 있기 위한 진정한 원인이라기보다는 보조적 원인이나 필수조건에 불과한 것으로 평가했다. 그리고 이를 진정한 원인과 구분하기 위해서 'sunaitia'라는 별도의 어휘를 제안한다.

플라톤은 무엇을 세계나 존재자의 진 원인이라고 보았는가? 'aitia'라는 그리스어 어휘는 보통 '원인'으로 번역되곤 한다. 아리스토텔레스의 주요 철학 이론의 하나인 4원인설에서 '원인'이란 표현은 'aitia'의 번역이다. 『티마이오스』의 서구어 번역문에서도 'aitia'는 많

---

55) *Phd.* 98ff.

은 경우 'cause'[56], 'die Ursache'[57], 'la cause'[58]라는 표현들로 번역된다. 그러나 이들 표현은 'aitia'의 원의를 제대로 전달하지 못한다. 플라톤이 진정한 원인으로 보는 바의 aitia-R은, 앞의 인용문 I, II에서 보는 바와 같이, 선하다(agatos), 아름답다(kalos), 원한다(boulomai), 지성(nous), 이성(logos), 영혼(psuchē), 사려깊은(emphronos), 사려(phronēsis), 배열(taxis), 조화(harmonia), 방황하지 않는(aplanes), 리듬 또는 규칙적 운동(rhuthmos) 등의 개념과, '···을 목적으로(epi)', '···를 위해서(hēneka)', '···하기 위해(hina)'와 같은 전치사 또는 접속사들과 연관되어 있다. 이와는 달리, sunaitia는 대략 어떤 경험적 사태나 어떤 개체가 존재하기 위한 물리적 메커니즘이나 조건들을 지시한다.

### 진정한 원인

이런 연관성으로 비추어볼 때, 'aitia-R'은 경험적 사태나 개체의 존재 이유, 존재 근거, 이유, 까닭, 목적, 당위 등으로 이해할 수 있고, 반면 'sunaitia'는 인과적 원인, 보조적 원인, 필요조건, 물리적 메커니즘 등으로 번역할 수 있다. 이 양자를 포괄하는 넓은 의미의 aitia, 예컨대 x의 aitia는 총칭적으로 x를 '있게 하는 것'으로 이해할 수 있다. x를 있게 하는 것은 두 종류인 바, 이 두 종류는 서로 다른 차원의 것들이다. 즉 x의 aitia-R은 x와 이차원적(異次元的)이나, x의 sunaitia는 x와 동차원적이다. 그리고 x의 sunaitia는 x를 있게 함에서 종속적 위치, x의 aitia-R에 종속적 위치에 머문다. x가 있게 됨에 있어 x와 이차원적인 것이 주도적인 역할을 하고 x와 동차원적인 것

---

56) Comford와 Bury의 번역.
57) Schleiermacher의 번역.
58) A. Rivaud의 번역.

이 오히려 종속적인 것이 되었다는 것은, x가 현재 존재함에서 자신보다 높은 질서에 의해 지배되고 있음을 의미한다.

'Sunaitia'를 '인과적 원인'으로 번역하는 것도 실은 좁은 해석이다. 플라톤은 『티마이오스』에서 시각의 sunaitia로 눈과 빛의 메커니즘을 들고 있으며,[59] 『파이돈』에서는 '소크라테스가 감옥에 앉아 있음'이라는 사건의 sunaitia로서 소크라테스에 대한 아테네인들의 유죄 판결이 아니라, 그의 신체적인 구조를 지적했다.[60] 이런 예들에서 볼 때, x라는 사건의 sunaitia는 그것의 존재를 가능케 하는 그때그때의 물리적 조건들, x와 동차원의 조건들이다.[61] 반면 aitia-R은 x와는 다른 차원의, 이성적 조건이다. aitia-R은 세계 내의 모든 사태들에 대해 각각 개별적으로, 그리고 그 사태들 성립의 매순간 개입하는 것이 아니라, 세계 전체의 존재 시초에 개입하여 세계의 움직임을 주도한다. 바로 이런 이유에서 세계 전체뿐 아니라, 세계의 일부 aitia-R을 탐구하기 위해서도 세계의 밖으로 나아가야 한다.

진 원인은 시공적으로 포괄적이다. 그것은 시간적으로는 과거 · 현재 · 미래를 관통해 있고, 공간적으로는 세계 전체에 걸쳐 있다. 반면 한 특정 사건의 보조 원인은 시공적으로 국지적이어서, 시간적으로는 현재, 즉 그 사건이 발생하는 순간에 그것의 발생 조건으로 존재하며, 공간적으로는 그 사건에 고유한 속성의 반응에 따라 운동한다. 이성은 시공적으로 포괄적이거나 시공 초월적인 조건 하에서 운동하지만 물질은 현재 자신만이 지니고 있는 속성이 지시하는 바대로 움직인다. 이런 차이로 인해 진 원인을 기술하는 명제는, 비트겐

59) *Tim*, 45b–46a.
60) *Phd*, 98ff.
61) 뒤에서 보겠지만, 플라톤은 경험세계의 사태 등에 관해서는 일반적인 인과법칙을 정립할 수 없다고 보았다.

슈타인적인 구분을 하면, 메타-명제로서 형이상학을 구성하는 반면, 보조 원인을 기술하는 문장은 엄밀한 의미의 명제로서 자연과학을 구성한다.

경험세계의 물상들인 특수적 속성이나 사건들이 존재하기 위해서는 진 원인과 보조 원인이 모두 필수적이며, 후자가 전자에 종속되거나 보조적인 역할을 한다는 플라톤의 주장은 다음을 함의한다. 즉 두 개의 존재 계열이 존재한다는 이원론(二元論)적인 존재론과, 상위 계열이 하위 계열의 운동에 관여하므로, 하위 계열에 속하는 물상에 대한 설명을 제공한다는 이원론적 인식론.

두 개의 존재 계열의 특성과 그 관계에 관해서는 곧 자세히 논할 것이다. 위의 함축과 관련하여 언급할 것은, 이원론적 존재론을 견지하더라도 그 두 개의 계열 사이의 상관관계를 인정하지 않으면, 하위 계열의 사태에 대한 설명이 이원적일 필요가 없다는 점이다. 플라톤은 두 계열 사이에 하향적이고 상향적인 관계가 있다고 파악했기에 경험적 사태를 설명할 때 진 원인과 보조 원인 모두를 제시해야 한다고 본다. 하지만 사태에 대한 철학적 설명이라 말할 수 있는 것은 진 원인에 대한 탐구이다. 이것이 바로 '지성과 인식을 사랑하는 자'가 추구해야 할 것이다.

### 진 원인에 관한 플라톤의 논제

이제 다시 세계의 아이티아론으로 돌아가자. 플라톤은 무엇을 세계의 진 원인이라고 보았는가. 세계의 진 원인에 대한 플라톤의 견해는 다음의 네 명제로 요약할 수 있다.

(1) 세계 질서의 근본 원리 또는 진 원인은 신(神)의 선의지이다(*Tim.* 29e).

(2) 무질서나 부조화보다는 질서와 조화가 더 좋다(*Tim*. 30a).

(3) 그래서 세계 구성자인 신(神)은 무질서한 생성계에 질서를 부여했다 (*Tim*. 30b).

(4) 질서와 조화는 지성에서 나온다(*Tim*. 30b).


이 세계 질서의 존재 이유, 즉 진 원인은 신의 선의지이다. 선의지를 지닌 신은 질서가 무질서보다 더 좋다고 평가하여, 원래는 무질서했던 생성계에 질서를 부여했다. 질서는 지성에서 오는데, 지성은 영혼의 기능이다. 지성의 행사를 위해서는 영혼이 존재해야 하므로, 신은 무질서한 생성계에 영혼을, 그리고 영혼 속에 지성을 부여함으로써, 이 세계 질서의 근거를 제공했다. 세계의 질서와 조화는 세계 영혼에 내재한 세계 지성의 소산이며, 이는 궁극적으로 신, 즉 세계 구성자의 선의지에 의존한다.[62]

이들 네 가지 명제는 다른 논변들에 의해 지지된 견해들이 아니라, 플라톤이 논거 없이 당연한 것으로 간주하고 있는 주장들이다. 우리는 이 명제들이 논거 없이 제시되었다고 해서, 이들이나 이들에 의해 지지된 결론이 정당성을 결여한다고 속단해서는 안 된다. 우리는 오히려 플라톤이 왜 이런 주장을 하게 되었는지, 왜 그는 이들이 구태여 논거를 필요로 하지 않는다고 생각했는지를 밝혀봄으로써 그의 시각을 드러내보아야 한다. 이런 태도가 고전에 대한 올바른 접근법이다. 고전연구의 의의는 그것을 현대적 관점에서 해석·비판하거나, 논리적 또는 경험적 지지 논거의 유무를 밝혀 그것의 타당성 여부를 가리는 데에 있지 않다.

---

62) 여기서 우리는 지성과 신 또는 신의 선의지 간의 관계를 규명할 필요가 있다. 지성은 신 자신에게서 오는가, 아니면 다른 곳에서 연원하는가? 그리고 지성과 형상계 간의 관계는 무엇인가?

## 존재의 질서를 반영하는 지성

질서는 과연 지성에서 나오는가? 우리의 상식에 따르면, 지성 또는 이성이라는[63] 인간의 정신 능력은 질서를 산출하는 능력이라기보다는 세계 내에 존재하는 질서를 발견하는 능력이다. 우리는 과학적 탐구를 통해 무질서해 보이는 자연 속에서 질서와 법칙을 찾아내며, 무정형적이고 복잡다단한 인간 역사와 사회 속에서 패턴이나 원리를 찾으려 한다. 질서는 객관적 세계의 일부요, 따라서 우리 주관적 정신은 그를 발견하거나 반영하는 데에 그 소임이 있다고 생각한다. 그런데 플라톤은 오히려 우리 영혼이 지닌 지성에서 질서의 연원을 찾아야 한다는, 상식적 믿음과는 상충된 견해를 표명하고 있다.

플라톤의 배후 생각은 무엇일까? x가 질서 있다 함은 그것이 일정한(definite) 방식으로 움직임, 즉 법칙적임을 의미한다. x가 법칙적이면 x의 존재 방식이나 운행 과정이 일반화될 수 있어 헤아릴 수 있으므로, 예견이 가능하다. 세계가 질서를 유지할 수 있기 위해서는 허무와 우연과 무규정성(apeiron)이 개입하지 않아야 한다. 허무, 우연, 무규정성 등의 간섭은 세계를 혼돈 속으로 빠뜨린다. 그런 세계는 일관성을 결여하며, 설명이 불가능하고, 무엇이라 기술할 수 없는 흐름(flux)에 불과하다.

감성과 함께 우리의 두 주요 인식 능력의 하나인 이성 또는 지성은 동일률, 모순배제율, 배중률, 충족이유율 등 논리적 원리를 제약조건으로 삼아 발휘된다. 인식의 내용은 실재하는 것에 관한 것이어야 하며, 그 의미 내용이 규정적이고 명확해야 한다. 나아가 인식하려는 사태들의 발생이 우연에 의해 일어나지 않으며, 그 전개가 일관

---

63) 플라톤은 지성과 이성을 이곳에서는 유사한 의미로 사용하고 있다. *Tim.*, 46d 참조. 그러나 『국가』에서는 달리 사용한다(선분의 비유 참조).

되고 일반적일 것을 요청한다. 이성적 인식의 대상들은 자기동일성을 유지하고 자신의 정체성에서 모호하지 않아야 한다. 이성은 무질서하며 무규정적인 것을 인식할 수 없다.

이성적 활동의 이런 조건이나 전제를 검토할 때, 질서나 규정성은 이성이나 지성 자신의 모습이라고 할 수 있다. 이성은 질서 잡힌 것, 자신의 모습을 닮은 것만을 인식한다. 질서가 이성의 본성이나 원리라 한다면, 이성이 인식하는 대상의 질서는 사실상 이성 자신이 대상에 부여한 것일 것이며, 따라서 이성은 결국 대상을 인식하는 것이 아니라 자신의 모습을 인식하는 것으로 볼 수 있지 않을까?

플라톤은 이성과 감성, 인식과 믿음 간의 차이는 그 인식 내용이나 방법이라기보다는 인식 대상에 있다고 보았다. 감성은 한 대상에 대한 감각기관을 통한 인식인 반면, 이성은 동일 대상을 이성적 사유에 의해 인식한다는 식의 현대적 구분은 표면적이다. 다시 말하면, 감성적 인식과 이성적 인식이란, 각각 한 동일 사태에 대한 감성적 방식의, 그리고 이성적 방식의 인식이 아니다. 현대적 관점에서 인식과 믿음의 차이는 증거나 논거에 의해 정당화될 수 있느냐의 여부에 있다. 이런 입장에 따르면, 인식과 믿음의 대상은 동일하다. 대상만이 아니라 내용도 역시 동일할 수 있으나(옳은 믿음의 경우),[64] 믿음은 인식과 달리 인식 내용인 진리에로 오르는 정당화의 사다리를 결여하고 있다는 것이다. 플라톤은 이와 다른 입장을 취했는데, 인식과 믿음은 대상 자체를 전혀 달리 한다는 것이다. 이들 간의 인식적 차이는 정당화의 여부에 있는 것이 아니라, 이들이 서로 다른 것을 인식하기 때문에 생긴다고 보았다.

---

64) 옳음 믿음의 내용 역시 진리이다.

인식은 존재하는 것을 대상으로 하는 한편, 무지는 필연적으로 존재하지 않는 것을 대상으로 한다(*Rep.* 477b).[65]

둘[인식과 억견]의 각각은 본성적으로 서로 다른 것을 대상으로 하며 상이한 결과를 낳는다. 인식은 존재하는 것을 대상으로 하여, 그것을 있는 바대로 인식하려 한다(*Rep.* 478a).

그리고 동시에 존재하는 것으로 보이기도 하고 존재하지 않는 것으로 보이기도 하는 것… 존재와 비존재를 동시에 분유하고 있는 것은…억견의 대상이라 불러 마땅하다(*Rep.* 478d).

플라톤은 이성적 인식이 일종의 인식인 한에서 기본적으로 감각 지각과 유사한 구조를 지녔다고 보았다. 통상적으로 감각은 대상을 수동적으로 반영하는 능력임에 비해 이성은 좀더 능동적인 인식 능력이라고 믿어진다. 시각은 보이는 바를 반영하는 감각이며, 청각은 들리는 바를 수용하는 감각이다. 이에 반해 이성은 진리를 발견하고 개념을 분석하며 이들 간의 관계를 추론, 연역하는 적극적 능력이라고 우리는 생각한다.

플라톤은 이성 역시 감각과 같이 인식 대상인 존재를 반영하거나 수용하는 능력이라 생각한 것으로 보인다. 이런 이성관이 인식의 이념에 더욱 부합한다는 것이 그의 믿음이다. 인식의 이상은 진상의 반영, 즉 세계를 있는 그대로 반영하는 것이다. 그런 한에서 인식이란, 그것이 감각에 의해서건 이성에 의해 이루어지건 간에 인식 대상인 진리에 대해 수동적이어야 할 것이다. 감성은 감성적인 것을, 이성은 이성적인 것을 수용하여 주관에 반영상을 만드는 능력이다. 그런데 플라톤에 따르면, 자연세계 그 자체는 원래 무질서하고 생

---

65) Oukoun epei epi men to onti gnōsis ēn, agnōsia d' eks anagkēs epi mē onti.

성, 변화하는 것이다. 그렇다면 경험세계에 깃들여 있는 이성적인 것은 생성계 자체도 아니요, 인식 주관도 아닌 다른 어떤 곳에 연원을 갖고 있어야 한다. 이 연원을 그는 세계 지성이라 부른 것으로 해석할 수 있다. 세계 지성은 이를 모델로 하는 인간의 특수적 지성과 달리 인식의 능력이라기보다는 경험세계에 질서를 제공하는 보편적 존재이다. 인간의 지성이 인식한 바는 바로 세계 지성에서 기원하는 질서이다.

그의 추정적 논거를 요약하면 다음과 같다 : "우리의 이성적 인식은 허구이든가 아니든가이다 ; 허구가 아니라면, 우리의 이성은 객관을 반영하는 능력으로, 이성적 인식의 내용은 이 반영의 결과이다." 플라톤은 우리의 인식이 허구가 아니라고 생각했으며, 실상 우리가 사유하는 한 이를 허구라 말할 수는 없다.[66] 그런데 이성적 인식의 내용인 이성적인 것은 생성계 자체에는 존재하지 않는다. 그렇다면 이 것은 인식 주관도 아니요, 생성계도 아닌 것, 즉 세계 지성에서 온다.

## 서구 전통의 인식관

감각은 물론 이성까지도 반영의 능력이라는 믿음은 플라톤에 의해 명료하게 개념화된 이래 서구 존재론과 인식론의 기본적인 신조가 되어왔다. 서구 존재론과 인식론, 더 일반적으로 학적 탐구는 모두 이 기본적인 신조를 전제하고서 출발한다. 인간의 인식 능력은 적어도 이상적인 상태에서는 일종의 거울이다.[67] 인간 의식이 백지

---

66) 사유의 전형은 반성적 사유요, 이 반성적 사유는 사유 주체가 이미 품고 있는 믿음이나 사고방식이 실재와 부합하지 않는다는 자각에서 출발한다. 그리고 이 자각에서 현상(appearance)이나 허구의 개념이 형성되므로, 사유란 항상 실재(reality)에의 지향 행위이다. 즉 인간의 사고는 자신이 존재와의 단절을 느끼면서 시작된다. 사유는 세계를 만지려 한다(『논고』 2.1511, 2.1515)

67) 서구적 인식의 이런 모델은 서구 인식론의 전통을 비판적으로 검토하고 있는 Rorty의

판(tabla lassa)이라는 로크의 견해, 비트겐슈타인의 그림이론(picture theory), 개념의 명석 판명성(clear and distict)이라는 데카르트의 기준, 심지어 칸트의 물 자체의 이념 등은 이런 인식관을 담고 있다. 인식의 이상은 존재, 실재, 진상이나 진리를 있는 그대로 드러내어주는 것, 반영하는 것이다. 감각은 가변적이며 주관적이고 상대적이어서, 진리나 진상을 인식하거나 반영하는 데에 방해가 될 수 있으므로, 우리는 순수이성이나 사유의 상태에 이르도록 하여야 한다. 이성은 진리나 실재를 밝게 볼 수 있게 하는 일종의 빛이다('이성의 빛'). 그리고 진리는 우리의 삶과 행동의 진로를 비추어줄 빛이다('진리는 나의 빛'). 거울, 빛 등의 비유는 모두 인식을 일종의 반영 또는 보는 행위로 이해했음을 드러내준다.

진리의 인식을 정신적 시각활동으로 이해하는 인식관을 우리는 서구 철학에서만이 아니라 일상어에서도 무수히 많이 발견할 수 있다. 수정처럼 투명한(crystal clear) 인식, 감각 여료, 즉 감각에 주어진 것(sense-data), 문장이 사실을 기술하고 묘사한다는 기술주의적 언어관, 표상(表象, representation)의 개념, 앞에 놓여 있음 또는 현전(現前, presence), 빛으로서의 진리(Veritas Lux Mea), 계몽(enlightenment)의 이념, 직관(intuition; Anschauung), 내관(內觀, introspection) 등의 개념은 시각 모델에 기초하여 인식을 이해하기에 형성된 기준이자 개념들이다.

인식을 보거나 반영하는 능력으로 본 이유는 무엇인가? 인식의 이상은 세계를 있는 그대로, 실재 그 자체를 인식하는 것, 그래서 진리, 진상, 존재, 객관적인 진리를 파악하는 것이다. 플라톤이 형상

---

저서 제목에 잘 드러나 있다. Rorty, R., *Philosophy and the Mirror of Nature*, Princeton Univ. Press, 1979.

또는 실재자를 표현하는 전형적인 수식어는 '자체적인 것'이라는 표현이다. 그는 형상을 지적하기 위해 '정의 자체', '원 자체', '홀수 자체', '아름다움 자체'라는 표현들을 동원한다. 그러면서 이들을 우리 주위 경험계의 감각적 사물들과 대조하는데, 이 후자의 것들은 형상들과는 달리 항상 타자들과 함께 존재하며, 그런 타자와의 관계 속에서 자신의 모습을 규정받으므로 그 모습이 상대적이고 주관적이어서 이리저리 변한다는 것이다. 소크라테스의 키는 클 수도 있고 작을 수도 있으며, 양귀비는 아름다울 수도 있지만, 사람에 따라서는 그녀를 평범하게 볼 수도 있다. 2는 1의 2배이기는 하나, 4의 반일 수도 있다.[68] 플라톤의 '자체적인 것'이라는 어휘는 그 이후 서구적 인식 이념의 핵심이 되었으며, 그의 형상 개념은 그런 인식의 이상을 정확히 표현하고 있다. eidos란 그리스어로 '모습', 즉 감각을 통해서 볼 수 있는 대상들의 모습과 대조하여, 이성을 통해 볼 수 있는 진리의 모습을 의미한다.

세계나 세계 내의 대상들을 그 자체에서 파악하기 위한 우선 조건은 인식 주관의 관여를 최대한 배제하는 것이다. 우리의 일상적이고 경험적인 인식의 방식은 시각, 청각, 촉각 등 다양한 감각을 통한 인식이라 할 수 있는데, 이들 중에서 주관의 관여가 최소화되어 있는 것으로 보이는 감각의 방식은 시각이다. 청각은 소리의 파동이 고막을 때려야 하며, 대상을 만져야 촉각이 이루어짐에 비해, 시각에서는 눈과 대상 사이에 일정한 거리가 있다. 이 거리는 주관의 관여를 배제하는 것으로 보인다. 바로 이런 이유에서 플라톤은, 더 일반적으로 그리스인들은 청각이나 촉각 등보다는 시각을 인식의 이상적인 모델로 보았다. 이미 지적한 바이지만, 그리스어에서 '알다'를 의

---

68) *Phd.* 102a-105b 참조.

미하는 동사는 '보다'를 의미하는 'eido'의 완료형인 'oida'이다. 알고 있는 바는 시각적으로 본 결과라는 것이 이 어휘 속에 담겨 있는 인식관이다.

인간의 지성이란 보편적 세계 지성의 불완전한 모사물에 불과하다. 인간 지성의 불완전성은, 단지 세계 지성에 비해, 인식할 수 있는 대상들이 제한되어 있는 것에 그치는 것이 아니다. 세계 지성은 세계 질서의 근원으로 질서를 세계에 부여한다. 그런 점에서 세계 지성은 능동적이고 창조적이라 할 수 있는 측면이 있다. 이와 달리 인간 지성은 세계에 부여된 질서를 파악하거나 지향하며, 그 질서를 자신의 거울에 반영함을 목표로 하는 데 머문다. 세계 질서를 자신 속에 반영상으로 보유함으로써 인간의 지성은 세계 지성에 다가갈 수 있다. 그리고 인간의 삶도 그런 질서에 따라 살 수 있게 된다.

인간은 학적 탐구를 통해 자연세계의 질서를 이성적으로 인식하려 한다. 이성적 인식이란 세계 지성이 부여한 질서를 인간 영혼에 재현 또는 반영함으로써 인간 자신의 존재론적 위치를 상승시키려는 작업이다.[69] 인간의 이성적 인식이란 윤리적이고 존재론적인 의의를 지니는 작업, 한마디로 초월의 행위이다. 플라톤은 이성을 인간의 다른 동물종들과의 종차(種差), 인간 고유의 삶을 영위하게 하는 인간 특유의 능력 이상으로 보았다. 그에 따르면 인간의 이성적 특성은 더욱 근원적이며 포괄적인 질서와 연관되어 있다. 자연과 인

---

69) 이는 개체들이 보편에서 합일함, 개인의 특수적 영혼이 세계 영혼에로 귀환함이라 표현할 수도 있다. 필자의 견해로는 인간의 신체, 그리고 이의 거주지인 시간과 공간은 특수성의 원리라 생각된다. 윤회론이 한 핵심적인 생각이 이것이다. 윤회의 수레바퀴는 시간의 구속이며 특수성이라는 감옥이다. 이 수레바퀴로부터의 해방에 의해 인간은 시간으로부터 벗어나 특수성을 극복하게 된다. 플라톤과 피타고라스, 그리고 불교의 중요한 한 가르침은, 신체적 특수성은 극복할 수 없다 하더라도, 정신의 보편성은 성취하라는 것인 듯싶다.

간의 이성을 세계 지성과 결부시킴으로써 그는 자연세계 속에서 신적인 질서를 찾아내고, 인간의 학적 탐구에 인식론적 의의뿐 아니라 존재론적이고 윤리적인 의미를 부여했다.

### 이성의 지향성

앞에서 정리한 진 원인에 관한 플라톤의 논제 (1)과 (2)에 따르면, 세계 구성자인 신은 질서가 무질서보다 좋다는 평가를 좇아, 무질서한 생성계에 질서를 부여했다는 것이 플라톤의 주장이다.[70] 플라톤에서 이성은 학적이고 논리적 논증의 능력을 발휘함을 넘어서 선을 추구하는 가치 지향적이고 윤리적인 능력이다. 플라톤이 이성과 관련하여 사용하는 어휘들, 가령 '원한다'(29c), '질투한다'(29e), '…을 향해서'(46d), '…하기 위해서'(47b) 등의 표현은 이성이 지향적인 능력임을 시사한다. 플라톤은 원함, 바람, 목적을 지향함 등이란 이성적 능력과 별개의, 가령 의지나 욕구의 특성이 아니라, 이성의 본질적인 활동으로 보고 있는 듯하다. 플라톤에게 선의지는 이성의 본성을 구성하고 있다.[71]

좀더 분명한 전거를 우리는 『파이돈』에서 찾을 수 있다. 플라톤은 물상의 진정한 원인(aitia-R)과 보조 원인(sunaitia)을 구분한다. 우리는 물상의 원인으로, 가령 소크라테스가 감옥에 앉아 있음의 원인으로 그의 골격, 근육 등의 구조와 같은 신체적 조건을 제시하는데, 이는 단지 그런 사태를 위한 보조 원인에 불과하며 진 원인이 될 수 없다고 그는 비판한다. 소크라테스가 아테네의 감옥에 앉아 있음의 진원인 또는 지성적인 원인은 그의 선의지라는 것이다. 즉 소크라테스

---

70) 이성, 더 넓게는 정신의 지향성에 관해서는 제3부에서 자세히 논의했다.
71) 『국가』에서 선의 이데아와 이성 간의 관계는 7장에서의 논의 참조.

의 이성적 사유가 선을 의지했기에, 그런 결정이 최선이라 판단되었기에, 그런 사태가 결과했다는 것이다. 인간의 시각을 가능하게 하는 진 원인 역시 눈의 구조 등이라기보다는 신의 선의지이다(*Tim.* 47b).

우리는 플라톤의 이런 이성관을 수락할 수 있을까? 과연 이성은 이미 있는 것을 발견하거나 반영하는 능력에 머무는 것이 아니라, 이와 같이 선을 의지하고 지향하는 지향적 능력일까? 이성은 사실을 반영하는 능력임에 머물지 않고 가치를 지향하는 실천의지일 수 있는가? 플라톤은 왜 이성을 지향적 능력으로 보았을까? 이성의 능력을 구체적으로 세분하여 볼 때, 그것은 개념화의 능력,[72] 보편에의 능력, 계산의 능력, 그리고 근거 탐구의 능력 등으로 구분할 수 있다. 이들 사이에는 본질적인 관계가 있을 것이며, 이들 능력은 상호 포섭적일 가능성이 있으나, 이에 대한 논의는 차후로 미룬다.

개념들은 전체성, 통일성, 명확성(peras), 실체성을 지니고 있다. 이런 특성들은 현상 자체의 것들이 아니라 이를 초월한 형상계의 속성들이다. 보편의 능력은 실천의 영역에서는 객관적 행위 규범을 통해 우리의 삶을 인도하려 하며, 인식의 영역에선 객관적 타당성을 지닌 명제를 발견하려 한다. 계산이나 추론 능력은[73] 합목적적이고 목적 지향적인 성격을 지니고 있다. 계산이나 추론은 무엇을 위한 계산으로 수단, 과정, 절차, 전제들이 일정한 목적, 결과, 결정, 결론에 대해 어떤 기여를 하는지 계산한다. 이것은 단순히 주어진 양을 끌어모으는 활동이 아니다. 이성의 계산이나 추론적 기능은 주어진

---

72) 개념화의 능력이 개념 형성의 능력인지, 또는 개념 발견의 능력인지, 개념 부여의 능력인지는 중요한 논의 대상이다. 플라톤은 이성을 개념 발견의 능력으로, 칸트는 개념 부여의 능력으로 본 것으로 생각된다.
73) 추론은 일종의 계산, 명제 계산(sentential calculus)이다.

양이나 전제들만 고려해서도 안 되고, 이것의 일차적 관심의 대상이 되어서도 안 된다. 그것은 주어진 양과 전제가 어떤 결과나 결론에 이르게 되는지에 우선적 관심을 두어야 한다. '5+7'을 계산할 때, 중요한 것은 '5'나 '+'나 '7'이 아니라 이들이 모여서 만들어내는 결과이다. 근거 탐구의 능력은 "왜?"의 질문을 제기하는 능력이며, 이는 질문 대상과는 다른 차원의 질서, 하지만 그것을 존재하도록 만드는 질서를 추구한다.

이성 능력의 이런 특성들에서 우리는 이성의 지향적 성격을 볼 수 있다. 이성은 인간 영혼의 능력이며(30b), 영혼은 신체와 결합하여 존재하므로 이성은 초월적 세계를 지향할 수밖에 없다. 『향연』에서 나타나는 에로스(eros)의 변증법이나 『국가』에서 선분의 비유는 바로 이런 지향의 단계, 즉 영혼이 사랑이나 인식활동을 거쳐서 미(美)나 선(善)의 이데아에 이르는 단계들을 기술한다.[74]

이성은 단지 지향적일뿐 아니라 미와 선 같은 가치를 지향한다. 이성이 지향하는 선은 무엇인가? 선이란 이성이 지향하고 욕구하는 바라고 정의할 수 있다.[75] 그렇다면 윤리적 행위를 수행하면서뿐 아니라, 기하학적 증명을 행하면서도 이성은 선을 지향하는가? 플라톤은 칸트 이후의 철학자들과 달리, 사실과 가치, 존재와 당위를 구분하지 않았다. 이런 구분의 부재는 지적 혼란이나 이론적 미숙함에 기인하는 것이 아니라, 그의 근본적 전제의 귀결이다. 당위의 내용은,

---

74) *Sym.* 211c–d에서의 eros의 발전론. 여기서 플라톤은 정신의 본성인 eros가 개별적인 것에서 점차 보편적인 것에로 지향함을 논한다.

75) 이 정의는 "the good = What is desired by all"과 다름에 유의하자. 이 정의의 좌항은 객관적인 것임에 반해, 우항은 의식 내부의 사태로서 주관적 판단(belief ; doxa)에 근거할 수 있다. 신이나 이성의 욕구(*Tim.* 29e)는 doxa가 아니라 객관적 인식, 즉 epistēmē에 근거한다. 선을 욕구의 개념을 사용하여 정의함에 대한 전통적인 거부감은 욕구(또는 지향성) 자체에 있다기보다는 이 욕구의 주체에 있다고 보아야 할 것이다.

미래에 있을 수도 없을 수도 있는 가능적 사태로서, 인간의 이성적 선택과 의지적 실천에 따라 현실화된다. 플라톤의 관점에서 보면, 의지적 선택이란 일종의 창조 행위이다. 왜냐하면 의지적 실천이란 현재는 존재하지 않는 것을 새롭게 미래에 존재케 하는 행위이기 때문이다. 그러나 플라톤은 무에서의 유의 창조가 논리적으로 불가능하다고 보았기에, 그에게 근현대적 의미의 의지나 당위 개념은 형성될 수도 없었다. 뿐만 아니라 의지나 당위 개념은 주체, 그것도 개인적 주체가 확립되어야 등장할 수 있는 것인데, 이런 주체의 개념은 근대 이후에나 형성된 것이다.

플라톤에 따르면, 우리가 말하는 '의지적 실천'이란 이미 존재하는 것, 그러나 우리가 현재 몸담고 있는 경험세계와는 차원이 다른 존재를 이성의 도움으로 선택하는 행위일 뿐이다. 윤리적 선택의 선택지는 필연적으로 있게 될 것과 당위적으로 있어야 할 것이 아니라, 두 종류의 있는 것들, 서로 차원이 다른 두 존재자이다. 감정이나 억견에 우리의 영혼이 이끌려갈 때, 우리는 전자를, 이성이 우리의 영혼의 주인이 될 때, 후자를 선택하게 된다. 플라톤에게 가치와 당위란 의지에 의해 실현되어야 할 어떤 미래적 사태라기보다는 현상과는 다른 차원의 또는 질서에 속하는 어떤 사실이나 존재이다. 이런 이유 때문에, 그에게 지와 행은 일치하며, 윤리학은 존재론에 포섭된다. 악덕이란 이성적 질서의 존재에 대한 무지에서 비롯한다. 사람들은 알고서는 악한 일을 행하지 않는다.

윤리적 실천이란 이성의 도움을 받아 초월적 존재로 비상하는 일이다. 윤리는 당연히 초월적이며, 현존 탈출적이다. 우리를 이 지상의 조건에 얽매는 쾌락이나 행복, 또는 우리의 현존 조건 그 자체라 할 수 있는 쾌락이나 행복의 향유 기제는 현실 구속적이므로 반윤리적이다.[76] 플라톤은 그의 윤리적 논의에서 'eudaimonia'를 삶의 중요한 가치로 많이 언급하는데, 많은 학자들은 이를 'happiness'나 '행복'으로 번역한다. 그러나 이런 번역은 그의 윤리사상의 핵심을 오해하게 만든다. 그 표현은 'eu prattein', 즉 '잘 살아감'을 의미하는 것으로, 한국어의 '행복'이나 영어의 'happiness'가 만족 또는 충족되어 있는 정태적 상태를 의미함과 달리, 후자의 eu-prattein'은 이성의 주도에 의해 활동이 이루어지는 동태적 과정을 함의한다. 잘 삶의 내용은 삶의 주체인 영혼의 본성, 즉 이성적 질서에로의 귀향을 완결짓는 일이다. 이렇게 볼 때, 플라톤에게 '좋음(善, agathos ; kalos)'이란 표현은 존재론적 완전성, 보편성, 전체성, 통일성, 명징성 등의 속성 전체를 지시하는 약어로 볼 수 있으며, 그 뜻을 가장 잘 전하는 우리말 표현은 '좋다', '훌륭하다'로 여겨진다.

---

76) *Tim*. 47d. 쾌락은 비이성적이어서 유기체의 aitia일 수 없다. 그리고 모든 비이성적인 것은 우연적이며 무질서하다(46e).

제15장

● ● ● ● ● ●

# 지성과 우연적 필연

## 1. 세계의 두 원인 – 지성과 방황하는 원인

### 세계 운행의 두 원리

앞장에서는 플라톤의 세계 구성론의 동기와 이 논의에서 가장 중요한 개념인 세계의 진 원인 또는 존재 이유(aitia-R)에 관해 살펴보았다. 이 장에서는 세계의 또 다른 원인(aitia)인 보조적 원인(sunaitia), 필연(anankē), 또는 방황하는 원인(to tēs planōmenēs eidos aitias)의 개념에 관해 살펴보도록 하겠다. 이 검토는 아래 인용문을 중심으로 이루어질 것이다. 이 인용문은 필연의 역할을 논하는 세계 구성론 후반부의 서두로서 세계 구성에서 지성과 필연의 관계를 논하는 대목이다.

이제까지 말해진 것들 가운데 약간의 것을 제외하고는 지성에 의해 구성된 것들(ta dia nou dēmiourgēmena)에 관한 것이었습니다. 그러니 이제 우리는 필연에 의해 생겨난 것들(ta di'anagkēs gignomena)을 말해야만 하겠습니다. 왜냐하면 이 우주는 필연과 지성이 자리를 함께 함에서 결과한 혼합적 생성물이기 때문입니다. 지성은 필연을 설득하여 생성계의 대부분을 최선의 것으로 인도케 함으로써 필연을 선도했고, 이런 식으로 그리고 이런 원리에 의해 이성의 설득이 필연에 승리함으로써 태초에 이 우주가 형성되었습니다. 그러므로 진정 이 우주가 이 원리에 의해 어떻게 생겨났는가를 이야기하고자 한다면, 방황하는 종류의 원인(to tēs planō menēs eidos aitias)도 추가하여 그것이 본성에서 어떤 식으로 움직이는지를 논의해야만 합니다. 그러므로 이제 다시 시작하여 이 동일한 것들에 적합한 새로운 출발점을 잡아, 이전의 주제[지성]에 대해서 그러했던 것처럼, 이제 이 새로운 주제에 대해서도 처음부터 논의를 시작해야 하겠습니다.(*Tim.* 47e–48e)

위 인용문의 주장은 다음의 세 명제로 요약할 수 있다. (A) 이 세계는 지성에 의해 만들어진 것과 필연에 의해 생겨난 것들이 있다. (B) 이 세계는 필연과 지성의 연합으로부터 생성된 혼합적 존재이다. (C) 지성은 필연을 설득함으로써 필연을 선도하여 생성되는 것들의 대부분을, 최선의 방향으로 움직이도록 했다.

이들 주장에서 우리가 비교적 확실하게 추정할 수 있는 바는 다음과 같다. 즉 '설득'과 '선도'라는 표현은 이 세계가 지성이나 필연 어느 한쪽에 의해서만 움직여지는 것이 아님을 시사한다. 지성이나 필연이나 각각 고유한 힘을 지닌 존재로서 세계의 한 영역을 지배하고 있는데, 어느 한쪽이 압도적인 힘을 발휘하는 것이 아니라, 양자가 어느 정도 대등한 힘을 유지하고 있다. 그러하기에 지성이 다른 힘의 원리인 필연에 일방적으로 압력을 가하는 것이 아니라, 설득할 필요가 있었던 것이다. 플라톤은 지성이 설득을 통해 필연을 선도했다고 하는데, 이는 세계 운행의 주된 추진력이 지성임을 시사한다.

그렇다고 필연이 세계 운행에서 완전히 배제된 것은 아니다. 필연도 지성과 함께 세계 운행에 관여한다. 그런데 지성의 힘은 세계 지성에서 오는 데에 비해, 필연의 힘은 생성 세계를 구성하는 물질의 본성에서 우러나온다.[1]

플라톤의 생각을 정확히 이해하기 위해서는 다음의 몇 가지 물음들에 대한 해답이 주어져야 하는데, 이들 문제에 대한 답은 인용문에 적힌 것만으로는 분명하지 않다. ① 위의 주장 (A)는 이 세계에는 지성에 의해 만들어진 것들과 필연에 의해 생겨난 것들이 공존한다는 것인가, 아니면 이 세계에는 지성에 의해 인도되는 측면과 필연에 의해 결정되는 측면이 존재한다는 것인가, 또는 세계의 운행 방식이나 방향은 한 가지로서, 이는 지성과 필연의 협조관계에 의해 결정된다는 것인가? ② 그 어느 경우건, 두 종류의 존재 또는 측면 사이의 관계는 무엇인가? ③ '설득'이라는 표현은 첫번째 문제에 대해 전자의 해답을 시사하는 듯하며, '자리를 함께 함'이란 표현은 후자 해답을 제시하는 듯한데, '자리를 함께 함'이라는 표현의 의미는 무엇인가? ④ '설득', '선도'라는 비유적 표현의 구체적인 의미는 무엇인가? ⑤ '대부분'이란 표현은 지성의 선도를 받지 않은 우주의 부분들도 있음을 함축하는데, 이들은 어떤 존재들인가? ⑥ 지성이 세계를 인도해 간다고 하는 '최선의 방향'이란 어떤 것인가? ⑦ 네번째의 문제와 관련하여, 지성이 어떻게 필연을 설득할 수 있는가? 우리가 이해하는 '필연'이란 인과 계열의 빈틈없는 연쇄를 의미하며, 이는 이성적 사유의 대상이므로 학문으로서의 자연과학이 성립한다. 그런데 인과 연쇄 속에 지성이 비집고 들어가 이런 필연을 설득할 빈틈이 있을 것인가? 그리고 빈틈이 있다고 해도, 필연이란 말 그대

---

1) *Tim.* 48b.

로 달리 어쩔 수 없음을 의미하는데, 어떻게 필연적으로 결정되는 방향에서 벗어나 최선의 방향으로 인도할 수 있을까? ⑧ 가장 당혹스러운 것은 다음이다. 상식적으로 필연적인 것은 이성적이거나 지성적이다. 그런데 플라톤은 왜 필연을 지성과 대조시켜, 이를 설득이나 선도의 대상이라 보았고 이를 '방황하는' 원인이라 기술했을까? ⑨ 지성의 설득이나 선도의 범위는 어느 정도일까, 지성은 필연적 진행의 방향을 어느 정도 변경시킬 수 있을까?

### 주요 논제들

원전을 정확하고 완전하게 이해하기 위해서는 위의 문제들 모두가 대답되어야 할 것이다. 본고에서는 그러나 원전의 핵심 개념이라 할 '방황하는 원인'으로서의 필연 개념과 이의 지성과의 관계만을 살펴보는 것으로 그치겠다. 이 개념의 검토를 통해서 필자는 다음의 주장을 개진하려 한다. ① 위의 '필연'은 자연계의 운행을 주재하는 인과율 또는 인과 원리를 의미하며, 이는 비지성적인 운동 방식이다. ② 우리는 인과율과 인과법칙을 구분해야 한다. 어떤 사태가 인과율에 의해 결정되더라도, 인과법칙적은 아닐 수 있다. ③ 플라톤에게 인과성이나 필연성은 법칙성과 같은 것이 아니라 오히려 대척적이다. 전자는 생성계의 특징으로 비지성적이나, 후자는 논리적 함축의 관계이며 이성적이다. 따라서 생성계는 필연적 또는 인과적으로 움직이더라도 그 움직임은 전혀 비법칙적일 수 있다(causally determined, but not nomologically determined). ④ 그 이유는 생성계는 엄격한 의미의 특수자들(particulars)의 세계이기 때문이다. ⑤ '방황'이란 표현은 움직임의 비법칙성, 전체적 구도나 방향 정립적 목적의 결여, 완전한 혼돈상태를 의미한다. ⑥ 생성계가 법칙성을 결여함은 그 자체가 이성적 이유, 즉 합목적성이나 당위성을 결여하고 있기 때문이다. 따라서 법칙성과 합목적성은 본질적 관계에 있다. 우리는 이유(reason ; aitia)와 원인(cause ; sunaitia)을 구분해야 하는데, 플라톤에서 '우연(tuchē)'은 '원인 없음'이 아니라 '이유 없음'을 의미한다. ⑦ 이렇게 볼 때, 생성계는 다음의 특징을 갖는다. 즉 이 세계는 운행에서 우연적이고 맹목적이며, 가치를 지향하지 않고, 존재 이유(aitia-R)를 결여하여 "왜?"라는 물음의 대상이 아니다. 생성계의 특수자들에게 생성과 운행의 원인은 있으나 그에 대한 이유는 없다.

### 여러 학자들의 견해

이제 다른 학자들의 해석을 간단히 검토해 보자. 아처 하인드(Archer-Hind)에 따르면, 필연은 이성의 작업 방식으로, 필연이 '방황한다'고 묘사되는 이유는 단지 '필연' 즉 이성의 작업 방식이 우리에게 알려지지 않고 마치 자의적으로 움직이는 것처럼 보이기 때문이라는 것이다.[2] 테일러(A. E. Taylor)는, 『티마이오스』에서의 필연이란 어떤 무법성이나 비합리성을 의미하는 것으로서, 그것은 우리가 생각하는 자연법칙의 특성이 아니라고 본다. 지성은 이 세계의 운행을 주재하는 이성적인 목적이며, 필연은 궁극적으로 이성의 목적에 따르기는 하나 그 자체로서는 맹목적인 사실들(brute facts)의 세계가 지니는 특성이다.[3] 테일러와 유사한 입장을 취하는 또 다른 학자는 컨퍼드이다. 그의 해석에 따르면, 필연은 전체적인 구도나 목적에 대비되는 개념으로서, 필연 세계는 자신 내부의 힘(dunamis)에 따라 움직인다는 점에서 맹목적이며, 이런 점에서 비이성적이고 비법칙적이다.[4] 리보(A. Rivaud)와 모로우(G. Morrow)는 '필연'을 '필수적인

---

2) Archer-Hind, R. D., *The Timaios of Plato*, London, 1888, p.167.
3) Taylor, A. E., *The Man and His Work*, Methuen, 1926(이하 Taylor로 약함), pp. 300-301.

요소'로 해석하는 데 합의하나, 후자는 더 나아가 필연이란 신(神)이 자신의 선의(善意)를 실현하는 데 필수적인 수단으로서, 이는 '일정하여 믿을 만한 구조나 행위방식'을 지니는 것이라는 것이다. 그래서 모로우는 "플라톤이 '필연'이라는 표현을 통해 의미하고자 하는 바는 그들 상호간에 미치는 효과들의 규칙성과 이 믿을만한 성질들의 존재"라고 해석한다.[5] 그리고 이 필연이 '방황하는' 것인 이유는, 이성을 결여하여 맹목적이며 따라서 우연적이기 때문이라는 것이다. 블라스토스(G. Vlastos)는 『티마이오스』를 다음과 같이 파악한다. 이 저서의 전반부(29e-47e)가 주로 목적론적으로 질서 잡힌 영혼들의 운동을 취급하고, 필연에 관한 후반부(47e-69b)에서 플라톤은 흙, 물, 공기, 불의 기계적인 질서를 가진 운동 등을 논하고 있다는 것이다. 이런 이해를 통해 블라스토스는, 필연이란 질서는 있으나 기계적인 운동의 원인이라는 견해를 밝힌다.[6]

  이들 학자의 견해 중 필자는 테일러와 컨퍼드의 주장에 공감한다.[7] 그러나 이들의 해석에선 인과성과 법칙성의 구분이 명확하지 않으며, 이로 인해 왜 필연이 이성에 대적적인 관계에 있는 '방황'인지가 밝혀져 있지 않다. 나아가 그들의 해석에선 전체적인 구조(design)와 방향 정립적 목적(purpose), 그리고 법칙성의 개념들이 상호 교환적으로 사용되어 있다. 가장 설득력 있다고 보여지는 컨퍼드

---

4) Cornford, F. M., *Plato's Cosmology*, Routeledge and Kegan Paul, 1937 (이하 Cornford로 약함), pp.165-176.

5) Rivaud, A. ed., *Plato : Timee, Critias, text etabli et traduit*, Paris, 1925, (Bude Series), p.54 ; Morrow, G., "Necessity and Persuasion in Plato's Timaeus", pp.427-428, in Allen, R. E. ed., *Studies in Plato's Metaphysics*, Routeledge and Kegan Paul, 1968.

6) Vlastos, G., *Plato's Universe*, Univ. of Washington Press, 1975.

7) 이 해석은 Grote의 것이기도 하다. Cornford, p.171 참조.

의 주석에서도 필연의 개념 규정이나, 필연의 우연과의 관계는 모호한 감을 면치 못한다.[8]

필자는 이들의 해석을 보완하여 새로운 해석을 제시하고자 한다. 즉 이성과 필연 간의 대립적 관계는, 근본적으로 이성에 대한 플라톤의 견해와 생성계가 철저한 특수자들의 세계라는 플라톤의 기본 입장에 근거하고 있다. '필연의 방황'은 일차적으로 무법칙성이나 무규칙성을 의미하며, 운동의 이런 무규칙성은 전체적 구도가 없음에서, 그리고 이는 목적의 결여에서, 나아가 이런 결여는 이성의 부재에서 온다고 생각된다.

## 2. 플라톤의 원인론과 현대적 원인론의 비교

### 플라톤과 현대 과학의 대조

현대 자연과학에 따르면, 자연 속의 사건들은 모두 원인과 결과를 가지며(인과율), 이 인과관계는 자연법칙이라 불리는 일정한 법칙에 따라 결정되므로, 즉 '인과법칙적으로' 결정되므로, 방황하는 것이라 말할 수 없다(법칙성). 자연세계는 법칙적으로 운행되므로, 합리적으로 설명될 수 있으며, 따라서 이성적이라고 기술할 수 있다(합리성). 그러나 현대 자연과학의 세계는 목적론적이 아니라 기계적으로 움직인다(기계적 맹목성).

플라톤은 자연에 대해 현대과학과는 다른 견해를 지니고 있다. 그에 따르면, 자연세계는 그 자체로서 ① 필연적으로, 다시 말하면 필연이란 원리에 의해 움직여지나, 이는 동시에 우연히 움직인다고 말

---

8) Cornford, pp.167, 169.

할 수 있고(46e), ② 필연적 원인에 의해 움직이긴 하나 무질서하게 움직인다는 점에서 무법칙적이라고 볼 수 있다. 그래서 자연세계 운행의 원인은 방황하는 원인이다. ③ 자연세계는 합리적 설명의 대상이 되지 않으며, 비이성적이다. ④ 그러므로 자연세계는 맹목적이다.

플라톤의 입장과 현대 자연과학의 입장을 대조해 볼 때 흥미 있는 차이점들이 드러난다. 첫째, 플라톤은 필연과 우연을, 그리고 인과성을 같은 종류의 힘으로 본다. 둘째, 인과적 결정성과 운행에서의 법칙성을 별개로 간주한다. 셋째, 따라서 '인과법칙'이란 표현은 논리적으로 불가능한 표현이다.[9] 인과관계는 특수자들 사이의 관계이며 생성관계임에 반해, 법칙관계는 보편자 사이의 관계이며 논리적 관계이기 때문이다. 넷째, 우연적 운행과 무질서한 운행을 같은 것으로 전제한다. 다섯째, 법칙성과 합목적성은 본질적 관계에 있다고 시사한다. 여섯째, 플라톤에 따르면, 물상의 운행이 필연적이면 우연적이고, 무질서하며, 무법칙적이고, 나아가 맹목적이며 비이성적이다. 반면 운행이 이성적이면 합목적적이고, 법칙적이며, 질서 잡혀 있고, 비우연적이며, 비필연적이다.[10]

### 인과적 필연성과 특수자들

이제 우리 상식의 한 부분이 되어 있는 현대 자연과학의 견지에서 보면 전혀 부조리한 것으로 여겨지는 플라톤의 견해들은 어떻게 설명되어야 할 것인가? 아니 설명 또는 이해의 대상이 되어야 할 것은

---

9) 근현대 과학과 같이, 인과법칙은 있을 수 있음을 주장할 수도 있다. 하지만 인과법칙은 인과율 또는 인과관계와는 구분되어야 한다. 후자는 모든 사건들의 발생에는 원인이 있다는 일반적인 원리임에 반해, 후자는 어떤 유형의 사건은 어떤 유형의 사건을 유발한다는 특정의 관계 정립적 법칙이다.

10) 비우연성은 필연이 아니라 당위이며, 비필연성은 우연이 아니라 당위이다.

현대 자연과학의 전제나 우리의 상식이 아닐까? 플라톤은 현상계의 모든 물상이 원인과 결과를 갖고 있다는 인과율을 자연 운행의 기본 원리로서 수락했다. 그에 따르면, 생성계 자체와 하늘이 생겨나기 이전의 원소들인 불, 물, 공기, 흙은 자신의 본성에 따라 움직인다(48b, 48a). 하지만 생성계의 물상, 가령 x를 있게 하는, x와 동차원의 원인, 현대적으로 말하면, 물리적 원인 또는 물리적 조건은, 엄격한 의미의 원인이라기보다는 단지 보조적 원인(sunaitia)에 불과하다. 그리고 그는 물상 자체의 성질(phusis)이나 힘(dunamis)에 의해 결과하는 것들은 우연적인 것(sumbebekos ; 'what happens to be')이라고 불렀다.[11]

왜 플라톤은 자연계의 물상이 인과적으로 결정된다고 보면서도, 다른 한편으로 그것이 바로 법칙적으로 결정되는 것은 아니라고 생각했는가? 그는 어떤 이유에서 인과 결정성과 법칙성을 구분했는가? 법칙들이란 일반적이며 보편적인 규칙으로서, 이들은 보편자와 보편자 사이의 관계로 표현된다. 다시 말하면, 자연 운행에 관한 운동 규칙의 법칙성은 그 규칙이 보편자들 사이의 관계를 표현하고 있기 때문에 갖는 특성이다. "인력의 크기는 질량의 크기에 비례한다"는 법칙은 특정의 사물들이 소유하는 특정량의 질량이 아니라 질량 일반과 인력 일반, 즉 보편자로서의 질량과 보편자로서의 인력 사이의 관계를 기술한다. 따라서 자연세계의 운행이 법칙적으로 결정된다는 주장이 설득력을 갖기 위해선, 먼저 자연세계에 보편자가 존재하거나 관여함을 입증해야 한다.

그런데 플라톤에 따르면, 자연세계란 그 자체로선, 즉 지성의 개입이 있기 전에는 철저히 특수자들의 흐름이다.[12] 엄밀한 의미의 특

---

11) 다음 참조 : *Tim.* 77a, sunebainen ex anagkēs.

수자란 시공적인 단독성을 지닌다. 자신과 모든 면에서 동일한 다른 개체를 동시에 다른 공간에서 발견할 수 없으며, 다른 시간에서도 발견할 수 없는 그러한 존재자만이 진정한 특수자라고 말할 수 있다. 플라톤의 자연세계는 이러한 특수자들의 연속적인 집합이다. 동시에 특수자들은 서로 다른 공간에 반복적으로 존재할 수 없으며, 시간적으로도 자기동일성을 유지하지 못한다. 그러므로 이러한 특수자들의 운동 방식을 법칙화하기란 불가능하다. 이 특수자들은 한 순간에만 그리고 한 장소에만 존재하기 때문이다.

플라톤적인 생성계의 특수자들에 대응하는 현대철학의 유사물을 들자면 감각 여료(sense data)나 사건들(events)이 될 것이다. 플라톤에 따르면, 자연의 생성계에서는 끊임없는 생성, 변화, 운동이 진행되며, 이러한 변화에 따라 새로운 특수적인 사태, 사건, 사물들이 나타난다. 이들은 서로 다른 시간과 공간 속에서, 그리고 서로 다른 시공이 제공하는 새로운 물리적 여건을 보조적 원인(sunaitia)으로 하여 탄생하므로, 이 세계 내의 모든 것은 모든 것과 서로 다르다. 생성계의 것들이 성질과 힘을 '소유'하고 있다고 플라톤은 말하고 있으나, 생성계의 개체들은 실상 그런 성질과 힘을 소유하고 있는 존재가 아니라, 바로 그 성질과 힘 자체이다. 무엇을 소유할 수 있는 존재는 자기동일성을 지니고서 시간적으로 어느 정도 지속해야 하나, 생성계의 특수자들은 아무리 짧은 기간이라도 동일한 모습으로 지속할 수 없기 때문이다. 이 개체들은 필연적으로 타자에 의해 움직여지며, 나아가 타자를 움직이므로(*Tim.* 46e), 생성함에서 타자 의존적이며(생성적 의존성), 생성된 연후에도 이들은 순간만 존재하므로 사실상 존재함에서도 그 생성의 원인에 의존해 있다(존재적 의존성).[13]

---

12) 다음 참조 : *Theaetetus*, 179d-180d ; *Timaios*, 49a-50a.

생성계의 특수자들과 달리 형상들은 생성에서나 존재에서나 독립적이다. 그것은 영원에서 영원으로 존재하는 비생성적인 실재자이니 생성 원인을 필요로 하지 않으며, 존재 근거로 타자를 필요로 하지도 않는 자체적인 존재자들이다. 이렇게 볼 때, 플라톤의 생성적 자연세계는 그 자체로서는 성질들과 힘들이 연속적으로 유동하며 변화하는 흐름(flux)이다. 이 속에서 특수자들의 운동은 여하한 규칙성도 지니지 않으므로 자연세계는 완벽한 혼돈(chaos)의 세계이다. 이 세계는 본질적으로 특수자적이고, 국지적이며, 가변적이고, 무규정적이며, 무질서하고 맹목적으로 움직인다. 반면 이에 대조되는 지성의 세계는 보편적이고, 전체적이며, 자기동일성을 유지하고, 규정성을 지니면서, 질서 있고 합목적적으로 움직인다.

### 인과성과 법칙성

생성적 현상계의 특수자들 사이에 법칙성은 성립하지 않으나 인과관계는 존재한다고 플라톤은 보았다. 이 견해의 좀더 정확한 내용은 무엇일까? 그것은 현상계에도 인과관계가 존재한다는 것일까, 아니면 현상계에만 인과관계가 존재한다는 것일까? 필자의 견해로는, 플라톤은 필연과 이성을 엄격히 구분함으로써 인과성(즉 필연성, anangkē)과 법칙성(질서, order, nous)을 상호 배타적으로 구분하려 한 것으로 이해된다. 현대 자연과학적 의미의 인과관계란 플라톤에 따르면, 특수자들 사이에서만 존재하는 것임에 비해, 보편자들 사이에서는 법칙적 관계만이 성립한다. 인과관계란 현대 자연과학에서건 플라톤에서건 시간과 공간의 영역 속에 있는 존재자들 사이에서 맺

---

13) 복합체의 부분에 대한 의존성은 존재적 의존성, 결과의 원인에 대한 의존성은 생성적 의존성의 한 예가 될 것이다.

어지므로,[14] 시공을 초월한 세계에 존재하는 보편자들 사이에서[15] 그런 관계는 성립하지 않는다.

인과관계의 양 항은 생성적이며 자기동일성을 유지하지 못하고 정체성을 상실해 가는 특수자들임에 비해, 법칙관계의 양 항은 항존 적이며 자기보존적인 보편자들이다. 인과관계란 이 관계의 양 항이 영향을 주고받으며 생성적으로 의존하는 관계에 있음을 전제한다. 그러므로 상호 독립적으로 존재하여 서로 영향을 주고받지 않는 보 편자들 사이에서 인과관계는 맺어질 수 없다. 반면에 법칙적 관계는 보편자들 사이의 논리적 관계로서 시간과 공간 초월적이므로 현상 계의 특수자들 사이에선 성립할 수 없다. 그러므로 생성세계는 인과 적으로 또는 필연적으로 운행하되 비법칙적임에 비해, 보편적 실재 계는 법칙적 관계 속에 있으나 인과율이 적용되지 않는다.

생성적 자연세계가 법칙적으로 움직여갈 수 있다면, 그것은 그 세 계 자체가 법칙적이어서가 아니라, 단지 이들이 보편적인 것들에 의 해 규제되고 설득되었기에 그렇다는 것이다. 우리가 살고 있는 이 경험세계는 지성과 필연의 결합에 의한 것이며, 지성이 필연을 설득 하여 선도했다는 비유적 표현을 통해 플라톤이 전하려는 메시지는 바로 이것이다.

생성세계는 그 자체로서 설명의 대상이 될 수 있는가? 설명이란 이성적인 작업이다. 따라서 설명의 대상(explanandum)은 어느 정도 의 자기동일성과 최소한의 이성적 조건인 일관성을 갖추고 있어야 한다. 생성세계의 특수자들 사이의 관계는 비록 인과율에 의해 결정 되기는 하나, 그 관계 방식이 일관성 있게 규정될 수는 없다. 사실

---

14) 인과관계의 한 논리적 요건은 시간성이다. 시간을 벗어난 인과관계란 있을 수 없다.

15) D. Armstrong은 그러나 보편자가 경험적 개체 속에 존재한다는 내재적 실재론을 주 장한다. 그의 다음 참조 : *Nominalism and Realism*, Cambridge Univ. Press, 1978.

생성계 속의 사태들은 최소한의 자기동일성마저 지니고 있지 않으니, 이들에 대해서는 일관된 설명은 물론이거니와 이성적 인식 자체가 불가능하다. 끊임없이 변화해 가는 생성계의 특수자적 세계에서 모든 것은 모든 것과 다르다. 생성세계는 설명을 요청하는 우리의 이성과 동류(同類)가 아니기에, 이 세계는 우리에게 불가해하고 위협적인 존재이다. 이 세계는 우리의 존재를 부조리와 무의미와 우연의 세계에로 침몰시키려 한다. 생성적 자연계가 이해되고 설명될 수 있다면, 그것은 오로지 그 세계가 이성적인 한에서, 좀더 정확히는, 이성적 보편세계와 관여하는 한에서만 그럴 수 있다. 생성세계가 그 자체로서는 설명될 수 없는 이유는, 그 세계가 우리 인식 능력의 범위를 넘어서 있으며, 나아가 그 세계가 특수자들의 세계로서 법칙성을 결여하고 있기 때문이다. 따라서 생성계가 불가해하다는 것은 인식론적인 주장이 아니라 존재론적인 주장이다.

### 생성계의 존재론적 지위

생성계는 특수자들의 집합이므로, 여기에서는 모든 것이 모든 것과 다르다. 이 점에서 생성계는 형상계와 흥미 있는 대조를 이룬다. 형상계의 구성원인 형상들 역시 질적이고 원자적인 존재로서 모두가 모두와 철저하게 그리고 분명하게 구분된다. 이런 점에서 형상계 역시 특수자들의 세계라고 말 할 수 있는 측면이 있다. 생성계의 구성원들도 특수자요, 형상계의 구성원들도 특수적이라 할 수 있는 면이 있다면, 이 두 세계의 본질적인 차이는 어디에 있는가? 특히 후자의 세계는 어떤 점에서 보편자적이요, 법칙적인 세계라고 할 수 있는가? 전자는 시공적인 존재요, 후자는 영원한 존재라는 지적은 시간과 영원이 상관적인 개념이므로 별 도움이 못 된다. 두 세계 사이의 중요한 차이점은, 생성계의 특수자들이 지니는 성질들과 힘들은 다른 무엇에 대해서도 특수자적이요 원자적임에 반해, 형상계의 형상들은(또는 질의 원형들은) 다른 형상들에 대해서는 특수자적이며, 관계를 거부하는 폐쇄적인[16] 원자이나, 생성계의 개체들과 관계해서는 보편자로 존재한다는 점이다. 형상들은 실재계에서 자체적으로 존재하고 타자와 관여할 수는 없으나, 생성계의 도처에 반복적으로 개입하여 경험계의 개체들에게 속성을 부여할 수 있다.

이렇게 보면, 형상의 보편성은 그 자체로서, 자신의 고유의 영역인 형상계에 존재하면서 갖게 되는 속성이 아니라, 자신에게는 우연적이라 할 수 있는 생성계의 개체들과 관여함으로써 갖게 되는 특성이다. 그렇다면 존재론적(기능적이 아니라) 관점에서 볼 때, 형상의 보편성은 형상 그 자체에는 우연적인, 즉 비본질적인 속성이다. 일반적으로 플라톤의 형상은 보편자의 전형적인 예로 여겨진다. 그렇다면 보편자의 보편성은 보편자에 우연적이라고 결론지어야 할 것인가? 우리는 이런 부조리한 귀결을 수용해야 할 것인가? 이 문제는 존재론적으로 이질적인 두 세계를 상정하고 이들 사이의 관계를 설명하려는 모든 종류의 이원론(二元論)이 안는 가장 힘든 과제의 하나일 수 있다.

문제는 형상계를 실재로 상정할 때 생성계에 어떤 존재론적인 지위를 부여할 것인가이다. 우리가 거하는 생성계는 말하자면 존재론적 사생아인가, 아니면 적자인가? 일반적으로 표현하면, 영원하고 선하며 완전하고 가지적(可知的)인 세계를 우리가 돌아가야 할 정신적이고 존재론적인 고향이라 할 때, 이 경험적 생성계는 대체 왜, 어떻게 생겨났으며 실재세계와 우리의 삶에 대해 어떤 의의를 지니느

---

16) 바로 이점에서 플라톤이 논하고 있는 형상들의 문제, 관계가능성의 문제가 제기되는 것이다. 형상들은 질적인 원자로서 다른 원자들과 관계할 수 있는 존재론적 가능성을 지니고 있지 않다. 그런 고로 logos, 명제의 근거 역할을 할 수 없는 것으로 드러난다.

냐는 문제이다. 생성계가 우리에게 타향이라 하더라도 이를 떠나야 할 타향으로 치부하고 오불관언(吾不關焉)의 태도를 취할 수는 없다. 왜 이 불완전한 세계가 존재케 되었으며, 형상계가 우리 영혼의 고향이라 한다면, 우리는 왜 고향을 떠나 생성계에 유배되어 귀양살이를 하게 되었느냐는 문제에 대해 합리적인 설명을 제시해야 한다.

### 보편적 특수자

보편자와 특수자들 사이의 관계에 관한 문제를 특수자의 관점에서 제기할 수도 있다. 특수자들 간에 법칙적 관계가 존재할 수 있는 한 가능성은, 보편자가 이 특수자들에 예화(例化, instantiation 또는 exemplification)되는 것이다. 이 경우, 그 특수자를 보편자의 예(instance)로 보아야 하며, 이런 특수자를 우리는 특수적 특수자와 구분하여 개체라 부르도록 하자. 일상의 삶에서 우리가 접하며 일상적 언술의 대상이 되는 바가 그런 것들일 것이다. 형상계에 속하는 보편자들이 예화(examplify)하여 경험계에 존재하게 된 것을 개체로 파악할 때, 이 개체들은 경험계의 존재로서 인과적 관계를 갖는 동시에, 보편자의 예화들로 법칙적 관계를 가질 수 있으므로, 경험계의 개체들 사이에는 이제 법칙적 인과관계가 진행될 수 있다.

이 경우 새로운 문제가 제기된다. 즉 법칙적 인과관계의 양 항인 경험적 개체들은 보편적 측면과 특수자적인 측면을 동시에 갖는 이중적 존재자라는 점이다. 가령 소크라테스는 지혜나 이성 등의 보편적인 것들과 관여하여 현명하며, 합리적이고, 다른 한편으로는 시공적 특수자로서 젊기도 했을 것이나, 시간이 흐르면 늙어 죽게 되며, 아테네에서 수많은 사람들을 만나서 다양한 주제의 대화를 나누기도 한다. 알키비아데스(Alcibiades)의 우인이기도 하며, 크산티페(Xanthippe)의 남편으로서 여러 아이들의 아버지이기도 하다. 내 책상 위의 꽃병에 있는 장미는 아름답기도 하지만 누가 5,000원을 주고서 시장에서 구입하여 나에게 선물한 것이기도 하다. 통상적으로 전자의 이성이나 아름다움 등의 특성을 소크라테스나 장미라는 경험적 개체의 본질적 속성이라 부르며, 알키비아데스의 우인이라거나 5,000원짜리라는 등의 측면을 우연적 속성이라 부른다.

이제 새로운 문제들이 제기된다. 그 개체의 우연적 속성은 그 개체 전체에 대해 우연적인가, 아니면 그 개체의 본질적 속성에 우연적인가? 이 개체의 본질적 속성은 그 개체에 대해 본질적인가, 아니면 그 본질의 원형(原型)인 보편자에 본질적인가? 그리고 두 경험적 개체들 사이에 성립하는 법칙적 인과관계는 이들 개체의 본질적 속성들 사이에 성립하는 것인가, 아니면 우연적 속성들 사이에 성립하는 것인가? 보편자의 예화 또는 플라톤이 말하는 '참여'나 '분유'는 어떻게 가능한가?[17]

### 미시세계의 불확정성

현대 양자역학의 미시세계는 플라톤의 생성계와 유사하다고 생각된다. 미시세계의 특수자인 입자들의 속성은 매 순간 변화하므로, 미시세계란 지속적이며 반복적인 존재자가 머무를 수 없는 완전한 특수자의 세계이다. 이 세계는 인과율에 의해 지배되기는 하되, 인과관계가 일정치 않으므로, 이 관계를 규제하는 보편적 법칙은 존재하지 않는다. 입자들 사이의 관계, 또는 입자들이 모여 구성하는 사건들 사이의 관계를 인식함이 인간의 인식 능력 밖에 있어 확정할 수 없는 것이 아니라, 그들 사이에는 아예 확정적인 관계가 존재하

---

17) 이에 대한 자세한 논의는 다음 참조: 필자, 『비트겐슈타인과 현대철학의 언어적 전회』, 2005, 이화여대출판부, 제7장 존재의 두 기준.

지 않는다.

양자역학의 중심 원리인 불확정성 원리를 우리는 정확히 이해할
필요가 있다. 이 원리는 미시세계에 인과관계가 부재함을 주장하는
원리가 아니라, 인과관계는 있으되 그 관계가 법칙성을 결여하고 있
음을 함의하는 원리이다. 나아가 미립자들 사이에 법칙이 존재하되,
이를 인식함이 불가능함을 주장하는 원리라기보다는 법칙 자체가
부재함을 언명하는 원리로 이해되어야 한다. 미시세계의 불확정성
은 인식론적임을 넘어서 더 근원적으로 존재론적인 것이다. 이렇게
이해할 때, 양자역학의 세계는 플라톤이 말하는 방황하는 필연이 지
배하는 세계와 유사하다.

## 3. 우연적 필연

### 우연적 필연

상식에 따르면, 필연은 우연에 반대되는 것이므로 필연적으로 움
직이는 것은 결코 우연적으로 움직인다고 말할 수 없다. 그런데 플
라톤은 『티마이오스』 46c-46e에서 경험세계의 물상들이 존재하게
하는 원인들을 둘로, 즉 진 원인과 보조 원인으로 나눈 후, 이들에
관해 다음과 같이 규정 기술한다.

이제 이 모든 것들은 부수적 원인들, 신들이 최선의 것을 이루기 위해 보
조적인 것으로 이용하는 부수적 원인들이다. 그러나 다수의 사람들이 이
들을 보조 또는 부수 원인(sunaitia)으로 간주하는 것이 아니라, 모든 사물
들의 〔진정한〕 원인(aitia), 냉각시키거나 가열하거나 응축 희박화하는 등
의 그런 모든 과정을 통해 어떤 결과를 야기하는 유일한 원인이라 믿는

다. 그러나 전자는 어떤 목적 성취를 위해 헤아리거나(logos) 지성(nous)을 발휘할 수 없다. 우리는 지성(noun)을 소유하기에 적합한 유일한 존재자는 영혼으로서, 이는 보이지 않는 것이며, 이에 반해 불, 물, 흙, 공기 등은 가시적 물질이라 선언해야 한다. 지성과 인식을 사랑하는 자는 필연적으로 우선 지성적 본성에 속하는 바의 원인(tas tēs emphronos aitias)을 추구해야 하며, 오직 그 다음에서야 다른 것에 의해 움직여지고, 그리고 다른 것들을 필연적으로(eks anagkēs) 움직이는 사물들에 속하는 원인을 추구해야 한다. 그러므로 우리는 다음의 원리에 기반하여 논의해야 한다. 원인에는 두 종류가 있으되, 좋고 훌륭한 것을 생산하기 위해 지성을 가지고 작동하는 원인을, 지성을 결여한 채 매번 우연적이고 무질서한 것들(to tuchon atakton)을 산출하는 원인으로부터 구분해야 한다.(Tim. 46c~46e)

플라톤은 이 인용문에서 두 종류의 원인을 여러 방식으로 규정하고 있는데, 이 규정을 다시 정리·인용하고, 두번째 종류의 원인에 대한 규정에 주목하기로 하자.

(a) 진정한 원인과 (b) 부수 원인.
(a′) 지성적 본성에 속하는 바의 원인과 (b′) 다른 것에 의해서 움직여지고 그리고 다른 것들을 필연적으로(*eks anagkēs*) 움직이는 사물들에 속하는 원인.
(a″) 지성을 가지고 작동하는 원인과 (b″) 지성을 결여한 채 매번 우연적이고 무질서한 것들(*to tuchon atakton*)을 산출하는 원인.(이탤릭체는 필자).

이 규정에 따르면, 진정한 원인은 지성적 원인이며, 부수 원인은 지성을 결여한 것으로 필연적으로 움직이고, 우연적이며 무질서한 것들을 산출하는 원인이다. 이런 규정과 기술은 플라톤이 필연적인 것과 우연적인 것(그리고 무질서한 것)을 동일한 종류로 보고 있음을 시사한다. 플라톤의 필연은 우연적 필연이다. 우연(tuchē)과 필연 (anangkē)을 동일시한 것은 비단 플라톤뿐 아니라, 그리스 일반의 사고방식이었던 것으로 보인다. 우리는 소포클레스(Sophocles)의 희곡에서 다음의 어귀들을 발견한다: 'anangkaios tuchē'(a doom imposed by fate or fateful chance),[18] 'anangkaia tuchē'(a paraphrase for Anangkē).[19]

비단 고대 그리스에서뿐 아니라 현대에서도 양자를 동일시하는 철학자를 만날 수 있다. 우리는 플라톤과 소포클레스의 이들 구절을 비트겐슈타인의 다음 문장과 비교할 수 있다.

세계의 의미는 세계 밖에 존재함에 틀림없다. 세계 내에서 모든 것은 있는 그대로 있고, 일어나는 바대로 일어난다. 세계 속에는 가치가 존재하지 않는다. 그리고 가치가 존재한다면, 그것은 가치를 가지지 않을 것이다.

진정한 가치를 지닌 가치가 있다면, 그것은 일어나는 바 그리고 인 바의 것의 모든 영역 밖에 존재함에 틀림없다. 왜냐하면 일어나는 바 그리고 있는 바의 모든 것은 우연적이기 때문이다.

그것[세계 내의 물상]을 비우연적이게 하는 것은 세계 안에 존재할 수 없다. 그렇다면 그것은 그 자체 우연적일 것이기 때문이다."[20]

이 인용구에서 '일어나는 바' 그리고 '인 바의 모든 것'은 자연세

---

18) Sophocles, *Ajax*, 485.
19) Sophocles, *Electra*, 48. 소포클레스의 문장은 Liddell-Scott *Greek Lexicon*에서 인용.
20) 비트겐슈타인, 「논리철학논고」 6.41, 1961.

계, 사실성의 세계를 가리킨다. 사실적 자연세계는 인과 필연성에 의해 지배되는 세계이다. 비트겐슈타인은 이런 세계를 우연적이라 (accidental)고 규정하고 있다. 인과성과 우연성을 동연적이라 본다는 점에서 그는 플라톤과 견해를 같이하고 있는 것이다. 그런데 왜 그는 양자가 동연적이라고 보았을까? 우리는 비트겐슈타인이 우연을 필연이 아니라 가치, 당위, 의미와 대조하고 있음에 주목할 필요가 있다. 이런 대조 관계에서 우리는 플라톤의 우연적 필연 개념을 이해하기 위한 한 단서를 찾을 수 있다.

이미 지적한 바와 같이, 통상적으로 우연과 필연은 반대 개념이다. 플라톤, 소포클레스, 그리고 비트겐슈타인은 왜 이렇게 상식에 반하는 생각을 했을까? 이에 답하기 전에 먼저 명확히 해둘 것이 있다. 플라톤은 우연적인 것을 필연적인 것과 같은 것으로 간주하며, 이 필연적인 것이 경험세계의 원인이기는 하나, 보조적이거나 동반적인 원인에 불과하다 보았다. 그런 것들은 사태를 생성시키는 데에 필수적인 물리적 조건들이기는 하지만 그것만으로 그 사태가 생성하는 데에 충분한 원인이 되지는 않는다는 것이다. 그가 물리적 원인을 기술하기 위해 사용한 어휘인 'sunaitia'에서 'sun-'이라는 접두사는 '함께', '동반적인'이라는 의미가 있다.

플라톤이 어떤 사태를 우연적인 것이라 기술했다고 해서, 이런 사태가 물리적 원인이 없이 생성되었다고 보았음을 의미하는 것은 아니다. 그 무엇이, 사건의 발생이건 특수자의 생성이건 성질의 등장이건, 아무 원인 없이 생성한다는 것은, 플라톤을 포함하여 그리스적 사고에서 논리적으로 불가능하다. 원인 부재의 생성은 무(無)로부터의 생성을 의미하는 것으로, 기독교적 창조가 그 한 예일 것인데, 기독교적 신의 창조는 모순배제율의 파괴행위이다. 그런데 플라톤을 포함한 그리스철학에서 모순배제율은 철칙이었다. 무로부터는 아무 것도 생성되지 못한다(De hihilo nihil gigni). 파르메니데스가 영원히 불변하는 일자(一者)만이 존재한다고 선언하고 생성, 변화, 운동의 가능성을 단호히 부인한 것도 모순배제율을 수호하기 위해서였다. 그러므로 플라톤이 말하는 우연적인 것들은 어떤 원인의 결과이다. 어떤 사태가 인과율에 의해 어떤 원인에 따라 생성되는 것, 즉 그 어떤 원인이 주어지면 필연적으로 발생하는 것이라 하더라도, 플라톤에 따르면, 그것은 우연적인 것이라 말할 수 있다.[21]

플라톤은 우연적인 사태를 인과적인 사태로 볼 뿐 아니라, 우연성을 인과적 또는 필연적으로 운행하는 생성세계 자체의 특성이라 보았다. 그 이유는 무엇일까? 물상들의 존재와 생성을 설명함에서 플라톤은 한편으로 이들의 이성적 원인과, 다른 한편으로 물리적, 보조적, 필연적, 또는 필수적 원인의 개념을 대조하고 있다. 앞장에서 언급한 바와 같이, 전자를 우리는 진 원인이나 존재 이유(aitia-R)라, 후자를 보조 원인(sunaitia)이라 구분해 부를 수 있다. 이 대조항은 그의 설명이론이나 존재론에서 중심적인 개념들이다.[22] 이런 대조를 통해서 볼 때, 플라톤에서 필연은 우연이 아니라 지성이나 이성 또는 사려와 대비된다. 위의 인용구에서 시사되었듯이, 한 사태가 생성되어 존재함에서 중요한 것은 지성이나 사려가 개입했는가, 아닌가이다. 개입하지 않았을 때, 플라톤은 그것을 우연적인 것이라고 규정하는 것이다. 그의 우연 개념은 필연의 반대로서 원인의 부재가 아니라, 근대 이후의 표현을 빌면, 그리고 비트겐슈타인이 앞의 인

---

21) *Tim.* 46e : hetera d'ex anangkēs kinountōn gignontai ; *Tim.* 77a, synebainen ex anangkēs.

22) 두 가지 원인에 대한 구분은 *Timaios* 이전에 이미 *Phaedon*에서 이루어지고 있다. 그리고 이런 구분은 비단 플라톤뿐 아니라 아리스토텔레스 4원인설의 기초를 이루기도 한다. 그리고 아리스토텔레스의 4원인설 역시 일종의 설명 이론이고 형이상학적 이론의 일부이다.

용구에서 시사하듯이, 당위의 반대,[23] 가치의 반대, 그리고 규칙성의 반대이다.

플라톤에게 필연과 그의 동치인 우연은 이유(reason), 이성적이거나 사려적인 이유의 부재를 의미한다. 무엇이 우연히 일어났다 함은 인간의 정신이나 이성이 이해할 수 있는 이유 없이, 그리고 맹목적이며 불규칙하게 일어났음을 말한다. 그리고 플라톤에서 무엇이 필연적으로 발생했다 함은, 그것이 어떤 물리적 원인에 의해 결정되었음을, 그것이 무로부터 발생하지 않았음, 즉 인과적으로 발생했음을 의미할 뿐이지, 그것이 그 자체로서 어떤 법칙이나 의도에 의해 생성되었음을 함의하지는 않는다. 그런 것은 무법칙적으로 그리고 맹목적으로 발생했을 수도 있다. 그래서 어떤 사태가 인과 필연적으로 발생했더라도 그것이 인간 정신이 이해할 수 있는 이유를 결여하고 있는 한, 우연적인 것이다. 바로 이러한 점에서 필연적인 것은 우연적이다. 플라톤에서 필연과 우연의 외연은 같다. 그가 인과율을 개념화하고 있었는지는 확실치 않으나, 여하간에 인과율 그것만으로는 생성 세계에 모순배제율이 적용됨을 확인한 것에 불과하다.

### 플라톤적 우연개념의 이해

그러면 플라톤은 왜 한 사태가 어떤 원인에 의해 결정되었음에도 불구하고 그것이 가치, 당위, 규칙성 등을 결여한 경우, 이런 사태가 필연적인 것일지라도 비이성적이고 우연적인 것이라고 규정했을까? 왜 그는 단순히 인과적으로만 결정되어 생성하는 사태들을 우연적

---

23) 필자의 이해로는 플라톤에게 당위의 개념은 없었다고 생각된다. 당위 개념은 의지의 개념을 전제로 하며, 의지란 개인적이고 주관적인 자아의 개념이 형성되어 있어야 한다. 그러나 플라톤을 포함하여 그리스적 사고에서 주관적 자아라는 개념은 아직 희박한 단계에 있었을 것이다.

인 것이라고 보았을까? 그 이유는 세 가지로 추정된다. 첫째, 인식론적인 것으로 이해가능성이나 설명의 개념과 관계되는 것이다. 둘째, 존재론적인 것으로 자동성(自動性)과 타동성(他動性)의 구분과 관계되는 것이다, 셋째, 법칙성과 관계되는 것이다.

우선, 우연의 개념은 본질적으로 이해가능성과 대조적이다. 무엇이 우연적으로 일어난다 함은, 이성적으로 이해할 수 있는 원리에 반하여 일어남을 의미한다.[24] 인과율에 의해 일어났으되, 비법칙적으로 또는 비의도적으로 일어난 사태는 왜 이해 불가한, 우연적인 사태라 할 수 있는가? 사태의 진행이 단지 인과적으로, 플라톤의 어휘를 쓰면, 필연적으로 결정됨만으로는 그 진행을 이성적이라고 말하기에 불충분하다. 인과율이란 이미 말한 바와 같이 생성세계에서 모순배제율이 적용됨을 확인하는 것으로서, 이성적 인식을 위한 최소한의 조건에 불과하다. 불규칙적이며 의도를 알 수 없어 예측 불가한 사태의 진행은 이성에 대해 우연적이다. 한 사태 x에 대해 이성의 관점에서 충분한 설명은 "왜 x냐?"는 질문에 대한 해답이 주어질 때 이루어진다. 그런데 x가 불규칙하게 움직인다면 이에 대해서 여하한 규정적인 내용을 지닌 해답도 제시할 수 없다. 우리가 그 물음에 대해 얻을 수 있는 것은, x가 허무에서 튀어나온 것은 아니고 어떤 원인에 의해 생성되었으며, 그 역시 어떤 결과를 낳을 것이라는 명제 정도이나, 우리는 그 원인이나 그것이 낳을 결과가 무엇인지 확정

---

24) 우연적 사태의 좀더 전형적인 예라 할 수 있는, 무(無)로부터 유(有)의 생성, 즉 기독교적 의미의 창조나 기적은 이성적으로 이해할 수 없는 원리에 의해 발생한, 우연적인 사태의 전형이다. 창조나 기적은 기독교적 원리를 수락하지 않는 한 수용하기 힘들다. 물론 기독교의 원리를 승인한다면, 창조나 기적들은 어떤 일관된 원리에 따라 발생한 것으로 우연적이라기보다는 신의 의지의 현실화라 할 수 있을 것이다. 그러나 그 신적인 의지나 원리는 세계 내에 있는 것이 아니라, 자연세계 밖의 초월적인, 초자연적인 것이다. 이런 초자연적인 것 역시 이성에 반한다.

적으로 기술할 수 없으므로, 그런 답은 사실상 공허하다. 어떤 기술적인 내용이 주어지지 않는 한, x는 설명, 이해될 수 없는 사태이며, 그런 점에서 비이성적이고 우연적인 사태이다.

플라톤이 단순히 인과적으로 결정된 사태를 우연적이라 본 두번째 이유는, 한 사태의 인과적 원인은 그 사태에 대해 외적이고, 외적인 것은 우연적인 것이라고 믿었기 때문인 듯하다. 플라톤은 『티마이오스』 46e에서 필연적 또는 우연적인 것의 특성을 "다른 것에 의해서 움직여지고 그리고 필연적으로 다른 것들을 움직이는 종류"라고 규정함으로써 그들의 운동이 타자 의존적임을 지적하고 있다. 그는 운동을 두 가지로 구분하는데, 하나는 운동 원인을 자신의 내부에 갖는 자동적인 운동이고, 다른 하나는 운동 원인이 외부에 있는 타동적 운동이다. 전자의 대표적인 것이 영혼의 자기운동이며,[25] 후자의 전형은 물질들의 기계적이고 수동적인 운동이다. 영혼이 사고나 이성의 능력, 주체로서의 능력을 지니고 있다함은, 자신의 내부에 운동 원인을 지니고 있어, 타자로부터 자신을 움직일 수 있는 힘을 빌리지 않는 존재임을 의미한다. 이와는 달리 생성계의 물질적 사태들은 자신의 내적 원리 또는 자신의 본질이 명하는 바가 아니라, 자신과는 아무런 본질적이거나 당위적인 관계가 없는 완전한 타자에 의해서 움직인다.

a가 b에 의해 움직여지거나 발생하되, b가 a에 대해 완전한 타자일 때, 즉 b가 a의 본질, 존재 근거, 존재 이유 등과 전혀 무관할 때, b는 a에 대해, 따라서 a의 움직임에 대해 우연적이다. 그리고 a의 움직임이나 발생 역시 우연적이다. 위에서 생성계의 모든 것은 모두

---

25) *Phaedr*, 245c-e ; *Laws*, 895b 참조. 플라톤에 이르러 사유와 행위 주체로서의 영혼 개념이 확립되는데, 영혼이 자기 운동적 존재라는 규정은 이런 영혼관과 밀접하게 연관되어 있을 것이다.

타자 의존적이라고 지적한 바 있다. 이렇게 우연적 타자에 의해 발생한 존재자들을 우리는 모두 철저히 우연적인 존재들이라고 규정할 수 있다. 이들과는 달리 법칙적 관계, 따라서 이성적 관계에 있는 양 항은 상호 본질적 관계에 있다. 양자는 어느 면에서 자기의존적이다.

필연성 또는 인과성을 우연성과 동일시한 플라톤의 두 이유 중, 하나는 인식론적인 것이며, 다른 하나는 존재론적 것이다. x가 우연적일 수 있는 경우는 두 가지인데, 하나는 설명을 요구하는 인간의 지성에 대해서요, 다른 하나는 x의 발생 원인과 x 간의 관계에 대해서이다. 즉 x의 발생 방식이 인간의 지성으로 이해되지 않을 때, x는 우연적이며, x를 발생케 한 것이 x에 외적일 때, 그것은 x의 본질과 무관하므로, 그 발생 원인은 x에 대해서 우연적이다. 전자의 우연은 반지성으로 비당위와 통하며, 후자는 외부성으로 비본질성이라 말할 수 있다.

필연성 또는 인과성을 우연성으로 보게 한 세번째 이유는 법칙성과 관계가 있다. 위에서 플라톤은 필연성 또는 인과성을 같은 것으로 파악하고 있음을 지적했다, 그런데 필연관계나 인과관계는 특수자들 사이의 관계이다. 특수자들은 보편자가 아니므로 이들 사이의 관계는 일반화될 수 없다. 일반화할 수 있는 법칙적 관계는 보편자들 사이에서 맺어진다. 특수자들은 상호 인과관계를 맺기는 하나 이 인과 관계는 일반화할 수 없으므로, 이들 사이에는 법칙적 관계가 성립하지 않는다, 특수자들 사이의 인과관계 또는 필연의 관계는 그러므로 무법칙적이다. 무법칙적이라 함은 자의적이라 함과 같은 뜻이며, 자의적이라 함은 적어도 이성의 관점에서는 우연적이라는 의미이다. 따라서 필연적 관계는 적어도 외연적으로는 우연적 관계와 일치한다. 위의 첫번째 이유는 역시 이성과 관계된 것이었다. 그러나 그 이유는 우연의 개념 분석에 따른 것이었으므로, 우연 개념의 내포와 관계 있는 것이었고, 이 세번째 이유는 이성의 범위 내에 들어오지 않는다는 것이다.

## 4. 이성의 설득

### 이성과 좋음

이제 이성과 좋음 또는 선(善), 이성과 당위의 개념의 관계에 관하여 간단히 언급하자. 플라톤은 이성이나 지성이 좋음에 본질적이라고 보고 있다.[26] 14장의 인용문 I의 도처에서 좋음의 개념이 언급되고 있으며, 특히 『티마이오스』 29e-30b 사이의 한 쪽도 안 되는 지면에서 좋음 또는 이와 유사한 개념을 여덟 번이나 사용하면서 지성(nous)이 제한하는 방향을 '좋음'이라 규정한다. 플라톤은 왜 좋음이 지성이나 이성의 지향처라고 보았을까? 이성의 일차적 기능은 헤아림(logismos) 또는 숙고이다. 인간의 행위에 이성을 개입시킨다함은 앞으로의 행위를 헤아려 결정함을 의미한다. 행위의 미래적 방향이 이미 결정되어 있을 때 헤아릴 필요는 없다. 그런데 헤아림은 목적에 대한 수단의 기여도를 헤아림이요, 구태여 헤아릴 필요가 있기 위해서는 수단으로 등장하는 것이 둘 이상이어야 한다. 헤아림의 필요성은 선택의 기로에 처해 있기 때문에 생긴다.

무언가를 선택할 때 준거가 되는 것이 좋음의 개념이다. 좋음의 기준이나 그 구체적인 내용이 무엇일지는 모르겠으나 선택되는 것은 항상 '좋다'고 판단되기 때문이다. 악인의 선택이라도 좋음의 의식

---

26) 플라톤의 이런 사상은 선의 이데아라는 개념에 의해 가장 적극적으로 표현되고 있다.

또는 선 개념에 의해 매개되어 있다. 이런 당혹스러운 상황을 우리는 선(善)의 역설(逆說)이라 부를 수 있을 것이다. 선택의 행위와 좋음의 개념은 본질적으로 결부되어 있다. 선택은 행위 방향을 헤아려 결정하는 일이요, 헤아림은 이성적 행위이므로, 선택은 이성적인 행위이다. 따라서 선택하면서 우리가 항상 좋은 것으로 판단되는 바를 지향한다면, 이성의 활동 역시 좋음을 지향한다.

이성과 당위의 관계는 무엇일까? 이성에는 여러 종류가 있으나 모두 일종의 헤아림의 능력이다. 윤리적 이성 또는 가치 지향적 이성, 그리고 도구적 이성 모두 헤아림의 능력으로 볼 수 있다. 전자는 좋은 것을 선택하기 위해 가늠하는 능력을 포함하며, 후자는 정립된 목적을 성취하기 위한 여러 수단들의 기여도를 헤아려 최선을 선택하는 능력이다. 전자가 선택하는 바는 삶의 방식으로, 선택할 수 있는 방식은 여러 가지라 말할 수 있는 반면, 후자는 엄격히 말해서 단 하나의 선택지를 갖는다. 가장 효율적인 수단은 단 하나이다. 플라톤에게 당위의 개념은 없었다고 생각되나, 이 개념을 사용해 플라톤에서 이성과 행위의 관계를 규정하는 작업은 시사적이리라 생각된다. 당위 의식은 인간의 행위를 이성화하려 할 때, 이성에 의해 우리 자신의 행위를 규제하려 할 때 형성되는 의식이다. 당위는 여러 선택지가 열려 있으므로 생기는 의식이다.

플라톤에게서, 윤리적 선택의 대상이 되는 선택지들은 동차원적인 것들이 아니라 서로 다른 차원에 속하는 것들이다. 하나는 우리의 현존 조건과 동차원인 반면, 다른 선택지는 그 조건을 넘어서라고 요청한다. 당위 의식은 후자의 방향을 선택하라 하므로, 플라톤에게 당위의식은 초월에의 의식이다. 당위가 명하는 바를 따르지 않고 우연 또는 필연에 자신의 행로를 맡긴다 함은 현존의 조건들에 안주함을 의미한다. 당위가 명하는 바를 선택함은 이 현존의 조건을 거부하고 새로운 세계에로 비상함이다.

영어의 'must'와 'ought to…'는 비슷한 개념으로 이해되나 논리적으로 분석해 보면 대조적이다. "…할 수밖에 없다(must)"는 의식은 이 어귀에 담긴 표현('…밖에 없다') 그대로 선택의 배제임에 비해, "…해야만 한다(ought to)"는 당위 의식은 선택에의 요청이거나 명령이다. 플라톤에 따르면, 새로운 차원으로 초월하라는 요청이다. 도덕적 행위의 선택은 결국 서로 다른 두 차원의 세계들 중 어디로 진입할 것인가를 결정하는 일이다. 이런 결정을 내리는 데 장애 요인이 된다고 플라톤이 본 것은 무지이다. 플라톤의 입장을 취할 때, "x 해야 한다"는 당위적 문장은 "행위 주체 S가 x의 좋음을 안다면, x를 수행할 것이다"는 미래 서술문으로 바꿀 수 있다.

### 설득의 의미

그러면 우연, 필연, 우연적 필연, 방황하는 필연, 맹목적 필연의 세계에 어떻게 당위성, 목적성, 가치성, 지향성, 전체성을 부여할 수 있을까? 이 문제에 대한 해답은 원장인(原匠人)의 비유에서 얻을 수 있다. 장인은 자신에게 주어진 재료들의 성질들이 허용하는 한에서만 무엇을 만들 수 있다. 제작자는 자신이 설정할 수 있는 목적이나 만들 수 있는 물건의 범위에 관해 자신에게 주어진 재료의 성질에 의해 제약받으며, 그가 무엇을 만들거나 의도하는 목적을 수행하기 위해서는 그 목적에 봉사할 수 있는 재료를 선택해야 한다.

이렇게 무엇을 만듦에서 제작자가 재료의 속성에 의해 제약된다는 것은, 이성이 필연을 설득한 것이라기보다는 필연이 이성을 설득한 것, 또는 이성이 필연에 의해 설득당한 것이라고 보아야 하지 않을까? 이에 대해 우리는 다음과 같이 답할 수 있다. 주어진 재료의 성질이 허용하는 한에서만 장인이 목적을 설정하고 만들 물건을 선택할 수 있음은 사실이다. 그러나 다른 한편으로 재료적 물질에 장인의 목적이나 설계도가 부여되어야 일정한 제품이 산출될 수 있다. 즉 수단이나 재료가 될 물질의 성질이 선택될 목적을 제한하기는 하나, 일단 목적이 선택된 후에는 물질이 그 목적의 도구나 재료로서 봉사하게 된다. 플라톤은 이런 봉사적이고 도구적인 측면을 설득이나 선도라는 말로 표현했다.

그래도 문제는 남는다. 물질에 이성적 목적을 부여한다고 해서 그 물질 자체가 이성적인 것이 되지는 않을 것이다. 이성과 물질은 서로 다른 운동 원리에 따라 움직이며, 상호 이차원적(異次元的)인 존재이므로 이들은 원칙적으로 영향을 주고받을 수 없다. 그런데 설득이란 대상에 내적 변화를 일으키는 것이다. 필연을 '설득'했음에도 불구하고 필연적인 존재 방식을 갖는 물질 내부에 변화가 생길 수 없다면, '설득'이란 표현을 쓸 수 없다. 이 문제는 물질계가 과연 정신이 부여한 목적에 따라 목적론적으로 움직일 수 있는가, 정신의 의도대로 질적인 변화를 할 수 있느냐,[27] 또는 목적과 수단 간, 결과와 과정 사이에는 질적인 차이가 있는데 어떻게 목적론적인 진행이나 발전이 가능하냐, 도대체 목적론이 이론적으로 성립할 수 있느냐, 나아가 정신과 신체 간의, 인간과 세계 간의 관계가 어떻게 가능한가의 문제들과 연관되어 있다.

---

27) 99%와 100% 간의 차이는 99%와 98% 간의 차이와 같지 않다. 전자의 차이는 질적인 차이임에 반해, 후자의 차이는 양적인 차이이다. 98%와 97%는 목적 성취를 위한 과정 중의 한 단계임에 비해, 100%는 이 과정의 완결이다. 99%와 100% 간의 차이가 1%의 차이에 불과하다면, 100%의 확실성이 99%의 확실성과 1%의 차이밖에 없을 것이고, 그렇다면 101%의 확실성도 있을 수 있다.

■ 참고 문헌

▶ 원전 및 전집

Platon, *Platonis Opera* I–V, ed. by Burnet, Oxford Univ. Press, 1900–
1907.(이 판본은 통상 Oxford Classical Text라 하는데, 본문에서의 번
역을 위한 원전은 이 판본에 의거한다. 번역은 모두 필자의 것이다. 가
급적 직역을 원칙으로 했으나 원문이 난삽한 경우에는 의역을 했다. 해
석상의 쟁점이 있을 수 있는 곳은 쟁점이 원전에서 부각될 수 있도록
했다. 세부적인 플라톤의 저서 목록은 이 책의 제1장 2절 참조)

Platon, *Plato* I–XII, with an english tran. by Fowler, H. N. and others,
Loeb Classical Library, Harvard Univ. Press, 1929–1986.

Platon, *Oeuvres completes*, texte etabli et traduit, Paris, 1923–, (Bude).

Platon, *Plato: Complete Works* Vols. I, & II, with introduction and notes,
ed. by Cooper, J. M., Hackett Publishing Company, Inc, 1997.

Platon, *Collected Dialogues of Plato*, ed. by Hamilton, E. & Cairns, E.
Princeton Univ. Press, 1961.

▶구미 저서 및 논문

Abelard, *Glosses on Porphyrius*; *Logica Ingredientibus*; *Glosses on Aristotles's De Interpretatione*.

Acher-Hind, R. D., *The Timaios of Plato*, London, 1888.

Acrill, J. L., "Plato and Copula: Sophist 251-9", pp. 207-218 in Allen, R. E., *Studies in Plato's Metaphysics*, London, 1968.

Acrill, J. L., "Symplokē Eidōn", in Allen, R. E., *Studies in Plato's Metaphysics*, London, 1968.

Adam, James, *The Republic of Plato*, edited with critical notes, commentary and appendices, Vols I-II, Cambridge Univ. Press, 1969.

Adams. M. M., "Universals in the Early 14th Century", 아래의 Kretzmann 등 편저 소재.

Allen, R. E., ed., *Studies in Plato's Metaphysics*, London, 1968.

Allen, R. E., "Participation and Predication in Plato's Middle Dialogues", p. 170, in Vlastos, G. ed., *Plato*, vol. 1, New York, 1971.

Ames, R. and Hall, D., *Thinking through Confucious*, State Univ. of NY Press, 1987.

Armstrong, A. H., *Nominalism and Realism*, Vol. I, *Universals and Scientific Realism*; Vol. II, *A Theory of Universals*, Cambridge, Univ. Press, 1978.

Armstrong, A. H., *The Cambridge History of Later Greek and Medieval Philosophy*, Cambridge Univ. Press, 1961.

Annas, J., *An Introduction to Plato's Republic*, Clarendon Press, 1981.

Aristotles, *Metaphysics*; *Categories*; *Nicomachean Ethics*.

Bambrough, Renford, "Plato's Political Analogies", in Laslett, Peter, ed., *Philosophy, Politics, and Society*, First series : A Collection, Blackwell, 1975.

Barker, E., *The Political Thought of Plato and Aristotle*, 1959(1918), Dover Pub.

Berkeley, *The Principles of Human Knowledge*.

Bloom, A. & Benardete, S., *Plato's Symposium*, tr. with commentary, Chicago, 1993.

Bloom, A., *The Republic of Plato*, tr. with notes and interpretative essays, Basic Books, 1968.

Bloom, A., *The Closing of the American Mind*, Simon & Schuster, 1987.

Bluck, R. S., ed., *Plato's Meno*, Cambridge Univ. Press, 1961.

Boethius, *Commentaries on Porphyrius Isagoge*.

Burnyeat, M., *The Theaetetus of Plato*, (tr. by M. J. Levett), Hackett Pub. co., 1990.

Burnyeat, M., "Idealism and Greek Philosophy : What Descartes Saw and Berkeley Missed", pp. 19–50, in G. Vesey, ed., *Idealism : Past and Present*, Cambridge Univ. Press, 1982.

Cherniss, H., "The Philosophical Economy of the Theory of Ideas", 위의 Allen, R. E. pp. 1–12.

Cherniss, H. F., "The Relation of the *Timaeus* to Plato's Later Dialogues", *American Journal of Philology*, 78(1957).

Chisholm, R., *Theory of Knowledge*, Prentice-Hall, 1977.

Cornford, F. M., "Plato's Commonwealth", in Cornford, *The Unwritten Philosophy*, Cambridge Univ. Press, 1950.

Cornford, F. M., *Plato's Theory of Knowledge*, London, 1935.

Cornford, F. M., *From Religion to Philosophy*, Harper & Row, 1957(남경 희역 : 이화여대 출판부).

Cornford, F. M., *Plato's Cosmology*, Routeledge and Kegan Paul, 1937.

Cornford, F. M., *Plato's Parmenides*, London, 1939.

Crombie, I. M., *An Examination of Plato's Doctrines*, 2 Vols., London, 1962 & 1963.

Crossman, R. H., *Plato Today*, Allen and Unwin, 1963.

Davidson, D., *Inquiries into Truth and Interpretation*, Clarendon Press, 1984.

Davidson, D., "Rational Animals", 1982, in Davidson, *Subjective, Intersubjective, Objective*, Clarendon Press, 2001.

Detienne, Marcel, *The Masters of Truth in Archaic Greece*, Zone Books, 1996(불어본 1967).

Dodds, E. R. ed., *Plato: Gorgias*, a Revised Text with Introduction and Commentary, Oxford : Clarendon Press, 1959.

Dodds, E. R., *The Greeks and the Irrational*, The Univ. of California. Press, 1951.

Findlay, J. N., *Plato : the Written and Unwritten Philosophy*, London, 1974.

Frege, G., "Sence and Reference", in *Translations from the Philosophical Writings of Gottlob Frege*, eds., by Geach and Black, Oxford, 1960.

Frege, *Translations from the Philosophical Writings of G. Frege*, eds., by P. Geach & M. Black, Oxford, 1960.

Freud, *Totem and Taboo*, 1950.

Fustel de Coulanges, *The Ancient City : A Study on the Religion, Laws, and Institutions of Greece and Rome*, Doubleday Ancor Books, (불

어판 : 1864).

Gallop, D., *Plato : Phaedo*, with Translation and Notes, Oxford, 1975.

Gosling, J., *Weakness of the Will*, London and New York, 1990.

Grube, G. M. A., *Plato's Thought*, London, 1980(Reprint of 1935 ed.).

Gulley, H., "Plato's Theory of Recollection", in *Classical Quantery*, n.s IV, 1954.

Guthrie, W. K. C., *A History of Greek Philosophy*, Vol. 4 : *Plato : The Man and His Dialogues-Earlier Period*, Cambridge Univ. Press, 1962-1982.

Hackforth, H., *Plato's Phaedo*, translated with an introduction and commentary, Cambridge Univ. Press, 1972.

Hacking, I., *Why Does Language Matter to Philosophy?* Cambridge, 1978.

Havelock, Eric, *Preface to Plato*, Harvard Univ. Press, 1982(초판 1963).

Havelock, Eric, *The Greek Concept of Justice : From its Shadow in Homer to its Substance in Plato*, Harvard Univ. Press, 1978.

Heil, J. & Mele, A., eds., *Mental Causation*, Oxford Univ. Press, 1993.

Hobbes, *Leviathan*.

Hornblower, S. & Spawforth, A. eds., *The Oxford Classsical Dictionary*, Oxford Univ. Press, 1996.

Irwin, T., *Plato's Moral Theory*, Clarendon Press, 1977.

Kant, *Kritik der Reinen Vernunft*.

Kant, I. *Grundlegung zur Metaphysik der Sitten*, 1785(영역 : *Foundations of the Metaphysics of Morals*, tr. by L. W. Beck, The Lib. of Liberal Arts, 1959).

Kerferd, G. B., *The Sophistic Movement*, Cambridge Univ. Press, 1981(김 남두 역, 2003).

Kneale, W. & Kneale, M., *The Development of Logic*, Clarendon Press, 1962.

Krämer, H. J., *Arete bei Platon und Aristoteles : zum Wesen und Geschichite der platonischen Ontologie*, Abh. Heidelberger Akad., ph-hist. KL., 1959.

Kretzmann, Kenny and Pinborg, eds., *The Cambridge History of Later Medieval Philosophy*, Cambridge Univ. Press, 1982.

Kripke, *Naming and Necessity*, Harvard Univ. Press, 1980.

Kripke, *Wittgenstein on Rules and Private Language*, Blackwell, 1982.

Levi-Strauss, C., *The Savage Mind*, The Univ. of Chicago Press, 1966(불어판 1962).

Levi-Strauss, C., *Totemism*, Beacon Press, 1963(불어판 1963).

Locke, *Essay Concerning Human Understanding*.

MacIntyre, A., *After Virtue*, Notredame Univ. Press, 1981.

Moravcsik, J. M. E., "Symplokē Eidōn and the Genesis of Logos", in *Archiv für die Geschichte der Philosophie*, 42(1960), pp. 117-129.

Moravcsik, J. M. E., "Being and Meaning in the *Sophist*", *Acta Philosophica Fennica*, 14(1962).

Morrow, G., "Necessity and Persuasion in Plato's Timaeus", in 위의 Allen, 편저.

Nam, Kyung-Hee, *Logos, Knowledge, and Forms in Plato's Theaetetus and Sophist*, Texas Univ. Press, 1982.

Nehamas, A., "Socratic Intellectualism", *Socrates : Critical Assessments*, ed. by W. J. Prior, Routeledge and Kegan Paul 1996, Vol. III.

Nozick, R., *Anarchy, State, and Utopia*, Basic Books, 1974(남경희 역, 문학과지성사, 1983).

Nussbaum, M. C., "Psyche in Heraclitus, 1", in Irwin, T., ed., *Philosophy before Socrates*, A Garland Series, 1995.

Owen, G. E. L., "Plato on Not–Being", pp. 223–267 in Vlastos ed., *Plato*, 1971.

Owen, G. E. L., *Logic, Science, and Dialectic*, ed. by M. Nussbaum, Ithaca.

Owen, G. E. L., "The Place of the *Timaeus* in Plato's Dialogues", *Classical Quarterly*, n.s. III(1953).

Popper, K., *The Open Society and Its Enemies*, Vol 1, Routeledge and Kegan Paul, 1945.

Porphyrius, *Isagoge to Aristotles's Categories*.

Powell, P. P., ed., *Classical Myth*, 3rd. ed. Prentice Hall, 2001.

Price, H. H., "Universals and Resemblances", in *The Problems of Universals*, ed., by Landesman, Basic Books, 1971.

Quine, *From a Logical Point of View*, Harvard Univ. Press, 1961.

Rhode, Erwin, *Psyche : The Cult of Souls and Belief in Immortality among the Greeks*, Harper & Row, 1966(1925).

Rivaud, A., ed. *Plato : Timee, Critias*, text etabli et traduit, Paris, 1925, (Bude Series).

Robinson, R., *Plato's Earlier Dialectics*, Oxford Clarendon Press, 1953.

Rorty, R., *Knowledge and the Mirror of Nature*, Princeton Univ. Press, 1979.

Rosen, S., *Plato's Symposium*, Yale Univ. Press, 1968.

Rosenberg, J. & Travis, C. eds., *Readings in the Philosophy of Language*, Prentice–Hall, 1971.

Ross, W. D., *Plato's Theory of Ideas*, Oxford Univ. Press, 1951.

Russell, *Logic and Knowledge*, London, 1956, (ed., by Marsh)

Ryle, G., "Plato' s Parmenides", pp. 97–148, in 위의 Allen 편저.

Searle, J., *Speech Acts*, Cambridge Univ. Press, 1969.

Seung, T. K., *Kant' s Platonic Revolution in Moral and Political Philosophy*, The Johns Hopkins Univ. Press, 1994.

Seung, T. K., *Plato Rediscovered*, Rowman & Littlefield, 1995.

Shorey, P., *The Unity of Plato' s Thought*, Chicago, 1903.

Shorey, P., *What Plato Said*, Chicago, 1933.

Snell, B., *Die Entdeckung des Geistes*, Goettingen, 1955.

Souilhe, J. *Étude sur le terme dunamis dans les dialogues de Platon*, Paris, 1919.

Strauss, Leo, *Persecution and the Art of Writing*, Chicago, 1952.

Strauss, Leo, *The City and Man*, Chicago, 1964.

Taylor, C. C. W., *Plato: Protagoras*, tr. with notes, Clarendon Press, 1976.

Taylor, A. E., *The Man and His Work*, London : Methuen, 1926.

Teloh, H., *The Development of Plato' s Metaphysics*, The Penn State Univ. Press, 1981.

Tweedale, M. M., "Abelard and the Culmination of the Old Logic", 상기의 Kretzmann 등 편저 소재.

Vernant, J. P., *Myth and Thought among Greeks*, Routledge and Kegan Paul, 1983.

Vlastos, G., "The Unity of Virtues in the *Protagoras*", in Vlastos, G., *Platonic Studies*, Princeton Univ. Press, 1973.

Vlastos, G., *Plato' s Universe*, Univ. of Washington Press, 1975.

Vlastos, G., *Platonic Studies*, Princeton Univ. Press, 1973.

Vlastos, G., "Justice and Happiness in the *Republic*", in Vlastos ed., *Plato*
　　vol. II, Doubleday, 1971.

Vlastos, G., ed., *Plato*, vol. II, Doubleday, 1971.

Weinberg, J., *A Short History of Medieval Philosophy*, Princeton Univ.
　　Press, 1964.

Wittgenstein, *Philosophical Investigations*, tr. by G. E. M. Anscombe,
　　Macmillan Pub. co., 1953.

Wittgenstein, *Tractatus Logico-Philosophicus*, Suhrkamp Verlag, 1921.

▶ 국문 문헌


1. 플라톤 대화편 번역

『플라톤의 네 대화편 : 에우티프론. 소크라테스의 변론, 크리톤, 파이돈』,
　　박종현 역주, 서광사, 2001.

『플라톤의 대화 : 에우튀프론, 소크라테스의 변명, 크리톤, 파이돈, 향연』,
　　최명관 옮김, 종로서적, 1992.

『향연, 뤼시스』, 최현 옮김, 범우사, 2002.

『프로타고라스, 메논, 국가』, 최호연 옮김, 두로, 1997.

『프로타고라스』, 최현 옮김, 범우사, 1989.

『고르기아스, 소피스트, 書簡集』, 최민홍 옮김, 상서각, 1983

『국가』, 박종현 옮김, 서광사, 1997.

『國家, 소크라테스의 辨明』, 조우현 역, 삼성출판사, 1982.

『티마이오스』, 박종현 · 김영균 공동 역주, 서광사, 2000.

『소피스테스』, 김태경 옮김, 한길사, 2000.

『정치가』, 김태경 옮김, 한길사, 2000.

『소크라테스의 대화록』, 최현 옮김, 집문당, 1995.

## 2. 저서, 논문 및 번역서

김귀룡, 『고대와 현대의 철학적 대화』, 동과서, 2000.

김남두, 「플라톤의 『국가』」, 《철학과 현실》 1990, 봄호.

김영균, 「플라톤에 있어서 생성과 공간(khora)」, 《哲學》 62집, 한국철학회, 2000.

김완수, 「Platon의 초기 대화편에 있어서의 이데아론」, 《哲學研究》 19집, 철학연구회, 1984.

─────, 「Platon의 『파이돈』에 나타난 이데아 논고」, 《哲學研究》 8집, 철학연구회, 1973.

김태경, 『나눔을 중심으로 한 플라톤의 후기인식론』, 성균관대학교 출판부, 2000.

남경희, 「국가란 무엇인가 : 자연계 내의 이성·질서로서의 국가」, 《哲學》 31집, 한국철학회, 1989.

─────, 「사유의 사유성과 객관성의 거처」, 한국분석철학회 편, 『실재론과 관념론』, 철학과현실사, 1993.

─────, 「언어적 규정력」, 《철학적 분석》, 1호, 2000.

─────, 「존재, 인과성, 언어」, 『수반의 형이상학』(김재권 교수 화갑기념논문집), 철학과현실사, 1994.

─────, 「귀고스의 반지─도덕적 행위의 은폐성과 비은폐성」, 『서양고대철학의 세계』(박홍규 교수 고희기념논문집), 서광사, 1992.

─────, 「아리스토텔레스의 국가론」, 필자, 『이성과 정치존재론』, 문학과지성사, 1997 소재.

니체, 『도덕의 계보』.

박영식, 『플라톤哲學의 理解』, 정음사, 1984.

박종현, 『헬라스 사상의 심층』, 서광사, 2001.

———, 『希臘思想의 理解』, 종로서적, 1990.

박홍규, 『플라톤 후기 철학 강의』, 민음사, 2004.

———, 『희랍 철학 논고』, 민음사, 1995.

서병훈, 『플라톤과 자유』, 나남출판, 1998.

송영진, 『플라톤의 변증법』, 철학과현실사, 1999.

———, 「플라톤의 『파르메니데스』편에 나타난 형상의 초월성 문제와 제1 가정의 분석」, 《東西哲學研究》 9호, 한국동서철학연구회 1992.

양문흠, 「플라톤의 『국가』 편 선분의 비유 속의 수학적 탐구의 본성– 특히 '가정'과 '영상'의 관계를 중심으로」, 《哲學》 65집, 61–82쪽, 한국철학회, 2000.

이경직, 「플라톤의 자연 세계 설명 : eikos logos」, 《哲學》 66집, 한국철학회, 2001.

이기백, 「형상에 있어서 하나와 여럿의 문제 –플라톤의 『필레보스』편을 중심으로」, 《哲學》 48집, 한국철학회, 1996.

이상인, 「플라톤의 현실인식과 형상인식–현실을 넘어선다는 것은?」, 《哲學研究》 42집, 철학연구회, 1998.

———, 「플라톤의 국가철학 –『국가』에 나타난 개인–국가 관계를 중심으로」, 《哲學研究》, 철학연구회, 1999.

이좌용, 『존재론 연구 1–보편문제』, 철학과현실사, 2005.

이태수, 「플라톤철학에 있어서 지각의 문제」, 《哲學研究》 36집, 철학연구회, 1995.

장동진, 「플라톤의 정의론 : 정의의 이데아와 변증법」, 《社會科學論集》 24집, 연세대학교 사회과학연구소, 1993.

조대호 엮음, 『아리스토텔레스 : 형이상학』, 문예출판사, 2004.

조우현 엮음, 『희랍 철학의 문제들』, 현암사, 1993.

조요한 외, 『希臘哲學硏究』, 종로서적, 1988.


거드리(Guthrie, W. K. C), 『희랍철학입문』, 박종현 옮김, 종로서적, 1981.

베르낭(Vernant, J. P), 『그리스인들의 신화와 사유』, 박희영 옮김, 아카넷, 2005.

블래스토스(Vlastos, Gregory), 『플라톤의 우주』, 이경직 옮김, 서광사, 1998.

스넬(Snell, Bruno), 『정신의 발견 : 서구적 사유의 그리스적 기원』, 김재홍 옮김, 까치, 1994.

젤러(Zeller, E), 『희랍철학사』, 이창대 옮김, 이론과 실천, 1991.

컨퍼드(Cornford, F. M), 『소크라테스의 哲學』, 이종호 옮김, 1987.

컨퍼드, 『소크라테스 이전과 이후』, 이종훈 옮김, 박영사, 1995.

컨퍼드, 『종교에서 철학으로 : 서구 사유의 연원에 관한 연구』, 남경희 옮김, 이화여자대학교 출판부, 1995.

코플스톤(Copleston, F. C), 『그리스 로마 철학사』, 김보현 옮김, 철학과 현실사, 1998.

필드(Field, G. C), 『플라톤의 철학』, 양문흠 옮김, 서광사, 1986.

테일러(Taylor, C. C), 『소크라테스』, 문창옥 옮김, 시공사, 2001.

톰슨(Thomson, J.), 『고대사회와 최초의 철학자들』, 조대호 옮김, 고려원, 1992.

헤어(Hare, R. M) 외, 『플라톤의 이해』, 강정인 · 김성환 편역, 문학과지성사. 1991.

| ㄱ |

**남경희** (namkh@ewha.ac.kr)

서울대학교 철학과와 동 대학원을 졸업하고, 미국 텍사스대학교(오스틴)에서 철학박사학위를 받았다. 서양고전학회장, 한국분석철학회장을 역임하였다. 현재 이화여자대학교 명예교수로 있으며, 서양고대철학, 정치철학, 언어철학 등에 관심을 갖고 연구하고 있다. 서우 철학상, 열암 학술상, 이화 학술상 등을 수상하였다.
저서로는 『주체, 외세, 이념-한국현대국가 건설기의 사상적 인식』(1995), 『이성과 정치존재론』(1997), 『말의 질서와 국가』(1997), 『비트겐슈타인과 현대철학의 언어적 전회』(2005), 『언어의 연기와 마음의 사회성』(2012) 외 다수의 공저 및 번역서가 있다.

# 플라톤
### 서양철학의 **기원**과 **토대**

1판 1쇄 펴냄  2013년 2월 28일
1판 3쇄 펴냄  2018년 3월 20일

지은이 │ 남경희
펴낸이 │ 김정호
펴낸곳 │ 아카넷

출판등록 2000년 1월 24일(제2-3009호)
10881 경기도 파주시 회동길 445-3
전화 031-955-9511(편집) · 031-955-9514(주문) │ 팩시밀리 031-955-9519
www.acanet.co.kr

ⓒ 남경희, 2013

Printed in Seoul, Korea.

ISBN 978-89-5733-280-1 94160